Die zwischenbetriebliche Forschungs- und Entwicklungskooperation

Europäische Hochschulschriften
Publications Universitaires Européennes
European University Studies

Reihe II
Rechtswissenschaft

Série II Series II
Droit
Law

Bd./Vol. 3332

PETER LANG
Frankfurt am Main · Berlin · Bern · Bruxelles · New York · Oxford · Wien

Stefan Ulsenheimer

Die zwischenbetriebliche Forschungs- und Entwicklungskooperation

Zivilrechtliche Probleme bei der Vertragsgestaltung und -durchführung

PETER LANG
Europäischer Verlag der Wissenschaften

Die Deutsche Bibliothek - CIP-Einheitsaufnahme

Ulsenheimer, Stefan :

Die zwischenbetriebliche Forschungs- und Entwicklungskooperation : zivilrechtliche Probleme bei der Vertragsgestaltung und -durchführung / Stefan Ulsenheimer. - Frankfurt am Main ; Berlin ; Bern ; Bruxelles ; New York ; Oxford ; Wien : Lang, 2002
(Europäische Hochschulschriften : Reihe 2, Rechtswissenschaft ; Bd. 3332)
Zugl.: München, Univ. der Bundeswehr, Diss., 2001
ISBN 3-631-38804-7

ISSN 0531-7312
ISBN 3-631-38804-7

www.peterlang.de

Vorwort

Das Thema Forschung und Entwicklung (FuE) ist ebenso wie die zwischenbetriebliche Kooperation Gegenstand zahlreicher wissenschaftlicher Abhandlungen. Gleiches gilt für Randbereiche der FuE-Kooperationen, wie etwa das Kartellrecht und die Frage von Erfinderrechten. Hier mag es überraschen, dass die Vertragsbeziehung insgesamt, insbesondere die damit einhergehenden juristischen Probleme noch nie zusammenfassend beleuchtet worden sind. Dieses interessante Thema mit vielen Bezügen zum Gesellschaftsrecht sowie zum weiten Rechtsgebiet der gewerblichen Schutzrechte habe ich eingehend analysiert. Dabei war es mein Ziel nicht nur dem wissenschaftlichen Anspruch gerecht zu werden, sondern auch für Praktiker wertvolle Hilfestellungen zu liefern, was sich in dem Mustervertragsentwurf widerspiegelt.

Neben dem Fachwissen in dem einschlägigen Rechtsgebiet hat mir die Arbeit auch viel an allgemeiner Erfahrung gebracht, die mir im beruflichen Bereich schon oft von Nutzen war. Dies ist vor allem die Fähigkeit, sowohl komplexe Sachverhalte analytisch zu durchleuchten und in kompakter Form aufzubereiten, als auch über einen längeren Zeitraum an einem großen Projekt zu arbeiten und dieses zielorientiert zu einem erfolgreichen Abschluß zu bringen.

Die Arbeit wurde im Sommertrimester 2001 von der Fakultät für Wirtschafts- und Organisationswissenschaften der Universität der Bundeswehr München als Dissertation angenommen. Rechtsprechung und Literatur entsprechen dem Stand zur Zeit der Abgabe des Manuskripts im Jahr 2000.

Auf diesem Weg möchte ich insbesondere meinem Doktorvater, Herrn Professor Dr. Hanns Ullrich, danken, der mir nicht nur das Thema für diese interessante Arbeit gegeben hat, sondern mich während meiner Tätigkeit als sein Mitarbeiter an der Universität der Bundeswehr nach Kräften unterstützt hat. Daneben schulde ich auch Herrn Professor Dr. Theo Bodewig von der Ludwig-Maximilians-Universität München Dank, der das Zweitgutachten übernommen und dieses in sehr kurzer Zeit angefertigt hatte.

Auch meine Kollegen am Lehrstuhl haben durch die freundschaftliche Atmosphäre sehr zum Gelingen der Arbeit beigetragen. An dieser Stelle möchte ich insbesondere Herrn Rechtsanwalt Philipp Reiners und Herrn Assessor Axel Schmidt nennen. Besonderen Dank schulde ich Frau Dr. Andrea Niedzela-Schmutte, die mir durch ihre zahlreichen fachlichen Ratschläge und durch die großzügige Überlassung von Unterlagen eine große Hilfe war.

Vor allem möchte ich mich aber mit dieser Arbeit bei meinen Eltern bedanken, die mich bei dem Dissertationsvorhaben in jeder nur erdenklichen Weise unterstützt haben. Insbesondere mein Vater hat durch seine Bereitschaft, einen ersten Entwurf der Arbeit zu lesen und zu kommentieren, sowie durch zahlreiche Anregungen dazu beigetragen, dass die Arbeit in ihrer heute vorliegenden Form entstehen konnte.

Stefan Ulsenheimer

Inhaltsverzeichnis

Literaturverzeichnis

Altin-Sieber	Joint Ventures, Technologietransfer und –schutz, Heidelberg 1996
Andrae/Seidenfus/ Passern/ Meier	Der industrielle Mittelstand in der Wettbewerbsordnung, Köln 1962
Asschenfeldt	FuE-Kooperation nach Art 85 EGV, Göttingen 1972
Assmann/Kirchner/Schanze (Hrsg.)	Ökonomische Analyse des Rechts, Tübingen 1993
Audoerfer	Ausschluß und Beschränkung des Kündigungsrechts bei Personengesellschaften, München 1967
Axster	FuE-Gemeinschaften im deutschen Kartellrecht, MittPatAnw 1969, 299
Axster	FuE-Kooperation und Wettbewerbsbeschränkung, GRUR 1980, 343
Axster	Das "Alles-oder-Nichts-Prinzip" der EG-GruppenfreistellungsVOen, WuW 1994, 615
Backhaus/Piltz (Hrsg.)	Strategische Allianzen, Düsseldorf 1990
Baeser	Strategische Allianzen im EU-Wettbewerbsrecht, München 1996
Baker	Freiheit und Wissenschaft, Bern 1950
Ballerstedt	Der gemeinsame Zweck als Grundbegriff des Rechts der Personengesellschaften, JuS 1963, 253
Bartenbach	Zwischenbetriebliche FuE-Kooperation und das Recht der Arbeitnehmererfindung, Köln 1985
Bartenbach/Volz	Kommentar zum ArbnErfG, 3. A., Köln 1997
Bartsch	Die Entwicklung der personengesellschaftsrechtlichen Treuepflicht in der Rechtsprechung, München 1989
Basedow/Jung	Strategische Allianzen, München 1993
Baumbach/Hefermehl	Wettbewerbsrecht, 19. A., München 1996
Baumbach/Hopt	Handelsgesetzbuch, 29. A., München 1995
Baur	Vertragliche Anpassungsregeln, Heidelberg 1983
Bea	Diversifikation durch Kooperation, DB 1988, 2521
Bechthold	Das neue Kartellrecht, München 1981
Bechthold	Zur Fusionskontrolle über Gemeinschaftsunternehmen, BB 1980, 344

Beier/Straus — Der Schutz wissenschaftlicher Entdeckungen, GRUR 1983, 100

Beier/Straus — Der Schutz wissenschaftlicher Forschungsergebnisse, Weinheim 1982

Benisch — Kooperationsfibel, 4.A., Bergisch Gladbach 1973

Benkard — Patentgesetz, Gebrauchsmustergesetz, 9. A., München 1993

Benkenstein — FuE und Marketing, Wiesbaden 1987

Bernhard/Kraßer — Lehrbuch des Patentrechts, 4. A., München 1986

Bilda — Anpassungsklauseln in Verträgen, 2. A., München 1970

Bilda — Die Dogmatik der Anpassungsklauseln in Verträgen, München 1967

Blaurock — Forschungskooperation und Wettbewerb, in: FS v. Caemmerer, Berlin 1978

Blomeyer — Zivilprozeßrecht, 2. A., Berlin 1985

Blum/Pedrazzini — Das Schweitzer Patentrecht, Bd. 1, 2. A., Bern 1975

BMBF — Bundesbericht Forschung 1996, Bonn 1996

BMBF — Faktenbericht 1998 zum Bundesbericht Forschung, Bonn 1998

Bodewig — Neue Guidelines für Lizenzverträge in der USA, GRUR Int. 1997, 958

Bodewig — Staatliche Forschungsförderung und Patentschutz in der USA, Weinheim 1982

Bodewig — Der Rückruf fehlerhafter Produkte, Tübingen 1999

Bodewig — Zur Reform des amerikanischen Patentrechts – Die Novelle von 1980 und weitere Reformbestrebungen, GRUR Int. 1982, 19

Boehm — A Spiral Model of Software-Development and Enhancement, ACM SIGSOFT – Software Engineering Notes 11 (1986), S. 22

Boehm — Applying Process Programming to the Spiral Model, in: Dawson (Hrsg.), Representing and Enacting the Software Process, 4th International Software Process Workshop, IEEE 1988, S. 1

Boehme — Innovationsförderung durch Kooperation, Berlin 1986

Boehmer — Rechte und Pflichten des Käufers einer gestohlenen Sache, JZ 1953, 352

Boettcher (Hrsg.) — Theorie und Praxis der Kooperation, Tübingen 1972

Böhme — Die Besteuerung des Know-how, München 1967

Böhmer	Die Vereinbarung eines gemeinsamen Zwecks bei der Gesellschaft bürgerlichen Rechts, JZ 1994, 982
Bötticher	Wesen und Arten der Vertragsstrafe sowie deren Kontrolle, ZfA 1970, 3
Bracht	Förderung und Hemmung des Wettbewerbs durch Kooperation, Frankfurt/Main 1979
Braun	Kooperation in der Unternehmung, Wiesbaden 1991
Brockhoff	FuE- Planung und Kontrolle, 4. A., München 1994
Brockhoff	Stärken und Schwächen industrieller FuE, Stuttgart 1990
Bronder	Unternehmensdynamisierung durch Strategische Allianzen, Aachen 1995
Bronder	Kooperationsmanagement, Frankfurt 1993
Bronder/Pritzl	Wegeiser für Strategische Allianzen, Wiesbaden 1992
Brose	Planung, Bewertung und Kontrolle technologischer Innovation, Berlin 1982
Bruck	Entwicklung einer Gesamtkonzeption für das Management strategischer Allianzen im FuE-Bereich, Tübingen 1996
Bruggmann	Betriebswirtschaftliche Probleme der industriellen Forschung, Winterthur 1957
Büchel/Prange/ Probst/Rüling	Joint Venture-Management, Bern 1997
Buchner	Die Vergütung von Sonderleistungen des Arbeitnehmers - ein Problem der Äquivalenz der im Arbeitsverhältnis zu erbringenden Leistungen, GRUR 1981, 1
Bullinger	FuE - heute, Industrielle Forschung und Entwicklung in der BRD, Stuttgart 1990
Busse	Patentgesetz, 4. A., Berlin 1972
Bußmann	Patentrecht und Marktwirtschaft, GRUR 1977, 121
Bussmann/Pietzker	Die Rechtsnatur technischer Lizenzverträge im Hinblick auf den Pachtbegriff des § 8 Nr. 7 GewStG, DB 1964, 855
Cale	Rechtsgemeinschaft an Patenten, GRUR 1931, 90
Canaris	Die Feststellung von Lücken im Gesetz, 2. A., München 1983
Canaris	Die Vertrauenshaftung im deutschen Privatrecht, München 1971

Corsten/Junginger-Dittel	Zur Bedeutung von Forschung und Entwicklung, München 1983
Cremer	Mitgliedstaatliche Forschungsförderung und Gemeinschaftsrecht: Der neue Gemeinschaftsrahmen für staatliche FuE-Beihilfen, EWS 1996, 379
Dannecker	Der Schutz von Geschäfts- und Betriebsgeheimnissen, BB 1987, 1614
Desenzani/Larsen	Strategische Allianzen, einzeln erfolgreich – zusammen unschlagbar, Landsberg/Lech 1994
Deutsche Vereinigung für gewerblichen Rechtsschutz und Urheberrecht	Stellungnahme der Deutschen Vereinigung für gewerblichen Rechtsschutz und Urheberrecht zum Vorentwurf der EG-Kommission für eine GFVO für Know-how-Vereinbarungen, GRUR Int. 1987, 572
Dobkin	Negotiating an International Technology Joint Venture, CJIL 1985-86, S. 81
Domsch/Sabisch/ Siemers (Hrsg.)	F&E-Management, Stuttgart 1993
Düttmann	FuE-Kooperationen und ihre Auswirkungen auf den Wettbewerb, Köln 1989
Ebenroth	Das Verhältnis zwischen Joint Venture-Vertrag, Gesellschaftssatzung und Investitionsvertrag, JZ 1987, 265
Eckardt	Einführung in das Recht der Arbeitnehmerüberlassung, JA 1989, 393
Eichler	Die Rechtslehre vom Vertrauen, Köln 1950
Eistert	Gemeinschaftsforschung kleiner und mittlerer Unternehmen, BB 1983, 1549
Emmerich	Kartellrecht, 7. A., München 1994
Emmerich	Das Recht der Leistungsstörungen, 4. A., München 1997
Endres	Joint Ventures als Instrument internationaler Geschäftstätigkeit, WiSt 1987, 373 ff
Engelmann	Innovation als Jobkiller, in: Wehling (Hrsg.), Stuttgart 1989, S. 114 ff
Engisch	Einführung in das juristische Denken, 8. A., Stuttgart 1989
Engländer	Zur Behandlung der Patentgemeinschaft, GRUR 1924, 53
Erman	Handkommentar zum Bürgerlichen Gesetzbuch, 9. A., Münster 1993

Erman	Personengesellschaften auf mangelhafter Vertragsgrundlage, Köln 1947
Ernst/O'Connor	Technology and Global Competition, Paris 1989
Esser/Schmidt	Schuldrecht AT, 8. A., Heidelberg 1995
European Commission	Technological Partnership Guide, Brüssel 1996
Fikentscher	Schuldrecht, 9. A., Berlin 1997
Fischer,	Vertragsstrafe und vertragliche Schadenspauschalierung, München 1981
Fischer, Ernst	Verwertungsrechte bei Patentgemeinschaften, GRUR 1977, 313
Fischer, Ernst	Das Know-how, GRUR Int. 1970, 105
Fischer, Ernst	Erfindervergütung für die Benutzung einer nicht patentfähigen Erfindung, GRUR 1971, 430
Fischer, Ernst	Zahlungsverpflichtung für Lizenzgebühren in Know-how-Verträgen, wenn der Vertragsgegenstand offenkundig geworden ist, GRUR 1985, 638
Fischer, Friedrich	Grundzüge des gewerblichen Rechtsschutzes, Köln 1986
Fischer, Klaus	Wettbewerbliche Einheit und Fusionskontrolle, Berlin 1986
Fleischer	Strategische Kooperationen, Lohmar 1997
Flume	Allgemeiner Teil des Bürgerlichen Rechts, - Bd. I, Teil 1, Berlin 1977 - Bd. II, Berlin 1979, 3. A.
Fontanari	Voraussetzungen für den Kooperationserfolg – eine empirische Analyse, in Schertler (Hrsg.), Management von Unternehmenskooperationen, Wien 1995
Fontanari	Kooperationsgestaltungsprozesse in Theorie und Praxis, Berlin 1996
Forkel	Zur Übertragbarkeit geheimer Kenntnisse, in: FS Schnorr von Carolsfeld, Köln 1972, S. 105
Foster	Innovation, Wiesbaden 1986
Franz	FuE-Kooperationen aus wettbewerbspolitischer Sicht, Baden- Baden 1995
Frascati-Handbuch 1980	Bonn 1982
Frese (Hrsg.)	Handwörterbuch Organisation, 3. A., Stuttgart 1992

Friedrich	Der Begriff des Know-how im europäischen Kartellrecht, Trier 1995
Fromm/Nordemann	Urheberrecht, 6. A., Stuttgart 1986.
Fuchs	Kartellrechtliche Grenzen der Forschungskooperation, Baden-Baden 1989
Gansweid	Gemeinsame Tochtergesellschaften im deutschen Konzern- und Wettbewerbsrecht, Baden-Baden 1976
Gaugler/Weber (Hrsg.)	Handwörterbuch des Personalwesens, 2. A., Stuttgart 1992
Gaul	Die betriebsgeheime Erfindung im Arbeitnehmererfinderrecht, MittPatAnw. 1987, 185
Gaul	Der erfaßbare betriebliche Nutzen als Grundlage der Erfindervergütungsberechnung, GRUR 1988, 254
Gaul	Rechtsprobleme der Innovation, München 1984
Gaul	Die Durchsetzung des Schutzes eines betriebsgeheimen Know-how, WRP 1988, 215
Gaul	Die Abgrenzung nachvertraglicher Geheimhaltungsverpflichtungen gegenüber vertraglichen Wettbewerbsbeschränkungen, ZIP 1988, 689
Gaul/Bartenbach	Nutzung von Schutzrechten in der Industrieforschung als Patentverletzung, GRUR 1968, 281
Gaul/Bartenbach	Individualrechtliche Rechtsprobleme betrieblicher Verbesserungsvorschläge, DB 1978, 1161
Gaul/Bartenbach/ Gennen	Patentlizenz- und Know-how-Vertrag, 4. A., Köln 1997
Geck	Strategische Allianzen und ihre Rechtsform, DB 1991, 1337
Gemeinschaftskommentar	Kommentar zum Gesetz gegen Wettbewerbsbeschränkungen, 4. A., Köln 1980ff.
Gericke	Die Wirkung der Zurechnungsvorschrift des § 8 Nr. 7 GewStG bei Lizenzen, Know-how-Verträgen und gemischten Verträgen, Finanzrundschau 1963, 330
Gersch	Die Grenzen zeitlicher Beschränkungen des ordentlichen Kündigungsrechts bei Personengesellschaften, BB 1977, 871
Gerth	Zwischenbetriebliche Kooperation, Stuttgart 1971
Gierke, von	Handels- und Schiffahrtsrecht, 8. A., Berlin 1958
Gierke, von	Deutsches Privatrecht, Bd. I, Berlin 1895
Gleiss/Hirsch	Kommentar zum EG-Kartellrecht Bd. I, 4. A., Heidelberg 1994

Goertzen	Die Gesellschaftserfindung, München 1989
Goette	Fehlerhafte Personengesellschaftsverhältnisse in der jüngeren Rechtsprechung des Bundesgerichtshofs, DStR 1996, 266
Gramm Frhr. v.	Wettbewerbsrecht, München 1987
Grefermann	Die Nutzung und ökonomische Bedeutung von Patenten, München 1984
Greipl/Täger	Wettbewerbswirkungen der unternehmerischen Patent- und Lizenzpolitik, München 1981
Grochla	Betriebsverbindungen, Berlin 1969
Grochla. (Hrsg.)	Handwörterbuch der Organisation, 2. A., Stuttgart 1980
Groh	Nutzungseinlage, Nutzungsentnahme und Nutzungsausschüttung, DB 1988, 514
Groß	Know-how-Lizenzvertrag, Heidelberg 1991
Groß	Markenlizenzvertrag, Heidelberg 1995
Groß	Forschungs- und Entwicklungsvertrag, Heidelberg 1993
Großkommentar	Handelsgesetzbuch, 4. A., Berlin 1983ff
Haarmann	Wegfall der Geschäftsgrundlage bei Dauerrechtsverhältnissen, München 1979
Hahn, v.	Kartellrechtliche Probleme bei Rücklizenzen, Lizenzaustauschverträgen und Patentgemeinschaften, GRUR 1968, 406
Hakanson	Managing cooperative research and development: partner selection and contract design, R&D Management 23 (1993), 273
Hammes	Strategische Allianzen als Instrument der strategischen Unternehmensführung, Trier 1993
Harms	Interessenlage und -konflikte bei der zwischenbetrieblichen Kooperation, Würzburg 1973
Harrigan	Strategic Alliences and Partner Asymmenties, Management International Review, Special Issue, 1988
Harte-Bavendam	Wettbewerbsrechtlicher Schutz von Computerprogrammen, CR 1986, 615
Häussler	Neue Formen, gesetzliche Möglichkeiten und Finanzierungshilfen für die zwischenbetriebliche Zusammenarbeit (Kooperation), Kissing 1977
Heck	Grundriß des Schuldrechts, Berlin 1929
Hefermehl	Unternehmenszusammenschlüsse in kartellrechtlicher Sicht, GRUR 1966, 651

Henkels	Die Betriebsgeheimnisse in § 21 des Gesetzes gegen Wettbewerbsbeschränkungen, Tübingen 1967
Henn	Patent- und Know-how-Lizenzvertrag, 2. A., Heidelberg 1988
Henssler	Risiko als Vertragsgegenstand, Tübingen 1994
Henzler	Genossenschaftswesen, Stuttgart 1952
Henzler	Betriebswirtschaftliche Probleme des Genossenschaftswesens, Stuttgart 1962
Heppner	Softwareerstellungsverträge, Köln 1997
Hesse	Die kartellrechtliche Behandlung von Verträgen über nicht geheimes technisches Know-how, GRUR 1985, 661
Heymann	Handelsgesetzbuch, 2. A., Berlin 1995ff
Hippel, von	Cooperation between rivals: Informal know-how-trading 16 Research Policy 291ff (1987)
Hirthe	Der Einfluß der Gesetzgebung gegen Wettbewerbsbeschränkung und über Technologietransfer auf Know-how-Vereinbarungen, GRUR 1983, 98
Hollmann	Strategische Allianzen - Unternehmens- und wettbewerbspolitische Aspekte, WuW 1992, 293
Holzapfel/Raupach	Das Gemeinschaftsunternehmen, JbFfSt 1988/1989, 211
Horn	Neuverhandlungspflicht, AcP 1981, 255
Hönn	Kompensation gestörter Vertragsparität, München 1982
Hubmann	Gewerblicher Rechtsschutz, 5. A., München 1988
Hubmann/Rehbinder	Urheber- und Verlagsrecht, 8. A., München 1995
Hueck	Das Recht der oHG, 4. A., Berlin 1971,
Hueck	Der Treugedanke im modernen Privatrecht, Köln 1947
Hueck	Gesellschaftsrecht, 19. A., München 1991
Hueck	Mängel des Gesellschaftsvertrages bei der offenen Handelsgesellschaft, AcP 149 (1944), 1
Hüffer	Zur gesellschaftsrechtlichen Treuepflicht als richterrechtlicher Generalklausel, in: FS für Steindorff, Berlin 1990, S. 59
Hüttemann	Leistungsstörungen bei Personengesellschaften, Köln 1998
Immenga/Mestmäcker	Gesetz gegen Wettbewerbsbeschränkung, 4. A., München 1992

Immenga/Mestmäcker EG Kartellrecht, München 1997

Isay Fragen der Patentgemeinschaft, GRUR 1924, 25

Jauernig Zwangsvollstreckungs- und Konkursrecht, 19. A., München 1990

JIAG (Joint Inventive Activity Guide) World Intellectual Property Organisation, Genf 1985

Kaltwasser Wissenserwerb für Forschung & Entwicklung, Wiesbaden 1994

Kardaras Das Wettbewerbsverbot in der Personalgesellschaft, München 1967

Kasseler Handbuch zum Arbeitsrecht Berlin 1997

Kaufer Patente, Wettbewerb und technischer Fortschritt, Bad Homburg 1970

Kern (Hrsg.) Handwörterbuch der Produktionswirtschaft, Stuttgart 1979

Kern/Schröder FuE in der Unternehmung, Reinbeck 1977

Kiourtsoglou Der Know-how-Vertrag im deutschen und europäischen Kartellrecht, München 1990

Kisch Die Patentgemeinschaft, GRUR 1952, 267

Klages Rationalität und Spontanität, Gütersloh 1967

Klauer/Möhring Patentrechtskommentar, 3. A., München 1971

Kleim Gemeinschaftsunternehmen und Funktionsgemeinschaften im Verhältnis zum GWB, Köln 1966

Kloos Forschung und staatliche Forschungsförderung, Frankfurt/Main 1989

Knoblich Zwischenbetriebliche Kooperation, ZfB 1969, 497

Knöpfle Zur Unterscheidung von konzentrativem und kooperativem Gemeinschaftsunternehmen bei der kartellrechtlichen Beurteilung von Gemeinschaftsgründungen, BB 1980, 654

Koenigs Möglichkeiten und Grenzen der Kooperation in der Forschung nach Art. 85 EWG-Vertrag und im nationalen Kartellrecht, in: Kooperation und Konzentration im gemeinsamen Markt, Berlin 1968, S.159ff

Kohn FuE im Lagebericht, Hamburg 1992

Koller Der Know-how-Vertrag nach schweizerischem Recht, Bern 1979

Kollhosser — Zustimmungspflicht zur Abänderung von Gesellschaftsverträgen bei Personengesellschaften, in: FS für Westermann, S. 275ff, München 1974

Kölner Kommentar — Aktiengesetz, 2. A., Köln 1986ff

König — Betriebliche Kooperation mit den Entwicklungsländern, Tübingen 1987

Körner — Der Bestand bzw. Fortbestand von Schutzrechten und Know-how als Voraussetzung der Lizenzgebühren - bzw. Schadensersatzpflicht, GRUR 1982, 341

Kospolapov/Scerban — Die Optimierung der wissenschaftlichen Forschung, Berlin 1975

Kötz/v. Bieberstein — Die Anpassung langfristiger Verträge, Hamburg 1984

Kowalski — Der Schutz von betrieblichen Forschungs- und Entwicklungsergebnissen, Frankfurt/Main 1980

Kragler — Schutz des geheimen Know-how, Landsberg/Lech 1987

Kraßer — Der Schutz des Know-how nach dt. Recht, GRUR 1970, 587

Kraßer — Grundlage des zivilrechtlichen Schutzes von Geschäfts- und Betriebsgeheimnissen sowie Know-how, GRUR 1977, 177

Kraßer — Verpflichtung und Verfügung im Immaterialgüterrecht, GRUR Int. 1973, 230

Kraßer — Die Wirkung der einfachen Patentlizenz, GRUR Int. 1983, 537

Kraßer — Erfindungsschutz zwischen Patentanmeldung und Patenterteilung, GRUR 1990, 732

Kraßer/Schmid — Der Lizenzvertrag über technische Schutzrechte aus der Sicht des deutschen Zivilrechts, GRUR 1982, 324

Kroitzsch — Erfindungen in der Vertragsforschung und bei FuE-Gemeinschaften unter dem Blickpunkt des ArbnErfG, GRUR 1974

Kronstein — Das Recht der internationalen Kartelle, Berlin 1967

Kuder — Die Gründung eines Forschungs- und Entwicklungsgemeinschaftsunternehmens in kartellrechtlicher Sicht nach deutschem Recht, Mannheim 1976

Kuhn — Das Problem der Gründungs- und Beitrittsmängel bei Personengesellschaften, JR 1951, 513

Künzli — Forschungs- und Entwicklungsplanung, Bern 1984

Kurz/Rall — Zur wettbewerbspolitischen Beurteilung von Gemeinschaftsunternehmen in der EG, WuW 1986, 764

Lampe	Der strafrechtliche Schutz des Know-how gegen Veruntreuung durch den Vertragspartner, BB 1977, 1477
Landau	Corporate Partnering can spur Innovation, Research Management, 1987 (Band 30), S. 21
Langefeld-Wirth	Joint Ventures im internationalen Wirtschaftsverkehr, Heidelberg 1990
Langefeld-Wirth	Rechtsfragen des internationalen Gemeinschaftsunternehmens – Joint Venture, RIW 36 (1990), 1
Langenfeld	Vertragsgestaltung, München 1991
Larenz	Zum Haftungsprivileg des § 708 BGB, in: FS Westermann, München 1974, S. 299
Larenz	Schuldrecht AT, 14. A., München 1987.
Larenz	Methodenlehre der Rechtswissenschaft, 6. A., Berlin 1991
Larenz	Schuldrecht BT, 11. A., München 1977
Larenz/Wolf	Allgemeiner Teil des BGB, 8. A., München 1997
Lehmann (Hrsg.)	Rechtsschutz und Verwertung von Computerprogrammen, Köln 1993
Leinemann (Hrsg.)	Kasseler Handbuch zum Arbeitsrecht, Berlin 1997
Leßmann	Weitergeltung von Lizenzen bei Veräußerung des zugrundeliegenden Schutzrechts bzw. anderweitige Lizenzierung, DB 1987, 145
Lewis, Jordan	Strategische Allianzen, Frankfurt 1991
Lieberknecht	Die Behandlung von Geschäftsgeheimnissen im deutschen und EG-Recht, WuW 1988, 833
Lieberknecht	Patente, Lizenzverträge und Verbot von Wettbewerbsbeschränkungen, Frankfurt/Main 1953
Lindacher	Phänomenologie der Vertragsstrafe, Berlin 1972
Lindenmaier	Zum Begriff der technischen Erfindung, GRUR 1953, 12
Lindenmaier/Möhring	Nachschlagewerk des BGH in Zivilsachen, München 1971ff
Lindstaedt/Pilger	Muster für Patentlizenzverträge, 5. A., Heidelberg 1990
Little	Management der FuE-Strategie, Wiesbaden 1991
Loewenheim/Belke	Gesetz gegen Wettbewerbsbeschränkungen, 4. A., Herne 1977
Lohse	Kartellfreie Gemeinschaftsunternehmen im europäischen Wettbewerbsrecht, Köln 1992

Lüdecke	Erfindungsgemeinschaften, Berlin 1962
Lüdecke/Fischer	Lizenzverträge, Weinheim 1957
Lutz/Broderick	FuE-Vertrag nach EG-Kartellrecht – Formularvertrag, RIW 1986, 5
Lutz/Broderick	Know-how-Lizenzvertrag nach der EG-Gruppenfreistellungsverordnung Nr. 556/89, RIW 1989, 278
Maass	Information und Geheimnis im Zivilrecht, Stuttgart 1970
Machlup	The Production and Distribution of Knowledge in the United States, New York 1962
Machunsky	Forschungskooperation im Recht der Wettbewerbsbeschränkungen, Göttingen 1985
Mailänder	Vereinbarungen zur Know-how-Überlassung im Wettbewerbsrecht der EG, GRUR Int. 1987, 523
Mailänder	Die kartellrechtliche Beurteilung von Lizenzverträgen nach EG-Kartellrecht und US-Antitrustrecht, GRUR Int. 1979,378
Mälzer	Die Stellung von Gemeinschaftsunternehmen im europäischen Wettbewerb, WuW 1992, 705
Marbach	Rechtsgemeinschaften an Immaterialgütern, Bern 1987
Markl	FuE Kooperation – Wettbewerbspolitik, Tübingen 1996
Marr	Innovation und Kreativität, Wiesbaden 1973
Marr	Organisationsentwicklung, in: v. d. Recke/Hoyler (Hrsg.), Organisationsentwicklung, Koblenz 1985, S. 11
Marr/Schmidt	Kooperationsmanagement, in: Gaugler/Weber (Hrsg.), Handwörterbuch des Personalwesens, 2. A., Stuttgart 1992, Sp. 1154
Martinek	Moderne Vertragstypen II, München 1992
Martinek	Die Lehre von den Neuverhandlungspflichten, AcP 1998, 329
Mat.	Materialien zum Entwurf eines Bürgerlichen Gesetzbuchs, Bd. II, Recht der Schuldverhältnisse, Berlin 1988
Matthiesen	Gestaltungsmöglichkeiten von FuE-Gemeinschaften, Wiesbaden 1988
Meckl	Unternehmenskooperationen im EG-Binnenmarkt, Wiesbaden 1993

Medicus	Vertragsauslegung und Gesellschaftsrecht, in: Festschrift für Flume, Berlin 1978, S. 629
Medicus	Bürgerliches Recht, 17. A., Köln 1996
Medicus	Lehrbuch des Schuldrechts AT, 9. A., München 1996
Meessen (Hrsg.)	Öffentliche Aufträge und Forschungspolitik, Baden-Baden 1979
Meier	Taschenbuch für wirtschaftliches Leben, Frankfurt 1961
Meier J.	Small business und Industrieforschung, erläutert am Beispiel der Gemeinschaftsforschung, in: Andrae/Seidenfus/Passern/ Meier, Der industrielle Mittelstand in der Wettbewerbsordnung, S. 199, Köln 1962
Mellerowicz	Forschungs- und Entwicklungstätigkeit als betriebswirtschaftliches Problem, Freiburg 1958
Menck	Der Technologietransfer der deutschen Wirtschaft, in: König (Hrsg.), Betriebliche Kooperation mit den Entwicklungsländern, Tübingen 1987, S. 119
Mes	Arbeitsplatzwechsel und Geheimnisschutz, GRUR 1979, 584
Mestmäcker	Europäisches Wettbewerbsrecht, München 1974
Meyer	Forschungs- und Entwicklungskooperationen, WuW 1993, 193
Möffert	Der Forschungsvertrag, München 1995
Möhring	Unternehmenszusammenschlüsse in kartellrechtlicher Sicht, GRUR 1966, 645
Möhring	Betriebs- und Geschäftsgeheimnisse in wettbewerbs- und kartellrechtlicher Sicht, in: Festschrift für Nipperdey, Bd. II, München 1965, S. 415
Moltke, v.	Das Urheberrecht an den Werken der Wissenschaft, Baden-Baden 1992
Monopolkommission	Achtes Hauptgutachten - Kooperation in der Forschung und Entwicklung, Bundesrat-Drucksache 512/90, 1990
Montag	Strukturelle kooperative Gemeinschaftsunternehmen, RIW 1994, 918
Möschel	Die EG-Gruppenfreistellungsverordnung für FuE-Gemeinschaften, RIW 1985, 261
Möschel	Technologische Zusammenarbeit nach deutschem und europäischen Kartellrecht, in: Strukturanpassung durch Wettbewerb oder Staatshilfen, Köln 1985
Müller	Das Geschäft für den, den es angeht, JZ 1982, 777

Müller-Graff	Die Auswirkungen einer laufenden Geschäftsverbindung, München 1977
Münchener Handbuch des Gesellschaftsrechts	Band I, München 1995
Münchener Handbuch zum Arbeitsrecht	München 1992f
Münchener Kommentar	Bürgerliches Gesetzbuch, 3. A., München 1993ff
Münchener Vertragshandbuch	Band 2 (Handels- und Wirtschaftsrecht), 4. A., München 1997
Nassal	Reduzierte Geltungserhaltung kartellrechtswidriger Klauseln, BB 1988, 1264
Nastelski	Der Schutz des Betriebsgeheimnisses, GRUR 1957, 1
Naujocks/Pausch	Kooperationsverhalten in der Wirtschaft, Göttingen 1977
Nelle	Neuverhandlungspflichten, München 1994
Nelson	Uncertainty, Learning, and the Economics of Parallel Research and Development Efforts, Review of Economics and Statistics, Vol. 48, 1962, 351ff
Nicklisch	Ergänzende Vertragsauslegung und Geschäftsgrundlagenlehre - ein einheitliches Rechtsinstitut zur Lückenausfüllung?, BB 1980, 949
Nicklisch	Empfiehlt sich eine Neukonzeption des Werkvertragrechts? - unter besonderer Berücksichtigung komplexer Langzeitverträge -, JZ 1984, 757
Nicklisch	Mitwirkungspflichten des Bestellers beim Werkvertrag, insbesondere beim Bau- und Industrieanlagenvertrag, BB 1979, 533
Nicklisch (Hrsg.)	Leistungsstörungen bei Bau- und Anlagenverträgen, Heidelberg 1985
Nicklisch (Hrsg.)	Bau- und Anlagenverträge, Heidelberg 1984
Nicklisch (Hrsg.)	Der komplexe Langzeitvertrag, Heidelberg 1987
Niedzela-Schmutte	Miterfindungen in Forschungs- und Entwicklungskooperationen, Frankfurt/Main 1998
Nirk	Die Einordnung der Gewährleistungsansprüche von Leistungsstörungen bei Verträgen über Patente in das Bürgerliche Gesetzbuch, GRUR 1970, 329
Nitschke	Die körperschaftlich strukturierte Personengesellschaft, Heidelberg 1970

OECD	Frascati-Handbuch 1980, Bonn 1982
Oesterer	FuE-Controlling, Renningen-Malmsheim 1995
Oltmanns	Forschungsinvestitionen, Wiesbaden 1995
Oppenländer (Hrsg.)	Patentwesen, technischer Fortschritt und Wettbewerb, Berlin 1984
Over	Zivilrechtliche Haftung für Fehlleistungen in der Forschung, Karlsruhe 1991
Pagenberg/Geissler	Lizenzverträge, 4. A., Köln 1994
Palandt	Bürgerliches Gesetzbuch, 59. A., München 2000
Pampel	Kooperation mit Zulieferern, Wiesbaden 1993
Paul	Der industrielle Lohnfertigungsvertrag über geschützte Gegenstände, NJW 1963, 2249
Pethig	Information als Wirtschaftsgut in wirtschaftswissenschaftlicher Sicht, in: Fiedler/Ullrich (Hrsg.) Information als Wirtschaftsgut, Köln 1997, S. 1
Pfaff	Der Know-how-Vertrag im Bürgerlichen Recht, BB 1974, 565
Pfister	Das technische Geheimnis „Know-how“ als Vermögensrecht, München 1974
Pfister	Probleme bei Konstruktionsaufträgen, BB 1966, 15
Pietzcker	Patentgesetz, Berlin 1929
Plander/Schiek	Forschung als Gegenstand von Werkverträgen, RdA 1990, 219
Raffee/Eisele	Joint Ventures - nur die Hälfte floriert, Harvard Business Manager 3/1994, 17ff
Recke, v. d./Hoyler (Hrsg.)	Organisationsentwicklung, Koblenz 1985
Reich-Rorwig	Patentverwertung in Gesellschaften, ecolex, 1991, 159
Reimer	Patentgesetz und Gebrauchsmustergesetz, 3. A., Köln 1968
Reimer/Schade/Schippel	Das Recht der Arbeitnehmererfindung, 6. A., Berlin 1992
Reinecke/Tiedtke	Schadensersatzverpflichtungen aus Verschulden beim Vertragsschluß ohne triftigen Grund, ZIP 1989, 1093
Reukauf	Mögliche Regelung der Lizenzerteilung im Zusammenhang mit Kooperationen, GRUR 1986, 415
RGRK	Kommentar zum BGB, herausgegeben von Mitgliedern des BGH, 12. A., Berlin 1974ff

RGRK	Kommentar zum HGB, herausgegeben von Mitgliedern des BGH, 4. A., Berlin 1983ff (siehe auch Staub, Handelsgesetzbuch)
Richardi/Wlotzke (Hrsg.)	Münchener Handbuch zum Arbeitsrecht, München 1992f
Riemschneider	Zur Frage der Betriebserfindung, GRUR 1958, 433
Rinck	Die Markttransparenz, BB 1962, 105
Rolfes	Gemeinschaftsunternehmen - Ziele ihrer Errichtung sowie ihre betriebswirtschaftlichen und rechtlichen Probleme, Bochum 1979
Roloff	Forschungs- und Entwicklungsgemeinschaften in der EWG, in: Studienvereinigung Kartellrecht (Hrsg.), Gewerbliche Schutzrechte im EWG-Kartellrecht, Köln 1971, S. 105ff
Romanovszky/ Slomma	Know-how- und Lizenzverträge, Freiburg 1985
Rose	Unternehmensformwahl, JbFfSt 1986/1987, 55
Rosenberg/Schwab	Zivilprozeßrecht, 15. A., München 1993
Rotering	FuE-Kooperation zwischen Unternehmen, Stuttgart 1990
Rücksteiner	Entscheidungsfindung in der Forschung und Entwicklung, Heidelberg 1989
Rummel	Vertragsauslegung nach der Verkehrssitte, Köln 1972
Runge/Kohlhaas	Das Recht der Kooperation, BB 1969, 250
Saad	Management der FuE-Strategie, Wiesbaden 1991
Salje	Die mittelständische Kooperation zwischen Wettbewerbspolitik und Kartellrecht, Tübingen 1981
Sambuc	Der UWG-Nachahmungsschutz, München 1996
Sandrock	Grundbegriffe des Gesetzes gegen Wettbewerbsbeschränkungen, München 1968
Saumweber	Der Schutz des Know-how im deutschen und amerikanischen Recht, München 1978
Schade	Die gemeinschaftliche und die Doppelerfindung von Arbeitnehmern, GRUR 1972, 510
Schade	Die Ausübungspflicht bei Lizenzen, 1967
Schäfer-Kunz	Strategische Allianzen im deutschen und europäischen Kartellrecht, Frankfurt/Main 1995
Schanz	Industrielle Forschung und Entwicklung und Diversifikation, ZfB 1975, 449

Schanz	Technologische Zusammenarbeit nach deutschem und europäischen Kartellrecht, in: Strukturanpassung durch Wettbewerb oder Staatshilfen, Köln 1985
Schätzle	FuE als unternehmerische Aufgabe, Köln 1965
Scherer	Zusammenhänge zwischen Forschungs- und Entwicklungsausgaben und Patenten, GRUR Int. 1982, 425
Scherf	Kooperative Gemeinschaftsunternehmen im europäischen Wettbewerbsrecht, RIW 1993, 297
Schertler (Hrsg.)	Management von Unternehmenskooperationen, Wien 1995
Schlegelberger	Handelsgesetzbuch, 5. A., München 1973ff
Schluep	Privatrechtliche Probleme der Unternehmenskonzentration und –kooperation, ZSR 1973 Halbbd. II, S. 153ff
Schmidt	Offene Stellvertretung, JuS 1987, 425
Schmidt	Gesellschaftsrecht, Köln 1997, 3. A.
Schmieder	Die kartellrechtliche Beurteilung von Forschungskooperationen, GRUR 1981, 241
Schneider	Unternehmungsziele und Unternehmungskooperation, München 1973
Schneider/Zieringer	Make or Buy: Strategien für FuE, Wiesbaden 1991
Schrader	Zwischenbetrieblicher Informationstransfer - eine empirische Analyse kooperativen Verhaltens, Berlin 1990
Schramm	Auftrags-, Dienst- und Gesellschaftserfindung, BB 1961, 105
Schramm	Die schöpferische Leistung, Berlin 1957
Schricker (Hrsg.)	Kommentar zum Urheberrecht, München 1987
Schubert/Küting	Unternehmenszusammenschlüsse, München 1981
Schulte	Patentgesetz, 5. A., Köln 1994
Schultz-Süchting	Der technische Verbesserungsvorschlag im System der ArbnErfG, GRUR 1973, 293
Schumpeter	Kapitalismus, Sozialismus und Demokratie, 4. A., München 1975
Schuster (Hrsg.)	Handbuch des Wissenschaftstransfers, Berlin 1990
Schwab/Walter	Schiedsgerichtsbarkeit, 4. A., München 1990
Schwanhäuser	Äquivalenz und Abhängigkeit, GRUR 1972, 22
Schwarz	Morphologie und Typologie der zwischenbetrieblichen Kooperation unter besonderer Berücksichtigung des Wirtschaftsverbandes, Heidelberg 1978

Seeger	Beschränkungen der Vertragsfreiheit beim Abschluß von Kooperationsverträgen, MittPatAnw 1977, 166
Seeger/Wegner	Offene Fragen der Miterfinderschaft, MittPatAnw 1975, 108
Sefzig	Das Verwertungsrecht des einzelnen Miterfinders, GRUR 1995, 302
Seligsohn	Gesetz zum Schutz der Warenbezeichnung, 3. A., Berlin 1925
Siebert	Innovation, Beschäftigung und Wachstum, Konstanz 1986
Skaupy	Know-how-Vereinbarungen und Kartellrecht, GRUR 1964, 539
Soergel	Bürgerliches Gesetzbuch, 12. A., Stuttgart 1987ff; §§ 705ff noch 11. A., Stuttgart 1985;
Söllner	Vertragsstrafen im Arbeitsrecht, ArbR 1981, 97
Sölter	Systematik der Unternehmenskooperation, DB 1969, Beilage Nr. 8
Spengler	Die gemeinschaftliche Erfindung, GRUR 1938, 231
Staub	Die Unternehmenskooperation für Produktinnovation, Bern 1975
Staub	Großkommentar zum Handelsgesetzbuch, 4. A., Berlin 1983ff
Staudinger	Kommentar zum Bürgerlichen Gesetzbuch, 13. A., Berlin 1993ff; §§ 705ff BGB noch 12. A., Berlin 1978ff
Staudt	Kooperationshandbuch – Ein Leitfaden für die Unternehmenspraxis, Stuttgart 1992
Steckler	Gewerblicher Rechtsschutz, Ludwigshafen 1992
Steffen	Die Miturhebergemeinschaft, Frankfurt/Main 1989
Steindorff	Vertragliche Pflichten zur Vertragsanpassung, ZHR 1984, 271
Stock	Das Management von FuE, Hersching 1990
Stoffmehl	Die Gruppenfreistellungsverordnung der EU-Kommission für Technologietransfer-Vereinbarungen, CR 1996, 305
Storch	Die Rechte des Miterfinders in der Gemeinschaft, in: FS für Preu, 1988, S. 39
Störi	Forschungs- und Entwicklungsverträge, Zürich 1979
Strasser	Contract's "Many Futures" after Death, 32 South Carolina Law Review 501 (1981)

Straube	Zwischenbetriebliche Kooperation, Wiesbaden 1972
Strebel	Unternehmenskooperation bei Innovation, WiSt 1983, 59
Streich	Wirtschaftsrechtliche Gestaltung von Koordinierungsbeziehungen in der Wirtschaftsleitung, Berlin 1986
Studienvereinigung Kartellrecht (Hrsg.)	Gewerbliche Schutzrechte im EWG-Kartellrecht, Köln 1971
Stumpf	Der Kow-how-Vertrag, 3. A., Heidelberg 1977
Stumpf/Groß	Der Lizenzvertrag, 7. A., Heidelberg 1998
Sucker	Gruppenfreistellungsverordnungen für Patentlizenz- und Know-how-Vereinbarungen, CR 1990, 369
Täger	Untersuchung der Aussagefähigkeit von Patentstatistiken hinsichtlich technologischer Entwicklungen, München 1979
Täger	Technologie- und wettbewerbspolitische Wirkungen von FuE-Kooperationen - Eine empirische Darstellung und Analyse, München 1988
Tempel	Heidelberger Kolloquium Technologie und Recht 1986, NJW 1987, 234
Teske	Die Zulässigkeit von FuE-Gemeinschaften nach dt. und europäischen Kartellrecht, Bielefeld 1975
Thom	Grundlagen des betrieblichen Innovationsmanagements, 2. A., Königstein/Taunus 1980
Tröndle	Kooperationsmanagement, Bergisch Gladbach 1987
Ullrich	Kooperative Forschung und Kartellrecht, Heidelberg 1988
Ullrich	Formzwang und Gestaltungsgrenzen bei Sonderrechten und Nebenleistungspflichten in der GmbH, ZGR 1985, 235
Ullrich	Auslegung und Ergänzung der Schutzrechtsregeln gemeinsamer Forschung und Entwicklung, GRUR 1993, 338
Ullrich	Staatliche Förderung industrieller Forschung und Entwicklung: Das Innenverhältnis, ZHR 146 (1982), 410
Ullrich	Privatrechtsfragen der Forschungsförderung in der Bundesrepublik Deutschland, Weinheim 1984
Ullrich	12. Internationales Forum EG-Kartellrecht der Studienvereinigung Kartellrecht, GRUR Int. 1987, 580

Ullrich — Unternehmenskooperation bei Forschungsaufträgen der öffentlichen Hand, in: Meessen (Hrsg.), Öffentliche Aufträge und Forschungspolitik, S. 103, Baden-Baden 1979

Ullrich — Mehr Initiative, mehr Innovation, MittPatAnw 1997, 80

Ullrich — Zum Werkerfolgsrisiko beim Forschungs- und Entwicklungsvertrag, in: FS für Fikentscher, München 1995, S. 298

Ullrich — Technologieschutzaspekte der Vertragsgestaltung bei der Kooperation mit japanischen Unternehmen, in: Ifo-Studien zur Japanforschung, Band 9 – Technologieschutz in Japan; Strategien für Unternehmenskooperationen, München 1993, Anhang I

Ullrich — Wissenschaftlich-technische Kreativität zwischen privatem Eigentum, freiem Wettbewerb und staatlicher Steuerung, in: Harabi (Hrsg.), Kreativität – Wirtschaft – Recht, Zürich 1996, S. 203

Ullrich — Wissen(schaft)stransfer und Urheberrecht, in: Schuster (Hrsg.), Handbuch des Wissenschaftstransfers, Berlin 1990, S. 101

Ullrich — Geschäftsrisiko und Unternehmenskooperation, in: FS für Steindorff, Berlin 1990, S. 281

Ulmer, Eugen — Urheber- und Verlagsrecht, 3. A., Berlin 1980

Ulmer, Peter — Kündigungsschranken im Handels- und Gesellschaftsrecht, in: FS Möhring, Berlin 1975, S. 295

Ulmer, Peter — Die Lehre von der fehlerhaften Gesellschaft, in: FS Flume II, Berlin 1978, S. 301

Velde, van der — Zur steuerlichen Behandlung der Erfahrungshingabe (Know-how), DB 1961, 716

Viefers — Forschungs- und Entwicklungsaktivitäten und Unternehmensgröße, Bonn 1986

Villinger — Rechte des Erfinders/Patentinhabers und daraus ableitbare Rechte von Mitinhabern von Patenten (I + II), CR 1996, 331 und CR 1996, 393

Volmer — Begriff des Arbeitgebers im Arbeitnehmererfinderrecht, GRUR 1978, 393

Volmer/Gaul — Arbeitnehmererfindergesetz, 2. A., München 1983

Vortmann — Lizenzverträge richtig gestalten, München 1987

Wallis — Die Arbeitsgemeinschaft, Ludwigshafen 1958

Weber — Zur Lehre von der fehlerhaften Gesellschaft, München 1978

Wedekind	Die Anwendung der Kartellvorschriften des EWG-Vertrages auf Patentlizenzverträge, Baden-Baden 1989
Weder	Joint Venture, Grüsch 1989
Wehling (Hrsg.)	Innovation, Stuttgart 1989
Weipert	Vorsorgliche Anpassung von Personengesellschaftsverträgen als Bestandteil der Pflicht zur verantwortungsbewußten Unternehmensführung, ZGR 1990, 142
Westermann	Bilanz- und Konzernrecht, in: FS Goerdeler, Berlin 1987, S. 697
Westermann	Zur Problematik der „salvatorischen Klauseln, in: FS Möhring, Berlin 1975, S. 135
Westermann	Die Anpassung von Gesellschaftsverträgen an veränderte Umstände, in: FS Hefermehl, S. 224, München 1976
Wiebe	Know-how-Schutz von Computersoftware, München 1993
Wiedemann	Kommentar zu den GruppenfreistellungsVOen des EWG-Kartellrechts, Köln 1990
Wiedemann	Gemeinschaftsunternehmen im deutschen Kartellrecht, Heidelberg 1981
Wiedemann	Die Auslegung von Satzungen und Gesellschaftsverträgen, DNotZ Sonderheft 1977, S. 99
Wiedemann	Gesellschaftsrecht , Bd. I, München 1980
Wiedemann	Treuepflichten im Gesellschaftsrecht, in: FS Heinsius, Berlin 1991, S. 949
Wiedemann	Erste Erfahrungen mit den EWG-GruppenfreistellungsVOen, insbesondere für Patentlizenz- und Know-how-Vereinbarungen, GRUR Int. 1990, 807
Wieling	Entwicklung und Dogmatik der Lehre von der Geschäftsgrundlage, München 1985
Wiesner	Die Lehre von der fehlerhaften Gesellschaft, Köln 1980
Willich	Erfindervergütungsanspruch bei außerbetrieblicher Nutzung von Diensterfindungen, GRUR 1973, 406
Winter	Mitgliedschaftliche Treuebindung im GmbH-Recht, Heidelberg 1988
Witte	Die Betriebserfindung, GRUR 1958, 163
Wolff	FuE-Kooperation von kleinen und mittleren Unternehmen, Heidelberg 1994
Wolfrum	Strategisches Technologiemanagement, Wiesbaden 1991

Woude v.d./Jones/ Lewis	EEC Competition Law Handbook, London 1992
Wunderlich	Die gemeinschaftliche Erfindung, München 1962
Wüthrich	Neuland des strategischen Denkens, Wiesbaden 1991
Wüthrich/Philipp/ Frenz	Vorsprung durch Virtualisierung, Wiesbaden 1997
Ziegler	Die Zulässigkeit der Forschungskooperation im Kartellrecht der EG und USA, Köln 1991
Zöllner	Die Schranken mitgliedschaftlicher Stimmrechtsmacht bei den privatrechtlichen Personenverbänden, München 1963
Zöllner	Die Anpassung von Personengesellschaftsverträgen an veränderte Umstände, Heidelberg 1979
Zweipfennig	Der Zusammenhang zwischen der Organisation und der Produktivität industrieller F&E, Göttingen 1991

Abkürzungsverzeichnis

A.	Auflage
a. A.	anderer Ansicht
aaO	am angegebenen Ort
ABl.	Amtsblatt der Europäischen Gemeinschaften
AcP	Archiv für civilistische Praxis
a.F.	Alte Fassung
AG	Aktiengesellschaft
AGB	Allgemeine Geschäftsbedingungen
AGBG	Gesetz zur Regelung des Rechts der Allgemeinen Geschäftsbedingungen
AktG	Aktiengesetz
Anm.	Anmerkung
ArbnErfG	Arbeitnehmererfindergesetz
ArbR	Arbeitsrecht
Art.	Artikel
AT	Allgemeiner Teil
BAG	Bundesarbeitsgericht
BayObLG	Bayerisches Oberstes Landesgericht
BB	Betriebs-Berater
Bd.	Band
BGB	Bürgerliches Gesetzbuch
BGH	Bundesgerichtshof
BGHZ	Bundesgerichtshof, Entscheidungen in Zivilsachen, amtliche Sammlung
BkartA	Bundeskartellamt
BMBF	Bundesministerium für Bildung, Wissenschaft, Forschung und Technologie
BT	Besonderer Teil
BT-Drucks.	Bundestagsdrucksache
CJIL	Connecticut Journal of International Law
CR	Computer und Recht
DB	Der Betrieb
DnotZ	Deutsche Notarzeitung

DStR	Deutsches Steuerrecht
DV	Datenverarbeitung
ecoloex	Ecolox - Fachzeitschrift für Wirtschaftsrecht
EEC	European Economic Community
EG	Europäische Gemeinschaft
Einf.	Einführung
Einl.	Einleitung
etc.	et cetera
EWS	Europäisches Wirtschafts- und Steuerrecht
f	folgende
ff	fortfolgende
Fn.	Fußnote
FS	Festschrift
FuE	Forschung und Entwicklung
G7	Zu den G7-Staaten zählen: USA, Kanada, Frankreich, Italien, Großbritannien, Deutschland, Japan
GbR	Gesellschaft bürgerlichen Rechts
GewStG	Gewerbesteuergesetz
GFVO	Gruppenfreistellungsverordnung
GK	Großkommentar
GmbH	Gesellschaft mit beschränkter Haftung
GmbHG	GmbH-Gesetz
GRUR	Gewerblicher Rechtsschutz und Urheberrecht
GRUR Int.	Gewerblicher Rechtsschutz und Urheberrecht, Internationaler Teil
GWB	Gesetz gegen Wettbewerbsbeschränkungen
h. M.	herrschende Meinung
HGB	Handelsgesetzbuch
Hrsg.	Herausgeber
Hs.	Halbsatz
i. d. R.	in der Regel
i. S. v.	im Sinne von
i. ü.	im übrigen
i. V. m.	in Verbindung mit
IEEE	Institute of Electrical and Electronical Engineers
IT	Informationstechnik

JbFfSt	Jahrbuch der Fachanwälte für Steuerrecht
JIAG	Joint Inventive Activity Guide
JR	Juristische Rundschau
JuS	Juristische Schulung
JZ	Juristenzeitung
KG	Kommanditgesellschaft)
KK	Kölner Kommentar des Aktienrechts
LG	Landgericht
LM	Lindenmaier/Möhring, Nachschlagewerk des BGH
Mat. (II)	Materialien zum Entwurf eines Bürgerlichen Gesetzes Bd. II Recht der Schuldverhältnisse 1888
Mio.	Million
MittPatAnw	Mitteilungen der deutschen Patentanwälte
Mrd.	Milliarde
MüKo	Münchner Kommentar
NJW	Neue Juristische Wochenschrift
Nr.	Nummer
oHG	offene Handelsgesellschaft
OLG	Oberlandesgericht
PatG	Patentgesetz
pFV	positive Forderungsverletzung
R&D	Research and Development
RdA	Recht der Arbeit
Rdnr.	Randnummer
RG	Reichsgesetz
RGRK	Reichsgerichtsrätekommentar, Kommentar herausgegeben von Mitgliedern des Bundesgerichtshofs
RGW	Rat für gegenseitige Wirtschaftshilfe
RGZ	Reichsgericht; Entscheidung in Zivilsachen, amtliche Sammlung
RuW	Recht und Wirtschaft
S.	Seite
Sp.	Spalte
TT	Technologietransfer
US	United States = Vereinigte Staaten von Amerika
USA	Vereinigte Staaten von Amerika
usw.	und so weiter

u.U.	unter Umständen
UWG	Gesetz gegen den unlauteren Wettbewerb
v.	vor
VersR	Versicherungsrecht
vgl.	vergleiche
Vorb.	Vorbemerkung
WiSt	Wirtschaftswissenschaftliches Studium
WRP	Wettbewerb und Recht in der Praxis
WuW	Wirtschaft und Wettbewerb
WuW/E	Wirtschaft und Wettbewerb, Entscheidungen
z. B.	zum Beispiel
ZfA	Zeitschrift für Arbeitsrecht
ZfB	Zeitschrift für Betriebswirtschaft
ZGR	Zeitschrift für Unternehmens- und Gesellschaftsrecht
ZHR	Zeitschrift für das gesamte Handels und Wirtschaftsrecht
ZSR	Zeitschrift für Schweizer Recht

Einführung

Die vorliegende Arbeit beschäftigt sich mit den zivilrechtlichen Problemfeldern, welche in unternehmensübergreifenden Forschungs- und Entwicklungskooperationen auftreten. Diese Form, Forschung und Entwicklung zu betreiben, gewinnt zunehmend an Bedeutung, da die Schaffung wirklicher Neuerungen auf technischem Gebiet vielfach mit hohen Kosten und wirtschaftlichen Risiken verbunden ist, die einzelne Unternehmen nicht mehr tragen wollen oder können. Zum anderen besteht auch das Bedürfnis, systemübergreifende Lösungen zu entwickeln, sei es von Unternehmen, die auf einer Produktionsstufe stehen oder bei der Zusammenarbeit von Lieferant und Abnehmer. Im Gegensatz zur überwiegend positiven Beurteilung der Kooperationstätigkeit aus wirtschaftlich-technischer Sicht, stellt sich die juristische Situation schwieriger und differenzierter dar. Denn trotz der sehr komplexen Hauptleistungspflichten, nämlich FuE zu betreiben sowie die hierüber gewonnenen Informationen auszutauschen, und der umfangreichen vertraglichen Nebenpflichten besteht große Unsicherheit über die Behandlung von Konflikten sowie deren Auswirkung auf die kautelarjuristische Gestaltung des Zusammenarbeitsverhältnisses.

Zunächst einmal stellt sich bei der Organisation der FuE-Kooperation die Frage, wie und vor allem in welcher Form die Partner ihr Vorhaben durchführen wollen. Dies kann im Wege eines relativ unverbindlichen Erfahrungsaustausches erfolgen, es sind aber auch rechtlich wie organisatorisch engere Verbindungen denkbar. Daher bedarf es sehr umfangreicher Vorüberlegungen, welche Gestaltung für den konkreten FuE-Zweck die vorteilhafteste Lösung bietet.

Viele Probleme bringt das technisch relevante Wissen mit sich, unabhängig davon, ob man gewerbliche Schutzrechte oder schlichtes Know-how betrachtet. Denn schon im Rahmen der Schutzrechtseinbringung stellt sich die Frage, welches Wissen aus der Hand gegeben werden muß, um einerseits den Partner in die Lage zu versetzen, zielgerichtet tätig zu werden, und sich andererseits nicht in zu tiefe Abhängigkeit zu begeben. Soweit die Zusammenarbeit zu Erfindungen führt, die als neue Schutzrechte eintragungsfähig sind, schließt sich der Problemkreis an, wer das Recht originär erwirbt, ein Kooperationspartner allein oder mehrere gemeinsam. Von entscheidender Bedeutung bei der Lösung dieses Problems ist auch, wessen Arbeitnehmer bei der Entwicklung einer neuen Erfindung tätig geworden sind. Darüber hinaus sollten sich die Partner Gedanken darüber machen, in welcher Weise die Verwertung des gemeinsam geschaffenen Wissens zu erfolgen hat, um das Eingreifen der gesetzlichen Regeln zu vermeiden.

Die im Rahmen einer solchen Zusammenarbeit auftretenden Leistungsstörungen eröffnen einen weiteren Problemkomplex, zumal die gesetzlichen Normen des allgemeinen sowie des für Kooperationsbeziehungen maßgeblichen Leistungsstörungsrechts keine adäquaten Lösungsansätze aufzeigen. Insbesondere resultieren die Schwierigkeiten daraus, daß oft nur einzelne Leistungspflichten gestört sind, diese aber nach den Wertungen des Gesellschaftsrechts Auswirkungen auf den Bestand der Kooperationsbeziehung insgesamt haben können. Daher ist es das oberste Ziel, der Zusammenarbeitsbeziehung im Falle von Störungen einzelner Leistungspflichten die erforderliche Stabilität zu verleihen.

Eine weitere FuE-spezifische Schwierigkeit besteht darin, daß sich zu Beginn eines Vorhabens das spätere Resultat oft noch nicht hinreichend genau definieren läßt. Dies führt jedoch dazu, daß auch die Leistungsbeiträge der Partner nicht exakt bestimmt werden können, was wiederum zur Folge hat, daß der Vertragsinhalt im Laufe der Zusammenarbeit einer Änderung oder einer Konkretisierung bedarf. Bei der Lösung dieses Problems tritt jedoch der Zielkonflikt zwischen Stabilität und Flexibilität der Kooperation deutlich zu Tage.

Weiteres Konfliktpotential bereiten die Auflösung, Beendigung und Rückabwicklung des Kooperationsverhältnisses. Denn schon die Frage nach dem Beendigungsgrund verursacht vielfach erhebliche Schwierigkeiten. Insbesondere die Möglichkeiten bzw. die Voraussetzungen zur Kündigung werden daher einer eingehenden Betrachtung unterzogen. Im Rahmen der Rückabwicklung tritt neben den bereits schon angesprochenen Verwertungsproblemen hinsichtlich der gewerblichen Schutzrechte auch noch die Schwierigkeit auf, daß sich Know-how nicht „rückabwickeln" läßt. Denn mit der Preisgabe von Know-how wird ein vorher bestehender Wissens- und Wettbewerbsvorsprung aus der Hand gegeben und über das neu gewonnene technische Wissen verfügen in der Regel alle beteiligten Kooperationspartner.

Ziel dieser Abhandlung ist es, die gesamten zivilrechtlichen und kautelarjuristischen Problemfelder von FuE-Kooperationen umfassend zu analysieren und mögliche Gestaltungsalternativen aufzuzeigen, die der Konfliktvermeidung in der Praxis dienen, weil sich letztendlich viele Streitpunkte und Unklarheiten durch eine vorausschauende Vertragsgestaltung bereits vorbeugend lösen lassen. Die Ergebnisse dieser Arbeit sind in einem Mustervertrag zusammengefaßt.

I. Die FuE-Kooperation – Bedeutung und Gestaltung

1. Die Beurteilung von FuE-Aktivitäten aus verschiedenen Blickrichtungen

a) Die FuE-Aktivitäten in der Bundesrepublik Deutschland

Forschung und Entwicklung sind als die fundamentalen Antriebskräfte für jede Art von wirtschaftlichem Wachstum und technologischer Erneuerung erforderlich[1], denn in immer stärkerem Maße zeigt sich, daß die Leistungs- und Wettbewerbsfähigkeit einer am allgemeinen Welthandel teilnehmenden Volkswirtschaft maßgeblich von ihrer Innovationsbereitschaft abhängig ist, wozu im Wesentlichen die Gesamtheit der FuE-Anstrengungen zu zählen sind. Hierbei ist festzustellen, daß als Träger von FuE-Tätigkeiten neben den Wirtschaftsunternehmen sowohl private wie auch öffentliche (bzw. vom Staat unterstützte) Forschungseinrichtungen und der gesamte Universitäts- und Hochschulbereich[2] auftreten. Besondere Bedeutung hat dabei auch die Tatsache, daß auf allen Forschungsebenen ein Austausch zwischen den verschiedenen Forschungsträgern stattfindet.

aa) In der BRD spielen die jährlichen Gesamtaufwendungen für FuE[3] eine erhebliche Rolle[4], wobei man die absoluten Zahlen in Relation zum Bruttoinlandsprodukt (BIP) setzen muß, um die konkrete FuE-Quote zu erhalten, die beispielsweise im Jahr 1997 bei 2,32% gelegen hat bei Gesamtaufwendungen in Höhe von 83,7 Mrd. DM[5]. Denn nur über diese Quote läßt sich eine präzise Aussage treffen, ob ein Land im Vergleich zu anderen Volkswirtschaften mehr FuE-Aufwendungen als Investition in die Zukunft vornimmt. Hierbei belegt die BRD im Vergleich zu anderen führenden Industrienationen (G7) einen guten Mittelfeldplatz, während lediglich die USA und Japan mit Quoten von 2,52 % bzw. 2,98 % eine signifikant höhere Bereitschaft zeigen[6], FuE-Anstrengungen zu unternehmen.

Der unmittelbare Zusammenhang von FuE-Aktivitäten und der daraus resultierenden Steigerung der Leistungsfähigkeit einer Volkswirtschaft läßt sich wissenschaftlich fundiert

---

[1] Rotering, FuE-Kooperationen zwischen Unternehmen, S.1; Schumpeter, Kapitalismus, Sozialismus und Demokratie, S. 137

[2] Jeweils Sach-, Personal- sowie sonstige Organisations- und Verwaltungsaufwendungen.

[3] Hierbei muß darauf hingewiesen werden, daß eine ganz exakte Messung der FuE-Gesamtausgaben unmöglich ist, da die Grenzen zwischen den verschiedenen Phasen des Innovationsprozesses sich teilweise nicht vollständig klar ziehen lassen (Frascati-Handbuch, S.18).

[4] Die Höhe der gesamten FuE-Ausgaben in der BRD im Jahr 1997 von 83,7 Mrd. DM, wobei allein der private Wirtschaftssektor 52,0 Mrd. DM aufgewendet hat, bedeutet bezogen auf das Ausgangsniveau von 39,2 Mrd. DM in 1981 eine nominale jährliche Steigerung von ca. 6,5 % (Quelle: Faktenbericht 1998 zum Bundesbericht Forschung, S. 11).

[5] Faktenbericht 1998 zum Bundesbericht Forschung, S. 11

[6] Faktenbericht 1998 zum Bundesbericht Forschung, S. 67. Allerdings handelt es sich hierbei nur um vorläufig geschätzte Zahlen für das Jahr 1996, in welchem deutsche FuE-Quote ihrerseits noch bei 2,34 % lag. Allerdings ist bei internationalen Vergleichen zu berücksichtigen, daß die jeweiligen Zahlen insofern gewisse Ungenauigkeiten beinhalten, da dieser auf Dollarbasis durchgeführt worden ist und bereits der Währungskursumrechnung gewisse Unsicherheiten immanent sind.

kaum in konkreten Zahlen[7] erfassen, zumal eine exakte Messung dieser Wirkung und damit ein sicherer Nachweis sehr schwierig ist, da sich FuE-Erfolge teils erst in einem längeren Prozeß einstellen und teils noch Jahre später positive Nachwirkungen zeigen. Allerdings liefert die Zahl der Patentanmeldungen ein Indiz für die FuE-Intensität. Diesen unmittelbaren Zusammenhang hat Scherer[8] in der Auswertung einer Studie, die von der US-amerikanischen Federal Trade Commission[9] veröffentlicht wurde, für amerikanische Industrieunternehmen nachgewiesen.

Im Ergebnis bestehen diese positiven Auswirkungen jedoch nur, wenn die Patente auch in der Praxis umgesetzt werden[10] und dort zu einem entsprechenden Markterfolg führen. Dies ist jedoch auch von einigen, außerhalb des FuE-Bereichs stehenden Faktoren, wie der Umsetzung von Erfindungen in der Produktion sowie dem Marketing und dem Vertrieb, abhängig. Somit kann die reine FuE-Tätigkeit letztendlich nur die Wettbewerbsfähigkeit als eine von mehreren Voraussetzungen für unternehmerischen Erfolg steigern. Folglich ist die Höhe der FuE-Aufwendungen jedenfalls als ein aussagekräftiger Indikator für die Innovationfähigkeit anzusehen, welche wiederum Grundvoraussetzung für die Wettbewerbs- sowie die Leistungsfähigkeit und daher auch für den Erfolg einzelner Unternehmen sowie ganzer Volkswirtschaften im weltwirtschaftlichen Konkurrenzkampf ist[11].

bb) Ein Teil dieser FuE, die von Wirtschaftsunternehmen betrieben wird, findet dabei in Kooperation mit anderen Unternehmen statt. Hierbei ist die deutliche Tendenz zu erkennen, daß hauptsächlich größere Unternehmen (Umsatz von mehr als DM 500 Mio.; mehr als 1000 Mitarbeiter) Bereitschaft zu dieser Form der zwischenbetrieblichen Zusammenarbeit zeigen[12], während für kleinere Unternehmen, die in technologischen Nischenräumen tätig sind[13], aufgrund deren hohen Spezialisierung FuE-Kooperationen weniger interessant sind[14]. Auch liegt die Zahl der an einer Zusammenarbeit beteiligten Partner bei Unternehmen bis zu einem Umsatz von DM 2,5 Mrd. bei durchschnittlich zwei bis drei, während sich größere Unternehmen auch an Kooperationsbeziehungen mit bis zu fünf oder noch

---

[7] So Störi, Forschungs- und Entwicklungsverträge, S. 19. Noch schwieriger ist es einen internationalen Vergleich durchzuführen, da das jeweilige nationale Patentrecht der führenden Industrieländer sehr verschieden ausgestaltet ist und insbesondere die Voraussetzungen für eine Patenterteilung stark divergieren.

[8] Scherer, Zusammenhänge zwischen Forschungs- und Entwicklungsausgaben und Patenten, GRUR Int 1982, 425, 427

[9] Scherer, GRUR Int 1982, 425 ff.

[10] Oltmanns, Forschungsinvestitionen, S. 67; Täger, Untersuchung der Aussagefähigkeit von Patentstatistiken hinsichtlich technologischer Entwicklungen, S. 124 ist sogar der Ansicht, daß dies gänzlich unmöglich sei.

[11] Schätzle, Forschung und Entwicklung als unternehmerische Aufgabe, S. 124

[12] Rotering, S. 73; Möschel, Technologische Zusammenarbeit nach deutschem und europäischem Kartellrecht, in: Strukturanpassung durch Wettbewerb oder Staatshilfen, 1985, S. 87, 88f.; Schanz, Industrielle Forschung und Entwicklung und Diversifikation, ZfB 1975, 449ff

[13] Allerdings wir die Zusammenarbeit von Partnern verschiedener Größe zum Teil als weit überdurchschnittlich erfolgsversprechend eingeschätzt, da dort die Vorteile der hohen Innovationskraft kleinerer Unternehmen mit den Größenvorteilen des Partners kombiniert werden können (Landau, Corporate Partnering can spur Innovation, Research Management, 1987 (Band 30), S. 21ff; Strebel, Unternehmenskooperation bei Innovation, WiSt 1983, 59, 63).

[14] Nelson, Uncertainty, Learning, and the Economics of Parallel Research and Development Efforts, Review of Economics and Statistics, Vol. 48 (1962), S. 351ff; Strebel, WiSt 1983, 59, 63; auch Rotering, S. 73, hat in einer empirischen Untersuchung festgestellt, daß Unternehmen mit einem Umsatz von weniger als 500 Mio. eine geringere Bereitschaft zeigen, zwischenbetriebliche Kooperationsbeziehungen einzugehen.

mehr Partnern beteiligen [15].

Grundsätzlich finden sich FuE-Kooperationen in allen industriellen Sparten, es existieren also keine Branchen, die ausschließlich von innerbetrieblicher FuE geprägt sind. Von den beteiligten Unternehmen werden dabei die Erfolgsaussichten der Zusammenarbeit vor allem in den Bereichen der pharmazeutischen Industrie sowie im Maschinen- und Fahrzeugbau als besonders positiv eingeschätzt[16]. Häufig werden sogar branchenüberschreitende Kooperationen vereinbart[17], was vielfach zum Ineinandergreifen von verschiedenen Technologiebereichen führt. Dennoch ist die horizontale Zusammenarbeit von Unternehmen, also von solchen, die auf der gleichen Produktionsstufe stehen, die überwiegende Kooperationsform[18].

b) Wirtschaftswissenschaftliche Betrachtung der FuE-Tätigkeit

Am Anfang jedes modernen industriellen Innovationsprozesses steht die FuE-Tätigkeit, die dann in die weiteren Abläufe wie Erprobung, Produktion, Markteinführung und Vertrieb mündet[19].

aa) Trotz der häufigen Verwendung der Terminus „FuE" hat sich bisher noch keine einheitlich verwendete Definition durchgesetzt, so daß es zunächst einer begrifflichen Präzisierung bedarf, die dazu dient, FuE von anderen Tätigkeiten im Rahmen des Innovationsprozesses abzugrenzen[20].

(1) Als Ausgangspunkt sind die Ausführungen von Schätzle[21] heranzuziehen, der FuE als „planmäßige Tätigkeit, deren Ziel darauf gerichtet ist, neue technische Kenntnisse zu gewinnen", bezeichnet. Hierbei führt Schätzle zunächst eine Trennung der beiden Komponenten Forschung und Entwicklung durch und beschreibt Forschung als Tätigkeit zur Gewinnung von technischem Wissen, in eindeutiger Abgrenzung zur Forschung auf sozialen oder wirtschaftlichen Gebieten[22]. Im nächsten Schritt erst bezieht er die Entwicklungstätig-

---

[15] Rotering, aaO, S. 107

[16] Rotering, aaO, S. 92f

[17] Rotering, aaO, S. 99

[18] Siehe Rotering, aaO, S. 101, der die Zahl der horizontalen Kooperationen mit 76 % aller Zusammenarbeitsbeziehungen im FuE-Bereich beziffert. Rotering, aaO, S. 103f verweist in diesem Zusammenhang darauf, daß jedoch die vertikale Zusammenarbeit als erfolgsversprechender eingeschätzt wird. Dem widerspricht jedoch Harrigan, Strategic Alliences and Partner Asymmenties, Management International Review, Special Issue, 1988, S. 53, 54, der aufgrund der größeren Homogenität der Beteiligten den horizontalen Zusammenarbeitsformen eine höhere Erfolgswahrscheinlichkeit zuspricht,

[19] Siehe zum Beispiel Frascati-Handbuch, S. 17ff; Mellerowicz, aaO, S. 25ff

[20] Frascati-Handbuch, S. 16 ff: Dies sind im einzelnen neben FuE noch die Markteinführung neuer Produkte, die Tätigkeit auf dem Gebiet des Patentrechts, finanzielle und organisatorische Veränderungen, Endproduktgestaltung und -konstruktion, Werkzeug- und Gewerbetechnik sowie schließlich der Herstellungsbeginn. Mellerowicz, Forschungs- und Entwicklungstätigkeit als betriebswirtschaftliches Problem, S. 29ff spricht hier lediglich von Erprobung und Anwendung. Wie weit hier der Rahmen gezogen wird und welche Differenzierung vorgenommen werden kann ist für die exakte Bestimmung des FuE-Begriffs jedoch nicht von Belang.

[21] Dies bietet sich an, weil Schätzle, aaO, S. 18, bereits im Jahr 1965 eine sehr umfassende Analyse zur Begriffsbestimmung vorgenommen hat, auf dessen Ansatz sich in der Folgezeit viele andere Autoren gestützt haben, stellvertretend für viele: Brockhoff, FuE - Planung und Kontrolle, S. 35; Machunsky, Forschungskooperation im Recht der Wettbewerbsbeschränkung, S. 3; Fuchs, Kartellrechtliche Grenzen der Forschungskooperation, S. 35.

[22] Als Beispiele hierfür werden Schätzle, aaO, S. 10 die Marktforschung und die Organisationsforschung angeführt.

keit mit ein, wobei er zum Ausdruck bringt, daß die Bezeichnung „Industrieforschung" den gesamten Vorgang der Erzeugung neuen technischen Wissens[23] umfaßt[24]. Bei der Frage nach der „Neuheit" einer Entdeckung auf technischem Gebiet folgt Schätzle der grundsätzlichen Unterscheidung von Machlup[25], der objektiv neues („socially new knowledge") von bloß subjektiv neuem Wissen trennt[26].

Schätzle läßt im Gegensatz zu Machlup[27] bereits subjektiv neues Wissen genügen, wobei er fordert, daß FuE die Suche nach objektiv neuem Wissen zum Ziel haben muß, aber „als Maß für die objektive Neuheit die subjektive Vorstellung der Unternehmung über das Vorhandensein und die Zugänglichkeit des erstrebten Wissens dient"[28]. Zahlreiche weitere Autoren haben versucht, ausgehend vom Ansatz Schätzles, eine ebenso kurze wie prägnante Definition von FuE zu formulieren, wie etwa Machunsky[29], Bartenbach[30], Brockhoff[31] oder das Frascati-Handbuch[32]. Gemeinsam ist jedoch all diesen Ansätzen der Mangel, den FuE-Begriff in Worte zu kleiden, der diesen in eindeutiger Weise von den anderen Bereichen des Innovationsprozesses abgrenzt.

---

[23] Schätzle, aaO, S. 12, in Abgrenzung zur sogenannten Freizeitforschung, da hierbei keine knappen Produktionsfaktoren zum Einsatz kommen.

[24] So Schätzle, aaO, S. 11 und Mellerowicz, aaO, S. 9; Bruggmann, Betriebswirtschaftliche Probleme der industriellen Forschung, S. 4 ff unterscheidet dagegen die industrielle Forschung im engeren Sinn („technische Forschung") von der Forschung im weiteren Sinn (sowohl technische wie auch betriebswirtschaftliche Forschung). Zur betriebswirtschaftlichen Forschung zählt zum Beispiel auch die Marktforschung, die aber nicht zu dem FuE-Begriff zu rechnen ist, wie ihn Schätzle verstanden wissen will.

[25] Machlup, The Production and Distribution of Knowledge in the United States, S. 7 ff

[26] Nach Machlup, aaO, S. 145, liegt objektiv neues Wissen dann vor, wenn die konkreten wissenschaftlich-technischen Erkenntnisse bisher (zumindest innerhalb einer Volkswirtschaft) noch nicht bekannt waren, während man von subjektiv neuem Wissen sprechen kann, sobald dieses lediglich aus dem Blickwinkel des jeweiligen Betriebs unbekannt ist und sich auch nicht aus allgemein zugänglichen Quellen erschließen läßt.

[27] So Machlup, aaO, S. 145, der als wesentliches Merkmal von FuE die Ausrichtung auf die Erzeugung von objektiv neuem Wissen sieht.

[28] Schätzle, aaO, S. 16.

[29] Machunsky, aaO, S. 3, gelingt es unter Einbeziehung von objektiv wie auch subjektiv neuen Erkenntnissen, FuE sehr treffend zu umschreiben, wenngleich es an einer griffigen Kurzdefinition, ohne die Notwendigkeit weiterführender Erläuterungen, mangelt.

[30] Bartenbach, Zwischenbetriebliche FuE-Kooperation und das Recht der Arbeitnehmererfindung, S. 5ff. Allerding ist dessen Begriffsbestimmung wenig hilfreich, da er in Anlehnung an Lindenmeier, Zum Begriff der technischen Erfindung, GRUR 1953, 12, 13 grundsätzlich zwischen Forschung, als gewollter Suche nach Neuem, und Entwicklung, als Umsetzung der Forschungsergebnisse auf die Herstellung der Endprodukte, unterscheidet. Jedoch kann meines Erachtens diesem Ansatz nicht gefolgt werden, da die Aufspaltung des einheitlichen FuE-Begriffs in zwei Einzelkomponenten verkennt, daß die Begriffsklärung nicht als Selbstzweck zu verstehen ist, sondern als Folge des als Einheit zu betrachtenden FuE-Vorgangs eine exakte Aufspaltung mit nachfolgender Zuordnung zu jeweils einem Bereich niemals in völlig eindeutiger Weise als möglich erscheint.

[31] Nach Brockhoff, aaO, S. 35 ist FuE "eine Kombination von Produktionsfaktoren, die die Gewinnung neuen Wissens ermöglichen soll". So richtig diese Aussage dem Grunde nach ist, so wenig vermag sie jedoch den FuE-Begriff selbst einzugrenzen und ist daher ungeeignet diesem mehr Schärfe zu verleihen.

[32] Einen zumindest begrifflich bemerkenswerten Ansatz liefert das Frascati-Handbuch, Nr. 43, welches "Forschung und Entwicklung als systematische, schöpferische Arbeit zur Erweiterung wissenschaftlicher und technischer Erkenntnisse und deren Verwendung mit dem Ziel neue Anwendungsmöglichkeiten zu finden" definiert. Doch auch dieser Definitionsversuch ist von seinem Wortlaut her zu weit gefaßt ist, während umgekehrt die Extension auf "neue Erkenntnisse über Menschen, Kultur und Gesellschaft" zeigt, daß auch der soziale und wirtschaftswissenschaftliche Bereich umfaßt wird, was mit dem technikbezogenen FuE-Begriff, wie er heute verstanden wird, nicht in Einklang zu bringen ist.

(2) Einen griffigen Ansatzpunkt hat Störi[33] gefunden, der FuE als eine „systematische, schöpferische Arbeit" bezeichnet. Gleichwohl geht er davon aus, daß es, wenigstens in geringem Umfang, auch einer schöpferischen Komponente bedarf[34]. Demnach läßt sich FuE im Anschluß an Störi folgendermaßen definieren:

> „FuE ist eine systematische und schöpferische Tätigkeit mit dem Ziel (zumindest subjektiv) neue technische Erkenntnisse[35] zu gewinnen."

(3) Hierbei läßt sich die FuE-Tätigkeit in drei große Gruppen einteilen, nämlich die Grundlagenforschung, die (projektbezogene) Anwendungsforschung sowie die Produktentwicklung[36]. Nicht mehr diesem Prozeß zuzuordnen sind hingegen Vorgänge wie Produktion, Produktbeobachtung sowie die unmittelbar marktbezogenen Tätigkeiten wie Markteinführung und Vertrieb.

bb) Im Gegensatz zu früheren Zeiten als technischer Fortschritt durch Einzelerfinder oder auch vielfach nur zufällig zustande kam, bedarf es in der heutigen hochtechnisierten Welt in der Regel der planvollen und systematischen Suche nach neuen wissenschaftlich-technologischen Erkenntnissen[37]. Dabei darf nie außer Acht gelassen werden, daß hierfür zumeist ein immenser personeller wie finanzieller Aufwand notwendig ist[38], denn die praktische Durchführung der Forschung bedarf der Beschäftigung hochqualifizierter und lohnintensiver Mitarbeiter, den Aufbau und die Unterhaltung geeigneter Forschungsstätten und oftmals auch noch einer guten finanziellen Ausstattung, um den hohen Kostenaufwand zu tragen, welcher bei der experimentellen Entwicklung anfällt[39].

Aus volkswirtschaftlicher Blickrichtung ist FuE somit als die entscheidende, weil auslösende Triebfeder des Innovationsprozesses zu betrachten, den jede Volkswirtschaft dringend benötigt, um die Ertragskraft ihrer Unternehmen und ihre internationale Wettbewerbsfähigkeit aufrecht zu erhalten[40]. Letztendlich hängt der gesamte Wohlstand einer Gesellschaft, jedenfalls unter Berücksichtigung längerer Zeiträume, sowie ein nachhaltiges Wirtschaftswachstum von der internationalen Wettbewerbsfähigkeit ab, die sich wiederum nur durch erhebliche FuE-Anstrengungen realisieren läßt. Dies gilt auch, obwohl sich der unmittelbare Zusammenhang von FuE einerseits sowie Wirtschaftswachstum andererseits

---

[33] Störi, aaO, S. 6 ff; ebenso Kospolapov/Scerban, Die Optimierung der wissenschaftlichen Forschung, S. 317 ff sowie auch Klages, Rationalität und Spontanität, S. 27, 30

[34] Störi, aaO, S. 6, 8f; Klages, aaO, S. 27

[35] Erläuternd ist noch hinzuzufügen, daß der Begriff "neue technische Erkenntnisse" im weitesten Sinne zu verstehen ist und somit sowohl alle Arten von gewerblichen Schutzrechten umfaßt als auch das schlichte Wissen oder Know-how, welches entweder nicht den Anforderungen, die an ein technisches Schutzrecht zu stellen sind, gerecht wird oder aufgrund einer unternehmerischen Entscheidung nicht als Schutzrecht angemeldet wird. Dies gilt umso mehr, als daß das bloße Wissen beziehungsweise die Information über die Verfügbarkeit dieses Wissens zunehmend an Bedeutung gewinnt.

[36] Frascati-Handbuch, S. 70ff; Brockhoff, aaO, S. 37ff; Schätzle, aaO, S. 24ff, Brose, Planung, Bewertung und Kontrolle technologischer Innovation, S. 90ff

[37] Gemäß der Definition unter 1.a) dd).

[38] Schätzle, aaO, S. 126

[39] Niedzela-Schmutte, Miterfindungen in Forschungs- und Entwicklungskooperationen, B 1.2

[40] Anderer Ansicht ist Kaltwasser, Wissenserwerb für Forschung & Entwicklung, S. 64ff, die die gesamtwirtschaftliche Bedeutung von Investitionen nicht als gesicherte Erkenntnis betrachtet.

nicht exakt nachweisen läßt[41], da dies von zahlreichen weiteren Faktoren beeinflußt wird, die sich gemeinsam in einer Art „black box" befinden[42].

Wirtschaftliches Wachstum stellt sich demnach nur in Abhängigkeit von der Bevölkerungsentwicklung, der Kapitalbildung und, wie schon festgestellt, dem technischen Fortschritt ein[43]. Anzumerken bleibt, daß der Produktivitätsfortschritt hauptsächlich auf Innovation beruht und nur zu geringem Teil auf verstärkten Kapitaleinsatz. Gleichwohl darf nicht übersehen werden, daß die Umsetzung der FuE-Ergebnisse in wirtschaftlichen Markterfolg wiederum Kapital, in teils sogar erheblichem Maße, erfordert[44]. Als feststehend ist hingegen die umgekehrte Beziehung anzusehen, wonach mangelnde FuE-Anstrengungen eng mit wirtschaftlicher Stagnation sowie technologischem Rückstand verbunden sind und es hierzu auch keiner weiteren nachteiligen Faktoren über das reine Technologiedefizit hinaus bedarf[45].

Diesen globalen Zusammenhang übersehen selbst diejenigen nicht, die intensiven FuE-Prozessen kritisch gegenüberstehen und einzuwenden pflegen, daß durch die fortlaufenden Produktivitätssteigerungen infolge der FuE-Tätigkeit wiederum viele Arbeitsplätze verloren gehen[46]. Auch wenn sich dieses Argument nicht ohne weiteres von der Hand weisen läßt, muß entschieden eingewandt werden, daß eine innovative Wirtschaft wiederum neue Arbeitsplätze hervorbringt[47]. Im Regelfall führt demnach eine im Verhältnis zur Weltwirtschaft überdurchschnittliche Innovationstätigkeit zur Entstehung hochwertigerer Arbeitsplätze, die auch besser qualifizierte Mitarbeiter erfordern[48]. Letztendlich liegt es auch in der Hand der politischen Führung eines Landes, forschungsanregende Rahmenbedingungen zu schaffen, damit eine möglichst hohe Zahl von Arbeitskräften in zukunftsträchtigen und FuE-intensiven Sektoren tätig ist. Hier ist auch eine allgemeine Tendenz zu beobachten, die reine Produktion zunehmend in Länder mit niedrigerem Lohnniveau abziehen zu lassen, was eine Volkswirtschaft insgesamt weniger krisenanfällig werden läßt, da in Zeiten wirtschaftlicher Stagnation eher Arbeitsplätze in der Produktion abgebaut oder wegrationalisiert werden und weniger im FuE-Bereich. Es ist im Gegenteil sogar zu beobachten trotz oder wegen einer Rezession in diesen zu investieren, um für die Zukunft wieder konkurrenzfähiger zu werden.

Darüber hinaus steht jedenfalls fest, daß sich ohne Innovationen auch die vorhandenen Arbeitsplätze nicht erhalten lassen, sondern infolge des Konkurrenzdrucks auf dem Welt-

---

[41] Dies gilt jedenfalls in der wenig aussagekräftigen 1-Jahres-Betrachtung, da sich FuE-Erfolge oft erst im Laufe eines längeren Zeitraumes einstellen. Problematisch ist dabei, daß sich dieser Zusammenhang aufgrund der zahlreichen Unbekannten im Innovationsprozeß kaum empirisch erforschen läßt. Siehe im übrigen oben unter 1.a)aa).

[42] Kaltwasser, aaO, S. 67

[43] Schätzle, aaO, S. 117

[44] Schätzle, aaO, S. 2

[45] Siehe Schätzle, aaO, S. 139ff

[46] Engelmann, Innovation als Jobkiller, in: Wehling (Hrsg.), S. 114f

[47] Gleichwohl ändert dies natürlich nichts an der Tatsache des Verlustes eines konkreten anderen Arbeitsplatzes.

[48] Diese Veränderungen gehen mit dem global zu beobachtenden Wandel von der Produktions- zur Dienstleistungsgesellschaft einher.

markt ins Ausland verlagert werden[49]. Innovationsschwache Volkswirtschaften sind vielfach von einem niedrigen Lohnniveau, einer personalintensiven Produktionsstruktur bei gleichzeitig niedrigem Lebensstandard gekennzeichnet. So wurde zum Beispiel der Aufschwung, den die Bundesrepublik Deutschland in den 80er Jahren durchlaufen hat, im Wesentlichen von den FuE-intensiven Wirtschaftssektoren getragen.

Trotz der weitreichenden Konsequenzen des Innovationsprozesses für die gesamte Volkswirtschaft eines Landes, muß man sich vor Augen halten, daß zwar der Staat dies in gewissem Umfang zu lenken und zu fördern vermag[50], es aber letztendlich in marktwirtschaftlich strukturierten Ländern allein auf den einzelnen Unternehmer ankommt und ob dieser bereit ist, FuE-Aufwendungen zu tätigen und ob die FuE-Erfolge auch wirklich in dessen Stammland umgesetzt werden sollen, da für global operierenden Unternehmen durchaus die Option eröffnet ist, an einem Standort FuE zu betreiben, während die Produktion an einer anderen, unter Umständen kostengünstigeren, Betriebsstätte erfolgt, da hierfür im Gegensatz zur FuE oft schlechter qualifizierte Arbeitskräfte genügen.

cc) Was hinsichtlich des Innovationsprozesses im Großen für die Gesamtwirtschaft gilt, hat auch Bestand, wenn man den Blick auf den Einzelbetrieb richtet, nämlich daß jede Form von FuE zur Erhaltung und zur Steigerung der Ertragskraft sowie der Wettbewerbsfähigkeit[51] dient und folglich den entscheidenden Faktor für den „Wohlstand der Unternehmens" darstellt. Doch hat der einzelne Unternehmer weniger den gesamtwirtschaftlichen Vorteil im Auge, sondern für diesen gilt: „Innovation initiiert, wer hoffen kann sich Innovationsgewinne anzueignen"[52]. Aber auch zur Verwirklichung dieser innovationsbezogenen Unternehmensziele ist FuE das wohl bedeutsamste Instrument, innerbetrieblich den technologischen Wandel durchzusetzen[53].

Zwar ist zur Sicherstellung der eigenen Wettbewerbsfähigkeit i.d.R. zusätzlich zu FuE noch der Kauf bzw. die Erstellung von Anlagegütern erforderlich, aber letztendlich sind Innovationserfolge hauptsächlich mit den FuE-Erfolgen verbunden, die als die eigentliche „Investition in die Zukunft" zu verstehen sind[54]. Neues technologisches Wissen, sei es als bloßes Know-how oder in Form von gewerblichen Schutzrechten, ist ein Produktionsfaktor, der entweder durch eigenbetriebliche oder kooperative FuE gewonnen werden beziehungsweise auf dem mehr oder weniger frei zugänglichen Technologiemarkt erworben werden kann. Hinsichtlich der Durchführung von FuE-Aktivitäten stehen den Betrieben somit drei grundsätzliche Alternativen offen:

(1) Es bleibt zunächst einmal jedem Unternehmer unbenommen, eigene FuE-Anstrengungen durchzuführen, die als „interne FuE"[55] bezeichnet werden. Deren Vorteile liegen

[49] Engelmann, in: Wehling (Hrsg.), S. 114ff

[50] Ullrich, Privatrechtsfragen der Forschungsförderung in der Bundesrepublik Deutschland, § 1 II; Bundesbericht Forschung 1996, S. 69ff

[51] Kaltwasser, aaO, S. 17; Staudt, Kooperationshandbuch - Ein Leitfaden für die Unternehmenspraxis, S. 12

[52] Brockhoff, aaO, S. 32

[53] Kaltwasser, aaO, S. 17, 20; Brose, Planung, Bewertung und Kontrolle technologischer Innovation, S. 90; Thom, Grundlagen des betrieblichen Innovationsmanagements, S. 96; Mellerowicz, aaO, S.11

[54] Oltmanns, aaO, S. 68

[55] Oltmanns, aaO, S. 17f; Schneider/Zieringer, Make-or-buy - Strategien für FuE, S. 25

klar auf der Hand, da das Unternehmen seine Schwerpunkte selbst definieren kann, besteht nämlich die Möglichkeit durch besonders zielgerichtete Suche den Interessen des Unternehmens im besonderen Maße gerecht zu werden, ohne unnötige Vergeudung von Ressourcen. Auch lehrt die Erfahrung der Praxis, daß selbst gewonnenes Wissen oft tiefer im Unternehmen verwurzelt ist als „zugekauftes" Fremdwissen, welches sich die Mitarbeiter erst aneignen müssen. Und letztendlich darf nicht übersehen werden, daß auf diese Weise eigene gewerbliche Schutzrechte erworben werden können, die sich durch spätere Lizenzerteilungen noch in weiterem Umfang kommerziell verwerten lassen.

Aus der unternehmerischen Sicht drängen sich zwei besondere Charakteristika auf, sobald die Entscheidung getroffen wurde, im FuE-Bereich selbst tätig zu werden. Denn zum einen gibt es bei der internen FuE keinen externen Kostenträger, auf welchen die FuE-Aufwendungen abgewälzt werden können[56], und zum anderen bleibt auch das hohe Risiko, durch ein mögliches Fehlschlagen der FuE-Anstrengungen, allein beim Unternehmen. Darüber hinaus darf die Gefahr von Parallelentwicklungen durch Mitbewerber[57], die damit früher auf den Markt kommen, nicht unterschätzt werden.

Diese Zusammenhänge gelten selbst dann, wenn sich der FuE-Erfolg in der Erteilung entsprechender gewerblicher Schutzrechte niederschlägt, weil das gewonnene Wissen allgemein zugänglich wird. Konkurrenten werden dadurch quasi auf den aktuellen Stand der eigenen Technik gehoben und haben damit die Chance aufgrund von eigenen Entwicklungen, die auf der Grundlage dieses Wissens basieren, aber keine Verletzungshandlung darstellen, dieses zu verwerten, ohne daß entsprechende Lizenzgebühren anfallen.

(2) Ein gänzlich anderer Weg, um zu unternehmerisch verwertbaren FuE-Resultaten zu gelangen, ist die „externe FuE"[58]. Diese läßt sich untergliedern in die Vertrags- oder Auftrags-FuE, worunter konkrete FuE-Aufträge an Drittfirmen bzw. an staatliche Forschungseinrichtungen sowie Hochschulen fallen[59], und als zweite Möglichkeit in die Lizenznahme oder den Erwerb[60] von gewerblichen Schutzrechten und Know-how.

Die Vorteile der externen FuE dokumentieren sich hauptsächlich in dem Bereich des Risikomanagements, da sich das Kosten-Nutzen-Verhältnis deutlich besser abschätzen läßt und vielfach die Aufwendungen für FuE-Ergebnisse in der Gesamtbetrachtung geringer ausfallen werden, denn die Höhe der Lizenzkosten richtet sich in der einschlägigen Vertragspraxis oftmals nach dem wirtschaftlichen Erfolg eines konkreten Produkts auf dem Markt, sei es als Umsatz- oder als Stückbeteiligung, so daß bei einem Mißerfolg hinsichtlich der wirtschaftlichen Verwertung des Endprodukts vielfach nur eine Grundgebühr anfällt, was insgesamt zu deutlich geringeren Kosten führt. Zwar können Lizenzgebühren unter Umstän-

[56] Eine Ausnahme hiervon stellt die staatliche Forschungsförderung dar, wobei die unmittelbare Übernahme von Kosten nur eine Form der Förderung ist, der neben dem Technologietransfer von staatlichen Einrichtungen auf die einzelnen Betriebe und der Schaffung von geeigneten Rahmenbedingungen, wie eine geeignete Gesetzeslage, man denke hierbei nur an das Patentschutzsystem, sowie eine entsprechende Infrastruktur eine eigenständige Bedeutung zukommt. Siehe hierzu Ullrich, Privatrechtsfragen der Forschungsförderung in der Bundesrepublik Deutschland, § 1 II 1. und § 4.

[57] Bartenbach, aaO, S. 1ff

[58] Oltmanns, aaO, S. 18f; Schneider/Zieringer, aaO, S. 31

[59] Ullrich, Privatrechtsfragen der Forschungsförderung in der Bundesrepublik Deutschland, § 2 I 1.b)

[60] Wobei der Schutzrechtserwerb der Ausnahmefall sein dürfte.

den, insbesondere bei Erfolgsbeteiligung des Lizenzgebers, auch höher ausfallen als die Kosten für interne FuE, aber dies führt dann, aufgrund des Reüssierens eines Produkts, lediglich zu einem reduzierten Gewinn und nicht zu einer wirklichen finanziellen Belastung des Unternehmens.

Letztendlich verbleibt im Rahmen der externen FuE nur noch das Umsetzungsrisiko beim Unternehmen, während das eigentliche Entwicklungsrisiko in der Regel nicht mehr vorhanden ist[61]. Allerdings besteht bei diesem Weg kaum die Chance, wirkliche Neuerungen zu erzielen, sondern bloß die Möglichkeit auf der Höhe des Standes der Technik zu bleiben oder zu gelangen und nicht den Anschluß an die Konkurrenz zu verlieren. Doch dies ist nicht allein als Nachteil zu werten, zumal diese FuE-Form sich vor allem für kleinere und mittlere Unternehmen anbietet, die oftmals nicht finanzkräftig genug sind, um eigene kapitalintensive FuE-Abteilungen zu unterhalten, mit denen revolutionäre Neuerungen oder Erfolge auf den Gebieten Grundlagenforschung und neue Technologien zu realisieren wären. Aber zur Erzielung von Problemlösungen in einer hochspezialisierten Technologienische erscheinen Kooperationen mit Unternehmen auf anderen Produktionsstufen, mit unmittelbaren Konkurrenten oder auch mit Großunternehmen, die eine breit gestreute Produktpalette und damit auch über dementsprechend umfangreiches Know-how verfügen, als durchaus sinnvoll.

(3) Als Kompromiß bzw. als Zwischenlösung bietet sich die Möglichkeit, „kooperative FuE" zu betreiben, an, da durch Zusammenarbeit, sei es zwischen Industrieunternehmen oder auch unter Einbeziehung von staatlichen oder staatlich geförderten Forschungseinrichtungen, die erheblichen Risiken und Nachteile der oben bereits dargestellten Extremlösungen hinsichtlich der FuE-Entscheidung vermieden werden können. Dabei kommen als Formen betrieblicher Zusammenarbeit im FuE-Sektor im weitesten Sinne die gemeinsame Erteilung von Forschungsaufträgen an Dritte, die Errichtung einer gemeinsamen Forschungsstelle sowie die Gemeinschaftsforschung, etwa durch Auslagerung und Zusammenlegung der jeweiligen Fue-Aktivitäten in Form einer arbeitsteiligen FuE-Spezialisierung in Betracht[62].

(4) Für eine klare thematische Abgrenzung der Arbeit ist eine exakte Erläuterung des Kooperationsbegriffs erforderlich, da dieser zum einen in sehr unterschiedlicher Weise verstanden und auch definiert wird[63] und zum anderen keine Einigkeit herrscht, welche Formen überbetrieblicher Zusammenarbeit letztendlich unter diesen einzuordnen sind[64].

---

[61] Anders zu beurteilen ist die Situation, wenn Forschungsaufträge ohne Festpreisabreden erteilt werden, da dann allenfalls ein Kostenrahmen festgelegt wird, bei dessen Überschreiten der Besteller die Entscheidung treffen muß, ob er weitere Mittel bereitstellen oder das Projekt abbrechen will, so daß letztendlich das FuE-Risiko bei ihm verbleibt.

[62] Benisch, Kooperationsfibel, S. 206. Es ist allerdings darauf hinzuweisen, daß lediglich die Gemeinschaftsforschung wirkliche kooperative FuE ist, während es sich bei den beiden anderen Varianten eher um Variationen der externen FuE handelt.

[63] Benisch, aaO, S. 67; Kaltwasser, aaO, S. 83; Rotering, aaO, S. 41; Knoblich, Zwischenbetriebliche Kooperation, ZfB 1969, 497, 501; Schneider, Unternehmungsziele und Unternehmungskooperation, S. 37ff; Schwarz, Morphologie und Typologie der zwischenbetrieblichen Kooperation unter besonderer Berücksichtigung des Wirtschaftsverbandes, S.87ff; Straube, Zwischenbetriebliche Kooperation, S. 65; Pampel, Kooperation mit Zulieferern, S.9; Tröndle, Kooperationsmanagement, S.13

[64] Harms, aaO, S. 1

(a) Trotz der zahlreicher Definitionen haben sich keine einheitlichen Merkmale herausgebildet, sondern die verschiedenen Autoren haben, zum Teil auch im Hinblick auf die unterschiedlichen Zielsetzungen ihrer Abhandlungen, inhaltlich erheblich divergierende Definitionen mit der Darstellung verschiedener Kriterien, die ihrerseits wiederum noch unterschiedlich gewichtet werden, verwendet[65].

(b) Daher ist im Anschluß an Knoblich[66] folgender Definitionswortlaut formulieren:

„Eine Kooperation ist die freiwillige Zusammenarbeit zwischen einigen wenigen selbständigen Unternehmen, zwecks Ökonomisierung von Teilaufgaben".

Dabei stellt der unternehmerische Bereich von FuE, so wie dieser bereits oben definiert worden ist[67], ein geeignetes Kooperationsfeld dar[68], unter den alle, auch die informellen oder nur rein informatorischen Zusammenarbeitsformen fallen. Von entscheidender Bedeutung ist es, daß die Kooperationspartner ihre Selbständigkeit in rechtlicher wie auch wirtschaftlicher Hinsicht vollständig behalten, denn gerade dies entspricht dem Leitbild des kooperativen Arbeitens im Gegensatz zur Konzentration[69] durch Bildung von Zusammenschlüssen und Fusionen. Einen Grenzfall zwischen der klassischen Kooperation und der Unternehmenskonzentration bilden die Gemeinschaftsunternehmen[70], welche auch oft als „Joint Venture" bezeichnet werden[71], da die Partner selbständig bleiben und nur in einem konkreten Bereich eine Konzentration eintritt.

c) Interessenlagen der Partner und Gründe für eine Kooperation

aa) Die maßgeblichen Interessenlagen, welche Unternehmen dazu bewegen, FuE in Form der überbetrieblichen Zusammenarbeit durchzuführen, stellen sich durchaus als sehr verschieden, teils sogar als gegensätzlich dar. Dabei besteht grundsätzlich ein einheitlicher und übereinstimmender Konsens hinsichtlich der Kooperationsziele. Gegenstand dieser Zusammenarbeit kann entweder ein Projekt der Grundlagenforschung, eine Anwendungsforschung oder, ausgehend von bestehenden Forschungsergebnissen und Patenten, eine

---

[65] Beispielhafte Aufzählung der verschiedenen Ansatzpunkte: Benisch, aaO, S. 67ff; Kaltwasser, aaO, S. 83ff; Harms, aaO, S. 1ff; Knoblich, ZfB 1969, 497, 499ff; Häussler, Neue Formen, gesetzliche Möglichkeiten und Finanzierungshilfen für die zwischenbetriebliche Zusammenarbeit, S. 13ff; Straube, aaO, S. 61ff; Desenzani/Larsen, Strategische Allianzen, S. 38ff, S. 47ff; Staudt, aaO, S. 3ff; Rotering, aaO, S. 39ff; Gerth, Zwischenbetriebliche Kooperation, S. 17ff; Naujocks/Pausch, Kooperationsverhalten in der Wirtschaft, S. 5ff; Pampel, aaO, S. 9ff; Schneider, aaO, S. 37ff; Schwarz, aaO, S. 87ff; Salje, Die mittelständische Kooperation zwischen Wettbewerbspolitik und Kartellrecht, S. 3ff

[66] Knoblich, ZfB 1969, 497, 503 definiert zwischenbetriebliche Kooperation wie folgt: "Vertraglich geregelte, freiwillige Zusammenarbeit relativ weniger rechtlich und wirtschaftlich selbständig bleibender Unternehmungen zwecks Ökonomisierung von unternehmerischen Teilaufgaben."

[67] Siehe oben.

[68] Rotering, aaO, S. 41 zum Beispiel nennt hierbei Forschung und Entwicklung neben Einkauf, Produktion, Marketing, Vertrieb sowie Verwaltung als möglichen Gegenstand einer zwischenbetrieblichen Zusammenarbeit.

[69] Benisch, aaO, S. 68; Weder, Joint Venture, S. 42ff, 56

[70] Solche Gemeinschaftsunternehmen können durch Auslagerung und Zusammenlegung von Teilbereichen der Partner oder durch Gründung eines neuen Unternehmens gemeinsam mit dem Partner durch Bereitstellung der hierfür erforderlichen finanziellen Mittel erfolgen.

[71] Altin-Sieber, Joint Ventures, Technologietransfer und -schutz, S. 140ff mit ausführlicher Erläuterung des Begriffs.

konkrete Produktentwicklung sein. Anders stellt sich oft die betriebliche Situation selbst dar, die zur Kooperationsentscheidung geführt hat, da diese vielfach individuell sehr verschieden sein kann[72]. Problematisch ist hierbei die Durchführung des gemeinsamen FuE-Projekts insofern, als daß die Gefahr besteht, nicht dem Gesamterfolg Priorität einzuräumen, sondern den individuellen Unternehmenserfolg in den Vordergrund zu stellen.

(1) Zum einen streben Unternehmen eine Zusammenarbeit mit anderen Industriebetrieben an, um einen laufenden Austausch an Wissen zwischen den jeweiligen Mitarbeitern zu erzielen. Dies kann zum einen auf horizontaler Ebene erfolgen, um etwa Kenntnis über den technischen Stand der unmittelbaren Konkurrenten zu haben oder um bei kleineren Detailproblemen Erfahrungen auszutauschen. Eine solche Zusammenarbeit kann sich vor allem dann als sehr fruchtbar erweisen, wenn die Beteiligten auf räumlich getrennten Märkten auftreten, also in keinem unmittelbaren, sondern nur in einem potentiellen Konkurrenzverhältnis stehen. Aber auch auf vertikaler Ebene lassen sich durch eine Zusammenarbeit die Bedürfnisse der Abnehmer eigener Produkte sowie die eigenen Bedürfnisse gegenüber den jeweiligen Zulieferern durch einen regelmäßigen Austausch optimal befriedigen.

(2) Kooperationen entstehen vielfach dann, wenn zwei oder mehr Industriefirmen auf dem geplanten FuE-Gebiet tätig sind und jede auf einem Teilgebiet über spezielles technisches Wissen verfügt, jedoch nicht in der Lage ist das angestrebte Ergebnis allein zu erzielen oder ein Produkt herzustellen, für welches sich ein aussichtsreicher Markt auftun könnte[73]. Die dahinter stehende Motivationslage kann dabei auf tatsächlichen Gründen, also mangelndem Know-how, nicht ausreichender technischer Ausstattung, dem Auftreten von nicht lösbaren technischen Problemen oder auf rechtlichen Ursachen, wie fehlenden Schutzrechtspositionen beruhen. Der Zusammenschluß kann sich aber auch als notwendig erweisen, weil ein Großauftrag, der mehreren Unternehmen gemeinsam erteilt worden ist, auch gemeinsam abgewickelt werden muß[74]. Aber Kooperationen eignen sich auch zum Einstieg in technisch völlig neue Gebiete[75], wobei hier insbesondere an eine Zusammenarbeit mit Unternehmen zu denken ist, die in diesem Bereich schon über Erfahrungen verfügen.

(3) Schließlich ist noch an die Situation zu denken, daß Unternehmen, trotz der potentiellen Möglichkeit und Fähigkeit, eigenständig tätig zu werden, in einem bestimmten Teilbereich kooperativ forschen wollen. Dies beruht auf der betriebswirtschaftlichen Motivation, die Entwicklungskosten nicht allein aufwenden zu wollen[76], sei es zur Minimierung des eigenen wirtschaftlichen Risikos, zur Beschleunigung des gesamten FuE-Prozesses oder um besser in die Lage versetzt zu werden, unternehmensübergreifende Systeme in einer Weise optimal zu entwickeln, welche den Anforderungsprofilen aller potentieller Nutzer entspricht.

bb) Hinter diesen Szenarien sind die verschiedensten Erwartungen zu erkennen, welche

---

[72] Siehe hierzu oben unter 2.b).

[73] Reukauf, Mögliche Regelung der Lizenzerteilung im Zusammenhang mit Kooperationen, GRUR 1986, 415

[74] Hier kommen insbesondere öffentliche Großaufträge des BMBF in Betracht, so Reukauf, GRUR 1986, 415, 416

[75] Wolff, aaO, S. 16

[76] Dahinter steht jedoch meist die Absicht durch die Zusammenarbeit insgesamt schneller oder billiger zum Erfolg zu gelangen, so Wolff, FuE-Kooperation von kleinen und mittleren Betrieben, S. 16.

Unternehmen dazu veranlassen, kooperative FuE zu betreiben. Die angestrebten Vorteile lassen sich in fünf Gruppen einteilen, wobei eine ganz exakte Grenzziehung nicht sinnvoll erscheint, da diese zum Teil in wechselseitiger Abhängigkeit zueinander stehen.

(1) Ein maßgeblicher Punkt bei der Überlegung ein Kooperationsabkommen zu schließen, unabhängig von der jeweiligen Ausgestaltung, ist der zu erwartende *Synergieeffekt*[77], der durch den in der Regel stattfindenden gegenseitigen Technologietransfer eintritt. Konkret bedeutet dies, daß zunächst ein Austausch von Know-how und gegebenenfalls von gewerblichen Schutzrechten erfolgt, während im weiteren Verlauf der Zusammenarbeit zunehmend der gemeinsame Wissenserwerb einsetzt. Insgesamt führt diese Entwicklung dann bei allen beteiligten Unternehmen neben der Schaffung von Know-how und dem Erwerb von Schutzrechten auch zu einer Steigerung des betrieblich nutzbaren Wissens[78]. Ein weitere positive Folge kann, insbesondere bei gleichbleibendem Projektaufwand, die Möglichkeit sein, bei vorgegebenem Ziel das angestrebte Ergebnis in kürzerer Zeit zu erreichen.

(2) Letztendlich dient jegliche Form der Zusammenarbeit auf dem Gebiet von FuE, aus dem Blickwinkel jedes einzelnen Partnerunternehmens betrachtet, als Ausdruck des „Minimalprinzips"[79], dem Ziel der *Kostenminimierung*[80] sowohl hinsichtlich der Personal-, wie auch der Sachkosten. Es besteht mithin die Möglichkeit, die frei werdenden Forschungskapazitäten einzusparen, um die laufenden Kosten zu senken oder die betrieblichen Ressourcen in anderer Weise für FuE zu verwenden, was insgesamt zur Steigerung der eigene Innovationsfähigkeit führt. Als Alternative hierzu bietet es sich auch noch an, die frei werdenden Mittel in anderen, innovationsfremden Bereichen des Betriebs, wie Marketing, Vertrieb etc. einzusetzen.

Soweit die Kooperation nicht der Kostenminimierung dienen soll, sondern die Forschungsressourcen der Beteiligten vollständig der Kooperation zur Verfügung stehen, stellen sich die FuE-Erfolge in der Regel rascher ein, so daß aufgrund der reduzierten Innovationszeit[81] die entsprechenden Produkte früher auf den Markt gebracht werden können. Dieser Zeitvorsprung auf dem Markt läßt sich dann wiederum als Wettbewerbsvorsprung über höhere Preise wirtschaftlich verwerten, da Innovation in der heutigen Zeit weniger eine Frage des „Ob", sondern viel mehr ein Frage des „Wann" ist[82].

Unter Umständen versetzt erst das kooperative Tätigwerden die Partnerunternehmen in die Lage, komplette betriebsübergreifende Systeme oder Aufgaben zu realisieren beziehungsweise eine Diversifikation der eigenen Unternehmensaktivitäten zu erreichen[83], die ansons-

---

[77] Desenzani/Larsen, aaO, S. 24; Tröndle, Kooperationsmanagement, S. 42ff

[78] Benisch, aaO, S. 189. Von Staudt, aaO, S. 5 auch als Ressourcen-Vorteil bezeichnet.

[79] Knoblich, ZfB 1969, 497, 510

[80] Staudt, aaO, S. 5; Franz, aaO, S. 84ff

[81] Desenzani/Larsen, aaO, S. 48

[82] Für bestimmte Produkte ist auf dem Markt vielfach nur für eine bestimmte Zeitspanne Raum, so daß nach deren Ablauf die Herstellung und der Vertrieb zur Gänze unprofitabel wird. Dies bedeutet, daß ein frühes Auftreten auf dem Markt zu erheblichen Gewinnen führen kann, während das Verpassen eines Innovationszeitpunkts den Verlust von Marktpositionen nach sich zieht und damit dem Betrieb nicht genug Zeit verbleibt die aufgewendeten Entwicklungskosten wieder einzuspielen.

[83] Bea, DB 88, 2521

ten aus personellen, sachlichen oder finanziellen Gründen nicht oder zumindest nicht in der konkreten Form durchführbar gewesen wären. Insbesondere die Einführung von neuer Technologie, neuen Produkten sowie die Schaffung von neuen Industriestandards erfordert eine Marktakzeptanz, unabhängig von der Produktqualität, die einzelne Unternehmen oft nicht allein zu erreichen vermögen[84].

(3) Schließlich bleibt noch die *Risikominimierung* nennen[85], da bei einem eventuellen Scheitern von aufwendigen FuE-Vorhaben das unternehmerische und damit auch das finanzielle Risiko auf mehreren Schultern verteilt wird. Denn die Gefahr eines Mißerfolgs, sei es aufgrund von zeitlich früher auf den Markt gebrachten beziehungsweise als Schutzrecht angemeldeten Parallelentwicklungen durch Konkurrenten oder das Scheitern aus sachlichen Gründen, schwebt latent über jeglichem FuE-Vorhaben, da in diesem Bereich die Aussicht ein Projekt erfolgreich realisieren zu können im selben Maße sinkt, in welchem die Erfindungshöhe der angestrebten Innovation steigt[86].

(4) Daneben lassen sich bisweilen durch FuE-Kooperationen die *Markteintrittsbarrieren*[87] senken und ermöglichen den Partnern einen erleichterten Eintritt in neue Absatzmärkte.

(5) Abschließend läßt sich feststellen, daß die Zusammenarbeit zur *Steigerung des Basiswissens, der Finanzkraft sowie der Innovationsquote* dient und damit letztendlich zu einer Gesamtsteigerung der Wettbewerbsfähigkeit, die im Ergebnis das Endziel eines jeden Unternehmers sein muß, führt. Diese Effekte wirken sich als Ausdruck des „Maximalprinzips"[88] immer dann besonders stark aus, wenn bei einem vorgegebenen FuE-Gesamtaufwand angestrebt wird, eine möglichst hohe Zahl von Inventionen zu tätigen, um damit ein Maximum an Innovation zu schaffen. In besonderem Maße gilt dies für kleine und mittlere Unternehmen[89], da diese vielfach erst durch eine Kooperation in die Lage versetzt werden, in bestimmten innovativen Sektoren selbständig und eigenverantwortlich FuE zu betreiben und damit zu größeren, finanzstärkeren Firmen überhaupt erst in ein Konkurrenzverhältnis treten zu können.

Im Ergebnis muß dennoch jedes Unternehmen aufgrund der besonderen unternehmensspezifischen Situation seine eigene „make-or-buy-Entscheidung"[90] treffen und die Innovati-

---

[84] Sehr anschaulich hierzu Desenzani/Larsen, aaO, S. 20ff, 48: Dort werden auch einige Fälle des Erfolgs bzw. des Scheiterns von Produkten beschrieben. Beispielhaft genannt werden kann hier der, den meisten Lesern bekannte, Fall, daß zu Beginn der 80er Jahre auf dem deutschen Markt drei verschiedene Systeme von Videorecordern existierten, nämlich VHS, beta und Video 2000. Im Laufe der Zeit hat sich das von vielen als technisch schlechtestes System eingeschätzte VHS als Standard durchgesetzt, was nicht zuletzt daran lag, daß dieses von mehreren Unterhaltungselektronikherstellern gemeinsam entwickelt und vermarktet worden ist.

[85] Rotering, aaO, S. 80 mit weiteren Nachweisen; Staub, Die Unternehmenskooperation für Produktinnovation, S. 60ff; Franz, aaO, S. 102ff; Ullrich, Kooperative Forschung und Kartellrecht, S. 29ff; Strebel, WiSt 1983, 59, 60.

[86] Brose, aaO, S. 79. Dies bedeutet insbesondere eine erhöhte Gefahr des Fehlschlagens in Bereichen der Hochtechnologie, wobei es dann gleichgültig ist, ob die Entwicklung konkreter Produkte oder Fortschritte in der Grundlagenforschung angestrebt waren.

[87] Franz, F&E-Kooperationen aus wettbewerbspolitischer Sicht, S. 79; Ernst/O'Connor, Technology and Global Competition, Paris 1989, S. 25ff

[88] Knoblich, ZfB 1969, 497, 510

[89] Wolff, S. 13ff

[90] Schneider/Zieringer, aaO, S. 106ff

onsstrategie, ob Know-how sowie gewerbliche Schutzrechte selbst entwickelt oder hinzugekauft werden sollen, festlegen.

cc) Trotz der positiven Einschätzung der Vorteile, welche die kooperative FuE bietet, darf nicht außer Acht gelassen werden, daß die Zusammenarbeit auch mit Gefahren und Risiken verbunden ist.

(1) Hier ist vorrangig an möglicherweise stark divergierende Interessenlagen der beteiligten Unternehmen zu denken, aber auch das Bestreben jedes Partnerunternehmens, jedenfalls außerhalb des konkreten Projekts, die Selbständigkeit des Gesamtbetriebs zu bewahren und sich nicht in fremde Abhängigkeiten zu begeben[91], ist als problematisch anzusehen. Dieses individuelle Bestreben, welches unabhängig von der Heterogenität der Partner in Bezug auf Rechtsform, Größe, Kapitalausstattung etc. gegeben ist[92], ändert sich auch aufgrund der Kooperation nicht, so daß trotz der zahlreichen zur Zusammenarbeit führenden Gemeinsamkeiten letztendlich oft kein wirklich harmonisches Verhältnis der Partner untereinander besteht. Sondern es kann aufgrund des vorhanden Egoismus sogar eine Art Konkurrenzdenken zur Entstehung kommen[93], welches sich im Extremfall sogar bis hin zu einem regelrecht antagonistischen Verhalten zu steigern vermag.

Ob es nun tatsächlich zu solchen Abhängigkeiten kommt oder zumindest eine derartige Gefahr objektiv auszumachen ist, spielt letztendlich keine Rolle, solange die jeweils Verantwortlichen zumindest subjektiv das Empfinden haben, „den Betrieb aus der Hand" zu geben, denn schließlich werden zu treffende Entscheidungen oft stärker von subjektiven Anschauungen als von vernünftigen Erwägungen im Hinblick auf die objektiven bestehenden Realitäten beeinflußt.

(2) Daneben existieren jedoch auch Gefahren, die weniger mit dem subjektiven unternehmerischen Selbstverständnis zusammenhängen, sondern real existent sind. Im Rahmen der Durchführung des FuE-Projekts, aber auch schon vor dem Zustandekommen einer Kooperationsvereinbarung, wenn die Partner erst die Möglichkeiten hierfür sondieren, sind diese gezwungen - aufgrund von vertraglichen Absprachen oder zumindest faktisch - eigenes Wissen[94] zu offenbaren, was jedenfalls spätestens zum Zeitpunkt der Beendigung der Zusammenarbeit beziehungsweise nach einem möglichen Scheitern der Vertragsverhandlungen zum Verlust des ursprünglich vorhandenen Wissensvorsprungs gerade gegenüber dem ehemaligen Kooperationspartner, führt. Auch besteht oftmals die - berechtigte - Furcht, eigenes Wissen zu opfern, ohne eine entsprechende Gegenleistung dafür zu erhalten[95]. Umgekehrt wiederum kommt eine Geheimhaltung von kooperationsrelevanten Erkenntnissen ohne erhebliche Beeinträchtigung des Kooperationserfolges nicht in Betracht, da das Zurückhalten von kooperationsrelevantem Wissen oder gar der gemeinsamen FuE-Ergebnisse unabänderlich zum Scheitern des Projekts führen muß.

---

[91] Harms, aaO, S.14; Staudt, aaO, S. 28, 91 betont in besonderem Maße die unternehmerische Furcht vor dem Verlust der Eigenständigkeit.

[92] Harms, aaO, S.14

[93] In einer solchen Situation dürfte sich jedoch eine weitere gedeihliche Zusammenarbeit als ausgesprochen schwierig erweisen, so daß die FuE-Kooperation dann als gescheitert betrachtet werden muß.

[94] Staudt, aaO, S. 5

[95] Axster, FuE-Gemeinschaften im deutschen Kartellrecht, MittPatAnw 1969, 299, 303

(3) Stets ist zu beachten, daß die Zusammenarbeit im Ergebnis auch zu einer organisatorischen Aufblähung mit den entsprechenden Mehrkosten[96] führen kann sowie daß die Gefahr besteht durch Kommunikationsprobleme zwischen den Partnern Zeit zu verlieren. Diese beiden Risiken, die nicht nur rein akademischer Natur sind, spielen jedoch in der Praxis bezüglich der Frage des „Ob" einer Zusammenarbeit keine tragende Rolle, da zum einen, aufgrund des hohen Einsparungspotentials in der wirtschaftlichen Gesamtbetrachtung die stärkeren Argumente für eine Kooperation sprechen und die sich daraus ergebenden Probleme zum anderen durch eine entsprechende Ausgestaltung der Kooperation ohnedies weitgehend vermeiden lassen. Allerdings werden diese Problemfelder vor Vertragsschluß selten als solche erkannt, sondern stellen sich oftmals erst im Laufe der Zusammenarbeit ein.

(4) Auch die zwar durchaus berechtigte Angst, daß der Antrieb für Eigenentwicklungen gehemmt wird, sollte kein wirklicher Grund gegen den Entschluß zur Kooperation sein, da es jedem Partner unbenommen bleibt auch weiterhin, vor allem mit den frei werdenden Kapazitäten, FuE zu betreiben. Es ist im Gegenteil die Eigeninitiative weiterhin in besonderem Maße gefordert, denn das Ziel der kooperativen FuE sollte immer die Steigerung der gesamtbetrieblichen Innovationsfähigkeit sein, was keinesfalls mit Einsparungen bei den betrieblichen FuE-Gesamtausgaben zu erreichen sein wird.

dd) Trotz der aufgezeigten Gefahren und Risiken, überwiegen meines Erachtens auf längere Sicht eindeutig die zahlreichen positiven Aspekte der Kooperationstätigkeit. Denn die Hauptargumente gegen die kooperative FuE, namentlich die Gefahr eines Verlustes an Eigenständigkeit, sind Ausdruck eines „Festungsdenkens", welches in der heutigen globalisierten Weltwirtschaftsordnung ebenso antiquiert wie fehl am Platze ist.

Die besonderen Vorteile der kooperativen FuE stellen sich insbesondere dann ein, wenn der Anlaß zur Kooperation in einer vorausschauenden unternehmerischen Planung begründet lag, durch welche die eigene wirtschaftliche Situation, trotz insgesamt befriedigender Ertrags- und Wirtschaftslage, noch weiter verbessert werden sollte. Als besonders förderlich und für alle Beteiligten gewinnbringend erweist sich die Zusammenarbeit, wenn dies zum Zweck der Diversifikation der eigenen Produktpalette erfolgt[97]. Hier zeigt sich im besonderen Maße die Stärke der kooperativen FuE, da sich die Partner in der Regel nur für bestimmte Problemlösungen zusammenschließen und im übrigen ihre unternehmerische und damit auch ihre wirtschaftliche Unabhängigkeit bewahren[98].

Weniger positiv ist hingegen die FuE-Entscheidung zu beurteilen, wenn sie nicht aus einer autonomen Motivionslage heraus getroffen wurde, sondern sich aufgrund des äußeren wirtschaftlichen Drucks ergeben hat, dem das Unternehmen ausgesetzt war. In diesen Fällen, in denen die beteiligten Unternehmen selbst nicht mehr imstande waren, ihre FuE-Tätigkeiten unabhängig zu finanzieren und durchzuführen, und sich die Kooperation mehr als überbetriebliche Selbsthilfeeinrichtung darstellt, ist die Gefahr eines Scheiterns erheblich größer, da im Ergebnis ein Zwang zur Kooperation bestanden hatte.

[96] Staudt, aaO, S. 5

[97] Bea, Diversifikation durch Kooperation, DB 1988, 2512ff

[98] Staudt, aaO, S. 28ff, 84ff

Dennoch ist die kooperative FuE das am besten geeignete Instrument zur Steigerung der unternehmerischen Innovationskraft überhaupt. Zwar dürfen vor den damit verbundenen Risiken nicht die Augen verschlossen werden, doch letztendlich handelt es sich bei diesen vielfach nur um theoretische Gedanken, die in der Praxis nicht überbewertet werden sollten, denn meist stellt die Suche nach einem geeigneten Partner[99] das eigentliche Problem[100] dar. In jedem Fall wird durch eine FuE-orientierte Unternehmenspolitik gewährleistet, daß die entsprechenden Unternehmen auch in Zukunft innovativ und damit konkurrenzfähig bleiben sowie die Herausforderungen, die durch den sich immer rascher beschleunigenden technischen Fortschritt zu Tage treten, besser bestehen können.

2. Die Einteilung der Gestaltungsformen nach zivilrechtlichen Kriterien

a) Darstellung der Kooperationsformen

Im Hinblick auf die mannigfaltigen Möglichkeiten der Gestaltung einer zwischenbetrieblichen Zusammenarbeit bietet es sich an, zu Beginn dieses Abschnitts die möglichen Formen betrieblicher Zusammenarbeit, wie sie sich in der Praxis herausgebildet haben, darzustellen. Erforderlich ist diese Klassifizierung schon allein deshalb, weil bei den verschiedenen Kooperationstypen auch unterschiedliche Vertragsmodelle mit anders zu beurteilenden kautelarjuristischen Gestaltungsproblemen zur Anwendung kommen. Dabei fällt auf, daß Kooperationen in sehr detaillierten Varianten denkbar sind, die sich dennoch in ein einheitliches Raster einteilen lassen, durch das artverwandte Formen zusammengefaßt werden.

aa) Die wohl am wenigsten verbindliche Form der betrieblichen Zusammenarbeit stellt der reine Informationsaustausch dar, der ohne vertragliche Grundlage auf einer freiwilligen und unverbindlichen Basis beruht[101]. Hierdurch wird kein Teilnehmer zur Informationsabgabe gezwungen, sondern sollte nur im Hinblick auf das eigene Informationsbedürfnis, als Ausdruck des „do-ut-des-Prinzips", zur Abgabe eigenen Wissens bereit sein[102].

Diese Preisgabe von Information bezweckt, den internen Stand des technischen Wissens wechselseitig zu bereichern[103], ohne daß damit ein Schutzrechtserwerb beabsichtigt wird. Ziel dieses Austauschs ist dabei oftmals die Feststellung der eigenen Positionen am Markt und im Wettbewerb oder für Detaillösungen in Bereichen, die später ohnedies zur Nachahmung anregen, Hilfestellungen zu erlangen. Kennzeichnend ist für diese Kooperationsform vor allem, daß die Beteiligten kein gemeinsames FuE-Ziel verfolgen[104].

bb) Eine andere Form der Zusammenarbeit stellen die Unternehmens- oder Fachverbände dar. Diese übernehmen die Verpflichtung, Teilaufgaben sowie bestimmte Aufgabenberei-

---

[99] Staudt, aaO, S. 14, 94ff; Rotering, aaO, S. 94ff

[100] Bei dieser Suche handelt es sich allein um ein in der Praxis auftretendes unternehmerisches Problem, das in der vorliegenden Arbeit daher nicht weiter vertieft wird.

[101] Kaltwasser, Wissenserwerb für Forschung & Entwicklung, S. 87; Schneider/Zieringer, Make-or-buy-Strategien für F&E, S. 35f; Machunsky, Forschungskooperationen im Recht der Wettbewerbsbeschränkungen, S. 6; Boehme, Innovationsförderung durch Kooperation, S. 114

[102] Düttmann, FuE-Kooperationen und ihre Auswirkungen auf den Wettbewerb, S. 105

[103] Bartenbach, Zwischenbetriebliche Forschungskooperation und das Recht der Arbeitnehmererfindung, S. 8

[104] Rotering, FuE-Kooperationen zwischen Unternehmen, S. 116

che der zusammengeschlossenen Mitgliedsunternehmen koordiniert zu erfüllen[105]. Allerdings erfolgt dies mehr im Hinblick auf die Interessensbündelung zur Durchsetzung eigener Positionen in der pluralistischen Wirtschafts- und Gesellschaftsordnung und weniger im Hinblick auf die unternehmerische FuE-Tätigkeit. Dennoch ist die Bedeutung der Verbände für FuE nicht zu unterschätzen, da diese den Mitgliedern den Zugang zu bestimmten Informationsquellen eröffnen können und auch ein Forum für die Suche nach potentiellen Kooperationspartnern bieten.

Keinerlei unmittelbare Bedeutung für FuE haben hingegen die Kartelle. Diesen ist zwar eine Artgleichheit der Unternehmungen hinsichtlich der Produkte, der Branche, des Gewerbes oder der Produktionsstufe als prägendes Merkmal gemeinsam, aber dies erfolgt erst im Hinblick auf die Produktverwertung, um ein abgestimmtes Verhalten auf dem Markt anzustreben[106], und nicht bei der Forschung oder der Produktentwicklung.

Bei den Genossenschaften steht die Förderung der Mitglieder[107] im Vordergrund, denn hier erfolgt die Kooperation durch ein zumindest in Teilbereichen gemeinsames Wirtschaften, welches in der Regel durch die Ausgliederung und Delegation von betriebswirtschaftlichen Funktionen an die Genossenschaft erreicht wird[108]. Trotz der bisweilen komplexen Übertragung von Aufgaben auf die Genossenschaft, handelt es sich dennoch um einen relativ lockeren Zusammenschluß, der üblicherweise keine geschlossene Mitgliederzahl aufzuweisen pflegt[109] und daher für Kooperationen im FuE-Bereich nicht in Betracht kommt.

cc) Sowohl hinsichtlich der Häufigkeit ihres Auftretens, wie auch in Bezug auf die praktischen Vorteile, welche die beteiligten Unternehmen daraus ziehen, ist die Zusammenarbeit auf vertraglicher Grundlage eine Kooperationsform[110], die insbesondere bei FuE häufig anzutreffen ist. Kennzeichnend hierfür ist das Vorliegen einer vertraglichen Vereinbarung durch eine begrenzte Anzahl von Unternehmen, wobei gerade hier eine Fülle verschiedenartiger Vertragsgestaltungen unterschiedlicher Intensität denkbar ist, wie im Anschluß noch genauer aufgezeigt werden wird[111].

dd) Schließlich sind noch die Gemeinschaftsunternehmen beziehungsweise Joint Ventures als engste Kooperationsform zu nennen[112]. Dies erfolgt durch Neugründung eines Unter-

---

[105] Grochla, aaO, S. 49

[106] Grochla, Betriebsverbindungen, S. 78ff; Harms, Interessenlage und -konflikte bei der zwischenbetrieblichen Kooperation, S. 10

[107] Schmidt, Gesellschaftsrecht, § 41 I 1.a); Henzler, Genossenschaftswesen, S. 15

[108] Henzler, aaO, S. 31

[109] Dies folgt schon direkt aus der gesetzlichen Definition in § 1 I GenG; siehe aber auch Schmidt, aaO, § 41 III.

[110] Rotering, aaO, S. 117; Täger, Technologie- und wettbewerbspolitische Wirkungen von FuE-Kooperationen, S. 42. Die meisten, der oben genannten Möglichkeiten hinsichtlich einer unternehmerischen Zusammenarbeit führen nicht zu konkreten Ergebnissen, sondern dienen nur der Bildung und Aufrechterhaltung von Kontakten, die sich unter Umständen zu einer FuE-Kooperation auf vertraglicher Grundlage oder gar zu einem Joint Venture verdichten können.

[111] Siehe unten in Kapitel II 1.b)

[112] Eine Unternehmensfusion fällt, wie bereits dargestellt, nicht mehr unter den Kooperationsbegriff, sondern stellt als Gegensatz dazu ein Unternehmenskonzentration dar (siehe Kapitel I 2.a). Auch Beier, Gewerbliche Schutzrechte in Gemeinschaftsunternehmen (Joint Ventures) nach sowjetischem Recht, RIW 1988, 166ff, be-

nehmens bzw. durch die Auslagerung und Einbringung von betrieblichen Sektoren in ein neues Unternehmen durch mindestens zwei voneinander unabhängigen Gesellschafterunternehmen. Dessen auffälligstes Kennzeichen es ist, daß dieses selbständig und auf Dauer Aufgaben im gemeinsamen Interesse erfüllt[113].

b) Die FuE-Kooperation auf vertraglicher Basis

aa) Die oben dargestellten Kooperationsformen beziehen sich sind jedoch nicht speziell auf die FuE-Kooperationstätigkeit und sind daher auch nicht geeignet, FuE-Kooperationen exakt zu klassifizieren. Infolge der Notwendigkeit eine sachgerechte Differenzierung der verschiedenen Gestaltungsvarianten für kooperative FuE vorzunehmen, haben sich im Wesentlichen die folgenden drei Grundformen herauskristallisiert[114]:

(1) Im Rahmen der *nicht koordinierten Einzelforschung mit Erfahrungs- und Ergebnisaustausch* bleibt es jedem Kooperationspartner weiterhin selbst überlassen, wie er seine FuE-Tätigkeit ausgestalten will[115]. Es wird lediglich gegenseitig der eigene Wissensstand preisgegeben sowie zum Teil auch konkrete Informationen mitgeteilt, wobei bereits das überlassene Informationsmaterial üblicherweise eigenständig ausgewertet wird. Diese Form der Zusammenarbeit wird durch einen informellen, kurzfristigen und lockeren Charakter mit geringer Bindungsintensität gekennzeichnet[116].

(2) Bei der *koordinierten Einzelforschung mit planmäßigem Ergebnisaustausch* verfolgen die Partner ein gemeinsames technisches Ziel, wobei jeder Partner üblicherweise eigenständig in dem ihm zugewiesenen Aufgabenfeld arbeitet[117]. Hierbei kommen die parallele Forschung ohne Aufteilung der Arbeitsgebiete, die arbeitsteilige Spezialisierung auf verschiedene Arbeitsfelder, der Austausch von Personal und anderen Ressourcen sowie der wechselseitige Informationsaustausch über eine (gemeinsame) FuE-Zentrale als mögliche Ausformungen in Betracht[118].

Zwar erfolgt ein Austausch von FuE-Ergebnissen, aber es bestehen keine vertraglich begründeten Rechte, auf die gesamten FuE-Ressourcen der Partner zurückgreifen zu können.

---

zeichnet das Gemeinschaftsunternehmen als eine "gesellschaftsrechtlich verdichtete Form unternehmerischer Kooperation".

[113] Rolfes, Gemeinschaftsunternehmen, S. 20, stellvertretend für viele mit weiteren Nachweisen. Diese Selbständigkeit besteht jedoch nur in einem sehr engen Bereich und wird nach außen dadurch manifestiert, daß das Gemeinschaftsunternehmen organisatorisch nicht in die Gesellschafterunternehmen eingeflochten ist, sondern daß lediglich, wenn auch erhebliche, Einflußmöglichkeiten auf dessen Leitung und die Ergebnisverwendung bestehen.

[114] Bartenbach, Zwischenbetriebliche Forschungs- und Entwicklungskooperation und das Recht der Arbeitnehmererfindung, S. 7ff mit weiteren Nachweisen; Asschenfeldt, FuE-Kooperationen nach Art. 85 EGV, S. 9ff; Axster, FuE-Gemeinschaften im deutschen Kartellrecht, MittPatAnw 1969, 301ff; Schmieder, Die kartellrechtliche Beurteilung von Forschungskooperationen, GRUR 1981, 242; Benisch, Kooperationsfibel, S. 190

[115] Bartenbach, aaO, S. 7; Niedzela-Schmutte, Miterfindungen in Forschungs- und Entwicklungskooperationen, 1.4.1.3

[116] Niedzela-Schmutte, aaO, 1.4.1.3.

[117] Ullrich, Auslegung und Ergänzung der Schutzrechtsregeln gemeinsamer Forschung und Entwicklung, GRUR 1993, 338, 339; Bartenbach, aaO, S. 8; Machunsky, aaO, S. 7f

[118] Rotering, aaO; S. 116; Boehme, aaO, S. 115; Wolfrum, Strategisches Technologiemanagement, 1991, S. 308; Machunsky, aaO, S. 7; Matthiesen, Gestaltungsmöglichkeiten von FuE-Gemeinschaften, S. 25ff

In aller Regel setzen die Partner sich die Lösung eines bestimmten technischen Problems zum Ziel, verteilen die Aufgaben zur eigenständigen Bearbeitung und versuchen schließlich durch Zusammenfügen der Resultate zu einem für alle Beteiligten befriedigendem Gesamtergebnis zu gelangen[119].

(3) Als engste Form folgt dann die Vergemeinschaftung der Forschung in einem eigens dafür gegründeten *Gemeinschaftsunternehmen*, wobei die Kooperationspartner im übrigen ihre Selbständigkeit behalten[120]. Organisatorisch führt dies zu einer Verselbständigung[121] der kooperationsrelevanten FuE-Bereiche[122], wobei auf Grundlage eines Gesellschaftsvertrages ein neues Unternehmen mit eigener Rechtspersönlichkeit entsteht. Dies führt möglicherweise sogar zur Einstellung der eigenen Forschung auf dem speziellen Forschungsgebiet und der weiterführenden Entwicklung der Forschungsergebnisse, die auf das Gemeinschaftsunternehmen übertragen worden sind[123].

bb) Da es sich hierbei um ein Einteilungsmodell[124] handelt, dessen entscheidendes Zuordnungskriterium die Intensität der Zusammenarbeit ist[125], sind selbstverständlich auch Mischformen möglich[126]. Insgesamt gelangt dieses Einteilungsmodell vor dem Hintergrund, daß die Intensität als betriebswirtschaftliches Merkmal jedenfalls bei wirtschaftswissenschaftlich motivierten Arbeiten im Vordergrund steht, zu vernünftigen, weil sachgerechten Differenzierungen. Gleiches gilt auch für kartellrechtliche Abhandlungen, da der Intensität der Zusammenarbeit gerade im Kartellrecht eine alles überragende Bedeutung zukommt.

Dieses Form der Differenzierung kann jedoch nicht vor dem Hintergrund der Suche nach zivilrechtlichen Problemlösungen standhalten, zumal betriebswirtschaftliche Unterschiede gleichwohl zu einer juristisch einheitlichen Behandlung führen können. Daher ist es im Rahmen der vorliegenden Arbeit unerläßlich, eine Unterscheidung der verschiedenen Formen von FuE-Tätigkeiten vorzunehmen, die allein nach juristischen Kriterien ausgerichtet ist.

c) Differenzierung der FuE-Kooperationen nach juristischen Kriterien

Der entscheidende Ansatzpunkt bei der Suche nach einer geeigneten Differenzierung kann nämlich nicht die betriebswirtschaftliche Intensität der Zusammenarbeit sein, sondern maßgeblich ist allein die juristische Gestaltung der Vertragsbeziehung. Dies bedeutet, daß die zivilrechtlichen Unterschiede zwischen den möglichen Ausgestaltungsformen der Ko-

---

[119] Niedzela-Schmutte, aaO, 1.4.1.2.

[120] Schmieder, GRUR 1981, 242; Rotering, aaO, S. 115f; Kaltwasser, aaO, S. 89ff; Bartenbach, aaO, S. 9, läßt dies als Teil der Gemeinschaftsforschung gelten im Rahmen eines eigens gegründeten Gemeinschaftsunternehmens mit eigener Rechtspersönlichkeit.

[121] Staub, Die Unternehmenskooperation für Produktinnovation, S. 132; Kaltwasser, aaO, S. 89

[122] Im Extremfall kann dies bis hin zur vollständigen Verselbständigung der gesamten FuE-Abteilung führen.

[123] So Düttmann, aaO, S. 109.

[124] Stellvertretend für viele Rotering, aaO, S. 115ff und Kaltwasser, aaO, S. 86ff; weitgehende Zustimmung zu diesem Einteilungsmodell findet sich auch im neueren Schrifttum.

[125] Rotering, aaO, S. 115; Täger, aaO, S. 40;

[126] So Schmieder, GRUR 1981, 242, der ausführt, daß ein nicht koordinierter Erfahrungs- und Lizenzaustausch im Einzelfall in eine koordinierte Gemeinschaftsforschung übergehen kann.

operation als entscheidender Anknüpfungspunkt für eine Differenzierung dienen. Konkret bedeutet dies, daß die Rechtsnatur der Kooperation das sachgerechte Kriterium ist, an dem sich die nun folgende Einteilung ausrichtet, denn zivilrechtliche Fragestellungen treten in gleich gearteter Weise bei Kooperationen zu Tage, die wiederum in zivilrechtlicher Weise einer einheitlichen Qualifizierung unterliegen.

aa) Zunächst einmal ist die *„Informelle Kooperation"* zu nennen[127], die sich weitgehend mit der oben angesprochenen nicht koordinierten Einzelforschung deckt. Bei der Einzelforschung kann jedoch eine Austauschregelung, oft als Haupt- oder Nebenpflicht in einer Lizenz- oder Know-how-Vereinbarung, vertraglich fixiert sein[128]. Die informellen Kooperation ist jedoch noch enger zu verstehen.

Deren Gegenstand ist der bloße Austausch von Informationen im Rahmen von regelmäßig oder gelegentlich stattfindenden Gesprächen bzw. Gesprächsrunden. In sachlicher Hinsicht dürfen somit keinerlei Verträge abgeschlossen worden sein, die klagbare Primärleistungspflichten beinhalten, denn jegliche Art von Vertragsbeziehung fällt unter den formellen Kooperationsbegriff[129]. Lediglich Vereinbarungen, welche die Geheimhaltung von Know-how sowie von noch nicht veröffentlichen Patenten zum Gegenstand haben, lassen sich noch unter dem Begriff der informellen Zusammenarbeit subsumieren. Allerdings ist zu beachten, daß bei Unterbleiben solcher Abreden der Know-how- und Geheimnisschutz nur im Rahmen der allgemeinen gesetzlichen Grundlagen gewährleistet ist, was oftmals keine ausreichende Absicherung der eigenen Interessen darstellt.

Der entscheidende Vorteil der informellen Kooperation liegt im Ergebnis darin, daß praktisch kein Organisationsaufwand anfällt[130] und daß diese oftmals als erster Einstieg zu einer späteren engeren Zusammenarbeit dient[131].

bb) Von den Kooperationsbeziehungen in der hier verstandenen Art und Weise sind die reinen *Technologietransferverträge* abzugrenzen, welche lediglich den Austausch von Know-how, Schutzrechten oder sonstigen Erfindungen gegen Geld zum Gegenstand haben. Dabei spielt es keine Rolle, ob lediglich Know-how gekauft wird, ob ein Schutzrecht lizenziert wird oder ob ein Auftrag zur Vornahme bestimmter Forschungshandlungen erteilt wird, an deren Ende eine Erfindung stehen sollte. Wie bei allen Austauschverträge existieren hier, unabhängig von der rechtlichen Qualifikation, klagbare Primärpflichten, die auf Vornahme bestimmter Leistungshandlungen und deren Austausch gerichtet sind. Die Beziehung ist jedoch nicht durch ein gemeinsames Ziel bzw. durch die gemeinsame Vornahme von FuE-Handlungen gekennzeichnet[132]. Auch die Tatsache, daß bei komplexeren Vertragsbeziehungen eine gewisse Zusammenarbeit von Besteller und Leistungserbringer, ins-

---

[127] Bereits Hippel, Cooperation between rivals: Informal know-how-trading, 16 Research Policy 291ff (1987) beschreibt diese zunehmend an Bedeutung gewinnenden Gespräche zwischen Experten verschiedener Unternehmen als "informal know-how-trading".

[128] Bartenbach, aaO, S. 8; Niedzela-Schmutte, aaO, 1.4.1.3

[129] Verträge, die auf den Austausch von Leistungen, auch wechselseitigen Technologietransfer ohne Geldleistungen, gerichtet sind nicht zu den Kooperationen zu zählen, so Schmieder, GRUR 1981, 241, 244

[130] Kaltwasser, aaO, S. 88, Wolfrum, aaO, S. 308

[131] Rotering, aaO, S. 116; Düttmann, aaO, S. 105

[132] Dies bedeutet, daß der Vertrag gerade nicht durch das Vorliegen eines gemeinsamen Zwecks im Sinne des § 705 BGB gekennzeichnet ist.

besondere zum Zwecke der Leistungsspezifizierung, erfolgen muß, rechtfertigt noch nicht die Annahme einer Kooperationsbeziehung[133].

cc) Die „*Formelle Kooperation*" beruht immer auf einer vertraglichen Grundlage und es erfolgt eine Zusammenarbeit, die über den reinen Informations- und Wissensaustausch hinausgeht. Hierunter ist ein Feld sehr verschieden gelagerter Formen der Zusammenarbeit zu verstehen, deren übereinstimmendes Merkmal es ist, daß die Kooperationspartner gemeinsam ein konkretes technisches Ziel verfolgen[134].

(1) Bei der Abgrenzung zu anderen Formen zwischenbetrieblicher Zusammenarbeit verbietet sich jedoch ein rein formalistisches Vorgehen, denn bisweilen kommt es zu einer formellen Kooperation ohne Abschluß eines einheitlichen Vertrages unter Verwendung einer Vertragsurkunde, welche die Kooperationsbeziehung explizit regelt, sondern es existieren mündliche Vereinbarung beziehungsweise zahlreiche einzelne Regelungen von Detailfragen der Zusammenarbeit, wie die Lizenzierung von Know-how oder Schutzrechten. Der Grund für ein derartiges Vorgehen der Beteiligten ist vielfach in dem verminderten Organisationsaufwand einer Zusammenarbeitsbeziehung mit geringerer Regelungsdichte zu finden oder in der Befürchtung vor eventueller kartellrechtlicher Unwirksamkeit. Eine andere Ursache kann aber auch das besondere persönliche Vertrauen der jeweils maßgeblichen Mitarbeiter darstellen, die auf diese Weise nur einen möglichst kleinen Personenkreis in die Zusammenarbeit einbinden wollen.

Unerheblich ist es dabei, ob sich die Zusammenarbeit nur auf ein konkretes Projekt beschränkt oder ob das gegenständliche FuE-Vorhaben im Rahmen eines größeren Kooperationsabkommens, welches sich auch auf unternehmerische Sektoren außerhalb von FuE beziehen kann, durchgeführt wird[135]. Nicht ausreichend ist hingegen ein wechselseitiger Technologietransfer im austauschvertraglichen Sinne.

(2) Hinsichtlich der Ausgestaltung des FuE-Vorhabens sind gleichfalls mehrere Gestaltungsvarianten denkbar, da zum einen eine Aufteilung der Arbeitsbereiche genauso denkbar ist, wie eine Vereinbarung, die Parallelforschungen zuläßt und nur die Verpflichtung zum wechselseitigen Informationsaustausch beinhaltet. Dabei kann die Beziehung als „arbeitsteilige Kooperation" ausgestaltet sein, indem jedem Partner bestimmte FuE-Teilaufgaben zugewiesen werden und im Anschluß der Austausch sowie die Zusammenführung des Wissens erfolgt, etwa über Lenkungsausschüsse oder regelmäßige Koordinie-

[133] Anderer Ansicht ist offensichtlich Heppner, Softwareerstellungsverträge, S. 205ff, 208f, der auch den Leistungsaustausch als Kooperation beschreibt und dann sogar die Wertungen des Gesellschaftsrechts darauf anwendet, was meines Erachtens verfehlt sein dürfte, denn bei einer Austauschbeziehung, auch wenn diese noch so intensiv und auf Dauer angelegt sein sollte, kann dennoch mangels gemeinsamer Zweckbindung niemals eine gesellschaftsvertragliche Qualifizierung vorgenommen werden. Ansonsten müßte man zu dem systemwidrigen Ergebnis kommen, daß dem Auftragnehmer ein Mitspracherecht bezüglich der Spezifizierung des Vertragsgegenstandes eingeräumt wird.

[134] Wie oben in Kapitel I 2.a)aa)5) bereits dargestellt, muß es sich dabei nicht um ein gemeinsames Ziel handeln im Sinne identischer Interessen, sondern die mit dem technischen Vorhaben endgültig verfolgten Endziele können durchaus stark divergieren.

[135] In der Praxis existieren vielfältige Unterscheidungen hinsichtlich der Art der Forschungsvergemeinschaftung, insbesondere erfolgt eine Trennung von Koordination, Spezialisierung und der eigentlichen Kooperation, doch hierbei werden nur die Intensität und die Modalitäten der FuE differenziert, ohne daß sich etwas an der grundsätzlichen rechtlichen Beurteilung ändert. Siehe hierzu Ullrich, Kooperative Forschung und Kartellrecht, S. 39ff mit zahlreichen weiteren Nachweisen in Fn. 145.

rungstreffen[136]. Alternativ hierzu besteht die Möglichkeit, gemeinsame Forschungsgruppen durch Abordnung von Mitarbeitern und Bereitstellung der entsprechenden Sachmittel zu bilden, die dann, ohne ein Gemeinschaftsunternehmen mit eigener Rechtspersönlichkeit zu sein, tätig werden. Der Vorteil der arbeitsteiligen Kooperation ist in der besonders engen Zusammenarbeit und dem unerläßlichen Austausch ohne weiteren Formalismus zu sehen, während für die Einsetzung und Bildung von Forschungsgruppen wiederum ein Mehraufwand nötig ist und sich überdies das Sonderproblem stellt, an welchem Ort die Tätigkeit aufgenommen werden soll.

(3) Kennzeichnend ist in Abgrenzung zum Gemeinschaftsunternehmen, daß die jeweiligen FuE-Abteilungen der Unternehmen im Betrieb erhalten bleiben und allenfalls eine vorübergehende partielle Zusammenlegung mit dem Zweck der Verringerung des Verständigungsaufwandes möglich ist. In der primären Pflicht zum Tätigwerden überhaupt und der Pflicht zur Preisgabe der gewonnenen Informationen zeigt sich der Unterschied zur informellen Kooperation besonders deutlich. Auch beinhaltet ein Kooperationsvertrag per se nicht nur den Austausch von Wissen, sondern das Ziel, nach neuen Erkenntnissen zu suchen. Hierin liegt auch die besondere Stärke dieser Kooperationsform, da sie grundsätzlich auf die Gewinnung konkreter FuE-Erfolge abzielt, ohne eine so enge Bindung wie bei einem Gemeinschaftsunternehmen und den damit verbundenen Dispositionen zu erfordern.

dd) Schließlich ist noch die Abgrenzung der zwischenbetrieblichen Zusammenarbeit zum Gemeinschaftsunternehmen bzw. zum Joint Venture vorzunehmen. Diese Kooperationsform könnte man auch als *„Konzentrative Kooperation"* oder als „Körperschaftliche Kooperation" bezeichnen, da die Gründung eines mit eigener Rechtspersönlichkeit ausgestatteten Unternehmens unerläßliche Voraussetzung ist. Die Verwendung des Begriffs Kooperation ist in diesem Zusammenhang insofern mißverständlich, da es sich hierbei weniger um eine Kooperation als um eine Unternehmenskonzentration[137] handelt. Diese Form der Zusammenarbeit entspricht somit weitgehend der oben dargestellten Gründung eines Gemeinschaftsunternehmens als intensivster Form der betrieblichen Kooperation[138], vorausgesetzt man legt den Kooperationsbegriff im weitesten Sinne zugrunde[139].

Zur Rechtsform von Gemeinschaftsunternehmen bleibt lediglich auszuführen, daß diese in der Regel als Kapitalgesellschaften errichtet werden. Dies ist allerdings keine zwingende Voraussetzung, da auch andere rechtlichen Gestaltungsformen in Betracht kommen[140]. Dabei ist es erforderlich, eine eigene Tochtergesellschaft zu errichten mit einer dauerhaften Zusammenlegung zumindest eines Teils der FuE-Abteilungen beziehungsweise des voll-

---

[136] Ullrich, GRUR 1993, 338, 339

[137] Siehe hierzu oben in Kapitel I 2.a).

[138] Siehe oben unter 1. b)aa) (1).

[139] Altin-Sieber, aaO, S. 261ff nimmt eine begriffliche Abgrenzung des konzentrativen Gemeinschaftsunternehmens, welches durch eine Fusion zustande kommt, vom kooperativen Gemeinschaftsunternehmen vor, welches nur auf eine bestimmte Dauer angelegt ist und nicht alle Funktionen einer wirtschaftlich selbständigen Einheit erfüllt. Damit liegen die kooperativen Gemeinschaftsunternehmen, so wie von Altin-Sieber, aaO, S. 264 verstanden, zwischen der formellen und der konzentrativen (körperschaftlichen) Kooperation. Hierbei besteht eine Abhängigkeit zur konkreten Ausgestaltung der Vertragsbeziehung, sprich je mehr Selbständigkeit und Organisationsstruktur der Partnerunternehmen erhalten bleiben, desto eher kann man von einer gesellschaftsrechtlichen Kooperation sprechen.

[140] Altin-Sieber, aaO, S.211ff

ständigen Neuaufbaus einer zusätzlichen FuE-Abteilung. Dabei erhält das Gemeinschaftsunternehmen eine eigene Rechtspersönlichkeit und ist zumindest in rechtlicher Hinsicht selbständig. Faktisch bleibt zwar eine gewisse Abhängigkeit zu den Muttergesellschaften zu spüren, aber diese geht in der Regel nicht so weit, daß ständige Berichtspflichten sowie laufende Möglichkeiten der Einflußnahme in alle Entscheidungsprozesse bestehen.

Im Hinblick auf die Unterschiede zur formellen Kooperation ist noch auszuführen, daß die Errichtung eines Joint Ventures einen deutlich höheren organisatorischen Aufwand erfordert und daß auch die Bedürfnisse an Geld und Material sowie der Personaleinsatz in der Regel erheblich umfangreicher sind. Dafür haben die Partner hinsichtlich des eingebrachten Wissens eine signifikant gesteigerte Sicherheit, was auch an der engeren Bindung liegt, die das Joint Venture als eigenes Unternehmen bietet, denn im Ergebnis wird hier technisches Wissen nicht preisgegeben, sondern lediglich ausgelagert. Auch in der Praxis treten im Verlauf des Joint Ventures nicht die typischen Probleme wie bei der formellen Kooperation auf, denn gerade die relevanten FuE-Bereiche werden durch die Leitung des Gemeinschaftsunternehmens einheitlich verfolgt, ohne den Versuch zu unternehmen, die verschieden gelagerten Interessen auf Kosten des Partners durchzusetzen.

3. Die Wahl der geeigneten Kooperationsform

Erst wenn sich ein Unternehmen im Rahmen der Entscheidungsfindung, ob die künftigen FuE-Anstrengungen intern, extern oder kooperativ verwirklicht werden sollen, zur Zusammenarbeit mit anderen Unternehmen durchgerungen hat, stellt sich die Frage nach der konkreten Ausgestaltung der Kooperationsbeziehung. Im Rahmen dieser Entscheidung sind zahlreiche Faktoren zur berücksichtigen, wobei vorrangig, weil unbeeinflußbar, die unternehmensinternen Gegebenheiten zu analysieren sind. Darunter sind der Standort[141], die Kapitalausstattung, das verfügbare Personal zu verstehen, aber auch Fragen der staatlichen Forschungsförderung sind hier einzuordnen, welche sich primär an der Qualität des zu unterstützenden Projekts orientiert. Im übrigen sind noch die Dauer des Kooperationsvorhabens bzw. die beabsichtigte Intensität zu nennen. Daneben ist auch den rechtlichen Rahmenbedingungen angemessen Rechnung zu tragen.

a) Zielverwirklichung des Vorhabens

Zunächst stellt sich die Frage, welche Kooperationsform für die Verwirklichung des beabsichtigten Ziels der Zusammenarbeit grundsätzlich geeignet ist. Soweit nur ein unverbindlicher Austausch von Informationen angestrebt ist, insbesondere keine rechtlichen Bindungen und längerfristigen Verpflichtungen entstehen sollen, kommt nur eine informelle Kooperation in Betracht. Falls eine höhere Qualität dieser Informationen erreicht werden soll, bietet sich der Abschluß eines Austauschvertrages an. Aber auch die informelle Kooperation ist hier in Betracht zu ziehen, wenn zwischen den Partnern eine funktionierende Vertrauensbasis besteht.

Soweit eine intensivere Forschung angestrebt wird, läßt sich diese in Grundlagenforschung, Anwendungsforschung und Produktentwicklung differenzieren. Hier zeigte sich im Rah-

---

[141] Die Beurteilung der Standortfrage als entscheidungserhebliches Kooperationskriterium wird in der Praxis sehr unterschiedlich eingeschätzt. Siehe nur Rotering, aaO, S. 96 und Staudt, aaO, S. 93.

men einer empirischen Untersuchung[142] das überraschende Ergebnis, daß sich für Grundlagenforschung alle Kooperationsformen anbieten und lediglich der konzentrativen Kooperation, in Form der Gründung eines Gemeinschaftsunternehmens, eine geringere Eignung attestiert wurde. Anwendungsforschung und Produktentwicklung lassen sich dagegen am besten im Rahmen einer formellen bzw. einer konzentrativen Kooperation verwirklichen. Dem gegenüber kann die Anwendungsforschung, insbesondere auf einem niedrigen Technologieniveau, auch in Form der informellen Kooperation durchgeführt werden oder die erforderlichen Erkenntnisse auf Vertragsbasis erworben werden. Für die Entwicklung von Endprodukten sind diese Kooperationsformen hingegen ungeeignet.

Matrix[143]: Die geeignete Kooperationsform in den einzelnen Phasen des FuE-Prozesses

Kooperationsform FuE-Phase	**Informelle Kooperation**	**Formelle Kooperation**	**Konzentrative Kooperation**	**Austauschvertrag**
Rein informatorischer Erfahrungsaustausch	+	-	-	-
Ergebnisaustausch (ohne gemeinsame FuE)	+	-	-	+
Grundlagenforschung	+	+	o	+
Anwendungsforschung	-	+	+	-
Produktentwicklung	-	+	+	-

Erklärung: (+) = gut geeignet; (o) = bedingt geeignet; (-) = nicht geeignet

b) Interessenlagen und Kooperationsform

Neben den bereits aufgezeigten grundsätzlichen Faktoren, welche die unternehmerische Kooperationsentscheidung beeinflussen, sind die Interessenlagen zu berücksichtigen, die weniger die grundsätzliche Entscheidung zur Kooperation tragen, sondern welche die konkrete Ausgestaltung im Einzelfall maßgeblich bestimmen sollten.

aa) Am häufigsten wird eine horizontale Zusammenarbeit zwischen Unternehmen vereinbart, welche als potentielle Konkurrenten in der gleichen Branche tätig sind. Vertikale bzw. branchenübergreifende Kooperationsbeziehungen eignen sich hingegen besonders zur Entwicklung von systemübergreifenden Komplettlösungen. Dennoch erfolgt diese Form der Zusammenarbeit eher im Rahmen von Austauschverträgen oder informell, während formelle Kooperationen seltener anzutreffen sind und die Gründung von Gemeinschaftsunternehmen auf vertikaler oder branchenübergreifender Basis einen Ausnahmefall darstellt[144].

[142] Rotering, aaO, S. 132

[143] Rotering, aaO, S. 132

[144] Rotering, aao, S. 123

bb) Wenn man hingegen das gegenseitige Vertrauen der kooperierenden Unternehmen als maßgebliche Voraussetzung der Zusammenarbeit ansieht, zeigt sich deutlich, daß diese Vertrauensbasis bei miteinander konkurrierenden Unternehmen bisweilen fehlt. In diesem Fall empfiehlt sich eine möglichst intensive Form der Zusammenarbeit, wie sie beim Gemeinschaftsunternehmen gegeben ist beziehungsweise im Rahmen der formellen Kooperation in Abhängigkeit von der konkreten Gestaltung denkbar ist, wenn das FuE-Personal zumindest teilweise ausgelagert und zusammengeschlossen werden, denn eine intensivere Zusammenarbeit erfordert auch eine höhere Regelungsdichte, die insbesondere auch bessere Kontrollmöglichkeiten nach sich zieht. Bei informellen Kooperationen oder einfachen Austauschverträgen ist die Rechtsposition im Falle eines eventuellen Mißbrauchs des bekannt gewordenen Wissens im Hinblick auf die faktische Durchsetzbarkeit von Ansprüchen für das benachteiligte Unternehmen deutlich schlechter zu beurteilen.

Mangelndes Vertrauen kann allerdings durch entsprechende Geheimhaltungsabreden jedenfalls zum Teil kompensiert werden. Doch dies gilt nur für die Kooperationsformen auf vertraglicher Grundlage, während die informelle Zusammenarbeit keinesfalls imstande ist, einem erheblichen Geheimhaltungsinteresse gerecht zu werden[145].

cc) Soweit das Bestreben im Vordergrund steht, die unternehmerische Selbständigkeit zu erhalten, sind die informelle Kooperation sowie Austauschverträge zu bevorzugen, während die formelle Kooperation die meisten Abhängigkeiten schafft[146]. Bei der konzentrativen Kooperation werden durch die Auslagerung der FuE-Abteilungen Abhängigkeitspotentiale zum Teil gleichfalls vermieden, da der betroffene FuE-Bereich, wenn auch in veränderter Form, weiter selbständig ist.

dd) Gleichfalls vorteilhaft ist diese Kooperationsform, wenn eine flexible Zielformulierung Gegenstand der Zusammenarbeit sein soll, da dem Management des Gemeinschaftsunternehmens üblicherweise gewisse Freiheiten zugestanden werden. Endzweck ist es hier nämlich weniger, bestimmte Produkte herzustellen, sondern wirtschaftliche Erfolge zu erzielen. Bei der informellen Kooperation ist diese Flexibilität in Ermangelung vertraglicher Bindungen gleichfalls zu beobachten. Schwieriger erweist sich dies im Rahmen von formellen Kooperationen, wobei hier in Abhängigkeit von der konkreten Vertragsgestaltung, von der bisweilen ein gewisser Anpassungsdruck ausgehen kann, eine Änderung der ursprünglichen Zielformulierung möglich ist. Wenig Bereitschaft hierzu ist jedoch bei Technologietransferverträgen zu beobachten, die nur auf einen punktuellen Leistungsaustausch zugeschnitten sind. Da ein Interesse zur Änderung meist mit einer Änderung von bestimmten Gegebenheiten einhergeht, die für einen Partner vorteilhafter als für den anderen ist, besteht kaum Aussicht auf eine interessensgerechte Vertragsanpassung[147].

ee) Das vielfach angestrebte Ziel der Gesamtkostensenkung im FuE-Bereich ist mit Ausnahme der formellen Kooperationen bei allen anderen Formen der Zusammenarbeit zu beobachten[148], während dies bei der formellen Kooperation nicht erreicht wird, weil die betrieblichen FuE-Gesamtaufwendungen keine Reduzierung erfahren. Dafür lassen sich bei

---

[145] Rotering, aaO, S. 121

[146] Rotering, aaO, S. 121

[147] Rotering, aaO, S. 123

[148] Rotering, aaO, S. 121

der konzentrativen Zusammenarbeit die höchsten Synergieeffekte erzielen[149]. Gewisse Synergiepotentiale sind auch bei der konzetrativen Kooperation zu beobachten, doch werden diese durch den tendenziell zunehmenden Verwaltungs- und Organisationsaufwand zum Teil wieder aufgezehrt. Bei der informellen Kooperation wie auch bei den Austauschverträgen sind solche Synergieeffekte ebenso wenig zu beobachten wie eine Risikoreduzierung. Diese wird insbesondere durch die Gründung von Gemeinschaftsunternehmen erzielt[150]. Bei der formellen Kooperation erfolgt die Risikoreduzierung hingegen nur hinsichtlich der eigentlichen FuE-Tätigkeit, während das Umsetzungsrisiko wiederum bei den einzelnen Partnern verbleibt. Auch eine Herabsetzung von Marktzugangsbarrieren läßt sich nur durch eine formelle oder konzentrative Kooperation realisieren, nicht aber durch informelle Zusammenarbeit oder Technologietransfer.

Matrix: Geeignete Kooperationsform in Abhängigkeit zu den Interessenlagen[151]

Kooperationsform Interessenlage	**Informelle Kooperation**	**Formelle Kooperation**	**Konzentrative Kooperation**	**Austausch-vertrag**
Erhaltung der Selbständigkeit	+	-	+	+
Flexible Zielformulierung	+	O	+	-
Geheimhaltung	-	+	+	+
Fehlende Vertrauensbasis	-	O	+	-
Vertikale Zusammenarbeit	+	O	-	+
Branchenübergreifende Zusammenarbeit	+	O	-	+
Senkung der FuE-Kosten	+	O	+	+
Erzielung von Synergieeffekten	-	+	o	-
Risiokoreduzierung	-	o	+	-
Kooperationsdauer	+	o	-	-
Senkung von Markteintrittsschranken	-	+	+	-

Erklärung: (+) = gut geeignet; (o) = bedingt geeignet; (-) = nicht geeignet

149 Rotering, aaO, S. 121

150 Rotering, aaO, S. 121

151 Diese Übersicht beruht weitgehend auf den statistischen Erhebungen von Rotering, aaO, passim. Dabei wurden die einzelnen Bewertungen in Relation zu allen Kooperationsformen gesetzt, so daß eine durchschnittliche oder gar unterdurchschnittliche Bewertung nicht die zwingende Schlußfolgerung mangelnder Eignung nach sich zieht, sondern lediglich besagt, daß der spezielle Punkt im Verhältnis zu den anderen Kooperationsformen weniger positiv zu beurteilen ist.

Eine andere Betrachtung ergibt sich, wenn man die Frage nach der beabsichtigten Kooperationsdauer berücksichtigt, denn hier eignet sich das Gemeinschaftsunternehmen für eine langfristig angelegte, intensive und unter Umständen alle FuE-relevanten Unternehmensbereiche betreffende Zusammenarbeit. Aber auch die informelle Kooperation ermöglicht längerfristig ein gemeinsames Arbeiten, zumal aus dieser bisweilen konkrete FuE-Projekte in Gestalt einer formellen Kooperation hervorgehen, denn der damit verbundene Erfahrungs- und Informationsaustausch gewinnt gerade über einen längeren Zeitraum an Wert, wenn nicht nur Momentaufnahmen erfolgen. Die rein formelle Kooperation erscheint hingegen günstig als eng projektbezogene Zusammenarbeitsform, die für eine begrenzte Zeit eingegangen wird und die ein bestimmtes Ergebnis ansteuert und nicht als globale strategische Allianz gedacht ist, wobei auch hier wiederum eine weitere Intensivierung der Zusammenarbeit bis hin zur Gründung eines Gemeinschaftsunternehmens möglich ist. Bloße Austauschverträge sind jedoch a priori auf den Abwicklungszeitraum begrenzt und daher nicht zur langfristigen Zusammenarbeit geeignet[152].

c) Kooperationsgestaltung in Abhängigkeit vom Partner

Schließlich spielen auch die unternehmerischen Daten des Kooperationspartners, namentlich dessen Größe, eine tragende Rolle bei der Wahl der geeigneten Kooperationsform[153]. Im Rahmen einer empirischen Untersuchung ergab sich das zunächst überraschende Ergebnis, daß große Unternehmen (Umsatz > 1 Mrd. DM) sogar eher dazu tendieren in formeller Weise zu kooperieren[154], Während kleinere Unternehmen (Umsatz < 1 Mrd. DM) verhältnismäßig mehr Bereitschaft zeigen, eine konzentrative Kooperationsbeziehung in Form der Gründung eines Gemeinschaftsunternehmens einzugehen. Ein informeller Informationsaustausch oder der Abschluß von Technologietransferverträgen wird jedoch im Wesentlichen von kleineren Unternehmen als adäquate Kooperationsform betrachtet. Dennoch ist festzustellen, daß die formelle Kooperation die überwiegend gewählte Kooperationsform ist, da hier rechtliche Absicherung einerseits und Aufrechterhaltung der eigenen Dispositionsfreiheit andererseits in einem ausgewogenen Verhältnis stehen.

Matrix: Einfluß von Unternehmensgröße und Partnerzahl auf die Kooperation

Kooperationsform*	**Informelle Kooperation**	**Formelle Kooperation**	**Konzentrative Kooperation**
Unternehmensgröße	Überwiegend von kleineren Unternehmen durchgeführt	Eher von größeren Unternehmen bevorzugt	Eher von kleineren Unternehmen bevorzugt
Partnerzahl (durchschnittlich)	2,40	2,93	6,14

* Rotering, S. 119 und S. 122 verwendet die Begriffe nicht koordinierte Gemeinschaftsforschung, koordinierte Gemeinschaftsforschung und Gemeinschaftsunternehmen, die jedoch mit den hier genannten Termini als vergleichbar anzusehen sind, zumal das Ergebnis auf einer Umfrage beruht und es in Grenzfällen Schwierigkeiten bereitet, eine Zuordnung zu treffen, die frei von Zweifeln ist.

152 Rotering, aaO, S. 123

153 Staudt, Kooperationshandbuch, S. 90ff, 95ff

154 Rotering, aaO, S. 119

Das oben Angesprochene gilt ebenso bei der Frage nach der Zahl der kooperationswilligen Unternehmen, denn auch hier ist das Gemeinschaftsunternehmen aufgrund der hohen Regelungsdichte besonders geeignet eine größere Zahl von Partnern aufzunehmen, während die formelle und in noch stärkerem Maße die informelle Kooperation auf zwei bis maximal drei Partner zugeschnitten ist[155].

4. Gesellschaftsrechtliche und kartellrechtliche Gestaltung

a) Gesellschaftsrecht

Wegen der erheblichen praktischen Relevanz kommt der gesellschaftsrechtlichen Betrachtung von FuE-Kooperationen große Bedeutung zu, denn bei einer beabsichtigten Kooperation stellt sich grundsätzlich die Frage, ob die Zusammenarbeit, in Form eines Gemeinschaftsunternehmens, sei es als Personen- oder Kapitalgesellschaft, als einfache Kooperation auf vertraglicher Basis im Sinne der §§ 705ff BGB oder als Austauschvertrag erfolgen soll. Daneben sind die Gründe für eine bestimmte Rechtsformwahl zum Teil auch in den jeweiligen steuerrechtlichen Privilegierungen zu suchen[156]. Gleichwohl dürfen die Vor- und Nachteile, die sich aus den verschiedenen, gesellschaftsrechtlich relevanten Gestaltungsmöglichkeiten ergeben, nicht außer Acht gelassen werden, sondern sollten verstärkten Einfluß auf die Überlegungen ausüben.

aa) Unproblematisch können FuE-Kooperationen in Form einer Kapitalgesellschaft als Gemeinschaftsunternehmen gegründet werden, denn hier genügt bereits die FuE als zulässiger Unternehmensgegenstand[157]. Personenhandelsgesellschaften, sei es als oHG oder als KG, kommen hingegen nur dann in Betracht, wenn auch die gemeinsame Verwertung der erzielten Forschungsergebnisse erfolgen soll[158], denn gemäß § 105 I HGB muß das Unternehmen auf den Betrieb eines Handelsgewerbes gerichtet sein, was bei der reinen FuE-Kooperation noch nicht der Fall ist[159]; die Zusammenarbeit im FuE-Sektor, die ohne anschließende gemeinsame Verwertung erfolgen soll, kann demnach nur als Kooperationsvertrag im formellen Sinn oder als Gemeinschaftsunternehmen in Form einer Kapitalgesellschaft stattfinden.

Kapitalgesellschaften eignen sich vor allem für Kooperationen, die unter Zusammenlegung beziehungsweise Auslagerung eines Teils der gesamten FuE-Abteilung eines Betriebs, der auf einen bestimmten Teilbereich spezialisiert ist, oder bei einer größeren Zahl von Part-

---

[155] So Ullrich, Kooperative Forschung und Kartellrecht, S. 28 für die zwischenbetriebliche FuE-Kooperation; Rotering, aaO, S.122, hat hingegen im Rahmen einer empirischen Untersuchung festgestellt, daß die durchschnittliche Partnerzahl bei Gemeinschaftsunternehmen bei über sechs liegt, während die weniger intensiveren Kooperationsformen durchschnittlich nur von zwei bis drei Partnern betrieben wird.

[156] Siehe hierzu Rose, Unternehmensrechtsformwahl, JbFfSt 1986/1987, 55, 68ff

[157] Dies ergibt sich bereits für die GmbH aus § 1 GmbHG, wonach jeder gesetzlich zulässige GmbH-Zweck in Betracht kommt, so auch Schmidt, Gesellschaftsrecht, § 4 II Nr. 1.b). Eine AG bedarf gleichfalls eines bestimmten Unternehmenszwecks, für den aber alle erlaubten Gegenstände zulässig sind und es nicht der Ausübung eines Gewerbes oder eines wirtschaftlichen Hintergrundes bedarf, so RGZ (25.11.1905) 62, 96, 97; KK/Kraft, § 3 AktG, Rdnr. 3, § 23 AktG, Rdnr. 23; Hueck, Gesellschaftsrecht, § 20 I 1.

[158] Als Verwertungshandlung kommt neben der gemeinsamen Produktion auch die planmäßige Lizenzierung an Dritte in Betracht.

[159] Baumbach/Hopt, § 105 HGB, Rdnr. 3

nern[160].

Vorteilhaft sind dabei vor allem die klaren Unternehmensstrukturen hinsichtlich der inneren Willensbildung sowie der Vertretung nach außen und die Tatsache, daß ein eigenes Gesellschaftsvermögen bei der Kapitalgesellschaft als juristischen Person entsteht. Im Gegensatz zur Personengesellschaft ist noch das geringere Haftungsrisiko positiv zu berücksichtigen. Nachteilig wirken sich hingegen die höheren Kosten aufgrund von Publizitäts- und Bilanzierungsvorschriften aus sowie die Tatsache, daß bei projektbezogenen Unternehmen alle einschlägigen Schwierigkeiten bei Liquidierung und Rückabwicklung auftreten. Darüber hinaus besteht kaum Gestaltungsspielraum für die individuelle rechtliche Ausformung aufgrund der großen Zahl nicht abdingbarer gesetzlicher Vorschriften.

bb) Die Besonderheit bezüglich der Personenhandelsgesellschaften ist darin zu sehen, daß diese nicht allein aufgrund eines Vertrages gegründet werden können, sondern auch, soweit auch die Verwertung der FuE-Ergebnisse geplant ist, ohne ausdrückliche Abrede, selbst gegen den erklärten Willen der Beteiligten[161], aus einer reinen FuE-Gemeinschaft kraft Gesetzes entstehen können[162]. Dies ist immer dann der Fall, wenn die Partner die gemeinsame Verwertung von gewerblichen Schutzrechten und Know-how betreiben, etwa durch gemeinsame Produktion und Vertrieb, und somit ein Handelsgewerbe im Sinne des § 1 II HGB vorliegt[163].

Problematisch ist in diesem Zusammenhang, daß mit Entstehung der Personenhandelsgesellschaft auch die gesetzmäßig bestehende volle Haftung gegenüber Dritten für den jeweiligen Kooperationspartner eintritt[164]. Dies ist insbesondere im Hinblick auf die gesetzlichen Regelungen bezüglich der Vertretungsmacht der Beteiligten nach außen zu sehen, die lediglich im Innenverhältnis beschränkt werden kann. Diese Haftung kommt allein aufgrund des Entstehens einer oHG zum tragen, während es bei der GbR darauf ankommt, ob diese nach außen auch erkennbar aufgetreten ist oder als reine BGB-Innengesellschaft aktiv ist.

Demgegenüber ist die weithin dispositive Natur der rechtlichen Organisationsstruktur im übrigen als ebenso günstig anzusehen, da die Gesellschaft auf die individuellen Bedürfnisse zugeschnitten werden kann[165], wie auch die Tatsache, daß eine weitgehende Rechtsfähigkeit besteht.

cc) Der einfache Kooperationsvertrag, welcher als Gesellschaftsvertrag im Sinne der §§

---

160 Rotering, aaO, S. 122

161 BGHZ 32, 310; 10, 97; Baumbach/Hopt, § 105 HGB, Rdnr. 10; Happ/Brunkhorst, In: Münchner Handbuch des Gesellschaftsrechts Bd. 1, § 42, Rdnr. 54

162 Schlegelberger/Geßler, § 105 HGB, Rdnr. 90; Happ/Brunkhorst, aaO, § 42, Rdnr. 51ff

163 So stellte sich jedenfalls die Rechtslage nach einhelliger Ansicht für den § 1 II Nr. 1 HGB a.F. dar, vgl. etwa Baumbach/Hopt, § 1 HGB, Rdnr. 25. Nach der neuen Definition des § 1 II HGB, der die Katalogtatbestände des § 1 II HGB a.F. ersetzt hat, dürfte dies somit erst recht gelten, da durch die allgemeine Formulierung in der Vorschrift deren Anwendungsbereich eher ausgedehnt worden ist.

164 Dies ergibt sich zwingend aus den §§ 128, 159 HGB, wobei sich im Falle einer KG-Gründung für Kommanditisten die Haftung gemäß der §§ 171, 176 HGB bis zur Höhe ihrer Einlage reduziert. Da dies jedoch eine Eintragung ins Handelsregister erfordern würde, kommt dies Haftungsbegrenzung jedoch regelmäßig nur bei der willentlich gegründeten KG in Betracht.

165 Schluep, Privatrechtliche Probleme der Unternehmenskonzentration und -kooperation, ZSR 1973, 153, 326

705ff BGB zu qualifizieren ist, stellt dabei die sachgerechteste Lösung, wenn die Partner, wie im Regelfall, die Zusammenarbeit zur Verwirklichung eines gemeinsamen Zwecks anstreben[166].

Vorteil einer vertraglichen Beziehung in Form der GbR ist, daß aufgrund der weitgehenden Dispositionsfreiheit die ideale Gestaltung der Rechtsbeziehung der Partner untereinander gefunden werden kann[167]. Namentlich hervorzuheben ist die Vielzahl von möglichen Arten, Beitragsleistungen zu vereinbaren (§ 706 BGB)[168]. Überdies fallen keine zusätzlichen Kosten aufgrund von Publizitäts- und Rechnungslegungsvorschriften an. Auch läßt sich da Haftungsrisiko eines solchen Vertrages insofern begrenzen, da durch schuldrechtliche Vereinbarung zwischen den Partnern die gegenseitige Haftung ausgeschlossen werden kann[169].

Allerdings finden sich auch erhebliche Nachteile bei der Gestaltung der Kooperationsbeziehung in dieser Rechtsform. Zum einen ist sie mangels eigener Rechtsfähigkeit ungeeignet Außenbeziehungen anzuknüpfen und überdies bereitet die Eigentumsordnung insofern Schwierigkeiten, als das Gesellschaftsvermögen jeweils den einzelnen Partnern, sei es zur gesamten Hand oder zu Miteigentum, zusteht. Aus diesen Besonderheiten ergeben sich auch im Rahmen der Liquidation Schwierigkeiten, deren gesetzlich vorgesehene Lösung vielfach ungewollte Ergebnisse nach sich ziehen kann.

dd) Daneben können Kooperationen im weitesten Sinne auch in Form von synallagmatischen Austauschverträgen abgeschlossen werden. Insbesondere bei stark entgegengesetzten Interessenlagen ist aufgrund der privatautonomen Gestaltungsweite daran zu denken, das jeweils vorhandene Know-how auf vertraglicher Basis lediglich auszutauschen bzw. entgeltliche Schutzrechtslizenzen zu vergeben. Zwar erfolgen hier keine gemeinsamen FuE-Arbeiten, aber die Partner können dennoch engere Bindungen schaffen, die über den reinen Austausch hinausgehen, etwa durch Ausschließlichkeits- oder Konkurrenzklauseln. Entscheidend ist, daß der wechselseitige Austausch das prägende Merkmal des synallagmatischen Vertrages ist[170]. Ein Austausch ist dabei auch mit mehr als zwei Partnern möglich, obwohl dann eine Mehrzahl von Verträgen abgeschlossen werden muß, da zwischen jedem am Austausch unmittelbar Beteiligten eine Vertragsbeziehung existiert, auch wenn die Vereinbarungen in einer einzigen Urkunde zusammengefaßt werden[171].

Neben dem unbestreitbaren Vorteil der Gestaltungsfreiheit von Austauschverträgen, welche den Beteiligten durch die Privatautonomie eröffnet wird, besteht stets die latente Ungewißheit, welcher Vertragstyp konkret zur Anwendung kommt[172]. Diese Frage spielt näm-

---

[166] MüKo/Ulmer, § 705 BGB, Rdnr. 109ff.; Soergel/Hadding, § 705 BGB, Rdnr. 35f.

[167] Schluep, ZSR 1973, 153, 326

[168] Schmidt, Gesellschaftsrecht, § 20 II 2; Sorgel/Hadding, § 706 BGB, Rdnr. 7; MüKo/Ulmer, § 706 BGB, Rdnr. 9

[169] Ein solcher Ausschluß ist im Rahmen der Privatautonomie völlig unproblematisch möglich, was sogar für die GbR gilt, soweit nur eine Innengesellschaft besteht, Palandt/Thomas, § 705 BGB, Rdnr. 26.

[170] Sobald jedoch ein gemeinsamer Zweck verfolgt wird, der über den reinen Austausch hinausgeht, kann dies die Einordnung als Gesellschaftsvertrag im Sinne der §§ 705ff BGB zur Folge haben; siehe MüKo/Ulmer, § 705 BGB, Rdnr. 109ff.

[171] Schluep, ZSR 1973, 153, 323

[172] Schluep, ZSR 1973, 153, 324

lich immer im Falle von Leistungsstörungen oder hinsichtlich der Berechtigung zur Kündigung eine erhebliche Rolle.

b) Kartellrecht

Von besonderer Relevanz ist das Kartellrecht, wenn es um die konkrete Ausgestaltung der Zusammenarbeit geht, denn regelmäßig werden neben der Abrede, gemeinsam FuE zu betreiben, auch gewerbliche Schutzrechte sowie Know-how in eine solche Unternehmenskooperation eingebracht. Sämtliche Klauseln sind dann einer eingehender Überprüfung zu unterziehen, denn vielfach entspricht es dem Interesse der Parteien, daß das eingebrachte sowie das neu entwickelte Wissen nicht an Dritte weitergegeben wird, wobei sich in den hierfür erforderlichen Vertragsbedingungen in der Praxis zum Teil unzulässige Wettbewerbsbeschränkungen finden.

Aus kartellrechtlichem Blickwinkel werden FuE-Kooperationen unabhängig von ihrer Rechtsform in zwei verschiedene Varianten unterschieden. Dabei ist die reine Zusammenarbeit, die sich im bloßen Informationsaustausch oder in der Erarbeitung der angestrebten Forschungsergebnisse erschöpft, welche dann allen Beteiligten zur uneingeschränkten Nutzung überlassen werden, von der weitergehenden Kooperation zu trennen, die noch Vereinbarungen hinsichtlich der späteren Verwertung des gemeinsam erworbenen Wissens enthält[173]. Bei der Wahl, in welcher Form kooperiert werden und welche Regelungen der Vertrag konkret enthalten soll, sind die Kartellgesetze, also das deutsche GWB und die Art. 85 und 86 EGV mit den dazugehörigen Gruppenfreistellungsverordnungen auf europäischer Ebene sowie die Entscheidungspraxis des Bundeskartellamtes und der EG-Kommission zu prüfen. Daher empfiehlt sich grundsätzlich eine vorausgehende Kontrolle von Kooperationsabreden, um eine erst später gerügte Kartellrechtswidrigkeit, die unweigerlich zum Scheitern der Zusammenarbeit führen würde, zu verhindern. Damit einher geht ein kaum wieder aufzuholender Zeitverlust, so daß das ursprüngliche Kooperationsziel, einen Wettbewerbsvorsprung zu erreichen, sich ins Gegenteil umkehren würde.

aa) Im Rahmen von *Forschungskooperationen ohne begleitende Verwertungsabreden* stellt sich zunächst die grundsätzliche Frage, ob von diesen überhaupt eine Beeinträchtigung des Wettbewerbs ausgehen kann[174].

Die Wettbewerbsauswirkungen von FuE-Kooperationen ohne gemeinsame Verwertungsabsicht sind nämlich sehr umstritten, denn Forschung wird zum Teil als betriebsinterner Vorgang angesehen, welcher mangels Marktnähe auch keine Marktauswirkungen nach sich ziehen kann[175]. Dennoch muß hier auf den konkreten Einzelfall abgestellt werden, da selbst

---

173 Schmieder, GRUR 1981, 241ff.; Machunsky, Forschungskooperationen im Recht der Wettbewerbsbeschränkungen, S. 127

174 Diese Frage wurde in der früheren Literatur überwiegend verneint, stellvertretend für viele Axster, MittPatAnw 1969, 299ff; Benisch, aaO, S. 190f; Sandrock, Grundbegriffe des Gesetzes gegen Wettbewerbsbeschränkungen, 1968, S. 181. Inzwischen hat sich jedoch die Auffassung durchgesetzt, daß es sich hierbei dennoch um einen bedeutenden Wettbewerbsparameter handelt, so Immenga in: Immenga/Mestmäcker, § 1 GWB, Rdnr. 259ff; Ullrich, Kooperative Forschung und Kartellrecht, S. 148ff; Franz, FuE-Kooperationen aus wettbewerbspolitischer Sicht, S. 140; Fuchs, Kartellrechtliche Grenzen der Forschungskooperation, S. 248 mit weiteren Nachweisen.

175 Schmieder, GRUR 81, 241, 243; Teske, Die Zulässigkeit von Forschungs- und Entwicklungsgemeinschaften, S. 60f.; Kuder, Die Gründung eines Forschungs- und Entwicklungsgemeinschaftsunternehmens in kartellrechtlicher Sicht nach deutschem Recht, S. 159f.; GK/Axster, Anh. §§ 20, 21, Rdnr. 14; Kronstein, Das Recht der internationalen Kartelle, S. 34

von der kooperativen Grundlagenforschung, trotz des Fehlens eines unmittelbaren Marktbezugs[176], kartellrechtlich erhebliche Auswirkungen hervorgerufen werden können[177]. Problematisch ist diese Form der Zusammenarbeit vor allem in Fällen, in denen, jedenfalls faktisch, auf eigene Parallelforschung verzichtet wird, was zwecks Einsparung zusätzlicher Kosten nicht nur als sinnvoll, sondern vielfach als entscheidender Kooperationsvorteil angesehen wird. Doch gerade bei diesem Verzicht handelt es sich um die eigentliche Wettbewerbsminderung[178].

Gegen die kartellrechtliche Relevanz von FuE-Kooperationen wird außerdem vorgebracht, daß die Partner potentielle Wettbewerber auf dem betroffenen Markt sein müßten, was unstreitig nur dann der Fall ist, wenn sie in einem aktuellen oder potentiellen Forschungswettbewerb zueinander stehen, also auf dem gleichen Markt Konkurrenzprodukte vertreiben. An einem Wettbewerbsverhältnis mangelt es jedoch, wenn, ohne die Zusammenführung der Aktivitäten, ein Unternehmen die Forschung alleine nicht hätten durchführen können[179], wie dies etwa in der Situation des Besitzes von sich gegenseitig blockierenden Schutzrechten zumeist der Fall ist und daher ohne die gegenseitige Mitwirkung überhaupt keine FuE in dem betroffenen Technologiebereich erfolgen würde[180]. Anderes gilt jedoch dann, wenn die Möglichkeit bestünde, sich dieser wechselseitigen Schutzrechtsblockade durch Umgehungserfindungen entziehen zu können.

Ohne unmittelbare Auswirkungen sind vertikale Kooperationen zwischen Zulieferer und Abnehmer[181], da mangels eines Wettbewerbsverhältnisses Kartellrechtstatbestände nicht erfüllt werden[182]. Wettbewerbsbeschränkungen können sich hier lediglich aus begleitenden Nebenabreden, namentlich Ausschließlichkeitsbindungen ergeben[183].

---

[176] Machunsky S. 31ff; Ullrich, Kooperative Forschung und Kartellrecht, S. 154ff. Zwar ist die Grundlagenforschung grundsätzlich dem eigentlichen Marktverhalten so weit vorgelagert, daß im Normalfall nicht mit spürbaren Auswirkungen gerechnet werden kann, aber die industrielle Grundlagenforschung erfolgt dennoch nicht zweckfrei, sondern wird jedenfalls marktorientiert betrieben. Somit hat diese Forschungsrichtung zumindest eine abstrakte Eignung, spürbare Marktbeeinflussungen hervorzurufen (Machunsky, S. 32f.).

[177] Das BKartA, WuW/E 439, hat hierzu ausgeführt, daß durch eine Forschungskooperation die Betätigungsfreiheit am Markt nicht beschränkt wird. Diese Entscheidung kann jedoch nicht verallgemeinert werden, denn wenn zwei marktbeherrschende Unternehmen gemeinsame Grundlagenforschung betreiben so hat dies zumindest mittelbare Auswirkungen.

[178] Ullrich, Kooperative Forschung und Kartellrecht, S. 157; Immenga in: Immenga/Mestmäcker, § 1 GWB, Rdnr. 465; Fuchs, aaO, S. 255; Machunsky, aaO, S. 31, 47; Loewenheim/Belke, § 1 GWB, Rdnr. 109

[179] Immenga in: Immenga/Mestmäcker, § 1 GWB, Rdnr. 469

[180] Schmieder, GRUR 1981, 241, 243 mit weiteren Nachweisen; a.A. Machunsky, S. 39, der in diesem Fall nicht die Kooperation, sondern lediglich den Austausch der Schutzrechte als erforderlich und damit nicht wettbewerbsbehindernd ansieht.

[181] Im EG-Kartellrecht spielt diese Unterscheidung jedoch keine Rolle, da dort nicht auf das Wettbewerbsverhältnis der Kooperationspartner abgestellt wird, sondern es auf die Frage nach den Auswirkungen der Vereinbarung auf den Gemeinsamen Markt ankommt.

[182] So auch sinngemäß Immenga in: Immenga/Mestmäcker, § 1 GWB, Rdnr. 469 und Schmieder, GRUR 1981, 241, 243.

[183] Nach § 18 I GWB besteht für die Kartellbehörden die Möglichkeit, entsprechende Klauseln im Einzelfall für unwirksam zu erklären (Emmerich, in Immenga/Mestmäcker, § 18 GWB, Rdnr. 77ff.). Nach der europäischen Vorschrift des Art. 4 I g) der GFVO Nr. 418/85 werden solche Bezugsbindungen bei anschließender gemeinsamer Verwertung freigestellt (Ullrich/Konrad, in Immenga/Mestmäcker, Europäisches Kartellrecht, VIII E Rdnr. 46). Bei getrennter Verwertung verbleibt es hingegen bei der allgemeinen Regel des Art. 3 der GFVO Nr. 1984/83 (Alleinbezugsvereinbarungen), die einer Freistellung unter bestimmten Voraussetzungen grundsätzlich positiv gegenübersteht. Allerdings paßt diese Norm in aller Regel nicht auf FuE-Kooperationen, da es sich bei dem Alleinbezug um Waren handeln muß, die zum Zwecke des Weiterverkaufs erworben wer-

(1) Das deutsche Kartellrecht ordnet gemäß § 1 GWB die Unwirksamkeit von Verträgen an, die geeignet sind, den freien Wettbewerb zu beeinträchtigen. Doch bei FuE-Kooperationen sind die Einschränkungen dieses strikten Kartellverbots gemäß der §§ 5, 5a und 5b GWB zu beachten.

Keine wesentliche Bedeutung für die vorliegenden Arbeit hat hingegen § 15 GWB, der das Kartellverbot auf Austauschverträge ohne gemeinsame Zweckrichtung ausdehnt, da bei kooperativer FuE der gemeinsame Zweck grundsätzlich gegeben ist, wenn die Beteiligten nicht lediglich eine Transfervereinbarung über Forschungsergebnisse geschlossen haben, sondern darüber hinausgehende Interessen verfolgen[184]. Gleiches gilt für die §§ 20 und 21 GWB, die sich auf Lizenzvereinbarungen über technische Schutzrechte und Know-how beziehen[185].

Die Fusionskontrolle nach den §§ 23ff GWB kann jedoch auch bei gesellschaftsrechtlich relevanten Formen der Zusammenarbeit, soweit diese den Kooperationen im formellen Sinn[186] zuzuordnen sind, nach Ansicht der vorherrschenden Meinung in der Lehre sowie der Spruchpraxis des Bundeskartellamtes gemäß den Regeln von der „eingeschränkten Doppelkontrolle" neben § 1 GWB eingreifen[187].

Außerdem besteht die Möglichkeit, eine an sich kartellrechtswidrige Forschungskooperation, welche nicht durch die Ausnahmetatbestände der §§ 2 bis 7 GWB legalisiert werden kann, durch Ministererlaubnis gemäß § 8 GWB freizustellen. Dies ist jedoch nur zulässig, wenn die Wettbewerbsbeschränkung aus Gründen des Gemeinwohls und der Gesamtwirtschaft erforderlich ist (§ 8 I GWB) oder unter Beachtung weiterer Voraussetzungen im Falle einer Branchenkrise (§ 8 II GWB). Der sehr enge Anwendungsbereich des § 8 GWB führte jedoch dazu, daß dieser Norm bisher keine nennenswerte praktische Bedeutung zukam[188].

(2) Eine zwar grundsätzlich ähnliche Gesamtbeurteilung, aber in Teilen doch andere Betrachtung ergibt sich, wenn man die europäischen Regelungen in die Überlegungen mit

den, und nicht um Vor- oder Zwischenprodukte, die weiterverarbeitet werden (Emmerich, in: Immenga/Mestmäcker, Europäisches Kartellrecht, II B Rdnr. 171).

[184] Immenga in: Immenga/Mestmäcker, § 1 GWB, Rdnr. 154ff. Minimalzweck ist dabei stets der wirtschaftliche Erfolg, aber auch die FuE-Zielsetzung. Nähere Ausführungen zum gemeinsamen Zweck im Sinne des Gesellschaftsrechts finden sich in Kapitel II. Bei den reinen Austauschverträgen (Technologietransfervereinbarungen) ohne weitergehende Zusammenarbeit, im Hinblick auf die Erzielung künftiger, gemeinsamer FuE-Ergebnisse, handelt es sich nicht um Kooperationsbeziehungen im formellen Sinn.

[185] Aufgrund der systematischen Stellung dieser Vorschriften, ist es auch hierfür unerläßliche Voraussetzung, daß ein Austauschvertrag vorliegt, während die § 1ff GWB bei wechselseitiger Zusammenarbeit vorrangig sind.

[186] Siehe oben unter 2.c) zur formellen Kooperation sowie zu deren Abgrenzung zum GU.

[187] BKartA, Tätigkeitsbericht 1978, S. 23; Immenga in: Immenga/Mestmäcker, § 1 GWB, Rdnr. 519ff; Mestmäcker in: Immenga/Mestmäcker, § 23 GWB, Rdnr. 177; a.A. Koch, Wirtschaftsrecht 1974, S. 30ff; Wiedemann, Gemeinschaftsunternehmen im deutschen Kartellrecht, S. 107, 139ff; Knöpfle, Zur Unterscheidung von konzentrativem und kooperativem Gemeinschaftsunternehmen bei der kartellrechtlichen Beurteilung von Gemeinschaftsgründungen, BB 1980, 654; Bechthold, Zur Fusionskontrolle über Gemeinschaftsunternehmen, BB 1980, 344.

[188] Fuchs, Kartellrechtliche Grenzen der Forschungskooperation, S. 306f. weist sogar explizit darauf hin, daß die Freistellungsmöglichkeiten für FuE-Kooperationen nach den §§ 5ff GWB in der Regel ausreichend sind, um eine entsprechende Zusammenarbeit zu legalisieren.

einbezieht.

Hier enthält Art. 85 I EGV ein umfassendes Kartellverbot, wobei jegliche vertraglich geregelten oder nur faktisch aufeinander abgestimmten Verhaltensweisen untersagt sind, die den Wettbewerb auf dem Gemeinsamen Markt nachteilig beeinflussen. Dabei geht die Regelung des Art. 85 EGV dem nationalen Kartellrecht immer dann vor, wenn sich Auswirkungen über den nationalen Markt hinaus auf andere Länder der Europäischen Union und damit für den Gemeinsamen Markt ergeben können[189]. Allerdings besteht hier die Möglichkeit, trotz des tatbestandlichen Vorliegens des Art 85 I EGV, aufgrund der Freistellungsregelung des Art 85 III EGV eine kartellrechtlich zulässige Kooperation durchzuführen. Dies ist zum einen möglich über eine Einzelfreistellung[190] oder aufgrund einer Gruppenfreistellung, deren Tatbestände in den verschiedenen Gruppenfreistellungsverordnungen[191] sehr detailliert geregelt sind.

Bei FuE-Kooperationen findet grundsätzlich die GFVO Nr. 418/85 (FuE-Kooperationen) vorrangig Anwendung, was insbesondere im Verhältnis zur GFVO Nr. 240/96 für Technologietransfervereinbarungen[192] gilt, da der Lizenzierung von Patenten und Know-how lediglich eine instrumentale Funktion im Rahmen einer FuE-Kooperation zukommt[193]. Bei einer Kollision mit der GFVO Nr. 417/85 für Spezialisierungsvereinbarungen können nach herrschender Meinung grundsätzlich beide Verordnungen nebeneinander zur kartellrechtlichen Beurteilung herangezogen werden[194], was jedoch in der Praxis nur der Fall sein dürfte, wenn ein Gemeinschaftsunternehmen Träger der Spezialisierungsvereinbarung ist, denn nur dort finden sich Regelungen, die entweder eine gemeinsame Herstellung oder einen vollständigen wechselseitigen Produktionsverzicht zugunsten des gemeinsamen Tochterunternehmens enthalten[195].

Der GFVO Nr. 418/85 (FuE-Kooperationen) liegt dabei die Beurteilung zugrunde, daß FuE-Kooperationen im Grunde kartellrechtlich zulässig sowie aus technologischer Sicht sogar wünschenswert sind, denn durch die reine Kooperationstätigkeit im Bereich von FuE wird der Wettbewerb grundsätzlich nicht beeinträchtigt. Art. 1 GFVO enthält den Freistellungsgrundtatbestand, der durch Art. 4 GFVO sowie durch Art. 5 GFVO (Weiße Liste) für

---

[189] Diese sogenannte „Zwischenstaatlichkeitsklausel" ist eine versteckte Kollisionsnorm, die wettbewerbsbeschränkende Handlungen ausschließlich dem nationalen Kartellrecht zuweist, soweit es an Auswirkungen auf den Gemeinsamen Markt fehlt, Rehbinder, in: Immenga/Mestmäcker, EG-Wettbewerbsrecht, Einl. E, Rdnr. 8. Siehe auch Immenga/Mestmäcker, Einl. Zu GWB, Rdnr. 33ff und Bunte, Das Verhältnis von deutschem zu europäischem Kartellrecht, WuW 1989, 7, 10. Nach der sogenannten Zweischrankentheorie (Emmerich, Kartellrecht, § 33 6.a) kann im Konfliktfall auch das jeweilige nationale Kartellrecht zur Anwendung kommen, soweit dieses strengere Anforderungen als die europäische Normierung statuiert.

[190] Hier kann die entsprechende Vereinbarung bei der EG-Kommission angemeldet werden mit dem Ziel, daß das Kartelverbot für den konkreten Einzelfall aufgehoben wird. Umfassend dargestellt wird die Funktionsweise dieser Einzelfreistellung von Sauter in: Immenga/Mestmäcker, EG-Kartellrecht, IV. Abschnitt B, Rdnr. 1ff.

[191] Zur Zeit existieren, im für die vorliegende Arbeit relevanten Bereich, GFVOen für FuE-Vereinbarungen (Nr. 418/85), für Technologietransfervereinbarungen (Nr. 240/96) sowie für Spezialisierungsvereinbarungen (Nr. 417/85).

[192] Die GFVO Nr. 240/96, die am 1.4.1996 in Kraft getreten ist, hat die GFVOen Nr. 2349/84 für Patentlizenzvereinbarungen und Nr. 556/89 für Know-how-Vereinbarungen abgelöst.

[193] Ullrich in: Immenga/Mestmäcker, EG-Kartellrecht, VIII. Abschnitt C, Rdnr. 18; Wiedemann, Kommentar zu den Gruppenfreistellungsverordnungen des EWG-Kartellrechts, Bd. I, GFVO 418/85, Art. 1, Rdnr. 49

[194] Ullrich/Konrad in: Immenga/Mestmäcker, EG-Kartellrecht, VIII. Abschnitt E, Rdnr. 9

[195] Wiedemann, aaO, Art 1 der GFVO Nr. 418/85, Rdnr. 39

bestimmte Einzelfälle erweitert oder jedenfalls konkretisiert wird. Demnach kommt eine Freistellung nur in Betracht, wenn die Partner im Gemeinsamen Markt oder jedenfalls in dem relevanten Teil des Gemeinsamen Marktes zusammen einen Marktanteil von weniger als 20 % besitzen. Hingegen umfaßt Art. 6 GFVO (Schwarze Liste) eine Aufzählung von Einzeltatbeständen, die einer Gruppenfreistellung in jedem Fall entgegenstehen. Daneben besteht noch die Möglichkeit für sogenannte „Graue Abreden"[196], die sich weder unter der Weißen noch unter der Schwarzen Liste subsumieren lassen, über ein Widerspruchsverfahren gemäß Art. 7 GFVO die Freistellung zu erhalten[197].

(3) Letztendlich kann die Kartellrechtswidrigkeit eines Kooperationsvertrages nicht allgemein bejaht oder ausgeschlossen werden, da die Forschungstätigkeit dem Grunde nach dem Schutz des § 1 GWB bzw. des Art. 85 I EGV vor Beschränkungen unterliegt, sondern muß anhand des konkreten Vertrages geprüft werden. Dabei lassen sich in Abhängigkeit von der jeweiligen Kooperationsform folgende allgemeine Aussagen zur kartellrechtlichen Zulässigkeit treffen:

(a) Im Rahmen einer rein informellen Kooperation, die lediglich dem Informationsaustausch oder allenfalls dem Austausch von gewerblichen Schutzrechten und Know-how dient, ist gemäß der Entscheidungspraxis des Bundeskartellamtes[198] sowie der EG-Kommission[199] keinerlei Wettbewerbsverstoß erkennbar. Dies gilt selbst dann, wenn die Beteiligten die Verpflichtung eingehen, nicht mit Dritten auf demselben Gebiet zusammen zu arbeiten, denn eine solche Vereinbarung hat in der Regel keine Wettbewerbsbeschränkung zum Ziel[200], sondern dient der Erhaltung der gegenseitigen Vertrauensgrundlage, weil mit zunehmender Kooperationsdauer die Gefahr bestünde, daß auch Wissen des anderen Partners an den Dritten weiter gegeben werden könnte.

(b) Das zur informellen Kooperation hinsichtlich der Zusammenarbeit mit Dritten Ausgeführte gilt auch für die formelle Kooperation. Einer kritischen Überprüfung zu unterziehen ist der Vertrag jedoch dann, wenn, sei es aufgrund vertraglicher Regelung oder zumindest faktisch, auf eine nennenswerte Eigenforschung im kooperationsrelevanten FuE-Bereich verzichtet wird. Ein solcher Verzicht ist gemäß der gängigen Entscheidungspraxis der EG-Kommission[201] nur dann zulässig, wenn es sich dabei um eine Spezialisierung[202] in der Forschung handelt, was jedoch auch schon dann der Fall ist, wenn sich die Fortführung ei-

196 Ullrich/Konrad in: Immenga/Mestmäcker, EG-Kartellrecht, VIII. Abschnitt E, Rdnr. 5 und Rdnr. 72; Wiedemann, aaO, GFVO 418/85, Art. 7, 8, Rdnr. 1

197 Voraussetzung für eine Freistellung ist demnach, daß die Vereinbarung bei der EG Kommission angemeldet wird und daß binnen vier Monaten kein Widerspruch erfolgt.

198 BKartA, Tätigkeitsbericht 1966, S. 35 - Spritzgußmaschinen

199 EG-Kommission (17.1.1972), WUW/E EV 401 - MAN/SAVIEM; EG-Kommission (25.7.1977), WUW/E EV 717 - De Laval/Stork

200 Anders ist die Situation hingegen zu beurteilen, wenn der Wissensaustausch darüber hinaus eine Aufteilung des Marktes zum Gegenstand hat und damit in jedem Fall ein Kartellrechtsverstoß vorliegt.

201 EG-Kommission (23.11.1971), WuW/E EV 357 - Henkel/Colgate; EG-Kommission (15.12.1975), WuW/E EV 639 - Bayer/Gist Brocades; EG-Kommission (17.1.1979) WuW/E EV 799 - Beecham/Parke Davis

202 Hierbei ist zu beachten, daß die Anwendungsbereiche der Spezialisierungstatbestände des § 5a GWB sowie der GFVO Nr. 417/85 durchaus voneinander abweichen!

ner eigenständigen Forschung aufgrund von kaufmännischen Überlegungen verbietet[203]. Begründet wird diese Rechtsauffassung mit der damit verbundenen allgemeinen Förderung des technischen Fortschritts, wobei es genügt, wenn, ohne Sicherheit darüber zu haben, welche Auswirkungen für den Markt davon ausgehen, die realistische Aussicht auf eine im Verhältnis zur rein informellen Kooperation gesteigerte Erfolgserwartung besteht.

(c) In gewisser Hinsicht stellt sich die Gründung eines Gemeinschaftsunternehmens[204] als weniger problematisch dar, denn durch die Zusammenlegung, jedenfalls eines Teils der FuE-Abteilungen, entsteht ein neues Unternehmen, welches unter das Konzentrationsprivileg[205] fällt. Erforderlich hierfür ist jedoch, daß die Muttergesellschaften quasi nur als Holding auftreten und nicht lediglich ihre FuE-Aktivitäten über das neu gegründete Gemeinschaftsunternehmen koordinieren[206].

(d) Zusammenfassend läßt sich feststellen, daß die Gemeinschafts-FuE ohne Verwertungsregelungen kartellrechtlich weitgehend zulässig ist. Für die Vertragspraxis ist hierbei lediglich von Bedeutung, daß durch eine ausdrückliche und von der Kooperationsform im übrigen unabhängige Regelung, die Parallelforschung der Partner ausschließt, kartellrechtliche Relevanz ausgeht, welche eine Freistellung erforderlich macht.

bb) Sobald die Kooperationspartner ihre FuE-Ziele erreicht haben, erwartet das Kartellrecht von diesen, daß sie wieder die Selbständigkeit am Markt erlangen, indem jeder für sich die gewonnenen Ergebnisse in vollem Umfang in Anspruch nehmen kann, und daß damit der Wettbewerb vollständig wiederhergestellt wird. Dies ist jedoch immer dann problematisch, wenn das Abkommen auch *Verwertungsabreden* beinhaltet. Ziel der kartellrechtlichen Kontrolle ist dabei stets die Wiederherstellung beziehungsweise die Aufrechterhaltung des freien Wettbewerbs, der durch die reine FuE-Kooperationstätigkeit noch keine Beeinträchtigung erfährt.

Dabei wird lediglich ein über die Dauer der Kooperation hinausgehender Informationsaustausch, wenn auch mit erheblichen Vorbehalten, für einen begrenzten Zeitraum gebilligt bzw. freigestellt[207]. Das Problem der Zulässigkeit einer über die stets unbedenkliche reine

---

[203] In diesem Fall bedarf es nach europäischem Recht einer Freistellung, die, soweit es sich nicht ohnehin um eine Gruppenfreistellung gemäß der GFVO 417/85 handelt, großzügig gewährt wird. Nach deutschem Kartellrecht ist lediglich eine Anmeldung als Spezialisierungskartell gemäß § 5a GWB erforderlich.

[204] Dabei ist ein rechtlich selbständiges Unternehmen im Sinne der gesellschaftsrechtlichen Kooperation und nicht lediglich ein kooperatives Gemeinschaftsunternehmen, welches der formellen Kooperation zuzurechnen ist, zu verstehen.

[205] Bei lediglich national wirkenden Gemeinschaftsunternehmen folgt die Kontrolle über die §§ 23ff GWB. Wenn sich Auswirkungen für den Gemeinsamen Markt ergeben, so beurteilt sich die Zulässigkeit nach Art. 85 EGV, wobei entweder eine Gruppenfreistellung übe die GFVOen Nr. 417/85 oder Nr. 418/85 in Betracht kommt oder eine Einzelfreistellung, die durch die Kommission sehr großzügig gehandhabt wird, soweit keine Absprachen zur weitergehenden Verwertung oder zu weiterbestehender Parallelforschung enthalten sind (EG-Kommission (7.1.1992), Abl. C 3, S.2 - Procter and Gamble/Finaf; EG-Kommission (16.6.1988), ABl. L 150, S.35 - Bayer/BP Chemicals; EG-Kommission (19.8.1988), ABl. L 230, S.39 - Iveco/Ford).

[206] EG-Kommission (23.11.1977), Abl. L 327, S.26 - GEC-Weir Natriumumwälzpumpen; EG-Kommission (23.12.1975), Abl. L 51, S.7 - United Reprozessors GmbH; BKartA, Tätigkeitsbericht 1977, S. 57 - Motorzubehör; Immenga in: Immenga/Mestmäcker, § 1 GWB, Rdnr. 523 mit weiteren Nachweisen.

[207] Siehe hierzu Art. 4 I g der GFVO Nr. 418/85; EG-Kommission (17.1.1979) WuW/E EV 799 - Beecham/Parke Davis; EG-Kommission (13.3.1978) WuW/E EV 753 – SOPOLEM/Vickers; Gleiss/Hirsch, Art. 85, Rdnr. 170. Bisweilen wird dieser nachvertragliche Informationsaustausch durch die früheren Kooperationspartner gebilligt (Meier, in: Andrae/Seidenfus/Passern/Meier, Der industrielle Mittelstand in der Wettbe-

FuE-Zusammenarbeit hinausreichenden Kooperation, welche die Bereiche Produktion und Vertrieb berührt, beurteilt sich letztendlich nach der Frage, ob die Vorteile, die aus dem gemeinsamen Vorgehen entstehen, auch an die Verbraucher weitergegeben werden. Entscheidendes Indiz für eine solche Weitergabe ist in diesem Zusammenhang immer die Tatsache, daß weitere Wettbewerber neben den Kooperationspartnern vorhanden sind und daß diese auch nennenswerte Marktanteile besitzen.

(1) Die Zulässigkeit von Verwertungsregeln kann dabei in folgende Fallgruppen eingeteilt werden, die einer weitgehend einheitlichen Behandlung zu unterziehen sind. Wenn einem Kooperationspartner ein, jedenfalls räumlich begrenztes, Alleinvertriebsrecht eingeräumt wird, kann das Bundeskartellamt die Zusammenarbeit über die §§ 5 II, III, § 5b GWB oder, wenn es sich bei der gemeinsamen Produktion um eine Spezialisierung handelt, über § 5a GWB legalisieren. Dies geschieht in der Praxis jedoch nur dann, wenn die Zusammenarbeit zum einen für die Markterschließung erforderlich ist und es zum anderen dadurch nicht zu einer Marktabschottung gegenüber Dritten kommt.

Eine weitere Möglichkeit hinsichtlich der Verwertung stellt die Gewährung gegenseitiger ausschließlicher Lizenzen („Lizenzkartell") dar, was nach ganz herrschender Meinung unzulässig ist[208], da hierdurch nur der Ausschluß Dritter vom Wettbewerb als gemeinsamer Zweck verfolgt wird. Weitgehend unbedenklich sind hingegen exklusive Liefer- und Bezugspflichten in vertikalen Kooperationsvereinbarungen, also zwischen Zulieferer und Abnehmer, denn diese ist, mangels eines Wettbewerbsverhältnisses, lediglich Gegenstand einer weniger strengen Regeln folgenden Mißbrauchsaufsicht gemäß § 18 GWB.

(2) Hinsichtlich der Beurteilung nach europäischem Kartellrecht ergeben sich keine wesentlichen sachlichen Unterschiede, wenngleich zum einen, aufgrund der Gruppenfreistellungsverordnungen, detaillierte Regelungen des Problems und zum anderen eine umfangreichere und daher kasuistischere Spruchpraxis vorliegt. So ist die Einräumung eines wechselseitigen Alleinvertriebsrechts[209] gemäß Art. 4 I f) der GFVO Nr. 418/85 zulässig, wenn dies einmalig auf höchstens fünf Jahre beschränkt ist[210]. Im übrigen kommt auch hier eine Einzelfreistellung über Art. 85 III EGV in Betracht, wenn dies nicht zu einer Einschränkung der eigenständigen Forschungsaktivitäten der Kooperationspartner führt und nach der Beendigung der Zusammenarbeit alle Beteiligte weiterhin über sämtliche gemeinsam erar-

---

werbsordnung, S. 199, 213; Bechthold, Das neue Kartellrecht, S. 31; Rinck, BB 1962, 105, 107; Benisch, Kooperationsfibel, S. 135ff.). In der Literatur finden sich aber auch Bedenken gegen die Zulässigkeit dieses Informationsaustausches, dem eine gewisse Ähnlichkeit zu den früheren „open-price-Systemen" immanent ist. Bedenklich ist zum einen, daß der laufende Wissenstransfer dazu führt, daß weiterhin vergleichbare Produkte erzeugt werden können und damit kein echter Innovationswettbewerb mehr besteht. Außerdem nimmt diese Pflicht jeden Anreiz für weiteren Know-how-Erwerb, da ein möglicher Vorsprung durch den Informationsfluß unmittelbar wieder ausgeglichen werden würde (Machunsky, S. 49ff; Kleim, Gemeinschaftsunternehmen und Funktionsgemeinschaften im Verhältnis zum GWB, S. 124).

[208] So Schmieder, GRUR 1981, 241ff. Anderer Ansicht ist lediglich v. Hahn, GRUR 1968, 406ff, der wechselseitige ausschließliche Lizenzen dann zulassen will, wenn es sich dabei nur um einzelne Schutzrechte handelt und nicht Dritte von bestimmten Arbeitsgebieten völlig ausgeschlossen werden.

[209] Dies ist auch möglich im Sinne einer Marktaufteilung, die das gesamte Gebiet der Europäischen Union betrifft

[210] Laut Ullrich/Konrad, in: Immenga/Mestmäcker, Europäisches Kartellrecht, VIII., Abschnitt E, Rdnr. 9, ist daneben die VO Nr. 1983/83 über Alleinvertriebsvereinbarungen nicht anwendbar.

beiteten Ergebnisse verfügen können[211].

Die Gewährung wechselseitiger ausschließlicher Lizenzen ist gemäß Art. 4 I d) GFVO Nr. 418/85 zulässig. Zunehmend werden solche Vereinbarungen in der Spruchpraxis der EG-Kommission großzügiger gehandhabt und nach Art. 85 III EGV im Einzelfall freigestellt, wenn die wettbewerbsbeschränkende Klausel sachlich gerechtfertigt ist. Dies ist zum Beispiel immer dann der Fall, wenn die Zusammenarbeit ansonsten vollständig unterblieben wäre[212]. Im übrigen ist es erforderlich, daß die Regelung entweder einer zeitlichen Beschränkung auf die Anlaufphase[213] der Kooperation bzw. der späteren Produktion unterliegt oder wenn die Partner in keinerlei aktuellem oder potentiellem Wettbewerbsverhältnis zueinander stehen[214].

Bei exklusiven Liefer- und Bezugspflichten im Vertikalverhältnis geht das europäische Kartellrecht im Gegensatz zum GWB von einer Wettbewerbswidrigkeit im Sinne des Art. 85 I EGV aus, die freistellungsbedürftig ist. Dabei ist in Art. 4 I c) GFVO Nr. 418/85 die Bezugsverpflichtung geregelt[215], während umgekehrt die Verpflichtung des produzierenden Kooperationspartners, die Vertragserzeugnisse ausschließlich an die anderen Beteiligten zu liefern, allenfalls im Wege des Widerspruchsverfahrens gemäß Art. 7 GFVO Nr. 418/85 als sogenannte „Graue Klausel" freistellungsfähig ist[216].

5. Die Durchführung von FuE-Kooperationen in der Praxis

Die Durchführung von kooperativen FuE-Vorhaben läuft in aller Regel in vier aufeinanderfolgenden Phasen ab.

Schaubild: Zeitliches Ablaufschema einer FuE-Kooperation

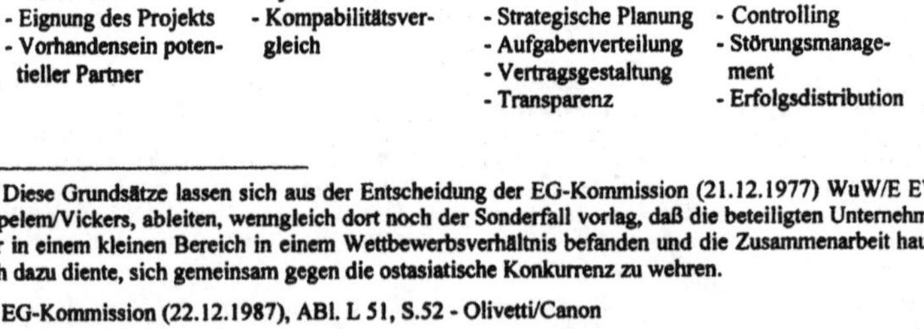

211 Diese Grundsätze lassen sich aus der Entscheidung der EG-Kommission (21.12.1977) WuW/E EV 753 - Sopelem/Vickers, ableiten, wenngleich dort noch der Sonderfall vorlag, daß die beteiligten Unternehmen sich nur in einem kleinen Bereich in einem Wettbewerbsverhältnis befanden und die Zusammenarbeit hauptsächlich dazu diente, sich gemeinsam gegen die ostasiatische Konkurrenz zu wehren.

212 EG-Kommission (22.12.1987), ABl. L 51, S.52 - Olivetti/Canon

213 EG-Kommission (17.12.1986) WuW/E EV 1246 - Mitchell Cotts/Sofiltra

214 Vgl. Altin-Sieber, aaO, S.333; Woude/Jones/Lewis, EEC Competition Law Handbook, S.211

215 Dabei ist die in der Praxis oft verwendete Klausel, wonach der beziehende Kooperationspartner die Produkte nicht selbst herstellen darf, bereits durch Art. 1 III VO Nr. 418/85 freigestellt.

216 Ullrich/Konrad in: Immenga/Mestmäcker, Europäisches Kartellrecht, VIII, Abschnitt E, Rdnr. 46

Zunächst einmal sind die Felder möglicher Zusammenarbeit zu sondieren und anschließend ein geeigneter Partner zu finden, mit dem das Projekt konkret zu planen ist. Und schließlich sollten im Rahmen des Projektmanagements die jeweiligen FuE-Handlungen koordiniert, Ergebnisse ausgetauscht, erfolgreiches FuE-Controlling betrieben sowie Störungen rechtzeitig geortet und gelöst werden.

a) Projektanalyse

Soweit eine strategische Allianz nicht hinsichtlich ganzer Geschäftszweige eingegangen werden soll, müssen die Verantwortlichen eines Unternehmens vorrangig klären, welche konkreten Projekte in Form kooperativer FuE durchgeführt werden können. Diese Entscheidung steht am Anfang künftiger Technologieentwicklung und erfordert ein besonders kritisches Auseinandersetzen mit allen relevanten Fragen. Denn das versehentliche Außerachtlassen oder bewußte Überspringen einzelner Komponenten dieser Entscheidung kann im Verlauf einer FuE-Partnerschaft ebenso nachteilige wie teils auch finale Folgen für die Erfolgsrealisierung haben.

Es handelt sich dabei um eine mehrdimensionale Entscheidung, in deren Rahmen jeder Faktor Einfluß auf andere Parameter ausüben kann, es darf mithin die Komplexität des Vorhabens nicht zu gering eingeschätzt werden, um den Erfolg nicht zu gefährden[217]. Damit eine umfassende Projektplanung durchgeführt werden kann, ist es somit unerläßlich, die Ausgangssituation umfassend zu analysieren[218]. Hierbei muß sowohl jeder Partner interne Überlegungen anstellen, als auch die Partner gemeinsam eine Analyse des Gesamtprojekts und dessen Erfolgsbewertung in der geplanten Allianz vornehmen; eine einfache Problembesprechung kann diesem Erfordernis jedoch nicht gerecht werden[219]. Erst nach dieser Bewertung kann die Entscheidung gefällt werden, ob ein Projekt eigenständig, in Kooperation durch Kauf oder gar nicht realisiert werden soll.

Vorrangig muß jedes Unternehmen, basierend auf der strategischen FuE-Gesamtplanung, die Feststellung treffen, welche Vorhaben grundsätzlich geeignet sind in Kooperation durchzuführen. Im Anschluß daran sollte eine kritische Betrachtung der unternehmensinternen Gründe vorgenommen werden, welche der Entscheidung für eine kooperative FuE zugrunde lagen. Unabhängig davon, ob durch das Vorhaben die Unternehmensexpansion gefördert, Synergien freigesetzt, die eigenen FuE-Ressourcen geschont oder Marktzugangsbarrieren beseitigt werden sollen, finden sich in diesen Gründen vielfach die Wurzeln für spätere Probleme, die durch eine kritische Vorabbetrachtung und entsprechende Gestaltung der Kooperationsbeziehung vermieden werden können.

Ausgehend von dieser Grundsituation sollten dann die mit der Kooperation beabsichtigten Ziele formuliert werden[220], damit bei der späteren Projektdurchführung mögliche Abweichungen im Wege des Controlling möglichst frühzeitig geortet und gegebenenfalls korrigiert werden können. Darüber hinaus ist schon in diesem frühen Stadium zu klären, ob potentielle Partner für eine Zusammenarbeit zur Verfügung stehen. Dabei sollte keine Be-

---

[217] Fontanari, in: Schertler (Hrsg.), S. 115, 120

[218] Staudt, Kooperationshandbuch, S. 25ff.; Fontanari, in Schertler (Hrsg.), Management von Unternehmenskooperationen, S. 115, 122

[219] Fontanari, in Schertler (Hrsg.), Management von Unternehmenskooperationen, S. 115, 122

[220] Staudt, aaO, S. 47ff.

schränkung auf bestehende Kontakte erfolgen, sondern alle zur Verfügung stehenden Möglichkeiten ausgeleuchtet werden.

b) Partnerwahl

Zunächst ist die Auswahl eines fachlich geeigneten, zuverlässigen und gegebenenfalls auch kapitalkräftigen Partners ein Zentralproblem in der Kooperationspraxis, da Erfolg und Mißerfolg wesentlich von der Partnerwahl abhängig sind[221]. Dabei sollte im Idealfall ein Anforderungsprofil an den Partner gestellt werden, welches alle für einen späteren Kooperationserfolg entscheidenden Parameter berücksichtigt[222], insbesondere die Größe und die vorhandenen Ressourcen (Personal, Finanzkraft, vorhandenes Know-how sowie geschütztes Wissen). Doch auch dem Standort des Partners kommt immer dann Bedeutung zu, wenn aufgrund der Ausgestaltung des Vorhabens eine sehr enge persönliche Kommunikation erforderlich ist. Schließlich sollten auch die „individuellen" Eigenschaften des Partners, wie Unternehmensführung und -struktur sowie Innovationsbereitschaft, Teamfähigkeit und Zuverlässigkeit berücksichtigt werden. Soweit eine Zusammenarbeit sowohl auf vertikaler wie auf horizontaler Ebene dem Grunde nach möglich ist, muß auch eine Entscheidung getroffen werden, wie die Erfolgswahrscheinlichkeit bei einer Kooperation mit einem potentiellen Abnehmer, Lieferanten oder Konkurrenten eingeschätzt wird.

Nach Erstellung dieses Profils sind im Wege einer möglichst systematischen Suche potentielle Kooperationpartner zu finden. Im Idealfall sollte eine begrenzte Anzahl von Unternehmen dem Anforderungsprofil in grob gerasterter Form entsprechen, so daß eine gewisse Auswahl möglich bleibt. Hinsichtlich der praktischen Durchführung dieser Suche bieten sich folgende Wege an[223]: Zunächst kommt eine Recherche in einschlägigen Datenbanken in Betracht, dann kann der potentielle Partner über bestehende Kontakte, etwa aufgrund bisheriger Geschäftsbeziehungen oder durch Mitgliedschaft im gleichen Verband gesucht werden. Schließlich besteht die Möglichkeit einen professionellen Berater zu engagieren, der bei der Suche behilflich ist. Als wohl billigste, aber auch als am wenigsten erfolgreich erscheinende Möglichkeit kann die Suche durch die Aufgabe von Inseraten oder auf Kooperationsbörsen durchgeführt werden.

Im Anschluß an die Suche nach einem Partner, sind Fachgespräche mit den möglichen Kooperationspartnern zu führen, in deren Verlauf ein Kompabilitätsvergleich stattfindet[224]. Im Rahmen der Kontaktaufnahme ist außerdem sicherzustellen, daß der Partner in gleicher Weise eine vorgeschaltete Projektanalyse durchführt, um mögliche Störungen der Zusammenarbeit a priori ausschalten zu können. Dabei müssen sich die kooperationswilligen Unternehmen immer im Klaren sein, daß es den idealen Partner nicht geben kann, da die Zusammenarbeit letztendlich nicht zum alleinigen Wohle des Partners angestrebt wird, sondern eigennützige Zielsetzungen zugrunde liegen. Unter Berücksichtigung dieser Zusammenhänge sollte dann die endgültige Entscheidung fallen, ob überhaupt einem kooperativen FuE-Projekt Erfolgsaussichten zugemessen werden und mit welchem Unternehmen das

---

[221] Langefeld-Wirth, aaO, S.56; Endres, Joint Ventures als Instrument internationaler Geschäftstätigkeit, WiSt 1987, 373ff; Altin-Sieber, aaO, S.190ff

[222] Staudt, aaO., S.92ff.

[223] Staudt, aaO., S. 101ff.

[224] Büchel/Prange/Probst/Rüling, Joint Venture-Management, S. 74

angestrebte Ziel unter Berücksichtigung der Interessenlagen aller Partner am besten verwirklicht werden kann.

c) Projektplanung

Im Anschluß an die Partnerwahl ist das Kooperationsverhältnis zu konstituieren, wobei vorab geklärt werden muß, in welcher Form, sprich mit welcher Intensität die Zusammenarbeit erfolgen soll[225]. Unter Berücksichtigung der Zielvorgaben der Partner erfolgt die strategische Planung im Sinne einer Gesamtkonzeption des Vorhabens[226]. Dadurch sollen die angestrebten Ergebnisse und eine Grobstruktur für deren Verwirklichung festgelegt werden.

Ausgehend davon ist die konkrete Planung der gemeinsamen FuE durchzuführen. Dabei ist zunächst zu klären, welche Ressourcen, also Personal, Kapital, Know-how sowie Schutzrechte, von den einzelnen Partnern einzubringen sind. Entscheidender Punkt in dieser Vereinbarung ist dann die eigentliche FuE-Planung durch Aufteilung der Aufgaben sowie der Klärung, wie die jeweiligen Ergebnisse dem Partner zu kommunizieren sind. Außerdem ist ein zeitlicher Rahmen für die einzelnen Forschungsmodule festzulegen. Gleiches gilt für die Zusammenarbeit insgesamt, da sich bei Kooperationen grundsätzlich die Frage stellt, ob nur die FuE-Anstrengungen gemeinsam unternommen werden oder ob sich eine gemeinsame Produktion und Vermarktung anschließen soll. Auch sollte bereits zu Beginn der Partnerschaft abschließend geklärt werden, wie eine spätere Trennung durchgeführt wird, wobei insbesondere eine Regelung erforderlich ist, welche die Aufteilung und Benutzungsmöglichkeiten der neuen Erkenntnisse sowie der eingebrachten Schutzrechte regelt.

Üblicherweise sollten diese Fragen in einer möglichst umfassenden Vertragsurkunde festgehalten werden, um spätere Unstimmigkeiten über Ziele der Zusammenarbeit sowie die Aufteilung der FuE-Aufgaben vermeiden zu können. Doch handelt es sich dabei um kein Erfordernis im Sinne einer konstitutiven Voraussetzung, sondern nur um eine der eigentlichen Zusammenarbeit vorgelagerte Möglichkeit der Konfliktvermeidung und der Störungsbewältigung.

d) Projektmanagement

Dem Projektmanagement kommt ein Dualcharakter[227] zu, da zum einen die konkrete Aufgabe gestaltet sowie gesteuert werden soll und zum anderen Interaktionen gesetzt werden, wie die zwischenbetriebliche Kommunikation, die Koordination sowie die Konflikthandhabung. Erfolg und Mißerfolg der Zusammenarbeit hängen demnach eng damit zusammen, wie wirkungsvoll das Kooperationsmanagement Konfliktsituationen aufdecken kann und imstande ist, Lösungswege aufzuzeigen, die für alle Partner zu befriedigenden Ergebnissen führen.

aa) In jedem Falle sollten Kooperationen durch Steuerungsgremien eine Instanz schaffen, die unmittelbar Einfluß auf den FuE-Fortgang ausübt, da ein eine getrennte Durchführung der Aufgabenbereiche durch die jeweiligen Partner ohne ständige Kommunikation kaum in der Lage ist, die angestrebten Vorteile zu realisieren. Dies erfolgt in der Kooperationspraxis im Idealfall durch Lenkungsausschüsse auf zwei verschiedenen Ebenen, nämlich zum

---

[225] Siehe hierzu die möglichen Kooperationsformen oben unter 2.c).

[226] Fontanari, in: Schertler (Hrsg.), S. 115, 121

[227] Tröndle, Kooperationsmanagement, S. 84ff.

einen auf der Managementebene und zum anderen auf der Technikerebene[228]. Dabei kommt der Managementebene die Aufgabe zu, die Zusammenarbeit in strategischer Hinsicht zu überwachen und entsprechende Änderungen der Gesamtkonzeption zu ermöglichen, soweit dies erforderlich sein sollte. Die Koordination auf der Technikerebene sollte hingegen durch ständigen Kontakt mit laufendem Informationsfluß zu einer Umsetzung des Projekts in konkrete FuE-Ergebenisse führen.

bb) Im Verlauf des Projekts ist ein laufendes und effektives FuE-Controlling zu betreiben, welches sowohl jeder Partner für die ihm zugewiesenen Aufgabenbereiche wie auch die Partner in ihrer Gesamtheit für die Abwicklung der Kooperationsbeziehung insgesamt durchführen sollten. Die Überwachung und Anpassung des Projekts kann dabei weitgehend von den Lenkungsausschüssen vorgenommen werden, aber es bietet sich an, zusätzlich Controlling durch Mitarbeiter zu betreiben, die nicht unmittelbar mit dem FuE-Vorhaben befaßt sind, da diese durch eine gewisse Distanz hinsichtlich der laufenden Bewertung des Projektfortgangs in ihrer Einschätzung objektiver sind.

Das Controlling sollte zunächst durch laufende Projektüberwachung durchgeführt werden, wobei regelmäßige Soll-Ist-Vergleiche zwischen den ursprünglichen Vorgaben und dem aktuellen Stand erfolgen sollten[229]. Durch ein frühzeitiges Erkennen möglicher Planabweichungen werden die Partner in die Lage versetzt, die erforderlichen Reaktionen ebenfalls zeitnah durchzuführen. Überdies sind auch die externen Faktoren[230], die für die Kooperation relevant sind zu überwachen, insbesondere die Marktlage sowie das Vorhandensein etwaiger Konkurrenzprodukte. Durch ein umfassendes Controlling aller internen und externen Parameter sowie sonstiger Einflußgrößen werden die Partner in die Lage versetzt das Projekt laufend den sich ändernden Gegebenheiten anzupassen.

cc) Um die Planvorgaben im Falle von festgestellten Abweichungen dennoch realisieren zu können oder durch entsprechende Änderung der konkreten Planung bzw. der strategischen Ausrichtung anzupassen, bedarf es eines funktionierenden Intraallianzkonfliktmanagements[231].

Dabei dient das Vorhandensein entsprechender Strukturen vielfach schon der Prophylaxe von Konflikten, da grundsätzlich eine erhöhte Sensibilisierung vorhanden ist, mit dem Auftreten von Problemen zu rechnen und diese dann zu orten. Der nächste Schritt im Rahmen eines Konfliktmanagements ist die Identifikation von Störungen im Projektablauf. Darüber hinaus muß bei allen Partnern auch die Bereitschaft zum Konsens vorhanden sein, wenn Interessengegensätze hinsichtlich der Vorgehensweise bei der Problembewältigung erkannt werden[232]. In diesem Zusammenhang ist auch zu erwähnen, daß auftretende Konflikte keineswegs nur negative Auswirkungen auf die Kooperationsbeziehung ausüben, sondern daß dadurch die Zusammenarbeit eine laufende Anpassung und Fortentwicklung erfährt ohne in

[228] Lewis, Strategische Allianzen, S. 134

[229] Oesterer, FuE-Controlling, S. 134ff.

[230] Fleischer, S. 332

[231] Fleischer, S. 341ff.

[232] Bronder, Unternehmensdynamisierung durch strategische Allianzen, S. 207ff.; Schwamborn, Strategische Allianzen im internationalen Marketing, S. 175f.

Routine zu crstarrcn[233].

Die höchste Effektivität kann ein Störungsmanagement dann erzielen, wenn dieses als institutionalisiertes Verfahren im Projektmanagement, neben der eigentlichen Steuerung und dem Controlling, eingebunden wird[234].

[233] Coser, Theorie sozialer Konflikte, S. 178ff.; Tröndle, Kooperationsmanagement, S. 83

[234] Fleischer, S. 342

II. Der Forschungs- und Entwicklungskooperationsvertrag

1. Regelungsinhalte der Kooperationsvereinbarung

Im Rahmen der Gestaltung von FuE-Kooperationsverträgen haben sich in der Vertragspraxis Regelungsinhalte herauskristallisiert, die üblicherweise in die Verträge aufgenommen werden. Oft dienen hierbei Formularverträge als Grundmuster[1], für die dann aus der unternehmerischen Erfahrung der Parteien mit FuE-Kooperationen vielfach unternehmensinterne Vertragsmuster entwickelt werden, die auf die besonderen Interessen zugeschnitten sind. Die einzelnen Komponenten solcher Verträge lassen sich der Einfachheit halber in zwei Gruppen aufteilen, nämlich zum einen in die Klauseln mit einem selbständigen Regelungsinhalt im Hinblick auf die gemeinsame Zusammenarbeit gerade für FuE sowie zum anderen in die Klauseln, die sich allgemein in Kooperationsverträgen finden, vielfach aus Formularen oder früher geschlossenen Verträgen übernommen werden und keinen spezifischen Bezug zum konkreten FuE-Thema aufweisen[2]. Die Differenzierung und nähere Analyse der jeweiligen Vertragsbestandteile ist insofern von Bedeutung, als sich von der rechtlichen Beurteilung der Klauseln die jeweiligen besonderen Rechtsfolgen ableiten lassen; dies gilt insbesondere bezüglich des Leistungsstörungsrechts.

a) Vertragsklauseln mit selbständigem Inhalt

Zu den Vertragsbestandteilen mit einem Inhalt, der auf das konkrete Projekt individuell zugeschnitten ist, zählen die Präambel, die Beschreibung des Vertragsgegenstandes, die Planung hinsichtlich des FuE-Projektablaufs, Schutzrechts- und Know-how-Vereinbarungen, Leistungsstörungsregelungen sowie diejenigen Klauseln, welche die Beendigung und Li-

---

[1] Niebling, in: Münchener Vertragshandbuch Band 2, VIII.; Pagenberg/Geissler, Lizenzverträge, Vertragsmuster Nr. 8, wobei je nach konkreter Ausgestaltung der Kooperation auch die Vertragsmuster Nr. 1 bis Nr. 5 beziehungsweise einzelne Vertragsklauseln hieraus in das Gesamtvertragswerk eingearbeitet werden können. Siehe im übrigen auch: Groß, Forschungs- und Entwicklungsvertrag; Möffert, Der Forschungsvertrag; Groß, Know-how-Lizenzvertrag; Groß, Markenlizenzvertrag; Lindstaedt/Pilger, Muster für Patentlizenzverträge; Romanovszky/Slomma, Know-how- und Lizenzverträge. Allerdings beziehen sich die meisten Musterverträge nicht auf reine FuE-Kooperationen zwischen Wirtschaftsunternehmen, sondern dienen als Muster für Forschungsaufträge und für Lizenzverträge. Diese Entwürfe sind aber bei der Erstellung eines FuE-Kooperationsvertrages dennoch sehr nützlich, denn dieser stellt in aller Regel einen sehr komplexen Vertrag mit Elementen aus verschiedenen anderen Vertragsarten, namentlich von Lizenzverträgen, dar, so daß diese Verträge oder jedenfalls einzelne Klauseln daraus Eingang in das FuE-Kooperationsvertragswerk finden können.

[2] Die Verwendung von vorformulierten Klauseln birgt jedoch stets die Gefahr der Unwirksamkeit mit sich, da diese allgemeine Geschäftsbedingungen im Sinne von § 1 I AGBG sind. Dabei ist zu beachten, daß auch Musterklauseln in Formularbüchern als vorformuliert im Sinne dieses Gesetzes gelten, so der BGH (2.11.1983) NJW 1984, 360; Erman/Brox, § 1 AGBG, Rdnr. 10. Allerdings wird diese Problematik nur selten virulent, da es sich bei der FuE-Zusammenarbeit in aller Regel um ein Handelsgeschäft der beteiligten Unternehmen handelt (Ullrich, Privatrechtsfragen der Forschungsförderung in der Bundesrepublik Deutschland, § 2 II.A.1.) und FuE als vorbereitende Tätigkeit für das eigentliche Marktauftreten insgesamt zum Tätigkeitsfeld des Unternehmens zu rechnen ist (GK/Ratz, § 343 HGB, Anm. 5). Damit sind die FuE-Vereinbarungen aufgrund von § 24 (1) Nr. 1 AGBG in aller Regel nicht der strengen Inhaltskontrolle der §§ 10 und 11 AGBG zu unterziehen. Darüber hinaus dürften auch wegen des grundsätzlich bestehenden wirtschaftlichen Gleichgewichts der Partner die Klauseln als im Einzelfall ausgehandelt gelten (§ 1 II AGBG), insbesondere wenn alle Partner mit der Heranziehung eines bestimmten Vertragsmusters einverstanden waren, weil es dann jedenfalls auch an einem „Verwender" der AGB im Sinne der Legaldefinition des § 1 I (1) AGBG mangelt. Anderes gilt hingegen bei FuE-Aufträgen im Rahmen der externen Vertragsforschung; siehe hierzu die instruktiven Ausführungen von Ullrich, aaO, § 2 II.A.1.

quidation der Zusammenarbeit betreffen.

aa) Dem eigentlichen Vertragstext vorangestellt findet sich oftmals eine Präambel, durch die der Zweck und die Ziele des Vertrages sowie die Interessenlagen der Parteien, also idealerweise die gesamte Geschäftsgrundlage der Kooperationsbeziehung kurz skizziert werden[3]. Dies dient zum einen vorbeugend dazu, Streitigkeiten oder Unklarheiten über den Geschäftszweck der Zusammenarbeit zu vermeiden[4], und zum anderen, um eine Auslegungshilfe zur Hand zu haben, falls sich im Laufe der Vertragsdurchführung Unvollständigkeiten oder Differenzen über den Vertragswortlaut einstellen[5].

Zwar sollte ein vorausschauend geplantes Vertragswerk keine Unvollständigkeiten aufweisen, aber insbesondere bei einer Zusammenarbeit, die sich hinsichtlich eines umfangreicheren Projekts über einen längeren Zeitraum erstreckt, können Probleme auftreten, die zum Zeitpunkt des Vertragsabschlusses noch gar nicht erkennbar sind. Und gerade für diesen Fall, der eine Auslegung oder die Ergänzung des Vertrages[6] erfordert, kann die Präambel ein wichtiges Hilfsmittel sein, um den Vertragsinhalt festzustellen oder die ausfüllungsbedürftige Lücke zu schließen und dabei den mutmaßlichen Parteiwillen angemessen zu berücksichtigen.

bb) Den ersten größeren Teilbereich des Vertragstextes bildet die Beschreibung des Vertragsgegenstandes, wobei das FuE-Ziel exakt zu definieren ist beziehungsweise, falls dies nicht mit ausreichender Präzision möglich sein sollte, jedenfalls die generelle Forschungsrichtung. Im Rahmen der genauen Ausgestaltung dieses Punktes bleibt neben der Umschreibung des FuE-Substrates im Wesentlichen zu klären, wie die Forschungsarbeiten zwischen den Partnern aufzuteilen sind. Demzufolge umfaßt dieser Teil des Vertrages alles, was letztendlich zur eigentlichen FuE-Planung gezählt werden muß. Hierbei wird insbesondere der Leistungsrahmen exakt bestimmt und geklärt, welche Aufwendungen die Partner jeweils zu erbringen haben[7]. Sinnvoll ist es in diesem Zusammenhang, die aufzuwendenden Mittel betragsmäßig zu beziffern, denn dadurch läßt sich, vor allem im Falle von ungleichen Leistungsaufteilungen, klar festlegen, in welchem Umfang die Partner tätig werden sollen, welcher Tätigkeitsbedarf jeweils noch besteht und wie ein eventueller Ausgleich zwischen den Partnern auszusehen hat[8].

cc) Einen oftmals ebenso wichtigen Bereich im Vertrag stellen die Regelungen bezüglich

---

[3] Dabei zeigt die Erfahrung bezüglich von Verträgen, die in der Praxis geschlossen und durchgeführt worden sind, daß an dieser Stelle des Vertrages durchaus ausführliche Beschreibungen sinnvoll sein können, um spätere Probleme bzw. Fehleinschätzungen der Vertragspartner zu vermeiden.

[4] Groß, Forschungs- und Entwicklungsvertrag, S. 16

[5] Möffert, Der Forschungsvertrag, S. 15

[6] Dabei kommt eine ergänzende Vertragsauslegung immer nur dann in Betracht, wenn eine Ergänzung des Vertrages notwendig ist und nicht bereits die erläuternde Auslegung des Vertragstextes zum Ziel führt, Larenz/Wolf, Bürgerliches Recht - AT, § 29 I. Dabei muß sich die Auslegung stets im Rahmen des Vereinbarten halten, also der Vertragsinhalt und nicht der Parteiwille ergänzt werden, so BGH (22.4.1953) MDR 1953, 411; Lüdecke/Fischer, Lizenzverträge, S. 47. Der vorzunehmenden Ergänzung kommt demnach mehr deklaratorischer als konstitutiver Charakter zu.

[7] Zu dieser Leistungserbringung zählen nicht nur die finanziellen Mittel, sondern jede Leistungsanstrengung, gleich welcher Art, also auch die Einbringung von Personal, Material, Geld etc.

[8] So auch Pagenberg/Geissler, aaO, Vertragsmuster Nr. 8, Rdnr. 21; hierbei ist festzuhalten, daß ein rein finanzieller Ausgleich auch nach deutschem und europäischem Kartellrecht grundsätzlich zulässig ist.

der gewerblichen Schutzrechte, der Erfindungen, für die noch kein Schutzrecht erteilt worden ist[9], sowie des nur eingeschränkt schutzfähigen Know-how dar. Dies ist vielfach erforderlich, um den Partner jedenfalls fachlich, soweit es nur um die Mitteilung von Know-how geht, oder rechtlich, wenn Schutzrechtsanmeldungen vorliegen, in die Lage zu versetzen, vom eigenen technischen Potential zu profitieren und überhaupt erst die zielgerichteten FuE-Handlungen durchführen zu können. Dabei treffen die Parteien üblicherweise Abreden, die vorsehen, daß die von den Partnern bisher gefundenen Forschungsergebnisse, sei es in Form von Know-how oder von Schutzrechten, dem anderen Teil zu offenbaren sind[10]. Im Einzelfall stehen hierfür zahlreiche Gestaltungsmöglichkeiten offen.

Weitaus problematischer erweist sich aber die Behandlung von Erfindungen, deren Entwicklung erst im Rahmen der Kooperation beabsichtigt ist, denn hier ist die grundsätzliche Frage zu stellen, ob es sich bei diesen lediglich um Verbesserungen beziehungsweise Weiterentwicklungen bereits vorhandener Schutzrechte sowie eingebrachten Know-hows handelt oder ob eine neue, eigenständige Erfindung gelungen ist[11]. Dies ist nämlich für die weitere Verwertung von entscheidender Bedeutung. Neben dem Problem, welchem Partner die neue Erfindung rechtlich zunächst zusteht, ist außerdem zu klären, wer bei schutzrechtsfähigen Ergebnissen die Kosten für die Schutzrechtsanmeldung sowie die Vergütung nach dem ArbnErfG zu tragen hat[12].

dd) Einen weiteren zentralen Punkt des Vertragswerks stellen Regelungen hinsichtlich möglicher Leistungsstörungen dar, zumal die Frage nach den jeweils anwendbaren Gewährleistungsvorschriften Schwierigkeiten bereitet. In der Praxis hat es sich im übrigen bewährt, bei bestimmten Verstößen durch pauschale Vertragsstrafversprechen eine individuelle Regelung zu finden, denn gerade im FuE-Bereich lassen sich zahlenmäßig bezifferte Schadensersatzforderungen jedenfalls der Höhe nach nur schwer beweisen.

ee) Schließlich werden oftmals Vereinbarungen hinsichtlich der Beendigung der Zusammenarbeit getroffen, um dem praktisch uneingeschränkt geltenden gesetzlichen Kündigungsrecht entgehen zu können. Dabei besteht die Möglichkeit, das Vertragsende, wie auch vom Gesetzgeber vorgesehen, an ein Ereignis, nämlich die erfolgreiche Beendigung oder das endgültige Scheitern der FuE-Bemühungen, zu knüpfen[13]. Zur Vermeidung einer Rechtsunsicherheit erscheint es jedoch als sachgerechter, exakte Zeitangaben zur Festlegung, wann die Zusammenarbeit enden soll, in den Vertrag aufzunehmen[14]. Dies kann entweder durch eine konkrete kalendermäßige Bestimmung oder in Form eines Kündi-

---

[9] Diesen Erfindungen kommt eine Art Zwitterstatus zwischen Schutzrechten und Know-how zu, wobei sie letztendlich immer einer der beiden Gruppen zugeordnet werden können, je nachdem, ob eine Schutzrechtsanmeldung beabsichtigt ist oder nicht (Stumpf/Groß, Der Lizenzvertrag, Rdnr. 13-18, insbesondere A17).

[10] Pagenberg/Geissler, aaO, Musterentwurf Nr. 8, § 1

[11] Wenn es sich lediglich um die Entdeckung von reinem Know-how handelt, spielt die Abgrenzung keine Rolle, denn die Kooperationspartner haben üblicherweise die Verpflichtung, sich gegenseitig über neue Erfindungen sowie den aktuellen Forschungsstand zu unterrichten. Anders sieht es hingegen aus, wenn kostenpflichtige Know-how-Lizenzen eingeräumt worden sind.

[12] Pagenberg/Geissler, aaO, Musterentwurf Nr. 8, § 4; Möffert, aaO, § 7 Nr. 2

[13] Schwierigkeiten bereitet jedoch in der Praxis die exakte Feststellung, wann der Erfolg oder der Mißerfolg tatsächlich eingetreten ist.

[14] Als besonders interessengerecht hat sich in der Praxis eine Kombination aus konkreter Zeitangabe (Mindestlaufzeit) und anschließender Kündigungsmöglichkeit erwiesen, so der Vorschlag von Pagenberg/Geissler, aaO, Musterentwurf Nr. 8, Rdnr. 26.

gungsrecht unter Beachtung bestimmter Fristen erfolgen.

b) Einzelne begleitende Klauseln
Neben den gerade aufgezeigten unverzichtbaren Regelungsbestandteilen des FuE-Kooperationsvertrages sind in diversen Musterentwürfen sowie in den Vertragswerken, auf die sich die Unternehmen in der täglichen Vertragspraxis stützen, zahlreiche weitere Abreden zu finden, die, abhängig von den konkreten Interessenlagen der Partner, im Einzelfall zum Zuge kommen.

Über die Treuepflicht hinaus, die der Kooperationsbeziehung kraft des allgemeinen Rechtsgedankens von Treu und Glauben impliziert ist, werden vielfach noch weitergehende vertragliche Treueverpflichtungen vereinbart. Besondere Bedeutung haben hierbei die allgemeinen Geheimhaltungsabreden ohne spezifischen Bezug zu Know-how oder Schutzrechten, die aufgrund des umfassenden Wissensaustausches auch mit Geltung über die Laufzeit der eigentlichen Zusammenarbeit hinaus empfehlenswert sind[15]. Weiter kommen hier Parallelforschungsverbote zum Zuge[16], durch die sichergestellt werden soll, daß keine zusätzliche Zusammenarbeit auf dem FuE-Kooperationsgebiet mit Dritten erfolgen kann beziehungsweise daß keine Forschungsaufträge an Dritte vergeben oder ohne Zustimmung der Partner entgegen genommen werden dürfen. Eine schriftlich fixierte Erweiterung dieser allgemeinen vertraglichen Treuepflicht stellt die Abrede dar, der zufolge auch nach Beendigung des eigentlichen Vertragsverhältnisses in gewissem Umfang Auskunfts- und Benachrichtigungspflichten bestehen[17], die bis hin zu einem regelmäßigen nachvertraglichen Erfahrungsaustausch ausgedehnt werden können. Vielfach finden sich im Vertragswerk auch Meistbegünstigungsklauseln[18]. Soweit nämlich für eingebrachte Schutzrechte sowie Know-how und für Schutzrechte an neuen Erfindungen Lizenzgebühren anfallen, soll sichergestellt werden, daß derjenige Kooperationspartner, der als Lizenznehmer hierfür Gebühren zu entrichten hat, keine schlechteren Konditionen erhält als sonstige Unternehmen, die nur austauschvertragliche Beziehungen zum „Lizenzgeber" unterhalten. Weit verbreitet sind auch salvatorische Klauseln, die festlegen, daß die Unwirksamkeit einzelner Regelungsinhalte den Vertrag, in Abweichung von der gesetzlichen Ausgangslage des § 139 BGB, nicht im Ganzen unwirksam werden lassen[19]. Auch die Vereinbarung von Schiedsgerichtsklauseln stellt eine in Kautelartheorie und –praxis oft verwendete Abrede dar.

2. Leistungspflichten mit unmittelbarem Bezug zu den Forschungs- und Entwicklungsaufgaben

Zu den Hauptleistungspflichten des FuE-Kooperationsvertrages zählen all diejenigen Verpflichtungen der Vertragspartner, die den Vertragstyp nachhaltig bestimmen, also in erster Linie die Regelungen hinsichtlich der Einbringung von Know-how sowie von gewerbli-

---

[15] Pagenberg/Geissler, aaO, Musterentwurf Nr. 8, Rdnr. 22ff

[16] Festzuhalten bleibt, daß sich dieses Verbot in der Regel auf Forschungsprojekte des Partners mit Dritten bezieht, nicht jedoch auf eigene FuE-Anstrengungen, denn diese könnten letztendlich dem Kooperationsprojekt in irgendeiner Form wieder zugute kommen.

[17] Pagenberg/Geissler, aaO, Musterentwurf Nr. 8, Rdnr. 31

[18] Siehe Gaul/Bartenbach/Gennen, Patentlizenz- und Know-how-Vertrag, K 85ff

[19] Groß, Forschungs- und Entwicklungsvertrag, S. 30

chen Schutzrechten, die sonstige Leistungseinbringung, sei es durch Sach- oder Geldleistungen, und vor allem diejenigen Abreden, welche die eigentliche FuE-Tätigkeit zwischen den Partnern aufteilen und deren Umfang genau bestimmen[20].

a) Absprachen hinsichtlich der eigentlichen Forschungs- und Entwicklungstätigkeit
Zentraler Bestandteil jedes Kooperationsvertrages sind die Absprachen über die von den Kooperationspartnern zu erbringenden Forschungsleistungen[21], also der eigentlichen FuE-Tätigkeit. Dabei sollten nicht nur die FuE-Ziele klar umrissen werden, sondern auch der Weg dorthin. Es sind also die zu erbringenden Forschungshandlungen exakt zu beschreiben und es sollte ein möglichst genauer Zeitplan für den jeweiligen FuE-Fortschritt erstellt werden. Wie die Aufspaltung der Aufgabenfelder zu erfolgen hat, richtet sich nach den konkreten Umständen des Einzelfalles, also insbesondere nach der Teilnehmerzahl, der Größe der beteiligten Unternehmen und vor allem dem individuell verschiedenen Nutzen, den die Kooperationspartner aus der ex-ante-Perspektive voraussichtlich aus der Zusammenarbeit ziehen werden.

aa) Erst wenn diese Leistungsbeschreibung erfolgt ist, kann die eigentliche Koordinierung der KooperationsTätigkeit geplant werden[22], also die Festlegung, wie und zu welchem Zeitpunkt der Austausch der jeweiligen neuen Erkenntnisse zu erfolgen hat. Insbesondere muß dabei geregelt werden, welchen Personen die Ergebnisse zu offenbaren sind. Dies kann direkt gegenüber bestimmten Mitarbeitern des Partnerunternehmens erfolgen, aber genauso gegenüber einem speziellen Steuerungsgremium, welches mit Mitarbeitern aller Partner besetzt ist, geschehen. Im Rahmen einer Zusammenarbeit von mehr als zwei Unternehmen bietet es sich an, einen Lenkungsausschuß als Kontroll- oder Koordinierungsgremium zu konstituieren[23], welcher sowohl die eigentlichen FuE-Tätigkeiten wie auch den wechselseitigen Informationsfluß überwacht. Üblicherweise besteht dann die Pflicht gegenüber diesem Gremium, laufend über den Fortgang der FuE-Arbeiten Bericht zu erstatten.

Nur durch eine detaillierte Regelung, die vorzugsweise explizit in den Vertrag aufgenommen werden sollte[24], kann sichergestellt werden, daß im weiteren Verlauf der Zusammenarbeit mögliche Streitpunkte über Art und Umfang der jeweils zu erbringenden FuE-Leistungen sowie über den Ergebnisaustausch vermieden werden können.

bb) Es sollte außerdem eine Regelung über die Geschäftsführung[25] hinsichtlich der Kooperation in den Vertrag aufgenommen werden. Dazu zählen neben der Koordinierung und Steuerung der eigentlichen FuE auch die erforderlichen Entscheidungen bezüglich der Schutzrechtsanmeldungen, der Lizenzierungen und der Befugnisse, über die gemeinsamen Ergebnisse im Rahmen der laufenden Zusammenarbeit zu verfügen.

---

[20] Bartenbach, Die zwischenbetriebliche FuE-Kooperation und das Recht der Arbeitnehmererfindung, S. 26

[21] Reukauf, GRUR 1986, 415, 416

[22] Staudt, Kooperationshandbuch, S. 152

[23] Staudt, aaO, S. 152

[24] Um den Umfang des eigentlichen Vertragstextes nicht zu sprengen, bietet es sich bei umfangreichen FuE-Vorhaben an, einen Forschungsplan zu erstellen, der als Anlage durch Bezugnahme zu einem Teil des Gesamtvertragswerks wird.

[25] Staudt, aaO, S. 152ff

Soweit eine einzelne Person oder ein Partnerunternehmen die Geschäftsführung übernimmt, bestehen hier besondere Aufgaben hinsichtlich der Durchführung und Koordinierung der Kooperationstätigkeit. Problematisch ist in diesem Zusammenhang jedoch, daß die gesetzlich vorgesehene Regelung der Geschäftsführung im Rahmen von BGB-Gesellschaften gemäß § 709 BGB für FuE-Kooperationsabkommen unpassend ist. Unter Geschäftsführung sind mit der ganz herrschenden Meinung sämtliche rechtsgeschäftlichen und tatsächlichen Handlungen der Gesellschafter zur Erreichung des Gesellschaftszwecks, also dem FuE-Ziel, zu verstehen[26]. Dies bezieht sich auf das rechtliche Dürfen im Innenverhältnis. Dabei korreliert das gesetzlich vorgesehene Recht zur Geschäftsführung mit einer entsprechenden Pflicht[27], die nicht allgemein formuliert werden kann, sondern sich immer an den konkreten Umständen des Einzelfalles ausrichtet. Entscheidend ist dabei zunächst immer die jeweilige Zuweisung durch den Kooperationsvertrag. Soweit jedoch der Gesellschaftsvertrag lückenhaft ist, lassen sich die Verpflichtungen auch aus Art und Umfang der Zusammenarbeit, aus der Zahl der Partner, aus den jeweils zugewiesenen Forschungsbereichen sowie aus den persönlichen Verhältnissen (etwa Größe des sonstigen Geschäftsbetriebs) ableiten[28].

Das gesetzliche Modell einer gemeinschaftlichen Geschäftsführung ist jedoch für eine arbeitsteilig handelnde Kooperation völlig ungeeignet. Diese kann durch die grundsätzliche gesetzliche Dispositionsfreiheit, die ihren normativen Niederschlag in § 711 BGB gefunden hat, in eine Einzelgeschäftsführung abbedungen werden. Aber auch diese entspricht in ihrer allgemeinen Ausformung weiterhin weder den praktischen Gegebenheiten noch den Interessenlagen der Beteiligten. Vielmehr sind die Besonderheiten der FuE-Kooperation zu beachten, die in der Regel ein arbeitsteiliges Vorgehen der Partner vorsieht, so daß jeder in seinem Spezialgebiet, auf dem er möglichst schon vor Beginn der Zusammenarbeit dem Partner überlegen war, verstärkt forscht und erst die Ergebnisse ausgetauscht bzw. zu einem einheitlichen Ganzen zusammengefügt werden. Hier kann es keinen Geschäftsführer geben, der Einfluß auf die FuE-Arbeiten des Partners hat, sondern jeder Gesellschafter ist in dem ihm zugewiesenen Bereich ganz allein zur Geschäftsführung berechtigt. In seinem Forschungssektor kommt dem jeweiligen Partner, soweit sich aus dem Kooperationsvertrag nichts Gegenteiliges ergibt, ein weitgehendes Ermessen[29] zu, auf welche Art und Weise er den gemeinsamen Geschäftszweck zu verfolgen beabsichtigt. Lediglich im Rahmen der Ergebniszusammenführung bedarf es einer gemeinschaftlichen Gesamtgeschäftsführung. Dort ist diese wiederum dringend erforderlich, um mögliche Nachteile für einzelne Partner im Rahmen der Ergebnisverwendung abzuwenden.

b) Das einzubringende Know-how

Zentraler Bestandteil der meisten Kooperationsabkommen ist der Austausch von Know-how. Dabei ist es erforderlich, nicht nur die Verteilung des im Laufe der Zusammenarbeit neu zu gewinnenden Know-how zu regeln, sondern vertragliche Vereinbarungen über das bei den Partnern bereits bestehende Know-how zu finden. Insbesondere ist in rein tatsächlicher Hinsicht der Umfang des jeweils vorhandenen betrieblichen Wissens festzustellen,

---

[26] So MüKo/Ulmer, § 709 BGB, Rdnr. 23

[27] So die einhellige Meinung; stellvertretend für alle: Hueck, Das Recht der oHG, § 10 IV 1; Soergel/Hadding, § 709 BGB, Rdnr. 8; MüKo/Ulmer, § 709 BGB, Rdnr. 29; RGZ (10.10.1933) 142, 14, 18.

[28] Hueck, aaO, § 10 IV 1

[29] Flume, Allgemeiner Teil des Bürgerlichen Rechts I/1, § 15 II; MüKo/Ulmer, § 709 BGB, Rdnr. 30

um anschließend festlegen zu können, in welchem Umfang und in welcher rechtlichen Gestaltung dieses auf die Kooperationspartner übertragen werden soll.

aa) Vorrangig ist der in der Wissenschaft nicht abschließend geklärte Begriff des Know-how zu bestimmen[30], der zwar in verschiedenen Gesetzestexten Eingang gefunden hat[31], aber auch dort nicht einheitlich behandelt wird, sondern den besonderen Anforderungen und den konkreten gesetzgeberischen Erfordernissen angepaßt worden ist. Auch in der Literatur hat sich bisher noch keine einheitliche Begriffsbestimmung durchgesetzt, da die exakte Abgrenzung, je nach der damit verbundenen Zielsetzung, unterschiedliche Grenzziehungen erfordert.

(1) So findet das Know-how im weitesten Sinne als eine Art Oberbegriff, insbesondere in der Praxis des Wirtschaftslebens sowie im allgemeinen Sprachgebrauch, eine Verwendung[32], die darunter spezielles Wissen und Können in den verschiedensten Bereichen versteht. Dies können alle unternehmerischen Techniken, Verfahren sowie Kenntnisse sein, unabhängig davon, ob sie geheim oder offenkundig sind und ohne Rücksicht darauf, ob Schutzrechte bestehen, eine Schutzrechtsanmeldung vorgenommen wurde oder ob eine bestimmte erfinderische Höhe erreicht wird, die eine Schutzrechtseintragung zulassen würde. Zum Teil wird auch eine Differenzierung in Betriebsgeheimnis im Sinne von technischem Know-how und Geschäftsgeheimnis als kommerzielles Wissen vorgenommen[33]. Es besteht in der einschlägigen Praxis sowie in der Literatur jedenfalls dahingehend Einigkeit, daß der Know-how-Begriff die gewerblichen Schutzrechte nicht mit einschließt[34], sondern sich nur auf das übrige Wissen bezieht.

(2) Wenn man jedoch die betriebsinternen Funktionen des Know-how eingehender betrachtet, nämlich zum einen die künftige Einsatzmöglichkeit im eigenen Unternehmen als Produktionsfaktor und zum anderen die Möglichkeit der wirtschaftlichen Verwertung als Technologietransfergegenstand durch vertragliche Übertragung mit der Absicht, hierdurch Einnahmen zu erzielen[35], muß man zu dem Schluß kommen, daß jedes Know-how auch einen Vermögensgegenstand darstellen kann[36]. Somit beruht der wirtschaftliche Wert des Know-how im Wesentlichen auf seiner betrieblichen Verwertbarkeit, während es für seinen Tauschwert im Außenverhältnis lediglich auf die Nachfrage nach dem konkreten Wissen ankommt, so daß jedes technische, kommerzielle oder auch betriebswirtschaftliche Know-how für einen Technologietransfer geeignet ist, unabhängig von dessen Geheimnischarakter[37].

[30] Saumweber, Der Schutz des Know-how im deutschen und amerikanischen Recht, S. 14, 23 betont in diesem Zusammenhang klarstellend, daß es sich bei Know-how um keinen Rechtsbegriff handelt, aus dem sich bestimmte Rechtsfolgen ableiten lassen.

[31] Dies sind im Einzelnen die §§ 17ff UWG, §§ 19ff GWB, § 20 ArbnErfG, Art. 1 VII EG-Gruppenfreistellungsverordnung Nr. 556/89 für Know-how-Verträge sowie Art. 10 EG-Gruppenfreistellungsverordnung für Technologietransfervereinbarungen Nr. 240/96

[32] Altin-Sieber, Joint Ventures, Technologietransfer und -schutz, S. 63

[33] Kraßer, Der Schutz des Know-how nach deutschem Recht, GRUR 1970, 587, 589

[34] Menck, Der Technologietransfer der deutschen Wirtschaft, in: König (Hrsg.), S. 119, 122

[35] Altin-Sieber, aaO, S. 64

[36] Pfister, Das technische Geheimnis „Know-how" als Vermögensrecht, S. 21ff

[37] Allerdings darf hier nicht außer Acht gelassen werden, daß durch den Geheimnischarakter von Know-how dessen Tauschwert erheblich gesteigert wird, da dies dem Inhaber des Wissens jedenfalls ein faktisches Mo-

(3) Stellt man hingegen die Problematik des Know-how-Schutzes in den Vordergrund, so kommt dem Geheimnischarakter im Rahmen des gesetzlichen Schutzes wiederum eine stärkere Bedeutung zu, denn dieser Schutz ist nur dann gerechtfertigt, wenn die geschützte Stellung auch einen wirtschaftlichen Wert[38] besitzt[39]. Damit scheidet hier das offenkundige Know-how aus, denn diesem kommt in der Regel kein meßbarer Tauschwert zu, der im Falle einer Verletzungshandlung betroffen sein kann[40].

Diese Wertung entspricht auch der Gesetzeslage des § 17 I UWG, denn dieser schützt nach ganz herrschender Meinung auch Betriebs- und Geschäftsgeheimnisse[41], die zwar keine absolute Neuheit[42] darstellen, aber deren Geheimnischarakter sich darin zeigt, daß sie nur einem sehr engen Personenkreis bekannt sind und nur von einem Fachmann in mühsamer technischer Untersuchung ermittelt werden können, also nicht allgemein zugänglich sind[43]. In gleicher Weise verwendet § 21 GWB, dem eine Verweisung auf die UWG-Norm zugrunde liegt[44], den Begriff des Geschäftsgeheimnisses, denn diese Norm greift nur hinsichtlich geheimen Wissens ein[45], während für nicht geheimes Wissen die allgemeinen Kartellrechtstatbestände heranzuziehen sind[46]. Hierbei neigt die Rechtsprechung trotz gleicher Begrifflichkeit von Know-how dazu, den Schutzumfang im UWG zum Schutz gegenüber der Konkurrenz weiter zu ziehen, als dies nach dem Normzweck des GWB, als Gesetz, welches lediglich die Freiheit des Marktes gewährleisten soll, erforderlich ist[47]. Während § 17 UWG allgemein Betriebs- und Geschäftsgeheimnisse als Schutzgegenstand nennt, fordert § 21 GWB explizit eine technische Bereicherung des Verletzers.

(4) Zu der Frage, wie der Know-how-Begriff in Bezug auf dessen vertragliche Verwertung zu verstehen ist, werden zum Teil stark voneinander divergierende Ansichten vertreten.

---

nopol verleiht und damit die Position im Wettbewerb zu Konkurrenten stärkt, so Kraßer, GRUR 1970, 587, 588

[38] Jedenfalls ist nach Kraßer, Grundlagen des zivilrechtlichen Schutzes von Geschäfts- und Betriebsgeheimnissen sowie von Know-how, GRUR 1977, 177, 182 ein solcher dann erforderlich, um gemäß der §§ 249, 252 BGB zu einem Schadensersatz in meßbarer Höhe zu gelangen, denn die reine Verletzung von Betriebs- und Geschäftsgeheimnissen sowie sonstigem Know-how führt lediglich dem Grunde nach zu einem Schadensersatzanspruch.

[39] Altin-Sieber, aaO, S. 65ff

[40] Zwar ist es nicht richtig, den wirtschaftlichen Wert des Know-how ohne Geheimnischarakter völlig zu verneinen, aber aufgrund des Fehlens einer faktischen Monopolstellung am Wissen läßt sich ein Tauschwert vielfach mangels Nachfrage nicht bestimmen, so Kraßer, GRUR 1970, 587ff.

[41] Allerdings ist zu beachten, daß auch hier keine Einigkeit über die begriffliche Verwendung besteht.

[42] Baumbach/Hefermehl, § 17 UWG, Rdnr. 8

[43] Baumbach/Hefermehl, § 17 UWG, Rdnr. 2, 8. Allerdings hat der BGH (17.5.1955) GRUR 1955, 424, 426 - Möbelwachspaste, hervorgehoben, daß auch Know-how-Verträge, die an sich bekannte Verfahren etc. zum Gegenstand haben, nicht außerhalb des gesetzlichen Schutzes stehen dürfen. In dem entschiedenen Fall bestand das Geheimnis in der Kenntnis, daß ein bestimmtes Verfahren benutzt wird.

[44] Emmerich, Kartellrecht, § 15 7.b)

[45] Immenga/Mestmäcker, § 21 GWB, Rdnr. 21 und 22

[46] Die kartellrechtliche Zulässigkeit von Absprachen, die nicht geheimes Know-how betreffen, beurteilt sich allein anhand der allgemeinen Tatbestände der §§ 20ff GWB, siehe Immenga/Mestmäcker, § 21 GWB, Rdnr. 36.

[47] Emmerich, Kartellrecht, § 15, 2b)aa) verweist in diesem Zusammenhang darauf, daß aufgrund der verschiedenen Regelungszwecke des UWG und des GWB keine Parallelität des Know-how-Begriffs gefolgert werden kann, und damit Know-how im Sinne des § 21 GWB nur vorliegt, wenn es sich um eine technische Leistung handelt, die neu und technisch fortschrittlich ist sowie eine ausreichende Erfindungshöhe besitzt.

Lüdecke[48] differenziert dabei zwischen Know-how als reine Betriebserfahrungen ohne Geheimnischarakter und dem sogenannten „Geheimverfahren". Diese Gegenüberstellung zielt darauf ab, zwei Gruppen von Vertragsgegenständen zu unterscheiden und die jeweils damit verbundenen Rechte und Pflichten voneinander abzugrenzen. Andererseits geht Lüdecke jedoch davon aus, daß auch nicht geheimes Know-how übertragen werden kann.

Eine gänzlich andere Betrachtung nimmt Böhme[49] vor, der den Know-how-Begriff strikt auf geheimes Wissen beschränkt sehen will. Allerdings legt er seiner Betrachtung eine steuerrechtliche Blickweise zugrunde. Dies rechtfertigt seiner Ansicht nach einen engen Know-how-Begriff, da eine zu weite Ausdehnung des Anwendungsbereichs zu einer Erhöhung der Steuer- und Abgabenlast führen könnte, die wirtschaftlich vielfach nicht erwünscht ist und zum Teil auch im Gegensatz zu den staatlichen Zielen, nämlich den Technologietransfer zu vereinfachen und zu fördern, steht.

Ein vermittelnder Lösungsansatz wird von Stumpf[50] vertreten, der zwar die Geheimniseigenschaft als grundsätzlich notwendig erachtet, es andererseits ablehnt, Know-how strikt auf geheimes Wissen zu beschränken, da ansonsten die Gefahr einer nicht mehr sachgerechten Behandlung bestünde. Ein Know-how-Nehmer könnte sich bei einer im Laufe der Vertragszeit eingetretenen Offenkundigkeit zum Beispiel weigern, die Lizenzgebühren weiterhin zu entrichten, indem er darauf verweist, daß es sich beim überlassenen Wissen um keinen tauglichen Vertragsgegenstand mehr handelt[51]. Demnach fallen alle technischen Kenntnisse und Erfahrungen, deren Benutzung dem Know-how-Nehmer die Produktion von Gütern oder auch sonstige betriebliche Tätigkeiten ermöglicht oder vereinfacht, unter den Know-how-Begriff. Obgleich diese Kenntnisse in der Regel geheim sind, handelt es sich dabei um kein notwendiges Tatbestandsmerkmal.

Diese Argumentation erscheint plausibel, so daß der Auffassung von Stumpf zu folgen ist, denn damit wird eine auf den konkreten Einzelfall bezogene rechtliche Behandlung des Know-how ermöglicht. Gerade betriebliches Wissen, welches zwar nicht geheim, sondern sogar in Büchern oder Zeitschriften bekannt ist, muß tauglicher Gegenstand einer Know-how-Absprache sein können, wenn es etwa um die praktischen Erfahrungen damit geht. Oft kommt es nämlich dem Know-how-Nehmer nicht darauf an, an einer monopolartigen Stellung zu partizipieren, sondern er will gegen ein entsprechendes Entgelt auf einfache Weise in die Lage versetzt werden, die entsprechenden Kenntnisse unmittelbar und gewinnbringend in seinem Betrieb einzusetzen[52].

(5) Zusammenfassend wird somit Know-how von der herrschenden Meinung als Oberbegriff betrachtet, der sowohl Betriebs- und Geschäftsgeheimnisse als auch das nicht geheime betriebliche Wissen umfaßt, vorausgesetzt daß hierfür nicht der Erwerb eines Schutzrechts angestrebt wird. Es ist jedoch je nach Betrachtungsrichtung eine Unterscheidung vorzunehmen: Soweit der Know-how-Schutz Gegenstand einer Absprache ist, wird der Geheim-

---

[48] Lüdecke/Fischer, Lizenzverträge, S. 661

[49] Böhme, Die Besteuerung des Know-how, S. 19f

[50] Stumpf, Der Know-how-Vertrag, Rdnr. 9; diesem Ansatz folgt auch Altin-Sieber, aaO, S. 66f.

[51] Dogmatisch betrachtet stellt dies eine nachträglich eingetretene Unmöglichkeit dar, die gemäß § 323 BGB in jedem Fall zum Entfallen der Gegenleistung führt.

[52] So auch schon Kraßer, GRUR 1977, 177, 183.

nischarakter ebenso vorausgesetzt[53], wie dies hinsichtlich der kartellrechtlichen Zulässigkeit der Fall ist. Für die wirtschaftliche Verwertung von Wissen im Sinne einer Know-how-Lizenzierung ist aber die Unterscheidung in offenes und geheimes Know-how überflüssig, da beide Gruppen in gleicher Weise als Vertragsgegenstand in Betracht kommen[54].

bb) Die Offenlegung des bei jedem Partner zu Beginn der Kooperationstätigkeit in Bezug auf das konkrete FuE-Projekt vorhandene Know-how, das für die gemeinsam angestrebten Forschungsleistungen den anderen Kooperationsteilnehmern mitgeteilt werden muß, führt zu einer Konfliktsituation. Dies gilt dann in noch verstärktem Maße, wenn die Partner auf der gleichen Produktionsstufe stehen und sich damit in einem aktuellen oder jedenfalls in einem potentiellen Wettbewerbsverhältnis auf dem Beschaffungs- oder dem Vertriebsmarkt befinden[55]. Es besteht hier nämlich die Befürchtung, ein Mehr an Wissen preiszugeben, als erforderlich ist, um die anderen Partner in die Lage zu versetzen, ihre kooperationsbezogenen Forschungen zu betreiben. Dies gründet sich auch auf dem oft vorhandenen Mißtrauen gegenüber den anderen Teilen, diese würden nur Know-how entgegennehmen, ohne das selbst vorhandene und vor allem das neu erworbene Wissen in gleicher Weise zu offenbaren[56].

Daneben besteht stets die Gefahr, daß das mitgeteilte Wissen vom Kooperationspartner nicht nur im Rahmen der Zusammenarbeit eingesetzt wird, sondern auch in anderen Bereichen Verwendung findet. Aufgrund des besonderen Charakters des Know-how muß außerdem damit gerechnet werden, daß das Wissen, über das nun die Mitarbeiter des anderen Unternehmens verfügen, jedenfalls nach Beendigung der Zusammenarbeit diesem Betrieb noch weiter zugute kommen wird.

Letztendlich lassen sich diese betrieblichen Ängste und Konflikte nur mittels einer umfassenden vertraglichen Regelung ausräumen, die auf die individuellen Bedürfnisse der Vertragspartner zugeschnitten ist und auch den Zeitraum nach Beendigung der Partnerschaft umfaßt[57]. Denn ohne die Sicherheit eines interessengerechten Ausgleichs bestünde stets die latente Gefahr, daß aufgrund von übertriebener Vorsicht und einer zu weitgehenden Geheimhaltung des eigenen Know-how gegenüber den Kooperationspartnern ein möglicher Kooperationserfolg insgesamt aufs Spiel gesetzt wird.

cc) Der Vollständigkeit halber muß an dieser Stelle noch auf das Problem der Übertragbarkeit von Know-how hingewiesen werden, denn dieses stellt kein Recht im Sinne des BGB

---

[53] Allerdings werden an den Geheimnischarakter im Hinblick auf den gesetzlichen Schutz des Know-how, wie bereits oben dargestellt, nur sehr geringe Anforderungen gestellt, um diesen auch in der Praxis wirksam zu ermöglichen; siehe hierzu Baumbach/Hefermehl, § 17 UWG, Rdnr. 8

[54] Dieses weite Verständnis von Know-how wird auch von Kraßer/Schmidt, Der Lizenzvertrag über technische Schutzrechte aus der Sicht des deutschen Zivilrechts, GRUR 1982, 324, 325 vertreten, die klarstellend dasjenige Know-how ausschließen, für welches der Erwerb eines Schutzrechts angestrebt wird.

[55] Siehe hierzu die Ausführungen in Kapitel I 1.c).

[56] Daß diese Angst nicht unbegründet ist, kommt in Gesprächen mit Verantwortlichen von Unternehmen zur Sprache, denn diese mißbrauchen selbst zum Teil FuE-Vorhaben, um sich über den Wissensstand der Konkurrenz ein Bild zu machen; jedenfalls unter dieser Prämisse scheidet eine freigiebige Offenbarung des eigenen Know-how aus.

[57] Ullrich, Technologieschutzaspekte der Vertragsgestaltung bei der Kooperation mit japanischen Unternehmen, in: Ifo-Studien zur Japanforschung, Band 9 - Technologieschutz in Japan; Strategien für Unternehmenskooperationen, Anhang I, S. 5; Ullrich, Kooperative Forschung und Kartellrecht, S. 154ff

dar, welches einer Rechtsübertragung zugänglich ist. Deshalb wird auch von Teilen der Literatur[58] die Know-how-Lizenz als rein schuldrechtlicher Vertrag ohne jegliche dingliche Wirkung angesehen, was aber mit der BGH-Rechtsprechung[59] und einer im Vordringen befindlichen Literaturansicht[60] abzulehnen ist, da ansonsten ein Schutz des erworbenen Know-how nur mit Hilfe des Veräußerers möglich wäre. Somit findet eine Know-how-Übertragung in der Weise statt, daß der Erwerber eine Rechtsstellung erlangt, die der des Veräußerers entspricht.

dd) Da sich meistens das den Partnern mitzuteilende betriebliche Know-how weder abschließend aufzählen läßt noch per se eindeutig umrissen ist, läßt sich der Umfang der Know-how-Offenbarungspflichten meist nur aus der vertraglichen Regelung zum Gegenstand der Zusammenarbeit allgemein ableiten[61]. Diejenigen Passagen, die den Vertragsgegenstand genauer definieren, sollten möglichst exakt das FuE-Thema umreißen und vor allem auch das zu erzielende Ergebnis formulieren. Sobald Einigkeit darüber herrscht, muß jeder Partner intern eine umfassende Bestandsaufnahme des gesamten technischen Wissens in seinem Unternehmen vornehmen und klären, welches Know-how im Rahmen der Zusammenarbeit relevant ist[62].

Allerdings ist zu beachten, daß für vertragliche Abreden zur Übertragung von Know-how, sei es selbständiges oder schutzrechtsbegleitendes, die Zweckübertragungslehre gilt. Danach wird die Offenbarungspflicht des Know-how-Gebers sowie der Umfang des Nutzungsrechtes für den Know-how-Nehmer durch den unmittelbaren Zweck des Vertrages bestimmt und begrenzt[63]. Im Einzelfall kann daraus sogar eine Verpflichtung erwachsen schutzrechtsbegleitendes Know-how, ohne daß hierfür eine vertraglich niedergelegte Klausel besteht, zusätzlich dem Partner mitzuteilen. Dies gilt jedenfalls, soweit das Wissen für die künftige Schutzrechtsverwertung unbedingt erforderlich erscheint.

Um Klarheit darüber zu haben, welches Wissen von welchem Partner eingebracht wurde, ist es unerläßlich, eine schriftliche Aufstellung über das offengelegte Know-how anzufertigen, die als Anlage Bestandteil des Vertrages wird, denn jeder Know-how-Geber bleibt trotz der Weitergabe seines Wissens weiterhin dessen „Eigentümer". Hinsichtlich der weiteren Abgrenzung ist es sinnvoll, einen bestimmten Termin festzulegen, an dem die Zusammenarbeit beginnen soll, und an dem die jeweiligen Know-how-Aufstellungen den Partnern übergeben werden, denn nur so läßt sich zu einem späteren Zeitpunkt eindeutig klären, welches Wissen von wem eingebracht und welches erst später im Rahmen der Kooperationstätigkeit gemeinsam erworben worden ist[64]. Klarstellend sollte darauf hingewie-

---

[58] Forkel, Zur Übertragbarkeit geheimer Kenntnisse, in: FS Schnorr v. Carolsfeld, S. 105, 107 mit weiteren Nachweisen

[59] BGH (25.1.1955) GRUR 1955, 388, 389 - Dücko-Geheimverfahren

[60] Altin-Sieber, aaO, S. 287; Maass, Information und Geheimnis im Zivilrecht, S. 111

[61] Dieses Problem resultiert auch vielfach daraus, daß den Partnern zu Beginn der Zusammenarbeit meist nicht eindeutig bewußt ist, über welches Wissen im Detail die Mitarbeiter der anderen Beteiligten verfügen.

[62] Reukauf, Mögliche Regelung der Lizenzerteilung im Zusammenhang mit Kooperationen, GRUR 1986, 415, 416

[63] Ullrich, Privatrechtsfragen der Forschungsförderung in der Bundesrepublik Deutschland, § 3 II.B.3.b); Schricker, in: Schricker (Hrsg.), Kommentar zum Urheberrecht, §§ 31/32 UrhG, Rdnr. 31ff

[64] Reukauf, GRUR 1986, 415, 416

sen werden, daß das Recht am Know-how beim jeweils Einbringenden verbleibt und daß lediglich ein zeitlich - üblicherweise auf die Dauer der Zusammenarbeit - begrenztes Nutzungsrecht im Sinne einer Lizenz eingeräumt wird[65]. Ob das jeweilige Nutzungsrecht auch, wie üblich, unentgeltlich auf den Partner übertragen wird, hängt von der konkreten Ausgestaltung der Kooperationsbeziehung ab, denn wenn bei einem Partner hinsichtlich des einzubringenden Wissens sowie seiner sonstigen FuE-Leistungen ein erhebliches Übergewicht vorliegt, ist eine Regelung, die einen finanziellen Ausgleich beinhaltet, jedenfalls dann sinnvoll, wenn einzelne Unternehmen überproportional von den gemeinsamen FuE-Ergebnissen profitieren.

Eine denkbare Gestaltungsalternative würde es darstellen, grundsätzlich Unentgeltlichkeit zu vereinbaren, wobei aber dennoch ein fiktiver Preis im Sinne einer Lizenzgebühr als reine Verrechnungsgröße veranschlagt wird, um den Umfang der jeweiligen Leistungspflichten beziehungsweise die Höhe möglicher Ersatzansprüche im Falle des Auftretens von Leistungsstörungen besser bestimmen zu können.

Allerdings ist es auch bei der unentgeltlichen Überlassung des Know-how dringend angeraten, dies ausdrücklich im Vertragstext festzuhalten, denn ein diesbezügliches Versäumnis kann zu denkbar unerwünschten Ergebnissen führen, wenn nämlich über den Wert oder den Austauschcharakter keine Aussagen getroffen werden und einer der Partner im Falle eines Scheiterns des gesamten Vertragsverhältnisses bis zu diesem Zeitpunkt erheblich höhere Beiträge als die anderen Beteiligten geleistet hat. Soweit eine wechselseitige Überlassung stattfindet, ist dies unproblematisch, denn dann kann man grundsätzlich von der Gleichwertigkeit der Leistungen ausgehen, so daß keinem Unternehmen ein Vor- oder Nachteil erwächst. Aber soweit nur eine einseitige Know-how-Übertragung stattgefunden hat und die gesamte Vertragsbeziehung rückabgewickelt werden muß, sollte der Vertrag Vorsorge für die sich dann ergebenden Fragen treffen, beispielsweise ob das Know-how weiterhin genutzt werden darf (was sich vielfach ohnedies nicht vermeiden läßt) und wie ein finanzieller Ausgleich hierfür zu gestalten ist[66].

Soweit das Know-how unentgeltlich überlassen wird, empfiehlt es sich, vertraglich zu vereinbaren, daß die Nutzung streng auf den Zweck der Zusammenarbeit beschränkt ist[67], also nicht in anderen betrieblichen Bereichen Eingang finden darf. Das Nutzungsrecht endet grundsätzlich bei Beendigung des Kooperationsverhältnisses, wobei hier an die Möglichkeit einer Verlängerung gedacht werden sollte, soweit dies für die Verwertung der gemeinsamen FuE-Ergebnisse erforderlich ist.

ee) Schließlich spielt die sehr sensible Thematik der Geheimhaltung von betrieblichem Know-how bei der Gestaltung von FuE-Kooperationen insofern eine erhebliche Rolle, als sich die Partner nachhaltig Gedanken über vertragliche Möglichkeiten zur Sicherung des Know-how machen müssen. Ausgangspunkt der Überlegungen ist dabei der gesetzliche Know-how-Schutz, welcher allein nicht ausreichend erscheint, um das eigenbetriebliche

[65] Reukauf, GRUR 1986, 415, 416f

[66] Bedeutung gewinnt dies zwar nur bei einem Scheitern der Zusammenarbeit oder bei sonstigen erheblichen Unstimmigkeiten, aber gerade für diesen Fall sollte Vorsorge getroffen werden, denn solange Einigkeit der Vertragspartner besteht bedarf, es der regelnden und klarstellenden Funktion ohnedies nicht.

[67] Reukauf, GRUR 1986, 415, 416f

Know-how umfassend zu sichern.

(1) Ein Anspruch auf Unterlassung beziehungsweise auf Schadensersatzleistung ergibt sich aus § 826 BGB sowie aus § 823 II BGB i.V.m. § 17 UWG oder, soweit dieser Spezialtatbestand nicht erfüllt ist, aus § 823 II BGB i.V.m. § 1 UWG. Die Regelung des § 19 UWG stellt in diesem Zusammenhang eine ebenso überflüssige wie unvollständige Schadensersatznorm dar, denn Vorsatztaten sind bereits durch die BGB-Vorschriften § 823 II BGB sowie § 826 BGB umfassend abgedeckt und eine darüber hinausgehende Fahrlässigkeitshaftung ließe sich allenfalls aus § 823 I BGB ableiten[68].

Tatbestandlicher Ausgangspunkt für den Schutz des Know-how durch das UWG ist das Vorliegen eines „Betriebs- oder Geschäftsgeheimnisses". Neben den Erfordernissen eines engen Bezugs zum Geschäftsbetrieb[69] und eines Geheimhaltungswillens[70] kommt dem Kriterium der Nichtoffenkundigkeit, wie oben bereits angesprochen, maßgebliche Bedeutung für die Abgrenzung des Geheimnisschutzes zu[71]. Die Rechtsprechung legt dabei allerdings weder einen besonders strengen noch einen einheitlichen Maßstab an. Demnach liegt jedenfalls Offenkundigkeit nicht schon dann vor, wenn es an der Neuheit der technischen Erkenntnisse im Sinne des Patentrechts fehlt[72], was die Abgrenzung aber auch nicht vereinfacht, da jede patentfähige Erfindung schon insofern einen besseren und wohl auch ausreichenden Schutz erfährt.

Die Offenkundigkeit einer Tatsache ist erst dann gegeben, wenn sie entweder allgemein bekannt ist oder für jeden Interessierten ohne größere Schwierigkeiten mit lauteren Mitteln in Erfahrung gebracht werden kann[73]. In einem Einzelfall ging der BGH[74] sogar so weit, bereits die Kenntnis über die Nutzung eines bestimmten Know-how durch ein Unternehmen als Geheimnis zu bezeichnen. Nicht ausreichend ist der gemäß § 1 UWG zur Fallgruppe der „Sklavischen Nachahmung" zu zählende Mißbrauch von nicht geheimem Know-how[75], denn dieser ist nur bei unveränderter Nutzbarmachung gegeben, nicht aber bei sonstigem, auch abgeändertem Gebrauch von fremdem betrieblichem Wissen.

(2) Daneben ist auch noch ein Schadensersatzanspruch aus § 823 I BGB denkbar[76], der tatbestandlich erfüllt ist, wenn man unter der Mitteilung, Verwertung oder anderweitigen Be-

---

[68] Diese Ansicht wird auch von Baumbach/Hefermehl, § 17 UWG, Rdnr. 52, wenn auch mit anderer Begründung, vertreten.

[69] Kraßer, GRUR 1970, 587, 589; Baumbach/Hefermehl, § 17 UWG, Rdnr. 4, 6. Dieses Erfordernis ist üblicherweise ohne weiteres erfüllt und in der Praxis damit auch unproblematisch.

[70] Altin-Sieber, aaO, S. 73ff; Baumbach/Hefermehl, § 17 UWG, Rdnr. 5

[71] So auch Kraßer, GRUR 1970, 597, 590. Siehe auch Baumbach/Hefermehl, § 17 UWG, Rdnr. 7 sowie die Beispielsfälle aus der Rechtsprechung in Rdnr.9.

[72] So schon das Reichsgericht, RGZ (22.11.1935) 149, 329, 334 - Stiefeleisenpressen. Diesem Ansatz ist der BGH (17.5.1960) GRUR 1960, 554, 556 - Handstrickverfahren, gefolgt.

[73] Diese herrschende Rechtsprechung wurde zuletzt bestätigt vom BayObLG (13.11.1990) GRUR 1991, 694 – Geldspielautomat - mit weiteren Nachweisen.

[74] BGH (15.3.1955) GRUR 1955, 424, 425 - Möbelwachspaste

[75] Baumbach/Hefermehl, § 1 UWG, Rdnr. 439ff

[76] Ein parallel dazu laufender Unterlassungsanspruch ergibt sich aus § 1004 BGB. Zwar werden dort die sonstigen Rechte nicht ausdrücklich genannt, aber aus dem Grundsatz der Einheitlichkeit der Rechtsordnung folgt dieser Gleichlauf von Schadensersatz- und Unterlassungsanspruch.

einträchtigung von Betriebs- oder Geschäftsgeheimnissen die Verletzung eines sonstigen Rechts versteht[77]. Umstritten ist dabei, ob das Know-how als solches bereits ein sonstiges Recht im Sinne des § 823 I BGB darstellt. In einer älteren Entscheidung[78], die sich erheblicher Kritik aus dem Schrifttum ausgesetzt sah[79], hatte der BGH ein Ausschlußrecht an einem Geheimverfahren, für welches ein gewerbliches Schutzrecht nicht zu erlangen war, anerkannt. Dies diente jedoch nur dazu, zugunsten des Erwerbers eines Unternehmens im Rahmen eines Konkursverfahrens die weitere Nutzung des streitgegenständlichen Geheimverfahrens durch den Gemeinschuldner zu verhindern. In diesem Fall sollten offensichtlich die Gläubiger des Gemeinschuldners im Konkursverfahren besser gestellt werden, denn nur durch den Übergang sämtlicher Benutzungsrechte hinsichtlich des Verfahrens war ein möglichst hoher Marktpreis beim Verkauf des Unternehmens und damit eine bessere Konkursquote zu erzielen[80].

Daher ist der herrschenden Meinung zu folgen[81], die den Schutz des Know-how als sonstiges Recht ablehnt. Zwar kommt dem Know-how über das Wettbewerbsrecht eine negative Abwehrfunktion zu, die es als eigentumsähnlich erscheinen läßt, aber für die Annahme eines sonstigen Rechts im Sinne des § 823 I BGB fehlt es an einem positiven Zuweisungsgehalt, da Know-how von jedermann erlaubterweise gewonnen und dann auch im Rahmen der sonstigen gesetzlichen Vorschriften verwertet werden darf. Lediglich im Rahmen des eingerichteten und ausgeübten Gewerbebetriebs ist Know-how schutzfähig[82], denn dieser fällt anerkanntermaßen unter § 823 I BGB und umfaßt alles, was in seiner Gesamtheit den wirtschaftlichen Wert des Betriebs ausmacht[83]. Zu diesem zählen auch alle betrieblichen Erfahrungen, nicht geschütztes Wissen sowie alle sonstigen Betriebs- und Geschäftsgeheimnisse.

(3) Als Zielgruppe für Schadensersatz- und Unterlassungsansprüche kommen neben den Konkurrenzunternehmen vor allem die eigenen Arbeitnehmer in Betracht. Für eine schadensbegründende Handlung eines Konkurrenten genügt bereits die Nutzung von Knowhow, wenn dieses nicht von jenem selbst gewonnen worden ist und demjenigen Unternehmen zusteht, aus welchem es ohne Wissen und Wollen der Geschäftsleitung weitergetragen worden ist.

Allerdings bedarf es für die Geltendmachung von Schadensersatzansprüchen gegenüber den Arbeitnehmern eines besonderen Sittenverstoßes, der bei einer Weitergabe des Know-

---

[77] Kraßer, GRUR 1970, 587, 594

[78] BGH (25.1.1955) GRUR 1955, 388 - Dücko-Geheimverfahren

[79] Stumpf, Der Know-how-Vertrag, Rdnr. 17; Böhme, aaO, S. 26; Paul, Der industrielle Lohnfertigungsvertrag über geschützte Gegenstände, NJW 1963, 2249, 2252; Möhring, Betriebs- und Geschäftsgeheimnisse in wettbewerbs- und kartellrechtlicher Sicht, in: Festschrift für Nipperdey, Bd. II, S. 415, 417; Henkels, Die Betriebsgeheimnisse in § 21 des Gesetzes gegen Wettbewerbsbeschränkungen, S. 42ff

[80] So auch Stumpf, aaO, Rdnr. 17, der wirtschaftliche Erwägungen des BGH für die Dücko-Entscheidung verantwortlich macht.

[81] Stumpf, aaO, Rdnr. 17; Böhme, aaO, S. 26; Paul, NJW 1963, 2249, 2252; Möhring, in: Festschrift für Nipperdey, Bd. II, S. 415, 417; Henkels, aaO, S. 42ff

[82] BGH (13.10.1965) GRUR 1966, 152, 153 - Nitrolingual; Stumpf, aaO, Rdnr. 15; Baumbach/Hefermehl, § 17 UWG, Rdnr. 47 mit weiteren Nachweisen

[83] Stellvertretend für viele: Palandt/Thomas, § 823 BGB, Rdnr. 20 sowie Erman/Schiemann, § 823 BGB, Rdnr. 49ff.

how an Dritte gegeben ist[84], während die Selbstverwertung grundsätzlich zulässig ist und erst weitere Umstände hinzutreten müssen, die einen Sittenverstoß begründen[85]. Ein solcher ist vor allem dann zu bejahen, wenn eine besondere Vertrauensstellung bestand und das Ausscheiden aus dem Betrieb aus Gründen erfolgte, die der Arbeitnehmer zu vertreten hat[86] oder nach ungewöhnlich kurzer Anstellungszeit erfolgte[87] beziehungsweise wenn die Informationen im Rahmen des Betriebs unbefugt beschafft wurden, etwa durch Vertrauensmißbrauch.

Der Schutz gegen die befugte Verwertung von Know-how durch einen Arbeitnehmer unmittelbar nach seinem Ausscheiden bedarf einer Klausel im Arbeitsvertrag, die ein zeitlich begrenztes Wettbewerbsverbot vorsieht[88]. Der Arbeitnehmer muß also verpflichtet werden, spezifische Geheimnisse nach Vertragsende weder selbst zu nutzen noch an Dritte weiter zu geben. Um sich vorbeugend vor der Weitergabe von Wissen durch die Arbeitnehmer des Kooperationspartners zu schützen, kann es sinnvoll sein, im FuE-Vertrag zu vereinbaren, daß die Parteien nur Arbeitnehmer mit dem FuE-Projekt in Berührung kommen lassen dürfen, deren Arbeitsvertrag entsprechende Abreden beinhaltet.

(4) Den Ansatzpunkten der Rechtsprechung, die keine einheitlichen Linie zeigt, kann meiner Meinung nach nicht gefolgt werden. Der Know-how-Begriff ist bezüglich seiner Verwertung und seines Schutzes einheitlich und daher umfassend zu verstehen[89]. Es bietet sich daher an, eine negative Abgrenzung des Know-how vorzunehmen, die nicht, wie alle bisher vertretenen Ansichten, die Wissenssituation des Know-how-Inhabers beschreibt, sondern sich in die Position des Know-how-Erwerbers versetzt. Dies erscheint auch insofern sachgerecht, als ein eigenbetrieblicher Know-how-Erwerb und dessen anschließende Verwertung, anders als bei eingetragenen Schutzrechten, denen eine Ausschlußwirkung zukommt, für jedes Unternehmen möglich ist. Die Problematik beginnt erst, wenn unternehmensfremdes Know-how zum Einsatz kommen soll. Hier sind zwei mögliche Erwerbstatbestände zu unterscheiden, nämlich zum einen der „Know-how-Kauf" und zum anderen der unredliche Know-how-Erwerb. Wie oben bereits dargestellt, spielen gerade diese beiden Gruppen, also Erwerb und Schutz des Know-how, bei der Begriffsbestimmung die entscheidende Rolle.

Demnach fällt das gesamte fremde betriebliche Wissen unter den Know-how-Begriff, das demjenigen, der durch einen beliebigen Dritten - in Abgrenzung zur eigenbetrieblichen Know-how-Gewinnung - mit Informationen versorgt wird, zu diesem Zeitpunkt unbekannt war. Geschützt wird somit der Know-how-Inhaber gegen jede Wissensweitergabe, die nicht ausdrücklich gestattet ist, wobei es auf die Neuheit oder die allgemeine Nichtoffenkundigkeit nicht ankommt, sondern nur zu fragen ist, ob der Know-how-Empfänger bereits

[84] Kraßer, GRUR 1970, 587, 593

[85] Nastelski, Der Schutz des Betriebsgeheimnisses, GRUR 1957, 1, 7

[86] Auch die fristlose Kündigung, zu welcher der Arbeitnehmer Veranlassung gab, fällt hierunter.

[87] BGH (21.12.1962) GRUR 1963, 367 - Industrieböden

[88] Wirksam vereinbart werden kann dies jedoch nur, wenn im Gegenzug eine entsprechende Karenzentschädigung gewährt wird und eine zeitliche Beschränkung auf maximal zwei Jahre vorliegt. Rechtgrundlage hierfür sind die §§ 74ff HGB, die das BAG (BAGE (13.9.1969) 22, 125, 132 und BAGE (9.1.1990) 64, 1ff) im Wege der Rechtsfortbildung auf andere als kaufmännische Angestellte ausgedehnt hat. Einzelheiten hierzu: Schaub, Arbeitsrechtshandbuch, § 56 II 1.

[89] Die Forderung nach einer weiten Fassung wurde bereits von Kraßer, GRUR 1970, 587, 597 gestellt.

Kenntnis von dem Wissen hatte. Solange der gesetzliche Know-how-Schutz jedoch nicht von der Rechtsprechung im Sinne des hier vertretenen „Know-how-Begriffs im weitesten Sinn" verstanden wird, ist es im Rahmen von FuE-Kooperationen überaus wichtig, daß sich die jeweiligen Know-how-Geber mittels einer vertraglichen Regelung besser gegen unbefugte Nutzung durch ihre Partner absichern[90].

Dabei bietet es sich an, daß die Kooperationspartner grundsätzlich folgenden Lösungsweg beschreiten: In den FuE-Kooperationsvertrag wird eine Regelung aufgenommen, die den Know-how-Empfänger verpflichtet, das erworbene Wissen ausschließlich in kooperationsrelevanten Unternehmensbereichen einzusetzen, es nicht an Dritte weiter zu geben und sich darüber hinaus nach Beendigung der Zusammenarbeit der weiteren Nutzung zu enthalten. Da die Beweislage einer unberechtigten nachvertraglichen Know-how-Nutzung oft schwerer zu lösen ist als ein gordischer Knoten und zum anderen der Partner das Know-how vielfach weiterhin benötigt, um die gemeinsamen FuE-Ergebnisse überhaupt nutzen zu können, sollten die Partner von Anfang an nachvertragliche Nutzungsregelungen vereinbaren. Dabei könnte die Verpflichtung zur Entrichtung einer Lizenzgebühr an die auflösende Bedingung der Offenkundigkeit[91] des Know-how geknüpft werden[92], weil zum Zeitpunkt des Vertragsabschlusses oftmals noch nicht vorhergesehen werden kann, ob nach Beendigung der Zusammenarbeit das Wissen inzwischen frei zugänglich ist und als allgemein bekannter Stand der Technik verstanden werden kann. Allerdings kann eine dauerhafte Zahlungsverpflichtung unbillig sein, so daß dann eine dauerhafte kostenlose Nutzungsbefugnis eingeräumt werden sollte.

c) Schutzrechtsvereinbarungen

Neben dem Know-how spielt insbesondere die Einbringung von Erfindungen mit einer Erfindungshöhe, die der Erteilung von gewerblichen Schutzrechten zugänglich ist, eine wichtige Rolle. Meist befinden sich nämlich die Kooperationspartner zu Beginn ihrer Zusammenarbeit im Besitz von geschützten Erfindungen, die für die gemeinsamen FuE-Anstrengungen von Bedeutung sind. Daher bedarf es der Statuierung von Schutzrechtsregeln, durch die geklärt wird, welche Schutzrechte in die Zusammenarbeit eingebracht werden und in welcher Form dem Partner die Benutzung gestattet sein soll[93].

aa) Im Wirtschaftsverkehr, also nicht nur bei FuE-Vereinbarungen, sondern auch bei sonstigen Lizenzverträgen, wird vielfach eine Lizenz hinsichtlich der geschützten Erfindung selbst erteilt und daneben auch noch eine weitere für spezielles erfindungsbezogenes Begleitwissen, ohne welches eine zügige und effektive Nutzung der schutzrechtsfähigen Erfindung nicht möglich wäre[94]. Auch wenn es sich hierbei oft um Patente handelt, die für

[90] Auch Kraßer, GRUR 1979, 587, 597 erachtet dies als die einzig praktikable Möglichkeit zur individuellen Erweiterung des unzureichenden gesetzlichen Know-how-Schutzes.

[91] In diesem Zusammenhang gewinnt die Abgrenzung von geheimem zu offenkundigem Know-how, selbst unter Zugrundelegen eines engen Verständnisses des Know-how-Begriffs, wieder an Bedeutung.

[92] Altin-Sieber, aaO, S. 122f schlägt vor, eine entsprechende Regelung grundsätzlich in alle Know-how- und Patentlizenzverträge aufzunehmen.

[93] Ullrich, GRUR 1993, 338, 339

[94] Gaul/Bartenbach/Gennen, K 543. Es handelt sich also in der Regel um einen kombinierten Patentlizenz- und Know-how-Vertrag, da es in der Praxis kaum vorkommt, daß nur das Schutzrecht selbst lizenziert wird, ohne daß begleitendes Know-how mit zur Verfügung gestellt wird. Siehe hierzu Henn, Patent- und Know-how-Lizenzvertrag, § 3 mit zahlreichen weiteren Nachweisen.

die gemeinsame Forschungstätigkeit von Bedeutung sind, ist zu berücksichtigen, daß daneben auch gewerbliche Schutzrechte in Form von Gebrauchsmustern, Halbleitertopographien, Geschmacksmustern, Sorten sowie für die spätere kommerzielle Nutzung auch Warenzeichen und Ausstattungen in Betracht kommen, wobei das Verfahren und die gesetzlichen Schutzwirkungen in ihrer Grundstruktur vergleichbar sind und nur die konkrete Ausgestaltung des Schutzes voneinander divergiert[95].

bb) Zwar handelt es sich beim FuE-Vertrag in seiner Gesamtheit um einen Gesellschaftsvertrag im Sinne der §§ 705ff BGB[96]. Bei den Regelungen über die Erteilung einer Patentlizenz handelt es sich um einen Lizenzvertrag. Diese werden im Rahmen von FuE-Kooperationen zum Teil in selbständiger Form abgeschlossen, also ohne Zusammenfassung in einer Vertragsurkunde, sei es durch eine entsprechende Abschlußverpflichtung, die schon im FuE-Abkommen begründet wurde, oder nur aufgrund der faktischen Gegebenheiten, welche die spätere Erteilung von entsprechenden Lizenzen erforderlich machen. Entscheidend ist jedoch, in welcher Form es zur Übertragung der Schutzrechte beziehungsweise zur Einräumung einer Nutzungsbefugnis für die Kooperationspartner kommt.

(1) Grundsätzlich existieren schutzrechtsfähige Rechte des Erfinders in drei verschiedenen Formen, nämlich zunächst nur als Erfindung, die den materiellen Anforderungen für eine Schutzrechtserteilung entspricht, dann nach erfolgter Anmeldung als Recht auf Erteilung des Schutzrechtes und dann schließlich nach erfolgter Erteilung als Patent bzw. als sonstiges Schutzrecht. Die Besonderheit ist, daß sich nach erfolgter Anmeldung in jedem Fall das Recht zur Benutzung der Erfindung in Form einer Lizenzierung übertragen läßt, während es davor nur die Möglichkeit gibt, die Rechte auf die Erteilung des Schutzrechtes in Form der §§ 413 i.V.m. 398ff BGB abzutreten[97].

Die bloße Einräumung von Nutzungsrechten ohne Übertragung des Schutzrechts - der absolute Regelfall im Rahmen von FuE-Kooperationen - ist trotz der Privilegierung von FuE-Tätigkeiten durch den § 11 Nr. 2 PatG, der das in § 9 PatG eingeräumte alleinige Nutzungsrecht des Patentinhabers insoweit einschränkt, als Handlungen zu Versuchszwecken, die sich auf den Gegenstand der patentierten Erfindung beziehen, grundsätzlich zulässig

[95] Im Folgenden wird die Rechtslage für Patente, als vertragspraktisch bedeutendster Fall des gewerblichen Schutzrechts, eingehender behandelt, aber die Ausführungen gelten, soweit nicht ausdrücklich darauf hingewiesen wird, auch für die anderen Schutzrechtstypen. Dies gilt um so mehr in den Fällen, in denen die spezialgesetzlich geregelten Schutzrechte dem Grundtyp aller Schutzrechte, nämlich dem Patent, angeglichen sind und nur die jeweiligen Besonderheiten in anderer Weise Eingang in die Gesetzgebung gefunden haben.

[96] So die einhellige Meinung; Ullrich, GRUR 1993, 338, 340; Ullrich, in: FS für Steindorff, S. 281, passim; Roloff, in: Studienvereinigung Kartellrecht (Hrsg.), Gewerbliche Schutzrechte im EWG-Kartellrecht, S. 105, 110; Gaul/Bartenbach/Gennen, aaO, K 17; Stumpf/Groß, aaO, Rdnr. 22; Benkard, § 15 PatG, Rdnr. 49; Schade, Die Ausübungspflicht bei Lizenzen, S. 51; Soergel/Hadding, § 705 BGB, Rdnr. 36

[97] Dabei ist allerdings zu beachten, daß eine Übertragung in Form der Abtretung nur in Betracht kommt, wenn tatsächlich eine Erfindungshöhe erreicht worden ist, die zur Schutzrechtserteilung führen kann. Ansonsten würde es sich um eine Übertragung von Know-how handeln, die wiederum ihren eigenen Regeln unterliegt. Reines Know-how kann als etwas Tatsächliches nicht gemäß der §§ 413 i.V.m. 398ff BGB übertragen werden, da es an einer rechtsfähigen Position im Sinne des § 413 BGB fehlt. Falls schutzrechtsfähiges Wissen, sei es aus Unkenntnis der Möglichkeit zur Schutzrechtsanmeldung oder aus Gründen der Geheimhaltung, weil die Anmeldung gar nicht angestrebt wird, lediglich als Know-how übertragen wird, so ist dies nicht zu beanstanden. Allerdings führt diese reine Know-how-Übertragung, wenn sich nicht eindeutig anderes aus dem Vertrag ergibt, dazu, daß die Erfinderrechte selbst nicht übergehen können.

sind und eben keine Schutzrechtsverletzung darstellen[98], unerläßlich. Denn die Vorschrift des § 11 Nr. 2 PatG gestattet lediglich die Benutzung der geschützten Erfindung, um deren technischen Gehalt nachvollziehen zu können; untersagt ist hingegen eine Verwendung von Verfahren für die eigene Produktion bzw. die Einarbeitung der geschützten Erfindung in eigene Produkte.

Trotz des Gestattungstatbestandes des § 11 Nr. 2 PatG ist die Durchführung von FuE-Handlungen ohne eine entsprechende Berechtigung durch den Patentinhaber sehr problematisch[99], denn in jedem Fall, also auch bei der erlaubten Inanspruchnahme von Patenten im Rahmen der eigenen FuE-Tätigkeit, stellt die spätere wirtschaftliche Verwertung der neuen Erkenntnisse dann eine unzulässige Patentverletzung dar, wenn in deren Rahmen das Patent noch weiter verwendet werden müßte. Des Weiteren ist zu beachten, daß von der Rechtsprechung die Grenze des § 11 Nr. 2 PatG eng gezogen wird[100], also auch die Benutzung von geschützten Erzeugnissen oder Verfahren verboten ist, wenn diese nicht selbst auf ihre Tauglichkeit hin überprüft werden sollen, sondern nur als Hilfsmittel dazu dienen, andere, neue Erfindungen zu erzielen.

Aufgrund dieses engen Anwendungsbereiches der Ausnahmevorschrift des § 11 Nr. 2 PatG sowie der uneinheitlichen Rechtsprechung, die in der Vergangenheit oft in Einzelfallentscheidungen Niederschlag gefunden hat[101] - was zeigt, daß in diesem Bereich des Patentrechts viel Platz für Streit ist - sollten die Partner des FuE-Vorhabens im Sinne der Rechtsklarheit und der Konfliktvorbeugung eindeutige Regelungen treffen, die vorsehen, daß der Patentinhaber dem anderen Teil von vornherein eine Lizenz an den kooperationsrelevanten eigenen Schutzrechten einräumt, welche sich regelmäßig auch noch auf die spätere gewerbliche Verwertung der gemeinsam erzielten Ergebnisse beziehen sollte.

(2) Üblicherweise erfolgt die Einbringung von Patenten und Schutzrechtsanmeldungen bzw. noch nicht angemeldeten schutzrechtsfähigen Erfindungen dahingehend, daß den Kooperationspartnern ein Nutzungsrecht eingeräumt wird, während die Rechte im übrigen vollständig im Eigentum des Schutzrechtsinhabers verbleiben[102]. Insbesondere empfiehlt es sich hierbei, das Nutzungsrecht auf die Zwecke der Zusammenarbeit zu beschränken[103], damit dem Partner zwar die Möglichkeit eröffnet wird, ohne die oben genannte Unsicherheit über seine Berechtigung im Rahmen der Zusammenarbeit zu forschen, aber andererseits nicht quasi eine „Gratislizenz" erhält, die er auch im Rahmen anderer Vorhaben ein-

[98] Vor der Geltung des PatG von 1981 wurde sogar die Auffassung vertreten, daß jede Nutzung von fremden Patenten, und sei es auch allein zu eigenen FuE-Zwecken, als Schutzrechtsverletzung angesehen werden muß, so Gaul/Bartenbach, Nutzung von Schutzrechten in der Industrieforschung als Patentverletzung, GRUR 1968, 281, 284.

[99] Ein weiteres Problem, welches nicht nur FuE-kooperationsspezifisch ist, stellt die Nutzung fremder Patente bei der Forschungstätigkeit ganz allgemein dar. Dies muß in der Praxis besonders vorsichtig behandelt werden, um sich nicht der Gefahr einer Patentverletzung auszusetzen, welche zu einer Schadensersatzpflicht führen würde.

[100] So das LG Berlin (25.9.1984) GRUR 1985, 375, 376.

[101] Siehe hierzu nur Benkard, § 11 PatG, Rdnr. 6 mit weiteren Nachweisen.

[102] Anders verhält es sich hingegen, wenn die Partner ein eigenes FuE-Unternehmen gründen, welches später selbständig die wirtschaftliche Verwertung der erzielten Ergebnisse durchführen soll. Hier ist durchaus eine vollständige Übertragung gegen ein entsprechendes Entgelt denkbar, wenn sämtliche Aktivitäten im kooperationsrelevanten Bereich auf das neu gegründete Joint Venture übergehen.

[103] Reukauf, GRUR 1986, 415, 416

setzen kann.

Um späteren Streitigkeiten vorzubeugen, empfiehlt es sich, vor Beginn der Zusammenarbeit zu klären, unter welchen Voraussetzungen die Nutzungsbefugnis für FuE besteht und unter welchen Bedingungen eine Verwertung nach Beendigung der Zusammenarbeit erfolgen kann. In diesem Zusammenhang bedarf es auch eindeutiger Absprachen, ob und in welcher Form die Nutzungsbefugnis auf Anwendungsbereiche, die außerhalb des gemeinsamen Vorhabens liegen, ausgedehnt werden kann.

Die Frage, ob Lizenzgebühren dafür zu entrichten sind, stellt sich jedoch vielfach nicht, denn dies würde zumeist dem Sinn und Zweck der Zusammenarbeit zuwiderlaufen, ist aber bei einer entsprechend ungleichen Verteilung der einzubringenden Ressourcen auch nicht gänzlich ausgeschlossen; es ist allerdings immer dann an einen finanziellen Ausgleich zu denken, wenn ein Partner in besonderem Maße über einen erheblichen Technologievorsprung verfügt, den er zum Zwecke der Zusammenarbeit aufgeben muß[104]. Auch wenn der Technologieempfänger das geschützte Wissen nach Beendigung der Zusammenarbeit für Zwecke nutzen will, die außerhalb des ursprünglichen FuE-Vorhabens liegen, kann eine solche Lösung sinnvoll sein.

Im Ergebnis muß es sich bei der Lizenzierung um einen Kompromiß handeln, der einen angemessenen Ausgleich der beteiligten Interessen sicherstellt. Dies ist am ehesten zu erreichen, wenn dem Partner eine möglichst beschränkte Lizenz, unter Ausschluß der Berechtigung, Unterlizenzen zu erteilen, gegeben wird, aber der Inhaber sich gleichzeitig verpflichtet, selbst ebenfalls keine weiteren Lizenzen an Dritte zu vergeben. Die Möglichkeit für den Schutzrechtsinhaber, Drittlizenzen zu vergeben, würde nämlich einseitig zu einer wirtschaftlichen Absicherung des Patentinhabers im Falle des Fehlschlagens des FuE-Projekts führen, während der Partner unter Umständen seine Forschungsaufwendungen ohne jeden wirtschaftlich verwertbaren Erfolg getätigt hätte.

Daneben empfiehlt es sich auch noch, im Vertrag oder in den gegebenenfalls isoliert geschlossenen Lizenzvereinbarungen aufzunehmen, was üblicherweise in „normalen" Austauschlizenzverträgen anzutreffen ist. Dazu zählen etwa die Verpflichtung des Einbringenden, die Schutzpositionen bezüglich der Erfindungen aufrecht zu erhalten[105], das Schutzrecht gegen Störungen durch Dritte zu verteidigen[106] oder bei nicht zweifelsfrei feststehendem Umfang eine Schutzumfangsvereinbarung[107] zu schließen[108].

---

[104] Aber auch in solchen Fällen entspringt die Entscheidung zur Zusammenarbeit wohldurchdachten unternehmerischen Überlegungen, die zum Beispiel dann zu einem indirekten Ausgleich führen, wenn ein Beteiligter über ein Mehr an Personal, über bessere Produktionsmöglichkeiten oder einen erschlossenen Vertriebsweg verfügt, und der technologieeinbringende Partner bei der späteren Verwertung der FuE-Ergebnisse hiervon profitieren kann.

[105] Stumpf/Groß, Der Lizenzvertrag, Rdnr. 201ff; Gaul/Bartenbach/Gennen, aaO, K 372ff

[106] Dies ist meines Erachtens eine sehr sinnvolle Absicherung des „Lizenznehmers", denn nach herrschender Ansicht stehen diesem keine Verteidigungsmöglichkeiten, wie dies bei einer ausschließlichen Lizenz der Fall ist, offen. Dies hat zur Folge, daß er dann bei fehlender Verteidigungsbereitschaft des Lizenzinhabers die faktische Erteilung einer Gratislizenz an Dritte hinzunehmen hätte, Kraßer/Schmid, GRUR 1982, 324, 331; RGZ (17.9.1913) 83, 93, 95; Benkard, § 15 PatG, Rdnr. 56; kritisch hierzu: Forkel, in: FS Schnorr v. Carolsfeld, S. 105, 123.

[107] Gaul/Bartenbach/Gennen, aaO, K 188; Stumpf/Groß, aaO, Rdnr. 215

[108] Andere Regelungen, wie sie in Lizenzverträgen anzutreffen sind, etwa Benutzungspflichten scheiden bei der Kooperation schon der Natur der Sache nach aus, denn hier besteht ja gerade ein gesteigertes eigenes In-

cc) Neben den allgemein in Lizenzverträgen problematischen Bereichen bestehen im Rahmen der zwischenbetrieblichen FuE-Kooperation bei der Gestaltung der rechtlichen und tatsächlichen Verhältnisse zum Teil besondere, FuE-spezifische Schwierigkeiten.

(1) Ein spezifisches FuE-Kooperationsproblem tritt bei einem Scheitern der Zusammenarbeit auf, denn dann stellt sich die Frage, welche Auswirkungen dies für die Schutzrechtspositionen hat, deren Nutzung dem Partner gestattet worden ist. Dabei sind die antagonistischen Interessenlagen zu berücksichtigen, da der Schutzrechtsinhaber grundsätzlich sein Ausschließlichkeitsrecht selbst weiter nutzen will, während der Partner im Rahmen der Zusammenarbeit - zum Teil sogar erhebliche - Aufwendungen und Dispositionen im Hinblick auf die Fortdauer der Nutzungsberechtigung getroffen hat.

Ausgangspunkt ist dabei die Feststellung, daß die Lizenzvereinbarung grundsätzlich, soweit nicht eine explizite anderslautende Abrede getroffen worden ist, als Teil des Gesamtvertrages gleichfalls endet, da es sich bei dieser lediglich um eine Nebenabrede zur Durchführung der FuE handelt und nicht um einen Teil des eigentlichen Vertragszwecks. Eine unmittelbare gesetzliche Anordnung der Fortdauer des Lizenzverhältnisses existiert dabei nicht, unabhängig von der Frage, welchem Vertragstyp man die Erteilung einer Schutzrechtslizenz zuordnet. Allerdings hat der Gesetzgeber in vergleichbaren Rechtslagen im Dienst-, Werk- und Mietvertragsrecht Regelungen für den Fall vorgesehen, daß ein Vertrag von einem Teil vor Ende der vereinbarten Laufzeit oder zur Unzeit gekündigt wird. Doch hierbei wird deutlich, daß in diesen Fällen jeweils nur ein Schadensersatzanspruch, etwa über die §§ 535, 628 oder 649 BGB, gewährt wird, aber kein Anspruch auf Vertragsfortsetzung. Letzterer wird einer Vertragspartei nur im Wohnraummietrecht nach § 564b BGB zugestanden, der jedoch aus sozialen Gründen die Besonderheit dieses Rechtsgebietes zementiert. Denn der Verlust der Wohnung kann im Extremfall zur Obdachlosigkeit führen, so daß § 564b BGB als Teil der Sozialstaatsverpflichtung die überragende Bedeutung der Wohnung als Lebensmittelpunkt hervorheben sowie den Inhaber vor willkürlicher Kündigung oder vor besonderen sozialen Härten schützen soll[109]. In den Bereichen des Wirtschaftsrechts ist ein solcher Vertragszwang mit dem Gedanken der Privatautonomie inkompatibel, so daß es letztendlich allenfalls zu einem Schadensersatzanspruch bei einer vom Partner verschuldeten Beendigung kommen kann, während sich in den Fällen der nicht zu vertretenden Beendigung der Zusammenarbeit lediglich das spezifische Kooperationsrisiko realisiert hat[110].

Um dieser Rechtsfolge entgehen zu können, bleibt den Partnern nur der Ausweg, im Falle des Scheiterns der Zusammenarbeit selbst für Abhilfe zu sorgen, indem hinsichtlich der eingebrachten Schutzrechte umfassende Lizenzierungsvereinbarungen getroffen werden. Zu denken wäre hier insbesondere an explizite Abreden bezüglich der Mindestlaufzeit der

---

teresse an der Nutzungsmöglichkeit und es wird nicht der Erwerb einer Lizenz angestrebt, um diese anderen potentiellen Nutzern zu entziehen.

[109] Soergel/Heintzmann, § 564b BGB, Rdnr. 3; Erman/Jendrek, § 564b BGB, Rdnr. 2; siehe auch BT-Drucks. Nr. 7/2011, S. 7 und BT-Drucks. Nr. 7/2638, S. 1

[110] Daß bei einer selbstverschuldeten Beendigung der Zusammenarbeit grundsätzlich keine besondere Schutzwürdigkeit besteht, ist selbstverständlich. Anderes kann allerdings dann gelten, wenn zwar derjenige Partner, der an dem Fortbestand einer Schutzrechtsnutzungsberechtigung interessiert ist, die Zusammenarbeit in zulässiger Art und Weise aufgekündigt hat, aber der schutzrechtsbesitzende Partner durch vertragswidriges Verhalten hierzu den Anlaß gesetzt hat. Verschulden ist demnach immer als ein vertragswidriges Verhalten zu verstehen, welches letztendlich zur Beendigung der Zusammenarbeit führt.

Lizenz und einer angemessenen Entgeltzahlungspflicht.

(2) Um die Rechtsposition des lizenzgebenden Unternehmens besser zu schützen, kann vereinbart werden, diesem für den Fall des Konkurses[111] des Lizenznehmers ein außerordentliches Kündigungsrecht hinsichtlich der Lizenz einzuräumen[112]. Aufgrund des engen, wechselseitigen Abhängigkeitsverhältnisses in der Kooperation empfiehlt es sich, unabhängig von einem Kündigungsrecht bezüglich des Gesamtvertrages, jedenfalls hinsichtlich der lizenzierten Schutzrechte eine solche Berechtigung einzuräumen. Denn aufgrund der von diesem Zeitpunkt an bestehenden Unsicherheit über den weiteren Fortbestand des Zusammenarbeitsverhältnisses muß dem solventen Partner die Möglichkeit eröffnet werden, entweder allein die Forschung fortzusetzen oder sich neue Partner zu deren Verwirklichung zu suchen.

Umgekehrt muß dem solventen Partner aber die Möglichkeit erhalten bleiben, auf die Schutzrechte des im Konkurs befindlichen Kooperationsteilnehmers zurückzugreifen. Dies kann zum Beispiel durch eine Klausel gewährleistet werden, die eine Erwerbsmöglichkeit oder ein Vorkaufsrecht beinhaltet und die Bezahlung einer entsprechenden Lizenzgebühr vorsieht[113]. Dieser Lösungsansatz dürfte vielfach den Interessenlagen der Beteiligten am ehesten gerecht werden, da der finanziell gesunde Partner das FuE-Ziel entweder allein oder gemeinsam mit einem anderen Unternehmen weiter verfolgen kann, während der Insolvente an der raschen Erschließung einer Einnahmequelle interessiert sein dürfte und in der Regel ohnedies nicht mehr imstande ist, seinen sonstigen Verpflichtungen aus dem Kooperationsvertrag nachzukommen.

(3) Rechtlich besonders problematisch ist es, wenn nicht eigene Schutzrechte in die Zusammenarbeit eingebracht worden sind, sondern wenn ein Unternehmen selbst nur Lizenznehmer eines Dritten ist. Es müßte dann nämlich seinem Partner eine Unterlizenz einräumen, um diesen in die Lage zu versetzen, das geschützte Wissen im Rahmen der erforderlichen Forschungshandlungen in rechtlich nicht zu beanstandender Weise einsetzen zu können.

(aa) Dies ist ohne weiteres möglich, wenn eine ausschließliche Lizenz besteht, welche die Unterlizenzierung nicht explizit ausschließt, oder eine einfache Lizenz, in deren Rahmen die Vergabe von Sublizenzen zulässig ist. Bei sonstigen einfachen Lizenzen ist hingegen nach einhelliger Meinung[114] die Erteilung von Unterlizenzen durch den Lizenznehmer un-

---

[111] Noch sinnvoller ist es, dieses Recht auch auf sonstige Fälle erheblicher wirtschaftlicher Schwierigkeiten des Partners auszudehnen, wie etwa die Stellung eines Vergleichsantrags oder einen in einer eidesstattlichen Versicherung manifestierten Vermögensverfall.

[112] Lüdecke/Fischer, aaO, H 17; Altin-Sieber, aaO, S. 289

[113] Zwar steht dem Konkursverwalter des Lizenzgebers grundsätzlich kein Kündigungsrecht im Sinne des § 19 KO zu, so Jauernig, Zwangsvollstreckungs- und Konkursrecht, § 48 IV Nr. 1, aber wenn es sich um keinen echten Lizenzvertrag, sondern nur um die wechselseitige Hingabe einzelner Schutzrechte im Synallagma handelt, kann der Konkursverwalter den Vertrag hinsichtlich der erhaltenen Lizenzen anfechten und damit auch die erteilten Lizenzen beenden. Diese Möglichkeit ist für den Konkursverwalter aus dem Grunde besonders interessant, da er sich aufgrund der wirtschaftlichen Ausnahmesituation oft nicht mehr am gemeinsamen FuE-Vorhaben beteiligen will, sondern die lizenzierten Schutzrechte anderweitig einer wirtschaftlichen Verwertung zuführen muß.

[114] Lüdecke/Fischer, aaO, D 67; Benkard, § 15 PatG, Rdnr. 58 mit zahlreichen weiteren Nachweisen; Stumpf/Groß, aaO, Rdnr. 232ff; BGHZ (23.4.1974) 62, 272, 274 - Anlagengeschäft

zulässig[115], weil die Lizenz in aller Regel streng personen- und betriebsgebunden erteilt worden ist.

Da die entsprechende Gestaltung des Lizenzvertrages grundsätzlich nicht beanstandet werden kann, also insbesondere ein Verbot der Erteilung von Unterlizenzen im Regelfall sogar dem besonderen Interesse des Schutzrechtsinhabers entspricht, zu wissen, wer und in welchem Umfang das Schutzrecht nutzt[116], besteht keinerlei Rechtsanspruch auf eine Anpassung oder gar Umgestaltung des Lizenzvertrages. Soweit eine arbeitsteilige Zusammenarbeit möglich ist, in welcher der Inhaber der Lizenz FuE-Tätigkeiten verwirklicht, die eine Nutzung der Lizenz erfordert und dem Partner andere Aufgaben zugewiesen werden können, sollte hiervon Gebrauch gemacht werden, um a priori jeden Konflikt zu vermeiden. Falls dies jedoch in der Praxis nicht umsetzbar sein sollte, insbesondere bei FuE von gemeinsamen Arbeitsgruppen, kann § 11 Nr. 2 PatG eine rechtlich zulässige Möglichkeit zur Patentnutzung eröffnen. Doch auch dies ist vielfach keine ausreichende Alternative, denn in Grenzfällen besteht hier eine erhebliche Rechtsunsicherheit[117] und darüber hinaus ist es oft erforderlich, nicht nur die geschützte Erfindung auf ihre Tauglichkeit hin zu testen, sondern unter Benutzung des geschützten Erzeugnisses oder Verfahrens neue Erfindungen zu schaffen beziehungsweise später ein Produkt herzustellen, welches die Verwendung des fremden Schutzrechts erfordert[118].

(bb) Es bietet sich aufgrund der besonderen Situation, insbesondere unter Berücksichtigung der unterschiedlichen Interessenlagen sowie unter Einbeziehung des allgemeinen Grundsatzes von Treu und Glauben (§ 242 BGB), der jedem Vertrag zugrunde liegt, folgender Lösungsansatz an: Den Lizenzgeber trifft insoweit eine Pflicht, seine Zustimmung zu einer Unterlizenzierung zu erteilen beziehungsweise eine solche Unterlizenzierung zu dulden, wenn diese Unterlizenz allein und ausschließlich zum Zweck der kooperativen FuE genutzt wird (1. Voraussetzung)[119]. Außerdem muß jegliche Berechtigung zur späteren Nutzung des Lizenzgegenstandes bei der wirtschaftlichen Verwertung, sei es im Rahmen der Produktion oder des Know-how-Verkaufs etc. allein beim ursprünglichen Lizenznehmer verbleiben (2. Voraussetzung). Die darf jedoch nur unter den gleichen Bedingungen wie für den Lizenzinhaber selbst erfolgen, es besteht also namentlich die Pflicht zur Entrichtung der mit dem Lizenznehmer vereinbarten Lizenzgebühr (3. Voraussetzung).

Unter diesen restriktiv auszulegenden Voraussetzungen ist nämlich der Schutzrechtsinhaber nicht schutzwürdig, da der „Unterlizenznehmer" keinen direkten Nutzen aus der Lizenz ziehen kann und der Lizenznehmer der allein Verwertungsberechtigte bleibt. Somit verstieße seine Weigerung gegenüber der Unterlizenzierung gegen die Grundsätze von Treu und Glauben. Insbesondere darf hierbei nicht außer Acht gelassen werden, daß eine betriebsinterne Steigerung der Forschungstätigkeit durch den Lizenznehmer nicht zu bean-

[115] Gemäß dem oben Gesagten gilt dieses Verbot auch für ausschließliche Lizenzen, bei denen die Berechtigung zur Erteilung von Unterlizenzen ausdrücklich versagt worden ist.

[116] Lüdecke/Fischer, Lizenzverträge D 63

[117] Gerade diese Rechtsunsicherheit mit der begründeten Gefahr, erheblichen Schadensersatzansprüchen ausgesetzt zu werden, sollte die Kooperationspartner davon abhalten, einfach unter Berufung auf § 11 Nr. 2 PatG von Erfindungen Gebrauch zu machen.

[118] Benkard, § 11 PatG, Rdnr. 6

[119] Eine Pflicht zur Duldung außerhalb des FuE-Bezuges, also namentlich im Rahmen einer späteren Produktherstellung durch den Kooperationspartner, kommt niemals in Betracht!

standen ist, während hier lediglich ein Dritter als Unterlizenznehmer beteiligt ist, der jedoch das Recht nicht wirtschaftlich verwerten darf[120]. Ein solches aus § 242 BGB abgeleitetes Recht entspricht in besonderem Maße dem Normzweck des Patentgesetzes, welches die Technik fördern sowie die Innovationsbereitschaft steigern will[121], wie sich aus dem jedermann zustehenden beschränkten Nutzungsrecht des § 11 Nr. 2 PatG sogar direkt dem Gesetzeswortlaut entnehmen läßt! Darüber hinaus ist festzuhalten, daß das Unterlizenzierungsverbot dem Schutzrechtsinhaber dazu dient, stets die Kontrolle über den Kreis der Nutzungsberechtigten zu haben[122]. Doch auch dies ist gewährleistet, wenn der Lizenzinhaber den Schutzrechtsinhaber informieren muß, um die Zustimmung zur Benutzung erlangen zu können, weil eine „heimliche faktische Unterlizenzerteilung" an den Kooperationspartner in jedem Falle unzulässig ist. Da die Benutzung der Lizenz jedoch allenfalls im Rahmen der FuE selbst zulässig sein kann, ist dennoch zu beachten, daß eine spätere Produktion etc. unter Verwendung des Schutzrechts nicht in Betracht kommt.

Allerdings möchte ich nicht verhehlen, daß diese weitreichende Beschränkung des Unterlizenznehmers, die allerdings mit Rücksicht auf den Lizenzvertrag, den Schutzumfang des Patentrechtes und letztendlich auch den Art. 14 GG geboten ist, diesem jegliche Nutzungsmöglichkeit an der Erfindung nimmt, die über die kooperative FuE hinausgeht[123]. Auch wenn dies zunächst den Eindruck erweckt, daß für diesen faktischen Unterlizenznehmer die Zusammenarbeit ohne jeglichen Vorteil ist, darf nicht übersehen werden, daß allein die Berechtigung einer Nutzung durch den (faktischen) Unterlizenznehmer den Schutzrechtsinhaber dazu verleiten kann, gegen eine entsprechende Lizenzgebühr ein eigenes Nutzungsrecht in Form einer einfachen Lizenz zu erteilen, womit allen Beteiligten gedient ist. Aber es sind auch Fälle denkbar, in denen der Lizenzinhaber aufgrund seiner Situation (z.B. Personal, technische Ausstattung, Schutzrechtspositionen im übrigen etc.) nicht in der Lage ist, die angestrebten Erfindungen selbst zu erzielen und er vielmehr der Hilfe eines Dritten (des Unterlizenznehmers) bedarf, mit dem er gemeinsam die entsprechenden Innovationen zu erreichen suchen kann. Dabei kann die Zusammenarbeit so ausgestaltet werden, daß eine spätere Ergebnisverwertung unmittelbar nur durch den Lizenznehmer erfolgt und der Partner in anderer Weise am Erfolg partizipiert[124].

(cc) Gleichwohl bleibt festzuhalten, daß ein vertraglich vorgesehenes Unterlizenzierungsverbot abgesehen vom oben beschriebenen Ausnahmefall hingenommen werden muß. Auch kommt eine rein schuldrechtliche Einräumung der Nutzungsbefugnis durch den Lizenzinhaber gegenüber seinem FuE-Partner nicht in Betracht[125], da die Verfügungsmacht

---

[120] In diesem Zusammenhang darf auch nicht vergessen werden, daß das Wissen über die geschützte Erfindung dem Unterlizenznehmer ohnedies bekannt sein darf und dieser auch im Rahmen des § 11 Nr. 2 PatG darüber verfügen kann.

[121] Benkard, Einl. PatG, Rdnr. 1

[122] Lüdecke/Fischer, Lizenzverträge D 63

[123] Wenn aufgrund der beschriebenen Schutzrechtssituation nur ein Partner berechtigt ist, das gemeinsame FuE-Ergebnis zu vermarkten, so kann gleichwohl der andere Partner durch eine entsprechende vertragliche Gestaltung in gleicher Weise an den späteren Erlösen beteiligt werden.

[124] Auch wenn hier ein Partner nur in Form eines finanziellen Ausgleichs beteiligt wird, handelt es sich um kooperative FuE, solange auch gemeinsam FuE mit der Absicht betrieben wird, eine gemeinsame Erfindung zu erzielen, und nicht lediglich ein Forschungsauftrag an einen Dritten erteilt wurde, ohne selbst nennenswerte Tätigkeiten aufzunehmen. Im letzten Fall kann nicht mehr von kooperativer FuE gesprochen werden!

[125] Siehe hierzu Lüdecke/Fischer, aaO, D 63.

am Schutzrecht und die privatautonome Beschränkung gegenüber den Lizenznehmern von der Rechtsordnung zu akzeptieren sind, zumal dem Eigentum, wie Art 14 GG zeigt, ein höherer Stellenwert zukommt als dem Interesse der Allgemeinheit, technische Fortschritte zu erzielen.

d) Sonstige kooperationsbezogene Leistungsbeiträge

aa) Hinsichtlich der übrigen Einlagen und Beiträge[126], welche die Vertragspartner der FuE-Kooperation erbringen, wie Geldzahlungen, Sachleistungen, Übertragung von Immobilien oder Abtretung von Rechten, etwa Forderungen oder Immaterialgüterrechte etc., gelten keine FuE-spezifischen Besonderheiten[127]. Insbesondere spielt es keine Rolle, ob Sachen bzw. Rechte als Vollrecht übertragen werden (quoad dominum) oder ob sie lediglich eine Nutzungseinlage darstellen (quoad usum). Als weitere Möglichkeit, der gesellschaftsrechtlichen Zweckförderungspflicht nachzukommen, nennt das Gesetz in § 706 III BGB ausdrücklich die Leistung von Diensten. Den Hauptfall stellt hierbei die Geschäftsführung durch einen Mitgesellschafter dar, aber auch jede andere Art der Dienstleistung kommt in Betracht.

bb) Aufgrund der arbeitsrechtlichen Besonderheiten ergeben sich jedoch hinsichtlich der Einbringung von Personal in das gemeinschaftliche FuE-Vorhaben Unterschiede, je nachdem ob die Arbeitnehmer rechtlich den Partnerunternehmen oder FuE-Gemeinschaft selbst zugehören.

(1) Soweit die FuE-Gesellschaft selbst nach außen auftritt und Personal einstellt, sei es im Wege von Neueinstellungen oder indem Arbeitnehmer eines Partners das Dienstverhältnis zu diesem beenden und in ein selbständiges Arbeitsverhältnis mit der Kooperation eintreten[128], handelt es sich um Mitarbeiter der Gesamthandsgemeinschaft und diese muß sich auch mit den arbeitsvertraglichen Problemen und der Geheimhaltung auseinandersetzen.

(2) Anders verhält es sich bei den arbeitsteilig strukturierten Kooperationsprojekten, die allein mit den Mitarbeitern der Kooperationspartner den Erfolg zu realisieren suchen. Unproblematisch ist auch hier der Fall der vollständigen Arbeitsaufteilung, indem jedem Partner bestimmte Forschungsmodule zur Problembewältigung zugeteilt werden, die von den jeweiligen Mitarbeitern im Rahmen der bestehenden Arbeitsverträge für ihren Arbeitgeber als Teil dessen gesellschaftsvertraglicher Zweckförderungspflicht durchgeführt werden. Die Abordnung von Mitarbeitern zu bestimmten Projekten, die gemeinsam mit Arbeitnehmern des Kooperationspartners durchgeführt werden, beziehungsweise die Bereitstellung von Personal an den Partner, der dieses zur Erfolgsverwirklichung benötigt, stellt hingegen eine Dienstleistung im Sinne des § 706 III BGB dar. Dies gilt auch, wenn die Bereitstellung

[126] Die Begriffe Beitrag und Einlage werden zum Teil synonym gebraucht, wenngleich die h.M. unter Beitrag alle Leistungen zur Förderung des gemeinsamen Gesellschaftszwecks versteht und man die geleisteten Beiträge als Einlage bezeichnet, so MüKo/Ulmer, § 706, Rdnr. 2 und 3; Soergel/Hadding, § 706, Rdnr. 7.

[127] Für die Einzelheiten zur Leistung der Beiträge kann allgemein auf die sehr umfangreiche gesellschaftsrechtliche Literatur hierzu verwiesen werden, etwa Hueck, Das Recht der oHG, § 14; Soergel/Hadding, § 706 BGB, Rdnr. 11ff; MüKo/Ulmer, § 706 BGB, Rdnr. 9ff.

[128] Jedoch wird dieser Fall in der Praxis nur eintreten, wenn die Zusammenarbeit auf längere Dauer angelegt ist oder sonstige besondere Umstände vorliegen, denn ansonsten wird ein Arbeitnehmer selten Veranlassung sehen, aus einem gesicherten Arbeitsverhältnis auszuscheiden, um lediglich an einem über einen kurzen Zeitraum laufenden Projekt mitzuwirken mit der Gefahr, anschließend ohne Anstellung zu sein.

bestimmter besonders qualifizierter Mitarbeiter Teil des Vertrages ist, so daß im Ergebnis der Erfolg, also die Mitwirkung einer bestimmten Person geschuldet wird. Dennoch muß diese Abordnung als Leistung von Diensten qualifiziert werden, da nicht der Arbeitnehmer selbst geschuldet werden kann, sondern nur eine Leistung, die dieser als Dienstleistung für seinen Arbeitgeber erbringt[129]. Jede andere Beurteilung, wie die Qualifizierung der Tätigkeit als Einlage, würde mit dem modernen Arbeitsrecht nicht im Einklang stehen, sondern auf eine Anerkennung der in Europa seit langem überwundenen Leibeigenschaft hinauslaufen.

3. Nebenabreden zur Sicherstellung der Funktionsfähigkeit des Vertrages

Um im Falle von Unvollständigkeiten oder der Unwirksamkeit einzelner Klauseln die Gesamtnichtigkeit des Vertragswerks zu vermeiden, hat es sich in der Vertragspraxis durchgesetzt, wohl auch aufgrund der Tatsache, daß in den einschlägigen Musterverträgen entsprechende Klauseln zu finden sind, daß in den FuE-Kooperationsvertrag sogenannte salvatorische Klauseln aufgenommen werden[130]. Darüber hinaus ist es inzwischen üblich geworden, einen möglichen Streit durch eine Schiedsgerichtsvereinbarung abseits der ordentlichen Gerichte zu klären. Daneben finden vielfach auch sonstige Klauseln Eingang in das Vertragsgesamtwerk, die darauf abzielen, durch konkrete Anordnungen die Vertrauensbeziehung zu stärken.

a) Salvatorische Klauseln

aa) Unter salvatorischen Klauseln versteht man solche vertraglichen Bestimmungen, die an § 139 BGB ausgerichtet sind und festlegen, daß im Falle der Unwirksamkeit einzelner Regelungen der Vertrag insgesamt weiter bestehen bleibt[131]. Diese Abreden sind in Verträgen, die auf eine langfristige Zusammenarbeit angelegt sind, wie dies ja in der Regel auch bei der FuE-Zusammenarbeit der Fall ist, vielfach unverzichtbar, um dem Risiko einer anfänglichen oder später eintretenden Nichtigkeit einzelner Bestimmungen, die dann zur Unwirksamkeit der gesamten Vertragsbeziehungen führen kann, von vornherein wirksam begegnen zu können[132].

Dabei ist es nicht die Langfristigkeit selbst, die salvatorische Klauseln erforderlich macht,

---

[129] So schon BGH (4.7.1963) VersR 1963, 862; zustimmend Bartenbach, Zwischenbetriebliche Forschungskooperation und das Recht der Arbeitnehmererfindung, S.26f.

[130] Pagenberg, aaO, Vertragsmuster 1, § 31

[131] Gaul/Bartenbach/Gennen, aaO, K 344

[132] Problematisch ist in diesem Zusammenhang, daß sich entsprechende salvatorischen Klauseln bei FuE-Kooperationen nicht finden, die nicht auf einem einheitlichen Vertrag, sondern auf verschiedenen Einzelvereinbarungen beruhen, die sich zum Teil durch weitergehende mündliche Absprachen zur Kooperationsbeziehung verdichtet haben. Da die Interessenlage dennoch vergleichbar ist, kann eine Gesamtnichtigkeit des Vertrages bei einzelnen unwirksamen Klauseln nur angenommen werden, wenn diesen Vereinbarungen zentrale Bedeutung für das Zusammenwirken der Partner zukommt, während ansonsten die Auslegung des Vertrages den Bestandsinteressen Vorrang einräumt und damit in aller Regel zur Unanwendbarkeit des § 139 BGB führt, so MüKo/Ulmer, § 705 BGB, Rdnr. 46; Erman, Personengesellschaften auf mangelhafter Vertragsgrundlage, S. 29; Soergel/Hadding, § 705 BGB, Rdnr. 40; BGHZ (5.2.1968) 49, 364, 365; a.A. Weber, Zur Lehre von der fehlerhaften Gesellschaft, S. 50.

sondern das Risiko, daß aufgrund der oftmals komplexen und rechtlich sehr anspruchsvollen Regelungen, welche die verschiedensten Rechtsgebiete berühren können, eine einzelne Bestimmung unwirksam sein kann, wobei insbesondere von Abreden, die zu einer Wettbewerbsbeschränkung führen können[133], eine hohe latente Gefahr ausgeht[134]. Gerade FuE-Verträge, die den betrieblich sehr sensiblen Bereich der Zukunftssicherung betreffen, erfordern ein besonderes Vertrauen in den Bestand des Vertrages, welches mittels der salvatorischen Klauseln gefestigt werden kann, zumal ohnedies die teils berechtigte Angst bei den Kooperationspartnern mitspielt, die anderen Vertragsparteien seien lediglich daran interessiert, Informationen zu erlangen, ohne dafür in gleichem Umfang den Stand ihrer FuE-Tätigkeit preiszugeben. Außerdem haben die Beteiligten ihre Dispositionen auf die kooperative FuE ausgelegt, so daß - insbesondere bei nachträglich eintretender oder erkannter anfänglicher Nichtigkeit - die Partner auf den Bestand des Vertrages angewiesen sind, da sie ansonsten anstatt des erhofften technologischen Fortschritts in eine Situation des Innovationsrückstandes geraten würden.

bb) Zwar ist in der Regel davon auszugehen, daß alle Vertragspartner im Falle der Unwirksamkeit einzelner Bestimmungen insgesamt an der Fortsetzung der Zusammenarbeit interessiert bleiben[135], doch genügt dies allein nicht, um die Nichtigkeitsvermutung des § 139 BGB zu entkräften[136], denn dies würde erfordern, daß der Vertrag auch ohne den unwirksamen Teil abgeschlossen worden wäre. Maßgebend ist vielmehr, welche Entscheidung die Parteien mutmaßlich bei Kenntnis der Unwirksamkeit nach Treu und Glauben und unter Berücksichtigung der Verkehrssitte getroffen hätten[137]. Doch es ist nicht ausreichend, daß die Parteien den Vertrag auf jeden Fall, aber lediglich mit anderem Inhalt, abgeschlossen hätten, sondern der Vertrag ohne den nichtigen Teil muß dem mutmaßlichen Willen der Kooperationspartner entsprechen. Gerade dies erscheint oftmals fraglich, denn auch wenn es im Einzelfall genau zu diesem Ergebnis kommen kann, sind Fälle denkbar, in denen einzelne Klauseln nichtig sind, an deren Wirksamkeit einer oder mehrere Vertragspartner ein so überragendes Interesse haben, daß sie den Vertrag nur mit dieser oder jedenfalls einer anderen, wirtschaftlich vergleichbaren Regelung geschlossen hätten, nicht aber vollends

[133] Siehe oben in Kapitel II 3.b). Vor allen Dingen ist hier an die sogenannten grauen Klauseln zu denken sowie an Bestimmungen hinsichtlich derer weder ein Spezialtatbestand zutrifft noch eine präjudizielle Entscheidung vorliegt.

[134] Die Frage, ob einzelne Klauseln, die gegen nationales oder europäisches Kartellrecht verstoßen, über § 139 BGB zu einer Gesamtnichtigkeit eines Vertrages führen können, ist zwar umstritten, wurde aber bereits für reine Lizenzverträge bejaht, so OLG Hamburg (5.6.1986) GRUR Int. 1987, 785 mit einer Anmerkung von Oehl. Dies muß daher erst recht für die wesentlich komplexeren zwischenbetrieblichen FuE-Kooperationsverträge gelten, denn oft stellen die kartellrechtlich problematischen Klauseln das Kernstück des Lizenzvertrages dar, während es sich bei FuE-Verträgen allenfalls um begleitende Lizenzabreden handelt oder um der eigentlichen Kooperation nachgelagerte Verwertungsabreden, die unwirksam sind, weil, wie bereits oben in Kapitel II 3.b) dargestellt, die FuE-Tätigkeit selbst nicht geeignet ist, den Wettbewerb nachteilig zu beeinträchtigen.

[135] Westermann, Zur Problematik der salvatorischen Klauseln, in: FS für Möhring, S. 135, 140 betont in diesem Zusammenhang, daß jedoch kein zwingend erforderlicher Teil des Gesamtvertrages unwirksam sein darf, weil ansonsten der Vertrag auch trotz einer salvatorischen Erhaltungsklausel nicht aufrecht erhalten werden kann.

[136] Jedenfalls ist der Vertrag, auch wenn die in Frage stehende Bestimmung einen für sich abgrenzbaren Ausschnitt der gesamten Rechtsbeziehung regelt, wie zum Beispiel Know-how- oder Schutzrechtslizenzen, als einheitliches Rechtsgeschäft im Sinne des § 139 BGB anzusehen, da FuE-Kooperationsvereinbarungen sehr komplex sind und alle damit verbundenen Regelungsbestandteile besonders aufeinander abgestimmt sind.

[137] Hierbei ist der mutmaßliche Parteiwille nach den Grundsätzen der ergänzenden Vertragsauslegung zu ermitteln, siehe hierzu oben Kap III 3.c).

ohne diese Klausel. Läßt sich mittels Auslegung jedoch nicht eben jener hypothetische Parteiwille erkennen, daß der Vertrag in der bestehenden Form auch unter Verzicht auf die einzelne unwirksame Abrede geschlossen worden wäre, so ist der Vertrag in seiner Gesamtheit als hinfällig anzusehen.

Damit haben salvatorische Klauseln die Aufgabe, die Folgen des § 139 BGB dahingehend zu modifizieren, daß diese Vorschrift abbedungen und damit der Vertrag in jedem Fall auch ohne die unwirksamen Teile - gleich welche Bedeutung diesen zukommt - aufrecht erhalten wird (sog. Erhaltungsklausel)[138]. Insbesondere zur interessengerechten Lückenfüllung oder zur Aufrechterhaltung des Vertrages bei Unwirksamkeit von zwingend notwendigen Vertragsteilen[139] ist eine darüber hinausgehende Klausel erforderlich, die bestimmt, welche Regelungen an die Stelle der nichtigen Abreden treten sollen (Ersetzungsklausel)[140]. Zumindest klarstellend weisen solche Klauseln üblicherweise darauf hin, daß deren Anwendungsbereich sich auch auf Vertragslücken erstreckt, die von Anfang an bestanden haben und nicht erst aufgrund eines unwirksamen Vertragsbestandteils zu Tage getreten sind[141].

Wie dann die Ersetzung im konkreten Fall ablaufen soll, bleibt auch der vertraglichen Gestaltungsfreiheit der Partner überlassen. Dabei ist es denkbar, dies zum einen einem Gesellschafterbeschluß oder auch dem pflichtgemäßen Ermessen eines oder mehrerer einzelner Gesellschafter zu überlassen beziehungsweise einen Änderungsvertrag abzuschließen[142]. Hieraus können sich jedoch wiederum Streitigkeiten über die konkrete Ausgestaltung der Klauseln ergeben, was gerade FuE-Kooperationen im besonders hohem Maße abträglich ist, da diese nur bei zügiger und möglichst reibungsloser Abwicklung zum Erfolg führen können. Deshalb erscheint es im Falle des Auftretens solcher Lücken ein durchaus gangbarer Weg sein, deren Ausfüllung ohne weitere Umwege in die Hände eines Schiedsgerichts zu legen[143]. Die Gefahr einer zu häufigen Anrufung des Schiedsgerichts sehe ich, trotz der Eröffnung eines direkten Weges dorthin ohne vorherigen Verweis auf gescheiterte Verhandlungen, nicht, denn wenn die Partner sich einig sein sollten, werden sie sich den Gang ohnedies ersparen, während die bloße Möglichkeit der sofortigen Anrufung meines Erachtens die Bereitschaft für eine rasche Kompromißfindung fördert, da ansonsten jeder Partner damit rechnen muß, der andere werde das Schiedsgericht einschalten, was eigentlich nur

---

[138] Westermann in: FS für Möhring, S. 135, 139

[139] Grundsätzlich erscheint hinsichtlich dieser essentialia negotii die Gefahr einer Nichtigkeit einzelner Abreden bei FuE-Kooperationsverträgen sehr gering, aber auch dieser Fall sollte nicht völlig außer Acht gelassen werden. Siehe auch Westermann, in: FS für Möhring, S. 135, 140.

[140] Westermann in: FS für Möhring, S. 135, 140ff

[141] Diese Klarstellung ist zwar einer einvernehmlichen Lückenfüllung förderlich und daher ist deren Aufnahme in den Vertragstext empfehlenswert, aber solche Lücken sind auch ohne ausdrückliche Regelung kraft ergänzender Vertragsauslegung, siehe Kap. III 3.c), zu schließen, so daß diesem Hinweis letztendlich nur deklaratorische Bedeutung zukommt. So auch schon Westermann, in: FS für Möhring, S. 135, 142ff.

[142] Hierbei kann die rein dogmatisch interessante Frage nach der Rechtsnatur, die sich in gleicher Weise auch bei Anpassungsklauseln stellt, unbeantwortet bleiben, da allgemein Einigkeit darüber herrscht, daß im übrigen die allgemeinen Vertragsregeln des BGB sowie die außerdem geltenden besonderen Regelungen hinsichtlich des konkreten FuE-Kooperationsvertrages, der sich keinem gesetzlich vorgesehenen Vertragstyp eindeutig zuordnen läßt, anzuwenden sind. So auch Gaul/Bartenbach/Gennen, aaO, K 349; Bilda, Besondere Arten von Anpassungsklauseln in Verträgen, DB 1969, 427; Westermann, in: FS für Möhring, S. 135, 144.

[143] Auch Gaul/Bartenbach/Gennen, aaO, K 353 regen aufgrund der in der Praxis häufig auftretenden Schwierigkeiten bei der Durchsetzung von Ersetzungs- oder Anpassungsklauseln im Rahmen von Lizenzverträgen die Einschaltung eines Schiedsgerichts an.

als ultima ratio gedacht und daher grundsätzlich unerwünscht ist.

Abzugrenzen sind diese salvatorischen Klauseln, die die Durchführung des Vertrages als solches sichern sollen, von den sogenannten Anpassungsklauseln[144]. Diese sind häufig in langfristigen Verträgen zu finden und gehen grundsätzlich von der Wirksamkeit des Vertrages aus, bieten aber eine Anpassungs- und Ausgleichsmöglichkeit, wenn sich im Laufe der Vertragsdurchführung rechtliche oder tatsächliche Umstände dahingehend geändert haben, daß das zu Vertragsbeginn sorgfältig ausgehandelte Gleichgewicht der Leistungsbeiträge nicht mehr fortbesteht, sondern ein Vertragspartner sich bei unverändertem Vertrag ungerecht behandelt sehen würde. Gerade im FuE-Bereich mit seinen besonderen Unwägbarkeiten lassen sich oft nur Prognosen und Schätzungen des erwarteten Aufwandes abgeben, was sich dann im Nachhinein als unrichtig erweisen kann. Auch wenn sich zu einem späteren Zeitpunkt ein Partner als Gewinner erweisen könnte, entspricht es doch vielmehr der Interessenlage aller, Sorge dafür zu tragen, daß das ursprüngliche Leistungsgleichgewicht tendenziell stets erhalten bleibt. Anders als bei Austauschverträgen, denen oft ein gewisses wirtschaftliches Risiko anhaftet, leben die FuE-Kooperationen von der Zusammenarbeit, also dem Miteinander sowie dem vertrauensvollen Informationsaustausch. Im Augenblick des Auftretens einer Störung beeinträchtigt diese das Leistungsgleichgewicht zumeist empfindlich und führt fast zwangsläufig dazu, daß der sich benachteiligt fühlende Partner das Ungleichgewicht dadurch auszugleichen versucht, daß er indirekten Druck ausübt. Dies kann durch das Zurückhalten von Wissen, dem Unterlassen, Informationen rasch weiterzuleiten, oder durch weniger intensive Forschungsleistungen geschehen, was letztendlich den FuE-Erfolg, von dem schließlich alle Beteiligten profitieren, gefährdet.

cc) Praktische Folge dieser Klauseln, sei es der reinen Fortsetzungs- oder auch der Ersetzungs- und Anpassungsklauseln, ist letztendlich immer die Sicherung des Bestandes des Vertrages und damit die Aufrechterhaltung der innovationsfördernden Zusammenarbeit. Dabei werden nicht nur Lücken im Vertrag geschlossen, sondern die konkrete Ausgestaltung mit Ersetzungsklauseln führt zu einer geltungserhaltenden Reduktion von gesetzlich - insbesondere kartellrechtlich - nicht zulässigen Gestaltungsvarianten, so daß der Vertrag nicht statisch ist, sondern sich rechtlich und, soweit auch Anpassungsklauseln in den Vertrag eingefügt sind, rein tatsächlich auf die sich ändernden Bedingungen einstellen kann. Gerade diese variable Vertragsgestaltung ermöglicht es, in einer Kooperationsbeziehung, die sich über einen längeren Zeitraum erstreckt, widerstreitende Interessen durch gerechte Lösungen auszugleichen und damit den Erhalt der unerläßlichen Vertrauensbasis sicherzustellen.

b) Klauseln zur Sicherung der Vertrauensbasis

Aufgrund der engen vertraglichen Bindung sowie der besonderen Sensibilität der FuE-relevanten Unternehmensbereiche besteht grundsätzlich eine immanente Treuebindung der Partner zueinander. Dies wird bisweilen durch eine allgemeine Vertragsklausel zusätzlich statuiert[145], wonach die Partner sich eine vertrauensvolle Zusammenarbeit versprechen und zusichern, sämtliche Handlungen, die den Vertragserfolg gefährden könnten, zu unterlassen. Dieser allgemeinen Abrede kommt jedoch oftmals nur eine Appellationswirkung zu,

---

[144] Westermann in: FS für Möhring, S. 135, 136ff; Bilda, Anpassungsklauseln in Verträgen, passim

[145] Eine solche allgemeine Treueklausel kann auch bereits in der Präambel des Vertrages enthalten sein, soweit darin die künftige vertrauensvolle Zusammenarbeit betont wird (so etwa Niebling, in: Münchener Vertragshandbuch, Bd. 2, VIII. 1, Anm. 7), oder sich als explizite Abrede im eigentlichen Vertragstext finden.

da sich konkrete Rechtsfolgen daraus zumeist nicht ableiten lassen. Daher ist es sinnvoll, diese Treuebindung in einzelnen Abreden des Vertrages näher zu konkretisieren. Hier ist insbesondere an Gebote zu denken, welche allgemein die Geheimhaltung statuieren, an Verbote, mit Dritten im kooperationsrelevanten Bereich Vertragsbeziehungen einzugehen, oder an lizenzbegleitende Meistbegünstigungsklauseln.

aa) Umfassende Geheimhaltungsabreden sind ein unentbehrlicher Bestandteil von FuE-Kooperationen und werden daher in der Praxis häufig vereinbart, was den Parteien auch durch die einschlägigen Mustervertragsentwürfe angeraten wird[146]. Diese Vereinbarungen enthalten üblicherweise Regelungen, welches Wissen und welche Informationen geheimhaltungsbedürftig sind, sowie Abreden, wie diese Geheimhaltung im Einzelnen zu handhaben ist[147]. Insbesondere sollte der Zeitraum der Geheimhaltung kalendermäßig bestimmt werden, der im Einzelfall auch über die Beendigung der Zusammenarbeit hinaus Bestand haben kann. Hinsichtlich des Umfanges der Geheimhaltung sollten die Partner die relevanten Informationen möglichst exakt umschreiben und daran denken, daß es oftmals sinnvoll ist, auch zukünftige Erkenntnisse der Geheimhaltungsabrede zu unterstellen[148].

bb) Aus diesem Geheimhaltungsgebot folgt bereits mittelbar, daß die Partner auf dem Gebiet ihrer Kooperationstätigkeit keine engeren Beziehungen zu Dritten unterhalten dürfen. Wie weit dieses Verbot im Einzelfall reicht, also ob auch kein Austausch von Waren etc. stattfinden darf, ist durch eine besondere Klausel zu bestimmen. Hier ist an eine Abrede zu denken, die es den Partnern verbietet, unmittelbar oder mittelbar Konkurrenzgeschäfte jeder Art auf dem kooperativen Geschäftsfeld zu tätigen[149].

cc) Eine Abrede, die sich in vielen Lizenzverträgen findet, ist die sogenannte Meistbegünstigungsklausel, durch die festgelegt wird, daß der Partner keinem Dritten günstigere Lizenzbedingungen gewähren darf als dem Lizenznehmer des jeweiligen Vertrages[150]. Zwar macht eine solche Klausel in FuE-Kooperationsabkommen vielfach keinen Sinn, da den Partnern die Schutzrechte bzw. das Know-how in aller Regel kostenlos zur Verfügung gestellt werden, aber im Vertrag sind vielfach immanente Know-how- oder Schutzrechtslizenzabkommen enthalten, die den allgemeinen Lizenzverträgen angenähert sind.

In zwei besonderen Fällen ist es unabdingbar, eine solche Meistbegünstigungsklausel in den Vertrag aufzunehmen: Zum einen ist dies immer dann von Bedeutung, wenn das Schutzrecht nach Beendigung der eigentlichen FuE-Tätigkeit nicht mehr kostenlos gewährt wird und zum anderen in dem Fall, daß fiktive oder tatsächliche Gebühren im Rahmen der Zusammenarbeit vereinbart worden sind[151]. Allerdings ist im Regelfall davon auszugehen, daß Lizenzen wechselseitig unentgeltlich zur Verfügung gestellt werden und daher eher das

---

[146] Niebling, in: Münchener Vertragshandbuch, Bd. 2, VIII.3, § 5; Staudt (Hrsg.), Kooperationshandbuch, S. 159f und Klausel Nr. 76

[147] Altin-Sieber, Joint Ventures, Technologietransfer und –schutz, S. 301

[148] Staudt (Hrsg.), aaO, S. 160, Klausel Nr. 77; Altin-Sieber, aaO, S. 302

[149] Staudt (Hrsg.), aaO, S. 159, Klausel Nr. 73

[150] Gaul/Bartenbach/Gennen, Patentlizenz- und Know-how-Vertrag, K 85ff; Henn, aaO, § 30; Lüdecke/Fischer, aaO, C 61; Altin-Sieber, aaO, S. 125

[151] Insbesondere im Falle des Scheiterns der Zusammenarbeit, was dann eine Rückabwicklung des Vertragsverhältnisses nach sich zieht, kann die Meistbegünstigung an Bedeutung gewinnen.

Bedürfnis besteht, ein Verbot zu vereinbaren, Schutzrechte bzw. Know-how an Dritte zu lizenzieren.

dd) Um eine besondere Ausformung der allgemeinen Treuepflicht handelt es sich beim Parallelforschungsverbot[152]; ein solches Verbot kann bisweilen auch direkt aus der allgemeinen Treueklausel abgeleitet werden. Allerdings ist dafür nur Raum, wenn eine Parallelforschung überhaupt möglich ist, denn im Rahmen der arbeitsteiligen Kooperation wird ohnedies jeder Partner allein in dem ihm zugewiesenen Aufgabenbereich tätig. Anderes gilt jedoch bei gemeinsamen Arbeitsgruppen oder bei der sonstigen Ausgliederung der gemeinsamen FuE-Aktivitäten. Doch hier wiederum macht ein Verbot wenig Sinn, so daß es stattdessen zielführender ist, zu vereinbaren, die parallel gewonnenen Erkenntnisse gleichfalls dem Partner zugänglich zu machen[153].

c) Rechtsanwendung und Schiedsgerichtsvereinbarungen

Zweckmäßig sind außerdem Schiedsgerichtsklauseln[154], welche ebenso langdauernde wie kostspielige Gerichtsverfahren und damit letztendlich eine vollständige Lähmung der Partnerschaft verhindern sollen. Gänzlich unverzichtbar sind Schiedsgerichtsklauseln im Rahmen internationaler Kooperationsbeziehungen, denn dort würde bereits der Streit über das anzuwendende Recht zu untragbaren Komplikationen führen. Alternativ zu diesen Schiedsgerichtsvereinbarungen, vor allem wenn mittelständische Partner kooperieren und der deutschen Justiz entsprechendes Vertrauen entgegenbringen, bietet es sich an, jedenfalls eine Gerichtsstandsvereinbarung in das Vertragswerk aufzunehmen.

aa) Die Frage, warum sich in der Vertragspraxis Schiedsgerichtsvereinbarungen so großer Beliebtheit erfreuen, ist unschwer zu beantworten, wenn man sich die Vorteile vor Augen führt: Die Schiedsgerichte sehen sich zumeist in der Lage, sehr schnell zu einer Entscheidung zu kommen[155], da die dazu berufenen Personen aufgrund ihrer besonderen Sachkunde ausgewählt werden können und außerdem die Möglichkeit besteht, das Verfahren den eigenen Bedürfnissen anzupassen und dadurch zu straffen. Auch muß erwähnt werden, daß Schiedsgerichtsentscheidungen in der Regel kostengünstiger sind als Verfahren vor den ordentlichen Gerichten[156], weil zum Teil kein Anwaltszwang herrscht oder Rechtsmittel nicht zugelassen werden.

Im Rahmen der FuE-Kooperationstätigkeit spricht ein weiteres ganz gewichtiges Argument

---

[152] Pagenberg/Geissler, Lizenzverträge, Muster Nr. 8, § 10

[153] Niebling, in: Münchener Vertragshandbuch, Bd. 2, VIII.3, Klausel § 6 VI (2)

[154] Pagenberg/Geissler, aaO, Musterentwurf Nr. 8, Rdnr. 47; Möffert, aaO, S. 62; Groß, Forschungs- und Entwicklungsvertrag, S.29

[155] An dieser Stelle möchte ich aber auch auf eine damit zusammenhängende besondere Problematik des deutschen Rechtssystems hinweisen; denn gerade Richter, die der deutschen Justiz angehören und über die hohe Arbeitsbelastung zu klagen pflegen, neigen dazu, ganz anders als im normalen Verfahren, ihre Schiedsgerichte besonders zügig abzuwickeln. Auch besteht der Verdacht, daß sie dort die Möglichkeit, einen Vergleich zu finden, weniger aus Gründen der Wiederherstellung des Rechtsfriedens suchen, als aus dem simplen Grund, dann der lästigen Verpflichtung ein Urteil mit Entscheidungsgründen versehen zu müssen, zu entgehen. Diese gesellschaftspolitisch zu verstehende Kritik soll aber nicht von dem vorzüglichen Funktionieren des Schiedgerichtswesens ablenken, denn gerade der große Erfolg in der Vergangenheit führt aktuell zum häufigen Auftauchen der entsprechenden Abreden in Gesellschaftsverträgen.

[156] So auch ein entsprechender Hinweis von Altin-Sieber, aaO, S. 235, die unter anderem damit die wachsende Bedeutung von Schiedsgerichtsabreden im Rahmen von Technologietransfervereinbarungen begründet.

für die Aufnahme einer Schiedsgerichtsklausel in den Vertrag, nämlich das besonders ausgeprägte Interesse, daß hinsichtlich der vertragsgegenständlichen Technologie Vertraulichkeit gewahrt werden soll, was im Falle eines Rechtsstreites vor den ordentlichen Gerichten unter Zulassung der Öffentlichkeit nicht gewährleistet ist[157].

Doch auch die bereits genannte Möglichkeit, in möglichst kurzer Zeit zu einer Entscheidung zu kommen, spielt hier eine besonders große Rolle, denn im Rahmen des Innovationsprozesses kann davon ausgegangen werden, daß eine bestimmte Erfindung auf jeden Fall zustande kommen wird, wobei oft nur der Zeitfaktor als variable und damit entscheidende Größe dient, denn der wirtschaftliche Erfolg einer Erfindung wird zumeist dadurch beeinflußt, welches Unternehmen als erstes ein Patent anmelden und die Erfindung auf dem Markt verwerten kann. Doch während eines Streits über grundlegende Fragen der Zusammenarbeit besteht die Gefahr, daß die eigentliche Kooperationstätigkeit im Sinne eines dauernden Ergebnisaustausches nicht weiter fortgeführt wird, mit der Folge, daß die gemeinsame FuE nicht zum Ziel gelangen kann. Daher kommt es den Partnern gerade im FuE-Bereich oft weniger auf das „Wie" einer Entscheidung an, sondern vor allem auf das „Ob" und das „Wann", denn einzig durch die rasche Wiederherstellung einer gemeinsamen Vertrauensbasis besteht die Möglichkeit, den gemeinsamen FuE-Anstrengungen zum Erfolg zu verhelfen.

Darüber hinaus kann eine zügige Streitbeilegung vielfach auch ein grundlegendes Zerwürfnis verhindern, zu welchem es im Laufe eines sich über einen längeren Zeitraum erstreckenden Verfahrens oftmals kommt. Durch die rasche Entscheidung des Schiedsgerichts wird nämlich eine Verfestigung der unterschiedlichen Standpunkte vermieden, zu der es ansonsten fest zwangsläufig kommen muß.

bb) Auch wenn die ganz herrschende Meinung davon ausgeht, daß die dem Grundgesetz innewohnende Rechtsweggarantie aufgrund des Gebotes eines effektiven Rechtsschutzes gemäß Art. 20 III GG auch für Streitigkeiten zwischen Privaten gilt, kann der Weg zu den ordentlichen Gerichten durch eine Schiedsgerichtsklausel gemäß § 1032 ZPO wirksam ausgeschlossen werden[158]. Allerdings greift dieser Ausschluß dann nicht durch, wenn in irgendeiner Form Drittinteressen betroffen sein können. So werden zum Beispiel die Frage, ob ein gewerbliches Schutzrecht gültig ist[159], oder die Wirksamkeit einer kartellrechtlich relevanten Klausel allein von den ordentlichen Gerichten in rechtsverbindlicher Weise entschieden.

cc) Letztendlich können die Partner im Rahmen der gesetzlichen Regelung das Schiedsgerichtsverfahren so gestalten, daß es ihren Bedürfnissen hinsichtlich Vertraulichkeit und einer raschen Streitbeilegung am ehesten gerecht wird. Insbesondere die Auswahl der zur Entscheidung berufenen Personen spielt hier eine entscheidende Rolle, so daß zum Beispiel an eine Kammer von drei „Richtern" zu denken wäre, der ein unabhängiger kollektiv auszuwählender Vorsitzender vorsteht und dem durch zwei Beisitzer assistiert wird, welche jeweils durch einen Partner bestimmt werden. So wird sichergestellt, daß die jeweiligen In-

---

[157] Pagenberg/Geissler, aaO, Vertragsmuster Nr. 8, Rdnr. 47

[158] Stellvertretend für die herrschende Meinung: Blomeyer, Zivilprozeßrecht, § 1 III. 3.; Rosenberg/Schwab, Zivilprozeßrecht, § 3 I.

[159] Altin-Sieber, aaO, S. 236

teressen auch in ausreichender Form vorgetragen werden und Eingang in die Entscheidung finden. Insbesondere erscheint durch eine solche individuelle Besetzung des Gerichts der Weg für eine zügige Entscheidungsfindung geebnet[160], denn durch die hohe Sachkunde der ausgewählten Schiedsrichter entfallen langwierige Einarbeitungszeiten.

Vor allen Dingen im Rahmen von internationalen FuE-Kooperationen, an denen womöglich Partner aus mehr als nur zwei Ländern beteiligt sind, stellt schon die Frage nach dem anzuwendenden Recht und der örtlichen Zuständigkeit des Gerichts ein schwer zu lösendes Problem dar, dessen Beantwortung allein schon erhebliche Zeit zu beanspruchen vermag. In einem solchen Fall ist eine Vereinbarung hinsichtlich eines einheitlich anzuwendenden Rechts als conditio sine qua non anzusehen, da ansonsten schon an dem vorgelagerten Streit das Kooperationsverhältnis zerbrechen könnte.

4. Rechtliche Einordnung des Vertragswerks

Wie bereits aufgezeigt, handelt es sich beim FuE-Kooperationsvertrag zwischen Wirtschaftsunternehmen um einen sehr umfangreichen Vertrag, dessen einzelne Vertragsbestandteile bisweilen auch sehr komplex sein können, zumal der Vertrag keinem gesetzlichen Normtyp in klassischer Weise entspricht. Daher bleibt zu klären, welche gesetzlichen Regelungen Anwendung finden, sei es im Fall von Regelungslücken ergänzend oder im übrigen bei Unstimmigkeiten, die sich nicht allein unter Heranziehung des Vertragstextes lösen lassen.

a) Gesellschaftsrechtliche Qualifikation

Von besonderer Bedeutung für die rechtliche Einordnung des Vertrages insgesamt sind die Abreden, welche die eigentlichen FuE-Tätigkeiten betreffen, soweit diese über die reine Willensbekundung zur Zusammenarbeit im Sinne von bloßen Absichtserklärungen hinausgehen und in denen sich die Vertragspartner verpflichten, durch ihr Zusammenwirken ein gemeinsames Ziel zu verfolgen. Ausgangspunkt für die Festlegung der Rechtsnatur dieser Abreden ist § 705 BGB, der die vertraglich vereinbarte Verfolgung eines gemeinsamen Zwecks durch gemeinsames Handeln als konstitutive Voraussetzung für das Vorliegen einer Gesellschaft bürgerlichen Rechts normiert.

Dabei ist der Zweck nicht im Sinne von gemeinsamen Zielen[161] zu verstehen, denn diese entsprechen lediglich dem so bezeichneten „Endzweck"[162] der Vertragspartner, welchen man am ehesten noch als Motiv oder persönlichen Beweggrund umschreiben kann, der bei jedem Partner jedoch individuell verschieden sein kann, ohne daß dadurch der „gemeinsa-

---

[160] Schwab/Walter, Schiedsgerichtsbarkeit, Einl. II. 2.b) und d)

[161] Dabei ist bei der Verwendung des Begriffs „Ziel", wie ihn zum Beispiel Heppner, Softwareerstellungsverträge, 2.5. benutzt, große Vorsicht angeraten, denn zum einen handelt es sich dabei nicht um einen vom Gesetzgeber gebrauchten Terminus, wie den Zweck, welcher in der juristischen Fachwelt einer weitgehend einheitlichen Definition unterliegt, und auch um kein Idiom für „Motiv" oder „Interessenlage", sondern um eine gefährlich unscharfe und daher mißverständliche Ausdrucksweise, die bei juristischer wie auch bei germanistischer Betrachtung zwischen dem Motiv und dem Zweck anzusiedeln ist. Dennoch sollte man, wenn man schon von Zielen spricht, diese eher den Motiven oder dem Endzweck zuordnen, denn der „gemeinsame Zweck" im Sinne des § 705 BGB ist für sich gesehen schon schwierig zu definieren, so daß man durch unklare Begriffe in der Definition mehr Verwirrung stiftet als für Aufklärung sorgt.

[162] Zum Begriff des Endzwecks: MüKo/Ulmer, § 705 BGB, Rdnr. 114; BGH (29.1.1951) NJW 1951, 308

me Zweck" im Sinne des § 705 BGB entfallen muß. Die Beweggründe für FuE-Kooperationen sind denkbar verschieden, denn oft wird nicht nur eine Gewinnsteigerung beziehungsweise eine Kostenminimierung oder die Erhöhung der eigenen Konkurrenzfähigkeit angestrebt, sondern es geht den Unternehmen auch darum, eine Erweiterung beziehungsweise eine Abrundung der eigenen Angebotspalette sowie eine Steigerung des betrieblichen Wissens zu erzielen[163]. Zur Verwirklichung der, unter Umständen erheblich voneinander abweichenden, Endzwecke stellt die Zusammenarbeit in Form einer Gesellschaft das gemeinsame Mittel der Partner dar.

Hierfür bedarf es eines gemeinsamen Zwecks im Sinne von § 705 BGB, der aufgrund der Kooperationsvereinbarung verfolgt wird, wobei das Vorhandensein einer weitgehenden Übereinstimmung der Interessenlagen ausreichend ist[164], und man von einem gemeinsamen Zweck immer dann sprechen kann, wenn jeder Partner diesen sowohl als eigenen wie auch als Zweck des anderen zu fördern verspricht[165]. Dabei genügt der bloße Austausch von Know-how, Erfindungen oder gewerblichen Schutzrechten nicht. Im Falle einer Vereinbarung, welche die gemeinsame Entwicklung neuer Erfindungen vorsieht, oder bei Forschungsabreden zur Gewinnung neuen Wissens handelt es sich stets um einen Zweck im Sinne des § 705 BGB[166]. Gleiches gilt auch für Vereinbarungen zur Verwertung von Know-how sowie von gewerblichen Schutzrechten, die in FuE-Kooperationsverträgen einen Kernpunkt sowohl für das eingebrachte wie auch für das neu zu gewinnende Wissen darstellen.

Zusammenfassend ist festzuhalten, daß die Kooperationsabreden stets einen gemeinsamen Zweck, nämlich die Zusammenarbeit in einem bestimmten Bereich, beinhalten und im Gegensatz zu anderen Schuldverträgen, die im Wesentlichen durch einen Leistungsaustausch gekennzeichnet sind[167], dem Idealbild des § 705 BGB entsprechen. Somit ist ein Vertrag, der eine zwischenbetriebliche FuE-Kooperation zum Gegenstand hat, völlig unzweideutig als Gesellschaftsvertrag einzuordnen[168]. Dabei zählen bereits alle mit der FuE-Tätigkeit zusammenhängenden Handlungen zur Zweckförderung und nicht nur deren Koordinierung sowie die Zusammenführung der Ergebnisse[169].

b) Beurteilung der einzelnen Vertragskomponenten

Aufgrund der vielschichtigen Möglichkeiten, den Vertrag auszugestalten, sind die einzelnen Bestandteile auf ihre Rechtsnatur hin eingehender zu untersuchen. Erst dies läßt eine

[163] Siehe zu den einzelnen Motiven, die den individuellen Ausschlag für die Kooperationsentscheidung geben, oben unter Kapitel I 1.c).

[164] Soergel/Hadding, § 705 BGB, Rdnr. 36

[165] Ballerstedt, Der gemeinsame Zweck als Grundbegriff des Rechts der Personengesellschaften, JuS 1963, 253, 255

[166] Lüdecke, Erfindungsgemeinschaften, S. 106

[167] Insbesondere Schmidt, Gesellschaftsrecht, § 4 I 2a) stellt auf die Kooperation als Vergemeinschaftung des Zwecks ab.

[168] Ullrich, GRUR 1993, 338, 340; Ullrich, in: FS für Steindorff, S. 281, passim; Roloff, in: Studienvereinigung Kartellrecht (Hrsg.), Gewerbliche Schutzrechte im EWG-Kartellrecht, S. 105, 110; Gaul/Bartenbach/Gennen, aaO, K 17; Stumpf/Groß, aaO, Rdnr. 22; Benkard, § 15 PatG, Rdnr. 49; Schade, Die Ausübungspflicht bei Lizenzen, S. 51; Soergel/Hadding, § 705 BGB, Rdnr. 36

[169] Ullrich, Auslegung und Ergänzung der Schutzrechtsregeln gemeinsamer Forschung und Entwicklung, GRUR 1993, 338, 340

abschließende rechtliche Würdigung des Gesamtvertragswerks zu. Insbesondere für den Sonderfall, daß die kooperative FuE hauptsächlich auf mündlichen Abreden bzw. begleitenden Verträgen beruht und keine Gesamtvertragsurkunde existiert, ist dies von Bedeutung. Auch für das sehr umstrittene Problem, wie auftretenden Leistungsstörungen in den einzelnen Vertragsmodulen zu begegnen ist, ist eine rechtliche Bewertung der jeweiligen Vertragskomponenten unerläßlich. Wesentliche Bestandteile des Vertrages, die einer voneinander divergierenden Betrachtung unterliegen können, sind dabei vorrangig die eigentliche FuE-Tätigkeit sowie das eingebrachte Wissen in Form von Schutzrechten und Know-how. Im übrigen sind noch die sonstigen Leistungsverpflichtungen zu untersuchen.

aa) Bei der Frage nach der rechtlichen Qualifizierung der eigentlichen *FuE-Abreden* sind zwei Grundmodelle hinsichtlich der Organisation des Kooperationsverhältnisses zu unterscheiden.

(1) Zum einen können die Partner einen sogenannten Joint-Venture-Vertrag abschließen[170], der als Basis der Zusammenarbeit dient und je nach konkreter Ausgestaltung noch die Gründung eines, von der Joint-Venture-Vereinbarung zu trennenden, Gemeinschaftsunternehmens[171] als Konkretisierung des allgemein gehaltenen Vertrags nach sich zieht. Der Joint-Venture-Vertrag kann aber auch für sich allein die Rechtsverhältnisse der Partner in der Weise abschließend regeln, daß die beteiligten Unternehmen jeweils die erforderlichen Mittel zur Verfügung stellen und dann die dafür vorgesehenen Mitarbeiter der Kooperationspartner gemeinsam das FuE-Ziel verfolgen[172]. Bei Letzterem handelt es sich um einen Gesellschaftsvertrag im Sinne des § 705 BGB, denn bei der nachfolgenden Gründung eines Gemeinschaftsunternehmens besteht die gemeinsame Zweckförderung gerade in dessen Gründung[173], so daß alle Voraussetzungen der Gesellschaft bürgerlichen Rechts vorliegen.

(2) Den Gegenpol hierzu stellt die arbeitsteilige FuE-Kooperation dar, in deren Rahmen die beteiligten Unternehmen, nach sachlicher Aufteilung und Zuweisung von Teilgebieten an den hierfür als kompetent erachteten Partner, jedes für sich selbständig die erforderlichen FuE-Arbeiten durchführen und lediglich die Ergebnisse dann zu einem gemeinsamen Ganzen zusammengefaßt werden[174]. In aller Regel besteht hier kein Raum mehr, Parallelforschung zu betreiben. Durch die Zuweisung bestimmter Aufgabenbereiche an die einzelnen Partner tritt eine Art Spezialisierung ein, so daß jeder Beteiligte einzelne Module eines Gesamtforschungsziels entwickelt, welches sich erst durch die anschließende Zusammenlegung der Tätigkeiten als einheitliches Ganzes darstellt. Dabei handelt es sich bei sämtli-

[170] Altin-Sieber, aaO, S. 211; zum Teil werden in der unternehmerischen Praxis auch andere Bezeichnungen hierfür verwendet, ohne daß daraus andere rechtliche Beurteilungen folgen: z.B. Partnerschafts-, Pool-, Bindungs-, Gemeinschafts-, Konsortialvertrag oder auch gemeinsame Grundsatzvereinbarung.

[171] Für diese hat sich im internationalen Sprachgebrauch der Begriff des „equity joint venture" durchgesetzt; Langefeld-Wirth, Joint Ventures im internationalen Wirtschaftsverkehr, S. 35 mit weiteren Nachweisen; Altin-Sieber, aaO, S. 143.

[172] Hierbei ist hingegen der Begriff des „contractual joint venture" üblich; Langefeld-Wirth, aaO, S. 35, mit weiteren Nachweisen; Altin-Sieber, aaO, S. 143. Dabei entsprechen contractual joint ventures zum Teil der FuE-Kooperation auf vertraglicher Basis, soweit diese nicht in Form einer gesellschaftsrechtlichen Kooperation vorliegt.

[173] Altin-Sieber, aaO, S. 211; Langefeld-Wirth, Rechtsfragen des internationalen Gemeinschaftsunternehmens - Joint Venture, RIW 1990, 1, 4; Langefeld-Wirth, Joint Ventures im internationalen Wirtschaftsverkehr, S. 123

[174] Ullrich, GRUR 1993, 338, 339

chen kooperationsrelevanten Leistungen um die Erfüllung der Beitragsverpflichtung im Sinne des § 706 I BGB.

Bei der arbeitsteiligen FuE lassen sich jedoch die jeweils zugewiesenen Forschungsaufgaben im Hinblick auf mögliche Leistungsstörungen gedanklich in lauter einzelne Forschungsaufträge aufspalten, die sich die Partner wechselseitig erteilen. Daß es sich bei der Vergabe von Forschungsaufträgen um Werkverträge im Sinne des § 631 BGB in Abgrenzung zu § 611 BGB handelt, ergibt sich in aller Regel schon daraus, daß aufgrund der abgegrenzten Teilaufgaben ein Forschungserfolg in dem begrenzten Bereich erzielt werden und es nicht nur beim bloßen Bemühen verbleiben soll[175].

Die Rechtsprechung hat zur Frage der rechtlichen Qualifizierung von FuE-Verträgen, welche die Vergabe von Forschungsaufträgen zum Gegenstand haben, in der Vergangenheit wiederholt Stellung genommen[176], ohne daß sich hieraus eine abschließende und einheitliche Aussage entnehmen ließe. Dabei tritt ein deutlicher Interessenkonflikt im Hinblick auf die anzuwendenden Gewährleistungsvorschriften zu Tage, da es für die Erbringer von FuE-Leistungen günstiger ist, diese als Dienstverträge einzuordnen, während die Besteller im Falle der Qualifizierung als Werkvertrag günstiger gestellt wären. Dieses Dilemma beruht allerdings auch auf der Tatsache, daß viele Anbieter von FuE-Leistungen, die naturgemäß an einer Beurteilung als Dienstvertrag interessiert sind, ständig praktizieren, während die meisten - oft mittelständischen - Unternehmen auf der Nachfrageseite nur gelegentlich auftreten[177]. Aus diesem Grunde existiert eine stärkere Lobby, die in der juristischen Fachwelt durch entsprechende Aufsätze, Urteilsrezensionen oder sonstige Veröffentlichungen die Einstufung als Dienstvertrag durchzusetzen sucht.

Dennoch ist es richtig, mit Ullrich[178], FuE-Beiträge jedenfalls dann als Werkverpflichtung zu qualifizieren, wenn diese eine konkrete Aufgabenstellung mit definiertem Ziel zum Gegenstand haben. Damit sind FuE-Aufträge0 immer dann als Werkverträge einordnen, wenn die Aufgabenstellung ergebnisfähig spezifiziert ist, während das Vorliegen eines Dienstvertrages nur dann anzunehmen ist, wenn lediglich eine Forschungsrichtung oder eine bestimmte Tätigkeit als Vertragsgegenstand geschuldet wird[179].

Soweit beim Forschungsauftrag an Drittunternehmen ein Erfolg geschuldet wird[180], ist eine gewisse Nähe zur arbeitsteiligen Kooperation durchaus zu erkennen, denn auch bei dieser wird von den Partnern in der Regel erwartet, daß sie die jeweils zugewiesenen Teilaufgaben erfolgreich und mit verwertbaren Ergebnissen abschließen. Falls jedoch nur ein bloßes Tätigwerden geschuldet wird, handelt es sich demnach um einen Dienstvertrag mit den daraus resultierenden Konsequenzen. Zwar würde die fehlende Entgeltlichkeit für ein Auf-

[175] Ullrich, Privatrechtsfragen der Forschungsförderung in der Bundesrepublik Deutschland, § 2 II. D

[176] Siehe hierzu Ullrich, in: FS für Schricker, S. 298, 300ff, der die gesamte Rechtsprechung der Obergerichte zu diesem Fragenkomplex berücksichtigt hat.

[177] Ullrich, in: FS für Schricker, S. 298, 307

[178] Ullrich, in: FS für Schricker, S. 298, 305

[179] Hierzu ergingen zuletzt folgende Urteile: LG Hannover (13.7.1998), 20 O 200/97, S. 6; OLG München (24.11.1998), 25 U 2196/98, S. 6

[180] Ullrich, aaO. § 2 II. A. 3.; Ullrich, Zum Werkerfolgsrisiko beim Forschungs- und Entwicklungsvertrag, in: FS für Schricker, S. 298, 300ff, 327 mit ausführlicher Darstellung der Problematik sowie zahlreichen Literatur- und Rechtsprechungsnachweisen.

tragsverhältnis nach § 662 BGB sprechen, aber bereits aufgrund des Austauschcharakters des wechselseitigen Tätigwerdens kann eine Entgeltlichkeit angenommen werden, da die wechselbezügliche Verknüpfung der jeweils zu erbringenden Kooperationsbeiträge durchaus gewollt ist. Darüber hinaus scheidet die Annahme eines Auftragsverhältnisses im Sinne des BGB schon allein deshalb aus, da der Auftrag auf die Besorgung eines Geschäfts im Fremdinteresse[181] gerichtet ist, während hier grundsätzlich das Eigeninteresse[182] an den FuE-Arbeiten jedenfalls zumindest ebenbürtig ist und oftmals sogar das überwiegende sein wird, während niemals die Absicht im Vordergrund steht, in erster Linie für den Kooperationspartner tätig zu werden und lediglich etwaige FuE-Ergebnisse quasi als Abfallprodukt selbst zu verwerten.

Dabei steht die wechselseitige Vergabe der Aufträge in einem Art Austauschverhältnis, wie es dem des Tauschvertrages nach § 515 BGB entspricht, da es an Geldzahlungen bzw. an einer Verrechnung der Leistungen in Geldwert fehlt[183]. Damit ließe sich die arbeitsteilige Kooperation weitgehend als ein gemischt-typischer Werk-Tausch-Vertrag beschreiben[184]. Eine solche rechtliche Qualifikation ist insofern nicht lebensfremd, da es sich bei der Vergabe von entsprechenden Forschungsaufträgen an Dritte, also an staatliche, staatlich geförderte oder private Forschungseinrichtungen, im rechtlichen Sinne gleichfalls um Werkverträge handeln würde[185].

Abschließend bleibt nochmals zu betonen, daß diese werkvertragliche Qualifikation der eigentlichen FuE-Leistungen nur im Hinblick auf mögliche Leistungsstörungen relevant ist, während es sich bei diesen grundsätzlich um Beiträge im Sinne des § 706 I BGB handelt.

bb) Die Preisgabe von bereits vorhandenem Wissen beziehungsweise von *Know-how*[186], ohne daß hierfür Schutzrechte eingetragen worden sind, ist ein unverzichtbares Element jeder FuE-Kooperationsvereinbarung, denn nur so werden die Partner in die Lage versetzt, ihre Forschungstätigkeiten zielgerichtet und auf einem möglichst hohen Niveau beginnend durchzuführen. Daß die im Rahmen der Zusammenarbeit neu gewonnenen Erkenntnisse weiter gegeben werden müssen, ist ohnedies eine existentielle, weil vertragstypische Pflicht, welche die Absprachen als kooperativen FuE-Vertrag charakterisiert. Insofern ist dem Vertrag üblicherweise eine Know-how-Lizenz als ein Element des Gesamtwerks inkorporiert. Dabei ist die Rechtsnatur sowie die rechtliche Behandlung von Know-how, welches selbst nicht schutzrechtsfähig ist, trotz des darin verkörperten wirtschaftlichen Wertes

---

[181] Palandt/Thomas, § 662 BGB, Rdnr. 5, 7; MüKo/Seiler, § 662 BGB, Rdnr. 12, 15; Soergel/Mühl, § 662 BGB, Rdnr. 10; Staudinger/Wittmann, § 662 BGB, Rdnr. 9; BGH (17.5.1971) NJW 1971, 1404

[182] Das Vorliegen von eigenen Interessen neben dem Fremdinteresse schließt grundsätzlich die Annahme eines Auftragsverhältnisses zwar nicht aus, aber sobald nicht mehr die fremdnützige Tätigkeit, sondern das eigennützige Handeln die eigentliche Handlungsmotivation darstellt, sind die Merkmale des Auftrags gemäß § 662 BGB nicht mehr erfüllt, BGHZ (9.2.1955) 16, 265, 273.

[183] Palandt/Putzo, § 515 BGB, Rdnr. 1

[184] Für den Fall, daß nur ein Tätigwerden und kein Erfolg geschuldet wird, wäre dann von einem Dienst-Tausch-Vertrag zu sprechen.

[185] Zur Problematik, ob Forschungsaufträge als Dienst- oder Werkvertrag zu qualifizieren sind, siehe Ullrich, Privatrechtsfragen der Forschungsförderung in der Bundesrepublik Deutschland, S. 56ff mit umfassender Darstellung des Meinungsstandes sowie Ullrich, in: FS für Schricker, S. 298, 300ff.

[186] In dieser Arbeit finden die Begriffe Know-how und Wissen weitgehend synonyme Verwendung. Gleiches gilt daneben auch für die Betriebs- und Geschäftgeheimnisse, soweit nicht ausdrücklich auf eine andere Verständnismöglichkeit hingewiesen wird.

Wertes sehr umstritten. Einigkeit besteht nur insofern, als dem Wissen keinesfalls, auch nicht in Analogie, eine Rechtsposition zukommen kann, die der von Schutzrechten vergleichbar ist.

(1) Zum Teil wird die Auffassung vertreten, daß der reine Know-how-Vertrag, der die Wissensübermittlung gegen Geldzahlung zum Vertragsgegenstand hat, als Kaufvertrag[187] zu qualifizieren ist. Dies würde für den Kooperationsvertrag die Einordnung der entsprechenden Klauseln als kaufrechtliche Elemente gemäß der §§ 433ff BGB oder aber auch als Tausch im Sinne des § 515 BGB nach sich ziehen[188], je nachdem, ob zwischen den Partnern ein geldwerter Ausgleich erfolgen soll oder ob, wie im Regelfall, ein wechselseitiger unentgeltlicher Wissenstransfer stattfindet[189].

Diese kaufrechtliche Einordnung wird mit dem Hinweis begründet, daß das übertragene Wissen vollständig auf den „Käufer" übergeht und eine Rückgabe, wie bei Gegenständen, oder ein Unterlassung der Ausübung beziehungsweise ein wirksames Verhindern der Weiterbenutzung durch den ursprünglichen Know-how-Inhaber, wie bei Schutzrechtslizenzen, nicht möglich ist[190]. Dem steht auch die - in der Vertragspraxis für Know-how-Lizenzen übliche - Vergütungspflicht in Form von laufenden Gebühren nicht entgegen, denn auch im Kaufrecht können Raten- oder Rentenzahlungen vereinbart werden. Doch gerade bei der FuE-Kooperation, die in der Regel einen wechselseitigen Wissensaustausch zum Gegenstand hat, taucht dieses scheinbare Problem, welches für die Einordnung als Miet- oder Pachtvertrag sprechen würde, lediglich in anderer Gestalt auf, nämlich bei der Frage, ob die Dauer der Nutzungsbefugnis auf den Kooperationszeitraum beschränkt ist. Gegen die Annahme eines Kaufvertrages spricht jedoch die Tatsache, daß es sich bei reinem Wissen weder um eine Sache noch um ein Recht handelt[191], so daß kaufrechtliche Bestimmungen nur analoge Anwendung finden können. Doch Stumpf sieht den Know-how-Vertrag jedenfalls dann als reinen Kaufvertrag an, wenn Modelle, Rezepte, Konstruktionsunterlagen oder sonstige körperliche Gegenstände Vertragssubstrat sind[192].

---

[187] So Lüdecke/Fischer, aaO, M 15, allerdings ohne ausreichende Begründung für diese Auffassung. Siehe hierzu im übrigen Stumpf, Der Know-how-Vertrag, Rdnr. 21.

[188] Gerade im Rahmen der kooperativen Forschung ist es üblich, daß für die Know-how-Preisgabe keine direkten Zahlungen erfolgen, sondern daß eine tauschrechtliche Beziehung vorliegt. Aufgrund der Ähnlichkeit des Tauschrechts mit dem Kaufrecht, wie sich aus dem Verweis des § 516 BGB auf die §§ 433ff BGB ergibt, sind Kauf und Tausch im Rahmen der rechtlichen Einordnung weitgehend einheitlich zu behandeln.

[189] Als weitere Gestaltungsalternative ist es denkbar, daß ein Partner sein Know-how zur Verfügung stellt, während der andere weitgehend die Forschungsarbeit mit seinem Personal und sonstigen Ressourcen durchführt, ohne daß sich hierdurch an der rechtlichen Qualifikation als Tausch etwas ändert.

[190] Der BGH (23.3.1982) NJW 1982, 2861, 2862 legte seiner Entscheidung gleichfalls diese Qualifikation zugrunde, da die Lizenzierung von Schutzrechtspositionen einer anderen rechtlichen Beurteilung unterliegt als die Veräußerung der Rechtsposition einer bloßen Schutzrechtsanmeldung. So auch Stumpf, Der Know-how-Vertrag, Rdnr. 21.

[191] Darauf weist Stumpf, aaO, Rdnr. 22 hin. An diesem Problem ändert auch die Vorschrift des § 493 BGB nicht, der den Anwendungsbereich des Kaufrechts auch auf kaufähnliche Verträge ausdehnt. Bei der Know-how-Übertragung sind jedoch die angeordneten Rechtsfolgen durchaus erwünscht, obgleich die §§ 433ff und 459ff BGB auch über die Verweisung des § 493 BGB nicht zur Anwendung kommen können, da es sich bei Know-how als nicht körperlichem Gegenstand um keine Sache im Sinne des § 90 BGB handelt.

[192] Stumpf, aaO, Rdnr. 21f vertritt diese Auffassung zumindest für den Fall, daß keine zusätzlichen Informationen durch Instruktion etc. übermittelt werden.

(2) Das ältere Schrifttum ordnet den Know-how-Vertrag vielfach als Pachtvertrag ein[193], denn es wird ein Recht auf Benutzung des Wissens, vergleichbar einer Pacht, eingeräumt[194]. Diese Qualifikation erfolgt vor dem Hintergrund, daß die Rechtsfolgen scheinbar passen, da eine zeitlich begrenzte Nutzungsbefugnis gegen Entgelt eingeräumt werden soll. Dem ist jedoch mit Gaul/Bartenbach/Gennen[195] entschieden zu widersprechen, denn ein Pachtvertrag im Sinne der §§ 581ff BGB setzt seinem Wortlaut nach zwingend eine temporäre Übertragung einer Sache oder eines Rechtes voraus, während hier der Know-how-Geber weiterhin im vollständigen Besitz seines Wissens verbleibt. Somit findet keine Übertragung, sondern eine Vervielfältigung des Substrats statt. Die Auffassung, daß die Position des Know-how-Nehmers derjenigen eines Pächters ähnelt[196], geht auch insofern fehl, als durch die Wissensmitteilung lediglich die Zahl der Inhaber des konkreten Wissens erweitert wird, während eine Übertragung auf einen Know-how-Erwerber unter Ausschluß oder Beschränkung der Rechte des Know-how-Gebers, was die Situation beim Pachtvertrag widerspiegeln würde, nicht stattfindet[197].

Allenfalls in der Situation der Erteilung einer ausschließlichen Know-how-Lizenz, bei der sich der Know-how-Geber verpflichtet, auf die weitere Nutzung des Know-how, sei es im eigenen Betrieb oder durch Einräumung weiterer Lizenzen an Dritte, zu verzichten, kann meines Erachtens von einer Situation gesprochen werden, die Ähnlichkeit mit der Pacht aufweist. Doch gerade im Rahmen von FuE-Kooperationen macht es keinerlei Sinn, wenn der Know-how-Geber bei seinen künftigen Forschungsanstrengungen nicht mehr auf sein Wissen zurückgreifen darf, so daß hier üblicherweise nicht ausschließliche Lizenzen vorliegen.

(3) Oft besitzen Know-how-Verträge auch dienstvertragliche Elemente, wenn der Know-how-Geber dazu verpflichtet ist, Personal zur Einweisung des Know-how-Erwerbers abzustellen oder dessen Mitarbeiter zu unterrichten und zu beraten. Aufgrund dieser Form der Dienstleistung rechnen Gaul/Bartenbach/Gennen die Know-how-Lizenz insgesamt dem Dienstvertragsrecht[198] gemäß der §§ 611ff BGB zu. Stumpf[199] teilt diese Ansicht jedenfalls für den Fall, daß kein geheimes Wissen übertragen wird, sondern lediglich die Beratung und Unterrichtung im Vordergrund steht.

Gegen diese Auffassungen spricht, daß schon insofern formaljuristische Bedenken bestehen, als der Know-how-Erwerber nicht lediglich an einem Bemühen interessiert ist, wel-

---

[193] Stumpf, aaO, Rdnr. 29ff; Bussmann/Pietzker, Die Rechtsnatur technischer Lizenzverträge im Hinblick auf den Pachtbegriff des § 8 Nr. 7 GewStG, DB 1964, 855, 859; Knoppe, Besteuerung der Lizenz- und Know-how-Verträge, § 3 II; van der Velde, Zur steuerlichen Behandlung der Erfahrungshingabe (Know-how), DB 1961, 716, 718f. Dabei sollen zumindest die §§ 581ff BGB analoge Anwendung finden.

[194] Stumpf, aaO, Rdnr. 30 will die pachtrechtlichen Vorschriften jedoch nur analog anwenden, da das Know-how als Vertragssubstrat weder eine Sache noch ein Recht darstellt.

[195] Gaul/Bartenbach/Gennen, aaO, Q 37

[196] Stumpf, aaO, Rdnr. 31 vertritt diese Ansicht jedenfalls für den Fall der Ausgestaltung des Vertrages als Dauerschuldverhältnis.

[197] So auch schon Gaul/Bartenbach/Gennen, aaO, Q 37.

[198] Gaul/Bartenbach/Gennen, aaO, Q 38; so auch schon Gaul, Der Know-how-Vertrag, RuW 1970, 67, 76.

[199] Stumpf, aaO, Rdnr. 25

ches eine Wissensübermittlung zum Ziel hat[200] und welches für die bloße Unterrichtung im Sinne eines Dienstvertrags typisch ist, sondern es kommt ihm gerade darauf an, das Know-how auch tatsächlich zu erhalten. Also ist der Eintritt des Wissensübermittlungserfolgs als eigentlicher Vertragsinhalt zu sehen. Soweit dieser nicht eintritt, sei es aufgrund nicht ausreichender Unterrichtung oder in Ermangelung der zum Verständnis erforderlichen Vorkenntnisse des Personals des Erwerbers, bleibt für den Know-how-Geber grundsätzlich die Verpflichtung fürderhin bestehen, das Wissen erneut zu „übergeben"[201]. Dies führt zu der zwingenden Schlußfolgerung, daß allenfalls Werkvertragsrecht zur Anwendung kommen kann, da ein Erfolg und nicht lediglich ein Bemühen oder ein schlichtes Tätigwerden geschuldet ist[202].

Die Frage, ob Wissen geheim sein muß[203], stellt gleichfalls kein geeignetes Abgrenzungsmerkmal dar, denn dann bedürfte die nächste logische Frage einer Klärung, nämlich ob das Wissen objektiv oder nur aus dem Blickwinkel des Empfängers subjektiv geheim sein muß[204]. In der Konsequenz würde dies dazu führen, den Wissensabstand zwischen Know-how-Geber und Know-how-Nehmer als entscheidendes Kriterium anzusehen. Denn bei einem großen Abstand würde mehr eine Unterrichtung im Sinne einer Ausbildung des Erwerbers bzw. dessen Personal erfolgen, was eine dienstvertragliche Beurteilung nach sich ziehen würde, während bei einem geringen Abstand nur einzelne Aspekte und neue Details etc. mitzuteilen wären, was eher die Tendenz eines Werkvertrages erkennen lassen würde. Damit müßte letztendlich eine Abgrenzung zwischen Know-how- und Anlern- oder Einweisungsvertrag vorgenommen werden.

Doch gerade die Einordnung als Dienstvertrag ist kaum nachvollziehbar, denn das Wissen wird endgültig im Sinne eines Know-how-Verkaufs an den Know-how-Erwerber übertragen und dabei dient die Unterrichtung, die Einweisung und das Abstellen von Personal etc. nur dem Ziel, das Wissen weiter zu geben. Diese Handlungen stellen also lediglich dienstvertragliche Nebenelemente dar, die nicht imstande sind, den gesamten Vertrag von einem Kauf- in einen Dienstvertrag umzuwidmen. Den angesprochenen dienstvertraglichen Nebenelementen kommt daher nur die Funktion zu, das Wissen als Vertragsgegenstand zu übertragen, denn eine gegenständliche Übergabe von Wissen ist aus der Natur der Sache heraus nicht möglich, und es bedarf immer einer Form, sei es durch Übergabe von Schrif-

---

200 So aber Gaul/Bartenbach/Gennen, aaO, Q 38; Skaupy, Know-how-Vereinbarungen und Kartellrecht, GRUR 1965, 539; Gaul, RuW, 1970, 67

201 Dies zeigt sich auch in der Gefahrlastverteilung, denn diese trägt beim Dienstvertrag der Dienstberechtigte, während beim Werkvertrag der Werkunternehmer für diese bis zum Erfolgseintritt einzustehen hat, so Soergel/Kraft, Vorb. § 611 BGB, Rdnr. 37; Staudinger/Richardi, Vorb. §§ 611ff BGB, Rdnr. 25ff; Larenz, Schuldrecht II/1, § 52 I; BGHZ (12.11.1959) 31, 219, 224; BGHZ (7.3.1974) 62, 204ff; BGHZ (22.10.1981) 82, 100ff. Zwar kann dies zu einer Verteuerung zu Lasten des Know-how-Nehmers führen, wenn Umstände aus seiner Sphäre zum Scheitern geführt haben, aber der Anspruch auf die Wissensübertragung selbst bleibt fortbestehen.

202 Deutlich sichtbar wird hierbei der Unterschied zwischen dem Know-how-Erwerb auf der einen Seite und Seminaren, Vorträgen, Tagungen und ähnlichen Veranstaltungen auf der anderen, denn bei letzteren muß das Wissen lediglich mitgeteilt werden, ohne daß dies mit Rücksichtnahme auf die Verständnisfähigkeit des Empfängers geschieht und einer unter Umständen mehrfachen Wiederholung bedarf, weil lediglich die Vortragsleistung Vertragsgegenstand geworden ist, nicht aber der Know-how- und Wissenserwerb selbst.

203 Stumpf, aaO, Rdnr. 25

204 Dabei sollte man grundsätzlich wegen der damit verbundenen Beweisschwierigkeiten subjektiv geheimes Wissen ausreichen lassen.

ten und Modellen etc. oder durch mündliche Unterrichtung[205]. Auch bei sonstigen Kaufgeschäften des täglichen Lebens, etwa beim Kauf von Elektrogeräten für den Haushalt, wird das Gerät oftmals durch Personal des Verkäufers angeliefert und anschließend der Erwerber in die Benutzung eingeführt, ohne daß man dies gleich als selbständigen Dienstvertrag ansehen würde. Bei einem solchen Vertrag bleibt, trotz der Anlieferung als werkvertragliches Element und der Einweisung als dienstvertragliches Element, der Kauf als Hauptvertragsbestandteil im Vordergrund und damit für die rechtliche Qualifizierung des Gesamtvertrags bestimmend[206].

Vereinfacht dargestellt könnte man die Wissensmitteilungshandlungen in Form der Übergabe von Skizzen, Modellen, Plänen, Schriften, der Schulung von Mitarbeitern oder der Unterrichtung des Vertragspartners auch als den eigentlichen Übertragungsakt ansehen, vergleichbar mit der Grundbucheintragung bei Immobiliengeschäften oder der Übergabe von beweglichen Sachen im Sinne der §§ 929ff BGB, da die Wissensübermittlung im Vordergrund steht und lediglich der eigentliche Übertragungsvorgang Schwierigkeiten bereitet und deshalb besonderer weiterer Handlungen, wie etwa der Unterrichtung etc., bedarf[207].

(4) Gänzlich unbefriedigend ist es, den Know-how-Vertrag schlicht als Vertrag sui generis[208] zu qualifizieren, denn diese Art der rechtlichen Beurteilung zeugt zwar von einer gewissen juristischen Phantasie, hilft jedoch nicht, die rechtlichen Fragen[209], die mit der Rechtsnatur im Zusammenhang stehen, zu lösen, denn für einen Vertrag sui generis existieren keine starren, gesetzlich festgelegten Regeln, sondern dieser ist seinerseits wieder einem Vergleich mit anderen, gesetzlich normierten Vertragstypen zu unterziehen. Demzufolge ist die Einordnung als Lizenzvertrag[210] gleichfalls wenig hilfreich, denn auch dieser folgt keinem festen gesetzlichen Muster[211], sondern stellt gewissermaßen wiederum einen Vertrag sui generis dar, wie dies verschiedentlich vertreten wird, für den die anzuwendenden Rechtsregeln aus der Natur des Vertragsverhältnisses selbst entwickelt werden müssen[212]. Dieser Versuch, eine Definition zu schaffen, die selbst wiederum ausfüllungsbedürftige Bestandteile enthält, ist jedoch nicht zielführend und daher abzulehnen.

(5) Aufgrund der bisherigen Ausführungen muß den überzeugenden Argumenten derjenigen Literaturstimmen gefolgt werden, welche die Übertragung bzw. die Lizenzierung von

---

[205] Vertragsgegenstand ist demnach nicht eine körperlich-gegenständliche Übergabehandlung, sondern die Mitteilung des Wissens, sei es mündlich oder in Form einer Schrift, von Modellen und Skizzen etc. Siehe im übrigen Gaul/Bartenbach/Gennen, aaO, Q 32.

[206] Erman/Battes, Einl. § 305 BGB, Rdnr. 21; BGHZ (15.6.1951) 2, 331, 333. Bei einem deutlichen Überwiegen eines Elementes ist dieses nach dem Absorptionsprinzip für die rechtliche Beurteilung entscheidend.

[207] An diesen Beispielen ist gut zu erkennen, daß es einen schwerwiegenden methodischen Fehler darstellen würde, wenn man die reinen Mitteilungshandlungen in den Vordergrund stellt und nicht das eigentliche Ziel, nämlich die Wissensübertragung, für die rechtliche Einordnung des Vertrages als bestimmend ansieht.

[208] Romanovszky/Slomma, aaO, Rdnr. 37; Koller, Der Know-how-Vertrag nach schweizerischem Recht, S. 43; Knoppe, aaO, § 3 II

[209] So schon Gaul/Bartenbach/Gennen, aaO, Q 39; Stumpf, aaO, Rdnr. 19

[210] Gericke, Die Wirkung der Zurechnungsvorschrift des § 8 Nr. 7 GewStG bei Lizenzen, Know-how-Verträgen und gemischten Verträgen, Finanzrundschau 1963, 330

[211] Die mangelnde Eignung einer Einordnung des Know-how-Vertrages als Lizenzvertrag hat bereits Stumpf, aaO, Rdnr. 19 ausführlich erläutert.

[212] Gaul/Bartenbach/Gennen, aaO, K 18; RGZ (1.3.1911) 75, 400, 405

Know-how dem Kaufrecht zuordnen. Dabei ist jedoch festzuhalten, daß es sich hierbei nicht um einen Kaufvertrag im klassischen Sinn handelt, sondern daß lediglich die Rechtsfolgen dem Kaufrecht angenähert sind, weil die Know-how-Lizenz dem gesetzlichen Typus „Kaufvertrag" von den Voraussetzungen her am ehesten entspricht. Denn das einmal übertragene, also mitgeteilte Know-how geht endgültig im Wissensbestand des Empfängers auf, ohne daß eine Rückgabemöglichkeit besteht, es erfolgt also keine zeitlich befristete Übertragung, wie dies für Miete oder Pacht charakteristisch ist. Auch gibt es keinen in der Praxis wirksamen Schutz gegen die unberechtigte Weiterbenutzung von Know-how, für welches nur eine zeitlich begrenzte Lizenz erteilt worden ist. Gleichwohl darf dieses Beweislastproblem meines Erachtens keinen Eingang in die dogmatischen Überlegungen zur Bestimmung der Rechtsnatur finden. Insbesondere bleibt festzuhalten, daß je nach konkreter Ausgestaltung der Know-how-Übertragung auch andere rechtliche Behandlungen unter Berücksichtigung des jeweiligen Einzelfalles möglich sind[213].

Einzig gegen die Annahme eines Kaufvertrages als Verpflichtungsgeschäft spricht die Tatsache, daß dasselbe Wissen durch den Know-how-Geber mehrfach verkauft und dann verschiedenen Erwerbern mitgeteilt werden kann, obgleich grundsätzlich die weitere Nutzungsmöglichkeit auch beim Verkäufer verbleibt[214], was gewissermaßen den Vergleich mit der biblischen Brotvermehrung ins Gedächtnis ruft. Doch dieser scheinbare Widerspruch läßt sich dadurch erklären, daß die Mitteilungshandlung bezüglich des Know-how als Übertragungsform bzw. als Übertragungssubstrat anzusehen ist, welche zweifellos mehrfach erfolgen kann, wie etwa der Verkauf und die Übereignung eines Buches und dem darin enthaltenen Wissen. Denn auch beim Erwerb von Büchern kommt es dem Käufer nicht nur auf den Erwerb von beschriebenem Papier an, sondern er erwirbt den Inhalt und die niedergelegte Information, etwa auch vorhandenes spezielles Know-how des Autors, was nicht nur einer einzigen Person, sondern einem größeren Personenkreis durch die Übertragungsform „Buch" nähergebracht werden kann. Anders ausgedrückt ist das Wissen zwar weiterhin nur einmal vorhanden, aber die Übertragung ist als eine Vermehrung zu betrachten, die der Produktion von gegenständlichen Wirtschaftsgütern ähnelt und daher der rechtlichen Behandlung als Kaufvertrag nicht entgegensteht.

cc) Gleichfalls umstritten ist die rechtliche Einordnung von Verträgen zur Übertragung von *gewerblichen Schutzrechten*. Zwar ergeben sich keinerlei juristische Probleme hinsichtlich der Einordnung von Schutzrechten, denn diese sind nach einhelliger Meinung, trotz eines hoheitlichen Begründungsaktes, private Rechte mit eigentumsähnlicher Ausgestaltung[215], aber die rechtliche Qualifikation von Verträgen, welche die zeitweise Überlassung dieser Rechtsposition an Dritte zur Benutzung zum Gegenstand haben, ist näher zu untersuchen.

(1) In der Rechtspraxis hat sich im Laufe der Zeit eine Differenzierung der Lizenzverträge

[213] Allerdings wird Know-how im Rahmen von FuE-Kooperationen zumeist ohne Lizenzierung mitgeteilt, so daß eine Übertragung im Sinne des Kaufrechts anzunehmen ist.

[214] Doch mit dieser Vervielfachung sehen sich auch diejenigen konfrontiert, die eine Einordnung als Pachtvertrag vornehmen, was die entsprechende rechtliche Beurteilung gleichfalls nicht hindert. Es bleibt im übrigen der vergleichende Hinweis auf die Erteilung der einfachen Patentlizenz, da bei dieser die Situation ähnlich gelagert ist, und die Vermehrung des Kreises der Nutzungsberechtigten ohne weiteres akzeptiert wird, so Kraßer, Die Wirkung der einfachen Patentlizenz, GRUR 1983, 537, 544.

[215] Benkard, § 1 PatG, Rdnr. 2 mit weiteren Nachweisen.

nach dem Grad der Berechtigung des Lizenznehmers herauskristallisiert[216]. Hierbei wird zunächst die einfache Lizenz genannt, welche die Nutzung eines bestimmten Schutzrechtes vorsieht und auf einer schuldrechtlichen Beziehung der beiden Vertragsparteien beruht[217]; das Recht, noch weitere Lizenzen an Dritte zu erteilen, verbleibt hingegen allein beim Lizenzgeber. Dem steht die ausschließliche Lizenz gegenüber, durch welche der Lizenzgeber das Recht, weitere Lizenzen zu erteilen, aus der Hand gibt und der Lizenznehmer ein exklusives Recht mit quasi-dinglichen Befugnissen am Lizenzgegenstand[218] erhält, denn die Berechtigung entspricht weitgehend der eines Schutzrechtsinhabers. Doch diese Unterscheidung ist hinsichtlich der Rechtsnaturbestimmung des Lizenzvertrages nicht hilfreich, da diese unabhängig vom Lizenztyp einheitlich vorzunehmen ist, damit auch Mischformen und komplexe Verträge einer unzweideutigen Einordnung unterzogen werden können.

(2) Die Lizenzierung von Schutzrechten wurde bisweilen in der Rechtsprechung des Reichsgerichtes und von Teilen der früheren Literatur als Rechtskauf eingestuft, jedenfalls wurden die kaufrechtlichen Vorschriften analog herangezogen[219]. Dies erscheint insbesondere im Hinblick auf ausschließliche Lizenzen nachvollziehbar, denn der Lizenznehmer erwirbt die umfassende Nutzungsmöglichkeit und dem Schutzrechtsinhaber verbleibt letztendlich nur das eingetragene Recht als wertlose Hülle.

Dem ist jedoch mit dem BGH[220] und den inzwischen ganz überwiegenden Stimmen der Literatur[221] zu widersprechen, denn zum einen kann beim bloßen Abspalten von Teilen des Vollrechts, wie der Nutzungsbefugnis, auch wenn dies umfassend geschieht, nicht von einer Vollrechtsübertragung gesprochen werden. Im Ergebnis handelt es sich hier nämlich um ein Dauernutzungsverhältnis, nach dessen Beendigung der Schutzrechtsinhaber wieder die volle Verfügungsgewalt zurückerlangt. Zum anderen ist die nur vorübergehende Befugnis zur Rechtsausübung für das Kaufrecht ebenso untypisch wie sie für Miet- und Pachtverträge charakteristisch ist. Nur für den Fall, daß das Schutzrecht vollständig übertragen und nicht nur eine zeitlich begrenzte Nutzungsbefugnis eingeräumt wird[222], sind hingegen die Vorschriften über den Rechtskauf entweder direkt oder zumindest sinngemäß anzuwenden[223].

(3) Die Einordnung des Lizenzvertrages als Gesellschaftsvertrag[224] kommt überhaupt nur in Betracht, wenn die Parteien über die Verpflichtung zur Einräumung eines Schutzrechts

---

[216] Gaul/Bartenbach/Gennen, aaO, K66 ff, K 78ff; Stumpf/Groß, aaO, Rdnr. 36, 39

[217] Gaul/Bartenbach/Gennen, aaO, K 78, 79

[218] Gaul/Bartenbach/Gennen, aaO, K 66

[219] RGZ (5.5.1911) 76, 235; Seligsohn, Gesetz zum Schutz der Warenbezeichnung, Anm. 6 zu § 6 mit weiteren Nachweisen.

[220] BGH (23.3.1982) NJW 1982, 2861; BGH (12.4.1957) GRUR 57, 595

[221] Henn, Patent- und Know-how-Lizenzvertrag, S. 64ff; Stumpf/Groß, aaO, Rdnr. 20; Benkard, § 15 PatG, Rdnr. 49; Gaul/Bartenbach/Gennen, aaO, K 14; a.A. Nirk, Die Einordnung der Gewährleistungsansprüche von Leistungsstörungen bei Verträgen über Patente in das Bürgerliche Gesetzbuch, GRUR 1970, 329

[222] Dies stellt jedoch keinesfalls eine übliche Ausgestaltung von FuE-Kooperationsvereinbarungen dar, denn meist erfolgt die Zusammenarbeit in einem unternehmerischen Bereich, in dem kein Partner Interesse daran hat, erworbene Schutzrechte vollständig aus der Hand zu geben.

[223] BGH (12.4.1957) GRUR 1957, 595 - Verwandlungstisch; Nirk, GRUR 1970, 329; Benkard, § 15 PatG, Rdnr. 20

[224] RGZ (26.10.1929) 126, 65; Tetzner, § 9 PatG, Anm. 9; Lüdecke/Fischer, Lizenzverträge, S. 494ff

hinaus noch zusätzliche Abreden getroffen haben[225]. Zwar stellt die Lizenzierung von Schutzrechten ein Dauernutzungsverhältnis mit besonderen Treuepflichten der beteiligten Parteien dar, aber für die Annahme eines Gesellschaftsverhältnisses im Sinne des § 705 BGB bedarf es des Vorliegens eines gemeinsamen Ziels, welches durch Zusammenwirken zu erreichen versucht wird, beziehungsweise der Förderung eines gemeinsamen Zwecks[226], der über die reine Nutzungsbefugnis, auch wenn diese für einen längeren Zeitraum gewährt wird, hinausgeht[227]. Da jedoch bei einem typischen Lizenzvertrag jeder Vertragsteil seine eigenen Interessen verfolgt, handelt es sich bei der reinen - einfachen oder ausschließlichen - Schutzrechtslizenz grundsätzlich um keinen Gesellschafts- oder gesellschaftsähnlichen Vertrag[228].

(4) Während nach ganz herrschender Auffassung eine Anwendung des BGB-Mietrechts ausscheidet, da dem deutschen Recht die Miete von Rechten fremd ist[229], wird vielfach das Pachtrecht direkt oder jedenfalls analog herangezogen[230]. Die Bedenken, die sich bei der Zuordnung zu einem der oben bereits erläuterten anderen Vertragsmodelle aufdrängen, sind bei der Annahme des pachtrechtlichen Charakters von Schutzrechtslizenzen nicht angezeigt, denn eine Pacht an Rechten ist unbestritten ohne weiteres möglich, auch wird lediglich die Nutzungsmöglichkeit eingeräumt, während das Recht selbst immer beim Lizenzgeber verbleibt.

Dagegen kann eingewandt werden[231], daß ein gegenständliches Pachtsubstrat nicht an mehrere voneinander völlig unabhängige Personen in der Weise verpachtet werden kann[232], daß diesen eine gleichzeitige und völlig unbeeinträchtigte Nutzung möglich ist. Doch diese Argumentation ist nicht geeignet, die Zuordnung des Lizenzvertrags zum Pachtrecht zu revidieren, denn entscheidend für einen Pachtvertrag ist nicht der Verlust einer Rechtsstellung des Verpächters oder ein Exklusivrecht des Pächters am Vertragsgegenstand, sondern die Einräumung einer Nutzungsbefugnis[233], die dann in den verschiedensten Ausgestaltungen möglich ist.

---

[225] Insbesondere wird ein gesellschaftsrechtlicher Einschlag angenommen, wenn eine gemeinschaftliche Verwendung von Erzeugnissen vereinbart wird oder wenn wechselseitige Lizenzen erteilt werden und sich die Vertragsparteien darüber hinaus verpflichten, die Ergebnisse eigener Entwicklungen dem jeweiligen Lizenzgeber wiederum zur Verfügung zu stellen.

[226] BGHZ (25.10.1957) 26, 7; BGHZ (23.9.1958) 28, 144; BGH (14.7.1964) GRUR 1965, 135; Stumpf/Groß, aaO, Rdnr. 22

[227] Henn, aaO, § 6, Abschnitt 4; Klauer/Möhring, § 9 PatG, Rdnr. 24; Stumpf/Groß, aaO, Rdnr. 22

[228] Gaul/Bartenbach/Gennen, aaO, K 17; Schade, Die Ausübungspflicht bei Lizenzen, S. 51; in besonders gelagerten Einzelfällen hat jedoch die ständige Rechtsprechung des BGH in Fortführung der Praxis des RG Lizenzverträge als gesellschaftsähnlich bezeichnet, ohne jedoch allgemeinverbindliche Kriterien im Sinne einer Fallgruppenbildung dafür festgelegt zu haben: RGZ (28.9.1828) 122, 70; RGZ (26.10.1929) 126, 65; RGZ (11.11.1933) 142, 212; BGH (22.5.1959) GRUR 1959, 616; BGH (30.11.1967) GRUR 1971, 243 - Gewindeschneidvorrichtung.

[229] Stumpf/Groß, aaO, Rdnr. 21; Gaul/Bartenbach, aaO, K 15; Henn, aaO, S. 54ff; RGZ (11.11.1933) 142, 212

[230] Erman/Jendrek, § 581 BGB, Rdnr. 3; Stumpf/Groß, aaO, Rdnr. 23ff; Benkard, § 15 PatG, Rdnr. 49

[231] Stumpf/Groß, aaO, Rdnr. 23 weisen lediglich auf dieses Problem hin, ohne dadurch die rechtliche Einordnung als Pachtvertrag in Frage zu stellen.

[232] Dieses Argument kann allerdings überhaupt nur gegen die Anwendung des Pachtrechts für den Fall der Erteilung von nicht ausschließlichen Lizenzen angebracht werden, denn im Rahmen einer ausschließlichen Lizenz erhält der Lizenznehmer vom Lizenzgeber die alleinige Nutzungsbefugnis.

[233] Palandt, Einf. v. § 581 BGB, Rdnr. 1; MüKo/Voelskow, § 581 BGB, Rdnr. 2

(5) Der ganz herrschenden Auffassung, welche die Lizenzierung von Schutzrechten als Pachtvertrag qualifiziert, ist zu folgen, denn dies läßt sich schon ohne weiteres aus § 581 BGB ableiten, der die Pacht von Rechten[234] regelt, und um solche handelt es sich schließlich bei den gewerblichen Schutzrechten. Dabei kommt es entscheidend auf die Nutzung des Pachtgegenstandes an[235], der in jedem Fall dem Lizenznehmer, unabhängig von einem daneben bestehenden Nutzungsrecht eines Dritten, zusteht.

Die unterschiedliche rechtliche Beurteilung von Know-how- und Schutzrechtslizenzen scheint zwar zunächst widersprüchlich zu sein[236]. Doch ist dies gerechtfertigt, denn nach Beendigung der Schutzrechtslizenz endet die dingliche Berechtigung zur Nutzung der darin verkörperten Erfindung, während das in der Know-how-Lizenz enthaltene Wissen beim Erwerber verbleibt und diesem allenfalls schuldrechtlich die Weiterbenutzung untersagt werden kann. Ein solches vereinbartes Verbot ist jedoch in der Praxis immer dann nicht durchsetzbar, wenn der Nachweis der Weiterbenutzung wie zumeist nicht erbracht werden kann. Die grundsätzlich unterschiedliche Behandlung der beiden Lizenztypen soll jedoch nicht als unumstößliches Dogma gesehen werden, sondern einen Ausgangspunkt für die Problembewältigung bilden, der je nach konkreter Fallgestaltung einer weiteren Modifikation zugänglich ist[237].

dd) Den *Erfindungen*, für die noch kein Schutzrecht angemeldet worden ist oder ein Schutzrecht lediglich angemeldet wurde, ohne daß es bereits erteilt worden ist, kommt eine Zwischenstellung zu, da sie ihrerseits nicht direkt den Schutzrechten zugeordnet werden können, aber wiederum ein Mehr gegenüber dem reinen Know-how darstellen. Daß auch solche Erfindungen übertragbar sind, ist inzwischen allgemein anerkannt[238], so daß sich hier hinsichtlich der Lizenzierung beziehungsweise der Übertragung die Frage stellt, welchem gesetzlichen Modell diese zugerechnet werden können, also ob letztendlich die Regelungen der Know-how- oder der Schutzrechtslizenzierung eingreifen.

Hierbei sind mit Stumpf/Groß[239] drei Gestaltungsalternativen zu unterscheiden, nämlich

---

[234] Im Gegensatz zu § 535 BGB, der nur die Miete an Sachen im Sinne des § 90 BGB betrifft, läßt § 581 BGB auch die Pacht von Rechten zu. Dies folgt auch aus § 584 BGB, der Rechte ebenfalls ausdrücklich nennt, sowie aus dem gesetzgeberischen Willen. Siehe hierzu Mot II 421; Staudinger/Emmerich, § 581 BGB, Rdnr 43; MüKo/Voelskow, § 581 BGB, Rdnr. 5.

[235] Dies entspricht der Auffassung der ganz herrschenden Meinung; stellvertretend für viele: Palandt/Putzo, Einf. v. § 581 BGB, Rdnr. 1; MüKo/Voelskow, § 581 BGB, Rdnr. 2.

[236] Doch damit steht der Verfasser nicht allein, denn auch Gaul/Bartenbach/Gennen, Patentlizenz- und Know-how-Vertrag gehen davon aus, daß es sich bei der Patentlizenz um eine Rechtspacht handelt (K16), während der auf den Know-how-Vertrag am ehesten die Regeln des Kaufrechts passend sind (Q 38, 39). Stumpf geht zwar im Zweifel davon aus, daß es sich bei beiden Typen um eine Pacht handelt (Stumpf, Der Know-how-Vertrag, A 31 und Stumpf, Der Lizenzvertrag, A 24), gleichwohl erkennt man an den gewählt vorsichtigen Formulierungen und den vorgenommenen Einschränkungen, daß Stumpf, Der Know-how-Vertrag, A 31 jedenfalls hinsichtlich des Know-how-Vertrages von der Richtigkeit seiner eigenen Qualifizierung selbst nicht überzeugt ist. Henn, Patent- und Know-how-Lizenzvertrag, § 6 und Altin-Sieber, Joint Ventures, Technologietransfer und –schutz, S. 117f, 119f gehen dem Problem insofern aus dem Weg, als sie sich jeder abschließenden Qualifikation enthalten und lediglich darauf verweisen, daß man im Einzelfall diejenigen Vorschriften anwenden soll, die für den Vertrag in seiner konkreten Ausgestaltung als passend erscheinen.

[237] Dennoch bleibt das Pachtrecht der grundsätzliche Ausgangspunkt der rechtlichen Behandlung der Klauseln, welche die Benutzung von Schutzrechten gestatten, denn anders als beim schlichten Know-how erfolgt die Berechtigung zur Schutzrechtsausübung zumeist nur zeitlich und gegenständlich beschränkt.

[238] BGH (16.11.1954) GRUR 1955, 286, 289; BGH (23.3.1982) NJW 1982, 2861, 2862

[239] Stumpf/Groß, aaO, Rdnr. 17

zunächst der Fall (1), daß nur eine Lizenz für den Fall der Schutzrechtserteilung vergeben werden soll im Sinne einer aufschiebenden Bedingung. Dies führt zwingend zur Anwendung des Pachtrechts, denn es handelt sich dabei letztendlich um den Normalfall der Schutzrechtslizenz, lediglich um eine aufschiebende Bedingung erweitert. Als zweites (2) ist die Lizenzierung eines Schutzrechts ohne Bedingungen zu nennen. Bei der Rechtsfolgenbestimmung sind die Besonderheiten des konkreten Einzelfalles verstärkt zu berücksichtigen[240]. Dennoch ist auch in dieser Fallkonstellation von der Geltung des Pachtrechts auszugehen, denn es handelt es sich eindeutig um eine Schutzrechtslizenz, und lediglich für den Fall der Nichterteilung der dem Vertrag zugrunde gelegten Erfindung greift das Gewährleistungs- und Leistungsstörungsrecht[241] ein.

Zuordnungsprobleme ergeben sich vor allem bei der dritten Gestaltungsmöglichkeit (3), nämlich dann, wenn eine Lizenz unabhängig von der Erteilung eines Schutzrechts eingeräumt werden soll. Da es hier dem Lizenznehmer erkennbar um den Erwerb des dem möglicherweise noch zu erteilenden Schutzrecht zugrunde liegenden Know-how geht[242], ist der Vertrag konsequenterweise als Know-how-Kauf zu deuten und damit Kaufrecht anzuwenden. Dies muß jedenfalls gelten, solange das Verfahren über die Schutzrechtserteilung noch nicht endgültig abgeschlossen ist. Eine Ausnahme hiervon, also die Anwendung des für die Schutzrechtslizenz geltenden Pachtrechts, ist nur dann anzunehmen, wenn das Schutzrecht nach Abschluß des Verfahrens tatsächlich erteilt worden ist. Dies gilt dann allerdings rückwirkend zum Zeitpunkt des Vertragsabschlusses, denn zum einen gilt, wie oben bereits dargestellt[243], allein das Pachtrecht und zum anderen kann es nicht angehen, einen Vertrag für einen bestimmten Zeitraum dem Kaufrecht und dann wieder dem Pachtrecht zu unterstellen, zumal er letztendlich weder Kauf- noch Pachtvertrag ist. Auch wäre es widersprüchlich ab dem Eintritt eines bestimmten Ereignisses, regelmäßig der Schutzrechtserteilung, einen Wechsel der Rechtsform des Vertrages anzunehmen. Zur Vermeidung solcher in rechtlicher Sicht inkonsequenter und problembehafteter Lösungsansätze ist somit im Falle der Schutzrechtserteilung rückwirkend und einheitlich das Pachtrecht zur Konfliktbewältigung heranzuziehen.

ee) Darüber hinaus verpflichten sich die Partner oftmals, *sonstige Leistungsbeiträge* zu erbringen, etwa dem Partner technische Ausrüstungsgegenstände zur Verfügung zu stellen oder in sonstiger Weise Dienstleistungshandlungen vorzunehmen. Hinsichtlich der Rechtsfolgen im Falle von Leistungsstörungen besteht Einigkeit darüber, die Einbringung von Gegenständen dem Kaufrecht zu unterstellen, also eine Analogie zu den §§ 433ff BGB zu bilden. Hinsichtlich des Begriffs der „Dienstleistung" tritt ein schon hinlänglich bekannter Streit aus einem anderen Blickwinkel erneut zutage, nämlich ob der Dienstleistungsbegriff,

---

[240] Stumpf/Groß, aaO, Rdnr. 17; BGH (23.3.1982) NJW 1982, 2861, 2863

[241] Welche Regelungen nun im konkreten Fall anzuwenden sind, kann nur anhand der Überprüfung der Gesamtumstände beantwortet werden, obgleich dies für die Frage nach der Rechtsnatur der Lizenzierung einer Erfindung auch keinerlei Rolle spielt. Aufgrund der Norm des § 437 BGB, welcher die Haftung des Verkäufers für den Bestand des Rechts anordnet, greifen bei Leistungsstörungen die allgemeinen Vorschriften über Unvermögen und Unmöglichkeit neben der pFV ein, so Gaul/Bartenbach/Gennen, aaO, K 299ff.

[242] Stumpf/Groß, aaO, Rdnr. 17. Nicht übersehen werden darf in diesem Zusammenhang, auch wenn dies für die Beantwortung der Frage nach der Rechtsnatur ohne Belang ist, daß sich erhebliche Probleme aus der mit der Schutzrechtsanmeldung verbundenen Veröffentlichung des Know-how ergeben. Siehe hierzu auch Stumpf, aaO, Rdnr. 259.

[243] Siehe hierzu oben unter bb)(5).

wie von der h.M. angenommen[244], in § 706 III BGB in vergleichbarer Weise verwendet wird wie in den §§ 611ff BGB, mit der Folge, daß das Dienstvertragsrecht analog zur Anwendung kommt[245], oder ob hierfür kein Raum bleibt[246]. Doch gerade beim Vorliegen einer arbeitsteiligen Kooperation gestaltet sich die Abgrenzung der einzelnen Aufgaben voneinander in rechtlicher Hinsicht als äußerst schwierig, denn die meisten Handlungen, die vorzunehmen sind, beziehen sich unmittelbar auf die eigentlichen FuE-Leistungen, die, wie oben bereits dargestellt, Leistungsbeiträge im Sinne des § 706 I BGB sind und lediglich im Hinblick auf Leistungsstörungen als werkvertraglich zu qualifizieren sind. Damit diese Wertung nicht umgangen werden kann, ist in der Regel davon auszugehen, daß die vorzunehmenden Handlungen unmittelbare FuE-Beiträge sind, während nur ausnahmsweise von begleitenden Dienstleistungen ausgegangen werden kann. Solche sind allenfalls gegeben, wenn Handlungen ohne jeden Bezug zum eigentlichen Kooperationszweck geschuldet werden.

c) Auswirkungen auf den Gesamtvertrag

Aufgrund der sehr differenzierten Beurteilung der einzelnen Leistungsverpflichtungen, welche die Partner im Rahmen ihrer Zusammenarbeit eingehen müssen, stellt sich die Frage, ob sich daraus auch Konsequenzen für die rechtliche Beurteilung des Vertrages in seiner Gesamtheit ableiten lassen.

aa) Die Regeln und Wertungen des Gesellschaftsrechts sind insbesondere auch dann zu berücksichtigen, wenn die rechtliche Qualifikation von Einlagen[247] und Beiträgen zur Kooperation zweifelhaft ist. Letztendlich dient insbesondere die Zuführung von Know-how sowie von gewerblichen Schutzrechten der gesellschaftsrechtlichen Zweckförderung. Im Rahmen der Beurteilung, ob es sich bei den in Frage stehenden Leistungen um gesellschaftsvertragliche Primärleistungen handelt oder nur um Abreden, die selbständig auch ohne FuE-Kooperation zu denselben Bedingungen geschlossen worden wären[248], ist mit der ständigen Rechtsprechung der deutschen Obergerichte[249] der Kreis der Primärpflichten weit zu ziehen. Die einseitige oder wechselseitige - abhängig von den Umständen des konkreten Einzelfalles - Einräumung von Lizenzen bzw. die Preisgabe von Know-how versetzt nämlich die Kooperationspartner vielfach erst in die Lage, im Sinne des Kooperationszwecks tätig

[244] Die hierzu vertretenen Ansichten divergieren zum Teil erheblich voneinander, wenngleich über die grundsätzliche analoge Heranziehung der §§ 611ff BGB Einigkeit besteht, so Soergel/Hadding, § 706, Rdnr. 31; Staudinger/Keßler, § 706, Rdnr. 39; RGRK/v. Gamm, § 706 BGB, Rdnr. 8.

[245] Die analoge Anwendung resultiert daraus, daß zum einen lediglich eine Verpflichtung zur Dienstleistung im Rahmen eines Gesellschaftsvertrags vorliegt und kein Dienstvertrag selbst, der direkt zu den §§ 611ff BGB führt, und zum anderen ordnet das Gesetz auch keine Verweisung an.

[246] MüKo/Ulmer, § 706 BGB, Rdnr. 13 verneint schon das Vorliegen einer Regelungslücke, so daß für einen Rückgriff auf das Dienstvertragsrecht (in analoger Anwendung) kein Grund besteht. Dem ist mit Blick auf das Gesetz zu folgen, denn § 733 II 3 BGB geht von der Unentgeltlichkeit der Dienste aus, so daß die Rechtsfolgen der §§ 611ff BGB mit ihrer synallagmatischen Verknüpfung nicht passen.

[247] Ob die Einräumung von Lizenzen oder die Preisgabe von Know-how als Einlage oder als Beitrag qualifiziert wird, stellt lediglich eine rein dogmatische Frage dar, die an dieser Stelle nicht zur Lösung des eigentlichen Problems dient und daher keiner weiteren Vertiefung bedarf. Gleichwohl sieht die herrschende Meinung, stellvertretend für viele Palandt/Thomas, § 706, Rdnr. 1, Soergel/Hadding, § 706 BGB, Rdnr. 5; RGRK/v. Gamm, § 706 BGB, Rdnr. 1, Beiträge als noch zu bewirkende Leistung an, während es sich bei den Einlagen um die bereits bewirkten Leistungen handelt; a.A. Schmidt, Gesellschaftsrecht, § 20 II 3), der als Einlage nur solche Beiträge bezeichnet, die zur Erhöhung der Haftungsmasse führen.

[248] Schmidt, aaO, § 20 II 2)

[249] Siehe weitere Nachweise hierzu bei Schmidt, aaO, § 20 II 2)

zu werden. Damit sind diese Übertragungshandlungen als unerläßliche Voraussetzung für die Aufnahme der FuE-Tätigkeit dem Gesellschaftsrecht zu unterstellende Primärpflichten der Parteien, soweit nicht explizit Gegenteiliges vereinbart worden ist. Die Bewertung als gesellschaftsvertragliche Zweckförderungsleistung gilt ebenso bei der Einbringung von Sachen oder Geld und insbesondere bei der Zurverfügungstellung von sachkundigem Personal.

bb) Aus dem bisher Gesagten folgt demnach zwingend, daß es sich bei jedem FuE-Kooperationsvertrag um einen Gesellschaftsvertrag im Sinne des § 705 BGB handelt, mit der Folge, daß die FuE-Kooperation grundsätzlich, soweit nicht die Konkretisierung eines Joint-Venture-Vertrags zur Errichtung einer Kapitalgesellschaft führt, dem Recht der Gesellschaft bürgerlichen Rechts zuzuordnen ist[250]. Dabei findet grundsätzlich Gesellschaftsrecht Anwendung, obgleich die Parteien in aller Regel keine „Gesellschaft" im Sinne des Sprachgebrauchs mit Geschäftsführungs- und Kontrollorganen zu errichten beabsichtigt hatten.

Diese Zuordnung zum Gesellschaftsrecht gilt auch in dem oben beschriebenen Sonderfall, daß das FuE-Abkommen nur allgemeine Absichten enthält oder gar nur mündlich geschlossen worden ist und die weiteren Fragen der Zusammenarbeit sich aufgrund verschiedener Einzelverträge, insbesondere von Know-how- sowie Schutzrechtslizenzen ableiten lassen[251], mit der Folge, daß diese scheinbar selbständigen Komponenten, weil nicht in einer Urkunde aufgeführt, dennoch in ihrer Gesamtheit gemäß den nachfolgend dargestellten Grundsätzen beurteilt werden müssen.

Dies schließt nicht aus, daß hinsichtlich der rechtlichen Behandlung des Vertrags allein die §§ 705ff BGB einschlägig sind, denn bei den FuE-Kooperationsverträgen handelt es sich um „komplexe Langzeitverträge"[252], für die einige Besonderheiten zu berücksichtigen sind. Komplexe Langzeitverträge sind in aller Regel dadurch gekennzeichnet, daß sie nicht nur auf einen einmaligen punktuellen Leistungsaustausch ausgerichtet sind, sondern anders als bei sonstigen Dauerschuldverhältnissen, die während ihrer Vertragsdauer den Austausch bestimmter wiederkehrender Leistungen zum Ziel haben, die gemeinsame Durchführung eines Projekts zum Gegenstand haben, an dem über einen längeren Zeitraum hinweg mehrere Projektbeteiligte kooperativ zusammenwirken.

cc) Insbesondere zu Beginn der Kooperationsbeziehung ist die Einbringung der gewerblichen Schutzrechte und die Preisgabe von Know-how von besonderer Bedeutung. Vielfach werden nämlich die Kooperationspartner erst durch die einseitige oder wechselseitige Übertragung von Wissen bzw. der Einräumung von Lizenzen an Schutzrechten, sei es faktisch oder zumindest in rechtlich zulässiger Weise, in die Lage versetzt, die Verwirklichung des Kooperationsziels in Angriff zu nehmen. Dennoch entspricht es den juristisch-dogmatischen Gegebenheiten, daß ein Gesellschaftsvertrag immer auf eine gemeinsame Zweckförderung, jedoch niemals auf einen reinen Austausch gerichtet sein kann.

---

250 Ganz herrschende Meinung: Gaul/Bartenbach/Gennen, aaO, K 17; Stumpf/Groß, aaO, Rdnr. 22; Benkard, § 15 PatG, Rdnr. 49; Schade, Die Ausübungspflicht bei Lizenzen, S. 51; Soergel/Hadding, § 705 BGB, Rdnr. 36

251 Siehe hierzu oben in Kapitel II 2.b).

252 Nicklisch, in: Nicklisch (Hrsg.), Der komplexe Langzeitvertrag, S. 17ff; Altin-Sieber, aaO, S. 212

Wie bereits festgestellt, handelt es sich bei der Einbringung von Know-how und Schutzrechten lediglich um die Erfüllung der gesellschaftsvertraglichen Pflicht zur Beitragsleistung[253] gemäß der §§ 705 und 706 BGB, die gerade in keinem, wie bei den Austauschverträgen üblichen, Synallagma steht[254]. Die höchstrichterliche Rechtsprechung neigte in einigen Einzelfällen jedoch dazu, bei im Gesellschaftsvertrag besonders vereinbarten Leistungsentgelten das konkrete Rechtsverhältnis als selbständigen Austauschvertrag isoliert vom Gesellschaftsvertrag zu behandeln und diesen je nach Gestaltung direkt dem Dienst-, Werk-, Kauf-, Pacht- oder jedem sonst einschlägigen Vertragsrecht zu unterstellen[255]. Denkbar ist eine solche Aufspaltung vor allem bei der entgeltlichen Erteilung von Know-how- und Schutzrechtslizenzen oder sonstigen Liefer- und Abnahmeverpflichtungen, die nicht unmittelbar mit der eigentlichen FuE-Tätigkeit zusammenhängen.

Entscheidend ist in diesem Zusammenhang die Frage, ob nun ein besonderes, für sich isoliert zu betrachtendes Rechtsverhältnis vorliegt oder nicht, denn in den höchstrichterlich entschiedenen Fallkonstellationen[256] handelte es sich jeweils um Dienstverhältnisse, deren Abgrenzung aufgrund der arbeitsrechtlichen Relevanz von besonderem Interesse war. Die Tatsache allein, daß mehrere Regelungskomplexe in einer Urkunde aufgenommen worden sind, stellt als bloße Formalie noch kein ausreichendes Indiz für einen einheitlichen Vertrag dar.

dd) Trotz dieser sehr differenzierten rechtlichen Beurteilung der einzelnen Leistungspflichten im Rahmen der Kooperationsbeziehung darf nicht außer Betracht bleiben, daß gerade bei FuE-Kooperationen zahlreiche austauschvertragliche Besonderheiten, wie die Einbringung von gewerblichen Schutzrechten und Know-how sowie die individuelle Erbringung von Forschungsleistungen, die vertragliche Gestaltung beeinflussen. Bei diesem Vertrag handelt es sich zwar um einen Schuldvertrag im Sinne des BGB handelt, aber die GbR ist aufgrund der gesetzgeberischen Intention auf eine Leistungsvereinigung und nicht auf einen Leistungsaustausch gerichtet. Damit sind die Vorschriften des allgemeinen Schuldrechts, insbesondere die §§ 320ff BGB im Rahmen der mehr als zweigliedrigen Kooperation nur sehr eingeschränkt anwendbar[257].

Doch muß an dieser Stelle hervorgehoben werden, daß die Frage nach der rechtlichen Qualifikation der einzelnen Elemente des Vertrages sowie des Gesamtvertragswerkes weniger

---

[253] MüKo/Ulmer, § 706 BGB, Rdnr. 13 hält allerdings die Anwendung von Vorschriften des besonderen Schuldrechts neben dem Gesellschaftsrecht für grundsätzlich verfehlt.

[254] MüKo/Ulmer, § 705 BGB, Rdnr. 138; Soergel/Hadding, § 705 BGB, Rdnr. 44; Staudinger/Keßler, § 705 BGB, Rdnr. 6ff; wohl auch Erman/Westerman, § 705 BGB, Rdnr. 41

[255] BGH (5.2.1963) NJW 1963, 1051; BGHZ (10.6.1965) 44, 40; diese Rechtsprechung wird von Palandt/Heinrichs, § 706, Rdnr. 5 sowie von Soergel/Hadding, § 713, Rdnr. 14 bejaht. Anders beurteilt dies das BAG NJW 1979, 999, welches fordert, daß sich die entsprechenden schuldvertraglichen Verpflichtungen nicht unmittelbar aus dem Gesellschaftsverhältnis ergibt.

[256] BAG (11.5.1978) NJW 1979, 999; BGHZ (10.6.1965) 44, 40

[257] Hueck, Das Recht der oHG, § 6 II 3; Palandt, § 705 BGB, Rdnr. 8; Baumbach/Hopt, § 105 HGB, Rdnr. 48; Soergel/Hadding, § 705, Rdnr. 35ff; demgegenüber sprechen sich in der neueren Literatur zunehmend mehr Stimmen gegen jegliche Anwendung der §§ 320ff BGB aus, so etwa Staudinger/Keßler, § 705 BGB, Rdnr. 10ff; Larenz/Canaris, Schuldrecht II/2, § 60, I, b; MüKo/Ulmer, § 705, Rdnr. 139. Die BGH-Rechtsprechung hat hingegen zu diesem Streitpunkt noch nicht abschließend Stellung bezogen, wenngleich in einigen Entscheidungen, so zum Beispiel BGH (29.1.1951) NJW 1951, 308; BGH (13.5.1953) NJW 1953, 1548; BGH (4.3.1982) NJW 1983, 1188, der Unterschied zum reinen Austauschvertrag ausdrücklich betont worden ist.

für die Frage nach der Erfüllung von primären Leistungspflichten von Relevanz ist, die in aller Regel durch umfangreiche Spezifikation schon im Vertragstext ausreichend bestimmt sind, sondern vor allem für die Problembereiche Ergebniszuordnung, Leistungsstörung und Beendigung der Zusammenarbeit. Zur Vermeidung der Probleme, welche die von der wohl herrschenden Meinung[258] vertretenen Lösungsansätze hervorrufen, sollte man daher grundsätzlich die rechtliche Einordnung des Vertrages als GbR im Sinne der §§ 705ff BGB berücksichtigen, aber gleichzeitig auch den Parteiinteressen in angemessener Weise Rechnung tragen, indem man die vom Gesetzgeber vorgegebenen typischen Schuldvertragsmodelle bei der Behandlung des Gesamtvertragswerks heranzieht.

Konkret bedeutet dies, daß man den Vertrag zum einen als Gesamtvertrag betrachten muß und alle Fragen, die Auswirkungen auf diesen im Gesamten ausüben, unter Berücksichtigung des Gesellschaftsrechts zu lösen sind, aber gleichzeitig die einzelnen Komponenten, die für sich allein zu bestehen imstande wären (darunter fallen insbesondere die Übertragung von Schutzrechten, die Mitteilung von Know-how, die Regelungen hinsichtlich des im Rahmen der Zusammenarbeit neu hinzutretenden Wissens - sei es als schlichtes Know-how oder in Form von Schutzrechten - sowie die Aufteilung der Forschungsarbeiten und -lasten auf die Beteiligten), als einzelne „kleine", wenn auch fiktive, Verträge ansieht.

Für die nun entstandenen einzelnen Vertragskomponenten sind die gesetzlichen Regeln des jeweils kennzeichnenden Vertragstyps heranzuziehen, also Know-how-Komponenten nach Kaufrecht, Schutzrechtsregelungen nach Pachtrecht und die eigentlichen FuE-Komponenten nach Werkvertragsrecht[259], wobei diese Normen nur vorsichtig analog angewendet werden können, da es am vergütungspflichtigen Leistungsaustausch fehlt, sondern stattdessen als Fernziel eine Leistungsvereinigung beabsichtigt ist. Damit können Probleme und Zweifelsfragen mittels der meist sachgerechten gesetzlichen Vorgaben gelöst werden, ohne daß jedesmal der Gesamtvertrag, sei es faktisch aufgrund von Zurückbehaltungs- und Leistungsverweigerungsrechten oder tatsächlich durch die Ausübung des gesellschaftsrechtlichen Kündigungsrechts, in Frage gestellt wird, wie dies ansonsten der Fall wäre.

Veranschaulicht kann das Gesellschaftsverhältnis als Hülle angesehen werden, welche die zahlreichen Einzelvertragsbestandteile umgibt, und die grundsätzlich bei Problemen im Kleinen nicht weiter betroffen ist. Erst bei erheblichen Problemen, die über den einzelnen Vertragsbestandteil hinausreichen und die den Vertrag in seiner Gesamtheit betreffen, sollte eine Lösung unter Einbeziehung der Hülle vorgenommen werden.

---

[258] Hinsichtlich der Behandlung vieler Probleme im Zusammenhang von FuE-Kooperationen liegt kaum verwertbare Rechtsprechung vor, so daß weitgehend die im Schrifttum vertretenen Ansichten berücksichtigt worden sind. Der Grund hierfür liegt darin, daß die an umfangreicheren FuE-Vorhaben Beteiligten oft sehr sensibel hinsichtlich der Veröffentlichung von Vertragsdetails sind, und außerdem die ordentliche Gerichtsbarkeit aufgrund von Schiedsgerichtsvereinbarungen meist gar nicht mit diesen Problemkreisen befaßt wird, Nicklisch in: Nicklisch (Hrsg.), Komplexe Langzeitverträge, S. 23.; Strasser, Contract's „Many Futures" after Death, 32 South Carolina Law Review 501, 516 (1981).

[259] Die Heranziehung der spezialgesetzlichen Normen für die Problemlösung im Falle der Störung einzelner Leistungspflichten im Rahmen von Gesellschaftsverträgen, ohne damit den Vertrag insgesamt zu gefährden, entspricht der herrschenden Meinung, so Baumbach/Hopt, § 109 HGB, Rdnr. 10; Palandt/Thomas, § 706 BGB, Rdnr. 5; Hueck, aaO, S. 207.

III. Störungen des Leistungsgleichgewichts

1. Leistungsstörungen im Rahmen der FuE-Kooperation

a) Problemstellung

Nach den bereits dargestellten unternehmensinternen Problemen bei der Frage, in welcher Form der betriebliche Innovationsprozeß ablaufen soll[1], wird der Erfolg der Kooperationstätigkeit von den verschiedensten Faktoren beeinflußt. Nachdem das „Ob" der Zusammenarbeit ebenso entschieden ist wie die in der Praxis oftmals sehr schwierige Partnersuche und weitgehende Einigung über das „Wie" erfolgt ist, wird vielfach zu wenig Zeit darauf verwendet, die Chance auf eine gewinnbringende Zusammenarbeit durch entsprechende vorbeugende Maßnahmen des Störungsmanagements[2] nachhaltig zu sichern. Die Interessengegensätze, die hier bestehen können, sind sehr vielfältig. Es genügt nicht, darauf zu vertrauen, die gemeinsamen Pläne und Ideen ließen sich wie beabsichtigt verwirklichen, was lediglich im Erfolgsfall durchaus richtig ist. Im Krisenfall reichen jedoch die gemeinsamen Absichtserklärungen meist nicht aus, um die in vielfältiger Form auftretenden Leistungsstörungen in einer Art und Weise zu beseitigen, die zu einem gerechten Ausgleich der Interessen und sowie der vorhandenen Risiken führt und die weitere Durchführung der Kooperationstätigkeit bis zu deren Ende ermöglicht.

Zu berücksichtigen ist dabei insbesondere das große Vertrauen, welches sich die Partner entgegenbringen und das sich in der Know-how-Preisgabe sowie gegebenenfalls in der Gestattung, Schutzrechte zu benutzen, manifestiert. Damit dieser immense Vertrauensvorschuß keine Enttäuschung erfährt und auch die künftige erfolgreiche Zusammenarbeit gesichert wird, muß das Interesse aller Kooperationspartner darauf gerichtet sein, auf dem Fundament eines stabilen Vertragsverhältnisses die gemeinsame FuE-Tätigkeit durchzuführen. Insbesondere stellen sich im Rahmen jeder Störung des komplexen vertraglichen Gesamtwerkes[3] zwei Fragen mit zum Teil erheblich voneinander divergierender Zielrichtung: Zunächst ist nämlich stets eine Antwort darauf zu finden, welche unmittelbaren Folgen sich aus einer Leistungsstörung ergeben, sprich was mit der verspäteten, unterbliebenen oder mangelhaften Leistungshandlung geschieht bzw. inwiefern sich der Inhalt der jeweiligen Leistungsverpflichtungen verändert. Viel bedeutsamer, da dies Auswirkungen auf das Vertragswerk insgesamt hat, ist jedoch die sich unmittelbar daran anschließende Frage, welche Konsequenzen letztendlich aus der gestörten oder veränderten einzelnen Leistungspflicht für den Vertrag in seiner Gesamtheit folgen[4]. Einen besonderen Risikofaktor stellt hierbei

[1] Hier galt es vorab eine Make-or-buy-Entscheidung zu fällen, die letztendlich zu der zwischenbetrieblichen FuE-Zusammenarbeit geführt hat, Siehe im übrigen zu diesem Themenkreis die Ausführungen in Kapitel I.

[2] Siehe hierzu oben in Kapitel I.5).

[3] Welch unterschiedlichen Elemente in FuE-Kooperationsverträgen üblicherweise aufzutauchen pflegen, wurde bereits eingehend in Kapitel II.2) erläutert.

[4] Erfreulich klar wird diese Problematik von Schmidt, Gesellschaftsrecht, § 20 III 1.b) herausgearbeitet. Auch wenn diese Auffassung in der Literatur insbesondere von Staub/Ulmer, § 105 HGB, Rdnr. 149, in Fn. 314 sowie MüKo/Ulmer, § 706 BGB, Rdnr. 21, in Fn. 56 offensichtlich zum Teil mißverstanden wird, lassen sich allein durch die Trennung des Beitragsverhältnisses vom Gesellschaftsverhältnis, ohne daß man sich hierunter gleich zwei verschiedene Rechtsverhältnisse vorstellt, die unterschiedliche Behandlung der Störung von einzelnen Leistungspflichten sowie die Auswirkungen auf die gesamte Vertragsbeziehung strukturiert darstellen. Letztendlich handelt es sich nur um eine dogmatisch-logische Aufspaltung und nicht um eine sachwidrige

die gesetzliche Normierung des Gesellschaftsrechts dar, das keine speziellen Mechanismen für die Behandlung von Leistungsstörungen zur Verfügung stellt, sondern lediglich ein Kündigungsrecht einräumt. Auffallend ist hierbei, daß es vom Gesetzgeber nicht vorgesehen worden ist, einzelne, oft auch nur kleinere Probleme zu lösen, ohne damit den Bestand der gesamten Vertragsbeziehung zu gefährden.

Daher hat es sich die vorliegende Arbeit zum Ziel gesetzt - und dies sollte ebenso die Intention der Kautelarjuristen in der Praxis sein - zu einem FuE-Modell zu gelangen, welches den FuE-Erfolg am besten zu sichern vermag und dabei die gerade im FuE-Bereich auftretenden Risiken durch eine vorausschauende Regelungen minimieren kann[5]. Dabei ist es unerläßlich, nicht nur zu Detaillösungen für bestimmte Problembereiche zu kommen, sondern in gesetzesgleicher Form ein generalisierendes Konzept zu erstellen, mit welchem gerade die unvorhergesehen auftretenden Schwierigkeiten bekämpft und letztendlich aus dem Weg geräumt werden können.

b) Ursachen für die besondere Leistungsstörungsproblematik in FuE-Kooperationsverträgen

Die Gründe, die in tatsächlicher Hinsicht zu Leistungsstörungen führen, lassen sich in zwei Gruppen einteilen. Dies sind zum einen die „externen Faktoren“, also diejenigen Umstände, die das Leistungsgleichgewicht aufgrund der allgemeinen wirtschaftlichen Situation aus dem Lot bringen können, und zum anderen die „internen Faktoren“, die ihren spezifischen Bezugspunkt im konkreten Unternehmen haben. Dabei kann auch die Veränderung der äußeren Umstände zum Teil unternehmensinterne Störungen nach sich ziehen.

aa) In der Praxis treten oftmals Störungen auf, deren Gründe sich in der Struktur eines oder mehrerer Partnerunternehmen beziehungsweise der Partnerschaft selbst finden lassen:

(1) Eine Ursache für spätere Leistungsstörungen - insbesondere bei Kooperationsverhältnissen, die auf eine längere Dauer angelegt sind - ist in dem meist wechselseitigen Abhängigkeitsverhältnis zu suchen, in welchem sich die Partner befinden. Denn gerade bei der arbeitsteiligen Kooperation[6], die sich aufgrund der Rationalisierungs- und Synergieeffekte in besonderem Maße anbietet, stellt sich jedes Unternehmen darauf ein, daß der Partner bestimmte Forschungsmodule eigenverantwortlich erledigt und die dann gewonnenen Ergebnisse zur Verwertung weiterreicht. Hierbei lassen sich positive Effekte vor allem dann erzielen, wenn im Rahmen dieser Aufteilung eine Eigenforschung in dem den jeweiligen Kooperationspartnern zugewiesenen Bereichen unterbleibt oder jedenfalls stark verringert wird. Doch gerade von diesen funktionalen Änderungen des eigenen Unternehmens geht stets eine latent hohe Gefahr aus, denn das in Teilbereichen nicht mehr forschende Unter-

---

Vermengung der beiden Bereiche, was die Findung einer allgemein gültigen und nicht nur auf den Einzelfall abgestellten Lösung erleichtern soll.

[5] Allerdings ist den gängigen Formularverträgen das Fehlen eines Mechanismus zur Störungsvermeidung bzw. zur Störungsbewältigung gemeinsam; siehe allgemein zur FuE-Kooperationen: Pagenberg/Geissler, Lizenzverträge, Formular Nr. 8; für Vorhaben, die durch die EU gefördert werden: EG-Kommission, Cooperative Research (Craft) Contract, im Internet abrufbar unter: ftp://ftp3.cordis.lu/pub/fp5/docs/craft_en.pdf; für Projekte, die durch das BMBF gefördert werden: BMBF, Richtlinien zur Förderung der Forschungskooperation in der mittelständischen Wirtschaft, Bundesanzeiger Nr. 81 vom 30.4.1997.

[6] Gerade bei dieser handelt es sich um eine häufig auftretende Form der Zusammenarbeit, da hier die spezifischen Vorteile der Zusammenarbeit gut mit dem Unternehmensinteresse, die Selbständigkeit möglichst weitgehend zu wahren, harmonieren.

nehmen hat seine Strukturen auf die besonderen Gegebenheiten der FuE-Kooperation eingestellt und ist insofern unternehmerisch nicht mehr voll funktionsfähig[7], sondern auf die Leistungsstärke und die Ergebnisse der Partner angewiesen.

Dies bedeutet im Ergebnis, daß eine Vergemeinschaftung der Forschung in arbeitsteiliger Weise, also die „wechselseitige Aufgabenübertragung entsprechend der jeweils besseren Leistungsfähigkeit", zu einer „Vergemeinschaftung der verbleibenden Leistungsrisiken führt"[8]. Zwar wird hierdurch das Risiko des Scheiterns eines abstrakt beabsichtigten Forschungszieles verringert, aber dafür ein zusätzliches Risikopotential geschaffen, weil jedes beteiligte Unternehmen in besonderem Maße unter der möglicherweise mangelnden Leistungsfähigkeit seiner Partner leidet. Dabei ist es nicht von Bedeutung, ob es sich dabei um eine bloße Leistungsschwäche oder eine Leistungsunfähigkeit handelt und ob diese vorübergehend oder auf Dauer gegeben ist. Entscheidend ist, daß der Wille zur Aufgabenverwirklichung weiterhin vorliegt und daß sich die mangelnde Leistungsfähigkeit unmittelbar auf die eigentlichen FuE-Leistungen bezieht. Somit liegt nicht nur die Chance auf einen Erfolg in der Hand jedes einzelnen Beteiligten, sondern das Risiko eigener Fehlschläge wird zudem auf den jeweiligen Partner mitverlagert[9]. Folglich leidet jeder Kooperationsteilnehmer in gleicher Weise unter wirtschaftlichen Problemen seiner Partners, wie diese selbst. Dabei spielt es auch keinerlei Rolle, ob einer der Partner aus finanziellen oder sonstigen rein tatsächlichen Gründen nicht in der Lage ist, das gemeinsame Kooperationsziel in gleicher Weise anzustreben wie die noch leistungsfähigen Unternehmen.

(2) Eine weitere Quelle von Störungen im Rahmen von FuE-Arbeiten sind technische Probleme, die im Laufe der Projektdurchführung entstehen. Bereits bei der eigenbetrieblichen FuE ist dies eine ebenso relevante wie auch häufig auftretende Störungsquelle. Dieser Problemkreis manifestiert sich in erster Linie in technischen Schwierigkeiten bei den FuE-Arbeiten allgemein sowie auch im Rahmen der Einführung neuer Produkte. Diese müssen nicht nur den Marktbedürfnissen entsprechen, sondern sich auch in der entsprechenden Stückzahl unter Einhaltung der Qualitätsanforderungen produzieren lassen. Darüber hinaus treten bei der kooperativen FuE noch weitere Probleme auf, da dort das Potential für die Schwierigkeiten bei der Projektdurchführung insofern erhöht wird, als insbesondere an den Schnittstellen zu den Arbeitsbereichen der Partner Inkompatibilitäten auftreten können.

(3) Die weitere vertragsgemäße FuE-Tätigkeit scheitert mitunter nicht am mangelnden Können, sondern am fehlenden Willen zur gemeinschaftlichen Ergebnisfindung. Der Interessenfortfall eines Partners an der Fortsetzung des Kooperationsverhältnisses kann seinerseits mannigfaltige Gründe haben. So fehlt der Wille zur weiteren Zusammenarbeit in der Regel dann, wenn die bisher gemeinsam erarbeiteten Ergebnisse für die eigenen Bedürfnisse als ausreichend erachtet werden[10] oder aber auch, wenn das angestrebte Ziel auf andere Weise, sei es allein oder mit einem anderen Partner, höhere Erfolgschancen verspricht. Auch kann die Überlegung eine Rolle spielen, daß das Vertrauen in den Partner verloren

[7] Ullrich, Geschäftsrisiko und Unternehmenskooperation, in: FS für Steindorff, S. 281ff

[8] Ullrich, in: FS für Steindorff, S. 281, 290

[9] In diesem Zusammenhang betont Ullrich, in: FS für Steindorff, S. 281, 284, daß diese Gefahren umso größer sind, wenn die Zusammenarbeit besonders eng ist oder sich in für die Unternehmen existentiellen Bereichen vollzieht.

[10] Dies ist, Gesprächen mit Verantwortlichen von Unternehmen zufolge, eine häufige Ursache, die Zusammenarbeit, vielfach mit vorgeschobenen Gründen, zu beenden.

geht, wenn dieser bei der Mittelbeschaffung oder der Durchführung der FuE-Arbeiten Schwierigkeiten hat. Aus der Befürchtung heraus, es werde diesem in Zukunft unter Umständen nicht mehr möglich sein, das FuE-Projekt mit dem entsprechenden Aufwand weiter zu verfolgen, erscheint der rechtzeitige Rückzug aus der gemeinsamen Kooperationstätigkeit vor dem Eintritt einer tatsächlichen Leistungsunfähigkeit oftmals als probates Mittel. Darüber hinaus kommen noch andere, zum Teil auch sachfremde Gründe in Betracht, die ihre Basis zum Teil auch im persönlich-zwischenmenschlichen Bereich haben können. Hier ist vor allem an den Fall zu denken, daß die maßgeblichen Mitarbeiter der Partnerunternehmen nicht imstande sind, gemeinsam zielführend zu arbeiten.

So verschieden die Ursachen bezogen auf das leistungsunfähige Unternehmen sind, so einheitlich stellen sich die Konsequenzen für das vertragstreue Unternehmen dar, nämlich als Gefahr des Scheiterns des Gesamtprojekts mit allen nachteiligen Konsequenzen. In diesem Zusammenhang ist noch zu bemerken, daß es unerheblich ist, ob die maßgeblichen Gründe zutreffend sind oder nicht, denn allein der fehlende Wille stellt eine Leistungsstörung dar, sobald das jeweilige Unternehmen nicht mehr bereit ist, mit dem erforderlichen Nachdruck das FuE-Ziel gemeinsam mit dem Partner zu verfolgen und sich an einem vertragsgemäßen Ergebnisaustausch zu beteiligen.

(4) Ein weiterer Störungsfaktor kann sich aus betrieblichen Fehleinschätzungen sowie Fehlprognosen ergeben. Dabei zeigen sich vom Blickwinkel eines neutralen Beobachters aus vor allem zwei verschiedene Ansatzpunkte: Zum einen besteht immer die Gefahr, daß sich ein Unternehmen hinsichtlich des von ihm zu erbringenden Aufwandes irrt und dann einen höheren Anteil am FuE-Gesamtaufwand erbringen muß oder die eigene wirtschaftliche oder finanzielle Leistungsfähigkeit als zu positiv einstuft und nicht in der Lage ist, die versprochenen Leistungen zu erbringen. Die andere Möglichkeit ist, sich über die Leistungsfähigkeit des Partners getäuscht zu haben oder die Verwertbarkeit der Leistungsbeiträge des Partners[11] zu positiv beurteilt zu haben. Die tieferen Ursachen für diesbezügliche Fehlprognosen sind vielfach ebenso in der mangelnden Kenntnis der Unternehmensstrukturen des Kooperationspartners begründet, wie auch in der gängigen Praxis, dem potentiellen Partner vor Beginn der gemeinsamen FuE-Tätigkeit keinen zu tiefen unternehmensinternen Einblick zu gewähren, um im Falle des Scheiterns der Vertragsverhandlungen nicht unnötig viel Wissen an diesen zu verlieren.

(5) Ein weiterer FuE-typischer Bereich, aus dem sich Störungen für den künftigen Projektablauf ergeben können, sind Änderungen hinsichtlich der Anforderungen an die Zielsetzung. Die Notwendigkeit, die geplanten Ergebnisse neuen Bedürfnissen anzupassen, kann sich bereits vor der Aufnahme der kooperativen FuE ergeben. Zumeist wird dies jedoch im Rahmen von komplexeren Vorhaben erforderlich, wenn schon gewisse Ergebnisse vorliegen. Hier ist insbesondere auch der allgemeine technische Fortschritt zu berücksichtigen bzw. die gewachsenen technischen Erwartungen der potentiellen Kunden, so daß diese Faktoren Eingang in die Ergebnisrealisierung finden müssen.

[11] In diesem Zusammenhang ist der Leistungsbegriff im weitesten Sinne zu verstehen, so daß sowohl sämtliche Beiträge etc. wie auch die eigentlichen FuE-Arbeiten und die hieraus sich ergebenden Ergebnisse darunter zu subsumieren sind. Siehe hierzu MüKo/Ulmer, § 706 BGB, Rdnr. 1; Soergel/Hadding, § 706 BGB, Rdnr. 1; Hueck, Das Recht der oHG, § 14 I; Schmidt, Gesellschaftsrecht, § 59 II 1.a); Erman/Westermann, § 706 BGB, Rdnr. 1.

Dabei sind die Ursachen für die geänderten Zielsetzungen bzw. die Gründe für das Erfordernis, die Ziele zu korrigieren, sehr vielschichtig. Zum einen kann sich aufgrund der bisherigen FuE-Tätigkeiten herausstellen, daß die geplante Lösung sich gar nicht realisieren läßt oder daß das eigentliche Ziel noch keine befriedigende Problembewältigung darstellt. Aber auch andere Umstände machen eine Änderung des Projekts erforderlich, etwa wenn ein Dritter auf dem kooperationsrelevanten FuE-Gebiet ein Schutzrecht anmeldet, durch welches die kommerzielle Verwertung der eigenen Forschungsergebnisse unmöglich wird. Ein Musterbeispiel für das Erfordernis der Projektanpassung an veränderte Bedürfnisse oder neue Situationen stellen komplexere Kooperationsvorhaben im DV-Bereich dar. Hierbei ist es gleichgültig, ob eine neue Standardsoftware erschaffen werden soll oder ob diese nur individualisiert werden muß oder ob Gesamtsysteme, bestehend aus Hardware- und Softwarekomponenten, das Entwicklungsziel darstellen[12]. Gerade im DV-Bereich kann sich kein Unternehmen den äußeren Gegebenheiten, wie etwa Entstehung von neuen Standards im Hardware- oder Softwarebereich, völlig verschließen, so daß insbesondere bei Vorhaben, deren Realisierung einen längeren Zeitraum beansprucht, eine Änderung nicht nur wahrscheinlich ist, sondern eine Projektanpassung zumeist unumgänglich wird.

(6) Schließlich sind auch vertragliche Unklarheiten oder Unvollständigkeiten als Ursache für spätere Leistungsstörungen zu nennen. So ist es grundsätzlich erforderlich, das eigentliche FuE-Ziel, welches gemeinsam angestrebt werden soll, möglichst klar zu umreißen, denn bei einem nicht eindeutig definierten Gegenstand der Zusammenarbeit sind Unstimmigkeiten quasi vorprogrammiert. Gerade bei FuE-Kooperationen von Unternehmen, die sich auf verschiedenen Produktionsstufen („vertikale Kooperation") befinden, wird insgesamt eine Innovation angestrebt, die für die einzelnen Partner von völlig unterschiedlichem praktischem Nutzungswert sein kann, so daß eine weitere Zusammenarbeit für das Unternehmen, das die gewünschten Erfolge bereits erzielt hat, nicht mehr weiter von Interesse ist, während der oder die anderen Beteiligten noch auf eine weitere kooperative FuE-Tätigkeit angewiesen sind. Was für das Gesamtziel der FuE-Tätigkeit im Großen gilt, kann sich bei sonstigen vertraglichen Unklarheiten über die Art und den Umfang der einzelnen Leistungsbeiträge oder auch hinsichtlich anderer Regelungen des Kooperationsvertrages zu erheblichen Schwierigkeiten ausweiten, insbesondere wenn ein Partner solche vertraglichen Lücken zum Anlaß nehmen will, aus der Zusammenarbeit auszuscheiden oder durch Nachverhandlungen in eine günstigere wirtschaftliche Position zu gelangen.

bb) Neben diesen internen Ursachen können sich aber Leistungsstörungen auch aufgrund der gesamtwirtschaftlichen Situation oder aufgrund der besonderen Gegebenheiten des Marktes einstellen. Da zwischenbetriebliche FuE-Kooperationen nicht als Selbstzweck oder aus rein wissenschaftlichem Interesse geschlossen werden, sondern weil ein unmittelbar meßbares betriebswirtschaftliches Ergebnis erzielt werden soll, beeinflußt auch die wirtschaftliche Gesamtsituation den Erfolg der Zusammenarbeit. Denn wenn sich aufgrund von geänderten Marktbedingungen, unabhängig davon, ob diese auf einer verknappten Nachfrage oder einem gesteigerten Angebot beruhen[13], oder sich jedenfalls aufgrund einer veränderten Prognose der Marktchancen eines neuen Produkts absehen läßt, daß dieses nicht reüssieren wird, entsteht in jedem Fall eine Situation, in der ein Festhalten am bisherigen Plan wirtschaftlich nicht mehr vertretbar erscheint.

---

[12] Siehe hierzu Heppner, Softwareerstellungsverträge, 4.2. und 5.1.

[13] Denkbar wäre es auch, daß sich aufgrund gestiegener Produktionskosten ein entsprechender Absatzmarkt für ein derartiges Produkt in der geplanten Stückzahl nicht mehr verwirklichen läßt.

Umso schwieriger stellt sich die Lage dar, wenn nicht alle Kooperationspartner von den geänderten Bedingungen in gleicher Weise betroffen sind[14], sondern es für Einzelne durchaus noch interessant ist, die Zusammenarbeit fortzusetzen, denn gerade dem fortsetzungswilligen Partner liegt es daran, gemeinsam den Weg weiter zu beschreiten, da er ja von den Kosten- oder Zeitvorteilen der vergemeinschafteten FuE weiterhin profitieren kann, unabhängig von den Vorteilen, die die anderen Beteiligten noch davon haben. Neben den Veränderungen, die sich für die Marktchancen eines bestimmten Produkts ergeben, kann sich auch der Gesamtmarkt für ein ganzes Marktsegment so verändern, daß eine Fortsetzung der Kooperation auf dem geplanten Feld in der ursprünglich vorgestellten Weise nicht mehr in sinnvoller Weise möglich ist[15].

Eine zwar in seiner Entstehung gänzlich andere, aber keinesfalls weniger bedeutsame Störungsursache stellt jede Veränderung der äußeren Rahmenbedingungen dar, wobei globale Einflüsse ebenso zu Problemen führen können wie die wirtschaftliche Situation in einem nicht in die Überlegungen einbezogenen Drittland[16]. Fest steht jedenfalls, daß alle nur denkbaren äußeren Umstände, etwa die allgemeine konjunkturelle Lage, ebenso zu Problemen führen können wie die Wechselkurse von Währungen und nicht zuletzt die allgemeine politische Lage in einem Land, welches als Standort für das FuE-Vorhaben vorgesehen ist oder als potentieller Absatzmarkt in Frage kommt. Neben der Frage der politischen Stabilität[17] sowie einer handlungsfähigen Regierung können beispielhaft für die von den einzelnen Staaten bewußt gesetzten Rahmenbedingungen das Steuerrecht, staatliche Fördermaßnahmen, die rechtliche Zulässigkeit hinsichtlich spezieller Technologien[18] oder auch das Umweltrecht genannt werden.

cc) Zusammenfassend bleibt festzuhalten, daß die oben dargestellten Risiken, insbesondere das Abhängigkeitsverhältnis, das Erfordernis der Anpassung des Projekts an geänderte

---

[14] Wie vielschichtig die gesamtwirtschaftlichen Umstände sein können, die ganz allgemein bei jeder Kooperationstätigkeit, nicht nur im Rahmen von FuE, auftreten können und wie oft unternehmensinterne Faktoren mit einer veränderten Marktlage zusammentreffen, veranschaulichen die Beispiele, die Ullrich, in: FS für Steindorff, S. 281, 283ff dargestellt hat.

[15] Hier wäre an die FuE-Kooperation eines Massenherstellers mit einem kleinen Nischenunternehmen zu denken. Wenn sich hier eine Änderung auf dem Gesamtmarkt ergibt, wie zum Beispiel die Durchsetzung eines neuen Standards durch einen konkurrierenden Massenhersteller, kann die weitere Zusammenarbeit für den Nischenhersteller durchaus noch Sinn machen, da er in gewissem Umfang in der Lage ist, die hohen Kosten aufgrund der geringen produzierten Stückzahl über höhere Preise an die Kundschaft weiter zu geben, welche die entsprechenden Produkte aufgrund von hoher Qualität, gutem Service, außergewöhnlichem Design oder anderen Gründen erwirbt. Anders sieht es hingegen für den Massenproduzenten aus, der mangels Marktchancen eher daran interessiert ist, das konkrete FuE-Vorhaben abzubrechen und seine FuE-Ressourcen in einem anderen Bereich einzusetzen.

[16] Denkbar ist hier zum Beispiel eine erhebliche Abwertung einer Landeswährung mit der Folge, daß zu den geänderten Bedingungen die Unternehmen dieses Landes ihre Produkte auf dem Weltmarkt konkurrenzlos billig anbieten können und Neuentwicklungen in diesem Marktsegment a priori keine Chance haben, bestehen zu können; zu denken wäre hier etwa an Unterhaltungselektronik etc.

[17] Oft geht der politische Verfall mit dem wirtschaftlichen, wie Abwertung der Landeswährung, Inflation und wirtschaftliche Stagnation, einher, wie zuletzt das Beispiel Rußland wieder vor Augen geführt hat.

[18] Im Augenblick kann in vielen hochentwickelten Industrieländern die Diskussion um die Zulässigkeit gentechnisch veränderter Nahrungsmittel oder das Klonen von Mensch und Tier verfolgt werden. Unternehmen, die in diesem Bereich kooperativ tätig werden wollen, müssen auch immer die augenblickliche und die voraussichtliche künftige Rechtslage im eigenen Land sowie am Forschungsstandort des Kooperationspartners vor Augen haben. So kann sich eine strategische Kooperation in diesem Bereich gerade für nicht multinationale Unternehmen mit einem ausländischen Partner anbieten, da dann in dem Land diejenigen Forschungsmodule ausgearbeitet werden können, welche dort rechtlich zulässig sind.

Zielvorgaben sowie vertragliche Unvollständigkeiten, zu Störungen des leistungsgerechten Kooperationsablaufs führen können. Daneben ist zu berücksichtigen, daß die unternehmerischen Interessenlagen der Kooperationspartner in erheblichem Maße divergieren[19], was für sich allein noch nicht eine Leistungsstörung darstellt, aber deren späteres Auftreten insofern zu begünstigen vermag, als es um die Frage geht, wie mit Problemen umzugehen ist. Diese unterschiedlichen Interessenlagen führen letztendlich erst zu dem, was oben als Ursachen - mit Ausnahme der wirtschaftlichen Unfähigkeit - für die Leistungsstörungen genannt worden ist[20]. Die hier angesprochenen Schwierigkeiten, die im Laufe der Zusammenarbeit auftreten können, werden mit zunehmender Vertragsdauer eher noch verstärkt, denn aufgrund der zahlreichen möglichen Ereignisse und Entwicklungen steigt die Gefahr, daß sich die mannigfaltigen Risikopotentiale realisieren, ständig an.

c) Systematisierung der einzelnen Störungen

So unterschiedlich die tatsächlichen Ursachen für die Störungen der Vertragsbeziehung sein können, so verschieden stellt sich auch deren Einordnung in juristische Kategorien dar. Die Vielschichtigkeit dieser Schwierigkeiten im Projektablauf macht es erforderlich, eine Systematisierung vorzunehmen, die nicht nur zwischen internen und externen Problemen unterscheidet, sondern darüber hinaus eine Differenzierung hinsichtlich der Störung der eigentlichen FuE-Arbeiten und den begleitenden Leistungspflichten vornimmt. Nur durch eine solche Aufbereitung lassen sich Fallgruppen bilden, die juristisch einheitlich beurteilt werden können und darüber Aufschluß geben, wie die gestörte Leistung zu behandeln ist und welche Konsequenzen sich darauf für den Gesamtvertrag ergeben.

aa) Die externen Faktoren lassen sich wie folgt untergliedern:

(1) Für jedes Unternehmen spielt die wirtschaftliche Gesamtlage eine herausragende Rolle, die zwar keine FuE-spezifische Risikoerhöhung bedeutet, aber gleichwohl die Zusammenarbeit in erheblichem Maße negativ beeinflussen kann. Insbesondere ist hier an Rezessionen oder Wirtschaftskrisen zu denken, unabhängig davon, ob diese globale Auswirkungen zeigen oder nur die jeweilige Branche betreffen. Gleiches gilt für andere Sondersituationen, wie etwa Kriege oder Naturkatastrophen, welche die Kooperationsbeziehung nachhaltig erschüttern können. Aber auch im Falle einer erheblichen Änderung der politischen Situation in einem Land, aus welchem bei multinationaler Zusammenarbeit einer der Partner stammt bzw. welches entscheidende Bedeutung für die Durchführung der FuE-Arbeiten selbst oder auch für die anschließende wirtschaftliche Verwertung hat, kann die Zusammenarbeit nachhaltig tangiert werden. Aber auch die massive Veränderung von politischen Parametern kann eine Kooperationsbeziehung in erheblichem Maße nachteilig beeinflussen, etwa bei einem Putsch oder einfach, wenn ein Regierungswechsel zu einer Neuorientierung der Wirtschafts- oder Steuerpolitik führt. So macht es zum Beispiel für Energieversorgungs- oder Anlagenbauunternehmen wenig Sinn, nachhaltige Forschungen im Bereich der friedlichen Nutzung von Nukleartechnik zu betreiben, wenn die nationale Regierung den „Ausstieg aus der Kernenergie" betreibt.

(2) Neben diesen globalen Szenarien können aber auch nachhaltige Veränderungen der

[19] Siehe zu den unternehmerischen Gründen, eine Kooperationsbeziehung einzugehen, die Ausführungen in Kapitel I 2.b).

[20] Harms, Interessenlagen und Konflikte bei der zwischenbetrieblichen Kooperation, S. 13ff

Marktbedingungen den Erfolg der FuE-Arbeiten gefährden. Dies können zum einen erhebliche Veränderungen der Preise auf den Beschaffungs- bzw. den Absatzmärkten für die bei der späteren Produktion benötigten Rohstoffe bzw. der Endprodukte sein. Zum anderen ist auch eine dahingehende Veränderung der Marktsituation relevant, daß sich das Kaufverhalten der potentiellen Kunden gewandelt hat, etwa andere Prioritäten hinsichtlich der Beschaffenheit der Produkte gesetzt werden oder sich neue Standards durchgesetzt haben. Außerdem können Konkurrenzprodukte, die entweder früher auf den Markt kommen bzw. leistungsfähiger oder billiger sind, die Entwicklungsziele obsolet erscheinen lassen, wenn dadurch für die eigenen Produkte kein ausreichendes Marktpotential mehr besteht.

Die gerade angesprochenen Probleme zeigen auch bei der eigenbetrieblichen FuE massive Auswirkungen, aber aufgrund der Kooperation verstärken sich die Schwierigkeiten noch zusätzlich, da es oftmals nicht möglich ist, einfach die Zielvorgaben der geänderten Situation anzupassen. Dies beruht einerseits darauf, daß die Partner zum Teil unterschiedliche Endergebnisse vor Augen haben und andererseits ist zu berücksichtigen, daß veränderte Ziele zumeist auch entsprechend angepaßte Leistungsbeiträge erfordern, mit der Konsequenz, daß der gesamte Vertrag zu modifizieren ist und letztendlich ein „neuer" Vertrag geschlossen werden müßte.

bb) Wenn auch das Auftreten von externen Störungsursachen die Kooperation besonders nachhaltig erschüttern kann, kommt dennoch den internen Faktoren weit größere Bedeutung zu. Die möglichen Probleme lassen sich dabei in drei Gruppen unterscheiden, nämlich zunächst die Störungen des FuE-Kernbereichs, insbesondere beim Projektablauf und bei sich ändernden Projektanforderungen. Dann sind die klassischen Leistungsstörungen von sonstigen Leistungspflichten zu nennen, etwa die Pflicht, die Beiträge in Form von Kapital, Menpower oder durch Schutzrechtseinbringungen zu leisten, und schließlich die vertragsimmanenten Streitpunkte, wie Unvollständigkeiten oder Streit über den Umfang von nicht ausreichend spezifizierten Leistungspflichten.

(1) Zentrale Bedeutung für den zielgerichteten Projektfortgang haben die eigentlichen FuE-Arbeiten sowie der wechselseitige Informationsfluß.

(a) Hier ist zunächst an Störungen des eigentlichen Projektablaufs zu denken. Solche sind immer dann gegeben, wenn FuE-Ergebnisse den Partnern entweder gar nicht oder verspätet mitgeteilt werden oder für die weiteren Tätigkeiten unbrauchbar sind. Gleiches gilt auch, wenn diese sachlich unrichtig, unvollständig oder nicht hinreichend zielführend sind.

(b) Besonders problematisch ist es, wenn bei einzelnen Partnern der Leistungswille a priori fehlt oder später wegfällt. Dies ist etwa dann der Fall, wenn es einem Partner nicht auf die Zusammenarbeit ankommt, sondern er nur daran interessiert ist, an Informationen über das andere Unternehmen zu gelangen oder sogar nur Schutzrechtslizenzen im Hinblick auf die kooperative FuE erhalten will. Doch weit häufiger als dieses unehrliche Vorgehen sind die Fälle, in denen ein Partner nach einer gewissen Kooperationsdauer keine weitere Zusammenarbeit mehr wünscht. Dies kann zum Beispiel darauf beruhen, daß ein Unternehmer aus seiner Sicht bereits ausreichende FuE-Ergebnisse erzielt hat bzw. die künftigen Arbeiten, auch im Hinblick auf die einzusetzenden Mittel, nicht hinreichend erfolgsversprechend erscheinen. Aber auch die Erkenntnis, daß sich die gemeinsamen FuE-Ergebnisse nicht in der vorab prognostizierten Weise kommerziell verwerten lassen, kann zum Entfallen des

Leistungswillens führen. Die besondere Schwierigkeit in der Handhabung solcher Situationen liegt darin, daß der Partner, soweit eindeutige vertragliche Absprachen vorliegen, vielfach nicht offen seine Tätigkeit einstellt, sondern stattdessen den Eindruck erwecken will, weiter den Vertragspflichten nachzukommen.

(c) Als letzte und wohl auch wichtigste Fallgruppe ist das Bedürfnis nach Änderungen an die Projektanforderungen zu nennen, da es sich hier um „das" spezifische FuE-Problem allgemein handelt, welches bei kooperativer FuE die größten Schwierigkeiten in der praktischen und rechtlichen Handhabung bereitet. Denn es wird in jedem Fall eine Änderung des Vertrages erforderlich, deren inhaltliche Ausgestaltung zum Zeitpunkt des Vertragsabschlusses jedoch nicht absehbar war. Die damit verbundenen Schwierigkeiten bestehen allerdings unabhängig davon, ob die Modifikation des Vertrages auf Fehleinschätzungen und Fehlprognosen beruht oder sich die Notwendigkeit aufgrund der bis zu diesem Zeitpunkt erzielten Ergebnisse herausstellt.

(2) Nun sind die Störungen von begleitenden Leistungspflichten näher zu beleuchten, die nicht unmittelbar den eigentlichen FuE-Tätigkeiten zuzurechnen sind. Hierzu zählen alle Nebenleistungspflichten, aber es kommen auch Hauptleistungspflichten in Betracht, wenn nämlich einzelnen Pflichten, hier ist insbesondere an Know-how- und Schutzrechtseinbringungen zu denken, im Rahmen des Gesamtvertrages so großes Gewicht zukommt, daß diese entsprechend zu qualifizieren sind[21]. Zu den Nebenleistungen gehört die Einbringung von Sachen, Sachgesamtheiten und Rechten, also auch Schutzrechten (soweit diese nicht wie oben genannt zu den Hauptleistungen zu rechnen sind), Know-how oder Geld[22]; aber auch die Abstellung von Personal kann in Betracht kommen, insbesondere dann, wenn gemeinsame Arbeitsgruppen gebildet werden und keine Aufteilung der Aufgaben auf den als kompetent erachteten Partner erfolgt ist. Die auftretenden Störungen lassen sich dabei in die allgemein üblichen juristischen Kategorien Verzug, Nichtleistung und Schlechtleistung differenzieren. Eine Schlechtleistung kann darin bestehen, daß unzureichende technische Vorrichtungen in die Zusammenarbeit eingebracht werden[23], die Schutzrechte oder das Know-how nicht in der versprochenen Art und Weise genutzt werden können bzw. der Schutzrechtsumfang für das geplante Vorhaben nicht ausreicht[24]. Bei Verzug und Nichtleistung ist jedenfalls für die Frage nach den Konsequenzen und einer möglichen Vermeidungsstrategie eine Unterscheidung hinsichtlich der Leistungsfähigkeit vorzunehmen. Denn soweit nur Leistungsunwilligkeit gegeben ist, lassen sich Störungen oftmals bereits durch vorbeugende Vertragsstrafversprechen vermeiden, während im übrigen die gesellschaftsrechtlichen bzw. die sonstigen Instrumente des Leistungsstörungsrechts heranzuziehen sind.

---

[21] Siehe hierzu oben in Kapitel II.

[22] MüKo/Ulmer, § 706 BGB, Rdnr. 9

[23] Dies gilt nicht nur bei der Bildung von Arbeitsgruppen, sondern auch bei der arbeitsteiligen FuE. Denn auch hier würde beispielsweise bei der Verwendung von veralteten Meßinstrumenten und den dadurch bedingten nicht ausreichend exakten Ergebnissen ein schlechteres, weil ungenaueres Teilergebnis zustande kommen, welches sich insofern auf die Zielsetzung insgesamt auswirken kann. Voraussetzung für eine Schlechtleistung ist allerdings, daß die Stellung von hinreichend spezifizierten Vorrichtungen vereinbart worden ist, weil ansonsten immer nur Sachen von mittlerer Art und Güte geschuldet werden.

[24] Siehe im Einzelnen zu den möglichen Leistungsstörungen bei Patenten Gaul/Bartenbach/Gennen, Patentlizenz- und Know-how-Vertrag, K 436ff und K 466ff sowie bei Know-how Stumpf, Der Know-how-Vertrag, Rdnr. 173.

(3) Schließlich sind noch die vertragsimmanenten Streitpunkte näher zu beleuchten. Dazu zählen jedenfalls alle vertraglichen Unvollständigkeiten und Streit über den Vertragsinhalt, insbesondere was den Umfang von Leistungspflichten sowie die Ergebnisteilhabe anbelangt. Aber auch Fragen hinsichtlich der gemeinsamen Verwertung während der noch laufenden Zusammenarbeit sowie über den Zeitpunkt der Beendigung kommen in Betracht. Letztendlich handelt es sich hier um ein breites Feld, da sämtliche Vertragskomponenten betroffen sein können.

cc) Wie schon oben angesprochen erfordert, die Vielschichtigkeit der Störungen eine nähere Differenzierung unter den Gesichtspunkt, daß möglichst optimale Lösungsoptionen gefunden werden. Die externen Probleme werden herkömmlicherweise über das Rechtsinstitut „Wegfall der Geschäftsgrundlage" behandelt, während für die internen Probleme die unterschiedlichsten Optionen offenstehen. Den klassischen Leistungsstörungen wird in der Regel mit dem allgemeinen Leistungsstörungsrecht begegnet bzw. es wird für jede einzelne Leistung nach der sachnächsten Lösung im Rahmen des jeweils passenden besonderen Leistungsstörungsrechts gesucht[25]. Dabei werden die Rechtsfolgen an die Besonderheiten des Gesellschaftsrechts angepaßt. Daneben besteht auch die Möglichkeit, über Vertragsstrafversprechen bei Leistungsunwilligkeit den Partner zu vertragstreuem Verhalten anzuhalten. Bei vertraglichen Streitpunkten kann durch eine entsprechende, unter Umständen auch ergänzende Auslegung abgeholfen werden.

Schaubild: Systematisierung der auftretenden Leistungsstörungen

Systematisierung der Störungen		
Externe Ursachen	Veränderung der wirtschaftlichen Gesamtlage	Rezession; Wirtschaftskrise; Änderungen im Rechts- oder Steuersystem; Wegfall staatlicher Beihilfen; Sondersituationen (Kriege; Naturkatastrophen)
	Veränderung der konkreten Marktbedingungen	Relevante Änderung der Einkaufs- oder Verkaufspreise; Konkurrenzprodukte; veränderte Standards; Veränderung der Marktlage (Bedürfnisse; Marktlage; Konsumentenverhalten)
Interne Ursachen	Störungen des FuE-Kernbereichs	FuE-Ablaufstörungen; Verschiebung des Leistungsgleichgewichts
		Veränderte Projektanforderungen; Steigerung des Gesamtaufwandes
		Fehlender Leistungswille
	„Klassische" Störungen von begleitenden Leistungspflichten	Schlechterfüllung
		Verzug
		Nichtleistung
	Vertragliche Streitpunkte	

Schließlich bleiben noch die FuE-Störungen zu behandeln, die, wie noch aufgezeigt wird, mit dem klassischen Leistungsstörungsrecht nicht wirksam verhindert oder bekämpft werden können. Hier werden verschiedene Lösungsansätze vorgetragen, die weitgehend nicht nur der klassischen Jurisprudenz entspringen, sondern die FuE-typische betriebswirtschaftliche Komponente der Kooperationsbeziehung verstärkt berücksichtigen.

[25] Siehe hierzu näher unten bei 2.

2. Herkömmliche, auf der geltenden Rechtslage beruhende Lösungsansätze

a) Konfliktlösung unter Anwendung der gesellschaftsrechtlichen Normen
Den Ausgangspunkt für die Überlegungen, wie die oben dargestellten mannigfaltigen Probleme, die im Rahmen der Durchführung einer auf vertraglicher Basis geschlossenen zwischenbetrieblichen FuE-Kooperation auftreten können, zu lösen sind, stellt die geltende Gesetzeslage dar. Dabei fällt sofort ins Auge, daß de lege lata für den FuE-Kooperationsvertrag, der seiner Rechtsnatur nach eine Gesellschaft bürgerlichen Rechts ist[26], die §§ 705ff BGB lediglich ganz wenige Vorschriften bereithalten, die überhaupt dazu geeignet sind, Konfliktlösungen aufzuzeigen.

aa) Einen ersten Ansatzpunkt bietet § 708 BGB, der den Haftungsmaßstab der Gesellschafter auf die eigenübliche Sorgfalt reduziert. Zwar handelt es sich hierbei um eine Norm, die nur im Innenverhältnis[27] der Gesellschafter greift, aber jedenfalls wird dadurch hinsichtlich des Haftungsmaßstabs eine Regelung vorgenommen. Dennoch hilft die Norm bei Leistungsstörungen insofern nicht weiter, als sie keine Anspruchsgrundlage bietet; es ergeben sich sogar weitere Probleme, da die Vertragspraxis[28], die Rechtsprechung[29] sowie die vorherrschenden Lehrmeinungen[30] dazu tendieren, den § 708 BGB zur bloßen Auslegungsregel zu degradieren[31], so daß üblicherweise nicht die diliquentia quam in suis als Haftungsmaßstab dient, sondern wiederum die schärfere Regelung der allgemeinen Sorgfalt des § 276 BGB zum Tragen kommt. Allerdings bleibt mit Ullrich[32] anzumerken, daß zwar die weniger strenge Haftung des § 708 BGB die Risiken der Kooperationstätigkeit insgesamt überschaubarer erscheinen läßt, aber umgekehrt jede Haftungsmilderung auf der einen Seite unmittelbar zu Lasten der anderen Partner geht.

bb) § 723 I (2) und (3) BGB räumen das unabdingbare[33] Recht zur außerordentlichen Kündigung ein, wenn ein wichtiger Grund hierzu vorliegt. Die beispielhaft Aufzählung von Gründen in § 723 I (2) 2. Hs. BGB macht deutlich, daß diese Vorschrift lediglich eine spezialgesetzliche Ausformung des § 242 BGB darstellt, also die Auflösung der Gesellschaft als ultima ratio in Betracht kommt, wenn die weitere Fortsetzung des Vertragsverhältnisses bis zum nächstmöglichen ordentlichen Kündigungstermin unter Berücksichtigung der Grundsätze von Treu und Glauben nicht weiter zumutbar ist[34]. Davon ist immer dann aus-

---

[26] In diesem Zusammenhang sei nur kurz auf die Ausführungen in Kap III 2.c) verwiesen.

[27] MüKo/Ulmer, § 708 BGB, Rdnr. 1

[28] So Münchner Vertragshandbuch/Mentz Bd. 1, Gesellschaftsrecht, in den Vertragsmustern I.7 unter § 10 III sowie I.8 unter § 4 II.

[29] BGH (14.11.1978) JZ 1979, 101; BGH (16.5.1974) NJW 1974, 1705; BGHZ (5.3.1963) 39, 156ff

[30] Schmidt, Gesellschaftsrecht, § 59 II 2.c); Soergel/Hadding, § 708 BGB, Rdnr. 2

[31] So die zutreffende Kritik von Ullrich, in: FS für Steindorff, S. 281, 288ff.

[32] Ullrich, in: FS für Steindorff, S. 281, 288f

[33] § 723 III BGB statuiert die Möglichkeit zur fristlosen außerordentlichen Kündigung kraft Gesetzes. Entgegenstehende einzelvertragliche Abreden sind nach ganz einhelliger Meinung generell unzulässig: Soergel/Hadding, § 723 BGB, Rdnr. 31; Staudinger/Keßler, § 723 BGB, Rdnr. 72; RGRK/v. Gamm, § 723 BGB, Rdnr. 22; MüKo/Ulmer, § 723 BGB, Rdnr. 54.

[34] Palandt/Thomas, § 708 BGB, Rdnr. 4

zugehen, wenn das Vertrauensverhältnis grundlegend gestört ist und ein weiteres gedeihliches Zusammenwirken nicht mehr möglich erscheint[35]. Ob das Auflösungsinteresse einzelner Mitglieder das Interesse der übrigen Kooperationspartner an einer unveränderten Fortsetzung der Zusammenarbeit überragen kann, ist durch eine umfassende Abwägung der Interessen aller Beteiligter festzustellen[36], wobei sämtliche Umstände des konkreten Einzelfalles zu berücksichtigen sind[37].

Als Anwendungsfall, der zur Kündigung berechtigt, wird vielfach die wirtschaftliche Unrentabilität der Gesellschaft genannt[38], wobei auch hier besondere Umstände vorliegen müssen, denn der eigentliche Gesellschaftszweck ist im Normalfall nicht auf die Erzielung von Gewinn gerichtet. Gerade bei der FuE-Kooperation werden üblicherweise nicht Gewinne, zum Beispiel aus der Lizenzierung von Know-how und Schutzrechten, angestrebt, sondern die Erreichung eines konkreten FuE-Zieles mit der Folge, daß grundsätzlich bei der Frage nach dem wichtigen Grund zur Kündigung nicht auf dahinter stehende wirtschaftliche Erwägungen, sondern allein auf das FuE-Ziel selbst abzustellen ist. Daher ist es nur ganz ausnahmsweise einem Partner nicht mehr zuzumuten, an die Kooperationstätigkeit weiter gebunden zu sein, nämlich dann, wenn voraussichtlich dauerhaft keinerlei wirtschaftlicher Erfolg für den Betroffenen zu erzielen ist[39]. Dieses Kündigungsrecht findet in § 737 BGB dahingehend eine Modifikation, daß beim Bestehen einer Fortsetzungsklausel für den Fall des Ausscheidens einzelner Mitglieder hinsichtlich der übrigen Partner bei einer Gesellschaft mit mehr als zwei Gesellschaftern die Möglichkeit besteht, einen Einzelnen aus der FuE-Kooperation auszuschließen, soweit ein in der Person dieses Gesellschafters liegender Grund eine Kündigung unter den Voraussetzungen des § 723 I (2) BGB rechtfertigen würde. Als weitere Vorschrift des Gesellschaftsrechts zur Regelung von Leistungsstörungen statuiert § 726 BGB die Beendigung des FuE-Kooperationsverhältnisses

---

[35] MüKo/Ulmer, § 723 BGB, Rdnr. 20; Soergel/Hadding, § 708 BGB, Rdnr. 11, 14; Staudinger/Keßler, § 708 BGB, Rdnr. 65f. Diese Auffassung wird auch in ständiger Rechtsprechung vom BGH vertreten; siehe hierzu nur beispielhaft BGH (13.12.1951) NJW 1952, 461; BGH (4.12.1968) NJW 1969, 625; BGH (12.7.1982) NJW 1982, 2821.

[36] Stellvertretend für die einhellige Meinung Staudinger/Keßler, § 723 BGB, Rdnr. 65f mit weiteren Nachweisen.

[37] MüKo/Ulmer, § 723 BGB, Rdnr. 20

[38] RGRK/v. Gamm, § 723 BGB, Rdnr. 18 sowie § 726 BGB, Rdnr. 3; Soergel/Hadding, § 723 BGB, Rdnr. 19 sowie § 726 BGB, Rdnr. 3; MüKo/Ulmer, § 723 BGB, Rdnr. 25 sowie § 726 BGB, Rdnr. 5. Es bleibt festzuhalten, daß die Einordnung der wirtschaftlichen Unrentabilität bereits allgemein Schwierigkeiten bereitet, da dies sowohl als wichtiger Grund i.S.v. § 723 BGB angesehen werden kann als auch eine Unmöglichkeit zur Zweckerreichung gemäß § 726 BGB bedeuten kann. Meines Erachtens spricht bei FuE-Kooperationen jedoch viel dafür, nur die Unmöglichkeit selbst unter § 726 BGB zu subsumieren, während alle wirtschaftlichen Erwägungen unter § 723 BGB fallen, denn letztendlich handelt es sich bei FuE um einen Bereich, der von einem hohen Prognoserisiko gekennzeichnet ist, so daß man bei erheblicher Aufwandssteigerung vielfach nicht von einer Unmöglichkeit ausgehen kann, sondern nur von einer Leistungserschwerung. Im übrigen muß auch auf das eigentliche FuE-Ziel abgestellt werden, welches meist erreichbar bleibt, wenn auch unter anderen Vorzeichen.

[39] Dabei ist der Maßstab für die FuE-Kooperation strenger zu setzen als dies bei einer auf erwerbswirtschaftliche Zwecke gerichteten BGB-Gesellschaft der Fall ist, denn zum einen zählt dort der wirtschaftliche Erfolg im Ergebnis doch zum Gesellschaftszweck und zum anderen muß das wechselseitige Abhängigkeitsverhältnis, welches bei FuE-Verträgen besteht, stärkere Beachtung finden. Vor allem ist zu berücksichtigen, daß im Falle der Unrentabilität einer auf erwerbswirtschaftliche Zwecke gerichteten BGB-Gesellschaft alle Beteiligte Verluste erleiden, während es bei FuE-Vorhaben einzelnen Partnern unter Umständen nicht auf den mittelbar zu erzielenden Gewinn ankommt, sondern daß der Stand der Technik im eigenen Unternehmen erreicht wird und auch künftige weiter entfernt liegende Gewinnmöglichkeiten erhalten bleiben oder eröffnet werden.

für den Fall der Unerreichbarkeit des vereinbarten Gesellschaftszwecks[40].

cc) Der Versuch, Leistungsstörungen über die Kündigungsmöglichkeiten in den Griff zu bekommen, führt letztendlich stets auf die Einbahnstraße in Richtung „Beendigung der Zusammenarbeit". Überdies werden einige damit verbundene Schwierigkeiten in der Praxis zum Teil direkt oder durch Mindestlaufzeiten abbedungen, was deren Eignung für die Problemlösung noch weiter schmälert.

(1) Im Falle des Auftretens von externen Störungen kann zwar die Kündigung ein probates Mittel sein, eine Vertragsbeziehung zu beenden, die den wirtschaftlichen Bedürfnissen der Beteiligten nicht mehr gerecht zu werden vermag, aber das Recht zur außerordentlichen Kündigung besteht hier zumeist nicht, da äußere Umstände in der Regel nicht unmittelbar zur Zerstörung der Vertrauensbasis führen. In den Situationen, in denen sich die äußeren Umstände so erheblich zum Nachteil der Kooperationspartner geändert haben, daß ein weiteres Festhalten am Vertrag in der bestehenden Form unzumutbar erscheint, können jedoch die Regeln über den Wegfall der Geschäftsgrundlage zur Anwendung kommen. Obgleich dieses Institut auf Tatbestandsseite nur in Extremsituationen anwendbar ist, ist auf der Rechtsfolgenseite vorrangig nach Möglichkeiten der Vertragsanpassung zu suchen, eine Vertragsauflösung kommt dagegen nur als ultima ratio in Betracht[41].

(2) Bei den internen Störungen erweist sich das Kündigungsrecht hinsichtlich der klassischen Leistungsstörungen als völlig unbrauchbares Mittel, da das Ausbleiben einzelner, u.U. sogar ersetzbarer Beiträge zum Scheitern der Zusammenarbeit führen müßte. Gleiches gilt im Falle des Auftretens von sogenannten vertraglichen Streitpunkten, da sich hier mögliche Unvollständigkeiten, jedenfalls soweit sie Umfang oder Störungen von Leistungen betreffen, gerade nicht durch das dispositive Gesetzesrecht ausfüllen lassen. Gänzlich ungeeignet sind die vom Gesetzgeber vorgegebenen Instrumente bei Störungen im FuE-Ablauf. Hier besteht nämlich in der Regel das vorrangige Bedürfnis, durch Ergänzungen oder Änderungen des Vertrages Abhilfe zu schaffen, während die Beendigung selten ein sachgerechtes Mittel ist. Lediglich im Falle des Auftretens von massiven Störungen, verbunden mit dem Wegfall der Vertrauensgrundlage, kann die Kündigung sich als interessengerecht erweisen. Hinsichtlich der häufiger vorkommenden und jeder FuE-Tätigkeit immanenten Fehlprognosen, Aufwandsänderungen etc. stellt die Beendigung hingegen kein probates Mittel dar.

(3) Dies alles macht deutlich, daß die gesellschaftsrechtlichen Normen allein nicht geeignet sind, mit den üblicherweise auftretenden Problemen bei der Gesellschaft bürgerlichen Rechts fertig zu werden. Dies führt erst recht zu unüberbrückbaren Schwierigkeiten im Rahmen von FuE-Kooperationen, aufgrund der divergierenden Interessenlagen der Beteiligten, die sich oftmals schwer in juristischen Kategorien fassen lassen. Den Vertragsparteien werden nämlich vom Gesetzgeber keine wohldosierten Instrumente zur Störungsbe-

---

[40] Die Abgrenzung zu § 723 I (2) BGB kann sich im Einzelfall als schwierig erweisen, siehe oben Fn. 30. Auf welche der beiden Normen sich der beendigungswillige Partner stützt, kann vielfach offengelassen werden, weil er sein Interesse an der Beendigung kundtun wird, was sich je nach Lage des Falles als Kündigungserklärung im Sinne § 723 BGB oder als rein tatsächlicher Hinweis auf das Vorliegen der Voraussetzungen des § 726 BGB deuten läßt.

[41] Soergel/Teichmann, § 242 BGB, Rdnr. 266f; Larenz, Lehrbuch des Schuldrechts Band 1, § 21 II; Emmerich, Das Recht der Leistungsstörungen, § 29 II; MüKo/Roth, § 242 BGB, Rdnr. 544ff, 546

wältigung an die Hand gegeben, wie sie etwa im Kauf-, Miet- und Werkvertragsrecht vorhanden sind, sondern es wird lediglich eine Ausstiegsklausel eröffnet, die von der Rechtsfolge her aufgrund des wechselseitigen Abhängigkeitsverhältnisses in der Regel unerwünscht ist. Umgekehrt können auf der Tatbestandsseite ebenfalls nur Extremsituationen erfaßt werden, so daß die normalerweise auftretenden kleineren Probleme, die nicht gleich die Unzumutbarkeit der weiteren Zusammenarbeit zur Folge haben, letztendlich nicht zu lösen sind, beziehungsweise zu einem Ausstieg aus der Kooperationsbeziehung über das Recht zur ordentlichen Kündigung führen können, was meines Erachtens jedoch ebenfalls unverhältnismäßig ist.

b) Anwendbarkeit des allgemeinen Leistungsstörungsrechts

Der Gesetzgeber hat es somit der Rechtsprechung, der Rechtslehre sowie der Rechtsfortbildung und dem Gestaltungs- wie auch dem Ideenreichtum der Kautelarpraxis überlassen, für die GbR entsprechende Ausgleichsmechanismen zu entwickeln beziehungsweise, soweit möglich, Lösungen unter Heranziehung des gesetzlichen Instrumentariums zu finden.

aa) Nach einhelliger Meinung sind für Gesellschaftsverträge, die aus ihrer systematischen Stellung heraus einen Unterfall des schuldrechtlichen Vertrages darstellen[42], jedenfalls die allgemeinen Normen des Schuldrechts anwendbar, soweit es an individualvertraglichen Abreden zur Lösung von Leistungsstörungen fehlt[43]. Dabei sind jedoch die Besonderheiten der Leistungsvereinigung im Gegensatz zum ansonsten stattfindenden Leistungsaustausch angemessen zu berücksichtigen.

(1) Hinsichtlich der Frage der Leistungsstörungen ist zu unterscheiden, ob nur die Erfüllung einzelner Leistungspflichten oder die Erreichung des Vertragsziels insgesamt unmöglich ist bzw. unmöglich wird.

(a) Bei einem FuE-Vertrag, der insgesamt auf die Erreichung eines objektiv unmöglichen Ziels gerichtet ist[44], ergibt sich die Nichtigkeitsfolge[45] hinsichtlich des gesamten Vertrages unmittelbar aus dem Gesetz (§ 306 BGB). Ein solcher Fall ist etwa dann anzunehmen, wenn sich das technische Problem objektiv (noch) nicht lösen läßt bzw. sich nach dem heutigen Kenntnisstand der Wissenschaft nicht in der beabsichtigten Form oder dem vorgege-

---

[42] Dies folgt schon allein aufgrund der systematischen Stellung der Gesellschaft bürgerlichen Rechts im besonderen Teil des Schuldrechts, siehe hierzu exemplarisch die Ausführungen von MüKo/Ulmer, Vorb. § 705 BGB, Rdnr. 9. Es handelt sich sogar um einen „gegenseitigen Vertrag besonderer Art“, so Hüttemann, Leistungsstörungen bei Personengesellschaften, S. 65.

[43] Staub/Ulmer, § 105 HGB, Rdnr. 153; Schlegelberger/Schmidt, § 105 HGB, Rdnr. 157; Soergel/Hadding, § 705 BGB, Rdnr. 45; MüKo/Ulmer, § 706 BGB, Rdnr. 21; Hüttemann, aaO, S. 65f; Schmidt, Gesellschaftsrecht, § 20 III 3; RGZ (5.7.1927) 147, 340; BGH (29,1.1951) NJW 1951, 308; auch Ullrich, in: FS für Steindorff, S. 281ff geht offensichtlich hiervon aus, ohne dies ausdrücklich anzusprechen.

[44] Dieser Fall eines FuE-Zieles, welches objektiv nicht erreichbar ist, stellt in der Praxis eine äußerst seltene Ausnahme dar, denn vielmehr besteht aus Sicht der Kooperationspartner die Gefahr, daß lediglich sie in ihrer subjektiven Position nicht imstande sind, mit den vorhandenen Ressourcen die Zusammenarbeit erfolgreich zu beenden, während dies objektiv bei entsprechendem Einsatz von Kapital und Personal noch möglich wäre.

[45] MüKo/Ulmer, § 706 BGB, Rdnr. 21, 247; Schmidt, aaO, § 20 III 3.a). So auch Hüttemann, aaO, S. 425, der noch darauf verweist, daß in § 629 II des ersten Entwurfs zum BGB eine Klarstellung hinsichtlich der GbR enthalten war: „Ist der Zweck unmöglich, ist der Vertrag nichtig.“

benen Zeitrahmen erreichen läßt[46].

(b) Soweit es nur den Partnern in der konkreten Kooperationsbeziehung von Anfang an nicht möglich ist, das beabsichtigte Kooperationsziel zu erreichen, liegt ein Fall des subjektiven Unvermögens vor. Bei dieser geht die herrschende Meinung in Literatur und Rechtsprechung von der grundsätzlichen Wirksamkeit der eingegangenen Verpflichtungen aus[47]. Doch im Rahmen eines Gesellschaftsrechtsverhältnisses besteht der Sonderfall, daß damit nicht nur einzelne Leistungspflichten, sondern das Vertragsziel insgesamt nicht erreichbar ist. Dies kann etwa darauf beruhen, daß die Partner nicht über die entsprechenden Vorrichtungen zur Durchführung der FuE-Aufgaben verfügen und deren Beschaffung auch nicht möglich ist bzw. einen unvertretbaren Aufwand erfordern würde, oder daß ein Dritter Inhaber eines Schutzrechts ist, dessen Nutzung unerläßliche Voraussetzung für die spätere wirtschaftliche Verwertung der beabsichtigten Produkte ist[48].

Der von der herrschenden Meinung vertretene Ansatz geht letztendlich davon aus, daß jeden Vertragspartner für die übernommenen Leistungsverpflichtungen eine garantieähnliche Einstandspflicht trifft. Bei Austauschverträgen macht dies im Hinblick auf mögliche Ersatzansprüche auch Sinn, während bei Gesellschaften ein Unvermögen, den gemeinsamen Zweck zu erreichen, für welches alle Gesellschafter gleichermaßen verantwortlich sind, wiederum sämtliche Partner im gleichen Maße gemeinsam zu vertreten haben. Aufgrund dieser Besonderheit kann somit keinem einzelnen Unternehmen eine Einstandspflicht gegenüber den anderen Partnern für dieses Unvermögen aufgebürdet werden, so daß meines Erachtens § 306 BGB analog angewendet werden kann[49], mit der Folge, daß der Vertrag insgesamt und von Anfang an nichtig ist. Dieser Analogieschluß erfolgt vor dem Hintergrund, daß den Besonderheiten des Gesellschaftsrechts Rechnung zu tragen ist. Bei normalen Austauschverträgen bedeutet das Ausbleiben einer Leistung zunächst auch, daß der leistungsfähige Vertragsteil den Weg über das spezielle Leistungsstörungsrecht oder ersatzweise über § 283 BGB gehen muß. Dieser Weg über die Ablehnung der Leistung nach Verurteilung würde im Rahmen von Gesellschaftsverträgen zu der grotesken Situation führen, daß ein Partner alle Beteiligten, also auch sich selbst, auf Leistung verklagen müßte. Insbesondere ist zu beachten, daß eine Leistungsvereinigung erfolgt, um einen gemeinsamen Zweck zu realisieren, und daß gerade kein Leistungsaustausch stattfindet. Bei Austauschverträgen ist in der Regel auch nur eine Leistung unmöglich, während bei Kooperationen möglicherweise das Gesamtziel nicht zu erreichen ist und daher auch Schadensersatzansprüche nicht sachgerecht sein können, wenn die Partner in ihrer Verbundenheit zur

[46] Allein die Annahme, daß sich ein FuE-Ziel vielleicht in 30 oder 50 Jahren verwirklichen läßt, spricht nicht gegen die Unmöglichkeit, denn diese beurteilt sich auch anhand des konkreten Vertrages und dem, was die Parteien im konkreten Einzelfall zu erreichen beabsichtigt haben.

[47] Emmerich, aaO, § 4 II 1; MüKo/Emmerich, Vor § 275 BGB, Rdnr. 11ff; Larenz, Lehrbuch des Schuldrechts, § 8 II; BGH (10.11.1982) NJW 1983, 446

[48] Die Durchführung von FuE-Arbeiten in dem durch Schutzrechte abgedeckten Bereich wird in der Regel durch § 11 II PatG gestattet. Allerdings können bestimmte Verfahrenspatente bereits verhindern, daß überhaupt FuE betrieben wird, wenn dies nur unter Verwendung des geschützten Gegenstandes möglich ist und nicht nur zu dessen Überprüfung dient. Siehe dazu im Einzelnen Benkard/Bruchhausen, § 11 PatG, Rdnr. 6f.

[49] Ein Teil der Lehre will diese analoge Anwendung sogar grundsätzlich vornehmen, so etwa Heck, Grundriß des Schuldrechts, S. 141; Boehmer, JZ 1953, 392; Esser/Schmidt, Schuldrecht AT, § 22 III; Soergel/Schmidt, § 275 BGB, Vor. 23. Grundsätzlich ist zwar weiterhin dem Ansatz der ganz herrschenden Ansicht zu folgen, doch der hier vorliegende Ausnahmefall rechtfertigt die Analogie, zumal dies auch den Interessenlagen aller Beteiligten entspricht.

Erfolgsverwirklichung nicht imstande sind. Anderes gilt jedoch, wenn das Ziel nur deshalb nicht erreicht werden kann, weil die Leistungsbeiträge eines Partners von selbigem nicht erbracht werden können.

(c) Sollte der Vertrag dennoch in Vollzug gesetzt werden[50], greifen die Grundsätze über die fehlerhafte Gesellschaft mit all ihren Konsequenzen ein. Dies bedeutet, daß der Vertrag nach innen wie nach außen als wirksam zu behandeln ist. Derjenige Vertragspartner, der sich aus dem gemeinsamen Projekt lösen will, ist somit auf die unabdingbare Vorschrift des § 723 I (2) BGB angewiesen, der ihm unter Berufung auf den Mangel die Möglichkeit zur einseitigen Auflösung durch Kündigung eröffnet[51].

(d) Problematischer ist hingegen der Fall eines Vertrages[52], der nur zum Teil unmöglich ist, da dessen Wirksamkeit dann anhand der Norm des § 139 BGB im Einzelfall festzustellen ist. Vor allem dann, wenn der Vertrag unter Einbeziehung einer salvatorischen Klausel geschlossen wurde, ist die Frage zu stellen, ob man, jedenfalls wenn keine zentralen Teile betroffen sind[53], davon ausgehen muß, daß die Vermutung der gewollten Gesamtnichtigkeit widerlegt ist und die Lücke durch ergänzende Auslegung geschlossen werden muß[54]. Relativ einfach stellt sich die Lage bei den wohl formulierten FuE-Kooperationsverträgen dar, die üblicherweise für diese Situation Vorsorge durch entsprechende salvatorische Klauseln treffen[55], soweit diese anordnen, daß der Vertrag seine Rechtswirksamkeit behält[56]. Anders verhält es sich hingegen bei Kooperationen, die nur fragmentarisch geregelt sind, denn meist führt zwar auch hier die Auslegung der Interessenlagen zu dem Ergebnis, daß die Parteien den Bestand ihrer Partnerschaft aufrecht erhalten wollen[57], aber dann erweist sich die Lückenfüllung durch ergänzende Vertragsauslegung in Ermangelung entsprechender

[50] Die Möglichkeit, einen FuE-Kooperationsvertrag abzuschließen, der auf ein unmögliches Ziel gerichtet ist, ist nicht nur ein rein akademisches Problem, denn bisweilen stellt sich die unerwünschte Folge erst aufgrund der durchgeführten Forschungen heraus. Soweit dies nicht bereits bei vorgelagerten Überprüfungen geschieht, sondern erst im Rahmen der Zusammenarbeit, ist eben dieser Fall des Invollzugsetzens eingetreten.

[51] So die ständige Rechtsprechung seit RGZ (13.11.1940) 165, 193, 204ff. Diese Ansicht, die inzwischen zahlreiche Modifikationen und Verfeinerungen erfahren hat, wird sowohl vom BGH (24.10.1951) NJW 1952, 97; BGH (5.1.1962) BB 1962, 619; BGH (25.3.1974) NJW 1974, 1201 (siehe im übrigen die zusammenfassende Übersicht über die Rechtsprechung bei Goette, Fehlerhafte Personengesellschaftsverhältnisse in der jüngeren Rechtsprechung des Bundesgerichtshofs, DStR 1996, 266ff) wie auch von der ganz herrschenden Meinung in der Literatur vertreten, etwa von Soergel/Hadding, § 705 BGB, Rdnr. 76; Palandt/Thomas, § 705 BGB, Rdnr. 11; MüKo/Ulmer, § 705 BGB, Rdnr. 261, mit weiteren Nachweisen.

[52] Dies gilt dann in gleichem Maße für das Vorliegen von subjektivem Unvermögen.

[53] Dies kann aber gerade bei FuE-Kooperationen sehr problematisch sein, denn wenn sich die Partner verschiedene Ziele gesetzt haben, ist in der Regel jedes einzelne Ziel als wichtiger Vertragsbestandteil anzusehen. Insbesondere bei der arbeitsteiligen Kooperationstätigkeit, in der sich unter Umständen ein einzelner Mitgesellschafter für die Forschungen auf einem Teilgebiet verantwortlich zeichnet, ist das vertragliche Gleichgewicht insgesamt gestört, da die entsprechende Aufgabenaufteilung nicht auf Zufall beruht, sondern zu einer Belastung führen soll, die ein Äquivalent zum späteren Nutzen bildet.

[54] Soergel/Hadding, § 705 BGB, Rdnr. 40; Wiedemann, Gesellschaftsrecht Bd. I, § 3 I 2.c); MüKo/Ulmer, § 705 BGB, Rdnr. 46. Siehe im übrigen zur Auslegung des Vertrages die Ausführungen in Kapitel III 3.

[55] Siehe hierzu die Ausführungen in Kapitel IV 4.a) hinsichtlich der Umgehung der Nichtigkeitsfolgen sowie bezüglich der Möglichkeit, mit entsprechenden allgemein gehaltenen Ersetzungsklauseln zu arbeiten.

[56] Doch darf auch dies nicht darüber hinwegtäuschen, daß sich in seltenen und ungewöhnlich gelagerten Fällen die Gesamtnichtigkeit gegenüber salvatorischen Klauseln durchsetzen kann, siehe nur BGH (8.4.1976) DB 1976, 2106. Zum Beispiel wäre dies dann der Fall, wenn sich die Durchführung des Hauptforschungsziels als unmöglich erweist und nur begleitende Teilaufgaben durchführbar bleiben.

[57] So auch MüKo/Ulmer, § 705 BGB, Rdnr. 46, Fn. 110 mit weiteren Nachweisen.

Durchführungsbestimmungen als außerordentlich schwierig[58].

(e) Im Falle des Auftretens einer nachträglichen Unmöglichkeit bzw. eines nachträglichen Unvermögens der Kooperationspartner, das vertraglich vereinbarte FuE-Ziel zu erreichen, entfallen die Pflichten zur Leistungserbringung gemäß der § 275 I und II BGB[59].

(2) Neben diesen Problemen, welche die Erfolgsverwirklichung insgesamt betreffen, können auch die Störungen einzelner Leistungspflichten mittels des BGB behandelt werden. Doch unabhängig davon, ob eine Störung die Erfolgsverwirklichung des ganzen Projekts beeinträchtigt, sind hier vorrangig die Folgen der einzelnen Störung genauer zu analysieren.

(a) Im Falle des Auftretens einer anfänglichen Unmöglichkeit von Leistungsbeiträgen ist dahingehend zu differenzieren, ob dies den Gesamtbeitrag eines Partners betrifft, also sämtliche von ihm zu erbringenden Leistungen, oder nur einzelne Vertragspflichten. Soweit ein Unternehmen der Gesamtheit seiner Beitragsverpflichtungen nicht nachkommen kann, führt dies nach ganz herrschender Meinung grundsätzlich zur Nichtigkeit des Kooperationsvertrages gemäß § 306 BGB, da für die anderen Partner keine Verpflichtung besteht, den gemeinsamen Zweck fürderhin alleine zu fördern[60]. Hier kann allenfalls bei Kooperationen mit mehr als zwei Unternehmen das Gesellschaftsverhältnis nach der „Lehre von der subjektiven Teilnichtigkeit" unter den übrigen Partnern fortbestehen[61]. Allerdings kommt dies nur dann in Betracht, wenn der gemeinsame Zweck weiterhin erreicht werden kann und ein entsprechender Wille der dann verkleinerten Kooperation gegeben ist, da nach § 707 BGB eine Erhöhung der Beiträge grundsätzlich nicht in Betracht kommt[62]. Sollte lediglich hinsichtlich der Leistungsverpflichtungen eines Partners ein anfängliches Unvermögen gegeben sein, so hat er dafür unbedingt einzustehen[63]. Zwar dürfte auch hier als Rechtsfolge § 306 BGB analog heranzuziehen sein, mit der Folge, daß der Vertrag insgesamt nichtig ist, aber im Ergebnis trifft das leistungsunfähige Unternehmen eine Garantiehaftung und es entsteht somit bei Nichtleistung eine Verpflichtung zum Schadensersatz[64].

---

[58] Siehe hierzu auch die Ausführungen zur ergänzenden Vertragsauslegung unten III 3.b).

[59] Soergel/Wiedemann, § 275 BGB, Rdnr. 80; Erman/Battes, § 275 BGB, Rdnr. 8 und 14f

[60] Hüttemann, aaO, S. 424f; MüKo/Ulmer, § 706 BGB, Rdnr. 21, jeweils mit weiteren Nachweisen.

[61] Siehe hierzu Hüttemann, aaO, S. 424. Entscheidend ist hier aber auch, ob im Vertrag für diesen Fall Vorsorge getroffen worden ist oder ob es bei der gesetzlichen Vermutung des § 139 BGB bleibt.

[62] Auch dürfte das Ausscheiden eines Partners immer einen wichtigen Grund im Sinne des § 723 I BGB darstellen, der zur Kündigung berechtigt, es sei denn es wurde im ursprünglichen Kooperationsabkommen eine anderslautende Regelung vereinbart.

[63] So die ganz herrschende Meinung: RGZ (22.10.1908) 69, 357; BGH (5.1.1960) NJW 1960, 720; Fikentscher, Schuldrecht, § 43 III 4; Medicus, Lehrbuch des Schuldrechts AT, § 33 IV 3; Larenz, Lehrbuch des Schuldrechts I, § 8 II; Palandt/Heinrichs, § 306 BGB, Rdnr. 9; Staudinger/Löwisch, § 306 BGB, Rdnr. 30ff. Ein Teil der Literatur, beispielhaft Soergel/Schmidt, § 275 BGB, Rdnr. 23; Esser/Schmidt, Schuldrecht AT, § 22 III; Emmerich, Das Recht der Leistungsstörungen, § 3 III. setzt sich für eine Beschränkung der Einstandspflicht ein, jedoch ohne daß sich dabei ein einheitliches Alternativkonzept zur herrschenden Meinung herausbildet.

[64] Dieses Ergebnis ist meiner Meinung nach grundsätzlich interessengerecht, da jeder, der sich zu bestimmten Leistungen verpflichtet, die Risiken seines Geschäftskreises am besten abzuschätzen vermag und es erst recht nicht einzusehen ist, den anderen am Vertrag Beteiligten auch noch das wirtschaftliche Risiko hierfür aufzubürden, denn jedenfalls bei FuE-Kooperationen besteht im Falle des anfänglichen Unvermögens eines Partners stets ein sehr großes Risiko, daß die Zusammenarbeit insgesamt scheitert.

(b) Da es jedoch zentraler Bestandteil der Kooperationsbeziehung ist, FuE zu betreiben, wozu die beteiligten Unternehmen grundsätzlich in der Lage sein dürften, sind im Regelfall immer nur einzelne Beitragspflichten gestört. Dabei spielt es für den Bestand des Vertrages keine Rolle, ob objektive Unmöglichkeit oder subjektives Unvermögen vorliegt, da bei Letzterem aufgrund der garantieähnlichen Haftung allenfalls noch ein Schadensersatzanspruch hinzutritt. Es ist allerdings in jedem Einzelfall die Feststellung zu treffen, ob die Gesamtheit der vertraglichen Förderungspflichten, bestehend aus FuE-Leistungen, Know-how und Schutzrechtseinbringung sowie sonstigen Beiträgen[65], derart teilbar ist, daß die Rechtsfolgen der eingetretenen Unmöglichkeit auf den undurchführbar gewordenen Teilbeitrag begrenzt werden können[66]. Dann erst muß die Kontrollfrage gestellt werden, inwiefern der noch mögliche Teil sowie ein etwaiges Surrogat für den ausgebliebenen Beitrag als Teil der ursprünglich geschuldeten Leistung angesehen werden können: Strahlt nämlich die undurchführbare Teilleistung derart auf den Gesamtvertrag aus, daß dessen weitere Durchführung nicht mehr in sinnvoller und zweckgerichteter Weise möglich ist, dann erstreckt sich die Nichtigkeitsfolge auf den Gesamtvertrag[67]. Es ist also entscheidend darauf abzustellen, ob das vereinbarte FuE-Ziel weiterhin verwirklicht werden kann. Mögliche Beiträge, die hier ausbleiben können, sind etwa ein Weniger an vorhandenem Know-how bzw. ein geringerer Schutzumfang vorhandener Patente als ursprünglich erwartet oder auch geringere verfügbare FuE-Kapazitäten, wenn beispielsweise Mitarbeiter, die Schlüsselstellen besetzt hatten, den Betrieb verlassen. Anhand dieser Beispiele wird jedoch deutlich, daß in der Regel die Einbringung einzelner Beiträge selten unmöglich werden, sondern daß im Zweifel von subjektivem Unvermögen ausgegangen werden kann. Soweit also das FuE-Ziel insgesamt noch erreichbar bleibt bzw. durch Ersatzbeschaffung oder Erhöhung der Leistungsanstrengungen ausgeglichen werden kann, ist der jeweilige Gesamtbeitrag weiterhin als erbringbar anzusehen, so daß die Nichtigkeitsfolge nur den jeweiligen Teilbeitrag betrifft.

(c) Beim späteren Auftreten einer dauernden Leistungsstörung, also sämtlichen Fällen des nachträglichen Unvermögens sowie der nachträglichen Unmöglichkeit bezüglich einzelner Vertragselemente beziehungsweise bei bestimmten Leistungsverpflichtungen, entfällt die Pflicht zur Leistungserfüllung unabhängig von einem Verschulden schon allein aufgrund des Grundsatzes „impossibilium nulla est obligatio"[68]. Im übrigen gelten die allgemeinen Vorschriften der §§ 275 - 283 BGB, so daß sich bei verschuldetem Leistungshindernis eine Pflicht zur Schadensersatzleistung aus § 280 BGB ergibt, wobei für die Festlegung des Verschuldensmaßstabes grundsätzlich § 708 BGB herangezogen werden muß[69]. Bei nicht

[65] Siehe hierzu oben in Kapitel II 2.

[66] Hüttemann, aaO, S. 178 betont, daß diese Frage auch stets beantwortet werden muß, wenn mehrere unterschiedliche Beiträge, wie dies bei FuE-Kooperationen üblich ist, versprochen worden sind.

[67] Hüttemann, aaO, S. 427 mit Verweis auf die S. 176ff. Hüttemann stellt hier klar, daß die Frage der Unmöglichkeit bzw. des Unvermögens von Teilbeiträgen unabhängig vom Zeitpunkt des Auftretens einheitlich zu behandeln ist. Siehe zu den nachträglichen Leistungsstörungen auch Staudinger/Löwisch, § 275 BGB, Rdnr. 31 sowie Soergel/Wiedemann, § 275 BGB, Rdnr. 47 mit zahlreichen weiteren Fundstellen aus Literatur und Rechtsprechung.

[68] Soergel/Wiedemann, § 275 BGB, Rdnr. 80; Erman/Battes, § 275 BGB, Rdnr. 8 und 14f

[69] Obgleich die Vertragspraxis, die Lehre sowie die Rechtsprechung die diliquentia quam suis vielfach zugunsten des allgemeinen Sorgfaltsmaßstabes des § 276 BGB ablehnen und § 708 BGB zur reinen Auslegungsregel zu verkommen droht, sollte man jedenfalls im Bereich der Unternehmenskooperation die Besonderheit des Individualverhältnisses berücksichtigen, dem gerade der § 708 BGB in besonderer Weise Rechnung tragen kann, so Ullrich, in: FS für Steindorff, S. 281, 288ff mit weiteren Nachweisen.

zu vertretender Unmöglichkeit beziehungsweise nicht zu vertretendem Unvermögen entfällt, soweit sich aus dem Vertrag nichts anderes ableiten läßt, die Pflicht zur Ersatzleistung[70]. Hier stellt sich jedoch die Frage, ob im Gesellschaftsrecht hinter jeder Beitragspflicht eine „Wertschuld" mit Ersetzungsbefugnis bzw. Ersetzungspflicht steht, denn die Gesellschafterbeiträge dienen schließlich als Mittel zur Erreichung des gemeinsamen Zwecks[71]. Dieser Gesichtspunkt würde sogar dafür sprechen, den Vertrag im Zweifel dahingehend auszulegen, daß subsidiär ein bestimmter Vermögenswert zur Zweckverwirklichung versprochen wird[72]. Gleiches gilt auch für die Tatsache, daß die Partner sich auf die Leistungsbeiträge der anderen Gesellschafter eingestellt haben. Im Rahmen der gemeinsamen Zweckverfolgung ist es für die Partner nämlich oftmals ohne Belang, ob der zugesagte Beitrag in Natur oder ein Surrogat bzw. ein finanzieller Ausgleich geleistet wird.

Andererseits stellt eine solche Auslegung des Gesellschaftsvertrages eine Ausweitung der vertraglichen Leistungspflicht dar. Insbesondere bei individuellen Leistungen, wie etwa der Einbringung von Know-how oder von Schutzrechten, geht das Interesse des Einbringers eindeutig dahin, daß er nur die versprochene Leistung selbst schulden will und nicht auf Wertersatz in Anspruch genommen werden kann[73]. Damit kommt man zu dem Ergebnis, daß sich die Interessenlagen des Unternehmens, welches die unmöglich gewordene Leistung schuldet, und seiner Partner diametral widersprechen. Bei der Suche nach einem Ausgleich sind darüber hinaus zwei Gesichtspunkte besonders zu beachten. Nämlich zunächst das anerkennenswerte Interesse jedes Gesellschafters, das mit seiner Beteiligung am Gesamtprojekt verbundene Aufwandsrisiko zu begrenzen, wofür auch die Vorschrift des § 707 BGB spricht. Dieser statuiert explizit, daß über die vereinbarten Beiträge hinaus keine Leistungspflichten bestehen[74]. Zum anderen besteht jedoch die Gefahr, insbesondere bei einem nicht zu vertretendem Unmöglichwerden, daß sich mangels Ersetzungsbefugnis bzw. Ersetzungspflicht sowie aufgrund der fehlenden Schadensersatzpflicht die Leistungsgleichgewichte zu Lasten der weiterhin leistungsfähigen Partner verschieben.

Ob eine Ersetzungsbefugnis oder gar eine Ersetzungspflicht besteht, ist daher differenzierend zu beurteilen:

- Wenn individuelle Beiträge geschuldet werden, insbesondere Know-how oder Schutzrechte in die Zusammenarbeit einzubringen sind, dann beschränkt sich die Leistungspflicht auf die jeweiligen Gegenstände und führt niemals zu einer Ersetzungspflicht.

- Soweit jedoch ersetzungsfähige Leistungen oder gattungsmäßig zu bestimmende Beiträge geschuldet werden, kommt eine Ersetzungspflicht grundsätzlich in Betracht. Dies ist etwa dann der Fall, wenn sich ein Partner verpflichtet hat, bestimmte technische Vorrichtungen bereit zu halten oder bestimmte gegenständliche Materialien einbringen

---

[70] MüKo/Ulmer, § 705, Rdnr. 143 und § 706 BGB, Rdnr. 21; Schmidt, Gesellschaftsrecht, § 20 III 3.b); Soergel/Hadding, § 705 BGB, Rdnr. 45; Ermann/Westermann, § 705 BGB, Rdnr. 43; Hueck, Das Recht der OHG, § 6 II 3.d)

[71] Hüttemann, aaO, S. 158 stellt diese Frage an den Anfang seiner Überlegungen hinsichtlich einer Ersatzleistungspflicht.

[72] Hüttemann, aaO, S. 158

[73] Hüttemann, aaO, S. 160

[74] MüKo/Ulmer, § 707 BGB, Rdnr. 1 mit weiteren Nachweisen

wollte. Dies kann sogar so weit gehen, daß hinsichtlich des eingesetzten Personals eine Ersetzungsbefugnis besteht, wenn die Mitarbeit von namentlich festgelegten Angestellten vereinbart worden ist. Hier ist allerdings durch Auslegung festzustellen, ob diese Verpflichtung auf die konkrete Person beschränkt war oder ob lediglich die Mitarbeit eines in bestimmter Weise fachlich besonders qualifizierten Angestellten geschuldet wird; denn im letzteren Fall läßt sich das Problem, wenn der benannte Mitarbeiter ausfällt, durch entsprechende Neueinstellungen kompensieren.

- Tritt eine Unmöglichkeit hinsichtlich der eigentlichen FuE-Leistungen auf, so ist zu fragen, ob durch Mehranstrengung dennoch das eigentliche Ziel noch erreichbar bleibt.

Zusammenfassend läßt sich festhalten, daß im Falle der Unmöglichkeit bzw. des Unvermögens grundsätzlich keine Ersetzungspflicht besteht. Lediglich bei ersetzbaren Beiträgen, für welche die Auslegung des Kooperationsabkommens eindeutig ergibt, daß es nicht auf den konkreten Beitrag ankommt, sondern daß nur dessen innerer Wert geschuldet wird, ist daher von einer Ersetzungsbefugnis auszugehen[75]. Da jedoch im Rahmen der Auslegung stets der Wertung des § 707 BGB besonderes Gewicht beizumessen ist, kann im Zweifel davon ausgegangen werden, daß keine Pflicht zur Ersatzleistung besteht. Um bei der Durchführung der Zusammenarbeit Klarheit darüber zu haben, für welche Leistungen eine Wertdeckungszusage besteht, sollten die Partner grundsätzlich entsprechende Klauseln in ihren Vertrag aufnehmen[76]. Dies kann als allgemeine Ersetzungspflicht für ersetzbare Beiträge geschehen oder in Form einer Verpflichtung, ganz konkret bestimmte Beiträge durch Leistung an Erfüllungs Statt zu substituieren.

(d) Soweit Leistungsbeiträge ausbleiben und auch nicht ersetzt werden dürfen bzw. können, kann im Falle des Verschuldens eine Pflicht, Schadensersatz zu leisten, entstehen. Dabei stellt sich die Frage, für welche Umstände die Partner jeweils konkret einzustehen haben. Nach § 708 BGB schulden sich die Gesellschafter nur die eigenübliche Sorgfalt. Die Besonderheit von FuE-Arbeiten besteht aber darin, daß neuartige Gegenstände an deren Ende entstehen sollen und deren Verwirklichung wesensgemäß mit Risiken verbunden ist[77]. Dies bedeutet, daß jeder Partner, soweit sich nicht aus dem Vertrag etwas anderes ergibt, verpflichtet ist, ausreichende Sach-, Finanz- und Personalkapazitäten für das Projekt bereitzuhalten. Damit sind an den Maßstab des Vertretenmüssens strengere Anforderungen zu stellen[78] als dies § 708 BGB statuiert, denn durch die Übernahme von bestimmten Beitragspflichten haben die Partner sich auch verpflichtet, für die damit verbundenen Risiken die Verantwortung zu übernehmen. Sie haben also sowohl für vorhersehbare Probleme aus ihrem Bereich einzustehen wie auch für Leistungserschwerungen, die sich durch entsprechende Planungen hätten ausgleichen lassen. Ein Verschulden scheidet folglich nur dann aus, wenn sich die Probleme nicht haben vorhersehen lassen und deren Bewältigung durch Kapazitätserhöhung bzw. Leistungssteigerungen gleichfalls nicht möglich ist. Allerdings ist auch für die Verschuldensfrage festzuhalten, daß sich das Maß der Risikoübernahme umso genauer bestimmen läßt, je exakter die jeweils übernommenen Aufgaben beschrieben

[75] Hüttemann, aaO, S. 172ff

[76] Hüttemann, aaO, S. 173f

[77] Ullrich, in: FS Fikentscher, S. 298, 312f; Ullrich, Privatrechtsfragen der Forschungsförderung in der Bundesrepublik Deutschland, S. 99ff

[78] Ullrich, in: FS Fikentscher, S. 298, 314f

sind[79]. Die Partner haben es daher jedenfalls in gewissem Umfang selbst in der Hand, ihre Einstandspflichten durch vorausschauende vertragliche Gestaltung zu begrenzen.

(e) Auch im Falle des Verzugs mit einzelnen Leistungspflichten gelten die Regeln des allgemeinen Schuldrechts, namentlich die §§ 284 - 290 BGB, mit der Folge, daß nur für eine zu vertretende Verzögerung gemäß der §§ 285, 286 BGB eine Schadensersatzpflicht entsteht[80].

bb) Gerade bei FuE-Kooperationen kann es aufgrund der zu treffenden Prognoseentscheidungen zu Fällen von übermäßigen Leistungserschwerungen, zu Steigerungen des nicht immer eindeutig abschätzbaren Gesamtaufwandes oder zu Verschiebungen des Leistungsgleichgewichts kommen, deren rechtliche Behandlung im Gesetz nicht geregelt ist. Hierzu zählen sowohl alle externen Störungen als auch diejenigen internen Störungen, die Leistungsumfang und -äquivalenz des FuE-Kernbereichs betreffen. Für diese Fälle, die nicht unter die gesetzlich vorgegebenen Regelungen fallen, besteht jedoch die Möglichkeit einer Problembewältigung über die Lehre vom Wegfall der Geschäftsgrundlage, die von Rechtsprechung und Schrifttum entwickelt worden ist[81]. Dabei sind diese „clausula e rebus sic stantibus" trotz der vom Gesetzgeber zur Verfügung gestellten Instrumente (wie Austritt, Auflösung und Kündigung) dem Grunde nach auch im Gesellschaftsrecht anwendbar[82], denn die zu bevorzugende Rechtsfolge der Vertragsanpassung führt regelmäßig zu einem weniger einschneidenden Eingriff in den Vertrag als dies bei den anderen, oben genannten Möglichkeiten der Fall ist[83]. Dem ist insbesondere dann zu folgen, wenn die Zusammenarbeit auf eine Mindestzeit festgelegt wurde und auch kein wichtiger zur Kündigung berechtigender Grund vorliegt, denn ansonsten bestünde gar keine Möglichkeit mehr, die Störung zu bewältigen.

(1) Nach der von Medicus verwendeten Formel[84] fallen all diejenigen Umstände unter die Geschäftsgrundlage, die zumindest von einer Partei beim Vertragsschluß vorausgesetzt wurden sowie für diese Partei auch so wichtig waren, daß sie den Vertrag nicht oder jedenfalls nicht in der gegenständlichen Form abgeschlossen hätte, wenn sie die Richtigkeit ihrer Voraussetzungen als fragwürdig angesehen hätte, und auf deren Berücksichtigung sich die

[79] So Ullrich, in: FS Fikentscher, S. 298, 315 für FuE-Aufträge.

[80] Soergel/Hadding, § 705 BGB, Rdnr. 45; MüKo/Ulmer, § 706 BGB, Rdnr. 21; RGZ (11.2.1913) 81, 303, 305; RGZ (6.2.1917) 89, 398, 400

[81] Wieling, Entwicklung und Dogmatik der Lehre von der Geschäftsgrundlage, Jura 1985, 505ff; MüKo/Roth, § 242 BGB, Rdnr. 496ff; Soergel/Teichmann, § 242 BGB, Rdnr. 199ff; Medicus, Bürgerliches Recht, § 7 I.; Larenz, Schuldrecht AT, § 21 II; Emmerich, Leistungsstörungsrecht, § 27 II.

[82] Lediglich Schluep, Privatrechtliche Probleme bei der Unternehmenskonzentration und –kooperation, S. 434 verneint die Anwendung der clausula rebus sic stantibus mit Hinweis auf die seiner Ansicht nach vorrangige gesellschaftsrechtliche Gesetzeslage.

[83] Die ganz herrschende Meinung läßt jedoch die Lehre vom Wegfall der Geschäftgrundlage als schonendere, weil vertragserhaltende Alternative neben dem Kündigungsrecht zu, so MüKo/Roth, § 242 BGB, Rdnr. 562, 583; Soergel/Teichmann, § 242 BGB, Rdnr. 269; Emmerich, aaO, § 29 II 1; BGH (18.3.1974) NJW 1974, 1656; BGH (8.2.1984) NJW 1984, 1746. Auch ich folge hier entschieden der herrschenden Meinung, denn neben der dort vorgetragenen Begründung kann unter Umständen bei einer längeren zeitlichen Vertragsbindung die Geschäftsgrundlage ohne gleichzeitiges Vorliegen eines wichtigen Grundes entfallen sein, denn der Aufzählungskatalog des § 723 BGB zeigt eindeutig, daß hier vor allem an Gründe gedacht wurde, die in der Person eines Vertragspartners liegen und wegen derer eine weitere Zusammenarbeit aufgrund der persönlichen Zerrüttung nicht weiter zumutbar ist.

[84] Medicus, Bürgerliches Recht, Rdnr. 165a

andere Partei redlicherweise hätte einlassen müssen.

Was nun konkret Geschäftsgrundlage geworden ist und wann diese weggefallen ist, läßt sich nicht in eine einheitliche Formel fassen, sondern ist anhand des konkreten Einzelfalles festzustellen. Die Abweichung der Wirklichkeit von der dem Vertrag zugrunde gelegten Sachlage muß hierbei so erheblich sein, daß dieser Umstand nach Treu und Glauben Berücksichtigung verdient und es vor allem dem oder den betroffenen Vertragspartnern nicht zugemutet werden kann[85], sich weiter an den vereinbarten Vertragspflichten festhalten lassen zu müssen. In diese Betrachtung ist auch stets die Frage nach der Vorhersehbarkeit dieser Umstände einzuflechten, da den Partnern bei einer nicht atypischen und wenigstens nach menschlichem Ermessen durchaus denkbaren Entwicklung der Sachlage eher zugemutet werden kann, den Vertrag in der ursprünglich vereinbarten Form zu erfüllen.

Damit fehlt es beim FuE-Vertrag vielfach schon an den tatbestandlichen Voraussetzungen für den Wegfall der Geschäftsgrundlage[86]. Da dieser üblicherweise keine exakten Bestimmungen des Leistungsumfangs enthält, ist die Grenze dessen, was als Risiko jeweils übernommen wird, weiter als bei „normalen Austausch- oder Gesellschaftsverträgen" gefaßt. Denn es entspricht nun einmal dem typischen Charakter des FuE-Kooperationsvertrages, daß sich zwar die jeweils übertragenen Forschungsaufgaben[87] bestimmen lassen, oft aber nicht der dazu erforderliche Aufwand, so daß der jeweilige Partner trotz dieser Unsicherheit die entsprechende Verpflichtung zum Tätigwerden, gleich einem Forschungsauftrag, übernimmt[88]. Folglich ist diese Unsicherheit nicht als Geschäftsgrundlage gemäß der allgemeinen Definition anzusehen, sondern ist Bestandteil des Vertrages. Eine Leistungserschwerung stellt letztendlich die Realisierung des typischen FuE-Risikos dar, welches den Partnern dem Grunde nach bekannt sein muß, während lediglich die Frage, ob und in welchem Umfang diese eintritt, offen ist[89]. Auch wenn die Partner die einzelnen Probleme also nicht vorhergesehen haben, so haben sie sich dennoch einvernehmlich darauf eingelassen.

(2) Es haben sich jedoch inzwischen in der Praxis bestimmte Fallgruppen herauskristallisiert, bei deren Auftreten typischerweise vom Wegfall der Geschäftsgrundlage gesprochen werden kann[90].

(a) Zum einen können sogenannte „Äquivalenzstörungen" vorliegen[91], also Fälle, eines

---

[85] Auf dieses Zumutbarkeitskriterium ist entscheidend abzustellen, da dies die Schwelle für Eingriffe in den Vertrag aufgrund der Lehre der Geschäftsgrundlage ist, so BGH (31.1.1967) NJW 1967, 721; BGH (21.11.1968) NJW 1969, 233; Bilda, Anpassungsklauseln in Verträgen, Rdnr. 4.; Soergel/Teichmann, § 242 BGB, Rdnr. 245ff.

[86] Siehe zu den Voraussetzungen allgemein: Medicus, Bürgerliches Recht, Rdnr. 164ff. Ullrich, in: FS Fikentscher, S. 298, 312ff hat die Frage des übernommenen Risikos im Rahmen von FuE dahingehend beantwortet, daß eine Leistungserschwerung als typisches Risiko in der Regel bekannt ist und daher hingenommen werden muß.

[87] Dies gilt in besonderem Maße für die arbeitsteilige Kooperation. Bei der sonstigen gemeinsamen FuE-Tätigkeit besteht zwar weniger die Gefahr einseitiger Leistungserschwerungen mit den damit verbundenen Äquivalenzstörungen, sondern das Problem stellt sich dort als Frage einer allgemeinen Nachschußpflicht dar.

[88] Siehe zum Umfang der bei einem Forschungsauftrag übernommenen Pflichten und Risiken Ullrich, in: FS Fikentscher, S. 298, 312ff.

[89] Ullrich, in: FS Fikentscher, S. 298, 313

[90] Siehe hierzu exemplarisch Medicus, Bürgerliches Recht, § 7 II.

[91] MüKo/Roth, § 242 BGB, Rdnr. 547; Soergel/Teichmann, § 242 BGB, Rdnr. 248

groben Mißverhältnisses der jeweiligen Leistungsverpflichtungen. Zwar behandeln die obergerichtlichen Urteile zumeist Situationen, in denen eine erhebliche Geldentwertung zu diesem Mißverhältnis geführt hat, aber es sind hier auch andere Fallkonstellationen vorstellbar. Insbesondere ist im Rahmen von FuE-Kooperationen daran zu denken, daß ein bestimmtes FuE-Modul oder eine konkrete FuE-Aufgabe, die speziell einem Partner zugewiesen war oder für die dieser die entsprechenden Voraussetzungen zu schaffen und Mittel bereitzustellen hatte, einen erheblichen Mehraufwand erfordert. Allerdings ist bei FuE-Verträgen immer zu berücksichtigen, daß diese einem erhöhten Prognoserisiko unterliegen, da vielfach der erforderliche Aufwand nicht genau abschätzbar ist und daß die Geschäftsgrundlage in der Regel nicht schon bei Realisierung dieser FuE-typischen Gefahr entfällt, zumal selbige bei jedem der beteiligten Unternehmen inzident vorhanden ist. Folglich kann den Partnern jeweils mehr zugemutet werden, als dies im Rahmen von normalen Austauschverträgen der Fall ist, denn zum einen ist bei FuE-Projekten der erforderliche Aufwand oftmals nicht genau vorhersehbar und zum anderen handelt es sich nicht um einen Leistungsaustausch, sondern um eine Leistungsvereinigung, so daß jeden Beteiligten hinsichtlich seiner Leistungsbeiträge eine erhöhte Einstandspflicht trifft und er anders als beim Austausch an diesem zusätzlichen Aufwand ebenfalls partizipiert[92]. Dies gilt allerdings immer nur dann, wenn die anderen Beteiligten keine höheren Anstrengungen vornehmen müssen, denn wenn sich der Gesamtaufwand erhöht, so ist das Äquivalenzverhältnis, wenn auch auf höherem Niveau, dennoch wiederum ausgeglichen.

Es besteht somit grundsätzlich eine Nachschußpflicht[93] in dem Sinn, daß jeder Partner die für seinen FuE-Beitrag erforderlichen Anstrengungen so erhöhen muß, daß er seiner vertraglichen Beitragsleistungspflicht genügt. Anderes kann nur dann gelten, wenn gänzlich Unvorhergesehenes eintritt und dies zu einer substantiellen Neuausrichtung des gesamten Projekts oder jedenfalls der FuE-Arbeiten des betroffenen Partners führen müßte.[94] Entscheidend ist daher stets, welches Risiko die Partner jeweils übernommen haben. Das Maß dieser Risikoübernahme läßt sich dabei umso eher exakt bestimmen, je genauer die Leistungsspezifikation erfolgt und je umfassender das von den Partnern zu erbringende Leistungsprogramm dargestellt ist[95]. Festzuhalten bleibt, daß eine Steigerung des Aufwandes eines Partners, soweit nicht Leistungspflichtgrenzen[96] ausreichend konkret bestimmt worden sind, nur bei einer erheblichen Verschiebung der individuellen Leistungsbeiträge zum

---

[92] Aus diesem Grunde erscheinen die allgemeinen Lehren vom Wegfall der Geschäftsgrundlage hier als wenig sachgerecht, da es eben gerade nicht um die Anpassung von Leistung und Gegenleistung geht.

[93] Dabei ist zu beachten, daß die Regelung des § 707 BGB, der die Pflicht zur Nachschußleistung grundsätzlich ausschließt, hier nicht eingreift, denn der Beitrag als solcher wird nicht erhöht, sondern es wird nur der individuelle Aufwand, der zur Leistung des Beitrags erforderlich ist, gesteigert. Anders kann sich, je nach vertraglicher Ausgestaltung, die Lage bei der nicht arbeitsteiligen FuE-Kooperation darstellen, wenn zum Beispiel eine eigene Forschungsgesellschaft gegründet worden ist, die durch eine Kapitalleistung errichtet wurde und die mit ihren Mitteln nicht zum Erfolg gelangen kann; hier wäre eine Nachschußleistung im Sinne des § 707 BGB erforderlich und kann nur durch eine entsprechende Gestaltung des Gesellschaftsvertrages - entweder durch die abstrakte Aufnahme einer Nachschußpflichtregelung in den ursprünglichen Vertragstext oder durch die einverständliche Änderung des Gesellschaftsvertrages erreicht werden.

[94] Ullrich, in: FS Fikentscher, S. 298, 312ff

[95] Nicklisch, Rechtliche Risikozuordnung bei Bau-und Anlagenverträgen, in: Nicklisch (Hrsg.), Bau- und Anlagenverträge, S. 101, 105ff; Ullrich, in: FS Fikentscher, S. 298, 315 mit weiteren Nachweisen

[96] Ullrich in: FS für Steindorff, S. 281, 290 weist jedoch ausdrücklich darauf hin, daß auch Leistungspflichtgrenzen bei FuE-Verträgen nur einen Kernbereich umschreiben, dem eine gewisse Unschärfe dennoch immanent ist.

Wegfall der Geschäftsgrundlage führen kann[97].

(b) Eine weitere Fallgruppe des Wegfalls der Geschäftsgrundlage ist dann gegeben, wenn das Geschäft für eine Partei jeglichen Sinn verloren hat[98]. Hier ist bei FuE-Kooperationen an den Fall einer Gesamtsteigerung des FuE-Aufwandes für alle Partner um ein Vielfaches zu denken, ohne daß es zu einer Verschiebung des Leistungsgleichgewichts kommt. Um die Grundsätze der Lehre vom Wegfall der Geschäftsgrundlage anwenden zu können, darf die Steigerung des Aufwandes zum einen nicht vorhersehbar gewesen sein und muß zum anderen zur Unzumutbarkeit des weiteren Festhaltens an der Partnerschaft insgesamt führen. Dabei muß man sich jedoch immer vor Augen halten, daß FuE-Projekte immer mit einem gewissen Risiko behaftet sind, gewissermaßen einen „spekulativen Charakter"[99] haben, also grundsätzlich auch erhebliche Abweichungen hinzunehmen sind[100].

(c) Schließlich sind noch in dieser Systematisierung die sogenannten Zweckvereitelungsfälle zu nennen[101], welche von der in § 726 BGB normierten Unerreichbarkeit des Vertragszwecks[102] abgegrenzt werden müssen. Eine solche Zweckvereitelung liegt immer dann vor, wenn der mittelbar mit der Zusammenarbeit verfolgte Endzweck, in der Regel die spätere wirtschaftliche Verwertung der gemeinsam erarbeiteten Ergebnisse, unerreichbar geworden ist, ohne daß das vertraglich vereinbarte unmittelbare Ziel, also die Schaffung von FuE-Ergebnissen, gefährdet ist. Dieser Punkt ist bei anderen Formen der zwischenbetrieblichen Zusammenarbeit bereits nicht ganz unbedenklich, wird aber bei FuE-Kooperationen aufgrund der oftmals unterschiedlichen

[97] Eine Steigerung des Aufwandes um bis zu 50% genügt demnach regelmäßig noch nicht. Dies folgt schon aus der BGH-Rechtsprechung zu den Erbbauzinsverträgen (siehe BGHZ (24.2.1984) 90. 227ff; BGHZ (3.5.1985) 94, 257ff; BGHZ (20.12.1985), 96, 372ff; BGH (18.9.1992) NJW 1993, 52f), wonach selbst bei Austauschverträgen erst bei der Verdoppelung bzw. Halbierung des zu erbringenden Realwertes die Geschäftsgrundlage zu entfallen pflegt. Allerdings handelt es sich bei den hier entschiedenen Fällen immer um Verträge, die der Versorgung einer Partei dienen oder jedenfalls eine dauernde Einnahmequelle bilden, während bei FuE-Kooperationsverträgen ohnedies keinerlei Sicherheiten gegeben sind und diese mit besonderen Risiken behaftet sind, die folglich auch in einem erhöhten Umfang zu akzeptieren sind. Lediglich bei festgelegten Leistungspflichtgrenzen kann dieser Grundtendenz der Rechtsprechung gefolgt werden, die bei mehr als verdoppeltem Aufwand bzw. halbierter Leistung den Wegfall der Geschäftsgrundlage in Betracht zieht, wobei auch dann immer sämtliche sonstigen Umstände des konkreten Einzelfalles in die Gesamtbetrachtung einfließen müssen.

[98] MüKo/Roth, § 242 BGB, Rdnr. 548

[99] Medicus, Bürgerliches Recht, Rdnr. 166; Ullrich, in: FS Fikentscher, S. 298, 313ff betont, daß eine Steigerung des Aufwandes im Rahmen von FuE-Aufträgen ein vertragsspezifisches Risiko darstellt, welches vom Auftragnehmer übernommen worden ist, soweit es an abweichenden Vereinbarungen fehlt. Gleiches muß demnach auch für Kooperationsverträge gelten; die Partner haben sich somit verpflichtet, eine möglicherweise auftretende Aufwandssteigerung als vertragstypisch mit allen daraus folgenden Konsequenzen hinzunehmen.

[100] Selbst bei der Festlegung von Leistungspflichtgrenzen dürfte eine Verdoppelung des Gesamtaufwandes stets unbedenklich sein, da dies auch bei Erbbauzinsvereinbarungen, die keinen spekulativen, sondern einen wertsichernden Charakter aufweisen, erst die unterste Schwelle für das Eingreifen der Regeln vom Wegfall der Geschäftsgrundlage darstellt.

[101] Larenz, Schuldrecht AT, § 21 II

[102] Dabei ist grundsätzlich nicht vom Fall der wirtschaftlichen Unmöglichkeit auszugehen, solange das vorgegebene FuE-Ziel weiter erreichbar ist und lediglich der Leistungsaufwand der veränderten Situation angepaßt werden muß. Vielmehr ist die Wertung des § 279 BGB zu berücksichtigen, den der BGHZ (25.3.1982) 83, 300 auch für Geldschulden heranzieht, und der somit die Steigerung des Leistungsaufwandes, der sich eben in den meisten Fällen durch entsprechende Geldmittel ausgleichen läßt, in den Risikobereich des jeweils betroffenen Kooperationspartners stellt. Allerdings ist dies nur dann möglich, wenn die jeweiligen Leistungen nicht summenmäßig beschränkt sind, etwa durch einen exakten finanziellen Rahmen oder durch die Verrechnung von Arbeitsstunden etc., denn gemäß § 707 BGB besteht keine Pflicht zur Beitragserhöhung.

aufgrund der oftmals unterschiedlichen Interessenlagen fast unlösbar, denn die spätere wirtschaftliche Verwertbarkeit der FuE-Ergebnisse stellt ja eines der besonderen FuE-Risiken dar, welches die Parteien eingegangen sind. Es handelt sich hier mithin gerade nicht um einen Teil der Geschäftsgrundlage, sondern um das spezielle Vertragsrisiko. Insbesondere kann es für einen Partner trotz fehlender wirtschaftlicher Verwertungsmöglichkeiten durchaus noch von Interesse sein[103], die FuE-Ziele weiter zu verfolgen, sei es zur Steigerung des unternehmensinternen Basiswissens oder auch aus sonstigen Gründen. In Fällen von kooperativer Grundlagenforschung ist dieser mittelbar mit der FuE verfolgte Zweck der wirtschaftlichen Verwertung ohnedies völlig unbeachtlich.

Somit kann ein diesbezüglicher Mangel grundsätzlich nicht zum Wegfall der Geschäftsgrundlage führen, es sei denn die spätere Verwertungsmöglichkeit der gemeinsamen FuE-Ergebnisse ist explizit als Vertragsziel statuiert worden[104], sondern es kommen hier allenfalls Gründe in Betracht, die zu einer Zweckvereitelung führen, welche gerade nicht Teil des Vertragsrisikos ist. Beispielhaft wäre hier daran zu denken, daß die Zusammenarbeit zum Zwecke der Erarbeitung eines bestimmten Wissens aufgenommen worden ist, welches inzwischen in Fachliteratur, Internet etc. ohne weiteres in Erfahrung gebracht werden kann, und es auch nicht auf die Erarbeitung dieses Wissens durch das eigene Personal zur Steigerung des unternehmensinternen Basiswissens ankam.

(3) Sobald auf der Tatbestandsseite der Wegfall der Geschäftsgrundlage gegeben ist, müssen Lösungen gefunden werden, um den Vertrag wieder auf eine gemeinsame Basis zu stellen. Dabei werden den Vertragspartnern keine bestimmten Rechtsfolgen vorgegeben, sondern es ist eine möglichst interessengerechte Verteilung des verwirklichten Risikos bei möglichst geringem Eingriff in die ursprüngliche Regelung herzustellen[105]. Die Aufrechterhaltung des Vertrages unter Anpassung an die wirklichen beziehungsweise an die geänderten Umstände steht bei jeder Suche nach einer Lösung im Vordergrund, während eine Beendigung des Vertrages in Form eines Kündigungsrechts nur als ultima ratio in Betracht zu ziehen ist[106]. In diesem Zusammenhang ist grundsätzlich auf die Gesamtumstände des Einzelfalles abzustellen, so daß die zu findende Rechtsfolge sich nicht nur als schwächstmöglicher Eingriff darzustellen hat[107], sondern es muß auch dem Umstand Rechnung getragen werden, daß eine für alle Beteiligten zumutbare Lösung gefunden wird. Konkret bedeutet dies, daß in Fällen von Äquivalenzstörungen grundsätzlich eine Anpassung der Leistungsbeiträge an die veränderten Gegebenheiten zu erfolgen hat. Dabei ist aber zu beachten, daß eine völlige Neubewertung der Leistungsbeiträge der - mit der FuE-Kooperation bewußt eingegangenen - Risikoverpflichtung nicht in ausreichendem Maße

[103] Die Situation, in welcher alle Beteiligten die Kooperationsziele als gescheitert betrachten bedarf hier keiner Vertiefung, da es allenfalls zu Unstimmigkeiten hinsichtlich der Liquidation kommen kann, aber das „Ob" der Vertragsbeendigung nicht in Frage steht und damit auch keinen Raum für Streitigkeiten liefert.

[104] Doch in diesem Fall ist ebenfalls nicht die Lehre vom Wegfall der Geschäftsgrundlage zu bemühen, die nur eine ultima ratio darstellt, sondern es ist dann schon der ursprüngliche Vertragszweck, die Erarbeitung von FuE-Ergebnissen, für die eine anschließende wirtschaftlich erfolgreiche Verwertungsmöglichkeit besteht, bereits unerreichbar geworden, was aufgrund der allgemeinen Regelung des § 726 BGB zwingend zur Auflösung der Gesellschaftsbeziehung führt.

[105] MüKo/Roth, § 242 BGB, Rdnr. 544

[106] So die ständige BGH-Rechtsprechung: BGH (31.1.1967) NJW 1967, 721; BGH (5.9.1968) NJW 1969, 335, 337; BGH (22.2.1973) NJW 1973, 752, 753; MüKo/Roth, § 242 BGB, Rdnr. 544

[107] BGH (23.5.1951) NJW 1951, 602; MüKo/Roth, § 242 BGB, Rdnr. 544

Rechnung tragen würde. Dies bedeutet, daß lediglich ein angemessener Teil der unvorhergesehenen Mehraufwendungen[108] auf die anderen Kooperationspartner abzuwälzen ist, wobei die Umstände des Einzelfalles dafür ausschlaggebend sind, ob die anderen Beteiligten zusätzliche Aufgaben übernehmen oder ob ein Geldausgleich zu erfolgen hat.

Dem in diesem Zusammenhang von einem Teil der Literatur[109] zugebilligten Recht des Partners, aus dessen Sphäre die Störung nicht stammt, sich dann vom Vertrag zu lösen, ist im Rahmen der FuE-Kooperation abzulehnen. Denn hier steht die Aufrechterhaltung des Vertrages im Gegensatz zu reinen Austauschverträgen verstärkt im Vordergrund, da die Partner aufeinander zugegangen sind und die Offenbarung von Schutzrechten, Know-how sowie sonstigem unternehmensinternen Wissen nur im Vertrauen auf die künftige gemeinsame Tätigkeit erfolgt ist. Eine Kündigung des Kooperationsvertrages kommt nur in Betracht, wenn sich der Gesamtaufwand in einer Weise gesteigert hat, der die Weiterführung der FuE-Arbeiten insgesamt als sinnlos erscheinen ließe. Doch hier ist auf der Tatbestandsseite zu prüfen, ob die Geschäftsgrundlage wirklich entfallen ist, denn dies ist regelmäßig nur bei einer ganz erheblichen Aufwandssteigerung der Fall.

cc) Im höchsten Maße zweifelhaft ist die Lösung derjenigen Fälle, in denen die Gesellschafter ihren Pflichten zur Beitragsleistung zwar grundsätzlich nachkommen, sich aber diese Leistungen dann als mangelhaft erweisen. Wesentliche Beitragspflichten sind hierbei Sacheinlagen, die Einbringung von Schutzrechten sowie Know-how, die Überlassung beziehungsweise der Einsatz von bestimmtem Personal und letztendlich auch die eigentliche FuE-Tätigkeit. Hier bieten sich zwei Lösungsalternativen an. Den Ausgangspunkt für die weiteren Überlegungen bildet die Pflicht, Einlagen zu leisten, wobei sich die Frage stellt, ob zur rechtlichen Behandlung der Leistungsstörungen die spezialgesetzlichen Vorschriften, gegebenenfalls analog, herangezogen werden können.

(1) Eine beachtliche Meinung in der Literatur[110] geht davon aus, daß bei allen Einlagen festzustellen ist, ob diese geeignet sind, den mit der Einbringung im Gesellschaftsvertrag vorgesehenen Zweck zu erfüllen. Soweit dies der Fall ist, tritt Erfüllungswirkung ein. Anderenfalls sind grundsätzlich die Regeln der §§ 275ff BGB heranzuziehen[111]. Die logische Folge davon ist (wie bereits oben dargestellt), daß eine Schadensersatzpflicht nur dann entstehen kann, wenn für die „ausgebliebene Leistung" ein Verschulden nachzuweisen ist. Konsequenterweise gilt dies für alle Beitragsleistungen, also bei der zeitweisen Überlassung von Sachen und Rechten beziehungsweise bei Dienstleistungen, so daß die speziellen Leistungsstörungsnormen des Miet-, Pacht- oder Dienstvertragsrechts nicht herangezogen werden können[112].

[108] So auch MüKo/Roth, § 242 BGB, Rdnr. 547 mit Verweis auf zahlreiche Gerichtsentscheidungen zur Vertragsanpassung in Fällen des Wegfalls der Geschäftsgrundlage.

[109] Soergel/Knopp, 11. A., § 242 BGB, Rdnr. 401; Haarmann, Wegfall der Geschäftsgrundlage bei Dauerrechtsverhältnissen, S. 127ff

[110] Schmidt, Gesellschaftsrecht, § 20 III 3.d); Erman/Westermann, § 706 BGB, Rdnr. 10; MüKo/Ulmer, § 706 BGB, Rdnr. 22

[111] Die analoge Anwendung der kaufrechtlichen Gewährleistungsnormen wird abgelehnt, weil dadurch bei den Einlagen eine verschuldensunabhängige Garantiehaftung entstehen würde, die unter Umständen gesellschaftsvertraglich gar nicht gewollt war (Schmidt, Gesellschaftsrecht, § 20 III 3.d)). Im übrigen passen auch die im Sach- und Rechtsmängelrecht vorgesehenen Rechtsfolgen, wie Wandelung, Rücktritt etc., nicht, so MüKo/Ulmer, § 706 BGB, Rdnr. 22.

[112] Siehe hierzu MüKo/Ulmer, § 706 BGB, Rdnr. 23 mit weiteren Nachweisen.

(2) Dem gegenüber will die herrschende Meinung in Literatur und Rechtsprechung[113] die jeweils spezialgesetzlich geregelten Leistungsstörungsnormen analog anwenden. Dabei sind die Regeln des der konkreten Beitragsleistungsverpflichtung am nächsten liegenden Vertragstyps heranzuziehen, also Kauf-, Dienst-, Werk-, Miet-, Pacht- oder Lizenzvertrag usw. Im Einzelnen bedeutet dies, daß damit je nach konkreter Fallgestaltung die §§ 459ff, 440ff, 537ff, 633ff BGB sowie die allgemeinen Grundsätze von cic und pFV eingreifen können. Begründet wird dies damit, daß es sich bei der Einbringung von Einlagen und Beiträgen in die Gesellschaft um keinen Leistungsaustausch handelt, sondern um eine Leistungsvereinigung, welche gewissermaßen als Veräußerung an die Gesellschaft zu betrachten ist, was die analoge Anwendung des speziellen Leistungsstörungsrechts rechtfertigt[114]. Daneben findet sich in § 493 BGB eine gesetzliche Grundlage, die zwar gleichfalls nicht unmittelbar herangezogen werden kann, da es bei der Gesellschaft an einer Entgeltzahlungspflicht fehlt. Aber der Rechtsgedanke, daß bei der dauerhaften Übertragung von Sachen und Rechten, deren Rechtsgrund nicht auf einem unentgeltlichen Rechtsgeschäft wie Schenkung oder Leihe beruht, in gleicher Weise wie beim Kauf für Sach- oder Rechtsmängel gehaftet werden muß, verdient es, aufgrund einer vergleichbaren Interessenlage berücksichtigt zu werden[115].

Hinsichtlich der Rechtsfolgen wird das jeweilige gesetzliche Leistungsstörungsrecht aufgrund der Besonderheiten des Gesellschaftsrechts beeinflußt und ist entsprechend zu modifizieren[116]. Insbesondere wird dabei die Berechtigung zur Kündigung, zur Wandelung und zum Rücktritt, was jeweils zur Beendigung der Kooperationsbeziehung führen würde, ausgeschlossen, denn die analoge Anwendung der spezialgesetzlichen Gewährleistungsvorschriften ändert nichts an der generellen Einordnung als Gesellschaftsvertrag, für den die gesellschaftsrechtlichen Mechanismen zur Störungsbewältigung Vorrang haben[117].

(3) Es ist erforderlich, hinsichtlich der Voraussetzungen und Rechtsfolgen einerseits zwischen den einzelnen Leistungspflichten sowie der Störung derselben und andererseits dem Gesellschaftsvertrag in seiner Gesamtheit zu trennen. Insbesondere handelt es sich bei der Kooperationsbeziehung, trotz der Aufspaltung in verschiedene Vertragskomponenten, weiterhin um ein einheitliches Rechtsverhältnis[118].

---

[113] BGH (2.5.1966) NJW 1966, 1311 mit Anmerkung Schönle, NJW 1966, 2161; Staudinger/Keßler, § 706 BGB, Rdnr. 20 und 21; Soergel/Hadding, § 706 BGB, Rdnr. 19ff; Hueck, Das Recht der oHG, § 14 II 1; RGRK/v. Gamm, § 706 BGB, Rdnr. 6; Palandt/Thomas, § 706 BGB, Rdnr. 5; Baumbach/Hopt, § 109 HGB, Rdnr. 10

[114] Staudinger/Keßler, § 706 BGB, Rdnr. 19; im übrigen wird die Analogie zu den jeweiligen spezialgesetzlichen Normen vielfach ohne jede Begründung vertreten.

[115] Die herrschende Meinung bindet § 493 BGB sogar im Wege der Analogie direkt in die kaufrechtlichen Gewährleistungsvorschriften ein, so Soergel/Hadding, § 706 BGB, Rdnr. 19; Staudinger/Keßler, § 706 BGB, Rdnr. 18ff; Palandt/Thomas, § 706 BGB, Rdnr. 5; Hueck, aaO, § 14 II 1. Hüttemann, aaO, S. 432ff und 449 sieht in § 493 BGB die entscheidende Norm, welche die Anwendung der kaufrechtlichen Gewährleistungsvorschriften im Gesellschaftsrecht gestattet.

[116] RGRK/v. Gamm, § 706 BGB, Rdnr. 6; Erman/Westermann, § 706, Rdnr. 10; Staudinger/Keßler, § 706 BGB, Rdnr. 19

[117] So Schmidt, Gesellschaftsrecht, § 20 III 5, der allerdings übersieht, daß das Gesellschaftsrecht kraft seiner gesetzlichen Kodifizierung nicht über ausgewogene Leistungsstörungsnormen verfügt, sondern in aller Regel ebenfalls nur die Option zur Beendigung der Zusammenarbeit eröffnet.

[118] Schmidt, aaO, § 20 III 1

(a) Hinsichtlich der Sacheinlagen, wie etwa Forschungsanlagen, Meßinstrumente, Material etc., ist bezüglich der Schlechterfüllung vorrangig dahingehend zu differenzieren, ob diese in das Eigentum der Gesellschaft zur gesamten Hand („quoad dominum") übergehen sollen[119], mit der Folge, daß die §§ 433ff BGB Anwendung finden, oder ob es sich hierbei lediglich um eine Gebrauchsüberlassung („quoad usum") handelt[120], was zur Heranziehung der §§ 535ff BGB führen würde. Währenddessen bleibt es für die Nichtleistung bei den allgemeinen Regeln, also die Leistungspflicht entfällt, nämlich bei anfänglicher Unmöglichkeit aufgrund des § 306 BGB[121] und bei nachträglicher Unmöglichkeit gemäß § 275 BGB[122]; an Stelle der unmöglich gewordenen Leistung tritt eine Bardeckungspflicht, soweit dies dem Zweck des entsprechenden Beitrags und dem Willen der Beteiligten entspricht[123]. Konkret bedeutet dies, daß mit der herrschenden Meinung bei Störungen der Sacheinlageverpflichtung im Falle von Rechtsmängeln § 437ff BGB und bei Sachmängeln die §§ 459ff BGB zur Anwendung kommen[124]. Währenddessen sind bei einer Pflicht, vorübergehende Einlagen zu leisten, die §§ 537ff BGB heranzuziehen[125], so daß im Ergebnis eine garantieähnliche Haftung für einzubringende Sachen eintritt, es sei denn, dies wurde im Kooperationsvertrag explizit ausgeschlossen[126]. Auf die Tatsache, daß diese Vorschriften kein Rücktritts- oder Wandelungsrecht beinhalten, wurde bereits hingewiesen.

(b) Bei der Erteilung von Schutzrechtslizenzen haftet der Lizenzgeber nach Ansicht der herrschenden Literatur und der BGH-Rechtsprechung als Folge der pachtrechtlichen Qualifikation dieses Vertragstyps für die technische Ausführbarkeit und für die Brauchbarkeit

---

[119] Soergel/Hadding, § 706 BGB, Rdnr. 23

[120] Soergel/Hadding, § 706 BGB, Rdnr. 24

[121] MüKo/Ulmer, § 706 BGB, Rdnr. 21; Schmidt, aaO, § 20 III 3.a)

[122] Soergel/Hadding, § 705 BGB, Rdnr. 45; MüKo/Ulmer, § 706 BGB, Rdnr. 21; Schmidt, aaO, § 20 III 3.b). Im Falle eines Verschuldens führt dies darüber hinaus zu einer Schadensersatzpflicht gemäß § 280 BGB.

[123] BGH (25.9.1972) DB 1972, 2201, 2202; Hueck, Das Recht der oHG, § 6 II 3.d); Schmidt, aaO, § 20 III 3.b); Soergel/Hadding, § 705 BGB, Rdnr. 45; Erman/Westermann, § 705 BGB, Rdnr. 43; anderer Ansicht ist MüKo/Ulmer, § 706 BGB, Rdnr. 21, der nur ausnahmsweise eine solche Ersatzleistungspflicht als erfüllt ansieht.

[124] RGZ (5.2.1915) 86, 211, 213f; RGZ 141, 204, 208; Soergel/Hadding, § 706 BGB, Rdnr. 23; Hueck, aaO, § 14 II 1; Staudinger/Keßler, § 706 BGB, Rdnr. 20f; Palandt/Thomas, § 706 BGB, Rdnr. 5. Gegen eine Anwendung der kaufrechtlichen Vorschriften spricht sich Schmidt, § 20 III 3.d) aus, der die Rechtsfolgen der §§ 437ff und 459ff BGB nur dann als gerechtfertigt ansieht, wenn sich der Wille zum garantiemäßigen Einstehen für die eigenen Leistungsbeiträge unmittelbar dem Gesellschaftsvertrag entnehmen läßt; ähnlich Ermann/Westermann, § 706 BGB, Rdnr. 10. MüKo/Ulmer, § 706 BGB, Rdnr. 22 lehnt jedwede Heranziehung des Kaufrechts ab, da seiner Ansicht nach eine Schlechterfüllung die mangelnde Eignung für die Verfolgung des vereinbarten Zwecks bedeutet und damit im Ergebnis eine Nichterfüllung der vertraglichen Verpflichtungen gegeben ist, für welche die allgemeinen Vorschriften (§§ 275ff BGB) einschlägig sind.

[125] Soergel/Hadding, § 706 BGB, Rdnr. 27; Staudinger/Keßler, § 706 BGB, Rdnr. 33; Palandt/Thomas, § 706 BGB, Rdnr. 5. Die Bedenken gegen die herrschende Auffassung werden auch bezüglich der mietrechtlichen Vorschriften von MüKo/Ulmer, § 706 BGB, Rdnr. 23; Erman/Westermann, § 706 BGB, Rdnr. 11 und Schmidt, aaO, § 20 III 3.d) vorgetragen. Hüttemann, aaO, S. 480f stimmt der analogen Anwendung der §§ 537ff BGB grundsätzlich zu, wobei er einige Modifikationen beachtet sehen will.

[126] Gegen diesen Ansatz der herrschenden Meinung wendet Hüttemann, aaO, S. 434ff allerdings ein, daß die Gesellschafter bei einer Schlechtleistung einer verschuldensunabhängigen Garantiehaftung unterliegen, während sie im Falle einer Unmöglichkeit nur verschuldensabhängig haften. Meines Erachtens handelt es sich hier nur scheinbar um einen Wertungswiderspruch. Denn mit der Eingehung der Verpflichtung, eine bestimmte Sache der Gesellschaft zur Verfügung zu stellen, ist implizit die Garantie enthalten, daß dieser Gegenstand auch über die versprochenen Eigenschaften verfügt und daß man dafür auch rechtlich einstehen will.

der Erfindung[127] zu dem vertraglich vorausgesetzten Zweck[128] gemäß der §§ 581 II i.V.m. 537 I BGB sowie für Rechtsmängel[129] nach den §§ 581 II i.V.m. 541 BGB. Da es sich bei der Gestattung zur Schutzrechtsbenutzung im Rahmen von FuE-Kooperationen gleichfalls um lizenzvertragliche Komponenten handelt, sind diese Grundsätze, soweit sich aus dem Vertrag oder den Umständen des konkreten Einzelfalles nichts anderes entnehmen läßt, hier gleichfalls heranzuziehen.

Allerdings wird hinsichtlich der Sachmängel in zweifacher Weise eine Einschränkung der Haftung vorgenommen: Zum einen haftet der Lizenzgeber nach einhelliger Ansicht nämlich nicht für die kommerzielle Verwertbarkeit der dem Schutzrecht zugrunde liegenden Erfindung[130] und zum anderen sind nach Ansicht der wohl herrschenden Literatur, trotz der grundsätzlichen Beibehaltung der Qualifizierung als Pachtvertrag, die Wertungen des Kaufrechts insofern zu berücksichtigen[131], als eine Schadensersatzpflicht nur dann entstehen kann, wenn dem Schutzrecht entweder eine zugesicherte Eigenschaft fehlt oder der Lizenzgeber eine arglistige Täuschung begangen hat. Im Falle des Auftretens von Leistungsstörungen im Rahmen der Know-how-Überlassung sind aufgrund der Qualifizierung als Kaufvertrag die kaufrechtlichen Gewährleistungsvorschriften, also die §§ 437ff und 459ff BGB, anzuwenden[132].

(c) Soweit die Kooperationsvereinbarung vorsieht, daß ein beteiligtes Unternehmen spezielle Werkleistungen[133] an die Partner in deren gesamthänderischen Verbundenheit zu

---

[127] BGH (26.11.54) GRUR 1955, 338; BGH (1.12.64) NJW 1965, 759; BGH (28.6.79) GRUR 1979, 768; im Anschluß an das RG: RGZ (1.3.11) 75, 400; RG (12.6.42) GRUR 1943, 35; Benkard, § 15 PatG, Rdnr. 102; Pietzcker, § 6 PatG, Rdnr. 12, 22 und 35; Nirk, Die Einordnung der Gewährleistungsansprüche und Leistungsstörungen bei Verträgen über Patente in das Bürgerliche Gesetzbuch, GRUR 1970, 329, 334f; Stumpf/Groß, Der Lizenzvertrag, Rdnr. 302ff; Henn, Patent- und Know-how-Lizenzvertrag, S. 179ff; Kraßer/Schmidt, Der Lizenzvertrag über technische Schutzrechte aus der Sicht des deutschen Zivilrechts, GRUR 1983, 324, 336; Pagenberg/Geissler, Lizenzverträge, Muster 1, Rdnr. 61ff; a.A. Lüdecke/Fischer, Lizenzverträge, S. 118, die vorbringen, daß der Lizenzgeber nur dann für die Brauchbarkeit der Erfindung haftet, wenn er eine ausdrückliche Zusicherung gegeben hat.

[128] Dies ist nach BGH (28.6.79) GRUR 1979, 768 das entscheidende Indiz für die Frage, ob ein Sachmangel vorliegt oder nicht.

[129] RGZ (12.4.13) 82, 155, 157; BGH (28.9.76) GRUR 1977, 107, 109 - Werbespiegel; Bernhardt/Kraßer, Patentrecht, § 41 V.b)1.; Henn, aaO, S. 182; Stumpf/Groß, aaO, Rdnr. 331ff; Kraßer/Schmidt, GRUR 1983, 324, 337ff

[130] BGH (26.11.1954) GRUR 1955, 338, 400; BGH (17.3.1961) GRUR 1961, 466, 467; Stumpf/Groß, aaO, Rdnr. 293; Henn, aaO, 3.A., S. 189; Benkard, § 15 PatG, Rdnr. 113

[131] Kraßer/Schmidt, GRUR 1983, 324, 336f; Nirk, GRUR 1970, 329, 333ff; Klauer/Möhring, § 9 PatG, Rdnr. 74. Der BGH (28.6.79) GRUR 1979, 768 hat hingegen die Anwendung der kaufrechtlichen Vorschriften als nicht sachgerecht abgelehnt. Mit Stumpf/Groß, aaO, Rdnr. 316 ist hier festzuhalten, daß eine einheitliche Linie in Rechtsprechung und Literatur nicht existiert, aber meines Erachtens ist den Literaturvertretern zu folgen, die sich für eine Berücksichtigung der Wertung des § 463 BGB einsetzen, da Erfindungen in aller Regel viele Unwägbarkeiten anhaften, für die das garantiemäßige Einstehenmüssen nach Pachtrecht zu einem unverhältnismäßigem Risiko auf Seiten des Lizenzgebers führen würde und dem Lizenznehmer umgekehrt ein Mehr an Rechten einräumt, als dieser gemeinhin erwarten würde. Allerdings ist mit der ganz herrschenden Meinung, vgl. nur Stumpf/Groß, aaO, Rdnr. 321 oder Kraßer/Schmid, GRUR 1983, 324, 337, die kurze Verjährungsfrist des § 477 BGB abzulehnen, da dies dem Charakter eines Dauerschuldverhältnisses, bei dem es sich bei Schutzrechtslizenzen handelt, diametral zuwider laufen würde.

[132] Für Einzelheiten wird auf die umfangreichen Darstellungen, von Stumpf, Der Know-how-Vertrag, Rdnr. 51 bis 70 sowie Gaul/Bartenbach/Gennen, aaO, Q 45ff verwiesen.

[133] Werkverpflichtungen kommen vor allem dann in Betracht, wenn die Kooperationspartner gemeinsame Forscherteams bilden und ein Partner parallel dazu Aufgaben übernimmt, etwa die Bereitstellung von Versuchsanordnungen oder die Wartung und technische Betreuung von Anlagen etc.

erbringen hat, greifen beim Auftreten von Störungen gleichfalls die spezialgesetzlichen Leistungsstörungsnormen des Werkvertragsrechts (§§ 633ff BGB) ein[134]. Wenn sich bei speziellen Dienstverpflichtungen (§§ 611ff BGB)[135] im Rahmen von Gesellschaftsverträgen Leistungsstörungen einstellen sollten, so können diese nach ganz herrschender Meinung lediglich eine verschuldensabhängige Haftung aus pFV nach sich ziehen[136].

(d) Bei der Heranziehung beziehungsweise der Zurverfügungstellung von geeignetem Personal handelt es sich zwar um keine Einlage im eigentlichen Sinn, sondern um eine sonstige Vertragspflicht, aber auch hier kommen Störungen in Betracht. Soweit vertraglich vereinbart wurde, daß bestimmte, namentlich benannte Personen mit den FuE-Aufgaben betraut werden, so kann dies bei Nichterfüllung lediglich zur Anwendung der §§ 275ff BGB führen. Im übrigen handelt es sich um einen Teilaspekt der Zweckförderungspflicht, so daß der Einsatz von ungeeignetem Personal ebenfalls, obgleich es sich dabei um eine Dienstleistung handelt, zur Nichterfüllung und der Anwendung der allgemeinen Vorschriften führt, da die §§ 611ff BGB ansonsten keine geeignete Handhabe hierfür bereitstellen[137].

(e) Bei Störungen, welche die eigentlichen FuE-Arbeiten betreffen, bietet das Heranziehen des jeweils sachnächsten Leistungsstörungsrechts keine geeigneten Lösungsansätze, da es sich dabei nicht mehr um die Einlage von Gegenständen oder die Erbringung von sonstigen Leistungen für die Gesellschaft handelt, sondern weil die Zweckförderung selbst betroffen ist. Diese erfolgt nämlich durch die Durchführung der erforderlichen FuE-Arbeiten im Unternehmen des jeweils dafür vorgesehenen Partners und nicht durch die Erbringung von Teilleistungen an die Gesellschaft. Allenfalls der Austausch der Ergebnisse kann wiederum als Leistung an die Gesellschaft dargestellt werden, doch dieser ist nicht die entscheidende Pflicht, die Ansatzpunkte für Störungen bietet; allenfalls die unvollständige Information oder das völlige Ausbleiben stellt eine Störung dar, doch hierbei handelt es sich nicht um eine Schlechterfüllung im Sinne des BGB-Leistungsstörungsrechts.

(4) Dem oben dargestellten Ansatz der vorherrschenden Meinung bezüglich der mangelhaften Erfüllung von Beitrags- und Einlageverpflichtungen ist dem Grunde nach zu folgen, denn die schwierigen Probleme von Leistungsstörungen im Rahmen von FuE-Kooperationsverträgen lassen sich mit den vom allgemeinen BGB-Leistungsstörungsrecht zur Verfügung gestellten Instrumenten nicht in einer sachgerechten und alle Interessen zufriedenstellenden Weise lösen. Aufgrund der Komplexität des zwischenbetrieblichen FuE-Vertrages ist es nicht nur im Hinblick auf Leistungsstörungen sinnvoll, sondern ganz allgemein erforderlich, die verschiedensten Elemente des Gesamtvertragswerkes in einzelne Vertragsmodule aufzuspalten. Dieser Schritt der Differenzierung der Beitragspflichten vom

---

[134] BGH (26.11.1979) NJW 1980, 1744; Staudinger/Keßler, § 706 BGB, Rdnr. 42; Soergel/Hadding, § 706 BGB, Rdnr. 34; Hüttemann, aaO, S. 484

[135] Hier wäre etwa an die Geschäftsführungshandlungen im Rahmen der Kooperationsbeziehung zu denken. Aber es kommen auch sonstige begleitende Leistungen, wie etwa Instruktion des Personals der Partner oder ähnliche Handlungen, in Betracht.

[136] Soergel/Hadding, § 706 BGB, Rdnr. 30; MüKo/Ulmer, § 706 BGB, Rdnr. 23; BGH (4.3.1982) NJW 1983, 1188, 1189; Hüttemann, aaO, S. 482

[137] Nach Erman/Hanau, § 611 BGB, Rdnr. 283, 406 wird eine Dienstleistung von mittlerer Art und Güte geschuldet, also das Abstellen von durchschnittlichem Forschungspersonal, welches voraussichtlich imstande ist, die FuE-Arbeiten in angemessener Weise zu verrichten; bei Nichterfüllung dieser Anforderungen wird, soweit möglich, Nachbesserung und bei Verschulden Schadensersatz wegen pFV geschuldet.

Gesellschaftsverhältnis, wie er bereits von Schmidt vorgenommen worden ist[138], ist meines Erachtens der einzig richtige Ansatzpunkt, wobei man diese Aufspaltung nicht mißverstehen darf; denn es handelt sich bei dem Kooperationsvertrag nicht um mehrere verschiedene, sondern weiterhin um ein einheitliches Rechtsverhältnis. Doch gerade dieser Ansatz muß konsequenterweise zur Anwendung des jeweils konkret passenden Leistungsstörungsrechts führen, denn ansonsten, also bei Anwendung der §§ 275ff BGB für sämtliche Störungen, würde diese Aufspaltung wenig Sinn machen. Somit ist es richtig, das spezielle Gewährleistungsrecht unter Berücksichtigung der Besonderheiten des Gesellschaftsrechts, wie es die herrschende Meinung auch fordert, im konkreten Einzelfall zur Anwendung zu bringen. Allerdings kann dieser richtige Ansatzpunkt nicht darüber hinwegtäuschen, daß allein die Anwendung der §§ 275ff BGB sowie des Gewährleistungsrechtes (zum Teil in Verbindung mit den §§ 723 und 737 BGB) nicht imstande ist, die Vertragsrisiken sachgerecht zu verteilen. Vor allem fehlt eine weniger einschneidende Möglichkeit, als es die §§ 723, 726 und 737 BGB darstellen, einzelne Störungen in Bezug auf das gesamte Vertragsverhältnis zu sehen und die jeweiligen Beitragspflichten entsprechend zu modifizieren oder anzupassen.

c) Auswirkungen auf den Gesamtvertrag

Das bereits oben angesprochene entscheidende Problem bei Gesellschaftsverträgen im Allgemeinen und bei den zwischenbetrieblichen FuE-Kooperationsverträgen im Besonderen liegt darin, festzustellen, welche Auswirkungen die Störung einer einzelnen Leistungsverpflichtung, unabhängig davon auf welchen tatsächlichen Ursachen diese beruht und in welche juristischen Kategorien sie einzuordnen ist, auf das Vertragswerk im Ganzen hat.

aa) Die Möglichkeit zur Kündigung des Kooperationsvertrages gemäß der §§ 723, 726 und 737 BGB stellt allenfalls dem Grunde nach ein geeignetes Instrumentarium dar, um einzelne Probleme in Bezug auf den Gesamtvertrag zu lösen, indem das Vertragsverhältnis insgesamt beendet wird[139]. Der entscheidende Nachteil besteht allerdings genau in dieser eindimensionalen Rechtsfolge, die keinen Spielraum für interessengerechte Lösungen bietet, sondern in jedem Fall - sowohl wenn die Kündigung ausgesprochen wird als auch bei einer Entscheidung, die Zusammenarbeit fortzusetzen - eine Extremlösung darstellt.

(1) Allerdings soll die Kündigung aus wichtigem Grund, anders als die abbedingbaren ordentlichen Kündigungsmöglichkeiten, nur dann eingreifen können, wenn schwere Störungen des Gemeinschaftsverhältnisses auftreten. Da das Gesetz den Begriff des „wichtigen Grundes" selbst nicht weiter ausgefüllt hat, ist es Aufgabe der richterlichen Rechtsfortbildung, eine allgemeine Richtschnur zu setzen, wann dem kündigenden Gesellschafter nach Treu und Glauben eine Fortsetzung der Gesellschaft nicht zugemutet werden kann, wobei die für die Kündigung geltend gemachten Individualinteressen hier schutzwürdiger sind als das Gemeinschaftsinteresse am Fortbestand der bisherigen Zusammenarbeit[140]. Neben dem Fortsetzungs- beziehungsweise Beendigungsinteresse sind auch alle Umstände des Einzel-

[138] Schmidt, aaO, § 20 III 1.b)

[139] Hinsichtlich der Kündigung nach § 726 BGB verweise ich auf die Ausführungen oben unter 2.a)cc) sowie auf Kapitel VII, da es sich bei dieser Norm weniger um eine Leistungsstörungsregelung als um eine allgemeine Beendigungsmöglichkeit handelt.

[140] Staudinger/Keßler, § 723 BGB, Rdnr. 65; RGZ (22.12.1906) 65, 38

falles zu berücksichtigen und in eine Gesamtabwägung einzubringen[141]. Im Einzelnen bedeutet dies, daß danach zu fragen ist, ob der Kündigungsgrund im Inneren der Gesellschaft seinen Ursprung hat oder ob externe Umstände, welche die Partner nicht zu beeinflussen imstande waren, entscheidend sind. Ebenfalls von Bedeutung ist es aus der Sphäre welches Gesellschafters diese Störungen stammen und ob ein Verschulden bzw. ein Vertretenmüssen vorliegt.

(2) Im Rahmen der FuE-Kooperation ist überdies zu beachten, daß ein besonders starkes Abhängigkeitsverhältnis zu den Kooperationspartnern sowie zum Gemeinschaftsprojekt vorliegen kann, so daß die gesellschaftsrechtliche Treuepflicht[142] strenge Anforderungen an den Tatbestand, wann letztendlich der wichtige Grund eingreift, stellt. Aufgrund der Intensität der Zusammenarbeit und der besonderen wirtschaftlichen Bedeutung ist im Rahmen von Kooperationen im FuE-Bereich von einer besonders engen Treuepflicht auszugehen[143]. Dies beruht auch auf dem Vertrauen, welches sich die Partner beim wechselseitigen Know-how-Austausch entgegenbringen. Denn je nach Dauer und Intensität der Zusammenarbeit sind den Gesellschaftern unter Umständen auch erhebliche Opfer zuzumuten, wenn die Existenz der gesamten Gesellschaft auf dem Spiel steht[144]. Allerdings ist in diesem Zusammenhang die nachhaltige Zerstörung des Vertrauensverhältnisses[145] als wichtiger Grund zu nennen, dessen Voraussetzungen nicht so streng zu sein brauchen wie bei allen anderen Gründen, denn sobald die Vertrauensgrundlage im FuE-Bereich fehlt, ist nicht mehr mit einem nachhaltigen Austausch von Know-how zu rechnen, insbesondere wenn ein Partner die Gefahr einer kooperationszweckwidrigen Verwendung oder Weitergabe des Wissens befürchten muß. Somit darf die Kündigung nur einen Notausgang eröffnen, der als ultima ratio auch durch vertragliche Abreden nicht ausgeschlossen werden kann (§ 723 III BGB), der aber eben nur in Extremsituationen eingreifen darf, weil „die Schneidigkeit dieser Sanktion eine hohe Eingriffsschwelle erfordert"[146].

(3) Um der außerordentlichen Kündigung ihre Schärfe zu nehmen, sollten die Gesellschafter grundsätzlich versuchen, durch Gespräche und entsprechende Vereinbarungen die Vertrauensbasis für eine weitere Zusammenarbeit wieder herzustellen, selbst wenn ein Kündigungsgrund grundsätzlich gegeben ist. Es wird daher auch empfohlen, in den Kooperationsvertrag eine Regelung aufzunehmen, daß vor einer Kündigung beziehungsweise einem Ausschluß eines Gesellschafters erst allen Partnern ausreichend Gelegenheit zur Stellungnahme gegeben werden muß, damit diese Gelegenheit haben, Vorschläge zur Regelung des

---

[141] Da die Gründe, die zu einer Kündigung oder einem Ausschluß führen können, in der Praxis sehr unterschiedlich sind und aufgrund der Gesamtabwägung bestimmte Sachverhalte nicht bei jeder Kooperation auch zur Beendigung des Zusammenarbeitsverhältnisses ausreichend sind, wird hier bewußt auf eine beispielhafte Aufzählung verzichtet.

[142] MüKo/Ulmer, § 705 BGB, Rdnr. 184f; Soergel/Hadding, § 705 BGB, Rdnr. 59

[143] Dies beruht auch auf den gesteigerten rechtlichen sowie faktischen Einwirkungsmöglichkeiten der einzelnen Partner auf die Gesamthand und die anderen Mitgesellschafter. Siehe hierzu auch Soergel/Hadding, § 705 BGB, Rdnr. 59; MüKo/Ulmer, § 705 BGB, Rdnr. 184f mit weiteren Nachweisen

[144] RGZ (11.12.1934) 146, 169, 180; Staudinger/Keßler, § 723, Rdnr. 65

[145] In diesem Zusammenhang ist aber auch wiederum zu prüfen, was die Zerstörung des Vertrauensverhältnisses verursacht hat (MüKo/Ulmer, § 723 BGB, Rdnr. 22), so daß derjenige Partner, den keinerlei Verschulden trifft, eher zur Kündigung berechtigt ist als ein Gesellschafter, der den Grund durch sein Verhalten eröffnet hat.

[146] Ullrich, in: FS für Steindorff, S. 281, 294, 299

Problems zu machen[147]. Daneben besteht auch die Möglichkeit, die Kündigung aus wichtigem Grunde durch die Parteien selbst zu regeln, also insbesondere einzelne Kündigungsgründe in den Vertrag aufzunehmen sowie für bestimmte Sachverhalte diese Möglichkeit vertraglich auszuschließen[148]. Im übrigen erscheint es sinnvoll, bei einem mehr als zweigliedrigen Kooperationsverhältnis eine Fortsetzungsklausel derjenigen Partner, die nicht gekündigt haben, zu vereinbaren, also daß im Ergebnis allein der Kündigende aus dem FuE-Zusammenarbeitsverhältnis ausscheidet[149] und nicht die Kooperation insgesamt aufgelöst werden muß[150].

(4) Zusammenfassend bleibt festzuhalten, daß bei der Kündigung zwar die Rechtsfolge eindeutig ist, aber die Tatbestandsvoraussetzungen der außerordentlichen Kündigung bisweilen indifferent bleiben. Da letztendlich nur eine Auswahl hinsichtlich des „Ob" der möglichen Rechtsfolge besteht bzw. bei der ordentlichen Kündigung hinsichtlich des Zeitpunktes, handelt es sich um kein geeignetes Instrument, kleinere Leistungsstörungen ohne Auswirkungen für den Bestand des Vertrages insgesamt zu behandeln.

bb) Ein anderer, weil gegebenenfalls weniger einschneidender Weg, um die Auswirkung einzelner Störungen auf das gesamte Vertragsverhältnis abzumildern ist die Anwendung der §§ 320ff BGB, die beim gegenseitigen Vertrag Folgen für die nicht gestörte, im Synallagma stehende Leistungspflicht statuieren.

(1) Hinsichtlich der Anwendbarkeit der §§ 320ff BGB besteht in Rechtsprechung und Schrifttum großer Streit. Die Rechtsprechung des Reichsgerichts ist davon ausgegangen, daß die Gesellschaft bürgerlichen Rechts als ein gegenseitiger Vertrag beurteilt werden muß und hat konsequenterweise auch die §§ 320ff BGB herangezogen[151]. Der BGH hingegen hat zu dieser Grundsatzfrage noch nicht in allgemeiner Form Stellung bezogen[152], sondern sich darauf beschränkt, in konkreten Einzelfällen[153] eine Entscheidung zu fällen, die bisher aber stets zur Verneinung des Eingreifens der §§ 320ff BGB geführt hat. Dem gegenüber lehnt die wohl herrschende Meinung im Schrifttum grundsätzlich jede Form der

[147] Hier ist es denkbar, daß allein entsprechende Vorschläge bereits ausreichend sind, damit die Eingriffsschwelle des Kündigungsrechts nicht mehr erreicht wird und dann das Gesellschaftsverhältnis fortgesetzt werden kann.

[148] Allerdings ist bei der Herausnahme einzelner Gründe aus dem Tatbestand der §§ 723 und 737 BGB Vorsicht geboten, da eine Beschränkung des Rechtes gemäß § 723 III BGB unzulässig ist. Dies bedeutet, daß nur ganz klar abgegrenzte Gründe ausgeschlossen werden können, um nicht Gefahr zu laufen, aufgrund einer unzulässig weit gefaßten Ausnahmebestimmung, selbst für gewünschte Tatbestände die Kündigung wegen der Unwirksamkeit der entsprechenden Klausel nicht beschränken zu können (Staudinger/Keßler, § 723 BGB, Rdnr. 75)!

[149] Die Vereinbarung einer solchen Fortsetzungsklausel erscheint auch vor dem Hintergrund sinnvoll, daß dies im Recht der oHG gemäß § 138 HGB ohnedies der geltenden Rechtslage entspricht (Hueck, aaO, § 24 I 5).

[150] Eine Fortsetzung der Kooperationsbeziehung durch die übrigen Mitglieder erfordert in aller Regel neue Vereinbarungen, da ja die Leistungsbeiträge eines Partners entfallen und ersetzt werden müssen oder eine neue Definition der Zielsetzung erforderlich werden könnte.

[151] RGZ (29.4.1911) 76, 276, 279; RGZ (21.2.1912) 78, 303, 305; RGZ (29.4.1920) 100, 1, 3; RGZ (13.4.1940) 163, 385, 388

[152] BGH (4.3.1982) NJW 1983, 1188, 1189; BGH (29.1.1951) NJW 1951, 308; Allerdings hat der BGH in seiner Entscheidung BGH (29.1.1951) NJW 1951, 308 in Fortführung der Rechtsprechung des Reichsgerichts den Gesellschaftsvertrag als gegenseitigen Vertrag qualifiziert.

[153] BGH (29.1.1951) NJW 1951, 308; BGH (13.5.1953) NJW 1953, 1548; BGH (4.3.1982) NJW 1983, 1188, 1189

Anwendung der §§ 320 bis 326 BGB im Rahmen von Gesellschaftsverträgen ab[154]. Dies wird zutreffenderweise damit begründet, daß die §§ 320ff BGB auf der synallagmatischen Verknüpfung von gestörter Leistung sowie der dazugehörenden Gegenleistung beruhen, während für das Gesellschaftsrecht die Erreichung eines gemeinsamen Zwecks ohne primären Leistungsaustausch kennzeichnend ist, es sich hierbei vielmehr um eine Leistungsvereinigung handelt. Ein Teil der Literaturvertreter befürworten hingegen die Anwendbarkeit der §§ 320ff BGB, fordern aber gleichzeitig, daß eine den Besonderheiten des Gesellschaftsrechts Rechnung tragende Modifikation, insbesondere der Rechtsfolgen, zu erfolgen hat[155]. Allerdings lassen auch zahlreiche Vertreter des Schrifttums, obgleich sie davon ausgehen, daß es sich bei der Gesellschaft bürgerlichen Rechts nicht um einen gegenseitigen Vertrag handelt, die Anwendung der §§ 320ff BGB in besonderen Fallkonstellationen zu: Zum einen wird darauf hingewiesen, daß bei der zweigliedrigen Gesellschaft[156] die Interessenlage mehr derjenigen eines auf Leistungsaustausch gerichteten Vertrages ähnelt, so daß auch die §§ 320ff BGB angewendet werden können und zum anderen sollen diese Vorschriften dann eingreifen, wenn es um die bloßen Einlageverpflichtungen der Gesellschafter vor der eigentlichen Aufnahme der den gemeinsamen Zweck fördernden Tätigkeit geht, sprich vor dem Invollzugsetzen des Gesellschaftsverhältnisses[157].

(2) Die oben aufgezeigten Lösungswege können nur zum Teil überzeugen, denn ein Teil der Literatur sowie die Rechtsprechung übersehen, soweit sie die §§ 320ff BGB entweder unmittelbar oder jedenfalls analog für anwendbar halten, das eigentliche Problem, nämlich die Frage, ob es sich bei dem Gesellschaftsvertrag und damit auch beim FuE-Kooperationsvertrag um einen gegenseitigen Vertrag mit synallagmatischen Leistungspflichten handelt.

Zwar verpflichten sich die Partner in Gesellschaftsverträgen gegenseitig, den Gesellschaftszweck zu fördern, doch im Ergebnis ist es richtiger, diese Verpflichtungen als wechselseitig zu bezeichnen[158]. Diese schon formal-juristische und sprachliche Ungenauigkeit rührt daher, daß die Gesellschafter ihre jeweiligen Leistungsversprechen in der Erwartung abgeben, daß nicht nur jeweils sie, sondern auch die anderen Vertragsteile zur Beitragsleistung und Zweckförderung verpflichtet sind. Insofern kommt bei Abschluß des Vertrages der für gegenseitige Verträge maßgebliche Grundsatz des „do ut des" zum Tragen. Die Besonderheit bei Gesellschaftsverträgen ist nun einmal die, daß kein Leistungsaustausch zwischen den Vertragspartnern stattfindet, sondern daß es bei der Gesellschaft zu einer Leistungsvereinigung kommt. Es herrscht folglich kein Gegenseitigkeitsverhältnis und damit keine synallagmatische Verknüpfung, wie etwa bei Kauf, Tausch, Miete, Dienst- oder

---

[154] Erman/Westermann, § 705 BGB, Rdnr. 41; MüKo/Ulmer, § 705 BGB, Rdnr. 139; Esser/Schmidt, Schuldrecht AT, § 12 III 3; Soergel/Hadding, § 705, Rdnr. 44; Staub/Ulmer, § 105 HGB, Rdnr. 149

[155] Hueck, aaO, § 6 II 3; Heymann/Emmerich, § 105 HGB, Rdnr. 5; wohl auch Schmidt, aaO, § 20 III 5. Als neueste Ansicht, die sich für die Anwendbarkeit der §§ 320ff BGB im Gesellschaftsrecht ausspricht, ist Hüttemann, aaO, passim zu nennen.

[156] RGRK/v. Gamm, § 705 BGB, Rdnr. 9; Hueck, Das Recht der oHG, § 6 II 3. b); Staudinger/Keßler, § 705 BGB, Rdnr. 11, 15; Palandt/Thomas, § 705 BGB, Rdnr. 8; a.A. MüKo/Ulmer, § 705 BGB, Rdnr. 142, der die Berufung auf § 273 BGB beziehungsweise den Arglisteinwand als ausreichende Möglichkeit erachtet, die Leistungsstörungsproblematik in Bezug auf den Gesamtvertrag zu lösen.

[157] Hueck, aaO, § 6 II 3.a) Fn. 15; Erman/Westermann, § 705 BGB, Rdnr. 18; RGRK/v. Gamm, § 705 BGB, Rdnr. 9

[158] Diese Bezeichnung als wechselseitig bzw. wechselbezüglich bedeutet, daß die Leistungsbeiträge in einem gewissen Abhängigkeitsverhältnis zueinander stehen, wenn es auch an einem Austausch fehlt.

Werkvertrag[159]. Die jeweiligen Leistungsversprechen erfolgen mithin nicht, um Leistungen des Partners zu empfangen[160], sondern im Interesse des vereinbarten Gesellschaftszwecks. Auch läßt sich keine synallagmatische Beziehung zwischen Beitragsleistung und Zweckförderung im Verhältnis zu den aus der Gesellschaft zu ziehenden Gewinnen konstruieren, da die Erfolgsbeteiligung kraft Gesetzes beziehungsweise kraft Gesellschaftsvertrages seine unmittelbaren Wurzeln in dem Gemeinschaftsverhältnis hat. Die Grundidee dieses Gemeinschaftsverhältnisses ist es, die Erfolgsbeteiligung grundsätzlich nicht als Gegenleistung für Beiträge, sondern als Teilhaberecht an einem möglichen Erfolg zu verstehen, dessen Inhalt sich zum Zeitpunkt des Vertragsabschlusses noch nicht klar definieren und versprechen läßt[161].

Doch wenn man die synallagmatische Beziehung ablehnt, muß man konsequenterweise darauf verzichten, die nur für solche im wechselbezüglichen Abhängigkeitsverhältnis stehenden Leistung geltenden Normen der §§ 320ff BGB im Rahmen von Gesellschaftsverträgen anzuwenden. Auch verbietet sich jede analoge Anwendung, wie sie bisweilen vorgenommen wird, da es bereits an der Voraussetzung einer planwidrigen Regelungslücke[162] für die Analogie fehlt, denn § 320 BGB wird aufgrund des § 273 BGB ohnedies nicht benötigt[163], § 326 BGB ist auch nicht zur Lösung erforderlich, da bereits § 286 BGB die Verzugsfolgen regelt und die §§ 323 bis 325 BGB führen in letzter Konsequenz zur Auflösung der Gesellschaft, wofür bereits die §§ 723, 726 und 737 BGB als einschlägige Spezialtatbestände existieren[164]. Damit sind bereits die tatbestandlichen Voraussetzungen für eine analoge Anwendung nicht erfüllt, so daß die Auffassungen, welche die Anwendung der §§ 320ff BGB ablehnen, richtig sind; diesen muß daher auch gefolgt werden.

d) Kritik an den Folgen der geltenden Rechtslage

Mit den gesetzlich vorgegebenen Instrumenten wird den FuE-Vertragspartnern nur sehr unzureichend aus einer bestehenden Problemsituation geholfen. Das Hauptproblem sämtlicher aufgezeigter Ansätze zur Störungsbewältigung liegt nämlich darin, daß diese nur bei bereits eingetretenen Störungen Abhilfe schaffen können. Doch solche ex-post-Rechtsbehelfe werden den Bedürfnissen der Kooperationspartner nur in sehr unzureichendem Maße gerecht, da die Komplexität der technischen Materie und die Art der Zusammenarbeit, insbesondere im Hinblick auf die Bedeutung von FuE für die künftige ökono-

[159] MüKo/Ulmer, § 705 BGB, Rdnr. 138

[160] Es soll hier nicht übersehen werden, daß selbstverständlich jeder Partner seine Gesellschaftsbeiträge nur verspricht, weil er mit den Zweckförderungsleistungen des Partners rechnet, aber es liegt eben kein Austausch, sondern eine Vereinigung der Leistungsbeiträge in der Hand der Gesellschaft vor.

[161] So die ganz herrschende Meinung: Soergel/Hadding, § 705 BGB, Rdnr. 44; Erman/Westermann, § 705 BGB, Rdnr. 41; Staub/Ulmer, § 105 HGB, Rdnr. 149; Esser/Schmidt, Schuldrecht AT, § 12 III 3; MüKo/Ulmer, § 705 BGB, Rdnr. 138

[162] Die Tatsache, daß manche Autoren die §§ 320ff BGB mit der Formulierung „direkt oder jedenfalls analog" anwenden wollen, zeigt bereits, daß man lediglich einen Ausweg aus der BGB-Rechtslage sucht, ohne jedoch konsequent juristisch-methodisch bei der Lösungsfindung vorzugehen.

[163] MüKo/Ulmer, § 705 BGB, Rdnr. 142

[164] In diesem Zusammenhang klingt es schon fast absurd, wenn ein Teil der Literatur die §§ 320ff BGB zwar anwenden will, aber im gleichen Atemzug wieder auf die Besonderheiten des Gesellschaftsrechts verweist und erklärt, daß die §§ 320ff BGB in ihren Rechtsfolgen diesen Bedürfnissen entsprechend zu modifizieren sind. Zwar ist die gute Absicht zu loben, den Betroffenen über die Folgen einer nicht vollständigen gesetzlichen Lösung hinweg zu helfen, aber dies mit einer gleichfalls unausgegorenen und stets nach den Umständen des Einzelfalles zu modifizierenden Lösung zu tun steigert die ohnedies bestehende Rechtsunsicherheit noch zusätzlich.

mische Entwicklung der beteiligten Unternehmen, eine vorbeugende Störungsbeseitigung erfordert. Dies heißt, daß die Partner statt des heute gültigen Leistungsstörungsrechts vorbeugende Instrumente zur Störungsvermeidung, etwa Druckmittel zur Verhinderung von Leistungsunwilligkeit oder Frühwarnsysteme zur rechtzeitigen Ortung von Problemen, benötigen. Eine andere Alternative wäre es, Steuerungsmechanismen für die gesamte Vertragsbeziehung oder zumindest für mögliche Fälle von Leistungsstörungen zu vereinbaren.

Durch diese Optionen wird den Partnern eine geeignetere Möglichkeit an die Hand gegeben, ihre Zusammenarbeit stabiler und erfolgsorientierter zu gestalten, als dies mit dem herkömmlichen Instrumentarium des BGB-Leistungsstörungsrechts der Fall ist. Dies liegt schon daran, daß erhebliche Rechtsunsicherheit darüber besteht, welche Vorschriften des allgemeinen und des besonderen BGB-Leistungsstörungsrechts im Streitfall letztendlich Anwendung finden sollen, was umso mehr gilt, da die Rechtsprechung sich bisher nicht dazu durchringen konnte, eindeutig Position zu beziehen. Im Falle eines Rechtsstreits wäre demnach der Ausgang völlig offen, zumal der BGH, was die unklare Lage gewissermaßen komplettiert, ausdrücklich darauf hingewiesen hat, daß er in diesem Bereich lediglich Einzelfallentscheidungen getroffen hat[165]. In jedem Fall erreicht man sehr schnell die Grenzen der Leistungsfähigkeit des deutschen Leistungsstörungsrechts, zumindest was die Behandlung von Störungen bei zwischenbetrieblichen FuE-Kooperationsverträgen betrifft, denn es bestehen grundsätzlich keine interessengerechten Möglichkeiten bei der rechtlichen Behandlung zwischen der Störung einzelner Leistungspflichten und dem Gesamtvertrag zu trennen, sondern es bleibt in diesem Zusammenhang immer bei Alles-oder-nichts-Lösungen. Zwar soll die jeweils anzuwendende Leistungsstörungsnorm den Besonderheiten des Gesellschaftsrechts Rechnung tragen, was in der Regel bedeutet, daß das Rücktritts- und Kündigungsrecht als Option ausscheiden, andererseits wird den Partnern mit den dann noch vorhandenen Möglichkeiten nicht ausreichend geholfen. Denn in der Regel ist für die ausgebliebene oder mangelhafte Leistung Geldersatz zu erbringen, was jedenfalls bei den eigentlichen FuE-Arbeiten nicht hilft. Denn das mit der Zusammenarbeit zu erzielen beabsichtigte Ergebnis stellt eben vielfach eine Neuheit dar, die auf dem Markt gerade noch nicht erhältlich ist und daher auch nicht von Dritten erworben werden kann.

Aber auch das gesetzlich vorgesehene ordentliche Kündigungsrecht gemäß § 723 I (1) BGB führt vielfach zu der unerwünschten Folge eines für alle Beteiligten jederzeit offenstehenden Kündigungsrechts, von dem die Vertragspartner bei relevanten Leistungsstörungen in der Regel ohne Zögern Gebrauch machen können. Die Beendigung bei nachträglich eingetretener Unmöglichkeit zur Erreichung des vertraglich vereinbarten Zwecks (§ 726 BGB) sowie die außerordentliche Kündigungsmöglichkeit nach § 723 I (2) BGB sind hingegen weitgehend zwingend und können durch Parteivereinbarungen nur in sehr geringem Umfang modifiziert werden. Zwar kommt hier die Rechtsfolge der Auflösung nur in Extremsituationen in Betracht, aber es handelt sich dennoch nicht um ausgewogene Instrumente, sondern eben wiederum um Extremlösungen, die es jedoch zu vermeiden gilt, will man den Bestand der FuE-Kooperationsbeziehung sichern und durch eine kontinuierliche vertrauensvolle Zusammenarbeit den Erfolg möglich machen.

[165] Die einzig seriöse Prognose, die man im Falle eines Verfahrens abgeben kann, ist wohl die, daß der BGH voraussichtlich wieder nur für den konkreten Fall eine Einzelfallentscheidung treffen wird. Da aber nicht abzusehen ist, welches Gewicht den einzelnen Punkten beigemessen wird, die diese Entscheidung bestimmen werden, ist somit das Ergebnis im Vorhinein nicht kalkulierbar.

Bei den begleitenden Leistungspflichten, durch welche die Partner erst in die Lage versetzt werden sollen, ihre FuE-Tätigkeit aufzunehmen, läßt sich hingegen das Problem oftmals durch eine Geldzahlung beseitigen, indem die ausgebliebenen Sachleistungen, das fehlende Know-how oder die erforderlichen Schutzrechtspositionen von Dritten erworben werden. Letzteres ist allerdings dann nicht möglich, wenn Dritte nicht bereit sind, ihr Wissen oder ihre Patente zu verkaufen bzw. zu lizenzieren.

Ein weiteres Risiko der geltenden Rechtslage für den Bestand der Kooperationsbeziehung liegt darin, daß, sobald die Auswirkungen der Störung einzelner Vertragspflichten die Zumutbarkeitsgrenze überschreiten, nur mehr die Möglichkeit in Betracht kommt, das vorliegende Vertragsverhältnis über die §§ 723, 726 oder 737 BGB zu beenden beziehungsweise einzelne Partner auszuschließen. Im Ergebnis läuft damit eine kleine Störung, für deren Auftreten keine konkrete vertragliche Regelung erfolgt ist, auf eine nachhaltige Zerrüttung des Gesamtverhältnisses hinaus, was in letzter Konsequenz zur - oftmals unerwünschten - Kündigung oder zur Ausschließung eines oder mehrerer Partner aus der Kooperationsbeziehung führen muß. Die Folgen sind aufgrund der oft wechselseitigen Abhängigkeit von der Leistungsfähigkeit des jeweiligen Partners besonders dramatisch, denn hier sollte es nicht das Ziel sein, stets eine Ausstiegsmöglichkeit offen zu halten, sondern die möglichen Sachverhalte, die im Ergebnis zum Scheitern der Zusammenarbeit führen, möglichst einzugrenzen und vertragserhaltende Alternativen zu finden. Insbesondere kann es auch dem Partner, aus dessen Sphäre die Störung nicht stammt, darauf ankommen, daß er sich nicht seines Partners entledigt und damit die bis zu diesem Zeitpunkt erfolgten eigenen Aufwendungen unter Umständen nicht vergeblich gewesen sind, sondern durch gemeinsame Anstrengung eine Möglichkeit gefunden wird, der FuE-Tätigkeit doch noch zum gemeinsamen Erfolg zu verhelfen.

Auch die Regeln über den Wegfall der Geschäftsgrundlage sind nur bedingt geeignet, Störungen aufzufangen. Zwar erfolgt auf der Rechtsfolgenseite vorrangig eine Anpassung des Vertrages an die veränderten Verhältnisse, aber auf der Tatbestandsseite werden hingegen nur Extremsituationen erfaßt. Ein weiteres Manko liegt auch darin, daß nur Störungen der äußeren Umstände zur Anwendung der WGG führen können, während sich die typischerweise auftretenden internen Störungen ohnedies nicht unter diesen Tatbestand subsumiert werden dürfen.

Letztendlich bleibt die Feststellung zu treffen, daß die zur Zeit praktizierte Rechtslage nur einzelne Ansatzpunkte liefert, aber kein umfassendes Konzept zur individuellen Störungsbeseitigung und des Krisenmanagements bereithält. Auch fehlen gesetzliche Regelungen völlig, die Steuerungsmechanismen für Kooperationen bzw. zumindest für den Fall von Leistungsstörungen vorsehen. Aufgrund der relativ starren Regeln schwebt somit in jeder Streitsituation ein Damoklesschwert über den Partnern, weil sich die Störung einzelner Leistungspflichten relativ leicht zu einem Scheitern der Zusammenarbeit insgesamt ausweiten kann.

3. Lösungsansätze zur Vermeidung der gesetzlichen Auflösungsautomatik

Um der oben beschriebenen gesetzlichen Auflösungsautomatik zu entgehen und ein stabiles Zusammenarbeitsverhältnis zu gewährleisten, sind verschiedenste Lösungsansätze denkbar, die auf einer Modifikation der gesetzlichen Regelungen unter Berücksichtigung der besonderen Situation bei der FuE-Kooperation beruhen.

a) Herkömmliche gesellschaftsrechtlich geprägte Ansätze

Neben den oben dargestellten Ansätzen, die Leistungsstörungsproblematik in den Griff zu bekommen, verbleibt die Möglichkeit zu deren Beseitigung, aber auch hinsichtlich einer vorbeugenden Vermeidung, zu weiteren Instrumenten zu greifen, die der Gesetzgeber hierfür vorgesehen hat und welche durch die Rechtsprechung sowie die Kautelarpraxis für Gesellschaftsverträge allgemein entwickelt worden sind.

aa) Eine vielfach praktizierte Möglichkeit, die Sicherung der Vertragsdurchführung zu gewährleisten, besteht darin, Klauseln mit Vertragsstrafversprechen in das Kooperationsabkommen aufzunehmen. Dieses kann sich sowohl auf die eigentlichen FuE-Leistungen als auch auf sonstige Beiträge beziehen. Hierdurch sollen die Partner grundsätzlich zu vertragstreuem Verhalten angehalten werden[166], was sich am ehesten erreichen läßt, wenn die Strafhöhe im Falle des Eintretens eines bestimmten Tatbestandes so bemessen ist, daß es jeder Vertragspartner als oberstes Ziel ansieht, die Verwirkung einer Vertragsstrafe zu vermeiden[167]. Dies ist insbesondere dann ein probates Mittel der vorbeugenden Störungsvermeidung, wenn ein Partner zwar grundsätzlich leistungsfähig, jedoch nicht leistungswillig ist. Aber auch bei augenblicklichem Unvermögen, bestimmte Leistungsbeiträge zu erbringen, wird auf das Unternehmen Druck ausgeübt, behebbare Hindernisse zügig zu beseitigen. Durch ein solches Strafversprechen wird zudem die Gefahr verringert, daß sich ein Partner durch das Unterlassen von vertraglich vereinbarten Handlungen „auf schleichendem Wege“ aus der Kooperationsbeziehung zurückzieht. Daneben kann ein solches Versprechen dazu dienen, bei Eintritt von Schadensersatzpflicht auslösenden Umständen den leistungstreuen Unternehmen eine Beweiserleichterung zu verschaffen, indem diese nur die Voraussetzungen für die Verwirkung der Vertragsstrafe darzulegen haben, während die Höhe eines möglichen Schadens nicht konkret nachgewiesen werden muß[168], also quasi ein pauschalierter Schadensersatz gewährt wird.

(1) Vertragsstrafversprechen werden als Teil der Privatautonomie von der Rechtsordnung in sehr weiten Gestaltungsalternativen als zulässig erachtet, was sich auch darin zeigt, daß diese in den §§ 339ff BGB Niederschlag im Gesetz gefunden haben. Dabei wird dort insbesondere von einer möglichen Verwirkung von Vertragsstrafen in Fällen der Nichterfüllung (§ 340 BGB), der Schlechterfüllung (§ 341 BGB) oder bei verspäteten Leistungen (§ 339 BGB) ausgegangen, aber auch andere Sachverhalte sind einer Strafbewehrung zugänglich. Hierbei ist im Gesellschaftsrecht allgemein und bei FuE-Kooperationen im Besonderen zu beachten, daß kein Leistungsaustausch vorliegt, sondern daß der Vertragsgegenstand im Wesentlichen eine Leistungsvereinigung umfaßt. Zwar beinhalten die Vertragspflichten vielfach auch die Preisgabe von Know-how, die Bereitstellung von Geld, Material sowie

---

[166] BGHZ (18.11.1982) 85, 305, 312; BGHZ (23.6.1988) 105, 24, 27; MüKo/Gottwald, Vorb. § 339 BGB, Rdnr. 3; Palandt/Heinrichs, Vorb. § 339 BGB, Rdnr. 1; Larenz, Schuldrecht AT, § 24 II.a)

[167] Larenz, Schuldrecht AT, § 24 II.a)

[168] Diese Doppelfunktion entspricht bereits der ursprünglichen Absicht des Gesetzgebers, Mot. II 275 und wird auch von Rechtsprechung und Rechtslehre akzeptiert: Fischer, Vertragsstrafe und vertragliche Schadenspauschalierung, passim; RGRK/Ballhaus, Vorb. § 339 BGB, Rdnr. 1; Söllner, Vertragsstrafen im Arbeitsrecht, ArbR 1981, 97, 98f; a.A. nur Lindacher, Phänomenologie der Vertragsstrafe, S. 13ff, 55ff.

Personal und gegebenenfalls die Benutzung von Schutzrechten, die den anderen Partnern gehören; doch als Kern des gemeinsamen Tätigwerdens stehen die eigentlichen FuE-Arbeiten, entweder durch Arbeitsgruppen aus Mitarbeitern aller Partner oder mittels Aufteilung in bestimmte Module und ständigem Ergebnisaustausch, im Vordergrund.

Soweit es um konkrete Einlageverpflichtungen geht, kann eine Vereinbarung von Vertragsstrafen sehr sinnvoll sein, um die Partner anzuhalten, diese auch zu erfüllen. Bei den eigentlichen FuE-Arbeiten besteht gleichfalls ein besonderes Interesse daran, den Partner zur Erbringung der von ihm versprochenen Leistungen beziehungsweise zur Lieferung der zugesagten FuE-Ergebnisse anzuhalten. Allerdings ist es erforderlich, den Tatbestand, der zur Verwirkung der Vertragsstrafe führt, exakt festzulegen. Denn nur bei genauer Definition dieses Begriffs im Rahmen der FuE-Arbeiten erscheint eine solche Vertragsstrafe sinnvoll, weil dann eine Art Werkverpflichtung vorliegt[169], deren gehörige Erfüllung, Verzögerung oder Nichterfüllung grundsätzlich nachweisbar ist. Wird hingegen nur das reine Tätigwerden als Kooperationsbeitrag geschuldet, so gestaltet sich der Nachweis des Schadenseintritts deutlich schwieriger, denn solche Beiträge gleichen in rechtlicher Hinsicht Dienstverpflichtungen, mit der Folge, daß nur die Vornahme von FuE-Arbeiten überhaupt geschuldet wird, während Fälle von Schlechtleistung kaum denkbar sind[170]. Damit ist die sachliche Festlegung, wann eine Schlechtleistung vorliegt, nicht möglich, denn diesbezügliche Festlegungen würden eine Erfolgspflicht darstellen, die wiederum nach Werkvertragsrecht beurteilt werden müßte.

(2) Festzuhalten bleibt in diesem Zusammenhang, daß jede Art von Vertragsstrafversprechen grundsätzlich unter die Vorschriften der §§ 339ff BGB fällt und insbesondere die gesetzlichen Grenzen einzuhalten sind, wobei zur Füllung eventuell auftretender Regelungslücken wiederum das Gesetzesrecht herangezogen werden muß. Dies gilt jedoch dann nicht, wenn lediglich eine Schadensersatzpauschalierung vereinbart wurde und es an einem Vertragsstrafversprechen fehlt, denn reine Abreden über Höhe und Regulierungsmodalitäten eines Schadens fallen nicht unter die §§ 339ff BGB[171]. Die Abgrenzung der beiden Rechtsinstitute ist jedoch nicht nach rein begrifflichen Merkmalen vorzunehmen, sondern hat nach typologischen Kriterien zu erfolgen[172]. Dabei ist eine Vertragsstrafe immer dann anzunehmen, wenn es den Partnern zumindest unter anderem auf die Wirkung als Druckmittel ankommt[173]. Als Indiz hierfür dient die zu erstattende Summe, insbesondere wenn diese einen zu erwartenden Schaden übersteigt oder auch dann zu entrichten ist, wenn gar kein Schaden eingetreten ist. Für eine Schadenspauschalierung spricht es hingegen, wenn die vereinfachte Durchsetzung eines als bestehend vorausgesetzten Anspruchs bezweckt

[169] Siehe oben zur rechtlichen Beurteilung der einzelnen Leistungsverpflichtungen im Rahmen des gesamten Vertragswerks unter Kapitel III 2.

[170] Eine solche wäre wohl vor allem dann gegeben, wenn entweder mangelhafte Sachmittel zum Einsatz kommen oder wenn nicht genügend qualifiziertes Personal die Arbeiten vornimmt. Doch diese Fälle stellen nur dann eine Leistungspflichtverletzung dar, wenn diesbezüglich konkrete Vereinbarungen vorliegen. Allerdings fällt deren Verletzung nicht unter die engeren Dienstpflichten, sondern ist Teil der Sacheinlagepflicht, welche nach Kaufrecht zu beurteilen ist oder stellt die Verletzung einer allgemeinen Vertragspflicht mit Erfolgscharakter dar, wenn die Abordnung von ausreichend qualifiziertem Personal Vertragsgegenstand ist.

[171] BGHZ (6.11.1967) 49, 84; Palandt/Heinrichs, Vorb. § 339 BGB, Rdnr. 9 und § 276 BGB, Rdnr. 54

[172] Larenz, Schuldrecht AT, § 24 II.c); Larenz, Methodenlehre der Rechtswissenschaft, S. 209ff, 443ff; Medicus, Schuldrecht AT, § 39 I 2

[173] Auf dieses Kriterium wird auch vom BGHZ (6.11.1967) 49, 84, 89 hingewiesen.

wird[174].

Allerdings sind die gesetzlichen Vorschriften weitgehend abdingbar, so daß insbesondere auf das Erfordernis eines Verschuldens für den Verzug bei verzögerten Leistungen (§ 339 BGB) vertraglich verzichtet werden kann[175]. Damit können aufgrund der Privatautonomie auch garantieähnliche Leistungsverpflichtungen vereinbart werden[176]. Lediglich § 343 BGB, der eine spätere Kontrolle der Strafhöhe durch die Möglichkeit einer Herabsetzung vorsieht, ist als zwingend anzusehen[177], was jedoch bei FuE-Kooperationen meist unbeachtlich ist, da die beteiligten Unternehmen in aller Regel vollkaufmännische Betriebe sind, für die gemäß § 348 HGB die Herabsetzungsmöglichkeit des § 343 BGB sogar explizit ausgeschlossen ist.

(3) Regelungen, die Vertragsstrafen sowie Schadenspauschalen beinhalten, sind im Rahmen von FuE-Kooperationen aus den oben genannten Gründen zweckmäßig. Denn zum einen ist es durchaus erwünscht, einen gewissen Druck auf den Partner auszuüben, zumal aufgrund der Zusammenarbeit auch eigene Dispositionen getroffen werden, die zu einer gewissen Abhängigkeit von diesem Partner führen. Aber zum anderen ist es für das vertragstreue Unternehmen vielfach nahezu unmöglich, den durch die unterbliebenen FuE-Erfolge eingetretenen Schaden exakt zu beziffern. Dies hängt schon mit der Problematik zusammen, daß es gerade in Bereichen, in denen der FuE-Erfolg in Form eines bestimmten Produkts nicht feststeht, oder nicht absehbar ist, ob sich der FuE-Erfolg auch in einen wirtschaftlichen Erfolg umsetzen läßt, an verläßlichen Aussagen darüber fehlt, ob und in welcher Höhe ein Schaden eingetreten ist. Letztendlich ist noch die Frage nach der Kausalität der Vertragsverletzung für einen möglichen Schaden zu beantworten, denn ohne diesen Kausalitätsnachweis läßt sich ein dem Grunde nach bestehender Schadensersatzanspruch ebenfalls nicht realisieren.

Folglich ist bei FuE-Kooperationen grundsätzlich, statt einer möglichen Schadenspauschalierung, vom Vorliegen eines Vertragsstrafversprechens auszugehen, denn im Ergebnis soll eine solche Abrede mehr als Druckmittel zur Erfolgsverwirklichung dienen denn einen möglichen unmittelbaren Schaden regulieren. Oft ist der mittelbare Schaden, wie Imageverlust durch in der Angebotspalette nicht vorhandene oder schlechte Produkte oder wenn der Anschluß an den Stand der Technik von Konkurrenten verpaßt wird, schwerwiegender als der eigentliche Schaden.

(4) Hinsichtlich der Höhe der zu entrichtenden Vertragsstrafe besteht die Möglichkeit einer Vorabbestimmung im Vertragstext, was aber bei längerdauernder Zusammenarbeit oder bei

---

174 BGH (25.11.1982) NJW 1983, 1542

175 Staudinger/Kaduk, § 339 BGB, Rdnr. 16; MüKo/Gottwald, § 339 BGB, Rdnr. 16; Larenz, Schuldrecht AT, § 24 II.a); BGH (23.5.1958) NJW 1958, 1483; anderer Ansicht ist lediglich Lindacher, aaO, S. 91, dem jedoch widersprochen werden muß, denn zum einen ist ein so weitgehender Eingriff in die Privatautonomie nicht erforderlich, da die Parteien bei ausgehandelten Verträgen anders als bei allgemeinen Geschäftsbedingungen selbst entscheiden können, für welche Risiken sie einstehen wollen. Zum anderen darf nicht übersehen werden, daß die Vertragsstrafe oft weniger eine Strafe ist, sondern mehr ein Druckmittel darstellt, durch welches ein erhöhtes Vertrauen auf fremde Leistungen erreicht werden soll, was die Vertrauensbasis in der Vertragsbeziehung insgesamt zu steigern vermag.

176 MüKo/Gottwald, § 339 BGB, Rdnr. 16; Larenz, Schuldrecht AT, § 24 II.a) in Fn. 52

177 BGH (13.2.1952) NJW 1952, 623; BGH (22.5.1968) NJW 1968, 1625; MüKo/Gottwald, § 343 BGB, Rdnr. 1

noch nicht bezifferbaren Schäden wenig sinnvoll erscheint. Ein gangbarer Weg wäre dies für Einlageverpflichtungen, wie etwa der Einbringung von Personal oder von Sachmitteln, nicht aber für die eigentlichen FuE-Beiträge. Hier ist auch ein Bestimmungsrecht durch Dritte, so zum Beispiel durch ein Schiedsgericht möglich[178].

(5) Zusammenfassend läßt sich sagen, daß Vertragsstrafversprechen grundsätzlich ein wirksames Druckmittel darstellen, aber bei FuE-Kooperationen nur tauglich sind, soweit damit konkret zu umschreibende Leistungspflichten gesichert werden sollen. Die eigentlichen FuE-Arbeiten sind jedoch vielfach einer sinnvollen Strafbewehrung nicht zugänglich, vorausgesetzt daß für diese nicht ein bestimmter Erfolg vereinbart worden ist. Dieses Dilemma tritt um so stärker zu Tage je innovativer eine gemeinsam zu entwickelnde Technik und je weniger der Erfolg selbst bei vertragstreuem Vorgehen verhersehbar ist, während es bei der reinen Entwicklung von Vollprodukten oder Detaillösungen durchaus Anwendungsbedarf für Vertragsstrafen gibt. Es besteht jedoch stets die Gefahr, daß derjenige Partner, dessen Verhalten eine Vertragsstrafe verwirken würde, lediglich pro-forma-Handlungen vornimmt, um dieser zu entgehen, ohne daß dadurch dem eigentlichen Sinn dieser Vereinbarung, nämlich ihn zur verstärkten Leistungsbereitschaft anzuhalten, genügt wird.

bb) Eine andere Möglichkeit, die Leistungsverpflichtungen der Kooperationspartner zu sichern, besteht in der Ausübung des Zurückbehaltungsrechts nach § 273 BGB beziehungsweise des Leistungsverweigerungsrechts des § 320 BGB, indem ein beteiligtes Unternehmen seine Beiträge und sonstigen Leistungsverpflichtungen zurückhält, bis auch von den anderen Partnern deren vertraglich vereinbarte Handlungen vorgenommen worden sind. Wie bereits oben schon dargestellt, hält die ganz herrschende Meinung die Vorschrift des § 320 BGB im Gesellschaftsrecht für unanwendbar[179]. Gleiches gilt dementsprechend für § 273 BGB und zwar sowohl für laufende wie auch für einmalige Leistungspflichten. Die Unanwendbarkeit dieser Vorschriften beruht im Ergebnis darauf, daß im Rahmen einer Gesellschaftsbeziehung kein Leistungsaustausch, sondern eine Leistungsvereinigung erfolgt, es mit anderen Worten an einem vertraglichen Entgeltsverhältnis zwischen den Beiträgen der einzelnen Vertragspartnern fehlt[180]. sondern die versprochene Leistung allen übrigen Gesellschafter in deren gesamthänderischen Verbundenheit geschuldet wird[181], es mithin

---

[178] Bötticher, Wesen und Arten der Vertragsstrafe sowie deren Kontrolle, ZfA 1970, 3, 31; MüKo/Gottwald, § 339 BGB, Rdnr. 14; Palandt/Heinrichs, § 343 BGB, Rdnr. 2. Hingegen kann dieses Bestimmungsrecht nicht auf staatliche Gerichte übertragen werden, BAG (25.9.1980) NJW 1981, 1799; Palandt/Heinrichs, § 339 BGB, Rdnr. 5.

[179] Staudinger/Keßler, § 705 BGB, Rdnr. 11ff; Soergel/Hadding, § 705 BGB, Rdnr. 44; Soergel/Wiedemann, Vor § 320 BGB, Rdnr. 23 und § 320 BGB, Rdnr. 29 und 38; Erman/Westermann, § 705 BGB, Rdnr. 41 mit Einschränkungen; MüKo/Ulmer, § 705 BGB, Rdnr. 139ff, insbesondere 141; Baumbach/Hopt, § 105 HGB, Rdnr. 48; Flume, I/1, § 2 IV; Staub/Ulmer, § 105 HGB, Rdnr. 149; Larenz, Lehrbuch des Schuldrechts II, § 60 I.b); Ballerstedt, JuS 1963, 253, 259; Hüttemann, aaO, S. 69ff und 98ff

[180] „Der Beitrag des einen Gesellschafters bildet nicht das Entgelt, den unmittelbaren Gegenwert für den Beitrag des anderen", so Hüttemann, aaO, S. 69f. Siehe ferner Larenz, aaO, § 60 I.b) und Flume, Allgemeiner Teil des Bürgerlichen Rechts, S. 30.

[181] Hueck, aaO, § 6 II.3b) verweist hier zu Recht darauf, daß das typische Risiko einer mehrgliedrigen Gesellschaft gerade darin besteht, daß ein Gesellschafter trotz Nichtleistung eines Vertragspartners seine eigenen Beiträge dennoch zu erbringen hat, weil ansonsten durch die Nichtleistung eines Einzelnen das gesamte Gesellschaftsverhältnis lahmgelegt werden würde.

am Erfordernis der Konnexität[182] beziehungsweise an synallagmatischen Leistungspflichten mangelt.

Anders verhält es sich jedoch bei zweigliedrigen Gesellschaften, für die die überwiegenden Ansichten der Rechtslehre die grundsätzliche Anwendbarkeit von § 320 BGB[183] beziehungsweise von § 273 BGB[184] bejahen. Doch gerade bei FuE-Kooperationen, für die oft auch der Zeitfaktor eine entscheidende Bedeutung hat, führt ein solches Recht zur Leistungsverweigerung nicht zur Sicherung der Leistungspflichten, sondern zur Lähmung der gesamten Vertragsbeziehung[185]. Letztendlich stellen die §§ 273 und 320 BGB Machtinstrumente dar, die nicht geeignet sind, einem Rechtsverhältnis zum beabsichtigten Ziel zu verhelfen, welches in hohem Maße von gegenseitigem Vertrauen getragen wird und dessen Erfolg nicht durch Geltendmachung von Ansprüchen erreicht wird, sondern das vom kooperativen Arbeiten sowie dem laufenden Informations- und Ergebnisaustausch lebt. Zwar erscheint es als durchaus möglich, dem Ansatz der herrschenden Meinung, also die grundsätzliche Anwendbarkeit eines Leistungsverweigerungsrechts für zweigliedrige Kooperationsverhältnisse, zu folgen, soweit es um die reinen Einlageverpflichtungen und nicht die eigentlichen FuE-Arbeiten geht, aber meines Erachtens führt ein einmal ausgeübtes Druckmittel in der Folgezeit zu einer Belastung, die gerade für den sensiblen FuE-Bereich eines Unternehmens einen unerträglichen Vertrauensverlust darstellt, welcher kaum auszugleichen ist und damit in aller Regel die Gefahr eines Scheiterns mit sich bringt. Insbesondere darf das Risiko nicht unterschätzt werden, das von der Störung einer - unter Umständen für den Gesamterfolg unerheblichen - einzelnen Leistungsverpflichtung für das gesamte Vertragsverhältnis ausgeht, denn durch die Geltendmachung der Einrede wird ja nicht nur eine vergleichbare Pflicht, sondern meist gleich das gesamte Projekt gestoppt. Und sobald erst ein Stillstand eingetreten ist, wird es sehr schwer, den Anfangselan, der solchen gemeinsamen FuE-Vorhaben innewohnt, wieder aufleben zu lassen, weil vielfach die Enttäuschung überwiegt und sich die Partner lieber wieder auf die eigenen nicht kooperativen FuE-Tätigkeiten konzentrieren werden[186].

cc) Das gemeinsame Problem aller herkömmlichen Lösungsansätze zeigt sich darin, daß im Falle des Auftretens von kleineren Störungen einzelner Leistungspflichten keine sachgerechte Behandlung stattfindet. Die unmittelbar dem Gesetz zu entnehmenden Ansätze passen nämlich nur bei schweren Störungen, die sich auf die gesamte Zusammenarbeit beziehen und die diese künftig in einer Weise belasten würden, welche die weitere vertrauens-

---

[182] Nach Palandt/Heinrichs, § 273 BGB, Rdnr. 9 ist für die Annahme der Konnexität das Vorliegen eines einheitlichen Lebensverhältnisses notwendig. Zwischen zwei Ansprüchen muß demnach ein innerer sowie äußerer Zusammenhang dergestalt bestehen, daß die Geltendmachung eines dieser Ansprüche ohne Berücksichtigung des jeweils anderen gegen Treu und Glauben verstieße. Zwar liegt dem FuE-Vertrag ein einheitliches Lebensverhältnis zugrunde, aber die Geltendmachung eines Zurückbehaltungsrechts durch einen Einzelnen würde gerade gegen die gesellschaftsrechtliche Treuepflicht und damit auch den Grundsatz von Treu und Glauben sprechen, solange nicht alle anderen Partner ihren Leistungspflichten gleichfalls nicht nachkommen.

[183] RGRK/v. Gamm, § 705 BGB, Rdnr. 9; Hueck, aaO, § 6 II.3b); Soergel/Hadding, § 705 BGB, Rdnr. 44; MüKo/Ulmer, § 705 BGB, Rdnr. 142; a. A. Staudinger/Keßler, § 705 BGB, Rdnr. 11

[184] MüKo/Ulmer, § 705 BGB, Rdnr. 142

[185] Palandt/Thomas, § 705 BGB, Rdnr. 8

[186] Meines Erachtens bietet es sich sogar an, insbesondere wenn sich die Partner auf individualvertragliche Möglichkeiten zur Störungsbewältigung geeinigt haben, die §§ 273 und 320 BGB explizit auszuschließen, da diesen nicht nur eine unangemessene Reaktionsoption auf Leistungsstörungen innewohnt, sondern aufgrund der umstrittenen Frage nach ihrer Anwendbarkeit auch allgemein die bestehende Rechtsunsicherheit noch gesteigert wird.

volle Kooperation ohnedies sehr erschweren oder gar auszuschließen würden. Hingegen sind den Kooperationspartnern vom Gesetzgeber selbst keine Instrumente an die Hand gegeben, die Störungen von einzelnen Leistungspflichten oder Schwierigkeiten, die nur einen abgrenzbaren Teil der gesamten Kooperationsbeziehung betreffen, sachgerecht zu behandeln. Zwar erscheint die Vereinbarung von Vertragsstrafversprechen als probates Mittel zur Verhinderung von Leistungsverweigerungen, aber die Erfüllung objektiv oder subjektiv unmöglicher Leistungen oder nicht hinreichend spezifizierter Leistungspflichten läßt sich auch damit nicht erzwingen.

Einzig die Zurückbehaltungsrechte hinsichtlich der Einlageverpflichtungen erscheinen in diesem Zusammenhang als sachgerechte Möglichkeit, doch wird hier gegebenenfalls schon a priori die Aufnahme einer kooperativen FuE-Tätigkeit verhindert, während die in der Praxis weitaus problematischeren Fälle Störungen im Rahmen der eigentlichen FuE-Arbeit betreffen. Die Ausübung eines solchen Zurückbehaltungsrechts schadet überdies bei einer mehrgliedrigen Vertragsbeziehung vielfach mehr den übrigen leistungswilligen Partnern als demjenigen Unternehmen, das – unabhängig davon, ob echte Leistungsunfähigkeit oder nur Leistungsunwilligkeit vorliegt – seinen vertraglichen Leistungspflichten nicht nachkommt.

Letztendlich können auch Leistungsverweigerungs- und Zurückbehaltungsrechte dem Ziel, eine stabile und steuerbare Zusammenarbeit zu ermöglichen, nicht gerecht werden, obgleich sie zwar nicht ganz so tief in die Vertragsbeziehung der Partner einschneiden wie die oben dargestellten Ansätze des sonstigen BGB-Leistungsstörungsrechts (letztere laufen nämlich vielfach auf die Beendigung der Zusammenarbeit hinaus). Doch auch die Geltendmachung eines Zurückbehaltungsrechts kann zur vollständigen Lähmung der Partnerschaft führen, was im Ergebnis einer Kündigung gleichkommt. Einzig das Vertragsstrafversprechen stellt eine sachlich begrenzte Möglichkeit zur rechtlichen Behandlung von Störungen dar. Letztendlich können die positiven Ansatzpunkte gleichfalls nicht darüber hinwegtäuschen, daß es sich bei diesen Instrumenten wiederum nur um ex-post-Behelfe handelt. Zwar stellt das Vertragsstrafversprechen aufgrund seiner abschreckenden Wirkung ein vorbeugendes Mittel dar, kann aber lediglich in Fällen des fehlenden Leistungswillens zu vertragstreuem Verhalten anhalten. Die dringend benötigten Steuerungsmöglichkeiten für die Behandlung sonstiger Leistungsstörungen erhalten die Partner auch dadurch Optionen nicht.

b) Die Vertragsauslegung

Eine Möglichkeit, Störungen der Vertragsbeziehung zu vermeiden, bietet die Vertragsauslegung, die vor allem dann Abhilfe schaffen kann, wenn Unklarheit über den Inhalt der vertraglich vereinbarten Leistungspflichten oder sonstiger begleitender Abreden besteht. Dies kann entweder auf ungenauen bzw. nicht genügend durchdachten Formulierungen beruhen oder auf dem gänzlichen Fehlen erforderlicher Regelungen. Doch diese Gefahr ist allen komplexen Verträgen zu eigen, da aufgrund der sich oftmals verändernden internen wie externen Gegebenheiten ein Bedürfnis nach einer sehr hohen Regelungsdichte besteht[187]. Dem werden jedoch viele Verträge zu Beginn ihrer Laufzeit für weit in der Zukunft liegende Ereignisse nicht gerecht, zumal hier aufgrund der Komplexität der Vorhaben Unstimmigkeiten leichter entstehen können als dies im Rahmen von punktuellen Austauschverträgen der Fall ist.

[187] Nicklisch, in: Nicklisch (Hrsg.), Der komplexe Langzeitvertrag, S. 17ff

aa) Die Auslegung des Inhalts eines FuE-Vertrages, der, wie oben dargestellt, seiner Rechtsnatur nach als Gesellschaftsvertrag zu qualifizieren ist, richtet sich nach den allgemeinen Regeln über die Auslegung von Rechtsgeschäften gemäß der §§ 133, 157 BGB. Hierbei sind der Wortlaut, die Systematik, Sinn und Zweck sowie die Entstehungsgeschichte des Vertrages ebenso zu berücksichtigen wie der übereinstimmende oder jedenfalls für die anderen Partner erkennbare, zum Vertragsgegenstand gemachte wirkliche Wille eines Beteiligten[188]. Trotz der Übereinstimmung mit den allgemeinen rechtsgeschäftlichen Auslegungsgrundsätzen gelten für Gesellschaftsverträge einige Besonderheiten, denn aufgrund der oftmals längeren Vertragsdauer entwickeln FuE-Kooperationen im Laufe der Zeit ein zum Teil nicht unerhebliches Eigenleben, bisweilen auch durch dynamische Vertragskomponenten begünstigt, so daß insbesondere die gesellschaftsvertragliche Treuepflicht verstärkte Beachtung finden muß. Dies bedeutet, daß in Zweifelsfällen die Treuepflicht zu einer Auslegung zwingt, die bei mehrdeutigem Wortlaut den sachlich berechtigten Belangen der verschiedenen Kooperationspartner am besten Rechnung trägt und den gerechtesten Ausgleich der Interessenlagen herbeizuführen imstande ist[189]. Dabei ist grundsätzlich zwischen den beiden systematisch verschiedenen Auslegungsmethoden, der erläuternden und der ergänzenden Auslegung, zu differenzieren.

bb) Die erläuternde Auslegung kommt immer dann in Betracht, wenn der Versuch einer Feststellung des Erklärungsinhalts dazu geführt hat, daß dieser sich aus dem Wortlaut und allen relevanten Begleitumständen nicht hat eindeutig klären lassen. Zwar ist auch diese Feststellung für sich betrachtet wiederum ein interpretorischer Vorgang[190], da nicht nur der reine Wortlaut Beachtung findet, aber die juristische Praxis hält dennoch an dieser Vorgehensweise fest, weil sie im Ergebnis nur ein Hilfsmittel ist, um abschließend und zuverlässig zu klären, ob die in Frage stehende Vertragsklausel auslegungsbedürftig ist[191]. Erst jetzt kann die eigentliche Auslegung der Erklärung erfolgen, wobei immer auf den konkreten Einzelfall abzustellen ist und neben dem Wortlaut[192] auch alle Begleitumstände[193] Eingang in die Betrachtung finden müssen. Dies sind insbesondere die Entstehungsgeschichte des Vertrages[194], die Äußerungen der Parteien sowie ein gegebenenfalls später an den Tag gelegtes Verhalten[195], die Besonderheiten der Geschäftsbeziehung[196] im übrigen, der mit dem Vertrag verfolgte Zweck[197] sowie die Interessenlagen[198] der Kooperationspartner. Daneben sind insbesondere die Grundsätze von Treu und Glauben (§ 133 BGB und § 242 BGB)[199]

---

[188] Wiedemann, Die Auslegung von Satzungen und Gesellschaftsverträgen, DNotZ Sonderheft 1977, S. 99ff

[189] MüKo/Ulmer, § 705 BGB, Rdnr. 145

[190] MüKo/Mayer-Maly, § 133 BGB, Rdnr. 42

[191] Palandt/Heinrichs, § 133 BGB, Rdnr. 6 mit weiteren Nachweisen.

[192] BGH (11.1.1984) NJW 1984, 722

[193] Soergel/Hefermehl, § 133 BGB, Rdnr. 10 und 19; Palandt/Heinrichs, § 133 BGB, Rdnr. 15; Enneccerus/Nipperdey, BGB AT, § 205 I.2)

[194] Palandt/Heinrichs, § 133, Rdnr. 16 mit Rechtsprechungsnachweisen

[195] BGH (24.6.1988) NJW 1988, 2878

[196] Müller-Graff, Die Auswirkungen einer laufenden Geschäftsverbindung, S. 134

[197] BGHZ (23.2.1956) 20, 109, 110

[198] BGH (3.12.1980) NJW 1981, 1549; BGH (12.2.1981) NJW 1981, 2295

[199] Soergel/Wolf, § 157 BGB, Rdnr. 55ff; MüKo/Mayer-Maly, § 157 BGB, Rdnr. 3ff

sowie die Verkehrssitte (§ 157 BGB)[200] zu beachten. Dies bedeutet, daß bei FuE-Kooperationen letztendlich vor allem dem Willen der Beteiligten, der Sicherung des künftigen Bestandes der Kooperationsbeziehung sowie der Erreichbarkeit einer möglichen Erfolgsverwirklichung in besonderem Maße Rechnung getragen werden muß[201].

cc) Soweit sich aus dem Vertragstext unter Zuhilfenahme der erläuternden Vertragsauslegung keine Lösung etwaiger Streitpunkte entnehmen läßt, ist das Rechtsinstitut der ergänzenden Vertragsauslegung heranzuziehen. Diese Situation tritt bei FuE-Kooperationen häufig auf, da es mit zunehmender Vertragsdauer immer unwahrscheinlicher wird, daß durch entsprechende Regelungen vertragliche Vorsorge für alle Eventualitäten getroffen worden ist. Dieses Versäumnis beruht üblicherweise darauf, daß auch die Regelungsdichte für entfernter liegende Fragen kontinuierlich abzunehmen pflegt[202]. Relevanz besitzt diese Frage nach einer ergänzenden Vertragsauslegung immer dann, wenn sich aus dem Vertragstext nicht ohne weiteres entnehmen läßt, welche Leistungspflichten im Einzelnen geschuldet werden, insbesondere wenn nicht geklärt ist, welchen Umfang die unmittelbaren FuE-Leistungspflichten haben sowie in welchem Umfang bei Vertragsbeginn vorhandenes Know-how und Schutzrechte dem Partner zur Verfügung gestellt werden müssen.

(1) An dieser Stelle ist vorab die Frage zu klären, in welchem Verhältnis die ergänzende zur erläuternden Vertragsauslegung, zum dispositiven Gesetzesrecht und zu den Grundsätzen vom Wegfall der Geschäftsgrundlage steht.

(a) Die Abgrenzung zur erläuternden Auslegung wird zunächst dadurch bestimmt, daß letztere vorrangig den Sinn des wirklich Erklärten zu ermitteln sucht. Erst wenn die offenen Auslegungsfragen durch die „einfache Auslegung" nicht mehr zu lösen sind[203], kommt als subsidiäres Instrument die ergänzende Vertragsauslegung in Betracht, die, eine Lücke im Vertragstext vorausgesetzt, nicht auf einer bereits vorhandenen Erklärung beruht, sondern die der vertraglichen Unvollständigkeit einen Sinn zu geben sucht, der dem hypothetischen Parteiwillen entspricht[204].

(b) Höchst umstritten ist hingegen die Frage, in welchem Verhältnis die ergänzende Vertragsauslegung zum dispositiven Gesetzesrecht steht, welches zusammen mit der richterlichen Rechtsfortbildung zahlreiche abstrakte Instrumente zur Problembewältigung zur Verfügung stellt. Insbesondere die Rechtsprechung, aber auch gewichtige Vertreter des Schrifttums sind der Auffassung, daß die ergänzende Vertragsauslegung erst herangezogen werden kann, wenn weder die einfache Auslegung noch der Gesetzestext einen Lösungsansatz bieten. Diese Ansicht ist grundsätzlich vorzugswürdig gegenüber der Meinung[205], welche die ergänzende Auslegung als Zwischenstufe zwischen Vertrag und objektivem Recht sieht

[200] Soergel/Wolf, § 157 BGB, Rdnr. 63ff; MüKo/Mayer-Maly, § 157 BGB, Rdnr. 15ff

[201] Soweit Auslegungsfragen im Rahmen von Vertragsbestandteilen auftreten, die Schutzrechts- und Know-how-Lizenzen betreffen, so sind die besonderen Auslegungsgrundsätze für Lizenzverträge, siehe etwa Lüdecke/Fischer, aaO, S. 38ff; Henn, S. 38ff, in die Überlegungen mit einzubeziehen.

[202] Hierzu tragen auch die Musterverträge ihren Teil bei, die lediglich für Ergebnisteilhabe und Beendigung Lösungsansätze parat haben, aber mögliche Leistungsstörungsfragen und Ähnliches vollends ausklammern.

[203] Erman/Brox, § 133 BGB, Rdnr. 20f; Larenz/Wolf, BGB AT, § 29 I.; Palandt/Heinrichs, § 157 BGB, Rdnr. 3; Brox, BGB AT, Rdnr. 136ff

[204] Soergel/Wolf, § 157 BGB, Rdnr. 108; MüKo/Mayer-Maly, § 157 BGB, Rdnr. 24

[205] Rummel, Vertragsauslegung nach der Verkehrssitte, S. 82ff, S. 98

und Erklärungssitten einen Vorrang gegenüber dem dispositvem Gesetzesrecht einräumt, denn die ergänzende Vertragsauslegung darf nicht dazu führen, daß man die Geltung des dispositiven Rechts explizit vereinbaren muß, um ein anderes - unter Umständen höchst unerwünschtes - Ergebnis abzuwenden[206]. Auch ich sehe in einer Art Parallelanwendung der Vertragsauslegung neben dem Gesetzesrecht eine grundsätzlich erhebliche Gefährdung für die Rechtssicherheit, weil es dann an einer eindeutigen Regelung mangelt, welches Recht im Einzelfall Anwendung findet und welchen Inhalt der Vertrag hat. In der Konsequenz würde dies nicht nur zu einer erheblichen Mehrbelastung der Gerichte mit Vertragsstreitigkeiten einerseits und zu den mit langdauernden Prozessen verbundenen Nachteilen für das Wirtschaftsleben andererseits führen, sondern die ausgewogenen dispositiven Regeln des BGB würden weitgehend entwertet werden.

Allerdings führt gerade im Gesellschaftsrecht der an sich sehr sinnvolle Vorrang des dispositiven Gesetzesrechts vor der ergänzenden Vertragsauslegung zu vielfach unerwünschten Ergebnissen, denn die gesetzliche Regelung der §§ 705ff BGB wird den heutigen wirtschaftlichen Erfordernissen meist nicht mehr gerecht[207] und ist daher weitgehend aus der Vertragspraxis gedrängt worden. Insbesondere bei komplexeren Vertragswerken, die eine längerfristige Zusammenarbeit, wie es gerade bei FuE-Kooperationen der Fall ist, zum Ziel haben, führen etwa die Leistungsstörungsregelungen des BGB, die meist lediglich in eine Einbahnstraße in Richtung „Auflösung des Gesellschaftsverhältnisses" münden, selten zu interessengerechten Ergebnissen. Auch hat der Gesetzgeber sich bewußt dafür entschieden, den Parteien bei der Gestaltung ihres Gesellschaftsvertrages weitgehende Dispositionsfreiheit einzuräumen, so daß nun konsequenterweise der Parteiwille höher eingestuft werden muß als die unvollständige gesetzliche Regelung. Damit sollte meines Erachtens bei Streitpunkten über den Inhalt des Vertrages sowie bei Problemen im Rahmen der Durchführung grundsätzlich nach der erläuternden eine ergänzende Auslegung vorgenommen werden, und erst im Anschluß daran ist das dispositive Gesetzesrecht zur Lückenfüllung heranzuziehen.

(c) Die Regeln vom Wegfall der Geschäftsgrundlage können hingegen erst subsidiär eingreifen[208], wenn durch Vertragsauslegung sowie nach Heranziehung des Gesetzes keine Lösung gefunden werden kann, die unter Berücksichtigung von Treu und Glauben den Vertragspartnern zumutbar ist. Trotz einer gewissen Strukturähnlichkeit der ergänzenden Vertragsauslegung und des Wegfalls der Geschäftsgrundlage[209] als Institute zur Lückenfüllung im Vertrag ist eine fallgruppenabhängige Anwendung[210] strikt abzulehnen. Denn zum einen gehen die Auslegung sowie die Anwendung des Gesetzesrechts als altanerkannte juris-

---

[206] MüKo/Ulmer, § 705 BGB, Rdnr. 26

[207] So der BGH in inzwischen ständiger Rechtsprechung: BGH (23.11.1978) NJW 1979, 1705, 1706; BGH (5.6.1989) JZ 1989, 956, 957. Zustimmend: Nassal, Reduzierte Geltungserhaltung kartellrechtswidriger Klauseln, BB 1988, 1264; MüKo/Ulmer, § 705 BGB, Rdnr. 26.

[208] Larenz/Wolf, BGB AT, § 29 I; Medicus, Bürgerliches Recht, Rdnr. 154

[209] Nicklisch, Ergänzende Vertragsauslegung und Geschäftsgrundlagenlehre - ein einheitliches Rechtsinstitut zur Lückenausfüllung?, BB 1980, 949, 952 spricht sogar von einer Strukturgleichheit, was jedoch nicht haltbar ist, denn obgleich beide Institute der Lückenausfüllung dienen, darf nicht verkannt werden, daß sich die ergänzende Vertragsauslegung nur am Vertrag orientiert, während die Lehre vom Wegfall der Geschäftsgrundlage die materielle Gerechtigkeit, die sich auch aus anderen Umständen ergeben kann, zu erreichen sucht.

[210] So MüKo/Ulmer, § 705 BGB, Rdnr. 33

tische Methoden zur Rechtsfindung der Lehre vom Wegfall der Geschäftsgrundlage vor, die lediglich als Richterrecht zur subsidiären Vermeidung von Ungerechtigkeiten, die nicht anders zu beseitigen waren, entwickelt worden ist[211]. Zum anderen ist die von Medicus[212] vorgeschlagene Fallgruppenbildung, die Grundlagenstörungen grundsätzlich durch ergänzende Vertragsauslegung überwindet und daneben eine nicht (mehr) sachgerechte vertragliche Regelung über die Lehre von der Geschäftsgrundlage löst, nur scheinbar eine Möglichkeit, das Verhältnis von Vertragsauslegung zur Geschäftsgrundlage zu klären. Doch damit verkennt Medicus, daß die Institute im zeitlichen Ablauf der Störungsbewältigung an ganz verschiedenen Stellen eingreifen. Durch die (ergänzende) Vertragsauslegung wird nämlich zunächst einmal festgestellt, welchen Inhalt einzelne Leistungspflichten sowie der Vertrag insgesamt hat. Erst wenn dies zu unbilligen Ergebnissen führt, kann die Lehre vom Wegfall der Geschäftsgrundlage zur Anwendung kommen, während die ergänzende Vertragsauslegung nicht in der Lage ist, ein zwar feststehendes, aber als unbillig empfundenes Ergebnis abzuändern. Dies zeigt, daß die Zielrichtung dieser beiden Institute doch grundverschieden ist. Mit den Regeln über den Wegfall der Geschäftsgrundlage lassen sich externe Störungen sowie Ablaufstörungen bzw. Erhöhungen der Gesamtaufwendungen im FuE-Kernbereich beheben, aber eben keine Streitpunkte über den Inhalt und den Umfang der Vertragspflichten ausräumen. Damit können die Grundsätze vom Wegfall der Geschäftsgrundlage unter ihren speziellen, von Rechtsprechung und Lehre entwickelten Voraussetzungen[213] erst nach Vertragsauslegung und Heranziehung des Gesetzes subsidiär zum Tragen kommen.

(2) Nachdem die Einordnung der ergänzenden Vertragsauslegung in die juristische Systematik und Methodik erfolgt ist, bleiben noch die Einzelheiten zu klären, unter denen sie stattfinden kann.

(a) Voraussetzung für die Durchführung einer ergänzenden Vertragsauslegung ist, daß nach Abschluß der „einfachen Auslegung" im Vertrag eine Unvollständigkeit im Sinne einer planwidrigen Regelungslücke zu Tage tritt[214]. Diese kann darauf beruhen, daß die Tragweite einer von den Vertragspartnern gewollten Vertragsklausel nicht eindeutig festgestellt werden kann oder daß die Parteien an einen bestimmten regelungsbedürftigen Punkt beziehungsweise an eine besondere Situation, wie sie erst später eingetreten ist, zum Zeitpunkt des Vertragsschlusses nicht gedacht haben. Die von den Parteien gesetzte Regelung ist demnach immer dann lückenhaft, wenn sie eine Bestimmung vermissen läßt, die erforderlich gewesen wäre, um den zugrunde liegenden Regelungsplan der Parteien zu verwirkli-

[211] Insbesondere ist die Entstehungsgeschichte der Lehre vom Wegfall der Geschäftsgrundlage zu beachten, denn dieses Rechtsinstitut wurde erst über einen längeren Zeitraum hinweg aus verschiedenen Einzelfallentscheidungen heraus entwickelt und ist insofern kaum geeignet, die allgemein anerkannten juristischen Methoden der Vertragsauslegung sowie die Anwendung des dispositiven Gesetzesrechts zu verdrängen.

[212] Medicus, Vertragsauslegung und Geschäftsgrundlage, in: Festschrift für Flume, S. 636ff

[213] Medicus, Bürgerliches Recht, Rdnr. 165ff; Palandt/Heinrichs, § 242 BGB, Rdnr. 110ff; MüKo/Roth, Rdnr. 517ff; Soergel/Teichmann, § 242 BGB, Rdnr. 255ff; Emmerich, Das Recht der Leistungsstörungen, § 28

[214] Im Anschluß an Larenz/Wolf, BGB AT, § 29 I., der den Begriff der Vertragslücke an der allgemeingültigen Definition der Gesetzeslücke orientiert (zur Gesetzeslücke stellvertretend für viele: Engisch, Einführung in das juristische Denken, S. 141ff; Canaris, Die Feststellung von Lücken im Gesetz, S. 16ff; Larenz, Methodenlehre der Rechtswissenschaft, S. 354ff): MüKo/Mayer-Maly, § 157 BGB, Rdnr. 29; Erman/Brox, § 133 BGB, Rdnr. 21; Soergel/Wolf, § 157 BGB, Rdnr. 123f.

chen[215].

(b) Diese Vertragsergänzung zielt entschieden darauf ab, eine Lösung zu finden, die zu einer ausgleichenden Vertragsgerechtigkeit führt, denn ohne die zusätzliche Klausel bestünde die Gefahr, daß der Vertrag mangels Einigung über den wesentlichen Vertragsinhalt in seiner Gesamtheit unwirksam ist. Dabei kommt der ergänzenden Vertragsauslegung mehr die Funktion einer Klarstellung zu, denn letztendlich soll eine Ergänzung geschaffen werden, deren Sinngehalt bereits im Vertrag enthalten ist und die von den Parteien in gleicher Weise formuliert worden wäre, wenn sie den ausfüllungsbedürftigen Punkt bedacht hätten. Gerade im Rahmen von FuE-Kooperationen kann eine einzelne Vertragsklausel gegen kartellrechtliche Vorschriften verstoßen, mit der Folge einer Gesamtnichtigkeit des Vertrages gemäß § 139 BGB, was vielfach dem Parteiwillen diametral widerspricht. Auch eine solche erst nachträglich entstehende Lücke kann gleichfalls über die ergänzende Vertragsauslegung geschlossen werden[216].

(c) Derjenige, der die ergänzende Auslegung vornimmt[217], muß sich in die Situation der Parteien versetzen und die von den Parteien dem Vertrag zugrunde gelegten Wertungen zu Ende denken, ohne dem Vertrag die eigenen Maßstäbe aufzuzwingen[218]. Grundsätzlich ist hierbei von den besonderen Umständen des konkreten Einzelfalles auszugehen und dabei sind als objektive Maßstäbe der Vertrags- und Rechtsordnung die Grundsätze von Treu und Glauben (§§ 133, 242 BGB) ebenso zu berücksichtigen wie die Verkehrssitte (§ 157 BGB). Als wichtigster Anhaltspunkt muß jedoch der hypothetische Parteiwille aller von der Auslegungsfrage betroffenen Vertragspartner ermittelt werden, um dann eine Regelung zu finden, die alle Interessen angemessen berücksichtigt und zu einem gerechten Ausgleich führt. Als weitere Auslegungshilfen können noch der dispositive Gesetzestext sowie die für einen bestimmten Vertragstyp charakteristischen Regelungen herangezogen werden. Allerdings darf dies nicht zur grundsätzlichen Anwendung solcher normativer Vorgaben führen, wie von Flume vorgeschlagen[219], denn damit bestünde die Gefahr, dem Vertragstext eine Ergänzung aufzudrängen, die dem konkret vorliegenden Willen der Beteiligten widerspricht[220]. Im Ergebnis muß somit der Parteiwille als das überragende Motiv jeder ergänzenden Vertragsauslegung in besonderem Maße Beachtung finden.

(d) Doch auch dieser ausgleichenden Vertragsgerechtigkeit sind Grenzen gesetzt, an denen sich jede ergänzende Vertragsauslegung orientieren muß[221]. So darf diese nicht den Inhalt

---

[215] Larenz/Wolf, BGB AT, § 29 I.

[216] Eine solche Möglichkeit der an sich wünschenswerten Aufrechterhaltung des Vertrags erkennt auch der BGH (30.10.1974) NJW 1975, 44 an.

[217] Hierbei ist es gleichgültig, ob ein ordentliches Gericht mit dem Fall befaßt ist oder ob die Parteien eine Schiedsgerichtsklausel vereinbart haben und daher ein Schiedsgericht damit betraut ist.

[218] Die Rechtsprechung übersieht dies zum Teil und betreibt unter der Bezeichnung der ergänzenden Vertragsauslegung bisweilen richterliche Rechtsfortbildung, um praxisgerechtere Ergebnisse erzielen zu können (hierzu ausführlich: Soergel/Wolf, § 157 BGB, Rdnr 123ff).

[219] Flume, Band 2, § 16 4.b)

[220] So auch Larenz/Wolf, BGB AT, § 29 I, allerdings mit anderer Begründung.

[221] Falls eine zwar an sich gewollte Ergänzung auf diesem Wege nicht zu erreichen ist, können unter Umständen die Grundsätze vom Wegfall der Geschäftsgrundlage den Parteien noch helfen, die sich bisweilen weniger an juristisch-methodischen Vorgaben orientieren, sondern allein auf Herbeiführung der materiellen Gerechtigkeit gerichtet sind.

der Erklärung verändern und sich damit in Widerspruch zum Parteiwillen oder zum Vertragsinhalt setzen[222]. Daher ist nicht nur die ergänzende Auslegung gegenüber einem eindeutigen Vertragswortlaut, dem lediglich abweichende Vorstellungen der Parteien zugrunde lagen[223], unzulässig, sondern sie darf auch gleichfalls nicht herangezogen werden, wenn die ergänzende Vertragsauslegung zur - von den Parteien nicht gewollten - Nichtigkeit des Vertrags führen würde[224]. Überdies darf die Auslegung nicht zu einer Erweiterung des Vertragsgegenstandes führen[225], sondern muß sich im vorgegebenen Rahmen der getroffenen Vereinbarungen halten, vor allem darf keine über den wesentlichen Inhalt hinausgehende Bindung geschaffen werden, die den rechtlichen Charakter des Vertrages erheblich verändern würde.

dd) Aus dem oben Dargestellten folgt, daß erläuternde wie auch ergänzende Vertragsauslegung sachgerechte Instrumente darstellen, Unklarheiten zu beseitigen sowie Unvollständigkeiten und Lücken des Vertragstextes auszufüllen. Da jedoch bereits die Auslegung eines komplexen Vertragswerks in der dogmatischen Behandlung zu erheblichen Schwierigkeiten führt, die aber mit den ungleich größeren in der Praxis auftretenden tatsächlichen Problemen im Streitfall noch nicht zu vergleichen sind, empfiehlt es sich, eine Präambel in den Vertrag aufzunehmen. In dieser sollten die Partner alle mit der FuE-Kooperation angestrebten Ziele sowie die speziellen Absichten der beteiligten Unternehmen möglichst umfassend niederlegen. Denn gerade bei langfristigen Forschungsvorhaben ist eine interessengerechte Auslegung des Vertrags nur möglich, wenn die zur Beurteilung berufene Instanz anhand eben dieser schriftlich fixierten Interessenlagen die Vertragsklauseln auslegen kann beziehungsweise für eine Lückenfüllung im Wege der ergänzenden Vertragsauslegung ein Instrument an der Hand hat, welches Hinweise für Lösungsansätze liefert, die einen interessengerechten Ausgleich zwischen den Partnern ermöglichen.

Im Fall eines positiven Projektabschlusses kann diese Auslegungshilfe wichtig sein[226], etwa wenn entgegen den ursprünglich geregelten Erwartungen, für die im Vertragstext bereits Vorsorge getroffen werden konnte, das Bedürfnis besteht, daß ein Partner in größerem Umfange als ursprünglich beabsichtigt begleitendes Know-how in die Kooperationsbeziehung einbringen muß. Hier kann der Vertrag dahingehend ausgelegt werden, daß nicht nur explizit im Vertrag oder dessen Anlagen aufgeführtes Know-how bereitgestellt wird, sondern auch darüber hinausgehendes betriebliches Wissen, welches zur zielgerichteten Durchführung des Kooperationsvorhabens erforderlich ist, den Partnern zur Verfügung gestellt werden muß. Soweit die Präambel entsprechende Ansatzpunkte enthält, besteht die Möglichkeit, durch besondere Regelung der Verwertung des mit Hilfe der zusätzlichen Leistungseinbringung neu gewonnen Know-how beziehungsweise der gewerblichen Schutzrechte die Vertragsgerechtigkeit wieder herzustellen, etwa mittels eines finanziellen

[222] BGH (16.10.1984) NJW 1985, 319; BGHZ (1.2.1984) 90, 69, 77

[223] RGZ (27.5.1913) 82, 308; RGZ (15.10.1914) 85, 322; BAG (12.7.1957) BB 1957, 931

[224] BGH (15.12.1969) NJW 1970, 468

[225] So der BGH in ständiger Rechtsprechung BGHZ (22.4.1953) 9, 273, 278; BGHZ (10.7.1963) 40, 101, 103; BGHZ (25.6.1980) 77, 301, 304; BGH (30.10.1984) NJW 1985, 480, 481 sowie das Schrifttum: Soergel/Wolf, § 157 BGB, Rdnr. 127; MüKo/Mayer-Maly, § 157 BGB, Rdnr. 47; Erman/Brox, § 133 BGB, Rdnr. 20.

[226] Möffert, aaO, S. 15

Ausgleichs oder Ähnlichem[227].

Zur vorbeugenden Vermeidung von Streitpunkten kann eine Präambel vor allem dann hilfreich sein, wenn sie nicht lediglich bloße Lippenbekenntnisse oder Formulierungen um derer selbst Willen beinhaltet, sondern wenn die Partner die jeweiligen Absichten und Motive sowie die Ziele der Kooperationsbeziehung gemeinsam vor dem Hintergrund niederlegen, damit eine Auslegungshilfe für später auftretende Probleme zu schaffen. In der Praxis ist es erfahrungsgemäß von unschätzbarem Nutzen, wenn der zunächst vermeintlich benachteiligte Vertragspartner sich auf die gemeinsam verfaßten Ziele und Absichten berufen und damit seine Position behaupten kann, denn damit wird dem oder den anderen Parteien der Sinn und Zweck des Vertrages erneut vor Augen geführt, was oft allein schon zur gütlichen Beilegung eines Streits führen kann. Denn eine anschließende einvernehmliche Fortführung des Vertrags wird letztendlich den Interessen aller Beteiligten am besten gerecht[228].

c) Auswirkungen der gesellschaftsrechtlichen Treuepflicht

Ein Ansatzpunkt, die Vertragsbeziehung im Falle der Störung von Leistungspflichten stabiler zu gestalten, kann der gesellschaftsrechtlichen Treuepflicht entnommen werden[229], welche in verschiedenen Facetten in der Vertragsbeziehung sowie der -abwicklung ihren Niederschlag findet. Ihr kommt im Rahmen der FuE-Kooperation besondere Bedeutung zu, da hier die Partner einander - im Verhältnis zu sonstigen Gelegenheitsgesellschaften - ein erhöhtes Maß an Vertrauen entgegen bringen. Aus der gesellschaftsrechtlichen Treuepflicht lassen sich Ansatzpunkte zur Behebung verschiedenster Störungen ableiten. Hier ist nämlich an die Anpassung des Vertrages bei Störungen des FuE-Ablaufs bzw. bei Änderungen der Projektanforderungen ebenso zu denken wie an eine Beschränkung des Kündigungsrechts, welches sowohl nach § 723 BGB für das Gesellschaftsverhältnis insgesamt besteht als auch aufgrund eines Kündigungsrechts im Falle des Auftretens von Störungen einzelner Leistungspflichten. Daneben können sich aus der Treuepflicht auch sonstige Wohlverhaltenspflichten ableiten lassen, die zwar nicht unmittelbar der Behebung von Störungen, sondern deren Vermeidung dienen.

aa) Unter der Treuepflicht wird gemäß allgemeiner Definition[230] die Verpflichtung der Gesellschafter verstanden, in Ausübung ihrer im Gesellschaftsinteresse begründeten Befugnisse nur Handlungen vorzunehmen, die der Förderung des Gesellschaftszwecks dienen, und Maßnahmen zu unterlassen beziehungsweise Einflüsse von der Gesellschaft abzuhalten, die deren Interessen zuwiderlaufen[231]. Bei der Rechtsausübung ist ferner die Schranke

[227] Solche Ausgleichsleistungen - meist finanzieller Natur - können vor allem dann eine Rolle spielen, wenn sich im Laufe der Kooperationstätigkeit das Ziel verändert hat und von den Ergebnissen der neuen Forschungsrichtung ein Partner deutlich mehr profitiert als dies im Rahmen der ursprünglichen Zusammenarbeit der Fall gewesen wäre.

[228] Möffert, aaO, S. 15ff

[229] Ganz herrschende Meinung: BGHZ (16.12.1960) 34, 80, 83; BGH (8.2.1962) LM Nr. 12 zu § 705 BGB; Hueck, Der Treuegedanke im modernen Privatrecht; Soergel/Hadding, Rdnr. 66 zu § 705 BGB; Staudinger/Keßler, Vorb. 42 zu § 705 BGB; MüKo/Ulmer, § 705 BGB, Rdnr. 181ff; Schmidt, Gesellschaftsrecht, § 20 IV; Bartsch, Die Entwicklung der personengesellschaftsrechtlichen Treuepflicht in der Rechtsprechung; Wiedemann, Zu den Treuepflichten im Gesellschaftsrecht, in: FS Heinsius, S. 949ff

[230] Zwar existiert keine dem Wortlaut nach einheitliche Terminologie, aber der Begriff der Treuepflicht im Gesellschaftsrecht wird ihrem Sinn nach in einer einheitlichen Weise verstanden und ist von Rechtsprechung und Schrifttum anerkannt, so daß eine Verwendung des Begriffs grundsätzlich nicht auf Schwierigkeiten stößt. Siehe im übrigen Fn. 117.

[231] Wiedemann, in: FS Heinsius, S. 949, 953

einzuhalten, die sich aus dem Verbot eines willkürlichen oder unverhältnismäßigen Verhaltens ergibt. Auch ist auf die Interessen der anderen Gesellschafter in angemessener Weise Rücksicht zu nehmen[232]. Es handelt sich jedoch bei der Treuepflicht nicht lediglich um eine Obliegenheit oder eine Leistungs- und Pflichtenmodifikation, sondern um eine echte Hauptpflicht aus dem Gesellschaftsverhältnis im Sinne einer mitgliedschaftlichen Förderpflicht[233]. Allgemein reflektiert sich die Treuepflicht darin, daß der einzelne Gesellschafter gehalten ist, die Interessen der Gesamthand wahrzunehmen, schädigende Einflüsse abzuhalten sowie auf entsprechende Gefahren aufmerksam zu machen[234]. In jedem Fall besteht die Verpflichtung, gesellschaftsschädigende Handlungen zu unterlassen.

Daneben verlangt die Treuepflicht in gleicher Weise von den anderen Gesellschaftern im Einzelnen wie auch in ihrer gesamthänderischen Bindung, daß sie die mitgliedschaftlichen Belange von einzelnen Gesellschaftern insofern besonders berücksichtigen, als dies die Zusammenarbeit und der Gesellschaftszweck erfordern[235]. Diese Verpflichtung wird zum Teil aus der schuldrechtlichen Bindung, die aus dem Gesellschaftsvertrag resultiert, hergeleitet, während ein Teil des Schrifttums die Organisationsform der Gesamthandsgemeinschaft als Begründung für die besondere Treuepflicht gegenüber einzelnen Mitgliedern ansieht[236]. Insbesondere sind die Partner im Rahmen der Wahrnehmung ihrer eigenen Interessen zur besonderen Rücksichtnahme verpflichtet. Diese geht jedoch nicht so weit, als daß sich sogar eine Fürsorgepflicht für die Partner ableiten lassen würde, obgleich in besonders gelagerten Fällen auch die Interessen der Kooperationspartner in die Entscheidungsfindung eingebunden werden müssen[237]. Hieraus läßt sich eine allgemeine Loyalitätspflicht[238] formulieren, die es der Gesellschaftermehrheit verbietet, ihre Macht gegenüber Einzelnen in mißbräuchlicher Weise auszuüben. Auch gilt bei Eingriffen in die Rechtsstellung oder die Interessen einzelner Partner durch die Gesellschaftermehrheit, daß diese dem Gebot der Verhältnismäßigkeit entsprechen müssen und daher, soweit überhaupt erforderlich, so gewählt zu werden haben, daß sie den betroffenen Partner möglichst wenig belasten[239]. Bei der Ausübung seiner mitgliedschaftlichen Rechte muß jeder Partner unter Wahrung des Gesamthandsinteresses gemäß dem Verhältnismäßigkeitsprinzip das jeweils mildeste und schonendste Mittel einsetzen und darf sich keinesfalls in willkürlicher Art und Weise verhalten[240]. Dabei steigert sich der Umfang dieser Treuepflicht mit dem eingebrachten Vertrauen, der Notwendigkeit einer engen persönlichen Zusammenarbeit sowie allgemein je nach Art des Vertragsinhalts und -gegenstandes[241].

---

[232] Hüffer, Zur gesellschaftsrechtlichen Treuepflicht als richterlicher Generalklausel, in: FS Steindorff, S. 59, 69; MüKo/Ulmer, § 705 BGB, Rdnr. 159; Soergel/Hadding, § 705 BGB, Rdnr. 58ff; Staudinger/Keßler, Vorb. 43 zu § 705 BGB

[233] Soergel/Hadding, § 705, Rdnr. 58; BGHZ (1.4.1953) 9, 157, 163; so auch schon Eichler, Die Rechtslehre vom Vertrauen, S. 31

[234] BGHZ (11.6.1954) 14, 25, 38

[235] Soergel/Hadding, § 705 BGB, Rdnr. 60; BGHZ (16.12.1960) 34, 80, 83

[236] Hüffer, in: FS Steindorff, S. 59, 64 mit weiteren Nachweisen in Fn. 32; MüKo/Ulmer, § 705 BGB, Rdnr. 127ff; Flume, aaO, §§ 4 und 5; anderer Ansicht Wiedemann, aaO, § 5 I 2

[237] Hueck, Das Recht der oHG, § 13 I 3

[238] BGH (5.6.1975) NJW 1976, 191 mit Anmerkung von Ulmer

[239] BGHZ (13.3.1978), 71, 41, 46; Zöllner, aaO, S. 351ff

[240] Zöllner, Die Schranken mitgliedschaftlicher Stimmrechtsmacht bei den privatrechtlichen Personenverbänden, S. 349ff; Soergel/Hadding, § 705 BGB, Rdnr. 60

[241] Ulmer, Kündigungsschranken im Handels- und Gesellschaftsrecht, in: FS Möhring, S. 291, 298

Trotz der grundsätzlich weit zu verstehenden Treuepflicht, deren Umfang aufgrund der Besonderheiten im Rahmen der FuE-Kooperation zu einer zusätzlichen Ausdehnung führt, bestehen auch wiederum Grenzen[242]. So ist es jedem Partner gestattet, berechtigte eigene Interessen, die sich auch im Widerspruch zu den Kooperationsinteressen bewegen können, zu verfolgen. Insbesondere kann die Treuepflicht nicht dazu führen, daß ein Gesellschafter dazu genötigt wird, auf schutzwürdige Eigeninteressen zu verzichten[243]. Es kann aber kaum im Voraus abstrakt für jeden Einzelfall Vorsorge getroffen werden, so daß letztendlich eine schonende Abwägung der Privatinteressen des einzelnen Gesellschafters gegenüber dem Interesse der Gesellschaft sowie der einzelnen Partner durchzuführen ist, die zu einem gerechten Ausgleich der widerstreitenden Positionen führen soll. Im Rahmen einer solchen Abwägung darf jedoch nie die Besonderheit der FuE-Kooperation außer Betracht bleiben, denn durch das enge Abhängigkeitsverhältnis, in das sich alle FuE-Partner begeben haben, entsteht ein größerer Druck auf die Mitglieder, die Privatinteressen in einem gegenüber einer normalen BGB-Gesellschaft verstärkten Maße dem Kooperationsinteresse unterzuordnen.

Dies läßt erkennen, daß die Treuepflicht grundsätzlich geeignet ist, der Konfliktvorbeugung sowie der Konfliktbewältigung zu dienen. Dennoch bleibt festzuhalten, daß die allgemein bestehende Pflicht für sich nicht scharf genug konturiert ist, um dem Ziel, der Kooperationsbeziehung mehr Stabilität zu verleihen, gerecht zu werden.

bb) Zwar ist eine abschließende Darstellung aller Einzelaspekte der Treuepflicht nicht möglich, da sich aus dem Generaltatbestand eine kaum überschaubare Menge einzelner Wohlverhaltenspflichten ableiten läßt[244], aber diejenigen, die in besonderem Maße Auswirkungen auf die FuE-Kooperation zeigen, bedürfen einer eingehenden Erläuterung. Aus der leistungsbezogenen Treuepflicht[245] lassen sich bestimmte Handlungspflichten ableiten, ohne daß sich daraus eine allgemeine Mitwirkungspflicht ergibt. Denn eine Mitwirkungspflicht folgt schon direkt aus der vertraglichen Vereinbarung, den gemeinsamen Gesellschaftszweck zu fördern, an die im Rahmen einer FuE-Zusammenarbeit erheblich höhere Anforderungen zu stellen sind als dies bei sonstigen Kooperationsvorhaben, zum Beispiel bei einer gemeinsamen Produktion oder Ähnlichem, der Fall ist[246].

(1) Gerade im Rahmen der arbeitsteiligen FuE-Kooperationstätigkeit, bei der die Mitarbeiter jedes Partners im eigenen Betrieb tätig werden und die Ergebnisse erst im Anschluß ausgetauscht werden (im Gegensatz zur Durchführung des FuE-Vorhabens an einem zentralen Ort unter Zusammenführung der Mitarbeiter in einer eigenen FuE-Gesellschaft), ergeben sich besondere Handlungspflichten. So sind die abgeordneten Arbeitskräfte im Hinblick auf ihre spezielle Aufgabe zu instruieren und zu überwachen, mit der Maßgabe, auf

242 Hueck, Der Treuegedanke im modernen Privatrecht, S. 1ff; Soergel/ Hadding, § 705, Rdnr. 60

243 Hueck, Das Recht der oHG, § 13 I 3; BGH LM Nr. 8 zu § 105 HGB

244 Wiedemann, in: FS Heinsius, S. 949, 953

245 Weipert, in: Münchener Handbuch des Gesellschaftsrechts Bd. I, § 6, Rdnr. 32

246 Allerdings sieht Ullrich, GRUR 1993, 338, 343 in der Treuepflicht auch eine Intensivierung von vertraglichen Nebenpflichten, die sich im Einzelfall dahingehend verdichten kann, daß ein Partner gezwungen ist, zusätzliches geheimes oder geschütztes Wissen preiszugeben, welches für eine erfolgreiche künftige Zusammenarbeit unerläßliche Voraussetzung ist. Ullrich weist in diesem Zusammenhang ausdrücklich darauf hin, daß er keinen allgemeinen Beistandspakt fordert, sondern den Treuegedanken lediglich als Abrundung der vertraglichen Haupt- und Nebenpflichten verstanden wissen will.

die Erreichung des Kooperationszwecks zielorientiert hinzuarbeiten[247]. Auch wenn dies eigentlich eine Selbstverständlichkeit sein sollte, ist es den Partnern grundsätzlich untersagt, die Mitarbeiter zur Unzeit abzuziehen und für kooperationsfremde Belange einzusetzen, da dies zu einer Verhinderung oder jedenfalls zu einer Verzögerung des Kooperationserfolgs führen würde[248]. Dies schließt überdies die Pflicht ein, Mitarbeitern, die über unentbehrliches Spezialwissen verfügen oder in sonstiger Weise mit den kooperationsrelevanten FuE-Aufgaben betraut sind, nicht oder allenfalls im Einvernehmen mit den Kooperationspartnern zu kündigen. Die Treuepflicht kann sich in diesem Zusammenhang sogar zu der Verpflichtung verdichten[249], daß mit unentbehrlichen Spezialisten, solange diese keine völlig unzumutbaren Forderungen an den Arbeitgeber stellen, langfristige Arbeitsverträge abgeschlossen werden müssen, damit ein Ausscheiden aus der Kooperationsgemeinschaft zur Unzeit verhindert werden kann.

(2) Als weiterer Aspekt der Treuepflicht bestehen Unterrichtungs- und Mitteilungspflichten, die über das übliche Maß der Informationspflichten weit hinausgehen, denn im Rahmen der FuE-Kooperation sind sämtliche Informationen, die für die Zusammenarbeit insgesamt, aber auch diejenigen, die nur für die anderen Partner von erkennbarer Bedeutung sind, unverzüglich, also so rasch wie irgend möglich, auszutauschen, um einen Zeitverlust durch fehlgerichtete Forschungstätigkeit eines Partners zu verhindern. Damit verbunden ist die Verpflichtung, dem Kooperationspartner auch die entsprechenden Unterlagen zugänglich zu machen[250]. Dabei kann je nach konkreter Ausgestaltung der Kooperation auch die Pflicht bestehen, die Zusammenarbeit zu fördern, indem die eigenen Arbeitnehmer zu aktiver Zusammenarbeit und ständigem Informationsaustausch angehalten werden[251]. Aber auch Informationen und Maßnahmen, die nur den eigenen Bereich der Zusammenarbeit betreffen, sind, soweit die Möglichkeit von mittelbaren Auswirkungen auf den Gesellschaftszweck besteht, den Kooperationspartnern mitzuteilen, damit diese ständig Kenntnis vom FuE-Fortgang haben und möglicherweise zu treffende Maßnahmen untereinander abgestimmt werden können.

(3) Da zwischenbetrieblichen FuE-Kooperationsverträgen die Tendenz zu eigen ist, den zur Vereinbarungszeit festgelegten status quo zu zementieren und ihnen damit die stete Gefahr innewohnt, ihrer eigentlichen Funktion als Instrument zur Herstellung eines ausgewogenen Interessenausgleichs nicht gerecht zu werden[252], erscheint die Anpassung von Verträgen an geänderte Umstände grundsätzlich als adäquates Mittel zur Perpetuierung der Vertragsgerechtigkeit[253]. Vielfach erfolgen in solchen Verträgen zahlreiche kleinere Modifikationen völlig stillschweigend aufgrund der Einsicht der Partner, vertraglichen Pragmatismus einer

---

[247] Bartenbach, aaO, S. 33

[248] BGHZ (12.7.1962) 37, 381, 384

[249] Bartenbach, aaO, S. 33

[250] Bartenbach, aaO, S. 35ff

[251] Bartenbach, aaO, S. 33

[252] Zöllner, Die Anpassung von Personengesellschaftsverträgen an veränderte Umstände, S. 11

[253] Siehe hierzu Steindorff, Vertragliche Pflichten zur Vertragsanpassung, ZHR 148 (1984), 271ff; Baur, Vertragliche Anpassungsregeln; Martinek, Die Lehre von den Neuverhandlungspflichten, AcP 198 (1998), 329ff; Weipert, Vorsorgliche Anpassung von Personengesellschaftsverträgen als Bestandteil der Pflicht zur verantwortungsbewußten Unternehmensführung, ZGR 1990, 142ff; Horn, Neuverhandlungspflicht, AcP 181 (1981), 255, 271ff

rein dogmatischen Lösung vorzuziehen. Sobald Anpassungsprobleme jedoch virulent werden, kommt es zur Störung des vertrauensvollen Ablaufs der Zusammenarbeit[254], wobei zu beachten ist, daß mit zunehmendem Anpassungsdruck eine weitere Kooperationstätigkeit schwierig, teils sogar unmöglich wird.

Dabei existieren zwei grundlegende Problembereiche, nämlich zum einen die zum Teil sehr kontrovers diskutierte Frage, unter welchen Voraussetzungen eine Anpassung erfolgen darf, und zum anderen, welche konkreten Rechtsfolgen sich daraus ableiten lassen, in welcher Form sich also die Vertragsanpassung im Vertragsinhalt niederschlägt. Die grundsätzliche Möglichkeit einer Änderung der tatsächlichen oder rechtlichen Situation, welche zur Anpassung von Verträgen führt, die auf eine längere Dauer ausgelegt sind, ohne dies über den Umweg einer Kündigung indirekt zu erzwingen, wird vom Gesetzgeber für die Personenhandelsgesellschaften durch Normen, wie die §§ 117, 127, 140 HGB, konkret anerkannt, wenngleich die Voraussetzungen hierfür, im Erfordernis der Zustimmung aller übrigen Gesellschafter zur Änderung, als streng anzusehen sind. Höchst kontrovers wird jedoch die Frage diskutiert, unter welchen Bedingungen eine Anpassung bei der Gesellschaft bürgerlichen Rechts erfolgen kann. In diesem Zusammenhang kann der Auffassung Kollhossers[255], der Vertragsänderungen bei Personenhandelsgesellschaften grundsätzlich ablehnt, was also auch bei BGB-Gesellschaften gelten muß, nicht gefolgt werden, denn hierbei kommt es nicht zu ausgewogenen Lösungen, sondern es handelt sich um ein reines Alles-oder-nichts-Prinzip, welches als „Anpassung" nur den Ausschluß eines Gesellschafters vorsieht, aber keine inhaltlichen Korrekturen anerkennt. Bei FuE-Kooperationen hätte ein solches „Rausschmiß-Konzept", wie es Zöllner in drastischer Form bezeichnet hat[256], zur Folge, daß jede zweigliedrige Zusammenarbeitsform im Krisenfall zwingend zur Beendigung führt. Aber auch bei mehrgliedrigen Kooperationsformen würden vielfach höchst unerwünschte Resultate erzielt werden, denn immer dann, wenn der ausgeschlossene Partner Inhaber von für die Zusammenarbeit notwendigen Schutzrechten ist, enden in aller Regel mit dem Ausschluß auch die Benutzungsbefugnisse der Gesamthand, so daß ein Kooperationserfolg nicht nur erschwert, sondern vielfach durch Anerkennung dieses Konzepts gänzlich vereitelt werden würde. Auch Flumes[257] Konzeption kann nicht überzeugen, denn er lehnt eine Vertragsanpassung ebenfalls ab und versucht Anpassungsprobleme allein über die ergänzende Vertragsauslegung zu lösen[258]. Doch übersieht er, daß sich damit nur Lücken im Vertrag schließen lassen, was zwar vielfach schon hilfreich sein kann, aber nicht geeignet ist, wenn gerade eine bestimmte unmißverständliche und abschließende Regelung den Ausgangspunkt für die Probleme bildet und daher abgeändert oder aufgehoben werden muß.

Das Erfordernis, eine flexible Lösung zur Anpassung von Gesellschaftsverträgen zu finden, macht es unumgänglich, eine allgemeine Pflicht der Gesellschafter zur Vertragsanpassung anzuerkennen, wobei diese Pflicht ihre Grundlage in der wechselseitigen Vertrauensbindung, also mithin im § 242 BGB, findet. Sie besteht also immer dann, wenn sich tatsächli-

---

[254] Zöllner, aaO, S. 13

[255] Kollhosser, Zustimmungspflicht zur Abänderung von Gesellschaftsverträgen bei Personengesellschaften, in: Festschrift für Westermann, S. 275ff

[256] Zöllner, aaO, S. 20

[257] Flume, Allgemeiner Teil des Bürgerlichen Rechts I/1, § 15 IV

[258] Flume, aaO, § 2 V

che oder rechtliche Rahmenbedingungen in einer Weise verändert haben, die für das Vertragsverhältnis von erheblicher Bedeutung sind. Die gegen eine solche weit gefaßte Anpassungspflicht bestehenden Bedenken, diese sei zu unbestimmt, können lediglich mit dem Hinweis ausgeräumt werden, daß allen Generalklauseln, also auch vielen gesetzlichen Vorschriften[259] und insbesondere dem Prinzip von Treu und Glauben (§ 242 BGB) eine solche Unbestimmtheit zu eigen ist und damit hingenommen werden muß[260]. Dem sich logisch anschließenden Argument, daß im Streitfall eine richterliche oder schiedsgerichtliche Entscheidung das Selbstbestimmungsrecht der nicht zustimmungswilligen Gesellschafter verletzen könnte, ist zu entgegnen, daß die richterliche Spruchtätigkeit keine Fremdbestimmung ausübt, sondern den privatautonom eingegangenen Bindungen diejenige Gestalt gibt, die billig und gerecht denkende Parteien dem Vertragswerk bei Voraussicht der eingetretenen Umstände ohnedies gegeben hätten[261].

Eine Anpassungspflicht ist jedoch mit der ganz herrschenden Meinung in Literatur[262] und Rechtsprechung[263] jedoch nur in besonders gelagerten Ausnahmefällen anzuerkennen. Dabei muß die Änderung mit Rücksicht auf das bestehende Gesellschaftsverhältnis, etwa zur Erhaltung wesentlicher gemeinsam bereits geschaffener Werte sowie zur Vermeidung künftiger erheblicher Verluste, erfolgen, dringend erforderlich sein und allen Gesellschaftern, also auch dem sich widersetzenden, zumutbar sein[264].

(a) In diesem Zusammenhang ist die Pflicht zur Anpassung von Verträgen aufgrund der gesellschaftsrechtlichen Treuepflicht von zwei damit verwandten Rechtsinstituten[265], nämlich der Lehre vom Wegfall der Geschäftsgrundlage sowie der ergänzenden Vertragsauslegung, abzugrenzen[266]. Die Lehre vom Wegfall der Geschäftsgrundlage ist strenger, da die Geschäftsgrundlage tatsächlich weggefallen sein muß, während bei der Feststellung, ob eine Pflicht zur Vertragsanpassung besteht, alle Umstände des konkreten Einzelfalls in Betracht zu ziehen sind, also auch weniger extreme Situationen berücksichtigt werden müssen. Anders stellt sich die Situation auch bei den Rechtsfolgen dar, denn sobald die Geschäftsgrundlage weggefallen ist, neigt die Rechtsprechung dazu, eine vollständige Korrektur des

259 Man denke hier vor allem an den häufig verwendeten Begriff des „wichtigen Grundes", der immer dann bemüht wird, wenn sich eine Konkretisierung im Gesetzestext beim besten Willen nicht in sinnvoller Weise erreichen läßt, um später - insbesondere überraschend - auftretenden Problemen angemessen begegnen zu können.

260 Zöllner, aaO, S. 37

261 Zöllner, aaO, S. 38f verweist in diesem Zusammenhang ausdrücklich darauf, daß ein treuwidriges Maß an Zustimmungsverweigerung zum Zweck angeblicher Selbstbestimmung letztendlich mit dem gesetzlich vorgegebenen Selbstbestimmungsrecht und seinen daraus ableitbaren Bindungen gerade nicht im Einklang steht und daher zu modifizieren ist.

262 Soergel/Hadding, § 705 BGB, Rdnr. 63; MüKo/Ulmer, § 705 BGB, Rdnr. 191; Zöllner, aaO, S. 25ff. Eine andere Auffassung wurde in der Vergangenheit nur von Kollhosser, in: Festschrift für Westermann, S. 275ff; Kollhosser Anmerkung zu BGH (28.4.1975) NJW 1976, 144 vertreten, die sich aber nicht durchgesetzt hat und im aktuellen Schrifttum auch keine Zustimmung mehr erfährt.

263 BGH (24.4.1954) BB 1954, 456; BGH (26.1.1961) NJW 1961, 724; BGH (22.10.1986) NJW 1987, 952, 953

264 So MüKo/Ulmer, § 705 BGB, Rdnr. 191 und der BGH (20.10.1986) NJW 1987, 952, 953.

265 Die Verwandtschaft zur Lehre vom Wegfall der Geschäftsgrundlage rührt zum einen daher, daß in beiden Fällen die Treuebindung als Ausfluß des § 242 BGB die dogmatische Grundlage bildet und daß auch in beiden Fällen eine Anpassung des Vertrages an geänderte Umstände erfolgt.

266 Weipert, ZGR 1990, 142, 149

Vertrages vorzunehmen, die eine gerechte Lösung auf Grundlage der inzwischen aktuellen Situation beinhaltet und im Ergebnis das ursprüngliche Leistungsgleichgewicht wieder herstellt. Die Pflicht zur Vertragsanpassung geht jedoch unter Umständen nicht so weit, sondern verlangt von dem zustimmungspflichtigen Partner nur eine gewisse, aber keine vollständige Korrektur[267]. Durch die ergänzende Vertragsauslegung wird hingegen keine Änderung des Vertrages angestrebt, sondern der bestehende Vertragstext erfährt hinsichtlich einer Lücke lediglich eine Konkretisierung oder eine Auffüllung[268].

(b) Auf der Tatbestandsseite werden von dieser Pflicht, eine Vertragsanpassung vorzunehmen, grundsätzlich nur besonders gelagerte Ausnahmesituationen erfaßt, in denen der Inhalt oder der Umfang der Leistungsbeiträge eines Partners abgeändert werden muß, um das gemeinsame Kooperationsziel verwirklichen zu können[269]. Auch muß die Änderung des Vertrages erforderlich und für den Partner, der eine eventuelle Mehrleistung zu erbringen hat, zumutbar sein[270]. Dies ist grundsätzlich dann zu bejahen, wenn er etwa ein Mehr an vorhandenem Know-how offenbaren muß oder weitere vorhandene Schutzrechte an die Kooperationspartner zu lizenzieren hat. Aber auch eine erhebliche Verschiebung des Leistungsgleichgewichts, insbesondere dann, wenn ein Partner einen erhöhten Aufwand zu tragen hat, um seinen Beitragspflichten nachkommen zu können, kann eine Anpassungspflicht auslösen. Konkret kann eine Vertragsanpassung bzw. als Vorstufe eine Neuverhandlung verlangt werden, wenn ein Projekt insgesamt zu scheitern droht[271], etwa im Fall, daß das Vorliegen einer Unmöglichkeit erkannt wird, oder wenn zumindest einem Partner ein außerordentliches Kündigungsrecht offensteht. Eine Vertragsanpassung wird vielfach bei sogenannten „offenen Verträgen“ erforderlich[272], in denen die Leistungspflichten aufgrund von bekannten Unsicherheiten noch nicht abschließend festgelegt worden sind. Aber auch die Verwirklichung besonderer Risiken, insbesondere wenn dadurch die Geschäftsgrundlage selbst noch nicht entfällt, kann zur Pflicht führen, eine Vertragsanpassung durchzuführen. Hierbei gilt jedoch, daß bekannte Risiken eher hingenommen werden müssen als solche, deren Auftreten sich erst im Laufe der Kooperationsbeziehung herausstellt. Generell kann festgehalten werden, daß Aufwandssteigerungen oder eine Verschiebung der Leistungsäquivalenz erst ab einer Höhe von 30 % eine Anpassung auslösen können, während für FuE-spezifische Probleme frühestens bei einer Änderung um 100 % eine Änderung akzeptiert werden muß. Letztendlich entscheiden auch hier die gesamten Umstände des Einzelfalles, so daß anhand der Interessenlagen der Parteien und der Präambel des Vertrages festzustellen ist, welche Risikopotentiale die Partner jeweils übernommen haben und in welchen Situationen von einer unbilligen und daher abzuändernden Härte gesprochen werden kann.

Zur Vermeidung von Unklarheiten empfiehlt es sich jedoch, Anpassungsklauseln in den

---

[267] In Zahlen ausgedrückt bedeutet dies, daß die Geschäftgrundlage zum Beispiel bei einer Preissteigerung um 80 % entfallen ist und dann um eben diese 80% angepaßt wird, während es nach den Regeln über die Vertragsanpassung etwa auch zu einer 50%-Korrektur kommen kann, weil diese Lehre imstande ist, zu berücksichtigen, aus wessen Sphäre - wenn auch unverschuldet - die Störung stammt und damit eine variablere Anpassung ermöglicht.

[268] Bilda, Anpassungsklauseln in Verträgen, Rdnr. 3

[269] BGH (20.10.1986) NJW 1987, 952, 953; Weipert, ZGR 1990, 142, 145

[270] BGH (20.10.1986) NJW 1987, 952, 954; Weipert, ZGR 1990, 142, 145

[271] Nelle, Neuverhandlungspflichten, S. 174ff

[272] Kötz, Die Anpassung langfristiger Verträge, S. 10

Vertrag aufzunehmen, welche gewissermaßen eine Art vertragliche Konkretisierung des Zustimmungserfordernisses zu Vertragsänderungen auf Basis der gesellschaftsrechtlichen Treuepflicht darstellen. Doch auch dann kommt eine Anpassung nur unter bestimmten Umständen in Betracht, nämlich wenn der Tatbestand der entsprechenden Vertragsnorm erfüllt ist, welche der Natur der Sache nach generalklauselartig gefaßt sein muß. Allerdings zeigt schon die Tatsache des Vorliegens einer solchen Vertragsnorm, daß die Parteien eine grundsätzliche Änderungsbereitschaft besitzen und übt deshalb auch eine gewisse Appellationswirkung aus. Doch Anpassungsklauseln sind in jedem Fall zweckmäßig, da die Möglichkeit besteht, den Tatbestand weiter zu fassen, um dann für die Vertragsanpassung insgesamt eine breitere Basis zu schaffen, oder durch eine starke Begrenzung der Anpassungspflicht jedenfalls eine gewollte und maßgeschneiderte Lösung zu erzielen. Die Anpassung nur für ganz bestimmte Sachverhalte vorzusehen, ist zwar gleichsam möglich, aber gerade im FuE-Sektor macht es durchaus Sinn, neben etwaigen konkreten Anpassungsnormen auch eine Generalklausel in den Vertrag aufzunehmen, da die Ursachen und Auswirkungen gerade hier oft unkalkulierbar und unvorhersehbar sind, so daß für die damit verbundenen Risiken und Unsicherheiten Abhilfe geschaffen werden kann. Auch wenn hier eingewandt werden könnte, daß selbst solche Anpassungsklauseln, soweit sie in Form einer Generalklausel vorliegen, Streit über Voraussetzungen und Rechtsfolgen auslösen könnten, so muß dem entgegen gehalten werden, daß jede einzelne Klausel im Vertrag den Keim von Unstimmigkeit und Streit in sich trägt und es eine ganz allgemeine Frage ist, wie solche Probleme ausgeräumt werden, wobei ich schon mehrfach auf die Möglichkeit einer Schiedsgerichtsvereinbarung verwiesen habe, die in einer solchen Situation in der Lage ist, wertvolle Zeit zu retten.

(c) Auf der Rechtsfolgenseite stehen verschiedene Möglichkeiten offen, die Anpassung durchzuführen. In gewöhnlichen Austauschverträgen wird oftmals dem Gläubiger ein Leistungsbestimmungsrecht (§§ 315, 316 BGB) eingeräumt, was zwar gelegentlich sogar für die Beitragsverpflichtungen von Gesellschaften passen kann, aber für FuE-Kooperationen meines Erachtens gänzlich ungeeignet ist, denn bei diesen wird weitgehend gemeinsam gearbeitet und es liegt eben gerade keine klassische Gläubiger-Schuldner-Beziehung vor, auch wenn ein gewisser Austausch von Know-how und Schutzrechtspositionen stattfindet[273]. Deshalb erscheint es sinnvoll, das Anpassungsrecht den Partnern in ihrer gesellschaftlichen Verbundenheit[274] oder gleich einem Dritten als Schiedsgutachter[275] zu übertragen, um a priori einen möglichen, die weitere Zusammenarbeit verzögernden Streit zu vermeiden.

Dabei besteht vorab als mildere Stufe der Vertragsanpassung die Pflicht, Neuverhandlungen zur Ausräumung der strittigen Punkte zu führen[276]. Erst wenn diese nicht zu einem Konsens führen, besteht explizit der Anspruch auf Anpassung des Vertrages[277]. Allerdings kann eine Neuverhandlung erst dann verlangt werden, wenn auch unmittelbar die Anpas-

---

[273] Baur, Vertragliche Anpassungsregelungen, S. 64ff; siehe hierzu auch Steindorff, ZHR 148 (1984), 271, 273.

[274] Bilda, aaO, Rdnr. 132

[275] Bilda, aaO, Rdnr. 191ff

[276] Horn, Neuverhandlungspflicht, AcP 181 (1981), 255, 275ff; Nelle, aaO, S. 61ff

[277] Rechtsdogmatisch betrachtet, besteht lediglich ein Anspruch auf Zustimmung zum geänderten Vertrag, so auch Horn, AcP 181 (1981), 255, 271

sung gefordert werden könnte. Doch da die Anpassung keinen absolut feststehenden Inhalt hat, ist diese Möglichkeit der einvernehmlichen Einigung vorzuziehen. Allerdings soll auch nicht verschwiegen werden, daß jeder grundsätzlich vorab bestehenden Neuverhandlungspflicht die Gefahr innewohnt, daß ein Partner unter Berufung auf dieses Recht ständig versucht, Neuverhandlungen zu erreichen mit dem Ziel einer schleichenden Vertragsänderung zu seinen Gunsten, obgleich hierfür der objektive Tatbestand nicht erfüllt ist.

(d) Welchen Inhalt der geänderte Vertrag erhält, hängt im Wesentlichen von der Formulierung der Anpassungsklausel selbst ab, wobei Generalklauseln zur Konkretisierung kaum beitragen können, sowie hauptsächlich vom Vertragskontext[278]. Dabei sind alle Einzelheiten des ursprünglichen Vertrages zu berücksichtigen und auch diejenigen Faktoren, welche die Parteien dazu bewogen haben, den Vertrag in der bestehenden Form abzuschließen. Insbesondere ist zu beachten, welche Leistungen von den Partnern zu erbringen waren, welche wirtschaftliche Bedeutung diesen zukommt und schließlich der Wert sowie das Verhältnis der Leistungen zueinander. Aber auch die dem Vertrag zugrunde liegenden Interessenlagen, deren Bewertung durch die Parteien und welche Wertungsfaktoren dafür bestimmend waren, sind zu ermitteln[279]. Dabei ist auch festzustellen, nach welchen Gesichtspunkten die Aufgaben und sonstigen Beitragsverpflichtungen verteilt worden sind. Einen wertvollen Ansatzpunkt hierfür kann die Präambel des Vertrages liefern, denn dort sollten die Ausgangspositionen und Ziele der Partner dargelegt werden, damit im Streitfall auch die zur Entscheidung beziehungsweise zur Lückenfüllung berufenen Organe in die Lage versetzt werden, sich ein Bild von den ursprünglichen Verhältnissen zu machen, und unter angemessener Berücksichtigung der Umstände, welche die Parteien als interessengerecht angesehen haben, zu einer Lösung gelangen zu können, die der Problembewältigung dient und imstande ist, den Vertragsfrieden wieder herzustellen. Zu beachten ist hierbei jedoch, daß eine Anpassungspflicht, die zu einer Erhöhung der Gesellschaftsbeiträge[280] führen würde, bereits kraft der gesetzlichen Regelung des § 707 BGB ausgeschlossen ist und auch nicht durch eine Anpassungspflicht kraft des Treuegedankens oder einer vertraglich vereinbarten Generalklausel aus den Angeln gehoben werden kann[281]. Allerdings muß auch hier eine Einschränkung vorgenommen werden[282], denn ganz ausnahmsweise, wenn die Erhöhung unerheblich ist, allen Beteiligten ohne weiteres zugemutet werden kann und der beabsichtigte Erfolg sich dann leicht realisieren läßt, kann dennoch eine Anpassungspflicht ausgelöst werden[283]. Vielfach handelt es sich hierbei jedoch nur um ein scheinbares Problem, denn in den meisten Fällen tritt keinerlei Änderung hinsichtlich der Leistungsbeiträge ein, sondern es kommt lediglich zur Steigerung des für die Erbringung der Beiträge erfor-

[278] Bilda, aaO, Rdnr. 165

[279] Bilda, aaO, Rdnr. 165

[280] Anzumerken bleibt, daß eine solche Beitragserhöhung eher bei arbeitsteiligen Kooperationsbeziehungen vorkommen kann, während es sich ansonsten im Zweifel nicht um eine individuelle Pflicht zur Erbringung höherer Beiträge handelt, sondern um eine Gesamtaufwandssteigerung.

[281] Ullrich, in: Festschrift für Steindorff, S. 281, 299; Schmidt, aaO, § 5 IV.5b); BGHZ (10.6.1965) 44, 40; BGH (6.7.1967) WM 1967, 1099

[282] So auch Erman/Westermann, § 707 BGB, Rdnr. 1 sowie § 705 BGB, Rdnr. 47.

[283] Allerdings bleibt anzumerken, daß eine solche geringfügige Änderung, noch dazu wenn man die Erfolgsverwirklichung greifbar vor Augen hat, in der Praxis selten Anlaß für Streitigkeiten gibt. Die Partner sind hier meist zu einer Einigung bereit sind, insbesondere wenn das Projekt ansonsten zum Scheitern verurteilt wäre, denn letztendlich profitieren ja alle Beteiligten vom Kooperationserfolg. Die Weigerung, einer entsprechenden geringfügigen Vertragsänderung zuzustimmen, befindet sich darüber hinaus schon in der Nähe zur unzulässigen Rechtsausübung.

derlichen Aufwandes. Diese Aufwandssteigerung ist als Teil des Vertragsrisikos, vorbehaltlich abweichender Vereinbarungen, stets möglich, aber grundsätzlich eben auch als Teil des FuE-typischen Vertragsrisikos unbeachtlich, solange nicht eine erhebliche Veränderung der Situation eingetreten ist, die nicht zumutbar ist.

(e) In den konkreten Anpassungsfällen muß bei Beantwortung der Frage, aus welchem Bereich der Zusammenarbeit die Störung stammt, stets eine Unterscheidung erfolgen:

- Soweit der Zweckverfolgungsbereich betroffen ist[284], handelt es sich um den Kern der vertraglichen Verpflichtungen, also dem eigentlichen Ziel der Zusammenarbeit[285], mit der Folge einer niedrigen Eingriffsschwelle und einer verstärkten Pflicht aller Partner, eine Anpassung vorzunehmen. Bei Störungen von Interessen, die nur einzelne Mitglieder der Kooperationsbeziehung betreffen[286], ist eine erheblichere Beeinträchtigung erforderlich, um hieraus eine Zustimmungspflicht der übrigen Partner für eine Vertragsanpassung ableiten zu können, denn die gesellschaftsvertragliche Treuepflicht ermöglicht nicht nur in Grenzfällen ohne Anpassungsklausel zur Vertragsänderung, sondern sie gebietet auch, eine gewisse Beeinträchtigung eigener Positionen hinzunehmen, solange dadurch die Zweckverfolgung insgesamt nicht erheblich erschwert oder gefährdet wird.

- Im Rahmen von FuE-Kooperationen haben viele Störungen ihre Ursache im Zweckverfolgungsbereich, so daß eine Vertragsanpassung dann nicht mehr in Betracht kommt, wenn die Erreichung des vereinbarten Gesellschaftszwecks unmöglich wird. Kleinere Modifikationen hinsichtlich dieses Zwecks müssen jedoch, soweit dies die Auslegung des Vertrages ergibt, hingenommen werden und lösen damit eine Anpassungspflicht aus. Insbesondere ist hier daran zu denken, daß aufgrund geänderter Umstände die Aufteilung der FuE-Arbeiten in anderer Weise erheblich sinnvoller, weil zielführender wäre. Dies ist zum Beispiel dann der Fall, wenn sich herausstellen sollte, daß das Personal eines Partners für bestimmte Anforderungen deutlich geeigneter ist oder daß die technische Ausrüstung in einem Unternehmen einen günstigeren FuE-Projektverlauf ermöglicht. Wenn jedoch eine andere Leistungsverteilung eine Anpassung erforderlich macht, so ist für das zusätzlich belastete Unternehmen stets ein Ausgleich zu schaffen, etwa indem andere Aufgaben abgetreten werden[287]. Hinzunehmen ist eine solche geänderte Verteilung der Leistungsbeiträge, ohne daß diese dadurch gesteigert werden dann, wenn keine schutzwürdigen Unternehmensinteressen entgegenstehen.
- Stets beachtlich ist eine erhebliche Steigerung des Gesamtaufwandes, da diese Mehraufwendungen verteilt werden müssen. Hier bietet es sich an, grundsätzlich die bisheri-

[284] Zöllner, aaO, S. 40ff

[285] Da diese Bindung vertraglich zugesagt wurde, ist sie auch als besonders eng anzusehen, so Zöllner, aaO, S. 40

[286] Zöllner, aaO, S. 49ff

[287] Diese Aufgabenverlagerung ist als vorrangiges Regulierungsinstrument zu betrachten, aber es ist ebenso möglich, einen finanziellen Ausgleich zu leisten oder den belasteten Partner in höherem Maße an den FuE-Erfolgen zu beteiligen, zum Beispiel durch die Berechtigung für ein Schutzrecht Drittlizenzen einzuräumen oder ähnlichen Regelungen. Es erscheint hier nicht sinnvoll einen abschließenden Katalog zu suchen, denn letztendlich ist auch hinsichtlich der möglichen Ausgleichsleistung auf die besondere Situation der betroffenen Parteien abzustellen, was in abstrakt-generalisierender Form nicht möglich ist.

ge Lastenverteilung als Grundlage heranzuziehen und den Mehraufwand entsprechend den jeweiligen Partnern zuzuordnen. Wenn jedoch der Aufwand nur für einen einzelnen Partner ansteigt, damit er den übertragenen Aufgaben nachkommen kann, so handelt es sich um ein rein mitgliedschaftliches Interesse, bei dem die Frage, ob ein Eingriff in das Vertragsgleichgewicht zu erfolgen hat, dezidierter beantwortet werden muß. Neben dem Grad der Steigerung müssen die Ursachen hierfür ebenfalls eingehender untersucht werden, denn erhöhte Leistungsanstrengungen sind umso eher hinzunehmen, je stärker sie aus der Sphäre des betroffenen Unternehmens selbst stammen, zum Beispiel durch den Einsatz von nicht ausreichend qualifiziertem Personal. Wenn hingegen die FuE-Arbeiten sich als objektiv schwerer zu bewältigen erweisen als dies ursprünglich angenommen worden ist, so handelt es sich um die Verwirklichung des allgemeinen FuE-Risikos, wobei dann hinterfragt werden muß, ob dieses Risiko allein von dem jeweils „zuständigen" Partner zu tragen war oder ob bei erheblichen Abweichungen von den Vorgaben zum Zeitpunkt des Vertragsschlusses eine Neuverteilung der Risiken und damit auch der FuE-Arbeiten zu erfolgen hat.

- Sehr problematisch ist die Situation, wenn ein Partner die versprochenen Aufgaben nicht zu bewältigen in der Lage ist, denn hierbei handelt es sich grundsätzlich um eine Störung von mitgliedschaftlichen Interessen, die im Zweifel hingenommen werden müssen. Dabei habe ich hier den Fall vor Augen, daß eine Leistungsunfähigkeit trotz grundsätzlich vertragstreuer Gesinnung besteht, denn die Leistungsunwilligkeit bei fortbestehender Leistungsfähigkeit kann niemals eine Pflicht zur Vertragsanpassung im Sinne des leistungsunwilligen Partners nach sich ziehen, sondern allenfalls zu einer Anpassung führen, welche die Fortsetzung der kooperativen FuE zwischen den übrigen Beteiligten ermöglicht.
  Aber die Leistungsunfähigkeit berührt letztendlich nicht nur die Interessen des betroffenen Teils, sondern vielfach kommt es dann zu einer Gefährdung des Gesamterfolges; damit ist dann auch der Zweckverfolgungsbereich betroffen, der wiederum eine verstärkte Pflicht zur Vertragsanpassung auslöst.

(f) Die obigen Ausführungen zeigen, daß die Anpassung von FuE-Verträgen an geänderte Umstände durchaus als geeignetes Mittel zur Konfliktbewältigung angesehen werden kann. Insbesondere sollte die Kautelarpraxis hierbei an den vorbeugenden Einsatz von Anpassungsklauseln denken, denn hierdurch wird den Parteien ein Instrument an die Hand gegeben, mit dem auf die dynamischen Entwicklungen der tatsächlichen äußeren Umstände reagiert werden kann. Vor allem ist neben der schon oft allein zur Problembeseitigung ausreichenden Appellationswirkung[288], die von einer solchen Klausel ausgeht, die Möglichkeit eröffnet, eine maßgeschneiderte Anpassungsregelung zu finden, also die Eingriffsschwelle festzulegen und die Anpassungsrichtung vorzugeben.

Meines Erachtens sollte eine Klausel aber in jedem Fall aufgenommen werden, denn in Extremsituationen schaffen Lehre und Rechtsprechung bereits über die Regeln vom Wegfall der Geschäftsgrundlage beziehungsweise durch die Anpassungsregeln aufgrund der gesellschaftsrechtlichen Treuepflicht Abhilfe. Doch diesen Instrumenten ist mit Vorsicht zu begegnen, denn die Lehre vom Wegfall der Geschäftsgrundlage greift lediglich in Ausnahmefällen ein, führt dann aber zu einer vollständigen Anpassung, während die Anpassung auf-

[288] Zöllner, aaO, S. 55

grund der Treuepflicht allgemein nur sehr zurückhaltend beurteilt wird und damit ebenfalls kein verläßliches Instrument darstellt.

Doch auch die vertraglichen Anpassungsklauseln sind noch nicht als eine Art „Stein der Weisen" zur Lösung von Leistungsstörungen im Rahmen von FuE-Kooperationen zu sehen. Hier gilt es zu beachten, daß diese zwar den Weg für eine freiwillige Anpassung ebnen können, aber sobald dies nicht zum gewünschten Erfolg, also der Wiederherstellung des Vertragsgleichgewichts führt, und die Anpassung durch einen Dritten vorgenommen werden muß, darf die Gefahr eines künftigen Vertrauensverlustes nicht außer Betracht gelassen werden, vor allem dann, wenn sich einer der Partner durch die erzwungene Anpassung benachteiligt fühlt. Aber auch im übrigen können Anpassungen nur vorgenommen werden[289], wenn die Änderung der äußeren Situation unvorhergesehen eingetreten ist, denn vorhersehbare Probleme werden, soweit nicht ausdrücklich eine andere Vereinbarung existiert[290], als Teil des Vertragsrisikos nicht von den Anpassungsklauseln erfaßt. Insbesondere können hierbei Umstände, die dem Risikobereich eines Partners zuzuordnen sind, nicht dazu benutzt werden, die Zustimmung zur Vertragsänderung zu verlangen[291].

Insgesamt betrachtet hilft die Anpassungspflicht, dem Vertrag sowohl Flexibilität als auch Stabilität zu verleihen. Nachteilig ist lediglich, daß die allein auf dem Treuegedanken beruhende Pflicht nicht ausreichend konturiert ist und daß es sich bei der Anpassung wiederum nur um einen ex-post-Behelf handelt, der erst nach eingetretener Störung hilft, das vertragliche Gleichgewicht wiederherzustellen. Andererseits wird durch eine Anpassung die Vertragsgerechtigkeit grundsätzlich wieder hergestellt, wobei besonders zu betonen ist, daß nicht „die Anpassung" erfolgt, sondern daß meist verschiedene Optionen eröffnet werden. Dies sorgt dafür, daß das Recht auf Vertragsanpassung nicht mit den herkömmlichen Möglichkeiten des Leistungsstörungsrechts zu vergleichen ist. Statt dessen handelt es sich bei der Anpassung um einen Steuerungsmechanismus, der flexible Lösungsansätze liefern kann und der, sobald eine relevante Störung eingetreten ist, auch für bereits erkannte künftige Problembereiche Abhilfe schaffen kann. Denn sobald die Partner über die künftige Form der Zusammenarbeit verhandeln, wird in aller Regel versucht werden, einen Konsens zu finden, der dauerhaft tragfähig ist und nicht nur partiell die eingetretene Störung behandelt, sondern auch erkannte Risiken, die sich voraussichtlich realisieren werden, bewältigt. Obgleich Voraussetzungen und Rechtsfolgen der Anpassung, auf welcher Grundlage diese auch beruhen mag, viel Raum für Unklarheit lassen, bleibt mir zum Abschluß die Stellungnahme vorbehalten, daß diese Anpassung zumindest als ein Schritt in die richtige Richtung angesehen werden muß, wobei der Vereinbarung von vertraglichen Anpassungsmöglichkeiten der Vorrang vor den Selbstheilungskräften der von Rechtsprechung und Lehre entwickelten Instrumente eingeräumt werden muß. Jedenfalls handelt es sich hierbei um eine dynamische Handlungsalternative, die das Dilemma der Verträge, die nur den Zustand zum

[289] Dies hat auch Folgen bei einer etwaigen klagweisen Geltendmachung, denn bei der Lehre vom Wegfall der Geschäftsgrundlage ist Feststellungsklage zu erheben, mit dem Antrag festzustellen, daß der Vertrag mit einem bestimmten, den geänderten Umständen angepaßten Inhalt Gültigkeit hat. Bei einer Vertragsänderung aufgrund der Treuepflicht ist hingegen eine Leistungsklage auf Abgabe einer Willenserklärung zur Erteilung der Zustimmung bezüglich der konkreten Vertragsänderung die statthafte Rechtsschutzform. Siehe hierzu Zöllner, aaO, S. 56.

[290] Allerdings würde eine entsprechende Vereinbarung ja gerade zeigen, daß es sich dabei um einen vorhersehbaren Störfall handelt, für den im Wege der Vertragsanpassung Abhilfe geschaffen werden soll!

[291] Flume, Das Rechtsgeschäft II, § 26 III 5; Bilda, aaO, Rdnr. 2; Blomeyer, Allgemeines Schuldrecht, § 27 IV

Zeitpunkt des Vertragsschlusses erfassen, zumindest insofern überwinden kann, als die tatsächlichen Gegebenheiten zur Zeit der Anpassung Berücksichtigung finden, wenngleich spätere Entwicklungen ebenfalls noch nicht eingearbeitet werden können, soweit sie erneut nicht vorhersehbar sind.

(cc) Daneben besteht die organschaftliche Treuepflicht, die sich auf alle Handlungs- und Unterlassungspflichten im Rahmen der Zusammenarbeit bezieht, die nicht in direktem Zusammenhang mit den unmittelbar FuE-bezogenen Leistungen stehen.

(1) Als Ausfluß der Treuepflicht ergeben sich auch Unterlassungspflichten, zum Beispiel Wettbewerbsverbote, die im Recht der BGB-Gesellschaft, anders als in § 112 HGB, nicht geregelt sind. In der Praxis finden sich regelmäßig Wettbewerbsverbote in FuE-Kooperationsverträgen, deren Zulässigkeit an den Bestimmungen des GWB zu messen sind[292]. Fehlt jedoch eine entsprechende Regelung im Vertragstext, so ergibt sich aus der allgemeinen Treuepflicht ein Verbot, in Wettbewerb zum Kooperationspartner zu treten, wenn dadurch eine Gefährdung für die gemeinschaftliche Erreichung des Gesellschaftszwecks entstehen würde[293], etwa durch einen Preiskrieg in anderen betrieblichen Sektoren, der einem Verdrängungs- oder gar einem Vernichtungswettbewerb gleichkommt, wobei sich der Umfang im Einzelfall nach dem Ausmaß der persönlichen Zusammenarbeit richtet[294]. Im Rahmen der FuE-Kooperation, insbesondere von Wettbewerbern auf der gleichen Produktionsstufe, ist in der Regel nicht von einem generellen Wettbewerbsverbot hinsichtlich des gemeinsamen Absatzmarktes auszugehen[295], sondern dieses konkretisiert sich in dem Verbot, entweder allein oder mit Dritten Parallelforschungen zu betreiben[296], ohne den Kooperationspartner daran partizipieren zu lassen. Allgemein formuliert bedeutet dies, daß immer dann keine Parallelforschung betrieben werden darf, wenn hierdurch der Gesellschaftszweck sowie der Kooperationserfolg gefährdet würde. Eine selbständige Parallelforschung ist also immer dann nicht zu beanstanden, wenn sie nicht zur Verlagerung der eigenen FuE-Ressourcen führt und außerdem der Kooperationspartner über etwaige Erfolge oder jedenfalls über den Fortgang der Arbeiten in Kenntnis gehalten wird. Besonders kritisch zu beurteilen sind Forschungsvorhaben mit Dritten, selbst wenn sie nicht parallel zum in Frage stehenden FuE-Vorhaben laufen, sondern auf einem verwandten Teilgebiet erfolgen. Hier wird die Auffassung vertreten[297], daß diese im Einzelfall zulässig sein sollen, vorausgesetzt daß besondere Kenntnisse und Verfahrensweisen, die zusammen mit dem Kooperationspartner erarbeitet worden sind, keinen Eingang in das Parallelvorhaben finden. Diese Lösung, die aufgrund ihres logischen und streng dogmatischen Ansatzes gut nachvollziehbar ist und in ihrer Ausformung der allgemeinen Interessenlage entspricht, vermag dennoch nicht restlos zu überzeugen, denn in der Praxis ist es vielfach nicht möglich, absolut zu verhindern, daß kooperativ erworbenes Wissen in das Parallelvorhaben einfließt. Da eine wirksame Überwachung in der Praxis kaum möglich erscheint und die Ver-

---

[292] Siehe hierzu bereits oben in Kapitel II 3.d).

[293] Staudinger/Keßler, Vorb. § 705 BGB, Rdnr. 51

[294] Kardaras, Das Wettbewerbsverbot in der Personalgesellschaft, S. 19

[295] Ein solches Wettbewerbsverbot hinsichtlich eines gemeinsam entwickelten Produkts ist üblicherweise zum Schutz des Kooperationsvorhabens nicht ratsam, da hierdurch der freie Wettbewerb in übermäßiger Weise behindert wird, was dann regelmäßig zu dessen Unwirksamkeit aufgrund der Normen des GWB führen wird.

[296] Bartenbach, aaO, S. 37

[297] Bartenbach, aaO, S. 37

trauensbasis der FuE-Zusammenarbeit massiv gefährdet ist, sollten Parallelforschungen mit Dritten auch auf verwandten Teilgebieten unterlassen werden, während dies auf dem unmittelbaren Kooperationssektor sogar einen direkten Verstoß gegen die Treuepflicht darstellt. Zusammenfassend läßt sich somit festhalten, daß eine Parallelforschung dann zulässig ist, wenn dadurch der Kooperationserfolg auch nicht abstrakt gefährdet wird, was aber gerade bei FuE-Vorhaben unter der Beteiligung Dritter selbst auf nur ähnlichen Teilgebieten grundsätzlich anzunehmen ist, so daß diese hier in jedem Fall zu unterbleiben haben.

(2) Außerdem besteht noch eine Verpflichtung für die Kooperationspartner, sämtliche Betriebs- und Geschäftsgeheimnisse geheimzuhalten[298], was konkret bedeutet, daß keinerlei die Zusammenarbeit betreffende Unterlagen und sonstige geheimhaltungsbedürftige Tatsachen Dritten bekannt gegeben werden dürfen. Auch ist der einzelne Kooperationspartner nicht befugt, Unterlagen, die Betriebs- oder Geschäftsgeheimnisse enthalten, ohne Wissen bzw. Zustimmung der übrigen Partner in Besitz zu nehmen, ohne dabei den Weg über die allgemeine wechselseitige Unterrichtung und Informationsgewährung zu gehen. Um die Geheimhaltung sicher zu stellen, obliegt es jedem Kooperationspartner, seinen Betrieb in einer Art und Weise zu organisieren, die eine Weitergabe von kooperationsrelevanten Betriebs- oder Geschäftsgeheimnissen an Dritte ausschließt. Dies bedeutet insbesondere, daß die Arbeitnehmer oder sonstige Personen, die befugtermaßen mit vertraulichen Unterlagen und Informationen in Berührung kommen, entsprechend zu instruieren sind; außerdem sollte diesen, soweit die Möglichkeit aufgrund eines Weisungsrechts oder einer individuellen vertraglichen Vereinbarung besteht, eine Geheimhaltungspflicht auferlegt werden. Darüber hinaus zählt hier zu den Pflichten, die Vertraulichkeit bezüglich von Partnererfindungen bis zu deren Anmeldung zu wahren[299].

(3) Überdies lassen sich aus dem gesellschaftsrechtlichen Treuegedanken auch bestimmte Pflichten hinsichtlich der dem Partner gehörenden Schutzrechtspositionen ableiten, die gegenüber den lizenzvertragsimmanenten Anforderungen gesteigert sind[300]. Insbesondere sind die Partner unter dem Gesichtspunkt der loyalen Mitgliedsinteressenwahrung gehalten, sich wechselseitig über individuell bekannten Verteidigungsstoff gegenüber Schutzrechtsberühmungen Dritter unverzüglich zu informieren[301]. Darüber hinaus reflektiert sich der Treuegedanke darin, daß den Partnern ein Eintrittsrecht in Schutzrechtspositionen zugebilligt werden muß, die andere Kooperationsmitglieder aufgeben oder nicht ergreifen wollen, wobei dies in Form einer Andienungspflicht weiter konkretisiert ist, also der an der Schutzposition nicht Interessierte muß seine Partner auf den Bestand der entsprechenden Rechte und die Eintrittsmöglichkeit aufmerksam machen[302].

(4) Fraglich ist in diesem Zusammenhang, welche Ausstrahlungswirkung diese mitgliedschaftsbezogene Treuepflicht auf das Kündigungsrecht ausübt. Allgemein anerkannt ist,

---

[298] RGZ (27.3.1923) 107, 171, 172; Bartenbach, aaO, S. 35

[299] Ullrich, Die Auslegung und Ergänzung der Schutzrechtsregeln gemeinsamer Forschung und Entwicklung, GRUR 1993, 338, 343

[300] Ullrich, GRUR 1993, 338, 343 verweist auf diesen Aspekt unter ausdrücklicher Erweiterung der den Lizenzverträgen zugrunde liegenden Nebenpflichten, im Anschluß an Kraßer/Schmidt, GRUR Int. 1982, 324, 330ff.

[301] Ullrich, GRUR 1993, 338, 343

[302] Ullrich, GRUR 1993, 338, 343

daß der allgemeine Grundsatz von Treu und Glauben vielfach rechtsbegrenzende, aber auch in engen Grenzen rechtsbegründende Wirkungen entfaltet[303]. Anders als es der erste Anschein vermuten läßt, handelt es sich bei Kündigungsschranken im Gesellschaftsrecht aufgrund des Prinzips von Treu und Glauben nicht um eine Rechtsbeschränkung, sondern vielmehr um eine Rechtsbegründung, denn „im Unterschied zur Durchsetzbarkeit von Einzelansprüchen führt die Einschränkung des Kündigungsrechts zum Fortbestand des Gesellschaftsverhältnisses über den durch Parteidisposition gewollten Zeitraum hinaus und damit mittelbar zur Entstehung neuer Einzelpflichten beziehungsweise zur Fortdauer der geschuldeten Pflichtenanspannung"[304].

Problematisch ist hier, daß die Kündigungsschranken aufgrund der Treuepflicht sich in einem Spannungsverhältnis zur Vertragsbeendigungsfreiheit als Teil der Privatautonomie befinden und die Gefahr einer unzulässigen Einengung besteht. Andererseits ist gerade bei FuE-Kooperationen die Treuebindung aufgrund des dem Partner entgegengebrachten Vertrauens besonders groß, so daß ausnahmsweise eine Kündigung unzulässig sein kann, wenn hierdurch die schutzwürdigen Interessen eines Partners in grob mißbräuchlicher Weise berührt würden[305]. Gleichwohl kann das Kündigungsrecht nur für einen bestimmten Zeitraum ausgeschlossen werden, so daß die Kündigung dann wirksam wird, wenn dem Vertragspartner die Beendigung zugemutet oder dem kündigenden Vertragsteil eine weitere Bindung nicht mehr zugemutet werden kann[306]. Daß nur ganz eng begrenzte Ausnahmefälle zum Ausschluß des Kündigungsrechts führen können, folgt schon aus der Tatsache, daß der Gesetzgeber mit der Anordnung eines Schadensersatzanspruchs bei einer Kündigung zur Unzeit (§ 723 II (2) BGB) sich für deren grundsätzliche Wirksamkeit entschieden hat und die rechtsbegründende Wirkung der Kündigungsschranke aufgrund des Treuegedankens ein „Rechtsinstitut extra lege" darstellt. Aufgrund der besonderen Situation bei der FuE-Kooperation, insbesondere wenn wichtiges geheimes Know-how dem Partner mitgeteilt worden ist oder aufgrund entsprechender Dispositionen die künftige wirtschaftliche Grundlage des Unternehmens schweren Schaden nehmen könnte, kann sich die allgemeine Treuepflicht zu einer Pflicht, die Zusammenarbeit fortzusetzen, verdichten[307].

Im Ergebnis darf den Partnern der Notausgang aus der Kooperationsbeziehung über das Kündigungsrecht jedoch nicht über den „Umweg Kündigungsschranke" vollends genommen werden[308]. Allerdings führt eine Kündigung meist zu einer ungleichen Risikobelas-

---

303 Canaris, Die Vertrauenshaftung im deutschen Privatrecht, S. 280 mit weiteren Nachweisen; Larenz, Schuldrecht AT, § 10 II b) und e)

304 Ulmer, Kündigungsschranken im Handels- und Gesellschaftsrecht, in: FS für Möhring, S. 295, 302

305 Ulmer, in: FS für Möhring, S. 295, 303 betont den Ausnahmecharakter dieses Rechtsinstituts und nennt diese engen Schranken, um ein Ausufern des allgemeinen Grundsatzes von Treu und Glauben im Rahmen der Rechtsbegründung zu verhindern.

306 Bei einer auf bestimmte Zeit eingegangenen Vertragsbeziehung besteht nach BGH (7.12.72) WM 1973, 990 unter Umständen der Anspruch auf eine Verlängerung aufgrund der eingegangenen und verfestigten Treuebindung.

307 Diese besondere Situation ist bei einer Kooperationsbeziehung von Großunternehmen kaum denkbar, beschränkt sich also weitgehend auf kleine und mittlere Unternehmen, die im Hochtechnologiebereich beheimatet sind, denn nur hier kommt eine ernsthafte Gefährdung für den Bestand des Unternehmens insgesamt in Betracht. Dabei ist auch die soziale Verantwortung der Unternehmen für die Arbeitnehmer, die hier betroffen wären, zu sehen und höher zu bewerten als das alleinige Streben nach Profit und die Gewährleistung einer schrankenlosen Privatautonomie, wie dies zu Zeiten des Manchester-Liberalismaus noch möglich war.

308 A.A. ist Nicklisch, Empfiehlt sich eine Neukonzeption des Werkvertragsrechts?, JZ 1984, 757, 763, der bei einer intensiven Zusammenarbeit, deren rechtliche Grundlage er als komplexen Langzeitvertrag bezeich-

tung, da normalerweise die Interessen an Kündigung oder am Fortbestand der Vertragsbeziehung nur selten gleich gelagert sind. Daher ist eine Korrektur des weiten Anwendungsbereichs unerläßlich. Ullrich[309] will dies durch eine strengere Handhabung des Zumutbarkeitskriteriums hinsichtlich der weiteren Zusammenarbeit erreichen. Dieser Ansicht ist zuzustimmen, denn letztendlich ist die Frage, ob dem Partner trotz Vorliegens eines Kündigungsgrundes die weitere Zusammenarbeit noch zugemutet werden kann, ein Ausfluß des Treuegedankens. Je mehr Vertrauen in die Kooperationsbeziehung investiert worden ist, desto eher kann dem ausstiegswilligen Kooperationspartner trotz des Vorliegens eines wichtigen Grundes eine - jedenfalls zeitlich begrenzte - weitere Zusammenarbeit zugemutet werden[310].

dd) Die oben erläuterte Bedeutung der Treuepflicht im Rahmen der FuE-Kooperationen führt in der Praxis zu zweierlei Art von Konsequenzen, nämlich zum einen zur Frage, wie man der relativ unkonturierten Treuepflicht etwas mehr Schärfe und Deutlichkeit verleihen kann und zum anderen, welche Konsequenzen deren Verletzung durch einen der Partner nach sich zieht.

(1) Zur vorbeugenden Vermeidung von Differenzen über den Umfang der Treuepflichten im Einzelnen empfiehlt es sich, daß die Vertragspartner sowohl eine allgemeine Klausel, welche die Pflicht zur Fairneß, zur Vertragstreue und zur Kooperationsförderung[311] statuiert, in der Vertragsurkunde aufnehmen, wie auch die speziell gewünschten besonderen Verpflichtungen, die sich als Ausfluß aus der allgemeinen Treuepflicht darstellen, formulieren.

(a) Hinsichtlich der allgemeinen Pflicht bleibt jedoch festzuhalten, daß diese aufgrund ihrer generalklauselartigen Formulierung kaum geeignet ist, Einzelverpflichtungen zu konkretisieren, sondern dieser kommt lediglich eine Appellationswirkung an die Vertragspartner zu, damit sie sich neben den sonstigen vertraglichen Vereinbarungen bewußt sind, daß nicht nur eine gesellschaftsvertragliche Treuepflicht existiert, sondern daß aufgrund der besonderen Interessensituation der FuE-Kooperation dieser Pflicht eine verstärkte Bedeutung zukommt und daß deren Beachtung eine unerläßliche Voraussetzung für den Erfolg der Zusammenarbeit darstellt, von dem schließlich alle Beteiligten in gleicher Weise profitieren.

(b) So sinnvoll die Aufnahme der allgemeinen Treuepflicht in den Vertragstext ist, so sehr empfiehlt es sich, daß auch die speziellen Ausformungen, an die konkreten Bedürfnisse des Einzelfalles angepaßt, ihren Niederschlag im Vertragswortlaut finden. Insbesondere sollte unbedingt eine Abrede hinsichtlich eines Konkurrenz- und Wettbewerbsverbotes erfolgen[312], denn Ausmaß und Reichweite eines solchen sind, wie bereits angesprochen, nicht eindeutig aus der allgemeinen Treuepflicht zu entnehmen, so daß sich eine exakte Rege-

---

net und unter dessen Begriff sich auch unternehmensübergreifende FuE-Kooperationen subsumieren lassen, grundsätzlich auch die beiderseitige Möglichkeit zur Kündigung aus wichtigem Grund ausgeschlossen sehen will.

309 Ullrich, in: Festschrift für Steindorff, S. 281, 295

310 Ullrich, in: Festschrift für Steindorff, S. 281, 299 trifft für die Kündigung die allgemeine Feststellung, daß die „Schneidigkeit der Sanktion eine hohe Eingriffsschwelle" erforderlich macht, zumal gerade auch externe Ursachen, die keinem der Partner zuzurechnen sind, Voraussetzung für eine Kündigung sein können.

311 Siehe hierzu die Vorschläge von Staudt, aaO, S. 150ff

312 So auch Staudt, aaO, S. 159

lung unter besonderer Beachtung der kartellrechtlichen Verbotstatbestände empfiehlt.

(c) Kaum Probleme weisen Geheimhaltungsabreden auf, da die Pflicht hierzu relativ klar abgrenzbar schon aufgrund der Treuepflicht und der besonderen Umstände der FuE-Kooperation für alle Beteiligten zu erkennen ist[313]. Hinsichtlich der gegenseitigen Unterrichtung und des Austausches der Ergebnisse bedarf es im Rahmen der Treuepflicht keiner speziellen Ausformung, denn diese Verpflichtung stellt eine der Kardinalpflichten des Vertrages dar und erfährt in den diesbezüglichen Abreden eine ausreichende Konkretisierung. Anders verhält es sich mit den weitergehenden Pflichten zur Mitteilung und Unterrichtung der Vertragspartner, soweit es sich nicht um die unmittelbaren Ergebnisse des dem Mitteilungspflichtigen zugewiesenen Forschungsbereichs handelt, denn diese sonstigen Benachrichtigungspflichten sollten ebenfalls Eingang in den Vertrag finden. Nur so kann allen Beteiligten bewußt werden, welcher Stellenwert diesem Austausch zukommt, zumal in der Praxis oftmals FuE-Ergebnisse quasi als Nebenprodukt der eigenen Forschung zu Tage gefördert werden, die bisweilen von erheblicher Bedeutung für den Partner sein können. In diesem Zusammenhang darf nicht außer Acht gelassen werden, daß der Informationsgeber in der Regel selbst von der Weitergabe profitiert, wenn der Partner dadurch in seinem FuE-Bereich Zeit spart und damit durch eine gesteigerte Synergie das gemeinsame Ziel schneller erreicht werden kann.

(2) Grundsätzlich handelt es sich bei allen Verpflichtungen, die sich aus der allgemeinen gesellschaftsrechtlichen Treuepflicht ableiten lassen - unabhängig davon, ob diese allgemein oder in konkreten Ausformulierungen im Vertragstext festgehalten worden ist - um echte Vertragspflichten, auf deren Erfüllung ein klagbarer Anspruch besteht, beziehungsweise im Falle ihrer Verletzung Unterlassung verlangt werden kann[314]. Problematisch ist jedoch die Rechtswirkung von treuepflichtwidrigen Handlungen. Zwar ist bei einem Verstoß gegen § 138 BGB die Maßnahme, sei sie rechtsgeschäftlicher oder tatsächlicher Natur, in jedem Fall nichtig, was in gleicher Weise, allerdings aufgrund des § 242 BGB, auch für rechtsmißbräuchliche Handlungen gilt, aber in der Praxis ist vielfach nicht eindeutig, ob ein solch erheblicher Verstoß tatsächlich gegeben ist. Ein Teil des Schrifttums sowie die ständige Rechtsprechung[315] gehen generell bei allen Verstößen gegen die gesellschaftsrechtliche Treuepflicht von der Unwirksamkeit der entsprechenden Handlungen aus. Das erscheint zu strikt, denn in den meisten Fällen läßt sich ad hoc nicht unzweideutig feststellen, ob in der umstrittenen Handlung nun ein Verstoß zu sehen ist oder ob diese gerade noch hingenommen werden muß. Deshalb neige ich der Auffassung von Flume[316] zu, derzufolge sich die Unwirksamkeit auf evidente Verstöße beschränkt. Dabei darf jedoch nicht übersehen werden, daß auch nach dieser Ansicht, jedenfalls in Grenzfällen, keine absolute - weil frei von Wertungen - Rechtsklarheit zu erzielen ist. Unabhängig davon, welcher Ansicht gefolgt wird, tragen in jedem Fall die vertragstreu handelnden Gesellschafter das Risiko, entweder von der Unbeachtlichkeit auszugehen und sich einfach über eine Handlung

[313] Dennoch finden sich in vielen Musterverträgen, vergleiche etwa Pagenberg, aaO, Muster Nr. 2, Muster Nr. 4, Rdnr. 15f, Muster Nr. 8, Rdnr. 22ff, entsprechende Geheimhaltungsabreden, da diese sich leicht und abstrakt formulieren lassen und im übrigen zumindest eine Klarstellungsfunktion erfüllen.

[314] MüKo/Ulmer, § 705 BGB, Rdnr. 197; Soergel/Hadding, § 705 BGB, Rdnr. 64

[315] MüKo/Ulmer, § 705 BGB, Rdnr. 197; Soergel/Hadding, § 705 BGB, Rdnr. 64; so auch die Rechtsprechung: RGZ (22.10.1938) 158, 302, 310; RGZ (27.1.1940) 163, 39; BGH (28.11.1955), LM Nr. 11 zu § 105 HGB

[316] Flume, aaO, § 15 II 3

eines Einzelnen hinwegzusetzen[317] oder den Rechtsweg zu beschreiten. In beiden Fällen können erhebliche Nachteile entstehen. Dazu zählt etwa die Gefahr, selbst rechtswidrig zu handeln, oder aber einen jahrelangen Rechtsstreit und die damit verbundene Lähmung der FuE-Kooperation auf sich zu nehmen.

d) Vereinbarung von Vertragssteuerungsmechanismen

Einen anderen Weg beschreitet hingegen Ullrich[318], der zum Teil auf bereits vorhandene Grundlagen und Instrumente zurückgreift und den Kooperationspartnern die Vereinbarung von Vertragssteuerungsmechanismen anrät. Diese bedeuten nämlich eine Kombination aus einer frühzeitigen Reaktionsmöglichkeit auf Störungen des FuE-Kernbereichs sowie einer Vorbeugung vor Leistungsstörungen, die auf fehlendem Leistungswillen beruhen. Dieses Ergebnis wird im Wesentlichen durch die Vereinbarung bewehrter Informationspflichten angestrebt.

aa) Die bloße Vereinbarung von Informationspflichten sieht Ullrich[319] noch nicht als alleiniges Mittel zur Störungsbewältigung beziehungsweise zur Störungsvermeidung an, da die Gefahr eines Scheiterns aufgrund der Vielzahl von tatsächlich möglichen Sachverhalten und die weitgehende Unangemessenheit der gesetzlichen Sanktionsmechanismen im Falle von Leistungsstörungen, gleich welcher Art, weiterhin gegeben bleibt[320]. Deshalb ist es erforderlich, drohende Kooperationsstörungen aufgrund von Veränderungen - unabhängig davon, ob deren Ursachen innerhalb oder außerhalb der Kooperationsbeziehung zu suchen sind - durch einen Sanktionsmechanismus zu regeln, welcher den Partnern die Chance eröffnet, im Falle des Auftretens von etwaigen Problemen in angemessener Weise reagieren zu können[321]. Dieser muß überdies mit einer Art „Frühwarnsystem"[322] gekoppelt werden, denn nur die rechtzeitige und umfassende Information des Kooperationspartners über alle Umstände, welche die Partnerschaft in jedweder Form betreffen, erlaubt es, mögliche Fehlentwicklungen rechtzeitig zu erkennen und abgestuft zu bekämpfen. Dabei muß diese Reaktionsmöglichkeit als Teilfunktion des arbeitsteiligen Tätigwerdens stets so ausgestaltet sein, sich dem Wandel der beteiligten Unternehmen und der betroffenen Märkte anzupassen.

Die Praxis hat sich bisher sogenannter Informations- und Lenkungsgremien[323] bedient,

---

[317] Auch an dieser Stelle spielt es keine Rolle, ob man das Recht zum Handeln direkt aus der Unbeachtlichkeit der kooperationswidrigen Handlung herleitet oder ob man einzelnen Gesellschaftern bzw. der Gesellschaftermehrheit ein Notgeschäftsführungsrecht analog § 744 II BGB zubilligt, so BGHZ (14.5.1955) 17, 181, 183; Soergel/Hadding, § 705 BGB, Rdnr. 56.

[318] Ullrich, in: Festschrift für Steindorff, S. 281ff

[319] Ullrich, in: Festschrift für Steindorff, S. 281, 299

[320] Schubert/Küting, Unternehmenszusammenschlüsse, S. 141 beklagen in diesem Zusammenhang die hohe Fehlschlagsquote bei längerdauernden Kooperationsbeziehungen, was beweist, daß die Gefahr des Scheiterns einer jeden Art von unternehmensübergreifenden Zusammenarbeit immanent ist und sich schon deshalb die Notwendigkeit zur rechtlichen Sicherung der gemeinsamen FuE ergibt.

[321] Ullrich, in: FS Steindorff, S. 281, 300

[322] Ullrich, in: FS Steindorff, S. 281, 300

[323] Ullrich, Privatrechtsfragen der Forschungsförderung in der Bundesrepublik Deutschland, § 2 II B.4.a) und b) sowie Ullrich, in: Festschrift für Steindorff, S. 281, 300 ausdrücklich für FuE-Verträge; Nicklisch, Mitwirkungspflichten des Bestellers beim Werkvertrag, insbesondere beim Bau- und Industrieanlagenvertrag, BB 1979, 533 für Bauprojekte; MüKo/Soergel, § 631 BGB, Rdnr. 139ff, 180 zu den allgemein bestehenden Aufklärungs- und Beratungspflichten im Rahmen von komplexen Werkverträgen. Siehe aber auch oben in Kapitel I 5.d) die Ausführungen zum Kooperationsmanagement.

welche einen ständigen Informationsaustausch gewährleisten und gegebenenfalls durch schonende Korrekturen zu einem möglichst frühen Zeitpunkt Störungen bekämpfen, bevor diese sich auf das Zusammenarbeitsverhältnis nachhaltig auswirken können. Dabei muß die vertraglich vereinbarte Pflicht zur Unterrichtung der Partner deutlich über das hinausgehen, was an Berichts- und Mitwirkungsobliegenheiten bei komplexen Dienst- und Werkverträgen von Rechtsprechung und Lehre gefordert wird[324]. Der tiefe Einblick, der den Partnern in die eigenen Unternehmensstrukturen gegeben werden muß, findet seine Rechtfertigung jedenfalls in der extremen Abhängigkeit von der Leistungsfähigkeit, der Geschäftsorganisation sowie der Unternehmenspolitik der anderen Beteiligten[325]. Die Reichweite dieser Informationspflicht muß dabei dem Stellenwert der vergemeinschafteten FuE entsprechen[326], also bisweilen auch Geheimsphären durchbrechen, wo dies zur Aufdeckung von möglichen Fehlentwicklungen notwendig ist[327].

Diese Pflichten sollten, wie bereits beschrieben, mit einem Sanktionsmechanismus gekoppelt werden, damit die Einhaltung eines steten Informationsflusses gewährleistet bleibt[328]. Diese bewehrten Informationspflichten üben, wie dies auch bei sonstigen Vertragsstrafen der Fall ist, den erforderlichen Druck zur Befolgung auf die Beteiligten aus und ersparen es dem Partner, dessen Vertrauen in die Zusammenarbeit enttäuscht wurde, den entstandenen Schaden betragsmäßig zu beziffern. Ziel dieser Mitteilungspflichten ist es, alle Arten von möglichen Störungen, welche die Kooperationsbeziehung belasten können, zu vermeiden. Dies gilt insbesondere für die bei FuE-Kooperationen spezifischen Prognoserisiken und die daraus resultierenden Störungen der eigentlichen FuE-Tätigkeit. Durch ein frühzeitiges Erkennen möglicher Probleme kann dem oftmals damit verbundenen Bedürfnis, eine Ände-

---

[324] Insbesondere würde ansonsten eine Beschränkung des Informationsrechts auf die Angelegenheiten der Gesellschaft bestehen, wie sie auch durch § 716 I BGB statuiert wird, so Münchner Handbuch des Gesellschaftsrechts/Weipert, Band I, § 8, Rdnr. 9, während im Rahmen von FuE-Kooperationen ein darüber hinausgehendes Informationsbedürfnis besteht, um nicht nur über die Gegenwart unterrichtet zu sein, sondern auch hinsichtlich künftig zu erwartender Entwicklungen.

[325] Ullrich, in: Festschrift für Steindorff, S. 281, 300f sieht überdies in der gesellschaftsrechtlichen Treuepflicht eine Berechtigung hierfür, wobei er offenläßt, ob diese Treuepflicht, welche bei FuE-Kooperationen aufgrund der wechselseitigen Abhängigkeiten besonders ausgeprägt ist, bereits allein zu verstärkten Berichts- und Informationstätigkeiten verpflichtet, wie von mir gefordert.

[326] Dies bedeutet, daß bei einer Kooperationsbeziehung von zwei multinationalen Konzernen, die nur in einem Teilbereich gemeinsam tätig geworden sind, ein erheblich geringerer Informationsfluß über das reine FuE-Thema hinaus zu erfolgen hat, als dies bei der Zusammenarbeit von kleinen und mittleren Unternehmen der Fall ist, die unter Umständen keinerlei Parallelforschung mehr betreiben und ihre gesamte FuE-Struktur darauf ausgerichtet haben, in dem zugewiesenen Arbeitsbereich selbst zu forschen sowie im übrigen auf den FuE-Ergebnisaustausch mit den Partnern vertraut haben.

[327] Ullrich, in: FS Steindorff, S. 281, 301 mit Fn. 99 fordert eine individuelle Anpassung der Reichweite des Informationsaustausches in einer Form, die nach der Art der Zusammenarbeit differenziert. Auch hier ist zu beachten, daß nicht nur allgemein die Unternehmenskooperationen, sondern auch und gerade der FuE-Bereich durch eine unterschiedliche Intensität und Abhängigkeit der zwischenbetrieblichen Beziehung gekennzeichnet ist.

[328] Ullrich, in: FS Steindorff, S. 281, 301 fordert in diesem Zusammenhang richtigerweise, die Höhe des zu leistenden Schadensersatzes auf die Folgen des enttäuschten Vertrauens in die ungestörte Zusammenarbeit zu begrenzen, da durch diese Pflicht nicht der Kooperationserfolg insgesamt gesichert, sondern lediglich dem Partner die Möglichkeit an die Hand gegeben werden soll, sich rechtzeitig auf eine mögliche Gefährdung oder gar ein Scheitern des Projekts einstellen zu können. Allerdings sollte beachtet werden, daß der reine Schaden, der durch ein verzögertes Erkennen des Scheiterns entsteht, zum einen sehr gering sein kann und sich zum anderen dessen Höhe a priori gar nicht genau abschätzen läßt, da dazu das Ausmaß der konkreten Verzögerung bekannt sein müßte. Deshalb ist auch hier eine Pauschalierung vorzunehmen, wobei Ullrich mit seiner Begrenzung eine grobe Richtung vorgeben will, die nicht der reinen Abschreckung dient, sondern als angemessenes Druck- und Schadensersatzmittel in den Vertragstext Eingang finden soll.

rung im Projektablauf vorzunehmen, in ausreichendem Maß Rechnung getragen werden. Denn die Partner können sich so rechtzeitig auf Schwierigkeiten einstellen, daß die Bereitschaft und auch die faktische Möglichkeit, die erforderlichen Anpassungen des Projekts vorzunehmen, vielfach genutzt werden wird. Darüber hinaus können aber auch die „klassischen Leistungsstörungen" von begleitenden Leistungspflichten durch diese Informationspflichten zu einem frühen Zeitpunkt erkannt werden, um dann möglichst schnell Wege zur Störungsbewältigung zu finden. Ist zum Beispiel der Schutzumfang eines von einem Partner eingebrachten Patents nicht ausreichend, so können die Beteiligten entweder versuchen können, selbst den Schutzumfang durch weitere Patentanmeldungen auszudehnen, oder bei Dritten, die über entsprechende Schutzpositionen verfügen, eine Lizenz zu erlangen. Falls beides nicht gelingen sollte, wird (auch wenn dies den kooperierenden Unternehmen zumeist nur ein schwacher Trost ist) wenigstens das Scheitern der Zusammenarbeit frühzeitig erkannt mit der Folge, daß keine weiteren Ressourcen für ein nicht erfolgreich zu realisierendes Projekt mehr aufgewandt werden.

bb) Aber auch die bewehrten Informationspflichten bilden nur einen Notbehelf zur Bewältigung der FuE-Risiken, die fallweise auszuarbeiten sind und keineswegs imstande sind, andere Rechtsbehelfe zu verdrängen[329], sondern lediglich eine reelle Chance liefern, Konflikte zu vermeiden und eintretende Schäden zu begrenzen. Positiv isr zu bewerten, daß in jedem Fall die Anpassungsfähigkeit der Kooperationsbeziehung insgesamt eine Steigerung erfährt und eine frühzeitige Umorientierung der Partner ermöglicht wird, also die Auswirkungen auf das eigene Unternehmen nach dem Scheitern der Zusammenarbeit gemildert werden. Dabei sollten sich die Partner nicht scheuen, die Einhaltung dieser Informationspflichten möglichst rechtzeitig anzumahnen, denn die positiven Auswirkungen lassen sich umso eher erreichen, je früher sie eingefordert werden[330]. Oftmals stellt die verspätete Mitteilung oder das völlige Ausbleiben der erforderlichen Informationen ein erstes Warnsignal für Probleme dar. Denn vielfach scheuen sich Unternehmen, eigene Leistungsschwächen freimütig zu offenbaren, da hier auch die Angst besteht, den Partnern schadensersatzpflichtig zu werden, wenn sie diese Schwäche vertreten müssen oder sie für die entsprechenden Risiken eine garantiemäßige Einstandspflicht übernommen haben.

Eindeutig positiv wirkt sich diese Transparenz der Partnerunternehmen auf die Zusammenarbeit insgesamt aus, wenn mögliche Leistungsschwächen von allen Beteiligten als solche erkannt werden und nach den erforderlichen Lösungsoptionen gesucht werden kann. Damit wird ein frühzeitiger Anpassungsdruck ausgeübt, welcher entweder zur Umgestaltung des FuE-Projekts führt oder den Selbsteintritt eines Partners bewirkt, der die entsprechenden Leistungen erbringen kann. Allerdings darf nicht übersehen werden, daß es sich hierbei jedoch nur um einen Teilaspekt des Gesamtvertrages handelt, welcher der vorbeugenden Streitvermeidung dient. Bei bereits eingetretenen Störungen sind solche Regeln allerdings nicht mehr imstande, den Partnern den Weg zurück in die kooperative Zusammenarbeit zu weisen und den Vertragsfrieden wieder herzustellen. Insofern sind diese Informationspflichten nur geeignet, dem Krisenfall vorzubeugen oder Schwierigkeiten frühzeitig zu erkennen; sie bieten aber keinen Ansatzpunkt, eingetretene Störungen wirksam zu bekämpfen. Eine praktische Schwierigkeit hinsichtlich dieser Informationspflichten resultiert überdies aus dem teilweise bereits firmeninternen Problem, die Erfolgswahrscheinlichkeit und

[329] Ullrich, in: FS Steindorff, S. 281, 301

[330] Ullrich, in: FS Steindorff, S. 281, 301f

die Qualität der eigenen Leistung richtig zu bewerten[331].

e) Das Modell der „evolutionären Verträge"

Heppner hat durch sein Modell des evolutionären Vertrages[332], das sich speziell für zwischenbetriebliche Kooperationen auf dem Gebiet der IT-Technik eignet, die herkömmlichen Methoden des Kooperationsmanagements[333] fortentwickelt. Diese neuartige Vertragsform ist imstande, den ständig wechselnden Anforderungen an das Vertragsprofil gerecht zu werden, indem sie den Vertrag einem Prozeß laufender, dynamischer Korrektur unterwirft. Dadurch kann zum einen Störungen zu einem sehr frühen Zeitpunkt vorgebeugt werden und zum anderen lassen sich erkannte Störungsquellen durch eine rechtzeitige Anpassung der Aufgaben und Vertragsziele beheben, damit die Kooperationsbeziehung insgesamt nicht gefährdet wird.

aa) Bei den evolutionären Verträgen handelt es sich dogmatisch gesehen um eine Fortentwicklung der Anpassungsklauseln. Dabei stellen die evolutionären Vertragsformen eine erhebliche Verfeinerung dar, denn Ziel eines solchen Vertragsmodells ist es zunächst, eine ständige und planmäßige Anpassung der Vertragsbeziehung an veränderte Gegebenheiten sowie neue Wünsche oder Ziele der Partner zu erreichen. Daneben ergibt sich gerade in den Bereichen IT-Technologie und FuE aufgrund der bis zu einem bestimmten Zeitpunkt gefundenen Ergebnisse das Bedürfnis, den Vertrag neuen und veränderten Anforderungen anzupassen. Dies ist erforderlich, um Fehlentwicklungen vorzubeugen und Entwicklungsansätze, die zum Zeitpunkt des Vertragsschlusses bestanden hatten und die inzwischen überholt sind, entsprechend zu korrigieren. Historisch betrachtet hat diese Form der aktiven Vertragssteuerung zunächst in komplexen Bauverträgen Verwendung gefunden und wurde anschließend im Rahmen von Softwareerstellungsverträgen fortentwickelt.

(1) Bei Bauverträgen über größere Projekte sowie bei Verträgen, welche die Herstellung von Industrieanlagen zum Gegenstand haben, ergab sich in der Praxis das Bedürfnis, nicht den gesamten Ablauf eines sich über mehrere Jahre erstreckenden Projekts durch eine Auftragsbeschreibung komplett abzudecken und nach Festpreisen abzurechnen, sondern bei Auftreten besonderer Schwierigkeiten, die nicht vorher erkennbar waren[334], eine individuelle Lösung für den jeweiligen Einzelfall zu finden, indem sich Auftraggeber und Auftragnehmer einvernehmlich einigen. Auch wird hier in den Verträgen berücksichtigt, daß es in der teilweise langen Zeitspanne zwischen Angebotsformulierung und Baufertigstellung zu bisweilen nicht unerheblichen allgemeinen Preissteigerungen kommt, die etwa über Material-, Lohn- und Lohnnebenkosten auch auf das konkrete Projekt durchschlagen.

---

[331] Heppner, aaO, 4.3.4

[332] Diesen Terminus verwendet Heppner, aaO, 3.1.2.4, der damit schon ausgehend von der Begrifflichkeit auf die Tatsache verweisen will, daß in dieser privatautonomen Gestaltungsform der Vertrag einem evolutionären Prozeß untersteht, der erst der Vertragsbeziehung ihre endgültige Gestalt gibt.

[333] Tröndle, Kooperationsmanagement; Schertler(Hrsg.), Management von Unternehmenskooperationen; Hammes, Strategische Allianzen als Instrument der strategischen Unternehmensführung; Scott, Risikoverteilung und Vertragsanpassung in Langzeitverträgen, in: Nicklisch (Hrsg.), Der komplexe Langzeitvertrag, S. 51ff; Ronder, Kooperationsmanagement; Cummings, Konfiguration strategischer F&E-Allianzen: Innovation durch Partnerschaft, in: Bronder/Pritzl (Hrsg.), Wegweiser für strategische Allianzen, S. 211; Fleischer, Strategische Kooperationen; Fontanari, Kooperationsgestaltungsprozesse in Theorie und Praxis; Bronder, Unternehmensdynamisierung durch strategische Allianzen

[334] Solche Probleme ergeben sich insbesondere bei der Renovierung von großen Altbauobjekten, da dort bisweilen keine einheitliche Bausubstanz vorhanden ist.

(2) Die Ähnlichkeit zu Softwareerstellungsverträgen liegt im Wesentlichen darin, daß sich auch dort im Laufe der Vertragsdurchführung das Bedürfnis herausgestellt hat, gewisse Änderungen und Ergänzungen vorzunehmen. Die Besonderheit der DV- und IT-Verträge liegt darin, daß sich regelmäßig nicht nur Schwierigkeiten aus dem Risikobereich des Erstellers ergeben, sondern daß der Auftraggeber, insbesondere bei umfangreichen Projekten, die sich zum Teil über mehrere Jahre hinweg erstrecken, den Vertrag auf neue Gegebenheiten hin anzupassen wünscht. Die Ursache hierfür ist oft darin zu sehen, daß die bisherigen Ergebnisse selbst zu neuen oder jedenfalls zu veränderten Anforderungen an die weitere Projektgestaltung führen. Dies kann zum einen auf Umständen beruhen, die in der Risikosphäre des Erstellers zu finden sind, etwa wenn dieser neue betriebliche Strukturen oder Bedürfnisse in das Projekt aufgenommen sehen will, aber auch in der Computertechnik selbst, die durch die ständige Weiterentwicklung von Hard- und Software sowie neuen Betriebssystemen und technischen Standards sich laufend verändernde Anforderungen[335] an das Aussehen von neu zu entwickelnder Software stellt. Hierbei hängt die Anpassung an diese geänderten Gegebenheiten nicht nur mit dem Wunsch des Erstellers zusammen, über ein aktuelles und modernes Produkt zu verfügen, sondern es besteht ein objektives Bedürfnis dahingehend, neue Entwicklungen nicht zu verschlafen und ein System zu besitzen, welches zumindest einige Jahre lang zu den geltenden Standards kompatibel ist und sich nicht schon zum Zeitpunkt seiner Einführung, auch wenn es grundsätzlich seinen Aufgaben gerecht werden kann, als technisch überholt erweist[336]. Bei einer solchermaßen veralteten DV-Vorrichtung ist oftmals eine künftig erforderlich werdende Aktualisierung schwierig, bisweilen sogar schlicht unmöglich.

bb) Evolutionäre Verträge[337] entspringen somit der Notwendigkeit, eine mehr oder weniger genau spezifizierte Rahmenstruktur des Vertragsverhältnisses zu vereinbaren, dessen exakte inhaltliche Ausgestaltung zum Zeitpunkt des Vertragsabschlusses noch nicht endgültig feststeht und daher erst während der Vertragsabwicklung durch weitere Vereinbarungen der Parteien konkretisiert werden muß[338]. Wie groß die zu füllenden Lücken sind, also ob nur ein vages Entwicklungsziel vorgegeben ist und weite Teile des Gesamtvertrages noch auszufüllen sind oder ob nur bestimmte Detailprobleme konkretisierungsbedürftig sind, spielt für die grundsätzliche Konzeption keine Rolle, denn gemeinsam ist all diesen Ver-

---

[335] Hier ist beispielhaft nur an die Entwicklungen der letzten Jahre zu denken, in denen im Hardwarebereich durch Einführung von CD-ROM-Laufwerken ein Quantensprung bei der Datenspeicherung stattgefunden hat, aber auch an SCSI, welches höhere Leistungen hervorbringt. Im Rahmen der Betriebssysteme ist hervorzuheben, daß die alten MS-DOS-Standards durch die verschiedenen Windows-Varianten abgelöst worden sind, während sich auch im Softwarebereich Standardlösungen durchgesetzt haben, wie SAP3 für betriebliche Anwendungen, das Microsoft-Office für Datenverarbeitung und Ähnliches. Damit ist diese Entwicklung mit Sicherheit nicht abgeschlossen, denn in wenigen Jahren ist damit zu rechnen, daß sich die innere Struktur der Computer nachhaltig verändert, denn diese wurde bereits zu Beginn der 80er Jahre in ihrem Grundsatz entwickelt, ist aber aufgrund einer Vervielfachung der zu verarbeitenden Datenmengen und der viel komplexeren Software nicht mehr in der Lage, den Anforderungen auf Dauer gerecht zu werden.

[336] Dabei ist es erforderlich, im Laufe eines längerdauernden Entwicklungsprozesses aktiv auf neue Entwicklungen zu reagieren und das Projekt diesen geänderten Gegebenheiten anzupassen. Insbesondere sind hierbei auch Softwareprojekte den neuen Hardwarestandards anzupassen, denn nur so ist eine dauerhafte hohe Funktionalität gewährleistet.

[337] Hierbei handelt es sich um die rechtliche Übersetzung des technischen Prozesses, den Boehm, A Spiral Model of Software-Development and Enhancement, ACM SIGSOFT - Software Engineering Notes 11, S. 22ff und Boehm, Applying Process Programming to the Spiral Model, in: Dawson (Hrsg.), Representing and Enacting the Software Process, 4th International Software Process Workshop, IEEE 1988, S. 1ff in seinem Spiralmodell beschrieben hat.

[338] Heppner, aaO, 3.1.2.2.1.1.

trägen, daß Teile davon erst nachträglich ausgehandelt werden, also Leistung wie Gegenleistung Verhandlungsgegenstand sind. Dies hat in der Regel seine Ursache darin, daß die Softwareentwicklung selbst das zu bearbeitende Problem verändert und zudem aus sich heraus zu neuen Anforderungen an die Zielsetzungen führt. Allerdings werden zum Teil auch bewußt Lücken im Vertrag gelassen, wenn der Besteller eines Produkts dieses noch nicht hinreichend spezifizieren kann, etwa weil noch spezielle innerbetriebliche Bedürfnisse eruiert werden müssen. Denkbar ist auch, daß, wie dies am Beispiel von Softwareerstellungsverträgen vielfach zu erkennen ist, der Besteller auf aktuelle technische Entwicklungen im allgemeinen Hard- und Softwarebereich flexibel reagieren will, da es bei einem komplexen Vertrag, dessen Durchführung sich über einen längeren Zeitraum erstreckt, unter Berücksichtigung des technischen Fortschritts unumgänglich ist, sich auf künftige Gegebenheiten einzustellen.

(1) Aus diesen Unsicherheiten über den Inhalt des Vertrags und dem damit verbundenen Bedürfnis nach späterer Konkretisierung resultiert die Notwendigkeit einer phasenspezifischen Projektaufgliederung.

(a) Im Ergebnis wird dabei der gesamte Entwicklungsprozeß, den der Vertrag durchläuft, in verschiedene homogene Arbeitspakete aufgespalten, die der Reihe nach erfüllt werden und für die charakteristisch ist, daß der Inhalt der späteren Modulen eben noch nicht exakt feststeht, sondern sich erst im Laufe der gesamten Vertragsbeziehung den dann bestehenden Bedürfnissen anpaßt. Aus den allgemeinen Zieldefinitionen werden somit Lösungsalternativen abgeleitet, mittels einer Risikoanalyse bewertet und erst dann zyklenweise implementiert[339]. Jede Momentaufnahme solcher Vertragssysteme würde auf eine Anordnung von Modulen stoßen, die teilweise in einem voll funktionstüchtigen Zustand, teilweise auch erst als wenig konkretisiertes Gedankengebäude existieren[340]. Die Besonderheit des evolutionären Vertragstyps ist, daß die verschiedenen Phasen mehrfach, jedoch jeweils auf einer anderen Ebene in Bezug auf konkrete andere Vertragsmodule durchlaufen werden, je nach Bedürfnis der Vertragspartner. Andererseits ist auch eine Beendigung der Vertragsbeziehung nach einmaligem Durchlauf möglich.

(b) Zu Beginn eines jeden Zyklus werden während einer *Identifikationsphase*[341] die (Zwischen-)Ziele, die am Ende des jeweiligen Spiraldurchlaufs stehen sollen, festgelegt. Dabei gilt es, die Anforderungen an die Kooperationsbeziehung insgesamt sowie an die einzelnen Partner exakt zu spezifizieren und mögliche Alternativen im künftigen Vorgehen zu identifizieren[342]. Ziel dieser Phase ist es, daß die Partner in enger Zusammenarbeit die Leistungsfähigkeit, Funktionalität und Änderungsfähigkeit des Gesamtsystems sowie des jeweils zu durchlaufenden Planungsstadiums bestimmen. Hierbei muß insbesondere festgelegt werden, welche von mehreren Lösungsoptionen zur Auswahl stehen und ob bereits bestehende eigene Implementationen eingesetzt werden können oder ob ein Zukauf notwendiger Tech-

[339] Im Ergebnis stützt sich das Modell der evolutionären Verträge unmittelbar auf Boehms Spiralmodell (siehe oben Fn. 230), welches durch den Ablauf der vier Phasen: Identifikation, Bewertung, Realisierung und Planung der nächsten Phasen, gekennzeichnet ist. Diese Phasen, wenn auch mit gewissen Modifikationen, verwendet auch Heppner, aaO, 3.1.2.4.1. in seinem Modell der evolutionären Verträge.

[340] Heppner, aaO, 3.1.2.4.

[341] Heppner, aaO, 3.1.2.4.1.1. und 4.3.6.1.1.

[342] Diese Planungen werden in der Regel von Teams vorgenommen, die das gemeinsame Steuerungsgremium der Partner, regelmäßig ein sogenannter Lenkungsausschuß, einsetzt.

nik von Dritten erfolgen muß. Das Ergebnis dieser Identifikationsphase bildet die Basis für die weiteren Entwicklungsphasen, die das Steuerungsgremium zyklisch zu konkretisieren hat.

(c) Die identifizierten Lösungsansätze werden in der sich anschließenden *Bewertungsphase*[343] auf Kosten und Tauglichkeit hin geprüft. Dies bedeutet, daß mittels einer Risikoanalyse die Profitabilität jeder Lösungsoption mit den spezifischen Risiken verglichen wird, um dann die Entscheidung für die konkreten Planungen vorzubereiten. Daraufhin beschließt das Steuerungsgremium, wie die konkrete Vorgehensweise zu erfolgen hat, wobei den Partnern bzw. einzelnen Entwicklungsteams ganz konkrete Module zugewiesen werden. Diese sollten möglichst exakt spezifiziert werden, im Sinne einer umfassenden Aufgabenbeschreibung unter Berücksichtigung des zeitlichen Gesamtprojektablaufs.

(d) Anschließend sind die zugewiesenen Projektmodule in der *Realisierungsphase*[344] von den jeweiligen Teams bzw. den Unternehmen umzusetzen. Die Ergebnisse werden dann dem Steuerungsgremium übergeben und müssen von diesem nach der Fertigstellung abgenommen werden. Voraussetzung für eine Abnahme ist, daß alle vereinbarten Anforderungen der jeweils zugewiesenen Aufgabe erfüllt worden sind. Die Realisierungsphase entspricht letztendlich dem Prozeßabschnitt „Erarbeitung der FuE-Ergebnisse im Unternehmen des als dafür geeignet erachteten Partners“, der konventionelle, lineare Vorhaben kennzeichnet.

(e) In der dann folgenden *Planungsphase*[345] wird die Durchführung des nächsten Spiralzyklus geplant, wiederum beginnend mit der Identifikationsphase. Diese Planungsphase kann bereits vor Beendigung der Realisierungsphase erfolgen; ein solches Vorgehen bietet sich sogar an, um eine möglichst zügige Realisierung des Gesamtvorhabens erreichen zu können. Im Rahmen der Planungsphase sind auch die erforderlichen Vertragsanpassungen durchzuführen und alle weiteren Grundentscheidungen für die künftige Zusammenarbeit zu fällen.

(f) Die evolutionären Verträge besitzen an der Schnittstelle zum Durchlaufen eines weiteren Zyklus in der Regel „Sollbruchstellen“[346], die es den Partnern nach der Beendigung eines Moduls ermöglichen sollen, aus der Vertragsbeziehung auszuscheiden; dabei kann der Wunsch nach einer Beendigung nicht nur vom Besteller ausgehen, sondern es kann auch auf der Anbieterseite ein dahingehendes Interesse bestehen, wenn die weitere Entwicklung die eigenen Ressourcen übersteigen würde oder wenn der Prozeß mit unkalkulierbaren Risiken verbunden ist.

---

343 Heppner, aaO, 3.1.2.4.1.2. und 4.3.6.1.1.

344 Heppner, aaO, 3.1.2.4.1.3. und 4.3.6.1.2.

345 Heppner, aaO, 3.1.2.4.1.4. und 4.3.6.1.3.

346 Heppner, aaO, 3.1.2.4.3. verweist hierbei auf die gesellschaftsrechtlichen Kündigungsmöglichkeiten und zeigt damit, daß er die zuvor vorgenommene rechtliche Einordnung als typengemischten Vertrag tendenziell aufrecht erhalten möchte, aber den „Mantel“ als Gesellschaftsvertrag mit allen daraus resultierenden Rechtsfolgen qualifizieren will. Diese Einschätzung ist meines Erachtens jedoch falsch, da es sich zwar ausgehend vom Sprachgebrauch bei einer solchen Vertragsgestaltung um eine Kooperation handelt, aber eben kein gemeinsamer Zweck im Sinne des § 705 BGB vorhanden ist, sondern alle Beteiligten, also Besteller und Erwerber, eigene Zwecke verfolgen und die Zusammenarbeit lediglich aus dem Bedürfnis einer laufenden Produktspezifizierung resultiert.

(2) Die besonderen Vorteile des evolutionären Vertragstyps liegen darin, daß durch das planmäßig revolvierende Vorgehen die verschiedenen Stufen der Vertragsdurchführung flüssiger ineinander greifen als dies beim statisch sequentiellen Aufeinanderfolgen von Planung und Erstellung eines Produktes der Fall ist[347]. Darüber hinaus werden die Vorteile der Internalisierung von spezialisierten Arbeitsbereichen mit den Mechanismen des merkantilen Austausches von Standardleistungen in kontrollierter Form miteinander verknüpft[348]. Obgleich das Modell der evolutionären Verträge primär für eine klassische Besteller-Anbieter-Konstellation konzipiert worden ist, existieren daneben auch Anwendungsfelder im Bereich des kooperativen, also des gemeinschaftlichen Tätigwerdens[349]. Im EDV-Sektor bietet sich diese Art der zwischenbetrieblichen Zusammenarbeit vor allem für die Entwicklung von Standardsoftware sowie für die Systemintegration an, aber auch bei der Entwicklung von spezieller Anwendungssoftware kann sich das Bedürfnis nach einem gemeinsamen Tätigwerden ergeben.[350] Gerade bei der Softwareentwicklung stellt sich immer wieder der Bedarf nach Änderungen im Verlauf des Entwicklungsprozesses ein und es ist bei Softwareprodukten auch üblich, diese während ihrer Entwicklungsdauer den sich ständig ändernden Gegebenheiten anzupassen, ohne dabei vollständig neue Produkte erstellen zu müssen[351]. Bei der Softwareentwicklung handelt es sich somit um eine betriebliche FuE-Tätigkeit, die sich durch evolutionäre Vertragsverhältnisse ideal gestalten läßt. Die Situation bei der kooperativen Erstellung von Software ist jedoch mit den Besonderheiten von kooperativer FuE in anderen technischen Bereichen vergleichbar, so daß sich die Ausdehnung des evolutionären Vertragsmodells anbietet. Zwar entspricht es der Absicht der Verantwortlichen von FuE-Projekten, das ursprünglich angestrebte Ziel mit den vorausgeplanten Mitteln und auf dem vereinbarten Weg zu erreichen, ohne hierbei den Vertrag abzuändern[352], aber die Praxis zeigt, daß sich Projekte vielfach nicht linear realisieren lassen. Insbesondere bei umfangreicheren Vorhaben oder bei Projekten, an deren Abschluß kein ganz bestimmtes, konkret zu beschreibendes Produkt steht, zeigt sich erst im Laufe der gemeinsamen FuE-Tätigkeit das Bedürfnis, die Projektanforderungen den bisherigen Ergebnissen in der Weise anzupassen, daß entweder das am Ende stehende Ziel oder der Weg dorthin entsprechend zu modifizieren ist. Durch diese Art der Vertragsgestaltung lassen sich Störungen vermeiden, da die Anpassung des Vertrages und des Projektablaufs systemimmanent sind. Auch wird die Gefahr verringert, daß die Beteiligten sehenden Auges in eine Sackgasse steuern, aus der zu entweichen bedeutend schwieriger wird.

cc) Somit sind diese Methoden der phasenspezifischen Umsetzung des Vorhabens besonders geeignet, um im Rahmen von Kooperationsbeziehungen dem Bedürfnis, auf aktuelle Entwicklungen schnell reagieren zu können, gerecht zu werden. Insbesondere bei Vorhaben, die gerade kein bestimmtes Produkt im Auge haben, wie dies etwa im Rahmen der Grundlagenforschung der Fall ist, ist eine ständige Anpassung der Ziele an künftige Erfor-

---

[347] Heppner, aaO, 3.1.2.5.

[348] Heppner, aaO, 3.1.2.5.

[349] Heppner, aaO, 4.2.

[350] Hier ist entweder an die Zusammenarbeit von jeweils in bestimmten Teilbereichen spezialisierten Unternehmen zur Erstellung einer komplexeren Gesamtlösung zu denken oder von Softwarehäusern, die verschiedene Ebenen abdecken, wie Betriebssystem und eigentliche Anwendungssoftware.

[351] Heppner, aaO, 4.3.3.

[352] Heppner, aaO, 4.3.3. hat dieses mangelnde Interesse an planmäßigen Vertragsänderungen für FuE-Kooperationen ausdrücklich betont, obgleich er aufgrund der besonderen Situation bei Softwarerstellungsverträgen weiterhin auf deren Erforderlichkeit verweist.

dernisse und die bisherigen Ergebnisse sinnvoll. Aber auch bei der konkreten Produktentwicklung kann sich aufgrund bestimmter Umstände die Notwendigkeit ergeben, das Ziel neu zu fassen oder das zu erstellende Produkt einer gewissen Veränderung zu unterziehen.

Für viele Anwendungsbereiche stellt somit der sich erst im Laufe der Zusammenarbeit entwickelnde und selbst steuernde Vertrag eine maßgeschneiderte Ideallösung dar. Durch die Möglichkeit, im Rahmen der Verhandlung über die gemeinsame Durchführung des nächsten Vertragsmoduls auch das Leistungsgleichgewicht neu zur Disposition zu stellen, wird ein gerechtes Leistungsgleichgewicht erhalten oder wieder hergestellt. Der Vertrag kann durch die regelmäßige Überprüfung den jeweils aktuellen Bedürfnissen der Partner angepaßt werden. Damit läßt sich verhindern, daß das einmal festgelegte Vertragsgleichgewicht statisch aufrecht erhalten wird. Dieses orientiert sich vielmehr dynamisch an den geänderten Gegebenheiten. Allerdings ist zu berücksichtigen, daß die ständige Projektanpassung nur realisiert werden kann, wenn zugleich die Option zur Beendigung der Kooperationsbeziehung offensteht. Hierbei ergibt sich ein steter Zielkonflikt zwischen Flexibilität und Stabilität der Partnerschaft. Es besteht nämlich die latente Gefahr, genau das Gegenteil vom angestrebten Ziel der Stabilisierung des im höchsten Maße sensiblen Vertragsgleichgewichts zu erreichen, nämlich die Schaffung einer vertragsmäßig fixierten zusätzlichen Chance, den Ausstieg aus der Kooperation durch den Einsatz von „Sollbruchstellen" zu finden. Einzelne Partner haben bisweilen jeweils nach Abschluß eines Projektabschnitts ein besonderes Interesse daran, einen Schlußstrich unter die Zusammenarbeit zu ziehen, wenn die zu erwartenden künftigen Resultate für eines der beteiligten Unternehmen keinen prognostizierbaren Nutzen liefern können. Allerdings steigt mit zunehmender Kooperationsdauer der Anpassungsdruck, wenn schon erhebliche Aufwendungen in das gemeinsame Projekt vorgenommen worden sind und die Partner daher eine höhere Kompromißbereitschaft an den Tag legen, um den Gesamterfolg nicht zu gefährden. Das Ausscheiden eines Partners aus einer intakten Kooperationsbeziehung ist allerdings wenig wahrscheinlich, da dies jeglicher betriebswirtschaftlicher Vernunft widerspräche. Umgekehrt kann ein ausstiegswilliges Unternehmen das eigene Engagement im Projekt relativ problemlos beenden. Der ansonsten bestehende Zwang zur weiteren Zusammenarbeit führt allerdings zwangsläufig dazu, daß dieser Partner nur noch ein absolut erforderliches Minimum an Beiträgen leistet, um möglichen Schadensersatzansprüchen zu entgehen; eine für alle Beteiligten gewinnbringende kooperative FuE-Tätigkeit wird jedoch damit nicht erzielt.

Auch ist festzuhalten, daß durch die Optimierung sämtlicher Projektphasen, was mittels eines evolutionären Vertrages möglich ist, auch künftigen Problemen vorgebeugt werden kann. Sobald nämlich ein Partner Schwierigkeiten mit der Fertigstellung eines Moduls hat, wird dies frühzeitig erkannt und läßt sich im Gesamtablauf eher auffangen als im Rahmen einer Kooperationsbeziehung, bei welcher der Ergebnisaustausch in größeren Zeitabständen erfolgt.

Einen Nachteil des evolutionären Vertrages stellt die schwierige praktische Handhabbarkeit dar, denn die planmäßige Anpassungsbereitschaft der Kooperation läßt sich nur durch einen ständigen Informationsfluß über den Stand der FuE-Tätigkeit erreichen, was letztendlich eine laufende Kontrolltätigkeit des Steuerungsgremiums erfordert. Diese fast schon an Mißtrauen grenzende Intensität der Überwachung erscheint im normalen Ablauf zwar als überflüssig, doch liegt das Problem vieler Kooperationsbeziehungen darin, daß der Informationsfluß dann dünner wird, wenn es darum geht, den Partnern Probleme oder gar Mißerfolge zu kommunizieren. Die erforderliche nachhaltige Kontrolle führt andererseits zu einer erhöhten Kostenbelastung, die im Rahmen einer linearen Zusammenarbeit in dieser Form nicht anfallen würde. Trotz der verschiedenen positiven Aspekte bei der Vertragssteuerung und der vorbeugenden Störungsvermeidung sind evolutionäre Verträge jedoch nicht geeignet, bereits eingetretene Leistungsstörungen zu beheben, sondern stellen lediglich ein Instrument der institutionalisierten Vertragsanpassung dar. Innerhalb der einzelnen Vertragsmodule kann es weiterhin zu Störungen kommen, für deren rechtliche Behandlung wiederum auf die bekannten Instrumente der Störungsbewältigung zurückgegriffen werden muß. Das evolutionäre Vertragsmodell bleibt hier jedoch auch eine Antwort schuldig[353].

Institutionalisierte Anpassungsmechanismen sind gleichwohl für FuE-Projekte durchaus sinnvolle Instrumente, wenn diese auf eine längere Zeitdauer angelegt sind, denn aufgrund der vielen FuE-Vorhaben immanenten Unsicherheiten auf dem Weg zur Erfolgsverwirklichung ist eine dynamische Komponente im Vertrag unerläßlich, da rein statische Klauseln erst recht nicht imstande sind, auf sich ändernde Umstände flexible Antworten zu geben. Dennoch sollte bei gemeinsamer FuE der Ausstieg aus dem Projekt „auf halbem Wege" nicht explizit vorgesehen werden, denn die beschriebenen Schwierigkeiten bei der Erfolgsverwirklichung verbieten es geradezu, das Vertragswerk mit zu vielen Sollbruchstellen zu bestücken, denn anders als bei einer Anbieter-Besteller-Beziehung ist der Kooperationspartner eben nicht beliebig austauschbar, sondern oftmals unersetzlich! Verträge mit erheblich vereinfachten Auflösungsmöglichkeiten sind somit ungeeignet, so daß das Bedürfnis nach einer dynamischen Form der Anpassung der Kooperationsbeziehung an sich ändernde Situationen zwar gegeben ist, aber gleichzeitig die Sicherung und Aufrechterhaltung der Vertragsbeziehung insgesamt keiner zu starken Gefährdung ausgesetzt werden darf. Die erforderliche Stabilität bei gleichzeitiger Flexibilität der Zusammenarbeit läßt sich am ehesten dadurch realisieren, daß während des ersten Durchlaufs der Projektphasen bis zum Übergang zum nächsten Projektabschnitt die Möglichkeit zur Beendigung der Partnerschaft eröffnet wird, während ab diesem Zeitpunkt grundsätzlich keine Option zum Ausstieg aus der Kooperation besteht, denn dann sind die Partner in einer Form aneinander gefesselt, die eine sehr hohe Bereitschaft, sich zu einigen, erzeugt.

4) Das werkvertragliche Selbstvornahmerecht analog § 633 III BGB

Den Lösungsansätzen, die sich mit Vertragsanpassung, bewehrten Informationspflichten und den Methoden des Vertragsmanagements befassen, ist die Bestrebung gemeinsam, den Vertrag einem dynamischen Anpassungsprozeß zu unterziehen, der den sich ständig ändernden Gegebenheiten gerecht werden soll. Das werkvertragliche Selbstvornahmerecht analog § 633 III BGB stellt dagegen einen Lösungsansatz dar, der nicht nur für sämtliche klassische Störungen von begleitenden Leistungspflichten Abhilfe schaffen kann, sondern damit den Partnern ein Instrument an die Hand gibt, durch welches auch bereits eingetretene Störungen des FuE-Ablaufs behoben werden können.

a) Mangelnde Eignung des Gesellschaftsrechts zur Behebung von Leistungsstörungen

Um zum einen den vielfach nicht sachgerechten „Leistungsstörungsnormen" des Gesellschaftsrechts mit seinen Alles-oder-nichts-Lösungen zu entkommen und um andererseits einen Auflösungsautomatismus zu verhindern, der durch die Störung einzelner Leistungs-

353 Heppner, aaO, 3.1.2.4.3.

beiträge in Gang gesetzt zu werden droht, unterstellt die herrschende Meinung die Störung einzelner Leistungspflichten dem jeweils „sachlich zuständigen" Recht[354]. Eine solche Vorgehensweise wird nach ganz einhelliger Meinung bei allen zusammengesetzten und typengemischten Verträgen außerhalb des Gesellschaftsrechts angewandt und erfährt seine Umsetzung durch das sogenannte „Kombinationsprinzip", welches versucht, die jeweils passenden Rechtsnormen auf die entsprechenden Vertragsteile anzuwenden und hierbei bestehende Gegensätzlichkeiten durch Berücksichtigung des mutmaßlichen Parteiwillens zu beheben[355]. Dabei herrscht weitgehende Einigkeit, im Rahmen der Sacheinlageverpflichtungen grundsätzlich das kaufrechtliche Gewährleistungsrecht heranzuziehen[356]. Die Gegenposition, die ihre Bedenken darauf stützt, daß diese Regelungen auf Austauschverträge zugeschnitten sind und daher nicht für die Gesellschaften passen, vermag nicht zu überzeugen[357], denn die §§ 459ff BGB finden nur Anwendung, soweit nicht gesellschaftsrechtliche Besonderheiten dem entgegenstehen. Namentlich die Optionen Wandelung und großer Schadensersatz, welche zur Rückgängigmachung der Leistungen führen würden, werden im Gesellschaftsrecht durch die Kündigungsmöglichkeit des § 723 BGB verdrängt[358]. Konsequenterweise zieht die herrschende Lehre auch das Miet-, Dienst- und Werkvertragsrecht zur Störungsbewältigung heran, soweit sich die aufgrund des Gesellschaftsvertrags übernommenen Pflichten in entsprechender Weise rechtlich charakterisieren lassen[359]. Um insgesamt die Stabilität der FuE-Kooperation zu stärken, dürfen hierbei jedoch nicht die verschiedenen Möglichkeiten, die Rücktrittsfolgen auslösen, einfach durch ein alternatives, weil sachgerechtes, Kündigungsrecht ersetzt werden, sondern die Kündigung darf nur ausgesprochen werden, wenn deren Voraussetzungen tatbestandlich erfüllt sind[360]. Hierdurch wird eine strikte Trennung von den einzelnen Leistungsverpflichtungen im Verhältnis zum gesellschaftsrechtlichen Grundverhältnis ermöglicht und es kann nicht zur Auflösung der gesamten Beziehung aufgrund kleinerer Beeinträchtigungen einzelner Beitragsleistungsverpflichtungen kommen.

b) Werkvertragliche Qualifikation der Leistungspflichten

Vorab ist im Falle des Auftretens einer Störung zu klären, welchem Rechtsgebiet das je-

---

354 Soergel/Hadding, § 706 BGB, Rdnr. 23ff; MüKo/Ulmer, § 706 BGB, Rdnr. 21; Hueck, Das Recht der oHG, § 14 II 1); Staudinger/Keßler, § 706 BGB, Rdnr. 20ff; Palandt/Thomas, § 706 BGB, Rdnr. 5

355 Staudinger/Löwisch, § 305 BGB, Rdnr. 28; Erman/Battes, Einl. § 305 BGB, Rdnr. 23 mit Nachweisen aus der Rechtsprechung.

356 Soergel/Hadding, § 706 BGB, Rdnr. 21; Staudinger/Keßler, § 706 BGB, Rdnr. 19ff.; Erman/Westermann, § 706 BGB, Rdnr. 10; RGRK/v. Gamm, § 706 BGB, Rdnr. 6 ; Hueck, Das Recht der oHG, § 14 II 1; Hueck, Gesellschaftsrecht, § 7 I 1.a). Die direkte Anwendung der §§ 459ff BGB scheitert schon daran, daß es sich bei den Einlageverpflichtungen eben gerade um keine Art von Kauf handelt; aber die Interessenlage der übrigen Gesellschafter, eine mangelfreie Sache zu erhalten, ist mit der eines Käufers vergleichbar!

357 MüKo/Ulmer, § 706 BGB, Rdnr. 20; Schmidt, aaO, § 20 III 3.d). Auf die grundsätzliche Problematik der nicht in vollem Umfang geeigneten Rechtsfolgen, die daher einer Modifikation bedürfen, weist auch Erman/Westermann, § 706 BGB, Rdnr. 10 hin, wendet aber das Kaufrecht weiterhin vorsichtig analog an.

358 Soergel/Hadding, § 706 BGB, Rdnr. 21; Erman/Westermann, § 706 BGB, Rdnr. 10

359 Staudinger/Keßler, § 706 BGB, Rdnr. 33; Erman/Westermann, § 706 BGB, Rdnr. 9f; Soergel/Hadding, § 706 BGB, Rdnr. 30, 31, 34; RGRK/v. Gamm, § 706 BGB, Rdnr. 7f

360 Die Forderung von Soergel/Hadding, § 706 BGB, Rdnr. 21, die Kündigung bereits dann zuzulassen, wenn der betroffenen Beitragspflicht wesentliche Bedeutung für die Gesellschaft zukommt, ist meines Erachtens nicht weitgehend genug, denn für die außerordentliche Kündigung ist einzig auf die Unzumutbarkeit einer Fortsetzung der Partnerschaft abzustellen, was regelmäßig bei einfachen Störungen nicht der Fall sein wird. Siehe allgemein zu den Voraussetzungen der außerordentlichen Kündigung unten in Kapitel VII.

weilige Vertragsmodul zugeordnet werden kann. Wie bereits oben erläutert[361], beurteilt sich die Einbringung von Schutzrechten und die vorübergehende Überlassung von Gegenständen nach Pachtrecht, die Mitteilung von Know-how sowie die endgültige Übertragung körperlicher Gegenstände nach Kaufrecht, die Erbringung von Diensten nach Dienstvertragsrecht sowie die Erbringung von Werkleistungen nach Werkvertragsrecht. Schwierigkeiten bereitet hingegen vielfach die Beantwortung der Frage, ob es sich bei der eigentlichen FuE-Tätigkeit um Dienst- oder Werkleistungen im Sinne des BGB handelt[362]. Hierbei stellt auch nicht die verspätete oder ganz ausgebliebene Leistung das eigentliche Problem dar, sondern die mangelhafte Durchführung der FuE-Arbeiten.

aa) Eine relativ einfache Lösung läßt sich im Rahmen von Kooperationsbeziehungen, die gemeinsame FuE-Teams bilden, finden. Nicht zielführende oder mangelhafte FuE-Resultate stellen bei der vergemeinschafteten Forschung lediglich die Realisierung des typischen Risikos dar. Dabei sind diese Ergebnisse allen Partnern in gleicher Weise zuzurechnen, da der Mißerfolg gemeinsam getragen werden muß und nicht auf einen Partner verlagert werden kann.

bb) Schwieriger erweist sich hingegen die Abgrenzung bei arbeitsteiligen Kooperationsbeziehungen, da hier unzureichende FuE-Leistungen nur mittelbar eine Vertragsverletzung darstellen und daher als jeweils zu leistender Beitrag dem Leistungsstörungsrecht eines konkreten Rechtsgebiets zu unterstellen sind[363]. Dabei sind FuE-Leistungen, unabhängig davon, ob sie als FuE-Auftrag erteilt werden oder in Form der vergemeinschafteten FuE erfolgen, als Werkleistungen im Sinne der §§ 631ff BGB zu qualifizieren, wenn eine bestimmte Aufgabe gestellt wurde, deren tatsächliche Verwirklichung als Erfolg geschuldet wird. Die Feststellung dieser Voraussetzung ist unter besonderer Berücksichtigung des Vertragsgegenstandes, also der jeweils übernommenen FuE-Aufgabe, sowie des Parteiwillens zu treffen, wobei insbesondere die Frage zu beantworten ist, ob derjenige, dem das FuE-Modul zugewiesen worden ist, eine Erfolgsgarantie übernehmen wollte und ob er mithin für ein mögliches Fehlschlagen seiner Tätigkeit rechtlich einzustehen bereit war[364]. Indizien hierfür sind die Vorhersehbarkeit der Erfolgsrealisierung, wenn etwa die Entwicklung eines konkreten Produkts beabsichtigt war oder wenn der Partner auf dem kooperationsrelevanten Gebiet bereits über hinreichende Erfahrungen verfügt hat.

Allerdings darf in diesem Zusammenhang nicht einseitig auf die Interessen des Leistungspflichtigen geachtet werden, denn dieser will sich naturgemäß möglichst wenig Haftungsrisiken aufbürden, sondern der Gesamtvertrag muß Eingang in die Überlegungen finden. In der Übernahme von bestimmten Aufgaben, deren Verwirklichung auch für die anderen Vertragspartner zur Realisierung des Gesamterfolges unerläßliche Voraussetzung ist, kann in aller Regel die Übernahme einer Pflicht zur Erfolgsverwirklichung gesehen werden. Dies ist meines Erachtens auch schon allein aus der pragmatischen Überlegung heraus er-

---

[361] Siehe oben in Kapitel II 4.b)

[362] Auch Ullrich, in: Festschrift für Steindorff, S. 281ff zieht im Rahmen von zwischenbetrieblichen Kooperationsbeziehungen immer wieder, teils ausdrücklich, teils konkludent, die Parallelen zum Werkvertrag.

[363] Ullrich, Zum Werkerfolgsrisiko beim Forschungs- und Entwicklungsvertrag, in: Festschrift für Schricker, S.298, 300 wählt bei der Beantwortung der Frage, ob ein FuE-Auftrag als Dienst- oder Werkvertrag zu qualifizieren ist, die interessengerechte Verteilung des FuE-spezifischen Risikos als entscheidenden Anknüpfungspunkt.

[364] Ullrich, in: FS für Fikentscher, S.298, 300ff

forderlich, daß es ansonsten für den Leistungsempfänger nicht möglich ist, einen konkret bestimmbaren Anspruch mit einem klagefähigen Inhalt geltend zu machen. Ansonsten könnte nur das reine Tätigwerden gefordert werden mit alternierenden Mitteilungspflichten, ob ein Erfolg eingetreten ist beziehungsweise welchen Inhalt dieser gegebenenfalls hat[365]. Zumal sich allgemein und besonders im FuE-Bereich viele Dienstleistungen als Werkerfolg durch einen ergebnisorientierten Vollzug definieren lassen, ist mit der modernen Lehre[366] eine Differenzierung von Dienst- und Werkvertrag nach typologischen Kriterien vorzunehmen, wobei die Angemessenheit der Risikoverteilung sowie die individuelle Fähigkeit, mangelhafte FuE-Leistungen durch entsprechende Aufwandsvermehrung vermeiden zu können, vielfach ausschlaggebend sein wird. Dies bedeutet, daß nur dann, wenn tatsächlich ein reines Tätigwerden geschuldet wird, insbesondere wenn sich ein bestimmter Erfolg entweder nicht konkretisieren läßt oder dessen Verwirklichung aus Sicht der Partner als unsicher eingeschätzt werden muß, eine Dienstleistungspflicht angenommen werden kann, während im Regelfall eine Werkverpflichtung vorliegt. Bei arbeitsteiligen Kooperationsbeziehungen tragen somit die einzelnen FuE-Module im Regelfall eine Erfolgsverpflichtung in sich, wenn zumindest eine konkrete Aufgabenstellung mit definiertem Ziel gegeben ist[367].

Diese Möglichkeit der Störungsbewältigung kann bei allen Verträgen angewandt werden, deren Aufgabenstellungen hinreichend spezifiziert sind; sie eignet sich daher besonders gut bei evolutionären Erstellungsverträgen. Denn deren einzelne Module tragen in der Regel die Verpflichtung zur Erfolgsverwirklichung in sich, da die einzelnen Aufgaben entsprechend den Bedürfnissen des Kooperationsvorhabens zeitnah spezifiziert werden. Problematischer ist diese Zuordnung bei umfangreichen eindimensionalen Verträgen, da die jeweiligen Aufgaben mit zunehmender Projektlaufzeit aus dem ex-ante-Blickwinkel zum Zeitpunkt des Vertragsabschlusses immer diffuser konkretisiert sind. Die von Ullrich[368] bei diversen Musterverträgen bezüglich FuE-Aufträgen erkannte Dienstvertragstendenz[369], also das offensichtliche Bestreben, dem werkvertraglichen Leistungsstörungsrecht auszuweichen und lediglich mit dem eigenen good will und nicht der Unternehmenssubstanz zu haften, bestätigt die rechtliche Einstufung als Werkvertrag erneut, denn ohne eine grundsätzliche Qualifikation als Werkvertrag bestünde kein Bedarf für eine derartige privatautonome

[365] Selbst die Kenntnis einer Erfolgsrealisierung reicht regelmäßig nicht aus, um den entsprechenden Anspruch auf Mitteilung hinreichend zu konkretisieren, da es am Wissen über den exakten Inhalt mangelt. Hierbei ergibt sich die fast schon paradoxe Situation, daß der Leistungsempfänger erst nach Mitteilung des entsprechenden Wissens imstande ist, seinen Anspruch darauf als Forderung mit einem klagefähigen Inhalt zu formulieren!

[366] Ullrich, in: FS für Fikentscher, S. 298, 308f; Staudinger/Peters, Vorb. § 631 BGB, Rdnr. 21ff; MüKo/Soergel, § 631 BGB, Rdnr. 7ff, 62ff; Plander/Schiek, Forschung als Gegenstand von Werkverträgen, RdA 1990, 219ff

[367] Da es im FuE-Kooperationsbereich in aller Regel vermieden wird, Streitigkeiten in einem öffentlichen Gerichtsverfahren auszufechten, wozu auch die meist vorhandenen Schiedsgerichtsvereinbarungen verhelfen, existiert zu diesem Fragenkomplex keine verwertbare Rechtsprechung. Aber da die einzelnen Module als „kleine FuE-Aufträge" betrachtet werden können, darf die Rechtsprechung zur Qualifikation von Softwareerstellungsverträgen herangezogen werden. Dort sprach sich der BGH überraschend deutlich für die Anwendung von Werkvertragsrecht aus, sobald allein eine grobe Leistungsspezifikation erfolgt ist, siehe nur BGH (11.2.1971) BB 1971, 615; BGH (30.1.1986) NJW 1987, 1259; BGH (3.9.1992) NJW 1993, 1063; BGH (25.3.1993) NJW 1993, 1972.

[368] Ullrich, in: FS für Fikentscher, S. 298, 306f

[369] Folgende Aufzählung ist als beispielhaft anzusehen: Pagenberg, Muster Nr. 9; Groß, Forschungs- und Entwicklungsvertrag, Nr. 6.5; Möffert, der Forschungsvertrag, §§ 17, 27. Eine andere Beurteilung ist dem Mustervertragsentwurf von Heppner, S. 394, § 13 zu entnehmen.

Vertragsgestaltung[370].

c) Störungsbewältigung durch Anwendung des Werkvertragsrechts

Damit ist grundsätzlich und auch in sämtlichen Zweifelsfällen zur Störungsbewältigung das Werkvertragsrecht heranzuziehen, zumal dieses im Gegensatz zum Dienstvertragsrecht sehr detaillierte Regelungen enthält, die sachgerechte Lösungsansätze liefern. Dies gilt für alle FuE-Tätigkeiten, aber auch für sonstige Leistungsverpflichtungen, die einer werkvertraglichen Qualifikation unterliegen.

aa) Allerdings ist den Besonderheiten des Gesellschaftsrechts insofern Rechnung zu tragen, als dem Grunde nach nur diejenigen Vorschriften Anwendung finden dürfen, deren allgemeine Eignung, Leistungsstörungen sachgerecht zu beheben, bejaht werden kann:

- § 632 BGB hilft bei der Lösungsfindung jedoch nicht, denn im Rahmen von Kooperationsbeziehungen werden in aller Regel keine Preise für die jeweils übernommenen FuE-Aufgaben vereinbart. Möglicherweise auftretende Aufwandssteigerungen sind hingegen als typisches FuE-Risiko hinzunehmen. Soweit sich erhebliche Steigerungen des Aufwandes bzw. Verschiebungen des Gleichgewichts ergeben, müssen diese Störungen über die allgemeinen Anpassungsinstrumente behoben werden[371].

- Von den Rechtsfolgen her ist § 633 BGB, also insbesondere die Nachbesserungspflicht (§ 633 I BGB) und das Recht zur Selbstvornahme (§ 633 III BGB) im Grundsatz tauglich, eine sachgerechte Problembewältigung zu erreichen.

- Nicht geeignet sind hingegen die Rechtsfolgen des § 634 BGB, denn eine Wandelung, die stets Rücktrittsfolgen auslöst, kann ebensowenig eine künftige Erfolgsverwirklichung ermöglichen wie die Minderung, denn diese würde, im Falle von mängelbehafteten FuE-Leistungen eines Partners, die anderen dazu berechtigen, die eigenen Leistungsbeiträge anzupassen, also gleichfalls zu kürzen, was letztendlich kontraproduktiv und damit jedenfalls erfolgshemmend wäre.

- Das Eintreten einer Schadensersatzpflicht bei verschuldeten Mängeln erscheint hingegen sachgerecht, so daß die grundsätzliche Anwendbarkeit des § 635 BGB zu bejahen ist. Diese Norm kann jedoch nur unter der Voraussetzung, daß die mangelhaften FuE-Resultate zu vertreten sind, eingreifen. Dieses Verschulden kann in Form von Fahrlässigkeit als sogenanntes Übernahmeverschulden vorliegen, wenn ein Partner sich an einer Kooperation beteiligt hat, ohne über die hierzu erforderlichen speziellen Fähigkeiten und Kenntnisse zu verfügen[372]. Soweit jedoch den Partnern die jeweilige Leistungsfähigkeit der anderen Beteiligten bekannt ist, kann grundsätzlich nicht von einem Verschulden ausgegangen werden, da ansonsten zum Beispiel sehr ehrgeizige Projekte, deren Intention es ist, einen neuen Wissensstandard im Unternehmen zu erarbeiten, den Vorwurf des Verschuldens bei mangelhaften Ergebnissen implizieren würden.

---

[370] Mit Ullrich, in: FS für Fikentscher, S. 281, 305 bleibt in diesem Zusammenhang festzuhalten, daß die diversen Musterverträge in aller Regel von der Anbieterseite ausgehen und daher deren Bedürfnissen gerecht werden wollen.

[371] Die Frage, ob und wie angepaßt werden soll, ist dabei anhand des konkreten Vertrages sowie den darin eventuell enthaltenen Anpassungsklauseln zu beantworten.

[372] Soergel/Teichmann, § 635 BGB, Rdnr. 35

- Hingegen verbietet sich die Heranziehung des § 636 BGB, denn die Einräumung eines Wandelungs- beziehungsweise eines Rücktrittsrechts bei verspäteter Leistungserfüllung würde dem Bestreben, das Zusammenarbeitsverhältnis stabiler zu gestalten, diametral zuwiderlaufen[373].

bb) Im Kernpunkt führt somit die analoge Anwendung des Werkvertragsrechts zum Eingreifen des Rechtsinstituts „Selbsthilferecht" gemäß § 633 III BGB. Dies bedeutet, daß jeder Gesellschafter berechtigt ist, die unzureichende Leistung eines Partners nach der Aufforderung, den Mangel zu beseitigen, und der Setzung einer Nachfrist abzulehnen (§ 634 I (1) BGB)[374]. Nach fruchtlosem Fristablauf ist der vertragstreue Teil berechtigt, die ausgebliebene Leistung durch Selbstvornahme zu erbringen und hierfür Aufwendungsersatz zu verlangen. Hierbei ist es gleichgültig, ob die ausgebliebene Leistung im eigenen Unternehmen erbracht oder bei einem Dritten gekauft wird[375]. Die Fremdbeschaffung bringt jedoch den Vorteil mit sich, soweit es faktisch überhaupt möglich ist, die Leistung durch einen Dritten zu bewirken, daß die betragsmäßige Bezifferung der erstattungsfähigen Aufwendungen problemlos erfolgen kann, weil in der Regel jedenfalls der Rechnungsbetrag beglichen werden muß, während der Wert der Leistungen im eigenen Unternehmen sich oft schwer exakt taxieren läßt und insofern viel Raum für Streit offensteht. Für die Höhe der zu erstattenden Aufwendungen gilt, daß nur die erforderlichen Kosten verlangt werden dürfen[376]. Was darunter zu verstehen ist, muß im Einzelfall durch eine umfassende Interessenabwägung ermittelt werden. Allerdings ist zu Lasten des leistungsunfähigen Unternehmens zu berücksichtigen, daß dieses in doppelter Hinsicht seinen vertraglichen Verpflichtungen nicht nachgekommen ist, nämlich einmal bei der Erbringung der ursprünglichen FuE-Leistung und dann im Rahmen der unterbliebenen Mängelbeseitigung. Der entscheidende Nachteil der analogen Anwendung des § 633 III BGB liegt darin, daß die Gefahr von erheblichen Meinungsverschiedenheiten darüber besteht, ob die Voraussetzungen dieser Norm bereits tatbestandlich vorliegen und weiter, ob die Aufwendungsersatzforderung angemessen ist. Durch die Schlechtleistung oder den Verzug mit der Mängelbeseitigung dürft ohnedies eine Störung der Vertrauensbeziehung eingetreten sein, die jedoch durch die Selbstvornahme unter Umständen wieder ausgeglichen werden kann, wenn von diesem Zeitpunkt an ein planmäßiges Voranschreiten der gemeinsamen FuE-Arbeiten wieder möglich wird. Sollte ein Partner hingegen dauerhaft nicht imstande sein, seinen vertraglichen Verpflichtungen nachzukommen, dann sind ohnedies die Voraussetzungen für eine Kündigung oder einen Ausschluß aus der Kooperationsbeziehung erfüllt, so daß die anderen Be-

---

[373] Dem Ansatz Heppners, aaO, 3.1.2.4.3., der in Gesellschaftsverträgen § 636 BGB bei Werkleistungen heranziehen will, kann dogmatisch nicht gefolgt werden. Allerdings ist dies vor dem Hintergrund zu sehen, daß Heppner einen Softwareerstellungsvertrag trotz klassischer Anbieter-Bezieher-Situation als Gesellschaftsvertrag qualifiziert, was meines Erachtens verfehlt ist. Dies zwingt deshalb zu dem nicht sachgerechten Versuch einer zu weitgehenden Einbeziehung des Werkvertragsrechts in Einzelleistungspflichten im Rahmen eines Gesellschaftsvertrages.

[374] Diese Nachfristsetzung ist ausnahmsweise entbehrlich, wenn der Partner, der die mangelhafte Leistung erbracht hat, erklärt, daß er den Mangel nicht beheben kann oder will, so Soergel/Teichmann, § 633 BGB, Rdnr. 16 und BGH (11.3.1989) NJW 1990, 901

[375] Hier ist weniger an die Vergabe von Entwicklungsaufträgen an Dritte zu denken, da dies in aller Regel zu viel Zeit in Anspruch nehmen würde, sondern an den Erwerb vorhandener Technologie beziehungsweise der erforderlichen Schutzrechte.

[376] Soergel/Teichmann, § 633 BGB, Rdnr. 22

teiligten das Wahlrecht haben, ob sie alleine weiterarbeiten oder, aus welchen Gründen[377] auch immer, das schwache Glied weiterhin mitziehen wollen.

Die Tatsache, daß die FuE-Leistung hinreichend spezifiziert sein muß und einer Zeitschranke unterliegen sollte, um überhaupt auf das Selbstvornahmerecht zurückgreifen zu können, ist insofern unerheblich, als eine mangelnde Spezifizierung der Werkleistung ohnedies eine dienstvertragliche Einordnung nach sich zieht. Dies hat zur Folge, daß eine erheblich verminderte Einstandspflicht für die zu erbringenden FuE-Resultate besteht. Außerdem muß grundsätzlich ein bestimmter Zeitpunkt festgelegt worden sein, an dem die FuE-Ergebnisse den Partnern zur Kenntnis gebracht werden, da sich nur so die Qualität der jeweiligen Beiträge erkennen läßt. Da im FuE-Bereich Zeit ein rares Gut ist, dürfte vielfach zumindest eine konkludente Zeitbestimmung vorgegeben sein, denn meist wird ein Austausch und das Zusammenfügen der verschiedenen FuE-Module unter Festlegung eines konkreten Termins, Vertragsbestandteil. Bei erfolgreicher Selbstvornahme hat der betroffene Partner, soweit das leistungsschwache Unternehmen überhaupt noch an der weiteren Zusammenarbeit interessiert ist, über das Zurückbehaltungsrecht gemäß § 273 BGB[378] hinsichtlich des Aufwendungsersatzes für die selbst erbrachte oder von Dritten erworbene Leistung ein Druckmittel, um die Kostenerstattung durchsetzen zu können.

cc) Da die Problematik der Selbstvornahme bisher weitgehend nicht erkannt worden ist[379] beziehungsweise die entsprechenden Lösungsansätze lediglich pauschal auf das spezielle Leistungsstörungsrecht für Werkverträge verwiesen haben, muß die Frage gestellt werden, in welchem Verhältnis das Selbstvornahmerecht nach § 633 III BGB und das gesellschaftsrechtliche Notgeschäftsführungsrecht zueinander stehen. Dieses Notgeschäftsführungsrecht, soweit es nicht vertraglich vereinbart worden ist, wird analog § 744 II BGB auch für die Gesellschaft bürgerlichen Rechts von der ganz herrschenden Meinung anerkannt[380]. Dies bedeutet, daß stets ein solches Recht für jeden einzelnen Mitgesellschafter besteht, wenn der Gesellschaftsbeziehung eine akute Gefahr droht, zu deren Abwendung ein rasches Handeln erforderlich ist.

Das Notgeschäftsführungsrecht kann somit nur in ganz engen Grenzen zur Anwendung kommen, in deren Rahmen der zur Geschäftsführung Berufene zu handeln hat. Während bei der Bildung von gemeinsamen FuE-Teams regelmäßig Gesamtgeschäftsführung vorliegt, muß bei der Aufteilung von FuE-Modulen jeder Partner in dem ihm zugewiesenen Bereich als alleiniger Geschäftsführer betrachtet werden. Die Frage, ob dann ein Eingreifen

[377] Hier ist an die Situation zu denken, daß dieser Partner über nicht ersetzbares Wissen oder gar über unbedingt notwendige Schutzrechte verfügt und daher sein weiterer Verbleib in der Gesellschaft für die anderen Partner von existentieller Bedeutung ist.

[378] Jedenfalls für dieses Selbstvornahmerecht sollte die Berufung auf § 273 BGB ausdrücklich gestattet sein, selbst wenn es im übrigen abbedungen worden ist, da es sich hierbei um keine Leistungspflicht handelt, sondern lediglich eine fremde Leistungsschwäche ausgeglichen wird, also es sich faktisch um den Ersatz für den Leistungsbeitrag eines anderen Partners handelt.

[379] Lediglich Ullrich, in: Festschrift für Steindorff, S. 281, 300 nennt explizit die Selbstvornahme als Möglichkeit der Störungsbewältigung, ohne jedoch auf die dogmatischen Grundlagen einzugehen. Da er jedoch nicht von einem Notgeschäftsführungsrecht, sondern von einem Selbstvornahmerecht spricht, muß davon ausgegangen werden, daß er auf § 633 III BGB ansprechen wollte, zumal er auch § 633 II BGB ausdrücklich als anwendbar anerkennt (so in Ullrich, Privatrechtsfragen der Forschungsförderung in der Bundesrepublik Deutschland, § 2 II B.1.c)

[380] MüKo/Ulmer, § 709 BGB, Rdnr. 21; Soergel/Hadding, § 710 BGB, Rdnr. 5; Erman/Westermann, § 709 BGB, Rdnr. 8; RGRK/v. Gamm, § 709 BGB, Rdnr. 6; Hueck, Das Recht der oHG, § 10 II 7.

in den fremden Geschäftsführungsbereich in Form der Übernahme oder der Erfüllung der FuE-Aufgaben zulässig ist, kann schon aufgrund des § 710 (1) BGB verneint werden, der den Ausschluß der übrigen Partner von der Geschäftsführung explizit anordnet, wenn und soweit diese einem Einzelnen übertragen worden ist. Das bedeutet, daß in dieser Angelegenheit die anderen Gesellschafter grundsätzlich nicht tätig werden dürfen[381]. Ausnahmsweise kann zwar ein Eingreifen zur Abwendung von schweren Nachteilen erlaubt werden[382], doch ist dieser Notfall bei einer bloß mangelhaften oder verspäteten FuE-Leistung noch nicht zu bejahen, sondern erst wenn der FuE-Erfolg ohne ein rasches Einschreiten unmöglich zu werden droht; bloße finanzielle Einbußen genügen aber bei einer verlängerten FuE-Prozeßdauer noch nicht, um in so erheblichem Maße in die Geschäftsführungsrechte der Partner eingreifen zu dürfen[383].

Dies bedeutet, daß das Notgeschäftsführungsrecht in engen Grenzen grundsätzlich neben dem Selbstvornahmerecht besteht. Die tatbestandlichen Voraussetzungen des § 633 III BGB sind jedoch erheblich leichter festzustellen, so daß diese Bestimmung zumeist einschlägig sein dürfte. Darüber hinaus erscheint es nicht sachgerecht, ein allgemeines Selbstvornahmerecht für FuE-Kooperationen unter erleichterten Voraussetzungen abzuleiten, weil hierdurch zu tief in die Geschäftsführungsrechte und letztendlich in die privatautonom vorgenommene Rollenverteilung innerhalb der Partnerschaft eingegriffen würde.

dd) In diesem Zusammenhang stellt sich die Frage, ob der Anwendungsbereich dieser Vorschrift über die eigentliche Mängelbeseitigung hinaus auch auf die Spät- und Nichtleistungen ausgedehnt werden kann. Im Ergebnis macht es nämlich häufig keinen Unterschied, ob eine Leistung verspätet oder gar nicht erfolgt. Bei reinen Werkverträgen außerhalb einer Kooperationsbeziehung bietet es sich in einem solchen Fall an, den Unternehmer gemäß § 636 BGB zu wechseln. Doch bei einer auf eine längere Zusammenarbeit hin ausgelegten Kooperationsbeziehung ist im Ergebnis nur eine Teilleistung gestört, während die Vertragsbeziehung insgesamt aufrecht erhalten werden kann. Währenddessen bietet das allgemeine Leistungsstörungsrecht über § 286 BGB nur einen Schadensersatzanspruch und auch hier nur für den reinen Verspätungsschaden[384], ohne daß damit die Leistung selbst erbracht wird oder eine Ersatzbeschaffung erfolgen kann. § 326 BGB hingegen eröffnet letztendlich nur die Option, den zu erbringenden Leistungsbeitrag abzulehnen und Schadensersatz zu verlangen.

(1) Der entscheidende Vorteil dieser Extension des werkvertraglichen Leistungsstörungsrechts besteht darin, daß es nicht zu einem Entfallen der Leistungsverpflichtungen kommt bzw. eine Schadensersatzpflicht von einem Verschulden abhängig ist, das überdies nachgewiesen werden muß. Stattdessen können die übrigen Kooperationsteilnehmer die ausgebliebene Leistung nach Ablauf der Nachfrist selbst erbringen, soweit dies möglich ist, und

[381] MüKo/Ulmer, § 710 BGB, Rdnr. 6

[382] Soergel/Hadding, § 710 BGB, Rdnr. 5; MüKo/Ulmer, § 709 BGB, Rdnr. 21 mit weiteren Nachweisen.

[383] Ein vertraglicher Ausschluß der Befugnis zur Notgeschäftsführung und der damit verbundene Eingriff in eine fremde Geschäftsführungssphäre kann grundsätzlich nicht angenommen werden. Letztendlich ist es sogar ein Aspekt, der aus der gesellschaftsrechtlichen Treuepflicht abgeleitet werden kann, daß Eingriffe in die eigene Geschäftsführung zur Sicherung des gesamten Gesellschaftsverhältnisses und insbesondere der Rechte der anderen Beteiligten geduldet werden müssen.

[384] Erman/Battes, § 286 BGB, Rdnr. 2; Palandt/Heinrichs, § 286 BGB, Rdnr. 3; Soergel/Wiedemann, § 286 BGB, Rdnr. 9ff

dafür Ersatz verlangen oder anderswo beschaffen und sich die erforderlichen Kosten erstatten lassen. Im Falle des fehlenden Leistungswillens oder bei nur subjektivem Unvermögen des Partners entfällt die Erforderlichkeit, eine Feststellung über die Art der Störung zu treffen, weil bereits die Verspätung als solche ausreicht, um eine Nachfrist setzen zu können, nach deren fruchtlosen Ablauf sich unmittelbar eine Selbstvornahme oder einer Fremdbeschaffung anschließen kann. Problematisch ist allerdings, daß durch diese Lösung über § 633 BGB eine Garantiehaftung entsteht, die zu einer verschuldensunabhängigen Einstandspflicht für jede Leistung im Rahmen der Kooperationsbeziehung führt. Allerdings gilt auch hier, daß dies nur dann möglich ist, wenn der in Frage stehende Beitrag hinreichend exakt spezifiziert ist, denn ansonsten wäre es weder möglich, diesen einzufordern, noch eine Ersatzleistung zu beschaffen und den Ersatzbetrag zu beziffern. Dem kann zwar entgegengehalten werden, daß auch bei Verzug und Unmöglichkeit das Verschulden im Rahmen einer Beweislastumkehr nach Gefahrenbereichen[385] den leistungsschwachen Partner trifft, doch dies spielt letztendlich nur für eine spätere Schadensersatzpflicht eine Rolle und hilft den fortsetzungswilligen Kooperationsteilnehmern nicht über das Problem der ausgebliebenen Leistung hinweg.

(2) Um möglichen Unsicherheiten über die Voraussetzungen einer analoge Anwendung des Werkvertragsrechts insgesamt und die Ausweitung des Anwendungsbereichs auf verspätete Leistungen präventiv zu begegnen, bietet es sich an, eine dem § 633 III BGB angeglichene Klausel in den Vertrag aufzunehmen, welche als unmittelbarer Vertragsbestandteil in jedem Fall zur Selbstvornahme berechtigt. Um der Vorschrift nicht ihre Schärfe zu nehmen, sollten die Vertragspartner im übrigen Wert auf möglichst exakte Spezifizierung der Leistungsbeiträge legen und überdies die Leistungszeitpunkte kalendermäßig bestimmen[386].

(3) Eine weitergehende Ausdehnung der gesetzlichen Vorschrift des § 633 III BGB im Wege der Analogie auf andere als Werkleistungen verbietet sich ebenfalls. Zwar würde auch hier das Recht zur Selbstvornahme bzw. zur andersweitigen Ersatzbeschaffung eine sachgerechte Lösung bieten, doch kann ein Analogieschluß nicht so weit reichen, daß das Werkvertragsrecht auch bei Kauf, Miete, Pacht oder sonstigen Verträgen herangezogen wird. Denn aufgrund des Fehlens geeigneter Leistungsstörungsnormen im Gesellschaftsrecht dürfen diese planwidrigen Regelungslücken im Wege des Ähnlichkeitsvergleichs geschlossen werden. Dies führt aber lediglich dazu, daß dasjenige Rechtsgebiet analog angewandt werden darf, dem die jeweilige Leistung am ehesten zugeordnet werden kann, wenn man diese separat außerhalb der Kooperationsbeziehung zu qualifizieren hätte und nicht als gesellschaftsrechtliche Beitragsleistung ansehen würde. Allerdings möchte ich darauf hinweisen, daß in der Literatur[387] zunehmend die Tendenz zu erkennen ist, jedenfalls soweit sich dies aus dem konkreten Leistungspflichtversprechen ableiten läßt, daß für ausgebliebene Beiträge eine Wertdeckungspflicht besteht[388]. Diese Wertdeckungspflicht entspricht

---

[385] Dies ergibt sich bei der Frage, ob eine Unmöglichkeit zu vertreten ist bereits explizit aus § 282 BGB. Beim Verzug folgt diese Beweislastverteilung aus der negativen Fassung des § 285 BGB sowie aus dem eigenen Tatbestand, der unabhängig von der eigentlichen Verzugsvorschrift des § 284 BGB ist; siehe Soergel/Wiedemann, § 285, Rdnr. 15; Erman/Battes, § 285 BGB, Rdnr. 1.

[386] Der hier vorgestellte Lösungsansatz wurde zur Bewältigung der Leistungsstörungsproblematik von FuE-Kooperationen entwickelt, eignet sich aber gleichfalls für andere Kooperationsformen und kann somit bei allen Formen der BGB-Gesellschaft zum Einsatz gebracht werden, vorausgesetzt, daß die Beitragsverpflichtungen in Form von Werkleistungen erbracht werden.

[387] Hüttemann, aaO, S. 157ff

[388] Siehe hierzu die Ausführungen oben im Abschnitt 2.b).

im Ergebnis letztendlich der Ersetzungsbefugnis des § 633 BGB, dessen unmittelbare Anwendung bzw. die Heranziehung des dieser Norm zugrunde liegenden Rechtsgedankens meines Erachtens auf Dauer nicht nur auf FuE-Kooperationen beschränkt bleiben wird, sondern sich allgemein für gesellschaftsrechtlich geprägte Rechtsverhältnisse anbietet.

d) Praktische Eignung der § 633 III BGB-Lösung

Insgesamt vermag der dargestellte Lösungsansatz analog § 633 III BGB zu überzeugen, denn hierdurch wird der Vertrag bei Störungen von nur einzelnen Leistungsverpflichtungen in seiner Gesamtheit aufrecht erhalten. Auch stellt die damit verbundene Belastung des leistungsschwachen Partners mit etwaigen Aufwendungsersatzansprüchen eine billigenswerte Verteilung der Risiken dar, denn letztendlich wird nur seine Leistungsstörung sachgerecht sanktioniert. Wichtig ist es in diesem Zusammenhang weiter, den leistungsfähigen und an der weiteren Zusammenarbeit interessierten Partnern die Möglichkeit zu eröffnen, selbst zu entscheiden, ob die leistungsschwachen Mitglieder in der Kooperation verbleiben. Im Falle deren Ausscheidens würde gegebenenfalls die Berechtigung zur Benutzung von gewerblichen Schutzrechten oder eingebrachtem Know-how wieder entfallen, was die Gefahr eines Scheiterns des gesamten FuE-Projekts mit sich bringt. Demzufolge besteht die Möglichkeit, sich einen Partner, der gerade aufgrund seines Know-how und seiner Schutzrechte gewählt worden ist, hierdurch weiterhin zu erhalten.

Diese Art der Störungsbewältigung stellt mithin eine unbürokratische faktische Anpassung der vertraglichen Beziehung an die äußeren Umstände dar, ohne hierfür den beschwerlichen Umweg über eine Änderung des Vertragstextes gehen zu müssen. Damit wird diese Lösung den modernen Anforderungen nach mehr vertraglicher Flexibilität bei gleichzeitiger Erhöhung der Stabilität der Vertragsbeziehung gerecht und gibt den Partnern für alle Kooperationsbeziehungen ein geeignetes Instrument zur Störungsbewältigung an die Hand. Vom Ergebnis her betrachtet handelt es sich dabei um eine Anpassungsklausel, die mehrere Vorteile in sich vereint: Sie ist auf der Tatbestandsseite hinreichend bestimmt, besitzt aber gleichzeitig einen erweiterten Anwendungsbereich gegenüber den generalklauselartigen Anpassungsklauseln; und auf der Rechtsfolgenseite ordnet sie ebenfalls sehr exakte Konsequenzen an, die weniger Anlaß für Streit liefern als die generellen Anpassungsklauseln, die dem Grunde nach mehrere grundverschiedene Lösungswege eröffnen können.

5. Zusammenfassung der Ergebnisse

Die oben aufgezeigten Ansätze zur Bewältigung der Leistungsstörungsproblematik bei zwischenbetrieblichen FuE Kooperationen sind sehr vielschichtig, aber zumeist nur bedingt tauglich, der besonderen Interessenlage gerecht zu werden. Ziel dieses Abschnittes war es, die den Gesellschaftsverträgen immanente Gefahr des Eingreifens einer Auflösungsautomatik im Falle des Auftretens kleinerer Störungen zu verhindern, denn die Zusammenarbeit im FuE-Sektor ist höchst sensibel und damit in besonderem Maße vom wechselseitig entgegengebrachten Vertrauen abhängig. Doch gerade bei einer vorzeitigen Beendigung der kooperativen FuE sehen viele Unternehmen die Gefahr des Verlustes ihres betrieblichen Know-how, ohne eine angemessene Gegenleistung zu erhalten. Es wird mithin befürchtet, der Partner könne sich nach der Wissensübermittlung quasi durch den Notausgang des Rechts zur außerordentlichen Kündigung aus der Kooperationsbeziehung verabschieden, ohne selbst in ausreichendem Maße Know-how, unabhängig davon, ob dies bereits vorhanden war oder im Laufe der Zusammenarbeit entdeckt wurde, offenbart zu haben.

Um dies wirksam verhindern zu können ist es jedoch erforderlich, nicht nur ein eindimensionales Lösungsmodell zu finden, denn der in dieser Arbeit vorgetragene § 633 III BGB - Ansatz versetzt jedenfalls diejenigen Partner, die an einer weiteren Zusammenarbeit interessiert sind, in die Lage, eingetretene Störungen schnell zu bekämpfen. Um eventuelle Unstimmigkeiten über die Anwendung dieser Norm zu verhindern, empfiehlt es sich, eine gleichlautende Klausel in den Vertrag aufzunehmen und bei der Leistungsspezifizierung klarzustellen, welche Beiträge hierunter fallen.

Doch neben dieser speziellen Form der Anpassung, die lediglich bereits eingetretene Störungen beseitigen kann, ist meines Erachtens auch weiterhin Bedarf für eine allgemeine Anpassungsregel gegeben, die in ihrer generalklauselartigen Weite den Partnern ein Instrument an die Hand gibt, mit dem sie die Vertragsbeziehung an geänderte Umstände wieder angleichen können. Eine solche Anpassungsmöglichkeit ist vor allem dann erforderlich, wenn sich etwaige Störungen nicht durch eine rasche Selbstvornahme abfedern lassen, sondern eine Veränderung der vertraglichen Grundlage unumgänglich wird. Zwar ist eine Anpassungspflicht in Extremsituationen kraft des Grundsatzes von Treu und Glauben statuiert, aber in den Vertragstext aufgenommene Klauseln lassen den Parteien einen Regelungsspielraum, welche Eingriffsschwelle gewünscht wird und beinhalten die Möglichkeit, eine grobe Anpassungsrichtung vorzugeben. Insbesondere sind hierbei flexible Lösungen, also spezielle Anpassungsklauseln für schon bei Vertragsschluß erkannte Problemzonen der Zusammenarbeit, möglich. Eine institutionalisierte Form der Vertragsanpassung stellt das sogenannte Vertragsmanagement dar, zuletzt von Heppner[389] als „evolutionärer Vertrag" beschrieben, wodurch auf die sich laufend ändernden Anforderungen flexibel reagiert werden kann, indem die späteren Vertragsmodule erst während der Vertragsabwicklung ihre konkrete Gestalt erhalten und den Parteien auch erleichterte Ausstiegsmöglichkeiten offeriert werden. Diese Flexibilisierung des Vertrages, ist im Ergebnis zwar eine wirksame Vorbeugemaßnahme, kann aber bereits eingetretene Störungen nicht bekämpfen, so daß die § 633 III BGB - Lösung auch im Rahmen dieser modernen Form der Vertragsgestaltung Anwendung finden kann. Mit anderen Worten: Es besteht grundsätzlich Bedarf nach einer Leistungsstörungsnorm, die zu sachgerechten Ergebnissen führt und für die in jedem Vertragstyp ein Anwendungsbereich eröffnet ist, also sowohl in herkömmlichen starren Verträgen wie auch in den modernen, flexiblen Vertragsformen.

Gleichfalls ist der Ansatz von Ullrich, der die Vertragsdurchführung durch ein Vorbeugeinstrumentarium sichern will, namentlich durch bewehrte Informations- und Mitteilungspflichten, weiter zu verfolgen, denn sowohl in evolutionären Vertragsformen wie auch bei herkömmlichen Gestaltungen lassen sich Störungen vermeiden, weil den Partnern frühzeitig Wege der Vertragsanpassung und der Vertragsevolution aufgezeigt werden. Auch können die Partner hierdurch rechtzeitig auf eventuelle Leistungsstörungen vorbereitet werden, was dann bei der Störungsbeseitigung, namentlich der Selbstvornahme, zu einem erheblichen Zeitvorteil führen kann und damit die Chance eröffnet, das ursprünglich geplante FuE-Ziel, wenn auch auf Umwegen, doch noch zu erreichen und in späteren wirtschaftlichen Markterfolg umzusetzen.

---

[389] Heppner, aaO, 3.1.2.4.

In gewisser Hinsicht wird sogar durch die Kombination aus Anpassungsklauseln, bewehrten Informationspflichten und einer § 633 III BGB - Klausel auf die Partner ein Anpassungsdruck ausgeübt, der den im Rahmen evolutionärer Verträge bestehenden noch übersteigt, da bei herkömmlichen starren Verträgen weniger Optionen auf einen Ausstieg aus der Zusammenarbeit gegeben sind und damit die Partner bei feststehender weiterer Zusammenarbeit und offensichtlichem Anpassungsbedarf eher bereit sein werden, Kompromisse zu schließen und von eigenen Positionen abzurücken, um den Gesamterfolg nicht zu gefährden. Währenddessen ist bei evolutionären Vertragsformen eine gewisse Neigung zu Extremlösungen insofern zu spüren, als dort letztendlich nur die Optionen Vertragsfortsetzung und Vertragsbeendigung offenstehen und somit nicht der gleiche hohe Anpassungsdruck wie bei der hier propagierten Kombinationslösung zu spüren ist.

Abschließend betrachtet ist es unmöglich, für das extrem breite Anwendungsfeld der kooperativen FuE eine Pauschallösung anzubieten, die jeden Eventualfall berücksichtigt. Stattdessen müssen die jeweiligen Partner der Zusammenarbeit versuchen, aus den hier aufgezeigten Optionen und Gestaltungsvarianten die für sie passende auszuwählen, wobei die Gesamtumstände des Einzelfalles unter besonderer Berücksichtigung von Kooperationsgegenstand, Zahl und Unternehmensstruktur der Partner sowie Abhängigkeitsverhältnis von der Kooperation, Art des konkreten Projekts und Form der Zusammenarbeit, also arbeitsteilig oder durch Bildung von Teams, Beachtung finden sollten. Allerdings will ich noch darauf verweisen, daß die Leistungsstörungsproblematik in der hier behandelten Form bei der Vergemeinschaftung von FuE-Aktivitäten, entweder durch die Bildung von FuE-Teams für konkrete Projekte oder generell durch Auslagerung und Gründung eines entsprechenden Gemeinschaftsunternehmens, nicht aufzutreten pflegt. Doch wird dieser Vorteil durch den teilweisen Verlust an betrieblicher Eigenständigkeit sowie die verstärkte Abhängigkeit von dem Partner hinsichtlich der künftigen FuE-Aktivitäten mit einem hohen Preis bezahlt, den viele Unternehmen zu entrichten nicht bereit sind. Dies bedeutet, daß die Gefahren, die von den möglichen Leistungsstörungen ausgehen, oftmals hingenommen werden müssen, da die Partner dafür ihre vollständige unternehmerische Selbständigkeit behalten können und gleichzeitig von den unbestritten vorhandenen Vorteilen der gemeinsamen FuE-Tätigkeit profitieren können. Diese Form der Zusammenarbeit sollte daher in Zukunft verstärkt als das gesehen werden, was sie ist, nämlich mehr als Chance und weniger als Risiko, denn trotz der damit verbundenen Probleme überwiegt die Innovationskraft der betriebsübergreifenden Zusammenarbeit im FuE-Bereich bei weitem die Schlagkraft von Unternehmen, die nur interne FuE betreiben.

IV. Die Ergebnisteilhabe

1. Einführung in die Problemstellung

In aller Regel führt die gemeinsame FuE-Tätigkeit der Partner auch zum eigentlichen Ziel der Kooperationstätigkeit, nämlich der Schaffung von neuen Entwicklungen, also von Know-how und gegebenenfalls von schutzrechtsfähigen Erfindungen. Neben der rein praktischen Aufgabe, neues Wissen als solches zu identifizieren, besteht der eigentliche Problempunkt im Rahmen der Ergebnisteilhabe darin, festzustellen, wem die neuen Entwicklungen rechtlich zuzuordnen sind, wer also als deren „Eigentümer" anzusehen ist, und namentlich zu bestimmen, ob die neu gewonnenen Kenntnisse gemeinsames „Eigentum" aller Partner werden oder ob diese einzelnen zufallen. Dies ist umso mehr erforderlich, als das allgemeine Erfinderprinzip und auch das ArbnErfG keine sachgerechten Kriterien liefern, die geeignet sind, Erfindungen, welche im Rahmen einer Kooperationsbeziehung entstanden sind, in angemessener Weise den Partnern zuzuordnen. Eine eindeutige Regelung ist aber unerläßliche Voraussetzung, um eine gleichmäßige Aufteilung von Chancen und Risiken zwischen den Partnern sicher zu stellen[1].

Sobald vom forschenden Personal eine Erfindung gemacht wird, müssen die Partner die grundsätzliche Entscheidung treffen, ob überhaupt eine Inanspruchnahme gegenüber den Mitarbeitern erfolgen und wie weit diese reichen soll. Erst dann können die wirtschaftlichen Verwertungsrechte aus dieser Erfindung gemäß § 7 ArbnErfG auf den Arbeitgeber übergeleitet werden, während das Erfinderpersönlichkeitsrecht[2] allein beim Erfinder verbleibt. Dieses Recht zur Inanspruchnahme der fremden geistigen Leistung mit der nachfolgenden Verwertungsproblematik ist jedoch durch § 6 ArbnErfG in der Weise reglementiert, daß es nur dem jeweiligen Arbeitgeber gestattet ist, die Erfindungen seiner eigenen Arbeitnehmer auf sich überzuleiten. Doch gerade darin besteht die Schwierigkeit im Rahmen von FuE-Kooperationen, denn oftmals sind an einer neuen Erfindung die Mitarbeiter von mehr als einem Unternehmen beteiligt, es sich mithin um eine gemeinsame Erfindung handelt[3]. Deshalb ist die Feststellung zu treffen, welchem Kooperationspartner die Erfindung rechtlich zusteht, beziehungsweise wer das Erfindungsrecht gegenüber dem forschenden Personal in Anspruch nehmen darf. Hierbei ist festzustellen, von welchen Mitarbeitern eines Partnerunternehmens die Erfindung letztendlich gemacht wurde, also wer als Arbeitgeber im Sinne des ArbnErfG anzusehen ist. Als logische Konsequenz davon bedarf es sodann der Klärung, wie mit den Erfindungsrechten weiter verfahren wird. Es ist also die Frage zu beantworten, welche Schutzrechtsregeln die Partner statuieren müssen, um eine gerechte Verteilung und Verwertung etwaiger Benutzungsrechte gewährleisten zu können[4]. Insbesondere ist die Beteiligung des nicht berechtigten Partners am wirtschaftlichen Erfolg zu sichern.

---

[1] Insbesondere muß geklärt werden, ob dabei auf die jeweiligen Leistungsbeiträge der Partner abzustellen ist und inwiefern die kooperationsspezifische Arbeitsteilung Berücksichtigung finden muß.

[2] Bernhardt/Kraßer, Lehrbuch des Patentrechts, § 21 III.b)3.

[3] Diese wird auch als „joint invention" bezeichnet, so Altin-Sieber, Joint Ventures, Technologietransfer und -schutz, S. 343.

[4] Ullrich, Auslegung und Ergänzung der Schutzrechtsregeln gemeinsamer Forschung und Entwicklung, GRUR 1993, 338, 339

Ein weiterer Problemkreis betrifft die Erfindung selbst. Hier bedarf es hinsichtlich der konkreten Rechtsfolgen, die sich aus der Entwicklung neuer Technologie im weitesten Sinne ergeben, vorrangig der Klärung, um welche konkrete Form es sich hierbei in rechtlicher Sicht handelt. Daher ist es von entscheidender Bedeutung, ob die Neuentwicklung schutzrechtsfähig ist, ob nur einfaches Know-how oder ob ein technischer Verbesserungsvorschlag im Sinne der §§ 20 und 3 ArbnErfG vorliegt. Darüber hinaus können sich Schwierigkeiten bei Erfindungen ergeben, die bei Gelegenheit der kooperativen FuE von einem der Partner als „Nebenprodukt" entwickelt worden sind, und die sich zwar nicht unmittelbar auf den FuE-Zweck beziehen, aber ansonsten von einem der Partner unmittelbar oder zumindest im Wege des Verkaufs oder der Lizenzierung wirtschaftlich verwertet werden könnten[5].

2. Die Frage nach dem „Eigentum" an den Forschungsergebnissen

a) Die wirtschaftliche Zuordnung der Erfindungen nach dem ArbnErfG

Das deutsche Recht geht im Ansatz davon aus, daß Erfindungen nicht von Unternehmen im Sinne einer „Betriebserfindung"[6] vorgenommen werden, so wie es sich aus dem Blickwinkel der Öffentlichkeit darstellt, sondern von Personen, denen die jeweiligen geistigen Leistungen unmittelbar zuzurechnen sind. In Anerkennung der eigenständigen geistigen Leistung auf technischem Gebiet gewährt das in § 6 (1) PatG statuierte Erfinderprinzip im Grundsatz der schöpferisch tätigen Person das Recht auf das Patent[7].

aa) Ausgangspunkt der Überlegungen ist der Begriff des Arbeitnehmererfinders, da eine von einem Arbeitnehmer gemachte Erfindung, die schutzrechtsfähig ist[8], diesem auch originär gemäß § 6 (1) PatG zusteht. Es besteht jedoch für den Arbeitgeber die Möglichkeit, die mit den Erfindungen verbundenen Vermögensrechte auf sich überzuleiten. Voraussetzung dafür ist es, daß die in Frage stehende Erfindung im Rahmen eines Arbeitsverhältnisses von seinen Arbeitnehmern[9] geschaffen worden ist. Die Überleitung erfolgt gemäß § 6 I ArbnErfG entweder mittels beschränkter oder mittels unbeschränkter Inanspruchnahme

---

[5] In besonderem Maße virulent wird das Problem dann, wenn ein Unternehmen nur aufgrund von zur Verfügung gestelltem Wissen oder aufgrund von Lizenzen, die es von seinen FuE-Partnern im Hinblick auf die gemeinsame Kooperationstätigkeit erhalten hat, in die Lage versetzt worden ist, die konkrete Erfindung zu realisieren.

[6] So die inzwischen einhellige Ansicht: BGH (5.5.1966), GRUR 1966, 558, 560 - Spanplatten; Bartenbach/Volz, § 4 ArbnErfG, Rdnr. 4; Wunderlich, Die gemeinschaftliche Erfindung, S. 82ff. Früher jedoch umstritten, siehe Witte, GRUR 1958, 163ff; Riemschneider, Zur Frage der Betriebserfindung, GRUR 1958, 433f.

[7] Folge des Merkmals „schöpferische Geistestätigkeit" ist der Ausschluß juristischer Personen aus dem Kreis der potentiell geschützten Personen, so auch schon Bartenbach, Zwischenbetriebliche FuE-Kooperationen und das Recht der Arbeitnehmererfindungen, S. 51f.

[8] In der vorliegenden Arbeit wird grundsätzlich von patentrechtsfähigen Erfindungen ausgegangen. Für die auch als „kleine Patente" bezeichneten Gebrauchsmuster ergibt sich aufgrund des § 2 ArbnErfG im Ergebnis nichts anderes.

[9] Das ArbnErfG legt hierbei nach ganz herrschender Meinung, siehe nur BGH (24.10.89) GRUR 1990, 193 - Autokindersitze; Volmer/Gaul, § 1 ArbnErfG, Rdnr. 25ff; Bartenbach/Gaul, § 1 ArbnErfG, Rdnr. 9 mit weiteren Nachweisen, den allgemein gültigen arbeitsrechtlichen Arbeitnehmerbegriff zugrunde. Dies bedeutet, daß derjenige Arbeitnehmer ist, der aufgrund eines privatrechtlichen Vertrages in persönlicher Abhängigkeit zur Dienstleistung verpflichtet ist, während auf der anderen Seite sein Vertragspartner als Arbeitgeber im Sinne dieses Gesetzes betrachtet werden muß. Siehe allgemein zum Arbeitnehmerbegriff Schaub, Arbeitsrechts-Handbuch, § 8 II.

durch den Arbeitgeber[10]. Erst durch diese Erklärung erwirbt der Arbeitgeber bei der unbeschränkten Inanspruchnahme nach § 7 I ArbnErfG alle Rechte an der Erfindung beziehungsweise bei der beschränkten Inanspruchnahme laut § 7 II ArbnErfG ein nicht ausschließliches Benutzungsrecht daran[11].

bb) Für nicht schutzrechtsfähige Erfindungen, die einen technischen Verbesserungsvorschlag im Sinne des § 3 ArbnErfG darstellen, passen mangels eines Ausschließlichkeitsrechts die Vorschriften über Erfindungen nicht, so daß der Arbeitgeber über diese als Arbeitsergebnisse die unmittelbare Verfügungsmacht ohne jegliche Überleitung erhält[12]. Hierzu zählen jedoch nicht alle neuen Erkenntnisse, sondern nur sogenannte qualifizierte technische Verbesserungsvorschläge, so daß a priori mangels technischen Charakters Know-how in Bezug auf ästhetische, kaufmännische, organisatorische oder sonstige wissenschaftliche Anwendungsbereiche auszuschließen ist[13]. Darüber hinaus ist es erforderlich, daß der Vorschlag den Arbeitgeber in eine Position versetzt, die der eines Schutzrechtsinhabers ähnelt[14], diesem somit die tatsächliche Möglichkeit eröffnet wird, den Vorschlag unter Ausschluß seiner Mitbewerber allein zu verwerten[15]. Das gesamte sonstige technische Know-how, welches der Arbeitnehmer im Rahmen seiner Tätigkeit entwickelt[16], erfindet oder erarbeitet, fällt schon kraft des allgemeinen arbeitsvertraglichen Grundsatzes der Dienstleistung gegen Entgelt dem Arbeitgeber zu[17], ohne daß diesen hierfür eine darüber hinausgehende gesetzliche Vergütungspflicht trifft. Es besteht lediglich die Möglichkeit, daß durch individualvertragliche Vereinbarung oder kollektivarbeitsrechtliche Regelungen, wie etwa eines betrieblichen Verbesserungsvorschlagwesens, ein finanzieller Anspruch des erfindenden Arbeitnehmers entsteht[18].

---

[10] Aufgrund des oben Gesagten folgt zwingend, daß freie Mitarbeiter oder freie Erfinder grundsätzlich die allein Berechtigten ihrer Erfindungen sind, und daß lediglich aufgrund eines zivilrechtlichen Vertrages die Übertragung der Rechte hieraus erfolgen kann.

[11] In diesem Fall wird die Diensterfindung im übrigen nach § 8 I Nr. 2 ArbnErfG frei.

[12] Dabei spielt es keine Rolle, ob man dies allein auf arbeitsvertraglicher Grundlage bejaht, siehe nur Bartenbach, Zwischenbetriebliche Forschungs- und Entwicklungskooperation und das Recht der Arbeitnehmererfindung, S. 91, oder ob man dahingehend differenziert, daß man die nur bei Gelegenheit des Arbeitsverhältnisses entstandenen Erkenntnisse, ohne daß diese zu den unmittelbar im Arbeitsvertrag umschriebenen Aufgaben zu zählen sind, kraft Gewohnheitsrecht dem Arbeitgeber zuordnet, so Mönig, Der technische Verbesserungsvorschlag im Sinne von § 20 I ArbnErfG, GRUR 1971, 518, 519; Gaul/Bartenbach, Individualrechtliche Probleme betrieblicher Verbesserungsvorschläge, DB 1978, 1161, 1165.

[13] Bartenbach/Volz, § 3 ArbnErfG, Rdnr. 6 und 22

[14] BGH (26.11.68) GRUR 1969, 341, 343 - Räumzange; Schultz-Süchting, Der technische Verbesserungsvorschlag im System des ArbnErfG, GRUR 1973, 293, 301; Bartenbach/Volz, § 20 ArbnErfG, Rdnr. 15 mit weiteren Nachweisen.

[15] Damit scheidet jegliches Know-how aus, welches Allgemeingut ist oder dem Stand der Technik entspricht.

[16] BAG (30.4.1965) GRUR 1966, 88

[17] Eine Sondervergütungspflicht zugunsten des erfindenden Arbeitnehmers besteht jedoch dann, wenn die Erfindung außerhalb des individual-vertraglich vereinbarten Arbeitsgebietes des Arbeitnehmers erfolgt ist, denn der normale Vergütungsanspruch aus § 611 BGB besteht nur für die arbeitsvertraglichen, hingegen nicht für darüber hinausgehende Leistungen, so Buchner, Die Vergütung von Sonderleistungen des Arbeitnehmers - ein Problem der Äquivalenz der im Arbeitsverhältnis zu erbringenden Leistungen, GRUR 1981, 1ff. Unberührt hiervon bleibt jedoch der Anspruch des Arbeitgebers auf Überlassung der Erfindung.

[18] Buchner, GRUR 1981, 1, 5ff

b) Die gemeinschaftliche Erfindung

Im Rahmen der zwischenbetrieblichen Zusammenarbeit stellt sich in gleicher Weise wie in jedem Prozeß der arbeitsteiligen Erfindertätigkeit die Frage, wer letztendlich der „Erfinder" beziehungsweise welche Personen Miterfinder der konkreten schutzrechtsfähigen Invention sind. Die Klärung dieses Problems ist daher sowohl aus dem Blickwinkel der Unternehmen, welche die Erfindung für sich in Anspruch nehmen können, als auch für die beteiligten Mitarbeiter, die einen Anspruch auf die Erfindervergütung haben, von besonderem Interesse[19].

aa) Zwar regelt das deutsche Patentrecht (§ 6 (2) PatG) die Rechtsfolgen eines gemeinschaftlichen Patents, trifft aber gleichzeitig keine Aussagen darüber, unter welchen Voraussetzungen dieses vorliegt, so daß diese Lücke von Rechtsprechung und Rechtslehre ausgefüllt wurde. Die herkömmlichen Lösungsansätze sahen den Tatbestand einer Miterfindung immer dann als gegeben an, wenn eine qualifizierte Mitwirkung mehrerer Beteiligter vorlag, sei es als schöpferischer Beitrag[20] oder als Mitwirkung durch Gedankengänge, die das Durchschnittskönnen auf dem betreffenden Gebiet übersteigen[21]. Inzwischen hat sich jedoch die Ansicht durchgesetzt[22], daß man immer dann von einer Miterfindung sprechen muß, wenn mehrere gemeinsam an einer erfinderischen Idee und deren Verwirklichung gearbeitet haben und dabei selbständig, ohne an Weisungen anderer Beteiligter gebunden zu sein, tätig waren. Dabei sind die Beiträge daraufhin zu überprüfen, ob sie für die Verwirklichung der Erfindung ursächlich waren, so daß letztendlich all diejenigen Leistungen, die in Bezug auf die Lösungsfindung unerheblich geblieben sind, und diejenigen, die auf Weisungen beruht haben, keine Miterfinderstellung begründen können[23].

Einen zutreffenden, weil den heutigen Gegebenheiten und Bedürfnissen am besten angepaßten Lösungsansatz erhält man, wenn man die Miterfinder von den Erfindungsgehilfen negativ abgrenzt[24]. Dieser negative Miterfinderbegriff geht nicht von den potentiellen Miterfindern und deren Beiträgen aus. Vielmehr müssen die jeweiligen Tätigkeitsmerkmale der Erfindungshilfspersonen festgestellt werden[25]. Daraus folgt, daß jeder Mitarbeiter eines Erfinderteams, der nicht nur Gehilfe ist, konsequenterweise als Miterfinder angesehen werden muß. Diese Lösung trägt den Bedürfnissen der Praxis Rechnung, da es meist leichter ist, festzustellen, wer nicht erfinderisch tätig wurde. Zwar wird so der Kreis der Miterfinder weiter gezogen, doch führt dies nicht nur zu einer Förderung von Eigeninitiative und Engagement aller beteiligten Arbeitnehmer, sondern entspricht auch eher dem heute übli-

---

[19] Altin-Sieber, aaO, S. 344

[20] Benkard, § 6 PatG, Rdnr. 32; Schulte, § 6 PatG, Rdnr. 16

[21] Hierbei stellt Lüdecke, Erfindungsgemeinschaften, S. 31 mehr auf die Tätigkeit des Mitwirkens ab und betont, daß es nicht entscheidend ist, welche konkreten Ergebnisse geliefert worden sind.

[22] Bernhardt/Kraßer, aaO, § 19 III.4; Altin-Sieber, aaO, S. 344; Wunderlich, Die gemeinschaftliche Erfindung, S. 66

[23] BGH (20.6.1978) GRUR 1978, 583ff - Motorkettensäge; BGH (30.10.1970) GRUR 1971, 215, 216 - Einsackwaage; BGH (5.5.66) GRUR 1966, 558ff - Spanplatten

[24] Niedzela-Schmutte, Miterfindungen in Forschungs- und Entwicklungskooperationen, B 2.4.3 und 2.4.4

[25] Dabei stellt Niedzela-Schmutte, aaO, B 2.4.3 auf die objektivierten Tätigkeitsmerkmale und nicht auf den konkreten Erfindungsbeitrag ab, was meines Erachtens einleuchtet, denn auch ein Erfinder im Forscherteam, der in seinem Aufgabenfeld zu der Erkenntnis gelangt, daß hier kein zielführendes Ergebnis möglich ist, trägt im übrigen dazu bei, das eigentliche Ziel direkt anzusteuern, indem er Irrwege und falsche Lösungsansätze auszuschließen hilft.

chen Teamverständnis, welches weniger auf hierarchischen Strukturen beruht, sondern mehr von einer Kollegialität ausgeht, in deren Rahmen sich die Wertschätzung für den Arbeitgeber an der Kompetenz des jeweiligen Mitarbeiters orientiert[26]. Durch diesen Ansatz läßt sich auch das in der Praxis auftretende Problem der Isolierung der einzelnen Beiträge und deren Bewertung für das Ergebnis vermeiden. Statt dessen wird in pragmatischer Weise den Gegebenheiten Rechnung getragen, daß in Forscherteams, welche aus einer Mehrzahl von wissenschaftlich-forschenden Personen bestehen, jeder einzelne einen Beitrag leistet, der synergetische Auswirkung auf das Gesamtprojekt entfaltet[27]. Damit stehen zunächst allen beteiligten Miterfindern die geistigen Eigentumsrechte an ihrer Erfindung zu[28], die dann wiederum der Arbeitgeber durch den Akt der Inanspruchnahme gemäß § 7 ArbnErfG auf sich überleiten kann. Erst dadurch wird der Arbeitgeber zum allein Berechtigten an der Erfindung. Einzig das Erfinderpersönlichkeitsrecht verbleibt bei den einzelnen Miterfindern und kann diesen mangels rechtsgeschäftlicher Übertragbarkeit auch nicht genommen werden.

bb) Die Zuordnung des geistigen Eigentums von betrieblichen Erfindungen bereitet bereits im Rahmen von „normalen" Arbeitsverträgen mit angestellten Erfindern Schwierigkeiten. Doch bei FuE-Kooperationen wird eine Erfindung, unabhängig davon, ob sie letztendlich schutzrechtsfähig ist oder nur einfaches Know-how darstellt, vielfach von den Arbeitnehmern verschiedener Kooperationspartner erzielt, was die rechtliche Zuordnung der Erfindung zusätzlich erschwert. Unproblematisch ist dabei zunächst der Fall, daß die FuE-Kooperationsgemeinschaft, die wie oben bereits dargestellt[29] als BGB-Gesellschaft zu qualifizieren ist, selbst unmittelbarer Vertragspartner der erfindenden Arbeitnehmer ist, denn dann erwirbt die FuE-Gesellschaft selbst nach dem Inanspruchnahmeakt die Rechte an der Erfindung. Dies wird jedoch in der Regel nur bei den eigens gegründeten FuE-Gesellschaften der Fall sein, die nicht Gegenstand dieser Abhandlung sind[30].

Den gesetzlichen Anordnungen des § 6 (2) PatG sowie der §§ 5 I (2) und 12 II ArbnErfG zufolge steht eine Erfindung allen Beteiligten gemeinschaftlich zu[31], doch schweigt das Gesetz hinsichtlich des entscheidenden Problems, nämlich ob die Miterfinder eine Gemeinschaft im Sinne der §§ 741ff BGB (Bruchteilsgemeinschaft) bilden oder ob hierdurch ein gesellschaftsrechtliches Rechtsverhältnis gemäß der §§ 705ff BGB (Gesamthandsgemeinschaft) entsteht. Diese Festlegung muß also letztendlich allein unter Heranziehung der allgemeinen bürgerlich-rechtlichen Normen des BGB erfolgen.

---

26 Als Beispiel für dieses Teamverständnis, das auch in allen Lebensbereichen anzutreffen ist, sind die in Krankenhäusern heute üblichen Chefarztpools zu nennen. Ursprünglich standen den Chefärzten Teile der Patientenhonorare, insbesondere bei Privatpatienten, zu, während diese Einnahmen heute in einem Pool gesammelt werden und eine Aufteilung nach einem vorher festgelegten Schlüssel erfolgt, so daß alle Mitarbeiter, also auch Assistenzärzte und das Pflegepersonal daran partizipieren können.

27 So auch Niedzela-Schmutte, aaO, B 2.4.3.

28 Die in diesem Zusammenhang auftretende Frage, ob es sich hierbei um eine Gesamthands- oder Bruchteilsgemeinschaft handelt, wird im Folgenden noch eingehend betrachtet!

29 Siehe oben in Kapitel II.

30 Zur Frage nach dem Eigentum an neu entwickelter Technologie durch sogenannte Joint Ventures sind die Ausführungen von Altin-Sieber, aaO, S. 342ff mit zahlreichen weiteren Fundstellen sehr instruktiv.

31 Schade, Die gemeinschaftliche und die Doppelerfindung von Arbeitnehmern, GRUR 1972, 510, 514; Altin-Sieber, aaO, S. 344ff

Vor der Einführung des BGB wurde die Miterfindergemeinschaft stets dem Rechtsinstitut der Gemeinschaft zur gesamten Hand zugeordnet[32], während in späterer Zeit die herrschende Meinung danach differenziert hat, ob die Miterfinder auf vertraglicher Grundlage[33] zusammengearbeitet hatten. Soweit dies der Fall war, also das gemeinsame Erfinden als Zweck im Sinne des § 705 BGB zu verstehen war, fanden die Regeln der §§ 705ff BGB Anwendung, so daß gemeinsam geplante und auch verwirklichte Erfindungen zur Bildung einer Gesamthandsgemeinschaft führten. Ohne eine solche - ausdrückliche oder stillschweigende - vertragliche Grundlage konnte nicht von einer Gesellschaft bürgerlichen Rechts ausgegangen werden, so daß die Regeln über die Bruchteilsgemeinschaft (§§ 741ff BGB) heranzuziehen waren. Dies folgt schon direkt aus § 741 BGB, der die Anwendung der Regeln über die Bruchteilsgemeinschaft immer dann anordnet, wenn es an einer anderen gesetzlichen oder vertraglichen Festlegung mangelt[34]. Diese Auffassung hat verbreiteter Anschauung vor dem Hintergrund der weiterhin gültigen und auch dahingehend nicht mißzuverstehenden Gesetzeslage nach immer noch Gültigkeit[35].

c) Die Bruchteilsgemeinschaft

Für die Entstehung einer Bruchteilsgemeinschaft an einer Erfindung bedarf es des Vorhandenseins mehrerer Miterfinder. Diese bilden jedoch nur dann eine Gemeinschaft im Sinne der §§ 741ff BGB, wenn sie sich nicht auf Grundlage eines Vertrages verpflichtet haben, als gemeinsamen Zweck die Schaffung und Verwertung einer Erfindung zu erreichen[36], sondern nur rein tatsächlich gemeinsam erfinderisch tätig geworden sind. Da es an einer vertraglichen Verbindung der Miterfinder untereinander regelmäßig dann fehlt, wenn sie als Arbeitnehmer im Rahmen ihrer Arbeitsverhältnisse neue Kenntnisse auf technischem Gebiet schaffen, liegt zwischen den Arbeitnehmern eines Arbeitgebers hinsichtlich einer schutzrechtsfähigen Erfindung üblicherweise eine Bruchteilsgemeinschaft vor. Dies gilt erst recht für die zwischenbetriebliche FuE-Kooperation, wenn an der Erfindung die Arbeitnehmer verschiedener Arbeitgeber beteiligt waren[37] und das erfindende Personal sich bisweilen in individualisierbarer Weise persönlich gar nicht kennt, was oft der Fall ist, soweit nicht unmittelbar gemeinsam gearbeitet wird, sondern im Rahmen einer Betriebsorganisation oder einer zwischenbetrieblichen Kooperationsbeziehung nach Arbeitsfeldern verteilt.

---

[32] Wunderlich, aaO, S. 91f; v. Gierke, Deutsches Privatrecht, Band I, S. 782 und S. 869 mit weiteren Nachweisen; Kisch, Die Patentgemeinschaft, GRUR 1952, 267ff. Im übrigen auch die Rechtsprechung: RGZ (17.9.27) 118, 46; RG (1.12.37) GRUR 1938, 256; RG (10.10.39) GRUR 1940, 339

[33] Nach einhelliger Ansicht ist für den Gesellschaftsvertrag die Beobachtung einer bestimmten Form nicht erforderlich. Damit genügt es, um dem Erfordernis des § 705 BGB gerecht zu werden, daß sich mehrere Personen mit einem entsprechenden rechtsgeschäftlichen Bindungswillen zusammenschließen und hierbei als gemeinsamen Zweck die Lösung eines technischen Problems vereinbaren. Allgemein hierzu: MüKo/Ulmer, § 705 BGB, Rdnr. 29ff und 109ff; Soergel/Hadding, § 705 BGB, Rdnr. 8ff und 35f; Palandt/Thomas, § 705 BGB, Rdnr. 14; Ballerstedt, Der gemeinsame Zweck als Grundbegriff des Rechts der Personengesellschaften, JuS 1963, 253ff. Konkret für die Miterfindergemeinschaft: Bernhardt/Kraßer, § 19 V.a)3.

[34] Siehe hierzu Wunderlich, aaO, S. 91.

[35] Benkard, § 6 PatG, Rdnr. 34; Berhardt/Kraßer, aaO, § 19 V a) 3; MüKo/Schmidt, § 741 BGB, Rdnr. 46; Soergel/Hadding, Vor. § 705, Rdnr. 1, 5, 20 sowie Vor. § 741 BGB, Rdnr. 1; Niedzela-Schmutte, aaO, B 3.3; Bartenbach, Zwischenbetriebliche Forschungskooperation und das Recht der Arbeitnehmererfindung, S. 62f

[36] Dann würde nämlich ein Gesellschaftsrechtsverhältnis gemäß der §§ 705ff BGB zwischen den Miterfindern entstehen.

[37] Sowohl allgemein, wie auch erst recht im Rahmen einer überbetrieblichen Zusammenarbeit liegt folglich zwischen mehreren Arbeitnehmererfindern das Rechtsverhältnis der Bruchteilsgemeinschaft vor, so Bartenbach, aaO, S. 62; Niedzela-Schmutte, aaO, B 3.3; Lüdecke, Erfindungsgemeinschaften, S. 78; Wunderlich, aaO, S. 133

aa) Aufgrund der obigen Ausführungen sind für die verschiedenen Möglichkeiten des Erwerbs von technisch relevantem Wissen im Rahmen von FuE-Kooperationsgemeinschaften somit folgende rechtliche Schlußfolgerungen zu ziehen:

(1) Die primären Rechte an schutzrechtsfähigen Erfindungen stehen mangels vertraglicher Beziehung originär den jeweiligen Arbeitnehmererfindern in Bruchteilsgemeinschaft zu. In die dem einzelnen angestellten Miterfinder zustehende Rechtsposition treten die jeweiligen Arbeitgeber durch die Inanspruchnahme der Erfindung ein, so daß nach vorherrschender Ansicht zwischen den Kooperationspartnern, aufgrund derivativen Erwerbs der Rechte an der Erfindung, eine Gemeinschaft nach Bruchteilen entsteht[38].

(2) Falls es sich bei der Erfindung lediglich um schlichtes Know-how handelt, erwerben die Kooperationspartner unmittelbar aufgrund der arbeitsrechtlichen Verhältnisse das jeweils von ihren Arbeitnehmern gewonnene Wissen. Bei der Beteiligung von Arbeitnehmern verschiedener Unternehmen bilden die Kooperationspartner bezüglich des Knowhow eine Gesamthandsgemeinschaft. Dies folgt bereits aus dem Kooperationsvertrag, dem der gemeinsame Zweck der Wissensgewinnung inkorporiert ist, da bloßes Know-how keine übertragungspflichtige Erfindung darstellt, sondern schon nach allgemeinen arbeitsrechtlichen Grundsätzen unmittelbar dem jeweiligen Arbeitgeber zusteht.

(3) Gleiches gilt vom Ergebnis her für technische Verbesserungsvorschläge, wobei es gleichgültig ist, ob man die Zuordnung der Ergebnisse schon aufgrund des Arbeitsvertrages (ebenso wie beim sonstigen Know-how) annimmt oder ob man dies aufgrund gewohnheitsrechtlicher Grundlage bejaht[39].

(4) Hinsichtlich des Sonderfalles, daß bereits ein Patent vorhanden ist, aber eine Verbesserung daran infolge der kooperativen Tätigkeit zustande kommt[40], ist zu differenzieren. Soweit das neu gewonnene technische Wissen selbst schutzrechtsfähig ist, kann bei Vorliegen der entsprechenden Voraussetzungen ein eigenes Schutzrecht entstehen[41]. Dieses steht den Kooperationspartnern nach Bruchteilen so zu wie ein neues Patent[42]. Fehlt es an der eigenständigen Erfindungshöhe, so daß es nicht zur Begründung eines neuen Schutzrechtes kommen kann, mithin nur begleitendes Wissen vorliegt, wird dieses wie schlichtes Knowhow behandelt.

bb) Aus der grundsätzlichen Anwendbarkeit der Vorschriften über die Bruchteilsgemeinschaft bezüglich abhängiger sowie unabhängiger schutzrechtsfähiger Erfindungen ergeben

---

[38] Bartenbach, aaO, S. 62f; Niedzela-Schmutte, aaO, B 3.2.3

[39] Die letztere Auffassung wird auch vom BAG (30.4.1965) GRUR 1966, 88 vertreten.

[40] Hierfür ist es erforderlich, daß das jüngere Schutzrecht wesentliche Erfindungsmerkmale des schon bestehenden Schutzrechts benutzt und ohne diese Benutzung nicht einer selbständigen wirtschaftlichen Verwertung zugeführt werden könnte, so BGH (28.10.1952) GRUR 1953, 112, 114; BGH (15.4.1975) GRUR 1975, 484, 486; Benkard, § 9 PatG, Rdnr. 71

[41] Solche Erfindungen werden allgemein als „abhängig" bezeichnet: Benkard, § 9 PatG, Rdnr. 71ff; Schwanhäuser, Äquivalenz und Abhängigkeit, GRUR 1972, 22ff.

[42] Der Vollständigkeit halber sei darauf hingewiesen, daß es sich zwar um ein Patent handelt, welches hinsichtlich seiner Schutz- und Abwehrposition einem unabhängigen Patent gleichsteht, es aber zur Benutzung der patentierten Erfindung der Zustimmung des Inhabers des älteren Patents bedarf, Benkard, § 9 PatG, Rdnr. 77, 78.

sich für die Erfindungsgemeinschaften verschiedene Rechtsfolgen. Hinsichtlich der in Anspruch genommenen Erfindung beziehungsweise später des gewerblichen Schutzrechtes besteht für alle Beteiligte eine gemeinsame Rechtszuständigkeit und damit die gemeinschaftliche Verfügungsberechtigung[43]. Gleichwohl ist es jedem einzelnen Gemeinschaftsmitglied - vorbehaltlich anderslautender Individualabsprachen - gestattet über seinen Anteil am Bruchteilseigentum zu verfügen, also diesen auch auf Dritte zu übertragen (§ 747 (1) BGB). Insbesondere sind die Beteiligten gemäß § 744 I BGB auch verpflichtet, den Gegenstand (hier die Erfindung) gemeinschaftlich zu verwalten, also die Schutzrechtsanmeldung vorzunehmen, das Schutzrecht aufrecht zu erhalten und gegen Verletzungshandlungen Dritter zu verteidigen sowie es einer geeigneten Nutzung zuzuführen, sei es durch unmittelbare Verwendung des Patents oder durch Lizenzvergabe an Dritte. Darüber hinaus ist auch die Geheimhaltung zu wahren[44]. Durch einfache Stimmenmehrheit kann die Durchführung von Maßnahmen beschlossen werden, die zu einer der Beschaffenheit des Gegenstandes entsprechenden Verwaltung und Benutzung führt (§ 745 I BGB)[45]. Jedem Gemeinschafter steht jedoch das Recht zu, selbständig notwendige Erhaltungsmaßnahmen vorzunehmen (§ 744 II BGB)[46].

Problematisch ist allerdings das jedem Gemeinschafter gemäß § 743 BGB zustehende Nutzungsrecht hinsichtlich der Erfindung, denn dieses ist nicht kostenpflichtig und wird nur insofern beschränkt, als daß dadurch der Mitgebrauch der anderen Teilhaber nicht beeinträchtigt werden darf. Demzufolge dürfte jeder Beteiligte in weitgehend beliebigem Umfang das Schutzrecht ausüben, also insbesondere das geschützte Produkt herstellen beziehungsweise das geschützte Verfahren anwenden[47]. Die hierbei offensichtliche Ungerechtigkeit, daß der jeweilige Anteil an der Erfindung keine Beachtung findet, tritt ebenso wie die Tatsache, daß im Rahmen eines vertikalen Kooperationsverhältnisses a priori nur einem Partner die jeweilige Erfindung zugute kommen kann, deutlich zu Tage, wenn man sich vor Augen führt, daß dem Benutzungsrecht keine Vergütungspflicht korreliert[48]. Durch diese Nutzungsmöglichkeit darf, was jedoch regelmäßig der Fall ist, das Recht der anderen Teil-

[43] Niedzela-Schmutte, aaO, B 3.3.2

[44] Bernhardt/Kraßer, aaO, § 19 V.b); Altin-Sieber, aaO, S. 346; Niedzela-Schmutte, aaO, B 3.3.2.2

[45] Hier ist die Zuständigkeit im Rahmen des § 745 BGB enger als jene in § 744 BGB, denn zur ordnungsgemäßen Verwaltung gehören nicht alle Handlungen, insbesondere nicht die vollständige Übertragung des Gegenstandes auf Dritte oder ähnliches. Siehe zu den einzelnen Verwaltungsentscheidungen, die mehrheitlich getroffen werden können, MüKo/Schmidt, §§ 744, 745, Rdnr. 15 und 5.

[46] Hier ist insbesondere an die zur Aufrechterhaltung eines Schutzrechts erforderlichen Gebühren zu denken, deren Entrichtung eine Maßnahme im Sinne dieser Vorschrift darstellt.

[47] Mit Sicherheit hat der Gesetzgeber im ausgehenden 19. Jahrhundert nicht bedacht, daß sich das Recht an einer Erfindung beliebig nutzen läßt, ohne daß dadurch die Verwendungsmöglichkeit der anderen Rechtsinhaber leidet, denn bei Erlaß der an sich gut abgestimmten Vorschriften der §§ 741ff BGB wurde mehr an dingliche Rechte oder Forderungen, aber weniger an Immaterialgüterrechte gedacht (siehe Fischer, Verwertungsrechte bei Patentgemeinschaften, GRUR 1977, 313ff)! Dies leuchtet auch insofern ein, als bei einem räumlichen Gegenstand der Gebrauchsumfang nicht beliebig gesteigert werden kann, während der Wert eines Patents sich nicht in einem bestimmten Gegenstand widerspiegelt, sondern darin, was aus dem Schutzrecht wirtschaftlich gemacht werden kann, also in der Verwertung!

[48] In der Vergangenheit hat sich in der Literatur eine teils lebhafte Diskussion eingestellt, wobei zahlreiche Autoren die §§ 741ff BGB uneingeschränkt auf die Patentgemeinschaft anwenden wollen, mit der Folge, daß den Miterfindern jeweils das volle Benutzungsrecht zusteht (Storch, Die Rechte des Miterfinders in der Gemeinschaft, in: FS für Preu, S. 39ff; Fischer, GRUR 1977, 313, 314ff; Benkard, § 6 PatG, Rdnr. 35; mit Einschränkungen auch Reimer/Neumar, § 3 PatG, Anm. 11). Dem steht die Ansicht gegenüber, daß sich aus der Natur des Immaterialgüterrechts und hier insbesondere des Patentrechts eine freie Benutzungsmöglichkeit verbietet (Kisch, GRUR 1952, 267, 268; MüKo/Schmidt, § 743 BGBG, Rdnr. 18).

haber nicht beeinträchtigt werden und an einer solchen Beeinträchtigung mangelt es bei der reinen Benutzung, da es den anderen Gemeinschaftern schließlich freisteht die Erfindung gleichfalls zu nutzen[49]. Keine zulässige Verfügung im Sinne des § 747 BGB und auch keine Benutzung gemäß § 743 BGB stellt hingegen die Vergabe von Lizenzen dar, denn eine Lizenzierung führt, jedenfalls im Ergebnis, zu einer Vervielfältigung des Rechts und würde daher die Zustimmung aller Mitinhaber erfordern[50].

cc) Dies zeigt, welche Schwierigkeiten sich aus der Anwendung der Regeln über die Bruchteilsgemeinschaft für Erfindungen ergeben, denn bei gewerblichen Schutzrechten handelt es sich um Ausschließlichkeitsrechte, in welche durch jede Benutzungshandlung eines Mitinhabers letztendlich eingegriffen wird[51]. Der darin liegende Konflikt einer unentgeltlichen Benutzung der Erfindung durch Einzelne würde sich nur durch eine entsprechende Gestaltung des Bruchteilsgemeinschaftsverhältnisses oder durch die Einbringung der Anteile in eine Verwertungsgesellschaft unter Auflösung der Bruchteilsgemeinschaft vermeiden lassen.

(1) Ein rein praktisches Problem im Rahmen der Bruchteilsgemeinschaft ergibt sich überdies aus der quotenmäßigen Bestimmung der Anteile, denn § 742 BGB statuiert zwar, daß im Zweifel[52] die jeweiligen Anteile gleich hoch sind[53]. Dies gilt jedoch nicht für den derivativen Erwerb durch die FuE-Kooperationspartner, sondern nur für die Anteile, die originär den Arbeitnehmererfindern des konkreten Forschungsgegenstandes zustehen und erst durch den Akt der Inanspruchnahme auf die Unternehmen übertragen werden. Aufgrund dieser Lösung hätte es jedes beteiligte Unternehmen selbst in der Hand, durch den Einsatz einer großen Anzahl von Personen, die noch als Miterfinder anzusehen sind, die eigene Quote an der Erfindung zu erhöhen, während die eigentliche geistige Leistung keinen Einfluß auf die Anteilsverteilung ausüben würde[54].

---

[49] Diese im Ergebnis ungerechte Folge, welche aufgrund der Anwendung der Vorschriften über die Bruchteilsgemeinschaft entsteht, versucht Lüdecke, aaO, S. 203, zu entschärfen, indem er jedem Teilhaber gegen diese Nutzung ein Widerspruchsrecht einräumen will. Doch meines Erachtens kann auch dieser Ansatz nicht überzeugen, denn damit würde die gesetzlich vorgesehene Extremlösung des allgemeinen Benutzungsrechts durch eine Auslegung der Vorschriften ersetzt, die ihrerseits zu einer vollständigen Blockade jeglicher Nutzung führen muß, so auch Altin-Sieber, aaO, S. 347.

[50] Bernhardt/Kraßer, aaO, § 19 V.b)

[51] So schon Sefzig, Das Verwertungsrecht des einzelnen Miterfinders, GRUR 1995, 302, 304 mit Berufung auf Kisch, GRUR 1952, 267, 268.

[52] Allerdings ist es umstritten, ob man grundsätzlich von gleich hohen Anteilen ausgehen muß oder ob der Gesetzeswortlaut nicht vielmehr dahingehend zu interpretieren ist, daß zunächst unter Ausschöpfung aller sich bietenden Erkenntnisquellen versucht werden muß, die Höhe der jeweiligen Miterfinderquoten zu bestimmen, und die kopfteilige Beteiligung gemäß § 742 BGB erst als subsidiäre Bestimmungsmöglichkeit eingreift, Bernhardt/Kraßer, aaO, § 19 V.b)1.; Benkard, § 3 PatG, Rdnr. 34; BGH (20.2.1979) GRUR 1979, 540, 542 – Biedermeiermanschetten.

[53] Oft lassen sich jedoch exakte Quoten nachträglich nicht genau bestimmen, denn abgesehen von der Frage, mit welchem Aufwand sich die Miterfinder beteiligt hatten, muß außerdem geklärt werden, welcher Wert den einzelnen Beiträgen zukommt. Diese Problematik wurde bereits sehr eingehend von Niedzela-Schmutte, aaO, B 3.3.2.6, dargestellt.

[54] Dies würde zu dem geradezu widersinnigen Ergebnis führen, daß dem Unternehmen, welches für eine FuE-Aufgabe seinen fähigsten Mitarbeiter abstellt, ohne den die gesamte Aufgabenstellung nicht bewältigt werden könnte, und der durch neun Personen des Partnerunternehmens in seiner Tätigkeit in einer Weise unterstützt wird, die sich gerade noch als Miterfinderstellung qualifizieren läßt, nach Überleitung der Rechte an der Erfindung gemäß des ArbnErfG nur ein zehnprozentiger Anteil an der Erfindung zusteht, während die bloße begleitende Tätigkeit der Angestellten des anderen Unternehmens zu einer neunzigprozentigen Beteiligung führen würde!

Zwar kann auch hier ein gerechter Ausgleich durch eine entsprechende antizipierte Übertragung von Anteilen[55] erreicht werden, doch erweist sich dies gleichfalls als schwierig, da vor Beginn der eigentlichen FuE-Tätigkeit noch nicht absehbar sein kann, welche Mitarbeiter als Erfinder im Sinne des ArbnErfG anzusehen sind und damit noch nicht klar ist, welcher Partner in welchem Umfang Anteile übertragen muß. Zwar ist eine solche vorweggenommene Übertragung nach zutreffender Ansicht möglich, erfordert aber eine hinreichende Bestimmtheit des entsprechenden Rechts[56], woran es vielfach fehlen wird; somit kommt lediglich ein schuldrechtlicher Anspruch auf Übertragung der in Frage stehenden Anteile in Betracht.

(2) An das vorstehend Gesagte schließt sich unmittelbar der nächste Problembereich an, denn im Rahmen eines Zusammenarbeitsverhältnisses unter Beteiligung von zwei Partnern können die Anteile auch gleich groß sein, mit der Folge, daß nur einstimmige Entscheidungen getroffen werden können, aber keine Mehrheitsentscheidungen in Betracht kommen. Dies ist jedoch mit der Gefahr einer Blockade des einen Partners durch den anderen verbunden. Bei einer Miterfindergemeinschaft wiederum, die aus zwei Unternehmen mit einem unterschiedlich großem Anteil an der gemeinsamen Erfindung besteht, existiert das Risiko, daß der Miterfinder mit dem größeren Anteil[57] den anderen im Rahmen der ordnungsgemäßen Geschäftstätigkeit im Sinne des § 745 I BGB laufend überstimmt[58]. Streit über die Höhe der Anteile an der Erfindung und damit den Stimmrechtsanteilen kann jedoch vermieden werden, wenn die Partner individuelle Regelungen vereinbaren, durch welche die ungewollten gesetzlichen Folgen umgangen werden können. Die unzureichende gesetzliche Normierung von Miterfindungsgemeinschaften, die Parteiabsprachen sowieso erforderlich macht, wirft erneut die Frage nach der generellen Eignung der §§ 741ff BGB in diesen Fallgruppen auf.

d) Die Gesamthandsgemeinschaft

Aufgrund der vielfach nicht sachgerechten gesetzlichen Vorgaben im Rahmen von Erfindungsgemeinschaften bietet sich jedoch die Anwendung der gesellschaftsrechtlichen Vorschriften (§§ 705ff BGB) an.

aa) Hierbei sind zwei Fallgruppen, in denen eine Mehrzahl von Erfindern sich im Rechtsverhältnis einer Gesamthandsgemeinschaft befinden, zu unterscheiden. Zum einen ist dies immer der Fall, wenn sich die Erfinder selbst auf vertraglicher Grundlage mit dem Ziel der Technologieentwicklung zusammenschließen[59], und zum anderen wenn die FuE-

[55] Dieser Übertragungsakt kann bereits im FuE-Kooperationsvertrag mit dinglicher Wirkung wirksam vereinbart werden (siehe nur BGH (16.11.1954) GRUR 1955, 286, 289 - Kopiergerät; BGH (3.11.1967) GRUR 1968, 321, 323 - Haselnuß, betrifft allerdings das Urheberrecht)

[56] Benkard, § 15 PatG, Rdnr. 6; BGH (24.10.1978) GRUR 1979, 145, 146 - Aufwärmvorrichtung; RGZ (13.2.1911) 75, 225, 228

[57] Das gleiche Problem stellt sich natürlich auch im Rahmen einer mehrgliedrigen Zusammenarbeit, soweit ein Unternehmen einen Anteil an der gemeinsamen Erfindung besitzt, der bei Abstimmungen allein zur Mehrheit genügt! Die oben angesprochene Konstellation des ständigen Patts ist jedoch auch bei gleich großen Anteilen in Gesellschaften mit vier, sechs, acht usw. Partnern möglich, wenn die Abstimmungen unentschieden bleiben. Aber dies liegt dann am konkreten Abstimmungsverhalten der Partner und könnte jederzeit beendet werden.

[58] Wunderlich, aaO, S. 112; Niedzela-Schmutte, aaO, B 3.3.2.1

[59] Zwar handelt es sich auch hier um einen FuE-Vertrag, aber nicht zwischen Unternehmen, sondern zwischen natürlichen Personen, so daß dieser Punkt, weil unproblematisch und für die vorliegende Arbeit nicht relevant, keiner weiteren Vertiefung mehr bedarf.

Kooperationspartner nach der Inanspruchnahme einer Erfindung in ein Gesamthandverhältnis eingetreten sind[60]. Dies ist möglich, wenn die Kooperationsgemeinschaft als selbständiger Arbeitgeber für alle an der Erfindung beteiligten Arbeitnehmer aufgetreten ist[61], also separate Arbeitsverträge geschlossen wurden[62], ohne daß parallel dazu arbeitsvertragliche Bindungen zu den Partnerunternehmen vorliegen. In diesem Fall erhält die „Kooperationsgesellschaft" nach der Inanspruchnahme sämtliche Rechte an der Erfindung und das Bruchteilseigentum der Arbeitnehmererfinder vereinigt sich in einer Hand zu einem einheitlichen „Eigentum"[63] an der Erfindung[64].

bb) Die Unterschiede der Gesamthandsgemeinschaft an einer Erfindung im Verhältnis zur Bruchteilsgemeinschaft zeigen sich vor allem darin, daß ein Gesellschaftsverhältnis gemäß der §§ 705ff BGB vorliegt. Damit sind die Verwaltung und die Benutzung der Erfindung als gemeinschaftliches Recht Angelegenheiten der Geschäftsführung, die grundsätzlich, vorbehaltlich anders lautender vertraglicher Abreden, allen Partnern gemeinschaftlich zusteht (§ 709 BGB), mit der Folge, daß alle Geschäftsführungshandlungen Einstimmigkeit erfordern[65]. Lediglich ein Notgeschäftsführungsrecht analog § 744 II BGB wird den einzelnen Gesellschaftern eingeräumt, wenn unaufschiebbare Handlungen zur Vermeidung eines Rechtsverlustes vorzunehmen sind[66].

Auch kann über das Recht selbst nur gemeinsam verfügt werden, so daß Verfügungshandlungen, insbesondere die Übertragung des Anteils eines Gesellschafters auf einen Dritten, nur mit Zustimmung aller Beteiligter möglich ist (§§ 717 und 719 BGB). Damit sind die

---

[60] In diesem Fall spricht man von einer „Gesellschaftserfindung", deren unmittelbare Zugehörigkeit zum Gesellschaftsvermögen von der herrschenden Meinung anerkannt wird: Lüdecke, aaO, S. 101 und 117; Hubmann, Gewerblicher Rechtsschutz, § 12 II.; Staudinger/Huber, § 741 BGB, Rdnr. 73; Klauer/Möhring, § 3 PatG, Rdnr. 19; BGHZ (20.2.79) 73, 337 - Biedermeiermanschetten; anderer Ansicht Bernardt/Kraßer, aaO, § 19 V.a); MüKo/Ulmer, § 718 BGB, Rdnr. 15; wohl auch BGH (16.11.54) GRUR 1955, 286, 289 - Schnellkopiergerät.

[61] Völlig unproblematisch ist die Rechtslage, wenn die Kooperationspartner gemeinsam ein rechtlich selbständiges FuE-Tochterunternehmen gründen, insbesondere wenn dies in der Rechtsform einer Kapitalgesellschaft geschieht, denn dann erwirbt nach Inanspruchnahme der Erfindung das Unternehmen das volle Recht daran, so Altin-Sieber, aaO, S. 349 und Bernhadt/Kraßer, aaO, § 21 III.b).

[62] Nach dem oben Ausgeführten handelt es sich bei FuE-Zusammenarbeitsverträgen bereits um Gesellschaftsverträge, so daß dies selbstverständlich erst recht bei der Gründung einer eigenständigen Kooperationsgesellschaft der Fall ist, soweit diese als Gesellschaft bürgerlichen Rechts im Sinne der §§ 705ff BGB eingerichtet wurde.

[63] Diese Frage ist jedoch außerordentlich umstritten. Erhebliche Stimmen in der Literatur (Bernhardt/Kraßer, aaO, § 19 V.a); MüKo/ Ulmer, § 718 BGB, Rdnr. 15) sehen das patentrechtliche Erfinderprinzip gegenüber § 718 BGB als vorrangig an und vertreten daher die Ansicht, daß grundsätzlich eine Mehrheit von Erfindern, sei es als Arbeitnehmer oder als selbständige Personen, immer nur Bruchteilseigentum an einer Erfindung erwerben können und es erst eines Verfügungsgeschäfts bedarf, um die Erfindung einer Gesamthandsgemeinschaft zuordnen zu können, so auch BGH (16.11.54) GRUR 1955, 286, 289 - Schnellkopiergerät, mit Anmerkung Volmer, NJW 1955, 789, der Inhalt und Zweck des Gesellschaftsvertrages als entscheidend ansieht. Dabei ist es auch möglich, den Übertragungsakt als Vorausverfügung gemäß der §§ 413, 298, 747 BGB auszugestalten. Bernhardt/Kraßer, aaO § 19 V.a) gehen sogar so weit, daß sie eine konkludente Abrede im Gesellschaftsvertrag sehen oder diesen so auslegen, daß eine solche Vorwegübertragungsabrede als Standardfall getroffen wird.

[64] Dies ist auch immer dann der Fall, wenn ein forschendes Einzelunternehmen - unabhängig von der Rechtsform - eine Diensterfindung für sich in Anspruch nimmt.

[65] MüKo/Ulmer, § 709 BGB, Rdnr. 37ff; Soergel/Hadding, § 709 BGB, Rdnr. 16; Palandt/Thomas, § 709 BGB, Rdnr. 2

[66] MüKo/Ulmer, § 709 BGB, Rdnr. 21 und 39; Bernhardt/Kraßer, aaO, § 19 V.c)2.; Lüdecke, aaO, S. 134f und 163

Partner sowohl schuldrechtlich durch den ursprünglichen Vertrag sowie auch dinglich durch das Gesamthandseigentum an der Erfindung im Rahmen der vertraglichen Abreden aneinander gebunden. Eine Möglichkeit, die Erfindung in anderer als der vertraglich vereinbarten Weise zu verwerten, besteht jedoch erst nach der Herausnahme aus dem Gesamthandsvermögen. Doch auch dies ist nur im Wege einer Auflösung des zugrunde liegenden Gesellschaftsverhältnisses möglich, wobei hier die Option eröffnet ist, das Gesamthandseigentum an den Erfindungen über die ursprüngliche vertragliche Beziehung, also die eigentliche FuE-Tätigkeit, hinaus aufrecht zu erhalten.

cc) In der Bewertung der Rechtsfolgen aufgrund der Anwendung der gesetzlichen Vorschriften ergeben sich erhebliche Unterschiede zur Bruchteilsgemeinschaft. Vor allem sticht ins Auge, daß die Gesamthandsgemeinschaft, wegen der fehlenden gesetzlichen Befugnis der einzelnen Teilhaber, hinsichtlich ihres Anteils an der Erfindung Verfügungen vorzunehmen, sehr stabil ist[67]. Zwar ist im übrigen aufgrund des Erfordernisses, die Geschäftsführungsbefugnis gemeinsam auszuüben, die Gefahr gegeben, daß bei Gesellschaften mit zunehmender Partnerzahl die Entscheidungsfindung schwieriger wird. Aber zum einen hat der Gesetzgeber diese Problematik, wie § 709 II BGB zeigt, gesehen, und die Möglichkeit für abweichende vertragliche Gestaltungen offen gelassen, und zum anderen trägt das Einstimmigkeitsprinzip in besonderem Maße zum Minderheitenschutz bei. Um der Gefahr einer Blockade der Gemeinschaft durch ein Mitglied zu entgehen, besteht nach Ansicht der herrschenden Meinung ein Notgeschäftsführungsrecht analog § 744 II BGB. Im übrigen widerspricht ein solches gesellschaftswidriges Verhalten ohnedies der gesellschaftsrechtlichen Treuepflicht, weswegen die übrigen Gesellschaftern diesem auch mit den allgemein dafür entwickelten Instrumentarien begegnen können.

e) Eigener gesellschaftsrechtlicher Lösungsansatz

Das oben Dargestellte läßt klar erkennen, daß die beiden Modelle zur rechtlichen Behandlung von Erfindungsgemeinschaften im Rahmen von zwischenbetrieblichen FuE-Kooperationen, also sowohl Bruchteils- wie auch Gesamthandsgemeinschaft, ihre Stärken und Schwächen beinhalten.

aa) Um jedoch in der Praxis nicht an ein eigentlich unerwünschtes Regelungsmodell gebunden zu sein, hat die unternehmerische Kautelarpraxis ihre eigenen Vertragsklauseln entwickelt, die den Bedürfnissen des konkreten Kooperationsvorhabens gerecht werden. Denn hier spielt sowohl die Zahl der Partner, das jeweilige Stärkeverhältnis, die Höhe der Leistungsbeiträge im Rahmen der Zusammenarbeit sowie eingebrachtes Know-how und Schutzrechte eine ebenso entscheidende Rolle wie auch und gerade der Gegenstand des in die vertraglichen Klauseln zu fassenden Vorhabens. Damit sind rechtliche Probleme im Rahmen der Erfindungsgemeinschaft nie allein aufgrund der Gesetzeslage zu beurteilen. Für die voraussehbaren Streitfragen liegen nämlich bereits oftmals vertragliche Regeln vor, die interessengerechte Lösungen offerieren. Allerdings bereiten weniger die offensichtlich regelungsbedürftigen Materien Schwierigkeiten, sondern es stellt sich die Frage, wie ein nicht vorhersehbarer Streitpunkt behandelt werden soll, denn hier müssen wieder die Vorschriften des im übrigen dispositiven Gesetzesrechts, also entweder die §§ 705ff BGB oder die §§ 741ff BGB, herangezogen werden. Damit ist es, trotz zahlreicher einzelner und in-

[67] Auf diesen auch meines Erachtens sehr wichtigen Vorteil weisen Berhardt/Kraßer, aaO, § 19 V.c) ebenfalls hin, die allerdings auch nicht übersehen, daß die Vorschrift des § 719 I BGB abdingbar ist, was wieder zum Verlust der gesetzlich vorgesehenen Stabilität und der daraus resultierenden Kontinuität führen würde.

dividueller Vertragsabreden, notwendig, eine Entscheidung für eine der beiden vom Gesetzgeber vorgesehenen Varianten zu treffen.

bb) Zunächst bleibt festzuhalten, daß die Gesamthandsgemeinschaft für die Beteiligten erhebliche Vorteile gegenüber dem Recht der Bruchteilsgemeinschaft aufweist, da zahlreiche Bestimmungen passend sind und nur einzelner Modifikationen bedürfen, während die Regeln über die Bruchteilsgemeinschaft erheblich abgeändert werden müßten, um den Interessenlagen aller Beteiligten Rechnung tragen zu können. Dies hätte zur Folge, daß letztendlich eine Bruchteilsgemeinschaft im Sinne des Gesetzes nicht mehr zu erkennen ist.

(1) Der Vorteil der Gesamthandsgemeinschaft ist, daß diese deutlich stabiler als die Bruchteilsgemeinschaft ist[68], da die Möglichkeit einer Veräußerung des eigenen Anteils an einzelnen Gegenständen nicht eröffnet ist. Überdies sind die Regelungen der Bruchteilsgemeinschaft zur Aufhebung und Teilung, wie zu recht kritisiert[69], nicht geeignet, die Kontinuität zu fördern und ein Vertrauen auf die künftige Zusammenarbeit zu schaffen.

(2) Für die Bruchteilsgemeinschaft scheint hingegen auf den ersten Blick die ausgewogenere Geschäftsführungsregelung zu sprechen, die, je nach Art der vorzunehmenden Handlungen, drei Stufen unterscheidet[70], während im Rahmen der Gesamthandsgemeinschaft das Einstimmigkeitsprinzip mit Ausnahme der notwendigen Erhaltungsmaßnahmen für alle Geschäfte gilt. Diese leichtere „Regierbarkeit" wird zum einen auf Kosten des Minderheitenschutzes erkauft und übersieht zum anderen, daß gerade bei Erfindungsgemeinschaften die Bestimmung der ideellen Anteile an der Erfindung Probleme bereitet. Das Argument, daß diese Anteile ja auch bei der Gemeinschaft zur gesamten Hand mit eben diesen Schwierigkeiten bestimmt werden müssen, greift deshalb nicht durch, weil mangels eines selbständigen Verwertungsrechts ohnehin immer eine Einigung über die Verwertung erforderlich ist, so daß die Partner in deren Rahmen auch die jeweilige „Erfolgsbeteiligung" festlegen können. Im übrigen lassen sich die Schwierigkeiten der Gesamthandsgemeinschaft hinsichtlich der Beteiligung an der Geschäftsführung, wie auch § 709 II BGB explizit zum Ausdruck bringt, durch individual-vertragliche Lösungsansätze ausgleichen.

(3) Eine weitere erhebliche Schwäche des Modells der Bruchteilsgemeinschaft liegt darin, daß jede Erfindung wieder zu einer neuen Rechtsbeziehung der daran Beteiligten führt. Gerade bei einer Kooperation, die eine Vielzahl von schutzrechtsfähigen Erfindungen hervorbringt, würde folgerichtig eine Vielzahl von Bruchteilsgemeinschaften mit jeweils individuell verschiedenen Anteilen an der Erfindung entstehen. Das Problem wird mit zunehmender Partnerzahl noch verschärft, insbesondere dann, wenn nicht alle Partner an jeder Erfindung beteiligt sind. Anders verhält es sich bei der Gesamthandsgemeinschaft, wo die Partner - in der schon mit Vertragsschluß vereinbarten gesamthänderischen Bindung - das Eigentum an der Erfindung zur gesamten Hand erwerben. Hier existiert nämlich, unabhän-

[68] Isay, Fragen der Patentgemeinschaft, GRUR 1924, 25, 27

[69] Isay, GRUR 1924, 25, 27; Niedzela-Schmutte, aaO, B 3.3.2.5

[70] Hierbei ist grundsätzlich das gemeinschaftliche Handeln aller Partner zur Vornahme der wichtigsten Geschäfte erforderlich (§ 744 I BGB), während die normalen Geschäfte im Rahmen einer ordentlichen Verwaltung mehrheitlich beschlossen werden können (§ 745 I BGB) und im übrigen ein Notgeschäftsführungsrecht nach § 744 II BGB hinsichtlich notwendiger Erhaltungsmaßnahmen für jeden einzelnen Gemeinschafter besteht. Siehe dazu ausführlich oben unter 2.b).

gig von der Zahl der aus der Kooperation hervorgegangenen schutzrechtsfähigen Erfindungen, nur ein einziges Rechtsverhältnis, nämlich die Gesamthandsgemeinschaft.

(4) Doch das entschiedenste Argument gegen die Anwendung der Bruchteilsgemeinschaft bieten die dort vorgesehenen Verwertungsvorschriften, die historisch betrachtet offensichtlich nicht das Recht an Immaterialgütern vor Augen hatten[71]. Insbesondere das unentgeltliche Nutzungsrecht am gemeinschaftlichen Gegenstand widerspricht dem Grundgedanken einer Miterfindergemeinschaft im Rahmen der zwischenbetrieblichen FuE-Kooperationstätigkeit, denn einer gemeinschaftlichen Suche nach neuem technischem Wissen sowie der Schaffung von Know-how muß logischerweise auch eine gemeinschaftliche Verwertung folgen. Ansonsten bestünde ein erhebliches Ungerechtigkeitspotential, vor allem dann, wenn ein Partner nicht imstande ist, die Erfindung selbst oder jedenfalls nicht in gleichem Umfang wie der Partner zu verwerten[72] oder wenn ein erhebliches Ungleichgewicht hinsichtlich der Leistungsbeiträge vorliegt.

cc) Trotz dieses Ergebnisses, also der Ungeeignetheit der gesetzlichen Regelung der Bruchteilsgemeinschaft für die Miterfindergemeinschaft, gehen beachtliche Stimmen[73] weiterhin von deren grundsätzlichen Anwendbarkeit aus. Es wird lediglich versucht, durch das Abbedingen einzelner Vorschriften beziehungsweise durch ergänzende Gestaltungsalternativen, insbesondere durch die Übertragung der Bruchteilsanteile auf eine Gesellschaft, zu den wesentlich besser passenden Normen der Gesamthandsgemeinschaft zu gelangen. Allerdings ist der vertragliche Ausschluß der §§ 741ff BGB hinsichtlich der Entstehung einer Bruchteilsgemeinschaft nicht möglich[74], so daß andere Alternativen zur Gestaltung der Rechtsbeziehung der Miterfinder untereinander betrachtet werden müssen.

(1) Eine gewichtige Literaturansicht[75] sieht einen möglichen Ansatzpunkt darin, die Bruchteilsgemeinschaft zwar als Rechtsinstitut anzuwenden, aber im Rahmen der Benutzungsregelung des § 743 II BGB den Besonderheiten bei den gewerblichen Schutzrechten in angemessener Weise Rechnung zu tragen, wobei die Frage nach der konkreten Ausgestaltung im Detail wiederum unterschiedliche Lösungsvorschläge hervorbringt. Im Ergebnis beeinträchtigt daher in vielen Fällen die eigenmächtige beziehungsweise die selbständige Benutzung des Patents durch einen Teilhaber das wirtschaftliche Verwertungsinteresse eines anderen Miterfinders, so daß der Gebrauch der Erfindung als unbefugt anzusehen ist[76]. Um den einzelnen Teilhabern eine in der oft nur kurzen verbleibenden Zeitspanne wirtschaftlich sinnvolle Verwertungsmöglichkeit von gewerblichen Schutzrechten zu gewähren, ist

---

[71] Fischer, GRUR 1977, 313; Isay, GRUR 1924, 24, 25; Lüdecke, aaO, S. 103ff; Wunderlich, aaO, S. 93; anderer Ansicht, die aber heute keine Anhänger mehr findet, ist lediglich: Engländer, Zur Behandlung der Patentgemeinschaft, GRUR 1924, 53ff.

[72] Insbesondere bei vertikalen Kooperationen tritt dieses Problem zutage, da abgesehen von FuE-Ergebnissen, welche die Schnittpunkte betreffen, immer der jeweils sachnähere Partner einen entscheidenden Verwertungsvorteil besitzt.

[73] Sefzig, GRUR 1995, 302, 303; Storch, in: FS für Preu, 39, 40; Benkard, § 6 PatG, Rdnr. 34 in ausdrücklicher Anlehnung an die Spruchpraxis des Reichsgerichts.

[74] Sefzig, GRUR 1995, 302, 303

[75] Klauer/Möhring, § 3 PatG, Rdnr. 18; Kisch, GRUR 1952, 267, 268; MüKo/Schmidt, § 743 BGB, Rdnr. 18; wohl auch Sefzig, GRUR 1995, 302, 303ff

[76] Fischer, GRUR 1977, 313

es etwa nach Ansicht Fischers[77] erforderlich, für die Patentgemeinschaft eine interessengerechte Lösung zu finden, die sich nicht zu eng an den gesetzlichen Bestimmungen orientiert. Hierbei ist der Ausgangspunkt in § 745 BGB zu suchen, der die gemeinschaftliche Verwertung aufgrund von Mehrheitsentscheidungen vorsieht. Im Falle einer Unbilligkeit muß den einzelnen Teilhabern jedoch die Möglichkeit offenstehen, unter Berufung auf § 745 II BGB eine abweichende Regelung durchzusetzen. Darüber hinaus sollte zur Sicherung der Verwertungsregelung das Recht, jederzeit die Auflösung verlangen zu können, ausgeschlossen sein[78].

(2) Diesem Lösungsansatz kann jedoch dem Grunde nach nicht gefolgt werden, da sich kein rational nachvollziehbarer Anhaltspunkt ergibt, das Gesetz weitgehend contra lege zu interpretieren. Außerdem ist die Vereinbarung einer der obigen Darstellung entsprechenden vertraglichen Regelung ohnedies möglich. Somit bedarf es nicht des abweichenden Verständnisses eines unzweideutigen und damit einer Auslegung nicht zugänglichen Gesetzestextes. Zwar bleibt mit Sefzig[79] festzuhalten, daß die gesetzlichen Regelungen hinsichtlich der Bruchteilsgemeinschaft grundsätzlich als sinnvoll anzusehen sind, denn aufgrund der nicht vorhersehbaren Vielschichtigkeit möglicher Fallkonstellationen war es durchaus legitim, daß sich der Gesetzgeber auf eine grobe Regelung der Rechtsmaterie beschränkt hat. Die gesetzliche Regelung ist nämlich imstande, angemessene und gerechte Lösungsansätze zu liefern. Allerdings war es vor dem Hintergrund der zu erwartenden sehr unterschiedlichen Interessenlagen bei der Vielzahl von möglichen Gemeinschaftsrechtsverhältnissen nicht angezeigt, eine zu detaillierte Normierung vorzunehmen[80], so daß das gesetzliche Modell der Bruchteilsgemeinschaft für Immaterialgüterrechte und insbesondere Erfindergemeinschaften in aller Regel unpassend ist[81].

Daher wird vorgeschlagen, den Gesetzestext im Streitfall ergänzend auszulegen[82], und zwar in vergleichbarer Weise wie dies in der Kautelarpraxis üblich ist. Es darf jedoch keine Auslegung vorgenommen werden, die contra lege erfolgt, sondern es muß den besonderen Umständen des Einzelfalles in einem Maße Rechnung getragen werden, das sowohl dem Gesetzeswortlaut und den gesetzgeberischen Intentionen als auch den Interessenlagen der Parteien gerecht wird. Überdies müssen die Besonderheiten des konkreten Gemeinschaftstyps Beachtung finden. Zwar kann sich dies im Einzelfall in der Praxis als außerordentlich schwierig erweisen, ist aber im Gegensatz zu einer Auslegung contra lege mit Sicherheit dogmatisch besser haltbar. Zur Vermeidung von Unklarheiten und ungewollten Ergebnissen, also Risiken, die jeder Form von Auslegung und Ergänzung immanent sind, bietet es sich jedoch vorrangig an, daß die Parteien ihr Rechtsverhältnis selbst regeln[83]. Konkret bedeutet dies, daß in die FuE-Kooperationsverträge eine Klausel aufzunehmen ist, welche die schuldrechtliche Pflicht vorsieht, das Bruchteilseigentum in bestimmter Weise auszuüben

---

[77] Fischer, GRUR 1977, 313, 317

[78] Fischer, GRUR 1977, 313, 318; Klauer/Möhring, § 3 PatG, Rdnr. 18

[79] Sefzig, GRUR 1995, 302, 303ff

[80] Sefzig, GRUR 1995, 302, 304

[81] So auch zu recht Niedzela-Schmutte, aaO, B 3.3.2.

[82] Sefzig, GRUR 1995, 302, 304, 305; Niedzela-Schmutte, aaO, B 3.6.3

[83] Niedzela-Schmutte, aaO, B 3.4; Sefzig, GRUR 1995, 302, 304

oder besser, die Anteile auf ein Gesellschaftsverhältnis bürgerlichen Rechts zu übertragen, damit dann die §§ 705ff BGB zur Anwendung kommen können[84].

(3) Obwohl dieser Lösungsvorschlag vor dem Hintergrund der Bedürfnisse der Praxis geeignet erscheint, sach- und interessengerechte Ergebnisse hervorzubringen, vermag er jedoch insofern nicht zu überzeugen, als hier meines Erachtens nicht der richtige dogmatische Ansatzpunkt gewählt wird, sondern lediglich die unerwünschten Ergebnisse, welche die Bruchteilsgemeinschaft liefert, eine Abänderung erfahren.

(a) Ausgangspunkt der Überlegung ist es, durch die Übertragung der Bruchteilsanteile auf ein Gesamthandverhältnis dafür Sorge zu tragen, daß im Falle von vertraglichen Unvollständigkeiten die §§ 705ff BGB angewendet werden können. Diese Vorschriften sind nämlich besser geeignet, die Stabilität der Zusammenarbeitsbeziehung aufrecht zu erhalten, während die §§ 741ff BGB beim Auftreten von Problemen, gleich einer Einbahnstraße, auf die Auflösung der Gemeinschaft hinauslaufen müssen[85].

(b) Wenn man jedoch konsequent weiterdenkt, kommt man zu dem Ergebnis, daß eine Pflicht, die Anteile an einer Erfindung auf die Gesamthand zu übertragen, nicht allein aus entsprechenden Vertragsklauseln zu entnehmen ist, sondern schon im FuE-Kooperationsvertrag immanent vorhanden ist. Denn als der eigentliche vertraglich vereinbarte Zweck im Sinne des § 705 BGB sind die Abreden zu verstehen, welche die gemeinsame Schaffung und Verwertung von neuen Erfindungen[86] vorsehen. Diese Pflicht besteht in umfassender Hinsicht, beinhaltet also sämtliche auf die Erfolgsverwirklichung abzielenden Handlungen. Dies ist neben der Bereitstellung von Know-how, geschützten Erfindungen, Personal, Material und Geld vor allem die Durchführung der FuE-Arbeiten selbst; aber auch der Austausch der jeweiligen Teilergebnisse mit den Partnern und die Zusammenführung der einzelnen FuE-Module zu einem Gesamtergebnis sind hierzu zu zählen. Dabei stellt die Schaffung und Verwertung der FuE-Ergebnisse als zentraler Vertragsbestandteil den Primärzweck dar, während die übrigen Pflichten lediglich begleitende Vereinbarungen sind.

Somit handelt es sich bei der Pflicht, die Bruchteilsanteile an der Erfindung auf die FuE-Kooperationspartner als Gesamthänder überzuleiten, bereits um einen Teil dieser primären Zweckförderungspflicht[87]. Dabei ist jeder FuE-Partner im Rahmen seiner vertraglichen Aufgabenbereiche als Geschäftsführer[88] (§ 709 I BGB) anzusehen, soweit nicht die Ge-

---

[84] Berhardt/Kraßer, aaO, § 19 V.a); Altin-Sieber, aaO, S. 348

[85] Diese im Ergebnis unerwünschte Konsequenz ist vielfach die einfachste Möglichkeit, wenn sich ein Teilhaber in einer aus seiner Betrachtungsweise relevanten Frage überstimmt sieht oder überhaupt keine Einigkeit zu erzielen ist, denn Auflösung und Teilung gemäß § 749 BGB kann jederzeit von jedem einzelnen Bruchteilsgemeinschafter gefordert werden, soweit dies nicht vertraglich ausdrücklich ausgeschlossen worden ist.

[86] Dabei ist die reine FuE-Tätigkeit schon als ursprünglicher Vertragsgegenstand der eigentliche Vertragszweck. Allerdings ist die anschließende Verwertung ebenfalls als gemeinsamer Zweck anzusehen, auch wenn dies nicht explizit im Vertragstext statuiert worden ist, denn aus dem Vorhandensein von Verwertungsregelungen ergibt sich dies konkludent. Solche Verwertungsabreden finden sich in den meisten FuE-Kooperationsverträgen, mit der Folge, daß die gemeinsame Verwertung als Vertragszweck vereinbart worden ist.

[87] MüKo/Ulmer, § 705 BGB, Rdnr. 121

[88] An dieser Stelle sei noch einmal darauf verwiesen, daß der FuE-Kooperationsvertrag rechtlich betrachtet eine BGB-Gesellschaft ist (siehe oben in Kapitel II. 4) und damit grundsätzlich die §§ 705ff BGB auf das gesamte Vertragsverhältnis, insbesondere auf die FuE-spezifischen Tätigkeitsbereiche, Anwendung finden. Hin-

schäftsführung in anderer Weise auf die einzelnen Partner übertragen worden ist. Als Teil dieser Aufgaben besteht die Verpflichtung, das durch die Geschäftsführung Erlangte an die Gesellschaft herauszugeben (§ 713 i.V.m. § 667 BGB)[89], also auch die Bruchteilsanteile an Miterfindungen.

(c) Fraglich ist, ob es eines Übertragungsaktes überhaupt bedarf. Teil der vertraglichen Zweckförderungspflicht ist es nämlich, Beiträge zu leisten[90], was durch die Vornahme der jeweiligen FuE-Handlungen auch erfolgt. Im übrigen hat jeder Partner seinen Teil zur gemeinsamen Geschäftsführungspflicht im Rahmen der vertraglichen Vereinbarungen zu erfüllen.

Über die durch Absprachen zustande gekommenen Pflichten zur Übertragung an die Gesamthand hinaus werden bereits kraft Gesetzes (§ 718 I BGB) all diejenigen Gegenstände, welches durch Geschäftsführungshandlungen erworben worden sind[91], unmittelbar, also ohne weiteren rechtsgeschäftlichen Übertragungsakt, Teil des Gesellschaftsvermögens. Hierunter fallen nach ganz herrschender Meinung sowohl Sachen wie auch Rechte[92] und somit auch die Immaterialgüterrechte an Erfindungen[93], unabhängig davon, welche Schutzrechtsform diesen zugrunde liegt. Damit werden Erfindungsrechte, wie die Bruchteilsanteile an den Arbeitnehmererfindungen, im Rahmen der Geschäftsführungspflicht der jeweiligen Kooperationspartner durch die Inanspruchnahme gegenüber den eigenen Arbeitnehmern übernommen. Zwar handelt der jeweilige Arbeitgeber hier primär für sein Unternehmen, doch nimmt er zugleich Aufgaben der Kooperationsbeziehung in ihrer Gesamtheit wahr, die, wie allgemein anerkannt, eine GbR darstellt[94]. Damit gelangen die jeweiligen in Anspruch genommenen Rechte an den Erfindungen direkt in die Hände der BGB-Gesellschafter und werden folglich unmittelbar von der Gesellschaft übernommen. Aufgrund der Geschäftsführung für die Kooperation bedarf es keiner weiteren Übertragungsakte, auch keiner antizipierten, sondern der Erwerb erfolgt direkt ohne jeglichen Durchgangserwerb bei dem Partnerunternehmen, dessen Mitarbeiter erfinderisch tätig geworden sind. Klar zu differenzieren ist in diesem Zusammenhang zwischen dem Rechtserwerb und der Arbeitnehmererfindervergütung, die kraft Gesetzes der jeweilige Arbeitgeber zu entrichten hat. Dies ist in aller Regel der einzelne Partner, der in einer unmittelbaren Vertragsbeziehung zu seinem erfindenden Personal steht. Somit werden sämtliche Anteile an der Erfindung mit der Inanspruchnahme unmittelbar in der Hand der „Gesellschaft" vereinigt, so

---

sichtlich der in § 709 I BGB statuierten Pflicht zur gemeinschaftlichen Geschäftsführung handelt es sich jedoch um vertraglich zulässige Individualabreden, wenn die Partner ihre Zusammenarbeit arbeitsteilig angelegt haben oder jedenfalls wenn gemeinsame Forscherteams gegründet worden sind und jeder Partner die Erfin dungen von seine Mitarbeitern gemäß den Vorschriften des ArbnErfG auf sich überleitet.

[89] So auch schon Bartenbach, aaO, S. 100.

[90] MüKo/Ulmer, § 705 BGB, Rdnr. 121; Soergel/Hadding, § 705 BGB, Rdnr. 37; Ballerstedt, JuS 1963, 253, 256

[91] Der Gesetzeswortlaut ist insofern eindeutig und daher wird dies auch einhellig so gesehen: MüKo/Ulmer, § 718 BGB, Rdnr. 14ff; Soergel/Hadding, § 718 BGB, Rdnr. 11; Schmidt, Gesellschaftsrecht, § 59 IV.3.

[92] MüKo/Ulmer, § 718 BGB, Rdnr. 14ff; Soergel/Hadding, § 718 BGB, Rdnr. 11; Schmidt, Gesellschaftsrecht, § 59 IV.3

[93] MüKo/Ulmer, § 718 BGB, Rdnr. 15. Dies stellt Soergel/Hadding, § 718 BGB, Rdnr. 11, für Patente und andere gewerbliche Schutzrechte sogar explizit fest.

[94] Siehe oben in Kapitel II. 4.

daß es sich folglich nicht um Bruchteils-, sondern um Gesamthandseigentum an diesen handelt[95].

Vom Gesetzeswortlaut offen gelassen und folglich auch höchst umstritten ist jedoch die Frage, ob sich dieser Erwerb ohne jede Offenkundigkeit vollziehen kann[96]. Hier geht die herrschende Meinung davon aus, daß ein organschaftliches Handeln erforderlich ist, um die Gesamthand zu berechtigen bzw. zu verpflichten, weil sich ansonsten im Einzelfall nicht klären ließe, ob der Gesellschafter für sich selbst, also außerhalb der gesellschaftlichen Bindungen, oder für die Gesamthand erwerben will[97]. Die Frage, für wen das jeweilige Rechtsgeschäft vorgenommen worden ist, läßt sich jedoch mit den allgemeinen Regeln des Stellvertretungsrechts lösen. Demnach ist es nämlich grundsätzlich erforderlich, offen zu legen, wer durch die in Frage stehenden Handlungen berechtigt und verpflichtet werden soll. Das organschaftliche Handeln müßte daher explizit angezeigt werden[98], weil ansonsten nur ein Erwerb „in Person" des Gesellschafters, aber eben nicht für die Gesamthand erfolgen würde, so daß wiederum eine Bruchteilsgemeinschaft entstünde und die Erfindungsrechte erst auf die Gesamthand übertragen werden müßten. Eine Durchbrechung dieses Offenkundigkeitsprinzips ist lediglich beim sogenannten „Geschäft für den, den es angeht"[99] möglich; dieser Grundsatz ist jedoch auch im Gesellschaftsrecht anwendbar[100]. Hierfür ist es zum einen erforderlich, daß tatsächlich die Vertretungsmacht vorliegt, für die FuE-Gesamthand zu handeln, und zum anderen muß es dem Geschäftspartner gleichgültig sein, wem er gegenübersteht.

Die hier maßgebliche Handlung ist die Inanspruchnahme der Erfindung durch den arbeitgebenden Kooperationspartner gegenüber seinen erfindenden Mitarbeitern. Daß der Arbeitgeber seine Angestellten beauftragt hat, erfinderisch tätig zu werden, entspringt zwar seinem eigenen Interesse, aber eben auch der im FuE-Kooperationsvertrag übernommenen Verpflichtung, gemeinsame FuE-Anstrengungen zu übernehmen, und ist im Rahmen dieses Vertrages eine Geschäftsführungshandlung, für welche gemäß § 714 BGB im entsprechenden Umfang auch Vertretungsmacht besteht. Somit nimmt der jeweilige Kooperationspartner eine Doppelstellung ein, nämlich zum einen als Arbeitgeber in Bezug auf das ArbnErfG und zum anderen als Gesellschafter des FuE-Vertrags; hierdurch können die Erfindungsrechte direkt „in Person" der gesamthänderischen Bindung aller Kooperationspartner nach der Inanspruchnahmehandlung entstehen. Dies ist jedoch nur dann möglich, wenn diesem verdeckten Geschäft für den, den es angeht, keine schutzwürdigen Interessen der

---

[95] Von der grundsätzlichen Möglichkeit des unmittelbaren Eintritts der Erfindung in das Gesamthandsvermögen der Partner geht auch Lüdecke, aaO, S. 217, aus, wobei dies ohne einleuchtende Begründung geschieht, denn die bloße Gestaltung der Rechtsbeziehungen als Gesellschaftsvertrag im Sinne der §§ 705ff BGB liegt bei FuE-Kooperationsverträgen üblicherweise zugrunde und Lüdecke geht nicht, wie die Formulierung „wenn das Verhältnis der Beteiligten als Gesellschaft ... anzusehen ist" unmißverständlich zeigt, von der Gründung einer FuE-Kooperation im Sinne eines Gemeinschaftsunternehmens aus, sondern von einem bloßen FuE-Vertrag.

[96] Schmidt, Gesellschaftsrecht, § 59 IV 3.a)

[97] MüKo/Ulmer, § 718 BGB, Rdnr. 14; Soergel/Hadding, § 718 BGB, Rdnr. 11; Schmidt, Gesellschaftsrecht, § 59 IV.3.a)

[98] Larenz/Wolf, BGB AT, § 46 Rdnr. 74; Soergel/Leptien, § 164 BGB, Rdnr. 12

[99] Siehe hierzu allgemein: Larenz/Wolf, § 46 Rdnr. 79ff; Müller, Das Geschäft für den, den es angeht, JZ 1982, 777ff; Palandt/Heinrichs, § 164, Rdnr. 8; Soergel/Leptien, Vor § 164 BGB, Rdnr. 28ff

[100] Soergel/Hadding, § 718 BGB, Rdnr. 11

Vertragspartner, also der Arbeitnehmer, entgegenstehen[101]. Solche sind in der vorliegenden Konstellation jedoch nicht zu erkennen, da der Arbeitgeber auch ansonsten befugt ist, durch antizipierte Übertragungsakte erworbene Rechte an der Erfindung auf rechtsgeschäftlichem Wege unmittelbar weiterzuleiten, so daß aus Sicht der Arbeitnehmer die gleiche Situation besteht wie bei einem Direkterwerb. Außerdem behält der Arbeitnehmer seinen Anspruch auf Erfindungsvergütung gegenüber seinem Arbeitgeber und ist folglich nicht weiter schutzbedürftig. Vielmehr haftet der jeweilige Kooperationspartner kraft gesetzlicher Regelung (§§ 9ff ArbnErfG) für diese Erfüllung aufgrund seiner Arbeitgeberstellung, da es sich bei dem Vergütungsanspruch um eine Verbindlichkeit aus dem Arbeitsverhältnis handelt. Damit erwerben die FuE-Partner unmittelbar, also ohne weitere Absprachen, aufgrund der Inanspruchnahme der Erfindung eines Unternehmens in ihrer diesbezüglich bestehenden gesamthänderischen Bindung die Rechte an der Erfindung.

(d) Diese Konstruktion widerspricht zwar den Ansatzpunkten der noch herrschenden Meinung, vermag aber dennoch zu überzeugen, da sie zum einen interessengerechte Lösungen liefert und zum anderen ohne komplizierte kautelarjuristische Konstruktionen oder einem Gesetzesverständnis contra legem zu dem gewünschten Ergebnis führt, nämlich der unmittelbaren Anwendung der Vorschriften über die Gesamthandsgemeinschaft bei den Erfindungsgemeinschaften. Überdies wird durch diesen unmittelbaren Erwerb aller an der Kooperationsbeziehung beteiligten Unternehmen hinsichtlich der Erfindungsrechte die Gefahr eines treuwidrigen Handelns eines einzelnen Partners vermieden[102]. Sollte jedoch ausnahmsweise ein Interesse der Beteiligten an einer Bruchteilsgemeinschaft bestehen, läßt sich dies durch eine entsprechende Vereinbarung ohne weiteres erreichen[103].

Für die Anwendung der Gesamthandregeln spricht auch der rein pragmatische Gedanke, daß die noch herrschende Meinung zwar die Bruchteilsgemeinschaft als Regelfall betrachtet, dieser aber gleichzeitig die Eignung abspricht, die Rechtsverhältnisse interessengerecht zu behandeln. Oft wird daneben auch halbherzig die Gesamthandsgemeinschaft als Lösungsmodell angeboten, zum Teil ohne Nennung von konkreten Tatbeständen, bei deren Vorliegen diese unmittelbar eintreten kann[104]. Deshalb ist es auch nicht ersichtlich, wieso den - durchaus berechtigten - Wünschen der Praxis nicht nachgegeben wird und man den Gesetzeswortlaut in Verbindung mit dem FuE-Kooperationsvertrag nicht so versteht beziehungsweise so auslegt, daß diesen Interessen entsprechend Rechnung getragen wird[105]. Explizit festzuhalten ist, daß es keinen dogmatischen Bruch darstellt, wenn der Anspruch auf die Arbeitnehmererfindervergütung und die Zuordnung der übergeleiteten Rechte an der

[101] MüKo/Thiele, § 164 BGB, Rdnr. 44ff; Soergel/Leptien, Vor § 164 BGB, Rdnr. 35. Selbst Schmidt, Offene Stellvertretung, JuS 1987, 425, 429 versperrt sich grundsätzlich nicht dem Rechtsinstitut des Geschäfts für denjenigen, den es angeht, läßt es allerdings, siehe Schmidt, Gesellschaftsrecht, § 59 IV 3.a), ohne einleuchtende Erklärung beim hier behandelten Problemkreis nicht zur Anwendung kommen.

[102] Diese Gefahr besteht vor allem im Rahmen von arbeitsteiligen Zusammenarbeitsverhältnissen, wenn die schutzrechtsfähige Erfindung nur von den Mitarbeitern eines Partners gemacht worden ist, da dann nach der bisher herrschenden Meinung allein der damit befaßte Arbeitgeber die Erfindung auf sich überleiten kann.

[103] MüKo/Schmidt, § 741 BGB, Rdnr. 2, 4 und 7 mit zahlreichen weiteren Nachweisen.

[104] Vergleiche nur Lüdecke, aaO, S. 217 und Wunderlich, aaO, S. 140ff.

[105] Insbesondere der BGH ist mit seiner Rechtsprechung in anderen Bereichen des bürgerlichen Rechts stets bereit gewesen, aus solchen pragmatischen Erwägungen das Gesetz entsprechend auszulegen und hat in der Vergangenheit sogar bisweilen Entscheidungen contra lege gefällt, was hier nicht erforderlich wäre, da eine entsprechende Auslegung des vom Gesetzgeber vorgegebenen Instrumentariums zur Erreichung des Zieles genügen würde.

Erfindung selbst gegenüber bzw. auf verschiedene Personen erfolgt, nämlich zum einen dem Arbeitgeber und zum anderen die Kooperationspartner in ihrer gesamthänderischen Bindung. Dieses Ergebnis ist nur konsequent, da sich der Erfindervergütungsanspruch gegen den jeweiligen Arbeitgeber richtet[106] und daher nach Arbeitsrecht zu beurteilen ist, während die Zuordnung der Rechte an der Erfindung nach Gesellschaftsrecht erfolgt. Ein solches Auseinanderfallen ist hier ohne weiteres hinnehmbar, da die deutsche Zivilrechtsordnung etwa bei der Drittschadensliquidation oder dem Vertrag mit Schutzwirkung Dritter extreme Konstellationen nicht nur grundsätzlich akzeptiert, sondern durch eigens geschaffene Instrumente ein Auseinanderfallen von Anspruch und Schaden bzw. von Vertragsbeziehung und vertraglichem Anspruch sogar positiv sanktioniert. Bei der hier vorgetragenen Lösung handelt es sich allerdings um einen weniger extremen Fall, da jeder Kooperationspartner sowohl Arbeitgeber als auch Teil der Kooperation ist, also eine Doppelrolle innehat.

Ein Sonderfall bereitet jedoch im Rahmen dieses Lösungsansatzes erhebliche Probleme, nämlich das Vorliegen einer Erfindung allein durch die Mitarbeiter eines der Partner, ohne daß Mitarbeiter der anderen Unternehmen daran beteiligt sind. Bei konsequenter Umsetzung des oben Gesagten würde jedenfalls bei einem mehrgliedrigen Kooperationsverhältnis, soweit zumindest zwei Unternehmen an der Technologieschöpfung beteiligt waren, eine gemeinsame Erfindung vorliegen, die dann von allen Beteiligten, also allen Kooperationspartnern, zur gesamten Hand erworben wird[107]. Daraus folgt aber, daß auch, wenn nur die Angestellten eines einzigen Unternehmens der FuE-Zusammenarbeit sich für die Erfindung verantwortlich zeigen, diese dennoch für die Gesamthandsgemeinschaft erworben wird, vorausgesetzt die Erfindung erfolgte in einem kooperationsrelevanten Bereich, denn auch hier stellt der Erwerb für die Gesamthand eine Geschäftsführungshandlung dar. Anders verhält es sich lediglich, wenn bei Gelegenheit der Zusammenarbeit eine solche Erfindung quasi als Abfallprodukt zustande kommt, denn diese steht dann allein dem erfindenden Unternehmen zu[108].

(e) Zusammenfassend bleibt festzuhalten, daß hinsichtlich der gemeinschaftlichen Erfindungen bereits aufgrund der vertraglichen Vereinbarungen eine gesamthänderische Bindung entsteht, was jedenfalls für das FuE-Kooperationsverhältnis eine sachgerechte Lösung darstellt; denn auch im übrigen liegt ein Gesellschaftsverhältnis hinsichtlich der Schaffung von neuem Know-how und sonstigen Erfindungen vor, während nicht nur das Halten eines Gegenstandes oder eben der Rechte an einer Erfindung als Zweck vereinbart wurde, was zur Anwendung des Gemeinschaftsrechts führen würde (§§ 741ff BGB).

(f) Um diesbezügliche Unstimmigkeiten jedoch von vornherein zu vermeiden, bietet es sich meines Erachtens für die Praxis an, eine Klausel in den Vertrag aufzunehmen[109], die

---

106 Dabei wird der Arbeitgeberbegriff ebenso wie im Arbeitsrecht verstanden, so Volmer, GRUR 1978, 393, 394; Bartenbach/Volz, § 1 ArbnErfG, Rdnr. 99; Volmer/Gaul, § 1 ArbnErfG, Rdnr. 108ff.

107 Reich-Rorwig, Patentverwertung in Gesellschaften, ecolex 1991, 159, 163 sieht zumindest eine Verpflichtung der Partner dazu, die Anteile der bei nur einem einzelnen Unternehmen angefallenen Erfindung aufgrund der gesellschaftsrechtlichen Treuepflicht auf die anderen Kooperationspartner zu übertragen.

108 Ein Sonderproblem stellt es hier dann allerdings dar, die Erfindungen im kooperationsrelevanten Bereich von sonstigen Erfindungen abzugrenzen.

109 Wie oben bereits angesprochen, besteht stets die Gefahr, daß ein Partner entgegen der ursprünglichen Vereinbarung zu einem späteren Zeitpunkt nicht mehr bereit ist, die Erfindung mit den anderen zu „teilen".

das oben Gesagte klarstellt und auch aus Gründen der Rechtssicherheit eine antizipierte Übertragung von Erfindungsrechten auf die anderen Kooperationspartner beinhalten sollte.

f) Die Besonderheit bei schlichtem Know-how

Bei der Behandlung von schlichtem Know-how, also Kenntnissen, die nicht schutzrechtsfähig sind, ergeben sich gegenüber den Schutzrechten gewisse Unterschiede. Dies liegt zum einen daran, daß das Know-how nicht den Schutz eines absoluten Rechts genießt, sondern daß jedem, der das entsprechende Wissen legal erlangt, eine unmittelbare Nutzungsbefugnis daran zusteht. Abwehrrechte gegen Dritte bestehen nur im Hinblick auf die Kenntniserlangung dieses Wissens auf nicht zulässigem Wege[110]. Außerdem wird das Know-how nicht über den Umweg der Inanspruchnahme erworben, sondern das Unternehmen wird unmittelbar mit Kenntniserlangung des Wissens durch die Mitarbeiter Inhaber, es gilt mithin das allgemein anerkannte Unternehmerprinzip[111].

aa) Nach inzwischen einhelliger Ansicht[112] handelt es sich bei technischem Wissen, welches nicht patentiert werden soll, um ein Vermögensrecht[113], nach dessen rechtlicher Zuordnung im Rahmen der FuE-Kooperationsbeziehung zu fragen ist. Dabei ist zunächst festzuhalten, daß es sich bei der Entwicklung von Know-how um eine Leistung handelt, die anders als patentfähige Erfindungen nicht demjenigen zuzurechnen ist, der sie erbringt[114], sondern ebenso wie gegenständliche Arbeitsergebnisse dem Unternehmen, in dessen Tätigkeitsbereich das neue Know-how entwickelt worden ist[115]. Dabei macht es keinen Unterschied, ob es sich bei den neuen Erkenntnissen um qualifizierte oder einfache technische Verbesserungsvorschläge bzw. um sonstiges Know-how handelt[116], da diese Differenzierung nur Bedeutung für die Frage hat, ob dem Arbeitnehmer daraus ein Vergütungsan-

---

110 Hier können sich Ansprüche im Wesentlichen aus § 826 BGB und den §§ 1, 3 UWG ergeben. Wenn das Know-how hingegen einen erheblichen Umfang bzw. besondere Bedeutung für dessen Inhaber besitzt, so besteht dafür auch Schutz über § 823 I BGB als Teil des eingerichteten und ausgeübten Gewerbebetriebs, so MüKo/Mertens, § 823 BGB, Rdnr. 132; Soergel/Zeuner, § 823 BGB, Rdnr. 126.

111 Siehe hierzu Schaub, Arbeitsrechtshandbuch, § 115 V 2; Reimer/Schade/Schippel, Das Recht der Arbeitnehmererfindung, § 20, Rz 8; Volmer/Gaul, § 3 ArbnErfG, Rdnr. 22f, 50ff; Münchener Handbuch des Arbeitsrechts/Sack, § 99, Rdnr. 123; Kasseler Handbuch zum Arbeitsrecht/Bartenbach/Volz, Nr. 2.7., Rdnr. 208; Bartenbach/Volz, § 3 ArbnErfG, Rdnr. 26f und § 20 ArbnErfG, Rdnr. 10.

112 Paul, Der industrielle Lohnfertigungsvertrag über geschützte Gegenstände, NJW 1963, 2249, 2251; Pfister, Das technische Geheimnis „Know-how" als Vermögensrecht, S. 31ff; a.A. Kraßer, GRUR 1977, 177, 186, 189, der aufgrund der sogenannten „Trennbarkeitsthese" Vorbehalte gegen diese Annahme vorbringt. Allerdings wird dadurch die Bedeutung der Verkehrsfähigkeit von Know-how, wie sie auch der BGH (25.1.1955) GRUR 1955, 388 - Dücko-Geheimverfahren grundsätzlich anerkennt, übersehen.

113 Jedenfalls hat der BGH (25.1.1955) GRUR 1955, 388 - Dücko-Geheimverfahren - den Vermögenswert von schlichtem Know-how und damit dessen Verkehrsfähigkeit in einem Konkursverfahren bejaht, in welchem er dem Gemeinschuldner, nach Veräußerung des Wissens durch den Konkursverwalter, die weitere Nutzung untersagt hat. Aus dieser Entscheidung ist mit Pfister, aaO, S. 37ff zwingend der Schluß zu ziehen, daß diese Verkehrsfähigkeit des Know-how auch außerhalb des Konkursverfahrens vorhanden sein muß, die den jeweiligen Inhaber der tatsächlichen Gewalt über das Know-how zur Veräußerung berechtigt und ihm die gesetzlichen Abwehrrechte einräumt. Allerdings besteht diese Rechtsposition nur dann, wenn dem Wissen ein gewisser Vermögenswert zukommt, es darf sich also nicht um Allgemeingut oder in der Praxis nicht veräußerbares Wissen handeln.

114 Pfister, aaO, S. 49f

115 Siehe hierzu oben unter 1.c)cc).

116 Die Abgrenzung von technischen Verbesserungsvorschlägen zu Know-how erfolgt gemäß der Legaldefinition des § 3 ArbnErfG, wobei die exakte Differenzierung im Einzelfall schwierig sein kann, aber vielfach unerheblich ist.

spruch erwächst[117]. Die Besonderheit des Know-how als vermögenswertes subjektives Recht liegt darin, daß es seinem Besitzer über die §§ 17ff UWG sowie die §§ 823 und 826 BGB Schutz[118] gegen das unberechtigte Inbesitzbringen sowie die unberechtigte Weitergabe oder Verwertung bietet, ihm aber gleichwohl keine Ausschließlichkeitsstellung[119], vergleichbar mit den gewerblichen Schutzrechten, einräumt. Allerdings ist trotz der bestehenden Rechtsstellung jedermann befugt, eigene FuE-Tätigkeiten zu betreiben, um in Besitz dieses Wissens zu gelangen und es im Erfolgsfall auch zu verwerten, sei es durch eigene Nutzung oder durch Weitergabe an Dritte. Dem Erstentdecker stehen dagegen keinerlei Abwehrmöglichkeiten offen.

Soweit es sich um technische Aufzeichnungen im Sinne des § 1 Nr. 7 UrhG handelt[120], besteht jedoch ein urheberrechtlicher Schutz im Sinne des § 2 UrhG, wobei vorrangig auf den Inhalt abzustellen ist, da die äußere Form bei solchen Aufzeichnungen keine besondere schöpferische Leistung zu beinhalten pflegt[121]. Das geschützte Recht entsteht zwar mit Ausnahme von Computerprogrammen (§ 69b UrhG) in Person des Erfinders gemäß § 43 UrhG, kann aber aufgrund von arbeitsvertraglichen Regelungen auf den Arbeitgeber übertragen werden[122], so daß dann dieser die Schutzrechtsposition innehat und ausüben kann. Allerdings endet die Stellung des Know-how als Vermögensrecht, sobald das Wissen allgemein zugänglich wird und daher auch mangels Vermögenswert keinen Vermögensgegenstand mehr darstellt[123].

bb) Aus dem oben Gesagten folgt zwingend, daß im Rahmen einer Kooperationstätigkeit entdecktes Know-how dem Partner zufällt, dessen Arbeitnehmer die Wissensschöpfung vorgenommen haben. Soweit Arbeitnehmer mehrerer FuE- Partner gemeinsam tätig geworden sind, fallen dementsprechend die Rechte zunächst den jeweiligen Unternehmen zu. Anders als bei den schutzrechtsfähigen Erfindungen findet hier kein Direkterwerb aller Kooperationspartner statt, da es hierfür erforderlich ist, daß das Wissen auch tatsächlich im Unternehmen vorhanden ist, also die jeweiligen Mitarbeiter davon Kenntnis erlangt haben. Weil im Rahmen dieser Wissensschöpfung die Partner, deren Angestellten nicht direkt an der Know-how-Entwicklung beteiligt waren, keine originären eigenen Rechte an dem neu-

---

[117] Bei qualifizierten technischen Verbesserungsvorschlägen folgt die Vergütungspflicht bereits unmittelbar aus § 20 I ArbnErfG, während einfache technische Verbesserungsvorschläge nur einen Vergütungsanspruch zur Folge haben, wenn deren Entwicklung die arbeitsvertraglich geschuldete Arbeitsleistung übersteigt, diese für den Arbeitgeber einen besonderen wirtschaftlichen Wert haben und sie auch tatsächlich verwertet werden (Bartenbach/Volz, § 20 ArbnErfG, Rdnr. 66). Für sonstige technische Verbesserungsvorschläge und einfaches Know-how, welches nicht unter § 3 ArbnErfG fällt, besteht ein Vergütungsanspruch nur im Falle des Bestehens einer individual- oder kollektivarbeitsrechtlichen Vereinbarung.

[118] Kraßer, GRUR 1977, 177ff; Pfaff, Der Know-how-Vertrag im bürgerlichen Recht, BB 1974, 565, 567; Gaul/Bartenbach/Gennen, aaO, Q 75ff., Q 153ff; Kragler, Schutz des geheimen Know-how, passim; Dannecker, Der Schutz von Geschäfts- und Betriebsgeheimnissen, BB 1987, 1614ff; Lieberknecht, Die Behandlung von Geschäftsgeheimnissen im deutschen und EG-Recht, WuW 1988, 833; Harte-Bavendam, Wettbewerbsrechtlicher Schutz von Computerprogrammen, CR 1986, 615, 618ff

[119] Pfister, aaO, S. 51

[120] Dabei sollen nach einhelliger Ansicht die Rechtsbegriffe „Darstellung", „Wissenschaft" und „Technik" einer großzügigen Auslegung unterliegen, so Hubmann, Urheber- und Verlagsrecht, § 15 II; Fromm/Nordemann, § 2 UrhG, Anm. 16; Ulmer, Urheber- und Verlagsrecht, S. 122.

[121] Gaul/Bartenbach/Gennen, Patentlizenz- und Know-how-Vertrag, Q 84; BGH (18.5.1973) GRUR 1973, 63, 64 - Wählamt-Architekturpläne

[122] Gaul/Bartenbach/Gennen, aaO, Q 90

[123] Pfister, aaO, S. 53

en Know-how erwerben, ergibt sich in der Regel aus dem Kooperationsvertrag die zivilrechtliche Pflicht für den Know-how-Inhaber, die anderen Vertragspartner davon in Kenntnis zu setzen. Doch erst wenn durch die Mitteilung bzw. die Erläuterung des Wissens auch das nicht entdeckende Unternehmen Kenntnis erlangt hat, existiert das Know-how in diesem Unternehmen mit den entsprechenden Schutzmöglichkeiten. Dabei erwirbt der nicht entdeckende Partner dann die vollständige Rechtsposition am Know-how, die ihn grundsätzlich selbst zur Weitergabe an Dritte berechtigen würde, soweit dies nicht durch entsprechende Vertragsklauseln ausgeschlossen worden ist.

3. Erwerb und Verwertung der FuE-Ergebnisse

Zwar lassen sich allgemeine Grundsätze hinsichtlich der Ergebnisteilhabe und der gemeinsamen Verwertung für neu entwickeltes Know-how sowie schutzrechtsfähige Erfindungen unmittelbar aus dem Gesetz entnehmen, aber aufgrund der bestehenden Rechtsunsicherheit sollten die Parteien grundsätzlich selbst möglichst detaillierte Verwertungsabreden treffen[124]. Dies empfiehlt sich auch insofern, als ansonsten die Gefahr bestünde, daß neues Wissen gemeinsam geschaffen wird, aber aufgrund gegenseitiger Blockade oder vorhandener Rechtsunsicherheit gar nicht genutzt werden kann. Insbesondere ist im Sinne einer Konfliktvorbeugung zu klären, unter welchen Voraussetzungen die Partnerunternehmen Erfindungen ihrer Mitarbeiter in Anspruch nehmen können, ob ein Schutzrechtserwerb angestrebt wird soll und in welcher Weise die FuE-Ergebnisse anschließend verwertet werden sollen.

a) Schutzrechtserwerb

Zunächst müssen sich die Partner darüber einigen, ob im Falle der Entwicklung einer schutzrechtsfähigen Erfindung auch tatsächlich eine Inanspruchnahme der Erfinderrechte gegenüber den jeweiligen Arbeitnehmern angestrebt werden sollte. Dies erfolgt durch die Abgabe der entsprechenden Erklärungen gegenüber den eigenen Mitarbeitern, wobei grundsätzlich einer unbeschränkten Inanspruchnahme (§ 7 I ArbnErfG) der Vorrang eingeräumt werden sollte, durch die alle Rechte an der Erfindung auf die Kooperationspartner übergehen. Bei einer nur beschränkten Inanspruchnahme (§ 7 II ArbnErfG) erhalten die Kooperationspartner nämlich lediglich ein beschränktes Nutzungsrecht, vergleichbar einer einfachen Lizenz[125], und überdies ist der Kreis der Verwertungsberechtigten sehr weit gezogen, da sowohl die kooperierenden Unternehmen als auch ihre erfindenden Mitarbeiter verwertungsberechtigt sind[126].

aa) Im Rahmen der Entscheidungsfindung der Kooperationspartner, ob grundsätzlich eine Inanspruchnahme erfolgen soll, muß zunächst einmal zwischen der Frage nach den Kosten, d.h. den Vergütungsansprüchen, und der Frage nach der Sicherung der Ergebnisse abgewogen werden. Dabei ist vorab möglichst umfassend zu klären, ob und in welchem Umfang voraussichtlich schutzrechtsfähige Erfindungen anfallen werden. Dies ist vor allem dann

[124] Auf die Notwendigkeit, diese regelungsbedürftigen Punkte bereits vorab zu klären, weist auch Altin-Sieber, aaO, S. 367 hin.

[125] Bartenbach/Volz, § 7 ArbnErfG, Rdnr. 29

[126] So auch schon Niedzela-Schmutte, aaO, B 3.4.1.1. Im übrigen besteht die Gefahr einer zusätzlichen Ausweitung dieses Kreises, denn die Arbeitnehmererfinder haben dann das Recht, selbst Lizenzen an Dritte zu vergeben.

von Bedeutung, wenn die Erfindungen nicht nur zu einer unmittelbaren Belastung mit der Arbeitnehmervergütung führt, sondern zu möglicherweise weitaus höheren Folgekosten für die Anmeldung und Aufrechterhaltung von Schutzrechten. Die Inanspruchnahme ist jedoch umgekehrt die einzige Möglichkeit, die Rechte an der Erfindung, welche originär dem erfindenden Personal zustehen, auf die Kooperationspartner überzuleiten. Dieser Zielkonflikt sollte zu Beginn der Zusammenarbeit dergestalt geklärt werden, daß sich die Partner darüber einigen, ob grundsätzlich eine Inanspruchnahme stattfinden soll oder ob darüber jeweils im Einzelfall zu entscheiden ist. Gleichzeitig sollten die Partner eine Vereinbarung über die Kostentragung schließen, um sicher zu stellen, daß intern auch derjenige Partner für die Arbeitnehmervergütung aufkommt, der maßgeblich von den Erfindungen profitiert.

Allerdings ist es besonders wichtig, diesen Fragenkomplex einheitlich für alle Kooperationspartner zu klären, da ansonsten der Fall eintreten kann, daß an einer einzelnen schutzrechtsfähigen Erfindung, an der die Mitarbeiter mehrerer Partnerunternehmen beteiligt sind, bei Inanspruchnahme von nur einzelnen Partnerunternehmen eine äußerst problembehaftete Erfindergemeinschaft zur Entstehung kommt. Denn diejenigen Partner, welche die Inanspruchnahme erklären, werden gemeinsam mit den übrigen beteiligten Unternehmen gesamthänderische Inhaber eines quotenmäßig zu bestimmenden Teils der Rechte an der Erfindung. Daneben bildet diese Gesamthandsgemeinschaft, bestehend aus einigen Partnerunternehmen, eine Bruchteilsgemeinschaft mit den einzelnen Arbeitnehmern derjenigen Unternehmen, welche die Inanspruchnahme nicht erklärt haben. Es existiert somit insgesamt eine Bruchteilsgemeinschaft mit den oben aufgezeigten nachteiligen Konsequenzen, insbesondere dem Problem, daß nun die erfindenden Arbeitnehmer ihre Anteile an der Erfindung an Dritte, z. B. an Konkurrenzunternehmen, zu veräußern berechtigt sind. Soweit die kooperierenden Unternehmen jeweils eine konkrete Entscheidung über die Inanspruchnahme im Einzelfall zu treffen beabsichtigen, sollte denjenigen Partnern, die trotz grundsätzlicher Ablehnung der Inanspruchnahme an der Erfindung interessiert sind, das Recht eingeräumt werden, die Inanspruchnahme gegen vollständige Kostenübernahme verlangen zu können, wobei die Rechte an der Erfindung anschließend von der Gesamthand auf den Partner zu überführen sind.

bb) Bei erfolgter Inanspruchnahme der Erfindung, sei es aufgrund einer grundsätzlichen oder einer Einzelfallentscheidung, schließt sich die logische Frage an, ob dann auch der Schutzrechtserwerb angestrebt werden sollte. Dies kann ganz allgemein mit „ja" beantwortet werden, da bei Inanspruchnahme einer Diensterfindung durch die Kooperationspartner gemäß § 13 I ArbnErfG die gesetzliche Pflicht zum Schutzrechtserwerb besteht. Zwar gibt es auch hiervon Ausnahmen, doch diese Tatbestände sind zum einen sehr eng gefaßt, wie zum Beispiel die Möglichkeit zeigt, beim Vorhandensein von Betriebsgeheimnissen auf eine Schutzrechtsanmeldung verzichten (§ 13 II Nr. 2 i.V.m. § 17 ArbnErfG) zu können[127], oder sie sind zum anderen in der Praxis schwierig zu handhaben, denn nach § 13 II Nr. 3 ArbnErfG kann die Schutzrechtsanmeldung auch dann unterbleiben, wenn die betroffenen Arbeitnehmer damit einverstanden sind.

Soweit jedoch von einer Schutzrechtsanmeldung abgesehen wird, ist es erforderlich, daß alle Kooperationspartner innerbetrieblich für Geheimhaltung sorgen, was jedoch die Gefahr

[127] Bartenbach/Volz, § 13 ArbnErfG, Rdnr. 36ff, § 17, Rdnr. 4ff, 26ff; Gaul, Die betriebsgeheime Erfindung im Arbeitnehmererfinderrecht, MittPatAnw 1987, 185

eines Offenkundigwerdens nicht vollständig ausschließen kann[128]. Auch hierbei ist es in der Regel erforderlich, „das Schweigen" der Mitarbeiter zu erkaufen, was letztendlich nicht billiger sein dürfte als die Zahlungen aufgrund des ArbnErfG. Denn gerade dem wissenschaftlichen Personal wird durch die Geheimhaltung die Möglichkeit genommen, sich durch Veröffentlichungen in allgemeine Technikdiskussionen einzubringen. Noch schwerwiegender sind die Nachteile, wenn es einem anderen Wettbewerber gelingt unabhängig hiervon die gleiche Erfindung zu machen und diese zum Schutzrecht anzumelden, denn dann kann dieser aufgrund der prioritätsbegründenden Anmeldung jegliche Verwertung oder Benutzung durch die Kooperationspartner unterbinden[129].

Da bei kooperativen FuE-Vorhaben in der Regel zahlreiche Personen als Miterfinder anzusehen sind[130] und diese oft verschiedene Arbeitgeber haben, kann es sich aufgrund der unterschiedlichen Interessenlagen mitunter als kaum durchführbar erweisen, den Versuch einer Einigung zu unternehmen. Daher bietet es sich an, im Kooperationsvertrag nicht nur eine allgemeine Regelung hinsichtlich der Inanspruchnahme aufzunehmen, sondern als Grundsatz den Schutzrechtserwerb bei Erfindungen anzustreben. Um sich nicht der Gefahr eines Automatismus auszusetzen, der zu einer Schwemme von Schutzrechtsanmeldungen und den damit verbundenen erheblichen Kosten führt[131], die bisweilen mit den Erfindungen gar nicht erwirtschaftet werden können, ist es jedenfalls erforderlich, soweit eine generelle Anmeldeverpflichtung eingegangen worden ist, daß eine Art Öffnungsklausel in den Vertrag eingeflochten wird. Diese sollte es den Partnern insgesamt oder einzelnen erlauben[132], Schutzrechtsanmeldungen zu verhindern bzw. unter Verzicht auf die Rechte an der Erfindung von der Pflicht zur Kostentragung freigestellt zu werden. Sobald eine Schutzrechtsanmeldung als solche erforderlich wird, bedarf es einer Entscheidung, in welcher Form diese erfolgen soll. Um hierbei frühzeitig planen zu können, wie die Erfindung zu verwerten ist, also ob ein Schutzrechtserwerb angestrebt wird und wie dieses dann genutzt werden kann, ist es für die Partner unerläßlich, einen laufenden und intensiven Informationsaustausch zu betreiben[133].

cc) In der Praxis stellen sich in der Folge zwei Fragen zur Schutzrechtsanmeldung, nämlich zum einen, „Wer soll anmelden" und zum anderen „Wer muß die Kosten tragen".

---

[128] Dies würde jedenfalls zum Verlust des Geheimnischarakters der Erfindung führen. Siehe hierzu auch Altin-Sieber, aaO, S. 369.

[129] Altin-Siber, aaO, S. 369

[130] Dies kann auch der enge negative Miterfinderbegriff (siehe hierzu ausführlich bei Niedzela-Schmutte, aaO, A 4.4) nicht gänzlich verhindern, sondern lediglich den Personenkreis etwas einschränken

[131] Hierbei fallen vor allem die sehr hohen Kosten für Patentanmeldungen und deren Aufrechterhaltung ins Gewicht.

[132] Ob hier ein prozentuales Quorum oder Einstimmigkeit verabredet wird, hängt allein von den Gegebenheiten des konkreten FuE-Kooperationsvorhabens ab. Insbesondere ist zu berücksichtigen, ob mit einer großen Zahl von schutzrechtsfähigen Erfindungen zu rechnen ist und welche wirtschaftlichen Vorteile sich daraus gewinnen lassen.

[133] Diese Informationspflicht, die auch in § 716 BGB gesetzlich normiert worden ist, beinhaltet auch das Zurverfügungstellen vorhandener Dokumente oder sonstiger technischer Beschreibungen und ist Ausfluß der gesellschaftsrechtlichen Treuepflicht, so Bartenbach, aaO, S. 33, der fordert, daß die Partner über kooperationsrelevante Tatbestände unterrichtet werden müssen und gegebenenfalls zu treffende Maßnahmen untereinander abzustimmen sind.

(1) Bei einer gemeinschaftlichen Erfindung ist es entweder möglich, daß alle beteiligten Unternehmen diese gemeinsam anmelden[134] oder daß ein einzelnes Unternehmen die Anmeldung im eigenen Namen durchführt[135]. Wenn dabei ein Partner im eigenen Namen anmeldet, ist dieser quasi Treuhänder für die anderen Beteiligten, so daß er diesen die Benutzung gestatten muß. Die Anmeldung einer gemeinschaftlichen Erfindung sollte meines Erachtens grundsätzlich gemeinsam erfolgen, also von allen beteiligten Unternehmen in ihrer gesamthänderischen Verbundenheit vorgenommen werden[136]; dies ist auch dann durch einen einzelnen Partner möglich, wenn man eine Klausel in den Vertrag aufnimmt, wonach jedem Partner eine auf die Anmeldung von Schutzrechten beschränkte Vertretungsmacht eingeräumt wird. Dieses Vorgehen hat den entscheidenden Vorteil, daß die Partner nach der Beendigung des Kooperationsverhältnisses besser geschützt sind[137]. Insbesondere der nicht eingetragene Partner wäre ansonsten in verstärktem Maße auf eine vorausschauende und angemessene Vertragsgestaltung angewiesen, um nicht der Willkür oder dem guten Willen des ehemaligen Partners ausgeliefert zu sein. Denn es darf nicht vergessen werden, daß insbesondere bei horizontalen Kooperationsverhältnissen zwei Konkurrenten zusammenarbeiten, deren Interessenlagen zwar jeweils auf die Erzielung eines wirtschaftlichen Vorteils durch technischen Vorsprung gerichtet sind, deren eigener Erfolg sich aber bei einem Auftreten auf den gleichen Märkten als unmittelbares Spiegelbild zum Mißerfolg der Konkurrenz und damit unter Umständen auch der anderen Kooperationspartner zeigt.

Der von Teilen der Literatur vorgeschlagenen Gestaltungsvariante, daß grundsätzlich das Unternehmen die Anmeldung vornehmen und damit auch das Schutzrecht erwerben soll, von dessen Seite der überwiegende Anteil an der Erfindung erbracht worden ist[138], kann nicht gefolgt werden, denn ein solches Vorgehen stellt bei ähnlich großen Leistungsanteilen hinsichtlich der Leistungsanteilsbestimmung ein sehr hohes Konfliktpotential dar, welches auch kaum durch abstrakte Vertragsklauseln in den Griff zu bekommen ist[139].

(2) Hinsichtlich der Erfindungen kommen auf die Beteiligten Kosten für die Schutzrechtsanmeldung, die Aufrechterhaltung des Schutzrechts, die Verteidigung von Schutzrechten sowie die Arbeitnehmervergütungen zu. Falls eine Schutzrechtsanmeldung unterbleibt oder nicht schutzrechtsfähiges Wissen geschaffen wurde, können gleichfalls Vergütungsansprü-

---

[134] So sieht es auch das Gesetz vor, unabhängig davon, ob man von einer Bruchteilsgemeinschaft oder einer Gesamzhandsgemeinschaft ausgeht.

[135] Dies ist nach § 744 II BGB, soweit es sich um eine Bruchteilsgemeinschaft handelt, dann zulässig, wenn die Anmeldung notwendig ist, um den Gegenstand zu erhalten, etwa bei Streitigkeiten der Anteilsinhaber oder wenn zu befürchten ist, daß ein Dritter ansonsten den Partnern mit einer prioritätsbegründenden Anmeldung einer vergleichbaren Erfindung zuvorkommt. Soweit man annimmt, daß es sich bei der Erfindungsgemeinschaft um eine Gesamthandsgemeinschaft handelt, kann auch ein einzelner Partner nach § 744 II BGB analog anmelden oder, soweit dem anmeldebereiten Partner Vertretungsmacht zusteht, kann er im Namen aller Partner handeln.

[136] Für den Fall, daß man das Vorliegen einer Bruchteilsgemeinschaft annimmt und diese auch nicht durch Übertragung der Bruchteilsanteile auf eine Gesamthand endet, kann dies unabhängig von der Rechtsform in gleicher Weise unter Nennung aller beteiligten Unternehmen erfolgen.

[137] Diesen Vorteil betont Altin-Sieber, aaO, S. 373 auch für Joint Ventures mit eigener Rechtspersönlichkeit.

[138] Reukauf, GRUR 1986, 415, 417; Fischer, Grundzüge des gewerblichen Rechtsschutzes, S. 257

[139] Die von Reukauf, GRUR 1986, 415, 417 dargestellte Lösungsmöglichkeit, in einem solchen Fall demjenigen Partner das Recht zur Schutzrechtsanmeldung zuzusprechen, in dessen Tätigkeitsbereich im Rahmen der kooperativen FuE der hauptsächliche Gegenstand des Schutzrechts fällt, vermag gleichfalls nicht zu überzeugen, weil hierdurch das Problem lediglich verschoben wird, ohne daß im Konfliktfall nachhaltig Abhilfe geschaffen werden kann.

che über § 20 ArbnErfG beziehungsweise zusätzliche Zahlungspflichten wegen einer vereinbarten Geheimhaltung von Betriebsgeheimnissen anfallen.

(a) Der Gesetzgeber sieht hinsichtlich der Schutzrechtsanmeldung vor, daß die Partner, soweit nichts anderes vereinbart ist[140], die Kosten zu gleichen Teilen tragen müssen[141]. Gänzlich anders verhält es sich hinsichtlich der Arbeitnehmervergütungen, die jeder Arbeitgeber seinen Arbeitnehmern kraft Gesetzes unmittelbar schuldet (§ 9 und 10 ArbnErfG)[142]. Auch sonstige Vergütungsansprüche bezüglich der Geheimhaltung treffen entweder nach § 24 ArbnErfG oder aufgrund entsprechender vertraglicher Abrede allein den jeweiligen Arbeitgeber.

(b) Es erscheint hier durchaus sinnvoll, die Vergütungsansprüche gegenüber den Arbeitnehmern bei den jeweiligen Arbeitgebern zu belassen, ohne einen internen Ausgleich vorzusehen, denn die Höhe dieser Zahlungen richtet sich kraft Gesetzes gemäß § 9 II ArbnErfG allein nach dem Nutzungswert für den jeweiligen Arbeitgeber[143], so daß bei nur geringen Vorteilen aus einer Erfindung auch nur die Pflicht entsteht, einen relativ geringen Betrag zu bezahlen. Dieser scheinbare Widerspruch resultiert aus dem oben dargestellten Ergebnis[144], daß nur die Anteile an der Erfindung auf die Kooperationsgesamthand übergehen, während gleichzeitig die Vergütungsansprüche gegen den jeweiligen Arbeitgeber bestehen bleiben. Die Arbeitnehmererfinder erhalten somit ihre Vergütung unmittelbar von ihrem jeweiligen Arbeitgeber. Die Gesetzeslage schafft also in aller Regel einen gerechten Ausgleich hinsichtlich der Interessen der beteiligten Unternehmen[145]. Allerdings muß bei

[140] Ein Anhaltspunkt für eine unterschiedliche Beitragshöhe kann sich jedoch aus dem Umfang der ansonsten erbrachten Leistungen ergeben oder aus unterschiedlichen Nutzungsbefugnissen. Dies sind allerdings nur mögliche Kriterien, so daß es sich grundsätzlich empfiehlt, die jeweiligen Quoten explizit festzulegen.

[141] Für die Gesamthandsgemeinschaft folgt dies schon aus § 706 I BGB, während bei der Bruchteilsgemeinschaft ein zusätzliches Problem entsteht, da die Kosten gemäß der Quoten an der Erfindung zu tragen sind (§ 748 BGB). Doch auch hier ist gemäß § 742 BGB grundsätzlich von gleich großen Anteilen auszugehen.

[142] So die einhellige Meinung, die auch von der amtlichen Begründung zum ArbnErfG, Bundestags-Drucksache II/1648, S. 16 getragen wird. Stellvertretend für alle: Bartenbach/Volz, § 9 ArbnErfG, Rdnr. 191; Bartenbach, aaO, S. 119; Niedzela-Schmutte, aaO, B 2.3.

[143] Bartenbach/Volz, § 9 ArbnErfG, Rdnr. 193, 314; Willich, Erfindervergütungsansprüche bei außerbetrieblicher Nutzung von Diensterfindungen, GRUR 1973, 406, 409; Niedzela-Schmutte, aaO, B 2.3.4.1; Volmer/Gaul, § 9 ArbnErfG, Rdnr. 1256; a.A. Kroitzsch, Erfindungen in der Vertragsforschung und bei FuE-Gemeinschaften unter dem Blickwinkel des ArbnErfG, GRUR 1974, 177, 184

[144] Siehe oben unter 2.e)cc)(3)(d).

[145] Anders beurteilt sich die geltende Rechtslage aus dem Blickwinkel der Arbeitnehmererfinder, denn hierbei kann es zu einem erheblichen Mißverhältnis zwischen der Höhe der Arbeitnehmervergütung und dem jeweiligen Anteil an der Erfindung kommen, so Ullrich, Privatrechtsfragen der Forschungsförderung in der Bundesrepublik Deutschland, § 3 II C.2. und Niedzela-Schmutte, aaO, D 2.3.4.1. Dies gilt insbesondere bei vertikalen Kooperationsverhältnissen, die dadurch gekennzeichnet sind, daß oftmals nur ein Partner eine bestimmte Erfindung zu nutzen vermag. Dabei können die Versuche, eine arbeitnehmerfreundlichere Vergütungsregelung zu finden, nicht überzeugen, da diesen entweder dogmatisch kaum haltbare Ansätze zugrunde liegen (Niedzela-Schmutte, aaO, B 2.3.4.2.1; Bartenbach, aaO, S. 129) oder einfach contra legem die Nutzungshandlungen des Kooperationspartners Berücksichtigung finden. Daher sollte man meines Erachtens im Erfindungswert auch die Erfindungsleistungen des eigenen Unternehmens für den Kooperationspartner einfließen lassen, da letztendlich ein Austausch von betrieblichen Erfindungen erfolgt und es bisweilen dem Zufall entspringt, durch die Mitarbeiter welchen Partners letztendlich die Erfindung zustande kommt (ähnlich Kroitzsch, GRUR 1974, 177, 185f). Der von Niedzela-Schmutte, aaO, 2.3.4.2.4 gemachte Vorschlag, diese Inadäquanz der Gesetzeslage durch entsprechende vertragliche Vereinbarungen zu beheben, wird sich meines Erachtens in der Praxis oftmals nicht durchsetzen lassen, da die beteiligten Unternehmen die Frage einer angemessenen Arbeitnehmervergütung als Problem vielfach schon gar nicht wahrnehmen und im übrigen kein Interesse daran haben, zusätzliche Verpflichtungen einzugehen, ohne dafür eine betriebliche Notwendigkeit zu sehen.

Kooperationen aufgrund des Austauschcharakters der jeweiligen Beiträge berücksichtigt werden, welchen Wert die „Gegenleistung“ hat, da ansonsten die erfindenden Arbeitnehmer immer dann leer ausgehen oder jedenfalls unverhältnismäßig gering an ihren Leistungen partizipieren würden, wenn die wirtschaftliche Bedeutung für alle Kooperationspartner in die Überlegungen nicht mit einbezogen werden. Bezüglich der Kosten für die Schutzrechte empfiehlt es sich, vor allem dann, wenn von unterschiedlich hohen Nutzungsanteilen ausgegangen wird, die Möglichkeit eines finanziellen Ausgleichs zu schaffen[146]. Entbehrlich ist dies nur, wenn die Partner eine Nutzungsregelung für die Erfindung vereinbaren, die es vorsieht, daß auch die kooperierenden Unternehmen für die Nutzung Lizenzgebühren, wie z.B. auch bei Drittlizenzen, zu entrichten haben, denn dann ist im Zweifel davon auszugehen, daß die Schutzrechtskosten nach dem gleichen Schlüssel zu tragen sind, wie die späteren Lizenzeinnahmen verteilt werden sollen.

b) Know-how-Erwerb

Für den Know-how-Erwerb bleibt festzuhalten, daß dieser eine tatsächliche Kenntniserlangung der Mitarbeiter der jeweiligen Partnerunternehmen erfordert. Daher ist im Kooperationsvertrag eine Regelung aufzunehmen, die zum einen den fortlaufenden Austausch der nicht schutzrechtsfähigen FuE-Ergebnisse vorsieht und überdies explizit die Nutzungsbefugnis beinhaltet. Da das reine Wissen, insbesondere auch negatives Wissen (z.B. die Kenntnis, daß bestimmte Forschungsziele keinen Erfolg versprechen oder daß Schutzrechte Dritter einer Verwertung entgegenstehen), auch einen gewissen Wert hat, wäre es durchaus möglich, den Wissensaustausch grundsätzlich nicht mit finanziellen Ausgleichszahlungen zu belasten. Dieser Wert ist jedoch vielfach nicht mit dem eines Schutzrechtes zu vergleichen, welches durch Drittlizenzierung unter Umständen ein größeres wirtschaftliches Potential als die unmittelbare Verwertung durch die Kooperationspartner hat. Zwar führt dies dazu, daß die Bereitschaft, eigenes Wissen preiszugeben, einem weniger starken Motivationsdruck unterliegt, doch sollte man sich in diesem Zusammenhang immer vor Augen führen, daß die gesamte Zusammenarbeit stets vom gegenseitigen Vertrauen und der Bereitschaft lebt, den Partnern eigene Ergebnisse zu offenbaren. Auch sollte nie außer Acht gelassen werden, daß durch den Informationsaustausch oft erst die beabsichtigten Synergien freigesetzt werden, die der Kooperationsbeziehung insgesamt zum Erfolg verhelfen.

c) Verwertungsregelungen

Hauptziel der FuE-Partner ist letztendlich die wirtschaftliche Verwertung der gemeinschaftlichen Erfindungen. Ausgangspunkt der Überlegungen ist § 9 PatG, der den Miterfindern grundsätzlich die Benutzung der Schutzrechte erlaubt. Während es bei reinem Know-how genügt, dieses den Partnern mitzuteilen, empfiehlt es sich, hinsichtlich der gemeinsamen Schutzrechte Vorsorge in Form von Verwertungsregeln zu treffen, um ein Eingreifen der konfliktträchtigen gesetzlichen Vorschriften zu verhindern. Wichtig ist es hierbei außerdem, einen angemessenen Ausgleich zwischen den Chancen und Risiken zu schaffen, die im Rahmen jeder Kooperationsbeziehung im FuE-Bereich für die einzelnen Partner bestehen. Insbesondere sollte vorab geklärt sein, in welcher Form ein Partner am wirtschaftlichen Erfolg oder jedenfalls am Verwertungspotential der anderen Partner partizipieren soll. Soweit sich ein genereller FuE-Erfolg einstellt, an dem alle beteiligten Unter-

---

[146] Dies ist jedoch eine Frage des Einzelfalles, die sich in keinster Weise abstrakt für alle Konstellationen klären läßt. Hier sind jeweils die Parteien des konkreten FuE-Vorhabens gefordert, eine sach- und interessengerechte allgemeine Vertragsklausel in das Kooperationsabkommen aufzunehmen. Siehe auch Niedzela-Schmutte, B 3.4.1.2.

nehmen angemessen teilhaben können, ist diese Frage ohne Bedeutung. Doch für den Fall, daß nur für einzelne Partner verwertbare Resultate durch gemeinsame Anstrengungen hervorgebracht werden oder es sich später herausstellen sollte, daß Erfindungen nicht verwertet werden können, weil bereits ein Schutzrecht für einen Dritten eingetragen oder beantragt worden ist, sollte bereits a priori eine Lösung geschaffen werden, möglichen Konflikten durch eine entsprechende Vertragsgestaltung präventiv zu begegnen

aa) Die im Schrifttum noch vorherrschende Auffassung geht davon aus, gemeinsame schutzrechtsfähige Erfindungen dem Gemeinschaftsrecht (§§ 741ff BGB) zuzuordnen[147]; hinsichtlich der entscheidenden Frage, nämlich wie die Verwertung konkret erfolgen darf, besteht jedoch Uneinigkeit. In den wenigen Entscheidungen des BGH[148] zur Miterfindergemeinschaft finden sich zwar einige Anhaltspunkte, wie die Benutzung und Verwertung aussehen könnte, aber dies trägt mangels einheitlicher Kriterien und Rechtsfolgen gleichfalls nicht entscheidend zur Problemlösung bei.

Der Hauptstreitpunkt hierbei ist, wie bereits angesprochen[149], die Frage, ob § 743 II BGB für gemeinsame Schutzrechte zur Anwendung kommen kann und ob damit ein Verwertungsrecht für jeden einzelnen Miterfinder bestünde. Dies wäre dem Gesetzeswortlaut nach immer dann möglich, wenn dadurch die Rechte der anderen Rechtsinhaber nicht beeinträchtigt würden, doch die herrschende Meinung sieht bereits in der unbeschränkten Benutzung eine solche Beeinträchtigung[150] und lehnt demzufolge die Anwendung des § 743 II BGB ab. Da die gesetzliche Regelung völlig ungeeignet ist, Abhilfe zu schaffen, werden die Parteien vielfach darauf verwiesen, ihre Rechtsverhältnisse selbst zu regeln. Doch dieser Hinweis ist meines Erachtens wenig hilfreich, da im Falle einer vertraglichen Absprache das Problem ohnedies nicht existiert, weil die gesetzlichen Vorschriften ohne weiteres abdingbar sind[151]. Dennoch herrscht damit eine Rechtsunsicherheit, die den Bedürfnissen der Kautelar- und Rechtspraxis diametral zuwiderläuft, so daß die Regeln über die Gesamthandsgemeinschaft als sinnvolle Alternative herangezogen werden sollten[152].

bb) Das eigentliche zivilrechtliche Verwertungsproblem liegt weniger in der Frage, wie die jeweiligen Klauseln konkret formuliert werden müssen, sondern vielmehr in der Tatsache, daß oftmals nicht vor Beginn der Arbeiten abgesehen werden kann, welche konkreten Er-

---

[147] Siehe hierzu oben in Kapitel II. 4.

[148] BGH (5.5.66) GRUR 1966, 558 - Spanplatten ; BGH (30.4.68) GRUR 1969, 133 - Luftfilter; BGH (10.11.70) GRUR 1971, 210 - Wildverbißverhinderung; BGH (20.2.79) GRUR 1979, 540 - Biedermeiermanschetten

[149] Siehe oben unter 2.d)cc).

[150] Fischer, GRUR 1977, 313; Lüdecke, aaO, S. 200ff; Niedzela-Schmutte, aaO, B 3.3.2; Cale, Rechtsgemeinschaft an Patenten, GRUR 1931, 90f; Sefzig, GRUR 1995, 303; Engländer, GRUR 1924, Zur Behandlung der Patentrechtsgemeinschaft, S. 53f; anderer Ansicht sind: Isay, GRUR 1924, 25; Benkard, § 6 PatG, Rdnr. 35; Storch, in: FS für Preu, S. 39ff

[151] Dabei wird allgemein unterschieden zwischen den Vorschriften des Gemeinschaftsrechts, welche die dingliche Seite betreffen (z.B. §§ 741 und 747 (1) BGB) und zwingend sind, sowie den Vorschriften, welche obligatorischer Natur sind, also die Innenbeziehung der Gemeinschafter betreffen und nach einhelliger Meinung frei ausgestaltet werden können, so Soergel/Hadding, Vor. § 741 BGB, Rdnr. 6 und 7 mit zahlreichen weiteren Nachweisen; MüKo/Schmidt, § 741 BGB, Rdnr. 37.

[152] Siehe hierzu oben unter 2.d).

findungen gemacht werden[153] und welche Bedürfnisse hinsichtlich der anschließenden Verwertung voraussichtlich bestehen werden. Dadurch lassen sich nur schwerlich konkrete Verwertungsklauseln für bestimmte Erfindungen formulieren, deren Inhalt und Nutzwert zum Zeitpunkt des Vertragsschlusses noch nicht exakt feststeht. Es erscheint also sinnvoller, die Verwertung allgemein zu regeln, also durch Absprachen, die in gesetzesgleicher Form die Verwertungsregeln festlegen bzw. die gemeinschaftliche Entscheidungsfindung näher ausgestaltet. Solche Absprachen sind auch in besonderem Maße geeignet, einem Streit über die Frage nach der Rechtsnatur - Bruchteils- oder Gesamthandsgemeinschaft - vorzubeugen, denn die verschiedenen Rechtsformen stellen unterschiedliche Anforderungen an die Entscheidungsfindung (Stimmenmehrheit bei § 745 I BGB; Einstimmigkeit nach § 709 I 2.HS BGB).

(1) In jedem Fall sollte eine Grundsatzentscheidung[154] hinsichtlich der Verwertung von schutzrechtsfähigen Erfindungen getroffen werden, sei es daß grundsätzlich eine Anmeldung zu erfolgen hat, und eine bestimmte qualifizierte Mehrheit beziehungsweise gar Einstimmigkeit erforderlich ist, um dies zu verhindern, oder daß nur durch qualifizierte Mehrheit beziehungsweise bei Einstimmigkeit die Anmeldung stattfindet. Somit müssen letztendlich die Partner selbst entscheiden, ob sie eine Alles-oder-nichts-Lösung, gleich in welcher Richtung, oder einen differenzierenden Ansatz wählen wollen. Bei einem zweigliedrigen Vertrag ist dies von besonderer Wichtigkeit, da einer der Partner ansonsten immer imstande ist, Schutzrechtsanmeldungen durchzusetzen oder zu verhindern. Bei einer größeren Anzahl von an der Kooperation beteiligten Unternehmen empfiehlt es sich, eine Grundsatzentscheidung in Richtung Anmeldung oder interne Verwertung unter Geheimhaltung zu treffen, die jedoch mit qualifizierter Mehrheit abgeändert werden kann.

(2) Im übrigen ist abzuwägen, ob viele Schutzrechtsanmeldungen zu erwarten sind, ob die Erfindungen hinsichtlich ihrer Geheimhaltung besonders sensibel sind oder ob ein vertikales Kooperationsverhältnis besteht, welches jeweils nur einzelnen Partnern Vorteile aus einer Anmeldung verspricht. Es sollte aber auch berücksichtigt werden, ob die Gefahr besteht, daß ein starker Partner durch viele Patentanmeldungen ein wirtschaftlich schwächeres Unternehmen aufgrund der hohen Schutzrechtskosten aus dem Zusammenarbeitsverhältnis zu drängen versuchen könnte. Im letzten Fall bietet es sich an, eher einer restriktiven Lösung hinsichtlich der Anmeldung den Vorzug zu geben. Anders stellt sich die Lage hingegen dar, wenn die Vergabe von Drittlizenzen angestrebt wird, Erfindungen in einem innovationsfreudigen Wirtschaftszweig mit einer hohen Patentquote[155] gemacht werden oder bereits vorhandene Erfindungen der Partner durch Sperrpatente weiter geschützt werden können.

(3) Als Sonderproblem ist noch der Fall anzusprechen, daß ein Partner eine Schutzrechtsanmeldung grundsätzlich ablehnt, insbesondere weil für ihn keine Nutzungsmöglichkeit, sei es im eigenen Unternehmen oder durch Lizenzvergabe, erkennbar ist oder einfach we-

[153] In dem Sonderfall, daß eine ganz konkret zu umschreibende Erfindung angestrebt und dann tatsächlich gemacht wird, besteht dieses Problem naturgemäß nicht, denn für diese Situation läßt sich ohne weiteres durch entsprechende vertragliche Gestaltung Vorsorge treffen.

[154] Das Formulieren von solchen Grundprinzipien fordert auch Altin-Sieber, aaO, S. 369ff im Rahmen von Joint Ventures.

[155] Zum Beispiel bietet sich dieser Weg für Unternehmen aus dem Pharmabereich an, da nur so das exklusive Nutzungsrecht für neu entwickelte Medikamente zustande kommt.

gen der damit verbundenen Kosten[156]. Hier sollten in den Vertrag, auch aus Gründen eines angemessenen Minderheitenschutzes, Regelungen aufgenommen werden, die es einzelnen Partnerunternehmen ermöglichen, auf alle Rechte aus der Erfindung zu verzichten, so daß letztere allein den anderen Partnern zusteht und diese dann auch alle Pflichten treffen[157].

cc) Bei der Gesamthandsgemeinschaft, die nach der herkömmlichen Ansicht erst, was jedoch in der Praxis oft der Fall ist, dadurch zustande kommt, daß die Bruchteilsanteile der jeweiligen Partner durch eine - auch antizipierte - Abtretung auf die gesamthänderische Verbundenheit der Kooperationspartner übertragen werden, ist die rechtliche Beurteilung jedoch völlig unproblematisch. Da meines Erachtens, wie oben bereits dargestellt[158], die Gesamthandsgemeinschaft aus pragmatischen Gründen die besser geeignete Rechtsform darstellt und dieser Ansatz auch dogmatisch einleuchtet, ist diese folgerichtig der Bruchteilsgemeinschaft vorzuziehen.

(1) Dabei steht das Verwertungsrecht an den gemeinschaftlichen Erfindungen nicht den einzelnen Partnern als selbständiges Recht zu, sondern allen Beteiligten in ihrer gesamthänderischen Verbundenheit[159]. Dies bedeutet, daß die Verwertung grundsätzlich als Teil der ordentlichen Geschäftsführung nur mit Zustimmung aller Partner erfolgen kann (§ 709 I BGB) und jede andere Gestaltung einer ausdrücklichen vertraglichen Vereinbarung bedarf[160]. Als abweichende vertragliche Regelung könnte allen Beteiligten ein grundsätzlich kostenloses Benutzungsrecht eingeräumt werden; als Alternative hierzu wäre es denkbar, daß jeder Kooperationspartner, so wie im Rechtsverhältnis zu Dritten, lediglich eine Lizenz erhalten kann, für welche er Gebühren zu entrichten hat. Das Lizenzmodell bietet sich vor allem dann an, wenn von vornherein absehbar ist, daß bei vergleichbaren Leistungsbeiträgen einem Partner hieraus ein erheblich größerer Nutzungsvorteil erwächst. Der Nachteil ist jedoch, soweit das genaue Ergebnis der gemeinsamen Tätigkeit und dessen Nutzwert für die Partner nicht genau feststeht, daß es zu Unstimmigkeiten über die Höhe etwaiger „Lizenzgebühren" kommen kann, da die diesbezüglichen Interessenlagen bisweilen diametral verschieden sind. Denn derjenige Partner, welcher die Erfindung in nur geringem Umfang benutzen kann, ist naturgemäß an hohen Gebühren interessiert, an denen er partizipieren kann, während der Hauptverwender möglichst geringe Folgekosten anstrebt.

(2) Im übrigen besteht die Möglichkeit, Lizenzen - im Regelfall als „einfache Lizenz"- an Dritte zu vergeben. Allerdings sollten an eine solche Drittlizenzierungsmöglichkeit strenge Anforderungen gestellt werden, ebenso wie für die vollständige Veräußerung des Schutz-

---

[156] Anders verhält es sich, wenn ein Partner ein überragendes Geheimhaltungsinteresse hat und deshalb die Anmeldung verhindern will. Soweit sich diese Situation vorhersehen läßt, ist es angebracht, ohnedies eine restriktive Anmeldepraxis in den Vertrag aufzunehmen, und im übrigen überwiegt, wie auch die Wertungen des Patentrechts (Förderung der Innovation) sowie des Arbeitnehmererfinderrechts zeigen, das vertraglich vereinbarte Recht der anmeldewilligen Unternehmen.

[157] In diesem Zusammenhang wäre es ausnahmsweise sogar denkbar, daß sich das anmeldende Unternehmen im Innenverhältnis verpflichtet, die gesamten Vergütungsansprüche aufgrund des ArbnErfG oder aufgrund sonstiger vertraglicher oder kollektivarbeitsrechtlicher Regelungen zu übernehmen.

[158] Siehe oben unter 2.d)cc), insbesondere unter dem Unterpunkt (3),(c)

[159] Lüdecke, aaO, S. 218

[160] An dieser Stelle soll nochmals darauf hingewiesen sein, daß der faktische Zwang, eine Einigung zu erzielen, im selben Maße zunimmt, wie die Möglichkeiten zur Kündigung oder Auflösung der gesamthänderischen Bindung eingeschränkt werden.

rechts, da ansonsten die Gefahr besteht, daß ein nutzungswilliger Partner keinen Vorteil im Sinne eines Marktvorsprungs aus seinen Erfindungsleistungen ziehen kann.

dd) In diesem Zusammenhang ist auch noch auf die Know-how-Verwertung einzugehen, denn die rechtliche Behandlung von Know-how folgt eigenen Regeln, soweit dieses nicht schon in unmittelbarem Zusammenhang mit einer geschützten Erfindung steht und damit einheitlich mit dieser behandelt werden kann. Grundsätzlich ist nämlich der jeweilige Know-how-Inhaber, im Normalfall also alle Kooperationspartner, in der weiteren Verwertung nicht gebunden, so daß dieses Wissen sogar an Dritte veräußert werden könnte. Somit drängt es sich geradezu auf, daß die Partner entsprechende Klauseln in ihre Kooperationsvereinbarung aufnehmen, wonach die eigenständige Verwertung dieses im Rahmen der gemeinsamen FuE-Tätigkeit erworbenen Wissens generell untersagt ist.

Anders wäre die Situation hingegen dann zu beurteilen, wenn man den Partnern eine Gesamthandstellung am Wissen, so wie dies bei Schutzrechten und sonstigen körperlichen Gegenständen der Fall ist, zubilligen würde. Dafür würde zum einen sprechen, daß es sich bei Know-how um ein vermögenswertes Recht handelt[161], und zum anderen besteht kraft gesetzlicher Anordnung (§ 8 UrhG) eine Gesamthandsgemeinschaft an technischen Aufzeichnungen, die von mehreren Beteiligten erstellt worden sind[162], so daß der Schluß gezogen werden kann, daß dann auch für das dahinter stehende Wissen die Regeln über die Gesamthandsgemeinschaft Anwendung finden oder jedenfalls Raum und Bedarf für eine entsprechende Analogie ist.

Doch solchen Schlußfolgerungen ist meines Erachtens entschieden entgegen zu treten, denn aus § 8 UrhG ist der zwingende Schluß zu ziehen, daß für das reine Wissen gerade keine Gesamthandsgemeinschaft besteht, denn § 8 UrhG regelt ja nur die Behandlung von körperlichen Gegenständen, aber nicht von dem dahinter stehenden Wissen, was schon a priori grundlegend wesensverschiedene Regelungsmaterien sind und daher kein Platz für einen Analogieschluß ist. Darüber hinaus ist diese Nichtnormierung von Know-how als gesetzgeberische Entscheidung zu akzeptieren, so daß diesem eine andere rechtliche Behandlung zuteil werden muß. Es ist folgerichtig festzustellen, daß es sich bei Know-how um einen Vermögensgegenstand handelt, der auch verkehrsfähig ist, aber daß dies nur hinsichtlich des gesetzlichen Schutzes sowie der Veräußerung gilt und es darüber hinaus auf das tatsächliche Innehaben ankommt. Damit ist jeder Partner grundsätzlich zur Verfügung über sein Know-how berechtigt und nicht als Gesamthänder dem Willen seiner Kooperationspartner unterworfen; faktisch bringt dies keine entscheidenden Vorteile mit sich, weil die Vertragspartner aufgrund des nur eingeschränkten Schutzes und der fehlenden absoluten Ausschlußwirkung ohnedies in besonderem Maße Vorsorge treffen müssen, um ein Bekanntwerden dieses Wissens zu verhindern. Daher wird üblicherweise vertraglich vereinbart, daß die Weitergabe an Dritte oder sogar die Nutzung außerhalb des Kooperationszwecks unzulässig ist und entsprechende Sanktionen nach sich zieht[163].

---

[161] Siehe hierzu oben unter 2.e)aa).

[162] Hubmann/Rehbinder, Urheber- und Verlagsrecht, § 20; MüKo/Schmidt, § 741 BGB, Rdnr. 58; Soergel/Hadding, § 741 BGB, Rdnr. 11; BGH (14.7.1993) GRUR 1994, 39, 40

[163] Als mögliche Sanktionen kommen hier Vertragsstrafversprechen oder außerordentliche Kündigungsmöglichkeiten in Betracht. Siehe unten in Kapitel V zu den Voraussetzungen, unter denen das Zusammenarbeitsverhältnis aus wichtigem Grund ohne Einhaltung einer Frist gekündigt werden kann.

d) Begleitende Probleme

aa) Der FuE-Bereich stellt in Bezug auf die Geheimhaltung insgesamt ein sehr empfindliches Sachgebiet dar[164], welches auch hinsichtlich eingebrachten Wissens und neuer Erfindungen dringend klarer Geheimhaltungsabsprachen bedarf.

(1) Dabei ist es für schutzrechtsfähige Erfindungen erforderlich, bis zum Zeitpunkt der prioritätsbegründenden Erstanmeldung stets strikteste Geheimhaltung zu vereinbaren, während es im übrigen auf die konkreten Bedürfnisse der Beteiligten ankommt. Eine vorzeitige Offenbarung von solchen Erfindungen hätte zur Folge, daß diese ihren Neuigkeitscharakter verlieren und damit gemäß den Regeln zahlreicher nationaler Rechtsordnungen ein Patent nicht mehr erteilt werden darf[165]. Üblicherweise sollten bei Erfindungen, für die kein Schutzrecht angestrebt wird, Fristenregelungen hinsichtlich der Geheimhaltung getroffen werden, die sich zumindest über die Dauer der Zusammenarbeit erstrecken, aber auch noch darüber hinaus Wirksamkeit haben[166]. Bezüglich der Schutzrechte sollte bis zum Zeitpunkt ihrer Veröffentlichung der Geheimnisschutz aufrecht erhalten werden, so daß der damit verbundene Wettbewerbsvorsprung bestehen bleibt.

(2) Konkret bedeutet dies, daß neben der allgemeinen Pflicht zur Geheimhaltung, die bereits Ausfluß des gesellschaftsrechtlichen Treuegedankens ist[167], besondere Maßnahmen zum Schutz des neuen Wissens zu ergreifen sind. Insbesondere sollten die Partner im FuE-Kooperationsvertrag einen Passus vorsehen, der die Parteien veranlaßt, ihre Arbeitnehmer zur Geheimhaltung zu verpflichten und im übrigen zuzusichern, daß nur eine begrenzte Zahl von Mitarbeitern Zugang zu geheimen oder vertraulichen Dokumenten und Informationen hat. Des weiteren sollten die entsprechenden Unterlagen stets gut verschlossen aufbewahrt werden und auch nur in einer begrenzten Zahl von Kopien vorliegen. Außerdem empfiehlt es sich, den Arbeitnehmern das Bewußtsein der Geheimniseigenschaft in FuE-relevanten Unternehmensbereichen zu vermitteln, indem sie diesbezüglich regelmäßig geschult werden. Auch sollten betriebsinterne Geheimnisrichtlinien erstellt werden, deren Kenntnisnahme durch das erfindende Personal zu bestätigen ist[168].

bb) Hinsichtlich der kartellrechtlichen Zulässigkeit von Verwertungsabreden[169] ist zu beachten, daß bestimmte Formen der gemeinsamen FuE-Verwertung als kartellrechtlich bedenklich angesehen werden. Allerdings existieren sowohl im nationalen wie auch im europäischen Kartellrecht Vorschriften, welche die gemeinsame FuE-Tätigkeit als grundsätzlich technologiefördernd und damit kartellrechtlich unbedenklich einstufen. Wichtig ist in diesem Zusammenhang lediglich, daß die Zusammenarbeit auf die gemeinsame FuE beschränkt werden muß und die Beteiligten anschließend die Erfindungen ohne reale oder faktische Beschränkungen selbständig verwerten können.

---

[164] BGHZ (16.12.1969) 34, 80, 83; Soergel/Hadding, § 705 BGB, Rdnr. 68; Bartenbach, aaO, S. 38; Hueck, Das Recht der OHG, § 12 I 3; MüKo/Ulmer, § 705 BGB, Rdnr. 162

[165] Altin-Sieber, aaO, S. 396

[166] JIAG, S. 47f

[167] Siehe hierzu in Kapitel II.

[168] Dobkin, Negotiating an International Technology Joint Venture, CJIL 1985-86, 81 (105)

[169] Siehe hierzu die allgemeinen Ausführungen zum Kartellrecht in Kapitel I.

cc) Bei der Verteidigung der Schutzrechte gegen Angriffe Dritter beziehungsweise der Durchsetzung eigener Ansprüche gegen unberechtigte Schutzrechtsverletzungen bietet es sich an, zunächst einmal ein wechselseitiges Unterrichtungsrecht zu vereinbaren, um dann das weitere Vorgehen abstimmen zu können[170]. Bei der Schutzrechtsverteidigung gegen Angriffe und Verletzungen handelt es sich grundsätzlich um eine Verwaltungshandlung, für welche die allgemeinen Vorschriften[171] weiterhin Bestand haben, also die Frage einer Entscheidungsfindung von den jeweiligen vertraglich vereinbarten oder gesetzlich vorgesehenen Entscheidungsmechanismen abhängt. Allerdings ist zu beachten, daß dies in der Praxis unter Umständen mit erheblichen Kosten verbunden ist, so daß die Möglichkeit eröffnet werden sollte, daß sich einzelne Partner an dem Vorgehen gegen den Verletzer nicht beteiligen müssen. Als Folge hiervon müssen nur die schutzwilligen Unternehmen die erforderlichen Kosten aufbringen und dürfen zum Ausgleich mögliche Schadensersatzleistungen oder Lizenzgebühren des Verletzers unter sich aufteilen[172].

---

[170] Altin-Sieber, aaO, S. 378

[171] Diese richten sich nach Gemeinschafts- oder Gesellschaftsrecht, je nach Ausgestaltung und rechtlicher Einordnung. Konkret bedeutet dies, daß sowohl hinsichtlich der Entscheidungsfindung die allgemeinen Regeln eingreifen als auch bezüglich der Kostentragung sowie der Beteiligung an eventuellen Schadensersatz- oder Lizenzgebühren der allgemeine Verteilungsschlüssel heranzuziehen ist.

[172] JIAG, S. 29

V) Beendigung und Liquidation

1. Die Beendigungstatbestände

a) Einführung in die Problematik

Die gesetzlichen Tatbestände, welche die Beendigung einer Gesellschaft anordnen, beinhalten eine sehr dezidierte und umfassende Kasuistik, die zum Teil zwingend ist, während im übrigen auch erheblicher individualvertraglicher Ausgestaltungsspielraum eröffnet wird. Hinsichtlich ihrer Beendigung ist die FuE-Kooperationsgemeinschaft wiederum an diese Vorschriften gebunden, denn hier ist die Zusammenarbeit insgesamt berührt, was zur grundsätzlichen Anwendbarkeit des gesellschaftsrechtlichen Normenmodells führt[1]. Also müssen insbesondere die unabdingbaren Normen hingenommen und die anderen Vorschriften beachtet werden, um durch entsprechende Gestaltung unerwünschte Folgen verhindern zu können.

aa) Konkret bedeutet dies, daß die Partnerschaft entweder nach einer vorher festgelegten Zeit (§ 723 I (1) BGB) oder mit Eintritt eines bestimmten Ereignisses (§ 726 BGB), zum Beispiel der erfolgreichen Verwirklichung des FuE-Vorhabens, endet. Soweit die Partnerschaft auf unbestimmte Dauer eingegangen worden ist, besteht abgesehen von einer einvernehmlichen Beendigung immer auch die Möglichkeit zur einseitigen Kündigung (§ 723 I (1) BGB). Darüber hinaus kann aus wichtigem Grunde jede Zusammenarbeitsbeziehung kraft zwingender gesetzlicher Anordnung durch außerordentliche Kündigung (§ 723 I (2) BGB) beendet werden. Weitere Beendigungstatbestände sind das Unmöglichwerden (§ 726 BGB) des beabsichtigten Erfolges sowie der Konkurs (§ 728 BGB) eines beteiligten Unternehmens. Der bei natürlichen Personen vorgesehene Beendigungsgrund des Todes eines Partners (§ 727 BGB) spielt im Rahmen von FuE-Kooperationen eine eher untergeordnete Rolle. Die meisten Unternehmen, die eine solche Zusammenarbeit eingehen, weisen nämlich eine gewisse Größe auf und werden aus Kontinuitätsgründen ohnedies in der Rechtsform einer Kapitalgesellschaft betrieben, bei der der Tod des alleinigen Inhabers aller Anteile den Bestand des Unternehmens nicht berührt.

bb) Ebenso verschieden wie die rechtlichen Gründe für die Beendigung des Vertragsverhältnisses sind auch die zugrunde liegenden tatsächlichen Ursachen. Im Optimalfall wollen die Beteiligten nach erfolgreicher gemeinsamer FuE-Arbeit ihre tatsächliche Selbständigkeit hinsichtlich der weiteren Verwertung der Ergebnisse wieder erreichen[2], wobei es im Rahmen funktionierender Kooperationsbeziehungen durchaus denkbar ist, daß diese Verwertung - sei es von Anfang an beabsichtigt oder aufgrund einer späteren diesbezüglichen Einigung - ebenfalls gemeinsam erfolgt. Im übrigen führen erhebliche Schwierigkeiten bei der Realisierung des FuE-Vorhabens beziehungsweise Differenzen zwischen den Partnern

[1] Siehe hierzu in Kapitel II. 4) die Ausführungen zur rechtlichen Behandlung der FuE-Kooperationsbeziehung. Demnach ist der FuE-Vertrag grundsätzlich als BGB-Gesellschaft zu qualifizieren und nur in Teilbereichen kann spezifisches sonstiges bürgerliches Recht zur Anwendung kommen. Da hier jedoch die Zusammenarbeit als solche, also in ihrer Gesamtheit betroffen ist, müssen die eine Klammerwirkung entfaltenden Vorschriften des Gesellschaftsrechts herangezogen werden.

[2] An dieser Stelle ist darauf hinzuweisen, daß diese Wiederherstellung der Selbständigkeit bei größeren Unternehmen insofern erforderlich ist, als ansonsten gegen kartellrechtliche Vorschriften verstoßen würde. Siehe hierzu auch oben in Kapitel I. 4.b).

oftmals zur Beendigung, entweder durch Meinungsverschiedenheiten bei der Auslegung des Vertragswerks, persönlichen Unstimmigkeiten zwischen den jeweils maßgeblichen Mitarbeitern, Ärger über den Partner, weil kein ausreichender Know-how-Fluß erfolgt oder weil das übermittelte eigene Know-how für kooperationsfremde Ziele eingesetzt wird. Am Ende dieser, aufgrund der Vielschichtigkeit der Situationen nicht abschließenden Aufzählung, sind noch die Störungen des Leistungsgleichgewichts zu nennen, die bereits[3] ausführlich erörtert worden sind.

b) Zweckerreichung

Zumeist wird eine FuE-Zusammenarbeit zur Realisierung eines ganz spezifischen Ziels oder zur Lösung eines besonderen technischen Problems verabredet[4], so daß mit der erfolgreichen Fertigstellung der gemeinsamen FuE-Tätigkeit dessen intendierter Zweck erreicht sowie damit auch der Gesellschaftszweck erfüllt ist und sich die Vertragsbeziehung unmittelbar in eine Liquidationsgesellschaft umwandelt[5]. Damit tritt noch keine Vollbeendigung ein, sondern die Gesellschaft muß aufgelöst werden und anschließend hat eine des gesamthänderisch gebundenen Vermögens gemäß der §§ 730ff BGB zu erfolgen[6].

aa) Die Zweckerreichung kommt dabei in Form zweier Varianten vor. Dabei ist zunächst an die Zusammenarbeit zur Lösung konkreter technischer Probleme zu denken. Soweit allein dies Vertragsgegenstand geworden ist, endet die Zusammenarbeit bereits mit Fertigstellung der entsprechenden Entwicklung[7]. Entscheidend ist hierbei jedoch immer, daß der Kooperationszweck vollständig erreicht sein muß. Wenn allerdings im Kooperationsvertrag zusätzlich die Produkterprobung, spätere Verbesserungen oder auch die Beobachtung der Produkte in der Praxis vereinbart worden ist, treten der Vertrag und die entsprechenden vertraglichen Verpflichtungen zwar in eine neue Phase ein, aber die Zusammenarbeitsbeziehung als solche bleibt weiter bestehen, bis auch diese Maßnahmen zum Abschluß gebracht worden sind. Daneben ist es möglich, den Vertragszweck etwas weiter zu fassen, so daß dieser erst erfüllt ist, wenn entweder Schutzrechte für die gemeinsamen Erfindungen erworben wurden oder, soweit ein Schutzrechtserwerb nicht stattfindet, die Ergebnisse den Kooperationspartnern übertragen worden sind[8]. Die reine Entwicklung von neuem Know-how genügt folglich noch nicht, vielmehr müssen die Partner hierüber unterrichtet, ihnen die erforderlichen Unterlagen zur Verfügung gestellt und gegebenenfalls deren Mitarbeiter entsprechend eingewiesen werden. Soweit darüber hinaus die Verwertung der FuE-Ergebnisse gemeinsam erfolgen soll, richtet sich die Frage, ob der Vertragszweck erreicht worden ist, nach der konkreten vertraglichen Ausgestaltung. Denn wenn das „neue" Produkt von jedem Partner selbst hergestellt werden kann, aber der Vertrieb etc. noch gemeinsam erfolgen soll, bleibt es bei der Zusammenarbeit, während der Vertragszweck, wenn dieser die Gründung einer Verwertungsgesellschaft, zum Beispiel als gemeinsames Toch-

[3] Siehe hierzu Kapitel VI.

[4] Hierbei handelt es sich nach der inzwischen allgemein verwendeten Terminologie um sogenannte Gelegenheitsgesellschaften, durch welche ein eng umgrenzter Gesellschaftszweck angestrebt werden soll, MüKo/Ulmer, Vorb. § 705 BGB, Rdnr. 65.

[5] MüKo/Ulmer, § 726 BGB, Rdnr. 1 stellt nochmals klar, daß es keiner weiteren Akte zur Beendigung mehr bedarf, sondern daß diese unmittelbar mit der Zweckerreichung eintritt.

[6] MüKo/Ulmer, § 726 BGB, Rdnr. 7 und Vorb. § 723 BGB, Rdnr. 5ff; Soergel/Hadding, Vorb. § 723 BGB, Rdnr. 10

[7] Bartenbach, Zwischenbetriebliche FuE-Kooperation und das Recht der Arbeitnehmererfindung, S. 137

[8] Bartenbach, aaO, S. 137

terunternehmen, einschließt, erst mit deren Existenz erfüllt ist. Letztendlich ist es entscheidend, ob der Vertragszweck bereits mit der erfolgreichen Produktentwicklung erfüllt sein soll oder ob darüber hinausgehende Handlungen erforderlich sind, wobei dann genau zu klären ist, welche anschließenden Pflichten noch unmittelbar zum Vertrag zu zählen sind und welche nicht.

bb) Das in diesem Zusammenhang wohl entscheidende praktische Problem ist die Frage, ob und wann der Vertragszweck konkret erfüllt ist. Vor allem bei den eigentlichen FuE-Zielen können Schwierigkeiten auftreten. Soweit nicht die Entwicklung eines bestimmten eindeutig umschriebenen Produktes vereinbart wird, sondern allgemein FuE-Anstrengungen unternommen werden sollen, um in einer bestimmten Richtung technische Fortschritte zu erzielen - etwa durch Grundlagenforschung, Rationalisierung, Produktentwicklung und -verbesserung etc. - läßt sich das zu entwickelnde Ergebnis oft a priori nicht exakt spezifizieren. Dieses Defizit hinsichtlich einer möglichst genauen Beschreibung des FuE-Gegenstandes tritt dann immer deutlich zu Tage, wenn die Zusammenarbeit auf eine längere Zeitdauer angelegt ist oder sehr komplexe technische Probleme gelöst werden sollen; denn hier können sich auch durch Steigerungen des allgemein verfügbaren Wissens und durch Fortschritte bezüglich des Standes der Technik Änderungen ergeben. Einfacher ist die Situation hingegen, wenn ein klar definiertes Produkt entwickelt werden soll.

Das Versäumnis, die Zusammenarbeit in der Vertragsurkunde nicht exakt genug zu bezeichnen, resultiert vielfach daraus, daß zwar die beteiligten Unternehmen ihrerseits sehr konkrete Vorstellungen vom jeweils angestrebten FuE-Zweck haben, aber das gemeinsame Kooperationsziel in der Vertragsurkunde nicht so klar herausgestellt wird, um damit möglichen Schwierigkeiten, die bei der Formulierung auftreten könnten, aus dem Weg zu gehen. Doch durch ein derartiges Vorgehen wird bereits der erste entscheidende Fehler gemacht, den viele Vertragspartner in allen gesellschaftlichen und kaufmännischen Bereichen[9] begehen, nämlich eine nur unzureichende, der eigentlichen Vertragsdurchführung vorausgehende Klärung und Absicherung wesentlicher Vertragsbestandteile vorzunehmen. Die Zurückstellung des Problems, ob und wann die Zusammenarbeit beendigt werden soll, ist zwar durchaus verständlich, da diese Frage zur Zeit des Vertragsabschlusses nicht als besonders vordringlich angesehen wird. Andererseits führt aber eine unzureichende Einigung über diesen Komplex zu späterer Unsicherheit über das Vorliegen des Beendigungstatbestandes. Sobald nämlich in der Vertragsurkunde der Gegenstand der Zusammenarbeit nicht exakt bezeichnet wird, ist späterer Streit bereits vorprogrammiert.

cc) Soweit die Zusammenarbeit, jedenfalls objektiv betrachtet, erfolgreich verläuft[10], stellt sich die Frage, wann nun das FuE-Ziel tatsächlich vollständig verwirklicht wurde. Dies bedarf grundsätzlich einer Klärung, insbesondere dann, wenn damit die zwischenbetriebliche

[9] Der zivilrechtliche Bereich der Ehe soll an dieser Stelle nicht vergessen werden, da diese das beste Beispiel für eine zunächst vorhandene Einigkeit ist, die durch umfassende Verträge nicht geregelt werden muß, "weil man sich ja ohnehin versteht". Erst nach einem Zerwürfnis und anläßlich einer Scheidung wird oft festgestellt, daß eine vorausgehende Regelung durch einen Ehevertrag nachträglich viel Streit vermieden hätte. Nichts anderes gilt für den Bereich der zwischenbetrieblichen Zusammenarbeit, die im Schrifttum auch schon von Altin-Sieber, Joint Ventures, Technologietransfer und -schutz, S. 403 mit der zivilrechtlichen Ehe verglichen worden ist.

[10] Siehe zu den Leistungsstörungen Kapitel VI.

Zusammenarbeit enden soll, beziehungsweise sogar kraft Gesetzes endet[11]. Denkbar ist es jedoch, diesbezügliche Vereinbarungen im Kooperationsvertrag aufzunehmen. Doch ist hinsichtlich solcher Klauseln besondere Vorsicht geboten, da die Vorschrift des § 726 BGB mit ihren Rechtsfolgen von der herrschenden Meinung[12] als zwingend angesehen wird. Folge einer unwirksamen individuellen Regelung wäre die Geltung der dispositiven Vorschriften, deren Wirkung ja gerade verhindert oder zumindest abgeschwächt werden sollte. Obgleich die Veränderung oder Erschwerung der Rechtsfolgen des § 726 BGB selbst unzulässig ist, spricht nichts dagegen, den Eintritt der Rechtsfolge selbst, also die tatbestandliche Erfüllung des Beendigungstatbestandes, durch entsprechende Klauseln zu gestalten. Um Streit über den Eintritt der Folgen des § 726 BGB zu vermeiden, sollte demnach eine Klausel in den Vertrag aufgenommen werden, wonach die vollständige Erfüllung des Vertragszwecks durch ein Gremium, dessen Besetzung in sinnvoller Weise gewählt werden sollte[13], festgestellt werden muß[14]. Eine ebenfalls gesetzlich zulässige und vielfach auch aus anderen Gründen gewählte Variante ist es, nicht nur die gemeinsame Forschung und Entwicklung, sondern auch die Übertragung der Ergebnisse auf die Partner sowie den Erwerb von Schutzrechten zum Kooperationszweck zu erheben. Hierdurch wird den Partnern in der Regel mehr Zeit eingeräumt, um festzustellen, ob die Hauptziele der Zusammenarbeit FuE auch tatsächlich verwirklicht worden sind. Durch solche Gestaltungen kann jedenfalls weitgehend der Gefahr vorgebeugt werden, daß die Rechtsfolgen des § 726 BGB eingreifen, ohne daß die Kooperationspartner dies wünschen oder unter Umständen zunächst sogar keine Kenntnis von der Zweckerreichung haben[15].

dd) Völlig unproblematisch ist hingegen der umgekehrte Fall, nämlich der von allen Partnern der Kooperationsbeziehung getragene Wunsch, die Zusammenarbeit auch nach Erreichen der vorher gesteckten Ziele weiter fortzusetzen. Hier genügt eine entsprechende Änderung des Gesellschaftsvertrages oder ein diesbezüglicher Beschluß, um die Rechtsfolgen des § 726 BGB, also die Auflösung mit anschließender Liquidation, zu verhindern[16].

---

[11] Diese Rechtsfolge des § 726 BGB tritt nach einhelliger Ansicht, siehe nur MüKo/Ulmer, § 726 BGB, Rdnr. 1ff; Staudinger/Keßler, § 726 BGB, Rdnr. 3, mit der Erfüllung des vertraglich vereinbarten Zwecks ein. Anders verhält es sich hingegen bei den Personenhandelsgesellschaften, für die § 133 HGB grundsätzlich einen Beschluß oder eine Kündigung vorsieht, Schlegelberger/Schmidt, § 133 HGB, Rdnr. 3; HGB-Großkommentar/Ulmer, § 131 HGB, Rdnr. 111f mit weiteren Nachweisen.

[12] Staudinger/Keßler, § 726 BGB, Rdnr. 8; MüKo/Ulmer, § 726 BGB, Rdnr. 8; Soergel/Hadding, § 726 BGB, Rdnr. 5

[13] Hier bietet es sich an, unabhängig von der kapitalmäßigen Beteiligung, eine paritätische Besetzung durch sachkundige Mitarbeiter aller kooperierenden Unternehmen zu wählen und gegebenenfalls - insbesondere bei der Zusammenarbeit von nur zwei Partnern - noch unabhängige Experten mit eigenem Stimmrecht diesem Gremium beizuordnen.

[14] Staudinger/Keßler, § 726 BGB, Rdnr. 2 läßt hier jedenfalls einen deklaratorischen Gesellschafterbeschluß zu.

[15] Nach MüKo/Ulmer, § 726 BGB, Rdnr. 7 ist es für das Eingreifen der gesetzlichen Rechtsfolge nicht einmal erforderlich, daß die Partner Kenntnis vom Beendigungsgrund erlangt haben. Anderer Ansicht ist Staudinger/Keßler, § 726 BGB, Rdnr. 2, der hinsichtlich des Auflösungszeitpunktes auf eben diese Kenntnis der maßgeblichen Umstände abstellt.

[16] Dies entspricht der einhelligen Meinung: Soergel/Hadding, § 726 BGB, Rdnr. 5; MüKo/Ulmer, § 726 BGB, Rdnr. 8; Erman/Westermann, § 726 BGB, Rdnr. 2. Staudinger/Keßler, § 726 BGB, Rdnr. 9 und Hueck, Das Recht der oHG, § 23 III wollen diese Möglichkeit jedoch nur dann zulassen, wenn dem keine schutzwürdigen Gläubigerinteressen entgegenstehen. Meines Erachtens ist eine solche Beschränkung der Kooperationspartner nicht geboten, da das BGB ohnedies eine umfangreiche und strenge Haftung hinsichtlich der Schulden bei der GbR anordnet und keine Konstellation zu erkennen ist, die bei fortgesetzter Zusammenarbeit zu einer Gläubigergefährdung führen könnte.

c) Unmöglichkeit, das vereinbarte FuE-Ziel zu erreichen

aa) Neben der Erreichung des gemeinsamen Zwecks ordnet § 726 BGB auch für den Fall des Unmöglichwerdens der Zweckverwirklichung zwingend die Beendigung der Gesellschaft an. Schon seinem Wortlaut nach ist hierunter lediglich die nachträgliche Unmöglichkeit zu verstehen, da im Falle einer anfänglichen Unmöglichkeit schon kraft der allgemeinen Regelung des § 306 BGB der Vertrag von Anfang an nichtig[17] ist. Hierbei kann die Vertragsbeziehung nach der einvernehmlichen Aufnahme der gemeinsamen FuE-Arbeiten allenfalls nach den von Rechtsprechung und Lehre entwickelten Grundsätzen als fehlerhafte Gesellschaft zur Entstehung kommen[18]. Allerdings dürfte eine anfängliche Unmöglichkeit bei FuE-Kooperationen auch eher selten vorkommen, da sich die Parteien entweder für bestimmte, konkret zu realisierende Projekte zusammentun, wie zum Beispiel der Entwicklung verbesserter Versionen von bereits vorhandenen Produkten, oder die Unsicherheit über einen möglichen Erfolg bereits Gegenstand des Vertrages ist und daher nur eine bestimmte Forschungsrichtung eingeschlagen wird, an dessen Ende nicht ein konkretes Ergebnis steht, sondern lediglich das Bemühen darum.

bb) In Abgrenzung zu anderen Leistungsstörungen muß es sich um eine nachträglich eingetretene und endgültige Unmöglichkeit handeln, die überdies offensichtlich erkennbar sein muß[19].

(1) Dabei sind zunächst einmal schon an den Begriff der Unmöglichkeit sehr hohe Anforderungen zu stellen. Bei den Fällen einer vorübergehenden Unmöglichkeit, die durch organisatorische Änderungen oder die Zufuhr von Kapital behoben werden kann, handelt es sich grundsätzlich nur um sonstige Leistungsstörungen, welche nicht die Rechtsfolge des § 726 BGB nach sich ziehen[20]. Anders verhält es sich jedoch dann, wenn der vorher geplante Aufwand mit den von den Partnern zu erbringenden Leistungsbeiträgen an „Menpower" und Kapital in keinster Weise verwirklicht werden kann und das Ziel nur mit einem erheblichen Mehraufwand zu erreichen ist. Diese Abgrenzung stellt sich insbesondere bei FuE-Kooperationen als ausgesprochen schwierig dar, denn grundsätzlich genügt eine relative Unmöglichkeit, bei welcher der vereinbarte Gesellschaftszweck noch unter großen Opfern

---

Unzulässig ist jedoch bei einer mehrgliedrigen Kooperationsbeziehung Mehrheitsbeschlüsse für die Fortsetzung mit geändertem Gesellschaftszweck als ausreichend anzusehen, so die ganz herrschende Meinung: BGH (19.6.1995) NJW 1995, 2843, 2844; Soergel/Hadding, Vorb. § 723 BGB, Rdnr. 3; MüKo/Ulmer, Vorb. § 723 BGB, Rdnr. 11. Anders ist die Situation zu beurteilen, wenn der Gesellschaftsvertrag diese Möglichkeit ausdrücklich eröffnet und die Fortsetzung nur durch die zustimmenden Partner erfolgt. Die andere zulässige Ausnahme, die für Publikumsgesellschaften (OLG Stuttgart (24.5.1982) JZ 1982, 766, 767) gilt, ist bei FuE-Kooperationen nicht denkbar, da diese nur aus wenigen Mitgliedern bestehen, die ein besonders enges Vertrauensverhältnis erforderlich ist.

[17] MüKo/Ulmer, § 726 BGB, Rdnr. 4

[18] Siehe hierzu etwa BGH (24.10.1951) NJW 1952, 97; BGHZ (10.12.1973) 62, 20, 26f; BGH (1.12.1982) NJW 1983, 748; Schmidt, Gesellschaftsrecht, § 6; Kuhn, Das Problem der Gründungs- und Beitrittsmängel bei Personengesellschaften, JR 1951, 513ff; Hueck, Mängel des Gesellschaftsvertrages bei der offenen Handelsgesellschaft, AcP 149 (1944), 1ff; MüKo/Ulmer, § 705 BGB, Rdnr. 243ff; Soergel/Hadding, § 705 BGB, Rdnr. 70ff; Ulmer, Die Lehre von der fehlerhaften Gesellschaft, in: FS Flume II, S. 301ff; Wiesner, Die Lehre von der fehlerhaften Gesellschaft.

[19] So die einhellige Meinung: Staudinger/Keßler, § 726 BGB, Rdnr. 5ff; MüKo/Ulmer, § 726 BGB, Rdnr. 4ff; Soergel/Hadding, § 726 BGB, Rdnr. 2ff; RGRK/v. Gamm, § 726 BGB, Rdnr. 3ff, jeweils mit weiteren Nachweisen.

[20] Erman/Westermann, § 726 BGB, Rdnr. 1; MüKo/Ulmer, § 726 BGB, Rdnr. 4

erreicht werden kann, nicht, um den Tatbestand des § 726 BGB zu verwirklichen[21]. Der Sachverhalt ist jedoch dann in einem anderen Lichte zu sehen, wenn neben dem FuE-Ziel auch Leistungspflichtgrenzen vereinbart worden sind, weil dann das Ergebnis mit den vorhandenen Mitteln nicht mehr zu erzielen ist und damit unmöglich wird[22]. Problematisch ist insbesondere der Fall einer zeitweiligen Unmöglichkeit[23] der Erreichung der vorher gesteckten Ziele. Auch dies genügt üblicherweise nicht, um den Eintritt der Folgen des § 726 BGB zu bewirken. Anders verhält es sich jedoch, immer unter Berücksichtigung der Umstände des konkreten Einzelfalles, bei der FuE-Kooperation, die oft deshalb eingegangen wurde, um ein bestimmtes, vorgegebenes Ziel möglichst rasch zu verwirklichen. Bloße Hindernisse hingegen führen aus Gründen der Rechtssicherheit regelmäßig nicht zur Beendigung, sondern berechtigen allenfalls zur Kündigung aus wichtigem Grund[24].

(2) Die Unmöglichkeit muß überdies erkennbar hervortreten, das heißt evident sein[25]. Auch hier ist aus Gründen der Rechtssicherheit ein strenger Maßstab anzusetzen. Es kommen also nur solche Hindernisse in Betracht, die für die beteiligten Unternehmen sichtbar sind. Konkret bedeutet dies, daß die vertraglich vereinbarten FuE-Ziele sich nach menschlichem Ermessen nicht mehr erreichen lassen dürfen und auch eine Verwirklichung mit geänderter Organisationsstruktur oder bei Zuführung weiterer Mittel nicht absehbar sein darf.

cc) Im Rahmen von FuE-Kooperationen führen die im Folgenden aufgezeigten Situationen zum Eintritt einer nachträglichen Unmöglichkeit hinsichtlich der Realisierung des ursprünglich beabsichtigten Kooperationszwecks:

(1) Die dauerhafte Unrentabilität kann im Gesellschaftsrecht bisweilen als Grund für ein Unmöglichwerden des gemeinsamen Zwecks im Sinne des § 705 BGB genügen[26]. Dieser bei Handelsgesellschaften und sonstigen auf Gewinnerzielung ausgerichteten Gesellschaftsverhältnissen ohne weiteres anwendbare Grundsatz, ist für die Zusammenarbeit bei FuE zu relativieren, da hier zunächst einmal nicht erwerbswirtschaftliche Zwecke im Vordergrund stehen, soweit nicht die unmittelbare Verwertung der Ergebnisse durch die Kooperationspartner beabsichtigt ist. Vielmehr wird primär die Lösung bestimmter technischer Probleme oder die Schaffung neuen Wissens angestrebt. Wenn die Partnerunternehmen jedoch nicht nur Grundlagenforschung betreiben, ist jedenfalls für den Fall, daß keinerlei Aussicht auf wirtschaftlich sinnvolle Verwertung der Ergebnisse besteht oder ein objektives Mißverhältnis zwischen Forschungsaufwand und Erträgen zu erwarten ist, von einer Unmöglichkeit auszugehen. Diese kann auch als kollektiver Interessenfortfall bezeich-

---

[21] BGH (23.5.1957) NJW 1957, 1279; BGH (12.7.1982) NJW 1982, 2821; BGHZ (22.5.1957) 24, 279, 293; RGRK/v. Gamm, § 726 BGB, Rdnr. 3; Soergel/Hadding, § 726 BGB, Rdnr. 2; Erman/Westermann, § 726 BGB, Rdnr. 1

[22] Vor allem bei mittelständischen Unternehmen bietet es sich an, solche Leistungsgrenzen in den Vertrag aufzunehmen, weil unter Umständen eine vertragsgerechte Durchführung von kooperativen FuE-Vorhaben, insbesondere unter Beteiligung von finanzstärkeren Partnern, den Bestand des Unternehmens insgesamt gefährden könnte, wenn es sich im Rahmen eines Projekts infolge erheblicher Nachschußpflichten finanziell übernimmt, die je nach Vertragsgestaltung als bloße Aufwandserhöhungen hinzunehmen sind.

[23] Staudinger/Keßler, § 726 BGB, Rdnr. 5; MüKo/Ulmer, § 726 BGB, Rdnr. 4

[24] Schmidt, Gesellschaftsrecht, § 59 V.1.b); MüKo/Ulmer, § 726 BGB, Rdnr. 4 und § 723 BGB, Rdnr. 25

[25] BGH (23.5.1957) NJW 1957, 1279; BGH (12.7.1982) NJW 1982, 2821; MüKo/Ulmer, § 726 BGB, Rdnr. 4; Staudinger/Keßler, § 726 BGB, Rdnr. 5

[26] MüKo/Ulmer, § 726 BGB, Rdnr. 5

net werden. Allerdings ist zu beachten, daß diese negativen Aussichten für alle Kooperationspartner in gleicher Weise zutreffen müssen. Solange nämlich zumindest ein Beteiligter die Chance behält, die FuE-Ergebnisse unmittelbar in wirtschaftlichen Markterfolg umzumünzen oder zumindest durch Schutzrechte sowie betriebliches Know-how seine Marktposition für künftige Entwicklungen zu verbessern, bedeutet dies, daß sich bei den anderen Partnern lediglich das allgemeine Geschäftsrisiko in Form des besonderen FuE- bzw. des Kooperationsrisikos realisiert hat, aber eine Unmöglichkeit mit den zwingenden Folgen des § 726 BGB nicht gegeben ist.

(2) Ein klassischer Fall des nachträglichen Unmöglichwerdens von FuE-Zielen liegt vor, wenn ein bestimmtes technisches Problem im Laufe der gemeinsamen Tätigkeit durch einen Dritten gelöst und allgemein zugänglich wurde, oder inzwischen dem Stand der Technik entspricht, also von jedermann ohne größeren Forschungsaufwand ermittelt und benutzt werden kann[27]. Dem gleichzusetzen ist das Offenkundigwerden einer bis zu diesem Zeitpunkt geheim gehaltenen Erfindung für alle in diesem Bereich Forschenden. Anders beurteilt sich hingegen die Situation, wenn im Hochtechnologiebereich gerade das Erreichen des allgemeinen Standes der Technik durch die gemeinsame FuE das eigentliche Ziel der Zusammenarbeit war.

(3) Es führt ebenfalls zur nachträglichen Unmöglichkeit, wenn während der Kooperationsbeziehung das der Zusammenarbeit zugrunde gelegte technische Problem von einem Dritten gelöst wurde[28] und dieses Wissen inzwischen durch Schutzrechte gegen jegliche Verwertung durch die Vertragspartner gesichert ist. Doch auch hier ist es für das Vorliegen der Unmöglichkeit entscheidend, ob die Partner die spätere Verwertung oder den Erwerb von eigenen Schutzrechten als Kooperationszweck beabsichtigt hatten[29]. Soweit nämlich nur die Schaffung von Wissen im vertragsgegenständlichen technischen Bereich vereinbart worden ist, stehen Schutzrechtspositionen Dritter einer Erfolgsverwirklichung nicht entgegen[30].

dd) Schließlich stellt sich noch die praktische Frage, ob und zu welchem Zeitpunkt das FuE-Ziel nicht mehr verwirklicht werden kann. Insbesondere bei der allgemeinen Vereinbarung, FuE in einem bestimmten technischen Bereich zur allgemeinen Schaffung von unternehmensinternem Wissen zu betreiben, wird sich kaum jemals eine Unmöglichkeit, neue Erkenntnisse zu ermitteln, feststellen lassen. Für diese Art der Zusammenarbeit kommt somit allenfalls eine zeitliche Dimensionierung in Betracht. In jedem Fall sollten die FuE-Ziele möglichst exakt formuliert werden, um Sicherheit darüber zu haben, ob wirklich eine Unmöglichkeit vorliegt oder ob es nur an einer wirtschaftlichen Verwertungsmöglichkeit mangelt. Die entsprechende Feststellung einer nachträglichen Unmöglichkeit sollte dabei in die Hände eines Gremiums gelegt werden, wie dies schon oben für den Fall der Zweck-

[27] Bartenbach, Zwischenbetriebliche FuE-Kooperation und das Recht der Arbeitnehmererfindung, S. 138

[28] Bartenbach, aaO, S. 138

[29] Bartenbach, aaO, S. 138

[30] Die entscheidende Frage ist hierbei immer, ob das in der Kooperation zu schaffende Wissen einer unmittelbaren Verwertung zugeführt werden soll oder ob die reine innerbetriebliche Wissenssteigerung beabsichtigt war.

erreichung ausgeführt worden ist[31].

d) Die Beendigung durch Zeitablauf

In sehr weiten Grenzen ist es zulässig, die Kooperationsbeziehung zeitlichen Beschränkungen oder Bindungen zu unterstellen, wobei es in gleicher Weise möglich ist, eine feste Zeitspanne zu vereinbaren, nach deren Ablauf die Vertragsbeziehung endet, wie auch eine Mindest- oder eine absolute Höchstdauer zu statuieren. Zunächst einmal ist hierbei festzuhalten, daß während der Dauer einer rechtlich erlaubten zeitlichen Befristung das Recht zur ordentlichen Kündigung gemäß § 723 I (1) BGB ausgeschlossen ist[32].

aa) Dabei erscheint es sinnvoll, bestimmte zeitliche Fixierungen vorzunehmen, um die Partner, die im Hinblick auf die kooperative Zusammenarbeit oft erhebliche Dispositionen treffen, besser abzusichern. Denn ansonsten bestünde die Gefahr, daß ein Vertragspartner nach dem Erhalt oder der gemeinsamen Entwicklung des seiner Ansicht nach ausreichenden Know-how die Zusammenarbeit einfach kündigt, wenn er sich keine weiteren Vorteile von der Fortführung der Zusammenarbeit verspricht. Doch durch die Vereinbarung einer bestimmten Dauer entstehen klagbare Leistungspflichten, aus deren Verletzung sich Schadensersatzansprüche ohne weiteres ableiten lassen; dies gilt vor allem dann, wenn der Partner keine kooperationsbezogenen Tätigkeiten vornimmt und nur pro forma das Vertragsverhältnis aufrecht erhalten will, um eben diesen Ansprüchen zu entgehen[33].Als sachliche Anwendungsgebiete solcher Befristungen ist zunächst an gemeinsame Grundlagenforschung zu denken. Für diese wird schon aus der Natur der Sache heraus, da die Erzielung bestimmter technischer Lösungen im Sinne einer Zweckbindung nicht möglich ist, die reine Forschungstätigkeit vereinbart; wobei sich oft erst im Laufe der FuE-Arbeiten absehen läßt, ob und was an konkreten Ergebnissen zu Tage gefördert wird. Daneben läßt sich durch zeitliche Bindungen zunächst eine „Kooperationsbeziehung auf Probe" einrichten, zum Beispiel für ein eng umgrenztes technisches Gebiet, um für eine künftige intensivere Zusammenarbeit eine Sollbruchstelle zu besitzen. Eine solche Vorgehensweise kann insbesondere dann eingeschlagen werden, wenn ein begrenztes FuE-Vorhaben eine spätere intensivere Zusammenarbeit, möglicherweise auch auf anderen unternehmerischen Feldern wie Produktion und Vertrieb, einleiten soll.

bb) Zeitliche Beschränkungen sind rechtlich in einem weit gesteckten Rahmen zulässig, zumal § 723 III BGB hier nicht eingreift[34]. Aufgrund der uneinheitlichen, im Wandel befindlichen Ansichten von Rechtsprechung und Lehre läßt sich kaum eine zuverlässige Aussage treffen, welche absoluten Höchstgrenzen dabei zu beachten sind. Allerdings wird eine Dauer von fünf Jahren stets als zulässig erachtet[35] und längere Bindungen, etwa bis zu

---

[31] Siehe oben unter b). Die Fragen der Zweckerreichung und der Unmöglichkeit sind durch § 726 BGB mit gleicher Rechtsfolge versehen, so daß sich die Probleme, insbesondere die Frage des Vorliegens dieser Umstände, auch weitgehend einheitlich lösen lassen.

[32] MüKo/Ulmer, § 723 BGB, Rdnr. 15, 45ff; Soergel/Hadding, Vor § 723 BGB, Rdnr. 6; Staudinger/Keßler, § 723 BGB, Rdnr. 40

[33] Eine solche Vorgehensweise stellt jedoch eine Leistungsstörung dar, deren rechtliche Behandlung oben (siehe Kapitel VI) bereits ausführlich abgehandelt worden ist.

[34] So die einhellige Meinung, MüKo/Ulmer, § 723 BGB, Rdnr. 45 mit weiteren Nachweisen.

[35] Gersch, Die Grenzen zeitlicher Beschränkungen des ordentlichen Kündigungsrechts bei Personengesellschaften, BB 1977, 871, 873; MüKo/Ulmer, § 723 BGB, Rdnr. 45 mit zahlreichen weiteren Nachweisen; Nitschke, Die körperschaftlich strukturierte Personengesellschaft, S.369f; BGH WM 1967, 315

dreißig Jahren, können je nach Fallage ebenfalls noch als zulässig erachtet werden[36]. Dabei ist ferner zu beachten, daß überlange Bindungen nicht nur gegen das Knebelungsverbot des § 138 BGB verstoßen, sondern darüber hinaus auch eine unzulässige Umgehung der Kündigungsvorschrift des § 723 BGB darstellen können, der auf die persönliche Freiheit der Gesellschafter gerichtet ist[37].

Zulässig sind jedoch stets Zeitbestimmungen, die für die Vertragspartner zum Zeitpunkt des Vertragsabschlusses überschaubar sind[38]. Dies bedeutet, daß man bei FuE-Kooperationen immer die konkreten Kooperationsziele und die allgemeinen empirischen Erfahrungen hinsichtlich der Forschung auf einem bestimmten technischen Sachgebiet in die Beurteilung einfließen lassen muß. So sind in der schnellebigen Computertechnik sicherlich kürzere Höchstfristen angezeigt als zum Beispiel im Medizin- oder Pharmabereich, wo der Entwicklung von Produkten oft eine langjährige Testphase nachfolgt, bevor sich neue Errungenschaften auf dem Markt etablieren lassen beziehungsweise die erforderlichen behördlichen Zulassungen erhalten können.

Das Problem einer überlangen zeitlichen Bindung tritt in der Praxis jedoch nicht sehr häufig auf, da die Kooperationspartner meist nur die Zusammenarbeit hinsichtlich eines bestimmten FuE-Gegenstandes vereinbaren und bei erfolgreicher Zusammenarbeit allenfalls in der Folgezeit weitere Projekte ganz konkret planen. Eine möglichst lange Zeitdauer kann allenfalls dann der Interessenlage aller Beteiligten entsprechen, wenn die vertragliche Beziehung als gemeinsames FuE-Tochterunternehmen geplant ist, in welches zumindest Teile der innerbetrieblichen FuE-Aufgaben ausgelagert werden sollen[39]. Doch dies erfolgt in der Regel nicht mittels eines einfachen Vertrages, sondern durch Gründung eines Unternehmens mit eigener Rechtspersönlichkeit, vorzugsweise als Kapitalgesellschaft[40]. Diese hat den Vorteil, daß sie bestandsfester ist als eine GbR mit ihren gesetzlich vorgeschriebenen Kündigungsmöglichkeiten und auch haftungsrechtliche Vorteile bietet.

cc) Höchst problematisch ist die Situation, wenn sich die Partner zur Lösung konkreter Forschungsaufgaben zusammengetan haben und - ausdrücklich oder konkludent - das Kündigungsrecht ausgeschlossen haben beziehungsweise die Zweckerreichung als Mindestlaufzeit vereinbart wurde. Denn für die Bestimmung einer bestimmten Laufzeit ist es

---

[36] Siehe etwa Erman/Westermann, § 723 BGB, Rdnr. 20

[37] So MüKo/Ulmer, § 723 BGB, Rdnr. 46 unter ausdrücklicher Aufgabe der von GK/Ulmer, § 134 HGB, Rdnr. 7 bisher vertretenen Auffassung. Zwar ist die persönliche Freiheit von natürlichen Personen im Rahmen von FuE-Kooperationen selten betroffen, da meist körperschaftlich strukturierte Unternehmen als Partner beteiligt sind, aber auch die wirtschaftliche Handlungsfreiheit kann durch solche Vereinbarungen in einem Umfang beeinträchtigt werden, der dem Normzweck des § 723 BGB zuwiderläuft, wobei hier die Grenzen weiter zu ziehen sind, als dies für natürliche Personen gilt. Allerdings besteht hier wiederum eher die Gefahr, daß eine solche überlange Bindung als unzulässige Kartellabsprache ausgelegt wird und damit zu deren Unzulässigkeit führt.

[38] Soergel/Hadding, Vor § 723 BGB, Rdnr. 6

[39] Die Gründung solcher Gesellschaften stellt jedoch stets eine "Kooperation im gesellschaftsrechtlichen Sinn" dar, wie dies in Kapitel I. bereits erläutert wurde. Siehe zu den rechtlichen und tatsächlichen Problemen der Gründung solcher Tochterunternehmen, die vielfach auch als Joint Ventures bezeichnet werden, Altin-Sieber, aaO, passim.

[40] Bei der Gründung eines solchen selbständigen FuE-Unternehmens empfiehlt es sich dringend, die Gesellschaftsanteile zu vinkulieren oder ein Vorkaufsrecht zu vereinbaren, um dadurch zu verhindern, daß ein möglicherweise unerwünschtes Drittunternehmen sich in das technische Know-how sowie die Schutzrechtspositionen einkaufen kann.

nicht erforderlich, diese kalendermäßig vorzunehmen, sondern es genügt auch die bloße objektive Bestimmbarkeit[41]. Gerade bei der Durchführung eines bestimmten Projektes, wie bei der FuE-Kooperation, ist regelmäßig eine konkludente Befristung und damit der Ausschluß einer ordentlichen Kündigung bis zum Zeitpunkt der Zweckerreichung anzunehmen.

Meines Erachtens ist in jedem Fall eine eindeutige Feststellung zu treffen, ob ein solcher Vertragszweck vereinbart worden ist, dessen Erreichen oder dessen Unmöglichwerden erst zur Beendigung der Zusammenarbeit führen soll (§ 726 BGB). Zwar wäre die Dauer der Zusammenarbeit grundsätzlich bestimmbar, wenn die Partner eine solche Zweckbestimmung getroffen haben, so daß sich eine zeitliche Grenze jedenfalls im Verlauf der Zusammenarbeit ermitteln ließe, was nach Ansicht der herrschenden Meinung auch genügt[42]. Es liegt allerdings in der Natur der erfinderischen Tätigkeit, daß bereits zu Beginn der kooperativen FuE-Tätigkeit zum Teil noch nicht geklärt werden kann, ob es den Partnern tatsächlich gelingt, das gestellte Problem zu lösen. In diesem Fall wäre nicht nur der Zeitpunkt der Zweckerreichung fraglich, sondern auch, ob die angestrebte Problemlösung überhaupt stattfinden wird[43].

Einige Stimmen in der Literatur lassen es für eine zeitliche Bestimmung ausreichen, wenn sowohl das „Wann" als auch das „Ob" der Zweckerreichung zu Beginn der Zusammenarbeit noch nicht geklärt ist[44]. Die inzwischen ganz herrschende Meinung verlangt jedoch für die Bestimmbarkeit des zeitlichen Rahmens, daß der Eintritt des maßgeblichen Ereignisses selbst feststehen muß und allenfalls der Zeitpunkt des Eintritts fraglich sein darf, aber sich abschätzen lassen muß[45]. Insbesondere muß sich für die Vertragspartner die ungefähre Dauer einigermaßen zuverlässig vorhersagen lassen, damit sie ihre wirtschaftlichen Dispositionen in vergleichbarer Weise wie bei einer exakten kalendermäßigen Festlegung darauf abstellen können. Begründet wird diese Auffassung zum einen mit dem Wortlaut des § 723 BGB, der von einer bestimmten Zeitdauer ausgeht, was nur möglich ist, wenn das „Ob" der Erfolgsverwirklichung feststeht, sowie mit dem Normzweck des § 723 BGB. Denn durch diese Vorschrift soll bei ungewissem Erfolgseintritt bzw. nicht absehbarer Dauer verhindert werden, daß die wirtschaftliche Betätigungsfreiheit der Vertragspartner durch die Bindung an die Gesellschaft unverhältnismäßig eingeengt wird[46]. Zwar kann dieser Ansicht entgegengesetzt werden, daß im Falle einer nicht mehr erreichbaren Zweckverwirklichung gemäß § 726 BGB ohnehin die Zusammenarbeit endet, aber gerade bei FuE-Arbeiten fällt oftmals ein erheblicher Arbeits- und Kostenaufwand an, dessen gesamter Umfang sich vielfach zum Zeitpunkt des Vertragsabschlusses nicht abschätzen läßt. Es muß also den Partnern dem Grunde nach möglich sein, sich für die Zukunft durch eine Kündigung diesen

---

[41] MüKo/Ulmer, Vor § 723 BGB, Rdnr. 16

[42] BGH (2.4.1979) NJW 1979, 2304, 2305; BGHZ (11.7.1968) 50, 316, 321; BGHZ (17.6.1953) 10, 91, 98; Palandt/Thomas, § 723 BGB, Rdnr. 3; Soergel/Hadding, § 723 BGB, Rdnr. 6

[43] Bartenbach, aaO, S. 139

[44] Hierbei handelt es sich im Wesentlichen um ältere Ansichten, die heute wohl nicht mehr vertreten werden: Hueck, Das Recht der oHG, § 23 II 1; Soergel/Schultze-v. Lasaulx, 11. Auflage, § 723 BGB, Rdnr. 6; jetzt auch Soergel/Hadding, § 723 BGB, Rdnr. 15.

[45] BGHZ (11.7.1968) 50, 316, 322; MüKo/Ulmer, § 723 BGB, Rdnr. 16; Soergel/Hadding, § 723 BGB, Rdnr. 15; Baumbach/Hopt, § 132 HGB, Rdnr. 1ff; Staudinger/Keßler, § 723 BGB, Rdnr. 16; RGRK/Fischer, § 723 BGB, Anm. 4

[46] BGHZ (11.7.1968) 50, 316, 322; diese Ansicht wird auch von Bartenbach, aaO, S. 140 vertreten.

Belastungen zu entziehen.

Letztendlich wird man eine konkludente Befristung immer nur dann annehmen können, wenn der Erfolgseintritt, sprich die Zweckverwirklichung, mit Sicherheit eintritt, etwa bei der Produktentwicklung oder ähnlichen Vorhaben. Bei ungewissem Erfolgseintritt ist dagegen grundsätzlich von einem auf unbefristete Zeit bestehendem Gesellschaftsverhältnis auszugehen.

dd) Letztendlich lassen sich explizite zeitliche Befristungen verschiedenster Ausprägung in den Vertrag einbinden, sei es als Bestimmung einer Gesamtdauer, als Mindestdauer mit anschließender Umwandlung in eine unbefristete Kooperationsbeziehung (mit den gesetzlichen oder vertraglich vereinbarten Kündigungsmöglichkeiten) oder als absolute Höchstdauer. Eine solche absolute Höchstdauer mit vorher bestehenden Beendigungsmöglichkeiten, zum Beispiel durch Zweckerreichung oder ordentliche Kündigung ist insbesondere bei FuE-Kooperationen denkbar, für die eine Erlaubnis oder eine Freistellung durch nationale oder europäische Kartellbehörden besteht, welche nur für einen bestimmten absoluten Zeitraum erteilt worden ist. Im übrigen bleibt festzuhalten, daß eine einvernehmliche Fortsetzung der Zusammenarbeit durch entsprechendes Votum aller Beteiligten über den Zeitraum vorher verabredeter Beschränkungen hinaus stets zivilrechtlich möglich ist. Problematisch sind hingegen in den ursprünglichen Vertragstext aufgenommene Verlängerungsklauseln, welche die weitere Zusammenarbeit von einem mehrheitlich zu fassenden Gesellschafterbeschluß abhängig machen. Entsprechend den allgemeinen strengen Anforderungen für Mehrheitsbeschlüsse über Vertragsänderungen, die den Kernbereich der Mitgliedschaft betreffen (§ 709 BGB), muß sich die Vereinbarung unmittelbar auf die jeweilige Verlängerung beziehen und zeitliche Grenzen beinhalten[47], damit die Fortsetzungsdauer ihrerseits nicht unzulässig lang ist.

e) Kündigung der weiteren Zusammenarbeit

Neben dem schon erläuterten Erreichen des verabredeten Zwecks, also der erfolgreichen Fertigstellung der FuE-Arbeiten, stellt die ordentliche Kündigung gemäß § 723 I (1) BGB den wohl häufigsten Fall für die Auflösung der Kooperationsbeziehung dar[48]. Weniger oft endet hingegen die Zusammenarbeit aufgrund einer außerordentlichen Kündigung nach § 723 I (2) BGB, welche nur im Falle des Vorliegens eines wichtigen Grundes zulässig ist.

aa) Kraft gesetzlicher Anordnung besteht das ordentliche Kündigungsrecht nur für Vertragsverhältnisse, die auf unbestimmte Zeit eingegangen worden sind, also keiner Befristung unterliegen.

(1) Dabei stellt sich grundsätzlich die entscheidende Frage, ob die Vertragsbeziehung tatsächlich eine FuE-Tätigkeit zum Gegenstand hat, ohne einen zeitlichen Rahmen vorzugeben. Eine solche Form der Zusammenarbeit wird in der Regel anzunehmen sein, wenn keine konkreten FuE-Ziele durch die gemeinsame Forschungstätigkeit angestrebt werden. Dies ist insbesondere bei kooperativer Grundlagenforschung der Fall. Wann eine konkludente, auf den Eintritt des Kooperationserfolges abzielende Befristung vorliegt, kann auf

---

[47] BGH (7.12.1972) NJW 1973, 1602; Staudinger/Keßler, § 723 BGB, Rdnr. 45; Soergel/Hadding, Vor § 723 BGB, Rdnr. 6; MüKo/Ulmer, § 723 BGB, Rdnr. 49; RGRK/Weipert, 2. Auflage, § 132 HGB, Rdnr. 15

[48] Bartenbach, aaO, S. 139

das oben Gesagte verwiesen werden[49].

Zusammenfassend ist hier festzuhalten, daß bei Verträgen, deren Realisierung selbst ungewiß ist oder eine erhebliche Unsicherheit über den Zeitpunkt besteht, also nicht einmal eine grobe Abschätzung des ungefähren Rahmens möglich ist, stets neben den Beendigungsgründen des § 726 BGB (Zweckerreichung oder nachträgliche Unmöglichkeit) auch allen Kooperationspartnern das Recht zur ordentlichen Kündigung offen steht. Allerdings darf in diesem Zusammenhang nicht vergessen werden, daß bei FuE-Arbeiten, die ein konkret zu planendes Ziel anstreben, dessen Realisierung unzweifelhaft möglich ist, bei dem lediglich der Zeitpunkt offen bleibt und damit keine unbefristete Zusammenarbeit vorliegt, die ordentliche Kündigungsmöglichkeit des § 723 I (1) BGB nicht gegeben ist[50]. Regelmäßig ist jedoch davon auszugehen, daß FuE-Kooperationen ohne vertragliche Regelungen hinsichtlich der Zusammenarbeitsdauer auf unbestimmte Zeit eingegangen sind mit allen aufgezeigten Konsequenzen.

(2) Soweit ein solches Kündigungsrecht dem Grunde nach besteht, ist jeder Partner berechtigt, die Kündigung jederzeit ohne Einhaltung von Fristen auszusprechen. Allerdings bedeutet dies unter Umständen für den nicht kündigenden Vertragsteil eine erhebliche Belastung, insbesondere dann, wenn er schon größere Investitionen im Vertrauen auf die Zusammenarbeit vorgenommen oder in sonstiger Weise Dispositionen getroffen hat. Hier ist etwa an Planungen oder unternehmensinterne Maßnahmen zu denken, aber auch die Preisgabe von Know-how an den Vertragspartner, der schließlich auch ein Konkurrent sein kann[51], kommt in Betracht. Deshalb unterliegt das Kündigungsrecht gewissen Beschränkungen.

(a) Um Härtefälle zu vermeiden, wird in § 723 II BGB eine Schadensersatzpflicht statuiert, die den kündigenden Vertragspartner im Falle einer Kündigung zur Unzeit trifft, also dann, wenn für den anderen Teil besondere Nachteile entstehen. Dies bedeutet, daß der Kündigungszeitpunkt so zu wählen ist, daß hierdurch nicht ohne wichtigen Grund die Interessen der Partner verletzt werden[52]. Auch wenn die Schadensersatzpflicht bisweilen den kündigungswilligen Vertragspartner von diesem Schritt abhalten wird, ändert dies dem Grunde nach nichts an der Wirksamkeit einer solchen Kündigung. Problematisch ist hierbei auch, daß sich gerade bei FuE-Kooperationen der Schaden oft schwer beziffern läßt, zumal lediglich der Vertrauensschaden, also derjenige Schaden, der durch die treuwidrige Wahl des Kündigungszeitpunktes entstanden ist, und nicht das positive Interesse gefordert werden kann[53]. Diese nur sehr beschränkte Schadensersatzandrohung dürfte einen zur Kündigung entschlossenen Vertragspartner oftmals nicht davon abhalten. Selbst wenn die Kündigung unterbleibt, besteht nämlich künftig die Gefahr, daß die weitere Zusammenarbeit nicht zu den gewünschten Ergebnissen führt, denn dann dürfte sowohl der unerläßliche Informati-

[49] Siehe oben unter 1.d)cc)

[50] Soergel/Hadding, § 726 BGB, Rdnr. 16 geht im Regelfall von einer konkludenten Befristung bei den sogenannten Gelegenheitsgesellschaften aus, um die es sich bei der zwischenbetrieblichen FuE-Kooperation oftmals handelt.

[51] Diese Problematik kann vor allem bei horizontalen Kooperationsbeziehungen virulent werden, wenn ein Partner nach sehr kurzer Vertragsdauer bereits wieder aus dem Vertragsverhältnis ausscheidet, zumal gerade das preisgegebene Know-how vielfach keinen ausreichenden Schutzmechanismen unterliegt.

[52] BGH (13.1.1959) GRUR 1959, 384, 388; MüKo/Ulmer, § 723 BGB, Rdnr. 35

[53] MüKo/Ulmer, § 723 BGB, Rdnr. 37

onsfluß als auch die Motivation zur kooperationsfördernden FuE nicht mehr vorhanden sein[54].

(b) Daneben kann das Kündigungsrecht auch dann ausgeschlossen sein, wenn dessen Ausübung einen erheblichen Verstoß gegen die gesellschaftsrechtliche Treuepflicht[55] darstellt. Hier ist allerdings festzuhalten, daß aufgrund der gesetzgeberischen Wertung des § 723 II BGB (der die Kündigung zur Unzeit erlaubt und lediglich eine Schadensersatzverpflichtung damit verknüpft) eine Unwirksamkeit der unzeitigen Kündigung nur dann in Betracht kommt, wenn sich die konkreten Umstände des Einzelfalles als so unbillig erweisen, daß eine bloße Entschädigung in Geld keinen angemessenen Ausgleich für den vertragstreuen Partner bedeuten würde[56]. Diese Schwelle kann allerdings in Grenzfällen bereits schnell überschritten werden, denn da die Schadensersatzpflicht nur auf den reinen Unzeitigkeitsschaden - und auch hier nur auf das negative Interesse - gerichtet ist, erscheint gerade der unternehmerisch sensible FuE-Bereich als dazu prädestiniert, die Annahme einer groben Unbilligkeit zu rechtfertigen.

Grundsätzlich ist eine solche dann zu bejahen, wenn die Kündigung jedenfalls in rechtsmißbräuchlicher Weise beziehungsweise mit Schädigungsabsicht erfolgt oder allein der rücksichtslosen Verfolgung eigener Interessen dient[57]. Im Rahmen von FuE-Kooperationen ist hier vor allem an den Fall zu denken, daß sich ein Partner, nachdem er sich umfassend über das von den übrigen Beteiligten eingebrachte Know-how unterrichtet hat, seinen korrespondierenden Pflichten zur Preisgabe von Wissen oder zur Bereitstellung der eigenen Forschungsergebnisse im weiteren Verlauf der Zusammenarbeit entziehen will[58]. Dabei spielt es keine Rolle, ob diese Form der Informationsbeschaffung erfolgt ist, um das so gewonnene Wissen außerhalb der FuE-Gemeinschaft zu nutzen oder ob lediglich eine Unterrichtung über den Wissensstand eines potentiellen Konkurrenten beabsichtigt war. Daneben kann eine Kündigung auch dann wegen eines Treuepflichtverstoßes unwirksam sein, wenn besondere Begleitumstände vorliegen, wie zum Beispiel die absichtliche Herbeiführung einer Kündigungslage oder wenn sich der Vertragspartner in einer außergewöhnlichen, wenn auch vorübergehenden Situation befindet, in der ihn die Kündigung über das hinzunehmende Maß hinaus besonders hart trifft[59].

(3) Daneben können die Partner auch Kündigungsbeschränkungen durch die vertragliche Gestaltung herbeiführen.

(a) Dabei ist zunächst an eine Beschränkung des Kündigungsrechts aufgrund einer entsprechenden vertraglichen Vereinbarung zu denken. Allerdings sind der individuellen Gestal-

[54] Siehe hierzu oben in Kapitel III die Ausführungen zu den allgemeinen Leistungsstörungen, denn um eine solche handelt es sich in diesem Fall.

[55] Siehe oben in Kapitel III zu den besonderen Ausprägungen dieser Treuepflicht im Rahmen von FuE-Kooperationen.

[56] Soergel/Schultze-v. Lasaulx, 11. Auflage, § 723 BGB, Rdnr. 20

[57] In diesen Extremsituationen kann die Kündigung aber auch nach § 138 BGB nichtig sein und darüber hinaus ein Schadensersatzanspruch gemäß § 826 BGB bestehen, so Soergel/Hadding, § 723 BGB, Rdnr. 26; MüKo/Ulmer, § 723 BGB, Rdnr. 39ff

[58] Bartenbach, aaO, S. 143

[59] BGH (15.6.1959) NJW 1959, 1683; OGH (9.3.1950) NJW 1950, 503, 504

tungsfreiheit durch den § 723 III BGB, der auch für die ordentliche Kündigung gilt[60], enge Grenzen gesetzt. Folglich sind solchermaßen unzulässige Klauseln nichtig, ohne den Vertrag im übrigen zu berühren[61], mit der Konsequenz, daß damit eine auf unbestimmte Dauer geschlossene Vertragsbeziehung vorliegt. Möglich ist es jedoch, eine bestimmte Frist zu vereinbaren[62], während der das Recht zur Kündigung ausgeschlossen ist, wobei diese Frist sich im äußersten Fall an der Gesamtbefristung von Gesellschaftsverträgen orientieren darf[63]. Unzulässig ist hingegen ein Kündigungsausschluß[64], wobei in besonders gelagerten Fällen eine überlange Bindung mit anschließendem Recht zur Kündigung statthaft sein kann, vorausgesetzt daß die Parteien dies einvernehmlich gewollt haben und sich aus der vertraglichen Zweckbestimmung die Notwendigkeit einer solchen Regelung ableiten läßt. Im Rahmen von FuE-Kooperationen kommt dies jedoch nur bei besonders umfangreichen Projekten in Betracht, die einen immensen gemeinsamen Forschungsaufwand erfordern und in deren Rahmen für alle Beteiligten ein klar zu erkennender „Point-of-no-return" erreicht wird[65]. Eine weitere Möglichkeit, die Dauer der Zusammenarbeit berechenbarer und damit die Risiken insgesamt besser kalkulierbar zu machen, ist es, Kündigungsfristen[66] festzulegen oder eine Kündigung nur zu bestimmten Terminen zuzulassen.[67]

(b) Daneben hat es sich in der Rechtspraxis zunehmend durchgesetzt, soweit Befristungen nicht ausdrücklich in den Vertragstext aufgenommen worden sind, deren konkludente Vereinbarung anzunehmen[68]. Für die Auslegung des Vertrages sind dabei die bereits dargestellten Grundsätze[69] heranzuziehen. Dies hat zur Folge, daß dem besonderen Vertragszweck und den gegenüber Austauschverträgen doch grundverschiedenen Interessenlagen entsprechend Rechnung getragen werden muß. Dies bedeutet insbesondere die Berücksichtigung der jeweiligen Bedürfnisse nach Geheimhaltung sowie der Tatsache, daß die Zu-

---

[60] So die einhellige Meinung trotz der aufgrund der Gesetzessystematik zu ziehenden gegenteiligen Schlußfolgerung: BGH (11.7.1968) NJW 1968, 2003; RGZ (3.5.1932) 136, 237, 241; Soergel/Hadding, § 723 BGB, Rdnr. 27ff; Staudinger/Keßler, § 723 BGB, Rdnr. 84; MüKo/Ulmer, § 723 BGB, Rdnr. 43; Audoerfer, Ausschluß und Beschränkung des Kündigungsrechts bei Personengesellschaften, S. 23ff.

[61] Regelmäßig kann die Vermutung des § 139 BGB hinsichtlich der Kündigungsbeschränkung als widerlegt angesehen werden, so MüKo/Ulmer, § 723 BGB, Rdnr. 44; BGH (5.2.1968) NJW (?) 1968, 1378; Soergel/Hadding, § 705 BGB, Rdnr. 40.

[62] So schon die Rechtsprechung des RGZ (12.6.1914) 85, 147, 151; RGZ (14.3.1919) 95, 147, welcher der BGH (19.2.1953) NJW 1953, 1217 auch gefolgt ist. Siehe im übrigen: Soergel/Hadding, § 723 BGB, Rdnr. 28; Staudinger/Keßler, § 723 BGB, Rdnr. 55 mit weiteren Nachweisen.

[63] Siehe hierzu oben unter 1.d)bb).

[64] Stellvertretend für alle: MüKo/Ulmer, § 723 BGB, Rdnr. 50 mit weiteren Nachweisen.

[65] Eine solche Bindung ist demzufolge bei kooperativer FuE im Normalfall nicht möglich, sondern kann beispielsweise bei Weltraumforschungen mittels besonderer Teleskope bzw. beim Einsatz von Satelliten, Raketen oder Ähnlichem, aber auch beim privaten Bau von Teilchenbeschleunigern oder vergleichbar umfangreichen Vorhaben, die mit erheblichen Investitionen verbunden sind, in Betracht kommen. In der Praxis sind bisher jedoch staatliche Institutionen an solchen Vorhaben, die weitgehend der Grundlagenforschung dienen, maßgeblich beteiligt, während Privatunternehmen nur eine unbedeutende Rolle spielen. Aus dem hier Ausgeführten folgt demnach, daß eine zulässige überlange Bindung in der Praxis der anwendungs- oder produktbezogenen FuE allenfalls im Medizin- und Pharmabereich statthaft ist.

[66] Auf diese Möglichkeit verweist § 723 I (3) BGB ausdrücklich

[67] RGRK/v. Gamm, § 723 BGB, Rdnr. 12; MüKo/Ulmer, § 723 BGB, Rdnr. 51; Soergel/Hadding, § 723 BGB, Rdnr. 31. Auch für diese Fristen und Termine gilt naturgemäß, daß sie nicht so gewählt werden dürfen, daß sie ihrerseits gegen § 723 III BGB verstoßen oder den Tatbestand einer Umgehung erfüllen.

[68] MüKo/Ulmer, § 723 BGB, Rdnr. 15

[69] Siehe hierzu oben in Kapitel III 3.

sammenarbeit meist nicht auf einen punktuellen Informationsaustausch beschränkt ist, sondern sich beabsichtigterweise über eine längere Zeitspanne erstrecken soll. Allerdings müssen sich hierfür jedoch konkrete Anhaltspunkte aus dem Vertrag ergeben, wie etwa bestimmte, auf Dauer angelegte Leistungsverpflichtungen[70] oder die Erteilung von Lizenzen für eine konkrete Zeitspanne. Allein aus der bloßen Überlassung von Know-how oder der sonstigen Vornahme von betriebsinternen Dispositionen, auch wenn diese einen erheblichen Umfang erreichen, kann noch nicht auf eine konkludente Befristung geschlossen werden. Ansonsten würden nämlich die gesetzlichen Regelungen, die es den Parteien schließlich im Rahmen der Privatautonomie weitgehend freistellen, wie sie ihre rechtlichen Beziehungen zueinander zu regeln beabsichtigen, ausgehöhlt. Allerdings kann bisweilen schon unmittelbar aus dem Vertragszweck auf eine konkludente Befristung geschlossen werden, insbesondere bei sogenannten Gelegenheitsgesellschaften, um die es sich ja bei FuE-Kooperationen, die auf die Lösung konkreter technischer Probleme gerichtet sind, oftmals handelt[71].

bb) Daneben besteht für alle Formen der Zusammenarbeit auch das stets unabdingbare[72] Recht zur außerordentlichen Kündigung aus wichtigem Grund gemäß § 723 I (2) BGB[73].

(1) Ein solcher wichtiger Grund ist nach einhelliger Meinung immer dann gegeben, wenn dem kündigenden Vertragspartner nach Treu und Glauben eine Fortsetzung der Zusammenarbeit nicht zugemutet werden kann, wobei die für die Kündigung geltend gemachten Individualinteressen erheblich gewichtiger sein müssen als das Gemeinschaftsinteresse am Fortbestand des Kooperationsverhältnisses[74]. In diese Abwägung müssen alle Umstände des konkreten Einzelfalles mit einbezogen werden, insbesondere ist zu beachten, daß der Grund umso gewichtiger sein muß, je stärker und wirtschaftlich bedeutsamer die Kooperationsbeziehung ist[75]. Grundsätzlich kann ein wichtiger Grund auch dann vorliegen, wenn keinen der Beteiligten ein Verschulden, und sei es auch nur in Form von leichter Fahrlässigkeit, trifft[76]. Sogar solche Umstände, die von außen Einfluß auf die Zusammenarbeit nehmen, können hier genügen. Allerdings ist der Gedanke des Bestandsschutzes vorrangig zu berücksichtigen und auch die Treuepflicht[77] gebietet es den Partnern, vor einer möglichen Kündigung alles Zumutbare zu unternehmen, um den Kündigungsgrund selbst auszuräumen[78]. Die vorsätzliche oder grob fahrlässige Verletzung von wesentlichen Vertragspflichten durch einen Partner stellt hingegen bereits nach dem Gesetzeswortlaut des § 723 I (2) 2. Halbsatz BGB einen ausreichenden Anlaß für eine außerordentliche Kündigung

[70] BGH NJW 1953, 1217; RGRK/v. Gamm, § 723 BGB, Rdnr. 13; MüKo/Ulmer, § 723 BGB, Rdnr. 17

[71] Soergel/Hadding, § 723 BGB, Rdnr. 10; MüKo/Ulmer, § 723 BGB, Rdnr. 16

[72] Dies folgt aus § 723 III BGB und bedeutet, daß auch ein Verzicht oder ähnliches nicht möglich ist; vgl. Staudinger/Keßler, § 723 BGB, Rdnr. 72.

[73] Sollte eine erfolgte außerordentliche Kündigung durch die geltend gemachten Gründe nicht getragen werden, so kann diese in eine ordentliche Kündigung umgedeutet werden, soweit dies statthaft ist; Staudinger/Keßler, § 723 BGB, Rdnr. 57.

[74] BGH (13.7.1978) NJW 1979, 2303, 2304; BGHZ (17.12.1959) 31, 295, 304; RGZ (22.12.1906) 65, 37, 38; RGZ (11.11.1933) 142, 212, 215; Soergel/Hadding, § 723 BGB, Rdnr. 11

[75] Staudinger/Keßler, § 723 BGB, Rdnr. 65

[76] BGH (18.11.1974) WM 1975, 329

[77] Siehe hierzu oben in Kapitel III.

[78] RGZ (11.12.1934) 146, 180ff

durch die übrigen Mitglieder der Kooperation dar. Das eigene Verhalten kann jedoch nie selbst zur Kündigung berechtigen, während es die gesellschaftsrechtliche Treuepflicht gebieten kann, daß alle übrigen Partner die Zusammenarbeit fortsetzen, während das vertrags- oder gesetzwidrig handelnde Unternehmen ausgeschlossen wird.

(2) Eine abschließende Fallgruppenbildung mit präjudiziellem Charakter[79] verbietet sich schon aufgrund der Tatsache, daß stets allen Umständen des konkreten Einzelfalles Rechnung zu tragen ist. Aber im Rahmen der kooperativen FuE ist im Falle bestimmter Konstellationen, jedenfalls regelmäßig, ein außerordentliches Kündigungsrecht zu bejahen.

(a) Ein wichtiger Grund im Sinne des § 723 BGB ist immer dann anzunehmen, wenn das gegenseitige Vertrauensverhältnis tiefgreifend erschüttert ist[80]. Die gilt hier besonders, da die gemeinsame FuE in einem für die beteiligten Unternehmen sehr wichtigen, weil die zukünftige Ertragskraft nachhaltig beeinflussenden, Bereich stattfindet. Zumal hier eng zusammengearbeitet sowie in der Regel auch betriebsgeheimes Know-how weitergegeben werden muß, ist bei einer nachhaltigen Störung der Vertrauensgrundlage nicht mehr mit einer vorbehaltlosen Zusammenarbeit und einem umfassenden wechselseitigen Wissenstransfer zu rechnen.

Eine Erschütterung dieser Vertrauensbasis ist auch bei schweren Verletzungen von ausdrücklich vereinbarten Vertragspflichten oder jedenfalls solchen Pflichten, die im gesellschaftsrechtlichen Treuegedanken ihren Ursprung haben, in aller Regel gegeben. Dies ist etwa dann der Fall, wenn entweder kooperationsrelevantes geheimes Know-how an Dritte weitergegeben worden ist oder wenn eine Nutzung solcher sensiblen Informationen durch den Vertragspartner in dessen Unternehmen außerhalb des für die Zusammenarbeit relevanten Unternehmensbereichs erfolgt. Gleiches gilt, wenn ein Beteiligter eine enge FuE-Zusammenarbeit mit einem anderen Unternehmen eingeht, welches in unmittelbarer Konkurrenzbeziehung zu einem der Partner steht. Auch wenn noch keine konkreten Vertragsverletzungen stattgefunden haben, ist doch jedenfalls das vorbehaltlose Vertrauen insofern zerstört, als daß bei jeder Informationsweitergabe die Angst vor der Kenntniserlangung durch einen Dritten mitspielt, was letztendlich zu einer sehr restriktiven Haltung und mittelfristig zum Scheitern der Zusammenarbeit, die ja von der Preisgabe geheimsten Wissens lebt, führen muß.

(b) Im Rahmen einer Kooperationsbeziehung kann ein zur außerordentlichen Kündigung berechtigender Grund auch dann gegeben sein, wenn ein Partner seiner Beitragspflicht nur unzulänglich nachkommt[81]. Insbesondere bei häufig verspäteten Leistungen oder dem völligem Ausbleiben ist von einer erheblichen Störung auszugehen, denn oftmals wird die gemeinsame Lösung von technischen Problemen gewählt, um schneller zu den gewünschten Ergebnissen zu kommen, so daß durch ein solches Verhalten gerade dieser Vertragszweck nicht zu erreichen ist. Es besteht eventuell sogar die Gefahr einer langsameren Realisierung als bei unternehmensinterner FuE beziehungsweise auf die Mitgesellschafter kann

---

[79] Auch Staudinger/Keßler, § 723 BGB, Rdnr. 65 warnt ausdrücklich vor einer solchen Fallgruppenbildung, zumal schon der Gesetzgeber selbst, anders als im allgemeinen BGB-Leistungsstörungsrecht, im Kaufrecht, im Werkvertragsrecht etc., hierauf verzichtet hat.

[80] BGH (20.12.1962) WM 1963, 282; BGHZ (30.11.1951) 4, 108, 113

[81] Bartenbach, aaO, S. 144

dadurch eine erhebliche Mehrbelastung durch den Zwang zur Bereitstellung von zusätzlichem Personal oder Sachmitteln zukommen. Allerdings kommt es hier nur auf das tatsächliche Ausbleiben der Leistungen an, unabhängig davon, ob den Partner ein Verschulden daran trifft oder ob seine wirtschaftliche Situation ihm ein anderes Verhalten nicht erlaubt[82].

(c) Darüber hinaus kann sich ein Kündigungsgrund aus der Sphäre der für die gemeinsamen FuE-Aufgaben zuständigen Arbeitnehmer ergeben, wobei auch hier an nicht beizulegende Differenzen der Mitarbeiter von beteiligten Unternehmen untereinander zu denken ist. Dabei ist vorauszusetzen, daß es gerade auf die Leistung dieser Leute ankommt, diese also nicht durch die Abordnung von anderem Personal zu ersetzen sind. Aber auch das Ausscheiden eines bei einem der Partnerunternehmen angestellten Spezialisten, dessen Mitwirken an dem FuE-Vorhaben für eine erfolgreiche Realisierung unerläßlich ist, kann die anderen zu einer Kündigung berechtigen[83].

(d) Daneben können Gründe, die außerhalb der Einflußsphären der Kooperationspartner liegen, eine außerordentliche Kündigung rechtfertigen, so zum Beispiel, wenn eine geplante Erfindung sich später aus rechtlichen Gründen nicht weiter verwerten läßt oder eine wirtschaftliche Realisierung nicht möglich ist, insbesondere wenn ein Konkurrenzunternehmen eine technisch weitergehende Lösung gefunden hat oder durch Sperrpatente ein Eindringen der Kooperationspartner in das konkrete Marktsegment verhindern kann[84]. Bei Vorliegen einer derartigen Situation ist jedoch genau zu prüfen, ob es den Partnern vorrangig auf die Verwertung der gemeinsamen Ergebnisse ankam oder ob als Ziel der Forschungstätigkeit lediglich eine unternehmensinterne Wissenssteigerung beziehungsweise das Erreichen des Standes der Technik angestrebt war, denn in diesen Fällen überwiegt regelmäßig das Fortsetzungsinteresse[85].

(e) Nicht ausreichend ist es hingegen, wenn sich das FuE-Vorhaben als wirtschaftlich unrentabel erweist beziehungsweise wenn zeitweilige Verluste oder Mehrbelastungen, soweit keine Leistungspflichtgrenzen vereinbart worden sind, in der Anfangsphase auftreten. Auch anfänglicher Mißerfolg allein stellt ohne das Hinzutreten weiterer erheblicher Umstände noch keinen Grund für eine außerordentliche Kündigung dar[86].

(3) Eine vertragliche Regelung, welche das außerordentliche Kündigungsrecht erschwert, ist in gleicher Weise wie ein Verzicht hierauf unwirksam. Insbesondere sind Vereinbarungen unzulässig, die geeignet sind, die freie Willensbetätigung einzuschränken, wie zum

---

82 Bartenbach, aaO, S. 145

83 Bartenbach, aaO, S. 145

84 Bartenbach, aaO, S. 145

85 In diesem Zusammenhang ist darauf zu verweisen, daß der Kündigungsgrund sehr eng mit der Frage verknüpft ist, ob ein Unmöglichwerden des gemeinsamen Gesellschaftszwecks im Sinne des § 726 BGB eintritt. Doch gerade zur Vermeidung der Unsicherheit, ob die Vertragsbeziehung bereits kraft der gesetzlichen Anordnung endet, empfiehlt es sich jedenfalls zur Klarstellung eine Kündigungserklärung gegenüber den anderen Kooperationspartnern abzugeben.

86 Lüdecke, Erfindungsgemeinschaften, S. 153

Beispiel besondere Fristenbindungen[87], Vertragsstrafeversprechen oder die Vereinbarung von sonstigen Kündigungserschwerungen[88]. Hingegen ist es möglich, daß die Vertragspartner bei Abschluß des FuE-Kooperationsabkommens die übereinstimmende Ansicht bekunden, daß bestimmte Umstände regelmäßig nicht ausreichend sind, um eine vorzeitige Auflösung durch außerordentliche Kündigung zu rechtfertigen[89].

f) Konsequenzen für die Kautelarpraxis

Es gibt nicht nur eine Vielzahl von Konstellationen, welche zur Beendigung der FuE-Kooperation führen können, sondern es wird neben den verschiedenen, vom Gesetzgeber ausdrücklich vorgesehenen Möglichkeiten zur Beendigung der Zusammenarbeit (z.B. durch individuelle Vereinbarung oder der Abänderung beziehungsweise der Kombination von den de lege lata bestehenden Auflösungsgründen) den Vertragspartnern eine nicht im Detail darstellbare Anzahl von Optionen eröffnet, auf welche Art und Weise die Zusammenarbeit enden kann. Allerdings sollten die Parteien beachten, daß sie sich bei Vertragsschluß grundsätzlich nähere Gedanken über die Beendigung der Zusammenarbeit machen sollten, denn ohne individuelle Vertragsklauseln ist das gesetzliche Regelungsmodell heranzuziehen, über dem stets das Damoklesschwert schwebt, daß die Partner jederzeit berechtigt sind, eine ordentliche Kündigung auszusprechen. Da dies - trotz der Tatsache, daß sich vielfach konkludente Mindestbefristungen aus dem Vertragstext herauslesen lassen - in der Regel nicht den gemeinsamen Interessenlagen der künftigen Partner aus der ex-ante-Sichtweise entsprechen dürfte, ist grundsätzlich eine individualvertragliche Vereinbarung zur Regelung der Beendigungsfragen indiziert. Hierbei erscheint es meines Erachtens als sachgerecht, wenn die Partner für eine bestimmte Zeitspanne das ordentliche Kündigungsrecht ausschließen und für die folgende Zeit eine unbefristete Zusammenarbeit eingehen, zu deren Beendigung eine Kündigung unter Einhaltung von Fristen erforderlich ist, wobei diese so bemessen sein sollten, daß den Partnern ausreichend Zeit verbleibt, sich auf die Situation nach Beendigung der Zusammenarbeit einzustellen und entsprechende Dispositionen zu treffen. Alternativ zu diesem Ansatz ist ein Regelungsmodell vorstellbar, welches in bestimmte zeitliche Abschnitte gegliedert ist, sei es durch kalendermäßige Bestimmungen oder mittels der Festlegung von bestimmten sachlichen Modulen. Während deren Dauer sind von den Partnern bestimmte Tätigkeiten zu erbringen und zur Beendigung des Gesamtvertrages ist jeweils eine bestimmte Zeit vor der Erfüllung bzw. des Zeitablaufs eines solchen Leistungsabschnitts entweder eine Kündigung auszusprechen oder muß die Bereitschaft zur Fortsetzung explizit erklärt werden[90].

Hinsichtlich der Frage, ob der vereinbarte Zweck erreicht worden ist, über die naturgemäß verschiedene Ansichten vertretbar sind, sollten sich die Parteien zur Streitvermeidung darauf einigen, dessen Vorliegen durch einen Beschluß aller Vertragspartner, gegebenenfalls

---

[87] Allerdings kann ein sehr langes Abwarten zwischen kündigungserheblichem Ereignis und Kündigungserklärung die Annahme widerlegen, daß es sich hierbei um einen Grund von solchem Gewicht handelt, der die weitere Zusammenarbeit als unzumutbar erscheinen läßt.

[88] MüKo/Ulmer, § 723 BGB, Rdnr. 55

[89] Hueck, Das Recht der oHG, § 25 V 1.a); RGRK/v. Gamm, § 723 BGB, Rdnr. 22; Soergel/Hadding, § 723 BGB, Rdnr. 31; MüKo/Ulmer, § 723 BGB, Rdnr. 55; Erman/Westermann, § 723 BGB, Rdnr. 22; Staudinger/Keßler, § 723 BGB, Rdnr. 74

[90] Dieser Ansatzpunkt entspricht weitgehend den Regelungsvorschlägen für die evolutionären Verträge, siehe hierzu oben in Kapitel VI 3.d), da durch eine solche Gestaltung der Kündigungsmöglichkeit gewissermaßen Sollbruchstellen zur Beendigung der Zusammenarbeit vorgegeben werden.

mit dem Erfordernis qualifizierter Mehrheiten, oder durch ein besonderes Gremium, dem unter anderem auch außenstehende Experten, wie etwa Hochschullehrer oder ähnlich qualifizierte Personen, angehören könnten, verbindlich festzustellen.

Allerdings erscheint es in diesem Zusammenhang wenig sinnvoll, den Versuch zu unternehmen, einen abschließenden und allumfassenden Lösungsvorschlag darzustellen, denn dieser müßte naturgemäß so allgemein gehalten werden, daß gerade den individuellen Bedürfnissen der jeweiligen Kooperationsbeziehung nicht in ausreichender Weise Rechnung getragen wird. Vielmehr sind die Partner gehalten, schon vor Beginn der Zusammenarbeit unter angemessener Berücksichtigung des konkreten Einzelfalles zu klären, unter welchen Voraussetzungen die Partnerschaft enden soll. Die dabei ermittelten Sachverhalte müssen in einer Form Eingang in die Vertragsurkunde finden, die zu einem späteren Zeitpunkt keine Zweifel am Vorliegen ihrer Tatbestandsmäßigkeit begründen können.

2. Die Liquidation des Gesellschaftsverhältnisses

Das Eintreten eines Auflösungsgrundes führt noch nicht per se zur Vollbeendigung der FuE-Kooperationsbeziehung, sondern das Gesellschaftsverhältnis wandelt sich statt dessen bis zum Eintritt der Vollbeendigung in eine sogenannte Abwicklungs- oder Liquidationsgesellschaft um, in deren Rahmen die gesamthänderische Verbundenheit der Vertragspartner gelöst wird. Diese Auseinandersetzung erfolgt gemäß der §§ 730 - 735 BGB, wobei § 731 (1) BGB ausdrücklich auf die Möglichkeit des Abschlusses anderslautender Parteivereinbarungen hinweist, mit der Folge, daß der Gesetzgeber den Parteien eine auch von Rechtsprechung und Lehre weitgehend gebilligte Gestaltungsfreiheit zugesteht[91].

a) Das gesetzliche Regelungsmodell

Grundsätzlich ist es jedoch nur dann erforderlich, die Auseinandersetzung zu betreiben, wenn Gesellschaftsvermögen vorhanden ist, welches zwischen den Partnern aufgeteilt werden muß[92].

aa) Dabei vollzieht sich die Abwicklung gemäß des gesetzlichen Regelungsmodells der §§ 732ff BGB in folgenden Schritten: Zunächst einmal werden alle eingebrachten Gegenstände an die jeweiligen Vertragspartner zurückgegeben (§ 732 (1) BGB), dann sind die gemeinsamen Schulden zu begleichen (§ 733 I BGB) und daran anschließend kommt es zur Rückerstattung der Einlagen (§ 733 II BGB). Soweit hierfür erforderlich, ist dann das übrige Gesellschaftsvermögen zu veräußern (§ 733 III BGB), während ansonsten eine Teilung in Natur erfolgen soll (§§ 731 (2), 752 BGB)[93]. Ein verbleibender Überschuß wird aufgeteilt (§ 734 BGB), beziehungsweise ein vorhandener Verlust führt zu einer Nachschußpflicht (§ 735 BGB).

bb) Im Rahmen der kooperativen FuE erfolgt in der Regel keine Bildung von gegenständli-

[91] RGZ (14.1.1908) 67, 331; MüKo/Ulmer, § 730 BGB, Rdnr. 9, 49; Soergel/Hadding, § 730 BGB, Rdnr. 15

[92] BGH (4.3.1982) NJW 1983, 1188. Dies folgt schon aus der gesetzgeberischen Absicht, daß die Auseinandersetzung im Gegensatz zu den Handels- oder Kapitalgesellschaften ausschließlich den Interessen der Beteiligten und nicht den Gläubigern dienen soll. Daher wird Art und Umfang auch weitgehend den Vertragspartnern zur freien Disposition überlassen, Hueck, Gesellschaftsrecht, § 11 IV.

[93] MüKo/Ulmer, § 733 BGB, Rdnr. 15

chem Gesellschaftsvermögen, sondern es ist die Frage zu stellen, welche Konsequenzen sich aus der Auflösung der gesamthänderischen Bindungen für eingebrachte Schutzrechte und Know-how sowie für neu gewonnenes Wissen in Form von Schutzrechten oder schlichtem Know-how ergeben.

(1) Soweit ein Partner den anderen an der Kooperation Beteiligten die Benutzung eigener Schutzrechte in Form einer Lizenz gestattet hat[94], endet dieses Recht mit Wirksamwerden des Auflösungsgrundes und die Partner sind, vorbehaltlich abweichender Vereinbarungen, nicht mehr berechtigt, darüber zu verfügen[95]. Soweit die Rechte an der Erfindung oder gar das Schutzrecht selbst den Kooperationspartnern in ihrer gesamthänderischen Verbundenheit überlassen worden sein sollten[96], erfolgt die Verwertung gemäß § 733 BGB[97], also im Wege der Rückerstattung (§ 733 II BGB) oder durch Verwertung (§ 733 III BGB), wenn Gesellschaftsverbindlichkeiten vorhanden sind, die beglichen werden müssen. Allerdings ist hier hervorzuheben, daß gemäß der gesetzlichen Anordnung des § 733 II (2) BGB für Einlagen, die nicht in Geld bestanden haben, und somit eben auch für Erfindungen, nur der Wert zur Zeit der Einbringung zu erstatten ist, soweit nicht eine Rückübereignung ausdrücklich vereinbart wurde[98]. Hinsichtlich des eingebrachten Know-how ist ebenfalls nur ein Wertersatz möglich, weil jegliche Form der Rückgabe schon seiner Natur nach ausscheidet.

(2) Jedenfalls die gemeinsam erworbenen Schutzrechte und Erfindungen sind Teil des gesamthänderisch gebundenen Gesellschaftsvermögens[99], wenn diesbezüglich keine anderen vertraglichen Regelungen getroffen worden sind. Diese müssen also grundsätzlich im Rahmen der Liquidation veräußert werden. Für eine andere Form der Verwertung bedarf es einer ausdrücklichen Parteivereinbarung[100]. Zu denken wäre hier etwa an eine Vereinbarung, wonach, soweit vorher absehbar, Erfindungen, Schutzrechte sowie sonstiges neues Know-how von einem der Partner übernommen werden und gegebenenfalls ein Geldausgleich an die anderen Partner zu leisten ist. Eine Alternative hierzu besteht darin, das vorhandene Gesamthandseigentum in Bruchteilseigentum (§§ 741ff BGB) umzuwandeln, damit in Zukunft eine Bruchteilsgemeinschaft an den Erfindungen und Schutzrechten entstehen kann. Diese ist nämlich dadurch gekennzeichnet, daß es an einer gemeinsamen Zweckverfolgung fehlt, sondern daß die Partner lediglich jeweils die Erfindung weiter nutzen wollen, und zwar jeder für sich (anders wäre es hingegen bei gemeinsamer Produktion etc.). Außerdem könnten die Partner ihre Bruchteilsanteile eigenständig verwerten, indem sie diese veräußern. Schließlich bietet es sich bei fortbestehendem Nutzungswillen aller Partner an, daß die gesamthänderische Bindung an dem Schutzrecht aufrecht erhalten wird.

---

[94] Hierbei handelt es sich um eine Einlage „quoad usum"; vgl. Soergel/Hadding, § 706 BGB, Rdnr. 24ff; MüKo/Ulmer, § 706 BGB, Rdnr. 12

[95] Lüdecke, Erfindungsgemeinschaften, S. 156; RG (3.11.1937) GRUR 1938, 335, 337; Staudinger/Keßler, § 732 BGB, Rdnr. 6; Bartenbach, aaO, S. 147

[96] MüKo/Ulmer, § 706 BGB, Rdnr. 11

[97] Staudinger/Keßler, § 732 BGB, Rdnr. 11

[98] Auf diese Problematik der gesetzlichen Liquidationsvorschriften weist auch Bartenbach, aaO, S. 147 hin.

[99] Siehe hierzu in Kapitel IV.

[100] Bartenbach, aaO, S. 148

Dies ist nach zwar bestrittener Ansicht möglich[101], da nicht allein das Gesetz über das Vorliegen einer Bruchteilsgemeinschaft entscheidet, sondern bei Vorliegen eines entsprechenden Parteiwillens auch das Halten und Verwalten einer Erfindung für die Bildung bzw. Aufrechterhaltung der Gesamthandsgemeinschaft genügt[102]. Hinsichtlich der konkreten Ausgestaltung der neuen Gesamthandsgemeinschaft, die nur schutzrechtsfähige Erfindungen betrifft, sind den Partnern wiederum verschiedenste Alternativen eröffnet[103].

(3) Etwas schwieriger stellt sich die Situation bei nicht schutzrechtsfähigem Know-how dar, denn an diesem erwirbt jeder unmittelbar Eigentum[104], sobald er das Wissen selbst entwickelt hat oder es ihm mitgeteilt wird. In der Regel erfolgt der Wissensaustausch und damit der umfassende Erwerb von Know-how durch alle Partner allein schon durch den Wissensübermittlungsakt. Hierbei handelt es sich zwar auch um wirtschaftlich verwertbares Wissen, aber nicht um eine Rechtsposition, die der von Schutzrechten mit ihrer Ausschlußwirkung vergleichbar ist. Da jeder Kooperationspartner bereits mit der befugten Kenntniserlangung des Know-how über dieses allein und grundsätzlich unabhängig verfügen kann, scheidet jede gesamthänderische Gebundenheit daran aus[105]. Folglich unterliegt dieses auch nicht den Liquidationsvorschriften, da es bereits unmittelbar mit dem Entstehen beziehungsweise mit Kenntniserlangung oder besser der Entdeckung durch das jeweilige FuE-Personal unmittelbar den einzelnen Unternehmen zufällt und somit nicht dem Kooperationsverbund zugeordnet werden kann.

cc) Die aufgezeigten gesetzlichen Vorschriften erscheinen zunächst durchaus geeignet zu sein, um Gesellschaftsverhältnisse zu liquidieren, aber ebenso offensichtlich passen sie nicht für FuE-Kooperationsbeziehungen, da hinsichtlich der Erfindungen, der Schutzrechte und des Know-how die schematische Vorgehensweise nach den §§ 730ff BGB zu unerwünschten, ja teils sogar grotesken Ergebnissen führen muß.

(1) Weitgehend geeignet ist die Lösung hinsichtlich eingebrachter Schutzrechte, vorausgesetzt, daß nur die Nutzung derselben zur Einlageverpflichtung zählte, denn dann erhält jeder Partner die volle Nutzungsbefugnis zurück. Allerdings sollte hier je nach Art der Kooperationsbeziehung vereinbart werden, daß die anderen Beteiligten - unter Umständen auch gegen ein entsprechendes Entgelt - die Erfindung als Lizenznehmer weiter verwenden dürfen, soweit dies erforderlich ist, um die Kooperationsergebnisse in sinnvoller Weise verwerten zu können. Dies ist vor allem bei Verfahrenspatenten denkbar oder auch wenn das eingebrachte Schutzrecht einen Teil der neuen Erfindung betrifft[106]. Zu beachten ist jedoch, daß Schutzrechte, die auf die Kooperationspartner in deren gesamthänderischen Gebundenheit übertragen wurden, was in der Praxis zwar nur einen seltenen Ausnahmefall

---

[101] Siehe hierzu MüKo/Schmidt, § 741 BGB, Rdnr. 5 mit zahlreichen weiteren Nachweisen; a.A. OLG Düsseldorf BB 1973, 1325.

[102] RGRK/v. Gamm, § 741 BGB, Rdnr. 4

[103] Siehe hierzu oben in Kapitel IV, welche Möglichkeiten bestehen, die vertraglichen Beziehungen näher auszugestalten.

[104] Siehe hierzu oben in Kapitel IV.

[105] Siehe hierzu in Kapitel V.

[106] Auch in diesem Zusammenhang zeigt sich einmal mehr, welche Probleme entstehen, wenn in Kooperation entwickelte schutzrechtsfähige Erfindungen, wie vielfach angenommen, zunächst einem einzigen Partner zugeordnet werden, die dieser erst wieder auf die anderen übertragen muß, denn dies würde ihm vorrangig die Rechte daran einräumen und ihm den Anspruch auf Wertersatz kraft Gesetz an die Hand geben.

darstellt, veräußert werden müßten, während der ursprüngliche Schutzrechtsinhaber den Wert zur Zeit der Einbringung erhalten würde. In gewissen Situationen kann die Übertragung von Schutzrechten insofern sinnvoll sein, als die anderen Kooperationspartner in eine rechtlich bessere Stellung versetzt werden, gewissermaßen als Sicherheit, damit sie auch nach Beendigung der Zusammenarbeit zur Nutzung berechtigt bleiben. Dieses Ergebnis würde sich aber auch durch die Erteilung langfristiger Lizenzen erzielen lassen. Doch gerade bei Kooperationen, die über einen längeren Zeitraum Bestand haben, besteht die Gefahr, daß dann das Schutzrecht inzwischen wirtschaftlich wertlos geworden ist, der einbringende Partner jedoch den ursprünglichen Wert weiterhin verlangen kann. Die gesetzlich angeordnete Veräußerung widerspricht in der Regel, soweit jedenfalls das Schutzrecht auch in Zukunft aufrecht erhalten werden soll, den Parteiinteressen, denn dadurch wird schließlich die Verwertung unmöglich beziehungsweise das einbringende Unternehmen muß sein früheres Schutzrecht im Rahmen der Auflösung erneut erwerben, was ein fast schon widersinniges Ergebnis darstellt.

(2) Ebenso verhält es sich mit den neuen, von den Partnern gemeinsam erworbenen Schutzrechten, denn diese müssen ebenfalls im Rahmen einer Liquidation veräußert werden, was im Normalfall den Interessen der Beteiligten diametral widerspricht. Die gemeinsame FuE-Tätigkeit ist von Anfang an auf die Erzielung von bestimmten Ergebnissen gerichtet, welche die Beteiligten im Anschluß daran auch verwerten wollen, und zwar in aller Regel nicht durch Veräußerung, sondern im eigenen Betrieb. Abgesehen davon, daß diese Vorgehensweise grundsätzlich unerwünscht ist, ergibt sich in diesem Zusammenhang noch ein besonderes Problem, denn die betragsmäßige Feststellung, welchen Wert das konkrete Schutzrecht zur Zeit der Einbringung hatte, ist vielfach nur schwerlich möglich.

(3) Zum Schluß ist nochmals darauf hinzuweisen, daß eine der Hauptschwächen der Liquidationsvorschriften eben im möglichen Eingreifen des dispositiven Gesetzesrechts liegt und daß die Rechtsfolgen sich sowohl dann ergeben, wenn entsprechende vertragliche Regelungen unterblieben sein sollten, als auch, wenn einzelne Individualabreden, unabhängig aus welchen Gründen, sich als nichtig erweisen. Diese Gefahr schwebt ständig latent über dem Zusammenarbeitsverhältnis und kann sogar im Erfolgsfall insofern belastend wirken, als daß bei eventuellen Unstimmigkeiten hinsichtlich der weiteren Verwertung der FuE-Ergebnisse eben dieser, in aller Regel für FuE-Kooperationsbeziehungen völlig ungeeignete und nicht sachgerechte Lösungsweg der Rechtsveräußerung eingeschlagen werden müßte.

b) Individualvertragliche Gestaltungsalternativen

aa) Aus dem oben Gesagten müssen die Vertragsparteien in aller Regel folgern, daß der vom Gesetzgeber als Standardfall aufgezeigte Vorschlag zur Auflösung eines Gesellschaftsverhältnisses, der die weitgehende Veräußerung des gemeinsamen Vermögens und der Verteilung eines eventuellen Gewinns beinhaltet, im Rahmen einer FuE-Zusammenarbeit nicht angebracht ist. Denn hier liegt das besondere Interesse der Partner ja gerade in der anschließenden Verwertung der Ergebnisse, und zwar im eigenen Betrieb und in aller Regel durch neuartige Produkte, die sich dann in einem entsprechenden wirtschaftlichen Erfolg niederschlagen sollen. In manchen Fällen kann jedoch auch die anschließende Vergabe von Lizenzen an Dritte gewollt sein, insbesondere dann, wenn Unternehmen beteiligt sind, die über keine eigene Produktion verfügen, sondern lediglich Technologie

„verkaufen" wollen. Soweit im Rahmen der Zusammenarbeit Neben- und Zufallserfindungen entwickelt werden, für die im eigenen Betrieb zunächst keine Anwendungsmöglichkeiten erkennbar sind, ist eine solche Vorgehensweise gleichfalls sinnvoll. Die Veräußerung an Dritte, in Form eines vollständigen Verkaufs, ist jedoch meist unerwünscht, obgleich der Gesetzgeber dies zum Normalfall erklärt hat. Zwar kann hinsichtlich der Verwertung einzelner in die Kooperation eingebrachter oder gemeinsam entwickelter Erfindungen im Wege der öffentlichen Versteigerung oder des freihändigen Verkaufs ausnahmsweise ein individueller Anspruch einzelner Partner auf eine abweichende Verwertung bestehen, vorausgesetzt daß dieser ein billigenswertes Interesse daran hat und für die anderen Beteiligten sich daraus keine Nachteile ergeben[107]. Allerdings handelt es sich hierbei nur um einen Ausnahmefall, dessen dogmatische Begründung im gesellschaftsrechtlichen Treuegedanken zu finden ist, so daß die Parteien grundsätzlich von der durch den Gesetzgeber eingeräumten Möglichkeit Gebrauch machen sollten, die Art und Weise der Liquidation selbst zu kodifizieren.

bb) Eine schematische Vorgehensweise für die Kautelargestaltung der Liquidationsmodalitäten des Gesamthandsvermögens verbietet sich jedoch. Aufgrund der Vielzahl möglicher Fallgestaltungen und Interessenlagen, insbesondere was die Zahl der Partner, deren Struktur, der konkrete FuE-Gegenstand und die Art und Weise der Zusammenarbeit betrifft, kann keine einheitliche und allen Situationen gerecht werdende Vorgehensweise angeraten werden.

(1) Dem grundsätzlichen Interesse der Beteiligten, nämlich die Schutzrechte in den Unternehmen zu belassen und für diese auch die entsprechende Nutzungsberechtigung zu besitzen, sollte in zweierlei Weise Rechnung getragen werden. Zum einen sollten zu Beginn der Zusammenarbeit bestehende Schutzrechte an die FuE-Partner nur lizenziert und nicht vollständig auf diese übertragen werden, so daß jeder Partner weiterhin Vollrechtsinhaber seiner gewerblichen Schutzrechte bleibt. Zum anderen muß sowohl die Dauer der Lizenz nach Beendigung der Zusammenarbeit gleichermaßen Berücksichtigung finden wie auch die Frage nach der Höhe möglicherweise zu entrichtender Nutzungsentgelte. Insbesondere ist durch eine entsprechend langfristige Vereinbarung den Interessen der Partner Rechnung zu tragen, vor allem wenn diese die Nutzungsberechtigung auch nach der Beendigung der Kooperation benötigen, um die gemeinsam erarbeiteten FuE-Ergebnisse weiterhin nutzen zu können.

(2) Bei dem zweiten, im Zusammenhang mit Schutzrechten auftretenden Problem, nämlich deren Erwerb durch einzelne Partner beziehungsweise deren Ausübung, solange sie einem Partner allein oder mehreren gemeinsam zustehen, ergibt sich die Frage nach den zu entrichtenden Lizenzgebühren und dem Wertersatz im Falle eines Erwerbs. Es würde zwar dem Prinzip vorausschauender Vertragsgestaltung entsprechen, zu einem späteren Zeitpunkt möglicherweise anfallende Lizenzgebühren schon vorab in ihrer Höhe festzulegen, auch erscheint eine exakte Vorabbewertung einer Erfindung, bei welcher der Zeitpunkt der Fertigstellung, die genaue Gestalt, die Erfindungshöhe sowie die kommerzielle Verwertungsmöglichkeiten sich nicht exakt vorhersehen lassen, als unkalkulierbar. Insbesondere besteht überdies die Gefahr des Scheiterns des gemeinsamen Vorhabens, wenn ein anderer

[107] Bartenbach, aaO, S. 149. Für die Aufhebung der Bruchteilsgemeinschaft: BGH (27.4.1977) NJW 1977, 1234, 1245 mit weiteren Nachweisen.

Erfinder vorzeitig eine prioritätsbegründende Anmeldung vornimmt oder wenn sich das Projekt aus anderen Gründen nicht erfolgreich realisieren läßt. Aber auch für den Fall, daß einer der Partner entweder unmittelbar nach Fertigstellung der Erfindung oder zu einem späteren Zeitpunkt die Rechte des anderen übernehmen will, ergeben sich Schwierigkeiten hinsichtlich der betragsmäßigen Bezifferung des Rechts. Zu Beginn der Zusammenarbeit läßt sich nämlich a priori der jeweilige spätere Marktwert für jeden möglichen Übertragungszeitpunkt kaum festlegen. Daher bietet es sich an, diesen Wert gemeinsam festzustellen oder, wenn eine Einigung nicht zu erzielen ist, dies in die Hände eines Gremiums mit außenstehenden Experten zu legen.

(3) In jedem Fall sollte in den Vertragstext ein Vorkaufsrecht sowohl hinsichtlich gemeinsam entwickelter Nutzungsrechte als auch bezüglich der kooperationsrelevanten Schutzrechte, die nur von einem Partner (und sei es nur durch eine Lizenzierung) in die Zusammenarbeit eingebracht worden sind, aufgenommen werden. Dies ist auch dann wichtig, wenn ein Partner sich zu einem späteren Zeitpunkt entschließen sollte, seine wirtschaftlichen Aktivitäten auf dem Gebiet der Kooperation einzustellen oder an einen Dritten zu veräußern[108]. Denn gerade bei kleinen oder mittleren Firmen besteht dadurch die Gefahr, daß die entsprechende Sparte von einem Großkonzern zur Abrundung der Angebotspalette übernommen wird und daß dieser aufgrund seiner Fertigungskapazitäten und Vertriebswege zu einem schärferen Konkurrenten wird, als es der frühere Kooperationspartner war[109].

Doch auch bei der weiteren gemeinsamen Nutzung haben die kooperierenden Unternehmen Interesse daran, ein Vorkaufsrecht zu besitzen, damit sie notfalls verhindern können, ein Schutzrecht in Bruchteilsgemeinschaft mit einem unerwünschten Unternehmen teilen zu müssen. Denn hier könnten sie das Vorkaufsrecht ausüben und selbst über die Technologie verfügen oder dies, soweit wirtschaftlich erforderlich oder zumindest sinnvoll, an einen erwünschten künftigen Partner veräußern[110]. Allerdings ist es im Rahmen eines solchen Vorkaufsrechts auch immer sinnvoll, eine bestimmte Frist für die Ausübung des Rechts, zum Beispiel 90 Tage oder je nach konkreter Situation auch entsprechend mehr, zu gewähren, während der die notwendige Finanzierung für die Anteilsübernahme oder die Suche nach einem neuen Partner abgeschlossen werden könnte. Anderenfalls würde gemäß § 510 II (1) die gesetzlich vorgesehene Frist von einer Woche ab Mitteilung des zum Vorkauf berechtigenden Sachverhaltes eingreifen.

Als mögliche Alternative bietet es sich an, den Anteilswert an den Schutzrechten durch eine unabhängige Person oder ein Gremium, dem auch außenstehende Experten angehören, schätzen zu lassen und den dann festgelegten Preis zur Grundlage für das Vorkaufsrecht zu machen (§ 317 BGB). Problematisch im Zusammenhang mit einem solchen Vorkaufsrecht für Anteile an den Schutzrechten ist jedoch stets die Tatsache, daß dieses nur schuldrechtliche Wirkungen erzeugt, also nicht wie bei Grundstücken dinglich durchsetzbar ist. Damit fehlt es an einem absoluten Schutz; ein relativer Schutz, der in der Praxis auch wirksam sein dürfte, läßt sich allerdings erreichen, wenn man für den Fall unberechtigter Weiterver-

---

108 Altin-Sieber, aaO, S. 412

109 Durch größere Stückzahlen bzw. durch Mischkalkulationen sind Großkonzerne eher imstande einen Preiswettbewerb erfolgreich zu betreiben als unmittelbare Konkurrenten, die keine vergleichbaren Strukturen aufweisen.

110 Wiedemann, Gemeinschaftsunternehmen im deutschen Kartellrecht, S. 104

äußerung dem Partner einen Anspruch auf den Erlös und gegebenenfalls eine zusätzliche Vertragsstrafe zubilligt.

3. Nachvertragliche Verpflichtungen

Aus der ursprünglich gesellschaftsvertraglichen Qualifikation des FuE-Kooperationsvertrages und der damit verbundenen Treuepflicht[111] resultieren darüber hinaus auch nachvertragliche Verpflichtungen. Insbesondere ist hier an Informationspflichten zu denken, welche die gemeinsam entwickelten Produkte und insbesondere auch das Know-how betreffen. Dies bedeutet zwar nicht die Pflicht, etwaige Verbesserungen oder neue Erkenntnisse, die sich in wirtschaftliche Vorteile ummünzen lassen, preiszugeben, denn nach der Vollbeendigung der Zusammenarbeit haben die Partner, soweit nicht ausdrücklich andere Vereinbarungen existieren, ihre volle Unabhängigkeit auf dem kooperationsrelevanten Gebiet wiedererlangt. Beim Auftreten möglicher Gefahren im Rahmen der Produktion oder für die Endabnehmer bleibt aber eine Warn- und Aufklärungspflicht bestehen.

Daneben wirken die Geheimhaltungsvereinbarungen hinsichtlich des eingebrachten Know-how fort. Um aber auch im übrigen die Geheimhaltung zu sichern, empfiehlt es sich, daß sich die Partner verpflichten, eine bestimmte Zeitspanne nach Beendigung der Zusammenarbeit keine Informationen über Schutzrechte, Know-how oder sonstige Ergebnisse der Zusammenarbeit an Dritte herauszugeben. Darüber hinaus sollten die Partner auch sicherstellen, daß auch die Mitarbeiter dies nicht können und daß daher in deren Arbeitsverträgen entsprechende Geheimhaltungsverpflichtungen aufgenommen werden müssen, die, wenn möglich, über den Bestand des Arbeitsverhältnisses hinaus gelten sollten[112].

Schließlich sollten nachvertragliche Regelungen hinsichtlich der von den Kooperationspartnern eingebrachten Schutzrechte vereinbart werden. Neben der bereits erwähnten Vorkaufsberechtigung ist hier vor allem daran zu denken, daß der Inhaber verpflichtet werden sollte, dieses über einen bestimmten Zeitraum hinweg aufrecht zu erhalten sowie gegen Verletzungshandlungen durch Dritte zu verteidigen. Falls sich dies im Rahmen der Verhandlungen nicht durchsetzen lassen sollte, insbesondere wenn sich der Schutzrechtsinhaber nicht auf so lange währende Pflichten einlassen will, kann hilfsweise vereinbart werden, daß die Partner ermächtigt sind, etwa durch eine entsprechende Vollmacht, das Schutzrecht aufrecht zu erhalten und gegebenenfalls zu verteidigen, wobei es dann der Billigkeit entspräche, daß diese Kosten auf eine dann noch zu entrichtende Lizenzgebühr anzurechnen sind.

[111] Siehe zur Treuepflicht in Kapitel IV 3.

[112] Dobkin, Negotiating an International Technology Joint Venture, CJIL 1985-86, 81 (105)

Zusammenfassung

In der unternehmerischen Praxis ist zunehmend häufiger zu beobachten, daß FuE nicht mehr allein durch einzelne Unternehmen betrieben wird, sondern daß mehrere Betriebe mit dem Ziel, bei den FuE-Tätigkeiten zu kooperieren, zusammenarbeiten. Hierbei treten zum einen gewisse Schwierigkeiten aufgrund der tatsächlichen wirtschaftlichen Gegebenheiten auf. Dies beruht oftmals auf der Unsicherheit über die anvisierten FuE-Ergebnisse sowie auf der Frage, wie mit Problemen bei der Erfolgsrealisierung, etwa im Falle der Leistungsunfähigkeit eines Kooperationspartners, umgegangen wird. Zum anderen gilt es, die besondere Situation der kooperativen FuE aus juristischem Blickwinkel zu analysieren. Aufgrund der rechtlichen Qualifizierung der Vertragsbeziehung als Gesellschaftsverhältnis im Sinne der §§ 705ff BGB folgt, daß im Wesentlichen drei große juristische Problembereiche existieren, nämlich die Leistungsstörungen, die Ergebnisteilhabe sowie die Beendigung der Kooperationsbeziehung.

In einem ersten Schritt ist festzuhalten, daß jede FuE-Tätigkeit von üblicherweise auftretenden praktischen Unsicherheiten hinsichtlich des zur Erfolgsverwirklichung erforderlichen Aufwandes geprägt ist. Neben dieser Schwierigkeit, die durch eine gemeinsame FuE eher noch gesteigert wird, gilt es darüber hinaus, die wirtschaftlich begründeten Interessengegensätze, die üblicherweise eine Kooperationsbeziehung zwischen mehreren Unternehmen belasten, zu berücksichtigen. Dies hängt damit zusammen, daß allen FuE-Vorhaben mit dem Ziel, wirkliche Innovationen hervorzubringen, als gemeinsamer Faktor eine gewisse Ungewißheit über das „Ob“ des Erfolges und oft auch über die konkrete Gestalt der angestrebten Erfindungen innewohnt.

Die jeder FuE-Tätigkeit immanenten Risiken sowie die besonderen Schwierigkeiten von Kooperationsbeziehungen führen bereits zu einer Kumulation von Problemen, die es in der Praxis in Einklang zu bringen gilt, um die signifikant erhöhte Gefahr eines Scheiterns der Zusammenarbeit durch Ausnutzung der Synergie-Effekte wiederum zu reduzieren. Doch hier zeigt sich, daß das vom BGB zur Verfügung gestellte Instrumentarium zur Behandlung von Leistungsstörungen im Falle von FuE-Kooperationen nicht imstande ist, sach- und interessengerechte Ergebnisse zu liefern. Gemeinsam ist nämlich allen gesetzlichen Normen des allgemeinen Leistungsstörungsrechts sowie des Gesellschaftsrechts, daß sämtliche Probleme, die sich aus juristischer Betrachtungsweise als Leistungsstörung darstellen, letztendlich immer einen Auflösungsautomatismus in Gang setzen, der vielfach, insbesondere dann wenn nur einzelne Pflichten gestört sind, von den Vertragspartnern nicht gewollt ist. Um dies zu vermeiden, wurden von Rechtsprechung und vor allem vom Schrifttum verschiedene Ansätze entwickelt, die ein milderes Abfedern von einzelnen Störungen ermöglichen sollen, damit der Kooperationserfolg insgesamt weiterhin gemeinsam erreicht werden kann. Zwar lassen sich gewisse Probleme durch Vertragsstrafen oder durch die Ausübung von Zurückbehaltungsrechten lösen. Doch handelt es sich bei dem Vertragsstrafeversprechen lediglich um ein präventiv wirksames Instrument, während das Zurückbehaltungsrecht im Falle von kleineren Störungen ungeeignet ist, da es leicht zu einer Lähmung der gesamten Vertragsbeziehung führen kann. Darüber hinaus versagen diese Instrumente auch stets dann, wenn die FuE-Tätigkeit nicht durch Leistungsstörungen im herkömmlichen Sinne beeinträchtigt wird, sondern eine mangelnde Leistungsfähigkeit eines Partners vorliegt bzw. eine Anpassung oder Änderung der Forschungsziele erforderlich wird. Die zuletzt genannten Schwierigkeiten setzen auch der (ergänzenden) Vertragsauslegung enge Grenzen, die dennoch imstande ist, in gewissem Umfang Lücken oder Unklarheiten im Kooperationsvertrag zu beheben.

Im Falle einer Störung der FuE-Kooperation sollte nicht die Ausübung von rechtlichen Optionen durch einen einzelnen Partner im Vordergrund stehen, sondern der Vertrag sollte vielmehr einvernehmlich zurück auf den Weg zum gemeinsamen Erfolg gebracht werden. Hierbei liefert die Vertragsanpassung aufgrund der gesellschaftsrechtlichen Treuepflicht einen ersten Ansatzpunkt, der allerdings noch einer erheblich feineren Handhabung bedarf als dies die Dogmatik des allgemeinen Gesellschaftsrechts vorsieht. Diesen Weg schlagen die von Ullrich und Heppner entwickelten Lösungsansätze ein. Ullrich empfiehlt eine vorbeugende Fehlerkorrektur durch die Bereitstellung von Vertragssteuerungsmechanismen. Im Wesentlichen soll Fehlentwicklungen in der Vertragsbeziehung durch bewehrte Informationspflichten vorgebeugt werden. Daraus folgt, daß die Vertragspartner aufgrund der gemeinsamen Wissensbasis in die Lage versetzt werden sollen, Störungen frühzeitig zu erkennen und auf Basis dieses Wissens entweder die Bereitschaft entwickeln, Problempunkte gemeinschaftlich zu beseitigen, oder bereits a priori die Fehlentwicklungen durch entsprechende Anpassung der Verträge zu verhindern. Hierauf aufbauend hat Heppner das Modell der evolutionären Verträge entwickelt. Dieses sieht vor, daß nicht nur die erforderlichen Informationen ausgetauscht werden, sondern daß der Vertrag planmäßig, in revolvierender Weise ständig den sich laufend ändernden Erfordernissen, Gegebenheiten sowie den bisher erreichten Ergebnissen und den künftigen Anforderungen angepaßt wird.

Diese beiden Lösungsansätze vermögen insbesondere in Kombination miteinander zu überzeugen. Ansatz für Kritik liefert hier lediglich die Tatsache, daß den Partnern, um einen gewissen Anpassungsdruck zu gewährleisten, auch stets die Möglichkeit zum Ausstieg aus der Zusammenarbeit offen stehen soll. Doch gerade dies gilt es jedoch zu verhindern. Denn um eine optimale Planungssicherheit zu besitzen, muß dem Bestand der Zusammenarbeit oberste Priorität eingeräumt werden. Dies läßt sich am besten gewährleisten, wenn ein leistungsfähiger und leistungswilliger Partner die Option besitzt, das Ausbleiben oder das Vorliegen von nicht ausreichenden Leistungen des anderen Vertragsteils zu kompensieren. Dies kann entweder durch eine Selbstvornahme oder durch den Zukauf der gestörten bzw. ausgebliebenen FuE-Leistungen erfolgen. Dogmatisch beruht diese Lösung auf dem Gedanken, daß sich die Partner auch bei FuE-Kooperationen wechselseitig verpflichten, konkrete Leistungen zu erbringen, was im Ergebnis dem Leitgedanken des Werkvertragrechts entspricht. Entscheidendes Tatbestandsmerkmal dieser an § 633 III BGB orientierten Lösung ist, daß zwar der noch leistungsbereite Partner die eigentliche Forschungslast zu tragen hat, aber im Anschluß vom nicht leistenden Partner Ersatz der hierfür erforderlichen Aufwendungen verlangen kann.

Doch auch hier bleibt festzuhalten, daß dies allein in aller Regel als einziges Instrument zur Erhöhung der Stabilität der Kooperationsbeziehung nicht ausreicht, sondern lediglich für einen leistungsbereiten Kooperationspartner einen Weg eröffnet, die Zusammenarbeit dennoch zu einem erfolgreichen Abschluß zu bringen. Vielmehr kann ein Erfolg in optimaler Weise nur geplant werden, wenn verschiedene Instrumente der Störungsvermeidung sowie der Störungsbeseitigung miteinander verbunden werden. In welcher Form die verschiedenen Ansätze kombiniert werden sollten, läßt sich jedoch nicht allgemein festlegen, sondern muß sich unter Berücksichtigung der konkreten wirtschaftlichen Umstände immer an den

Besonderheiten des jeweiligen Einzelfalles orientieren. Hierbei zeigt sich, daß es für die beteiligten Unternehmen in jedem Fall nützlich ist, vor Beginn der Zusammenarbeit eine möglichst umfassende Analyse der bestehenden FuE- und Kooperationsrisiken vorzunehmen. Unter angemessener Berücksichtigung der unterschiedlichen Interessenlagen sowie unter Einbeziehung der mit dem konkreten Projekt vorliegenden Risikopotentiale kann dann gemeinsam ein ausgewogenes Vertragswerk geschaffen werden. Es sollte jedoch in jedem Fall, ausgehend von weitreichenden Informationspflichten, eine planmäßige Bereitschaft zur laufenden Vertragsanpassung vereinbart werden. Dies läßt sich ideal mit dem werkvertraglichen Selbstvornahmerecht analog § 633 III BGB verbinden. Durch dieses Vorgehen bei der kautelarjuristischen Gestaltung der Kooperationsbeziehung lassen sich die unterschiedlichen Interessen in Bezug auf den individuellen sowie den gemeinsamen Erfolg und die notwendige Planungssicherheit optimal zusammenfügen.

Die Notwendigkeit, die Details der Zusammenarbeit vorab bereits möglichst umfassend zu regeln, tritt besonders deutlich hervor, wenn man die intendierten Kooperationsergebnisse in die Überlegungen mit einbezieht. Denn zumeist werden mit der Zusammenarbeit konkrete FuE-Ziele angestrebt. Hier kommt neben schutzrechtsfähigen Erfindungen vor allem schlichtes Know-how in Betracht. Soweit die Partner die Verwertung der Ergebnisse nicht im Vertrag selbst statuieren, führt dies zum Eingreifen der gesetzlichen Regeln. Dies hat zur Folge, daß unter Umständen nicht alle an der Kooperation beteiligten Partner Miterfinderrechte erwerben, denn hierzu ist ein ursächlicher Beitrag an einer Erfindung im Sinne des Patentrechts erforderlich, woran es bei einer Arbeitsteilung insbesondere im Rahmen von umfangreichen FuE-Vorhaben bisweilen fehlt. Im übrigen ist es auch bei gemeinschaftlichen Erfindungen sehr gefährlich, über deren weitere Verwendung keine Vereinbarung zu treffen, weil dies zum Eingreifen der wenig sachgerechten Regeln über die Bruchteilsgemeinschaft führt. Diese sehen nämlich keine gemeinsame Verwertung vor, sondern eröffnen jedem Unternehmen das Recht zur Veräußerung seiner Anteile an der Erfindung. Trotz massiver Bedenken gegen die Anwendung dieses Rechtsinstituts handelt es sich hierbei jedoch um den gesetzlichen vorgesehenen Normalfall, den es durch entsprechende Vertragsgestaltung zu vermeiden gilt. Zwar wird in der vorliegenden Arbeit die Ansicht vertreten, daß bereits aufgrund der allgemeinen FuE-Vereinbarungen eine Gesamthandsgemeinschaft an den schutzrechtsfähigen Erfindungen zur Entstehung kommt, aber aus Gründen der Rechtssicherheit sollten die Partner dennoch ihre vertragliche Beziehung so gestalten, daß aufgrund von entsprechenden Klauseln eine Gesamthandsgemeinschaft an den Erfindungen zustande kommt. Im Rahmen der vertraglichen Regelungen ist insbesondere zu beachten, in welcher Weise eine spätere Verwertung der FuE-Ergebnisse erfolgen soll, nämlich durch Schutzrechtsanmeldungen, die Nutzung der Erfindungen durch die Vertragspartner selbst oder durch die Erteilung von Lizenzen an Dritte. Hierbei kann auch in angemessener Weise den Patentstrategien der beteiligten Unternehmen Rechnung getragen werden.

Schlichtes Know-how, das in jedem Fall dem Vertragspartner zusteht, in dessen Betrieb es entdeckt wird, fällt hingegen nicht unter die Regeln über die Miterfindungen. Das einfache, nicht schutzrechtsfähige Know-how steht nämlich originär dem Unternehmen zu, dessen Arbeitnehmer es erarbeiten. Um eine Nutzungsmöglichkeit für den jeweils anderen Vertragspartner zu eröffnen, ist es daher erforderlich, den tatsächlichen Austausch dieses Know-how durch entsprechende Mitteilungshandlungen sowie die Berechtigung zur Verwendung in geeigneter Weise sicher zu stellen.

Als letztes Teilproblem im Rahmen von FuE-Kooperationsbeziehungen stellt sich die Frage nach der Beendigung der Zusammenarbeit. Auch hier würde ohne individualvertragliche Vereinbarung wiederum das vielfach nicht interessengerechte Regularium des BGB-Gesellschaftsrechts zur Anwendung kommen. Dies birgt wiederum das Risiko einer ungewollten Beendigung der kooperativen FuE-Tätigkeit aufgrund der gesetzlich vorgesehenen Möglichkeit zur Kündigung. Das Recht zur außerordentlichen Kündigung kann nicht ausgeschlossen werden, sondern es besteht lediglich die Möglichkeit, gewisse Einschränkungen vorzunehmen. Das Recht zur ordentlichen Kündigung untersteht jedoch in sehr weitgehendem Maße der interessengerechten Disposition der Vertragspartner.

Einen anderen Beendigungsgrund der Zusammenarbeit stellt die Erreichung des vertraglich vereinbarten Zwecks bzw. dessen Unerreichbarkeit dar. Um eine mögliche Unsicherheit über das Vorliegen dieser Tatbestände auszuschließen, sollten die Vertragspartner diesbezüglich eindeutige Regeln in den Vertrag aufnehmen oder, soweit dies Schwierigkeiten bereitet, ein mit neutralen Fachleuten besetztes Gremium bestimmen, welches über diese Fragen zu entscheiden hat.

Abschließend läßt sich resümieren, daß eine kooperative FuE-Zusammenarbeit in vielerlei Hinsicht nicht in den gesetzlichen Normen Regeln findet, die interessengerecht und ausgewogen sind. Daher müssen die Parteien auf Basis einer vorausschauenden Risikobewertung selbst zu einem Vertragsmodell gelangen, welches den Besonderheiten der konkreten Zusammenarbeit in ausreichendem Maße Rechnung tragen kann. Hierbei ist vor allem Gewicht auf die Störungsvermeidung sowie auf die Störungsbewältigung zu legen, da diese Bereiche vielfach sehr konfliktträchtig sind und für das Scheitern vieler Kooperationsbeziehungen verantwortlich zeichnen. Allerdings kann auch dies nicht darüber hinwegtäuschen, daß es keine absolute Erfolgsgarantie für kooperative FuE-Vorhaben gibt, da diesen stets die immanente Unsicherheit über das „Ob", das „Wann" und das „Wie" der Erfolgsverwirklichung innewohnt. Dennoch läßt sich das Risiko des Scheiterns der Zusammenarbeit zumeist durch entsprechende kautelarjuristische Gestaltungen auf das eigentliche FuE-Risiko reduzieren unter Ausschluß der Gefahren, die durch die Zusammenarbeit und die damit verbundene Anwendung von nicht sachgerechten gesetzlichen Regeln auftreten.

Muster für die Gestaltung eines zwischenbetrieblichen FuE-Kooperationsvertrages

Präambel

Skizzierung der bei den jeweiligen Partnerunternehmen vorliegenden Interessenlagen und des mit der Zusammenarbeit beabsichtigten Vertragszwecks sowie Darstellung der gemeinsamen Zielsetzungen, ohne jedoch zu sehr ins Detail zu gehen. Die Formulierung der Präambel sollte dabei vor dem Hintergrund erfolgen, vorbeugend Streitigkeiten und Unklarheiten zu vermeiden sowie im Falle des späteren Auftretens von Leistungsstörungen oder von Unvollständigkeiten des Vertrages mögliche Lösungsoptionen zu offerieren.

§ 1 Vertragsgegenstand

(1) Ziele der Zusammenarbeit im Sinne einer Definition derjenigen Ergebnisse, die durch die kooperative Forschungstätigkeit angestrebt werden.
(2) Die gemeinsame Forschungstätigkeit wird *.......(Frist) nach Unterzeichnung des Vertrages/ ab dem .... (Datum)* aufgenommen.

§ 2 Einlagen und Beiträge

(1) Die Partner verpflichten sich, das gesamte bisher in ihren Unternehmen gefundene oder vorhandene Wissen sowie etwaige Forschungsergebnisse auf dem kooperationsrelevanten Gebiet den Vertragspartnern in vollem Umfang zur Kenntnis zu bringen, unabhängig davon, ob dafür bereits Schutzrechtsanmeldungen vorgenommen worden sind oder Schutzrechte erteilt worden sind.
(2) Die Partner verpflichten sich, die Forschungsergebnisse *bis zum .... (Datum)/ .... (Frist) nach Vertragsunterzeichnung* in kopierfähiger Form zusammen zu stellen und diejenigen Personen zu bestimmen, welche die Ergebnisse den Mitarbeitern der Kooperationspartner erläutern sollen.
(3) Die Partner haben in die Kooperationsbeziehung sonstige Einlagen (Versuchsanordnungen, Material, Einrichtungen, sonstige Gegenstände) zu leisten, die in der Anlage „Einlagen" zu diesem Vertrag näher definiert sind *(Für Kooperationen unter Bildung gemeinsamer Arbeitsgruppen).*

oder

(3) Der Partner A hat dem Partner B/den Partner B und C folgende in der Anlage „A1" näher spezifizierten Versuchsanordnungen, Materialien, Einrichtungen und sonstigen Gegenstände zur Verfügung zu stellen *(Bei Kooperationsbeziehungen, in denen keine gemeinsamen Forschergruppen gebildet werden).*
(4) Soweit eine einzelne der in der Anlage beschriebenen Leistungen nicht möglich ist oder unmöglich wird, trifft das betreffende Unternehmen die Verpflichtung, gleichwertigen Ersatz hierfür zu beschaffen, wenn dies mit zumutbarem wirtschaftlichen Aufwand möglich ist[1]. Falls eine Ersatzbeschaffung nicht möglich ist, hat der

---

[1] Hier kann unter Umständen eine Zumutbarkeitsgrenze konkret festgelegt werden. Ansonsten greifen die allgemeinen Regeln ein, aber es ist in jedem Fall zumutbar, daß der Ersatzbeschaffungsaufwand den Wert des

leistungsunfähige Partner den Geldwert der ausgebliebenen Leistung in die Kooperationsbeziehung einzubringen.

§ 3 Benutzungsregelung für eingebrachte Schutzrechte und Know-how

(1) Die in die Kooperation eingebrachten Patente, Schutzrechtesanmeldungen, Ideen, Vorschläge, sonstiges Know-how, Konstruktionszeichnungen und Herstellungsanleitungen sowie Herstellungsverfahren bleiben uneingeschränktes Eigentum desjenigen Partners, der dies entsprechend § 2 des Vertrages in die Kooperation eingebracht hat[2].

(2) Alle Partner sind berechtigt die eingebrachten Patente, Schutzrechtsanmeldungen sowie das gesamte Know-how zu nutzen, soweit dies zum Zwecke der gemeinsamen FuE-Tätigkeit erfolgt[3].

(3) Während der Dauer der Zusammenarbeit besteht hinsichtlich der in Absatz 2 aufgezählten Erfindungen keine Pflicht zur Entrichtung einer Lizenzgebühr. Lediglich für die in der Anlage „A2" aufgezählten Technologiegegenstände (Patente, Schutzrechtsanmeldungen, Know-how etc.) wird eine Lizenzgebühr *in Höhe von (Geldbetrag)*[4] fällig.

§ 4 Koordinierung der FuE-Tätigkeit

(1) Die nach Abschluß des Vertrages erforderlichen Entscheidungen, die zur Erfolgsverwirklichung notwendig sind, insbesondere die konkrete Forschungsplanung, die Koordinierung der jeweiligen Beitragsleistungen sowie die Durchführung und Überwachung des FuE-Prozesses, wird durch einen Lenkungsausschuß übernommen. Dieser setzt sich aus ....*(Namen von konkret benannten Personen)/........(Anzahl von Mitarbeitern in einem bestimmten Proporzverhältnis der beteiligten Unternehmen)* zusammen.

(2) Entscheidungen dieses Gremiums werden *einvernehmlich/mit einer .... (Zahl) Mehrheit seiner Mitglieder* gefällt und sind für die Unternehmen verbindlich. Inhalt und Modalitäten des Zustandekommens der Beschlüsse sind in schriftlicher Form festzuhalten.

§ 5 Forschungsplanung

Dies ist die entscheidende Stelle im Vertragstext und nur fragmentarisch in allgemeiner Form darstellbar, da hier die konkreten FuE-Planungen des Einzelfalles fest-

---

eingebrachten Gegenstandes um ein mehrfaches überschreitet, etwa wenn eine gebrauchte Laboreinrichtung zerstört wird und durch eine neue ersetzt werden muß.

[2] Formulierungsvorschlag nach Reukauf, Mögliche Regelung der Lizenzerteilung im Zusammenhang mit Kooperationen, GRUR 1986, 415, 416

[3] Hier ist die explizite Beschränkung des Benutzungsrechts auf den Zweck der Zusammenarbeit von größter Wichtigkeit, um eine anderweitige Verwendung ausschließen zu können; siehe auch Reukauf, GRUR 1986, 415, 416f.

[4] Hier ist für jeden einzelnen der aufgeführten Gegenstände eine Lizenzgebühr entsprechend den Interessenlagen zu vereinbaren, also eine einmalige, eine laufende oder in Abhängigkeit vom konkreten Nutzungsumfang.

gehalten werden müssen. Dennoch werden im Folgenden einige Gestaltungsvarianten skizziert:

(1) *Herkömmliches Vertragsmodell*[5]

(a) Die Partner verpflichten sich, die Arbeiten nach besten Kräften unter Zugrundelegung des neuesten verfügbaren Standes der Technik unter Verwendung der vorhandenen oder im Laufe der Zusammenarbeit hinzugetretenen Kenntnissen und Erfahrungen gemeinsam durchzuführen.

(b) Jeder Partner errichtet dabei ein Forscherteam, welches aufgrund seiner fachlichen Qualifikation geeignet ist, die gemeinsam geplanten FuE-Ziele zu verwirklichen.

(c) Die Aufteilung des Arbeitsprogramms auf die jeweiligen Forscherteams sowie Art, Umfang und Kosten der zu beschaffenden Mittel werden gemäß der in der Anlage „A3" erfolgten Spezifizierungen durchgeführt.

(d) Die einem Partner zur Durchführung seiner Aufgaben überlassenen Unterlagen, Gegenstände sowie sonstigen Hilfsmittel werden leihweise zur Verfügung gestellt. Sie sind ausschließlich für den Einsatz zu kooperationsrelevanten Zwecken bestimmt und nach Beendigung der Arbeiten an den jeweiligen Eigentümer zurückzugeben[6].

(e) Die Koordinierung der jeweiligen Arbeiten wird dabei von einem Lenkungsausschuß übernommen.

oder

(2) *Evolutionäres Vertragsmodell*[7]

(a) Während einer Identifikationsphase werden die auf dem kooperationsrelevanten Gebiet bereits vorliegenden Ergebnisse zusammengetragen und dem Partner zur Kenntnis gebracht. Nach deren Auswertung werden die spezifischen FuE-Ziele identifiziert und die das konkrete Projekt im Sinne einer gemeinsamen Aufgabenstellung definiert.

(b) Im Rahmen der Bewertungsphase werden die Aufgabenstellungen im Wege einer umfassenden Risikoanalyse und Projektbewertung einer kritischen Betrachtung unterzogen.

(c) Im Rahmen der Realisierungsphase werden die konkreten FuE-Aufgaben auf die Partner aufgeteilt. Diese verpflichten sich die ihnen zugewiesenen Module vertragsgemäß durchzuführen und den Partnern, soweit dies erforderlich sein sollte, unterstützend zur Seite zu stehen. Nach Fertigstellung werden die jeweiligen Ergebnisse den Partnern in sachgerechter Art und Weise vorgelegt, so daß bei spezifikationsgerechter Durchführung die Abnahme durch die Partner erfolgen kann. Daran anschließend nehmen die Partner zur Frage der weiteren FuE-Planung Stellung.

---

[5] Die hier dargestellte Möglichkeit zur Durchführung der kooperativen FuE entspricht weitgehend dem Lösungsvorschlägen von Pagenburg, Lizenzverträge, Muster 8, § 2 und Niebling, in: Schütze/Weipert (Hrsg.), Münchener Vertragshandbuch, Bd. 2, VIII.3, § 2.

[6] Niebling, in: Schütze/Weipert (Hrsg.), aaO

[7] Heppner, Softwareerstellungsverträge, Anhang, Muster A2, hat für die zwischenbetrieblich kooperative Softwareerstellung einen Mustervertrag entwickelt, dessen Grundstruktur sich auch für die Planung anderer gemeinsamer FuE-Vorhaben anbietet.

(d) Im Rahmen der sich anschließenden Planungsphase ist zu entscheiden, ob die bisherigen Ergebnisse der in § 1 des Vertrages festgelegten Zielsetzung entsprechen und ob eine Fortsetzung der Zusammenarbeit erfolgen soll. Dabei wird die künftige Zusammenarbeit nach den Grundsätzen der dargestellten Phasen geplant. Es findet also eine erneute Zielidentifikation statt, welche dann einer Bewertung unterzogen wird und an die sich die Entscheidung über die konkrete Planung anzuschließen hat.

(e) Die Durchführung des gesamten FuE-Prozesses sowie die Überwachung der Implementierung der einzelnen Phasen wird durch den Lenkungsausschuß geleitet und überwacht.

§ 6 Störungen der unmittelbaren FuE-Leistungungen

(1) Entsprechen die erbrachten FuE-Leistungen, die ein Kooperationspartner erbringen muß, nicht den vertraglich vereinbarten Spezifizierungen oder bleiben diese ganz aus, so sind die anderen berechtigt, eine angemessene Nachfrist zur Mängelbeseitigung zu setzen und zu erklären, daß nach dem Ablauf der Frist die Leistung abgelehnt wird. Aus welchem Grunde die Leistung unterblieben ist und ob dies zu vertreten war, ist, soweit für die konkrete Leistungspflicht keine abweichende Vereinbarung getroffen worden ist, unbeachtlich.

(2) Nach Ablauf der Frist zur Mängelbeseitigung können die übrigen Vertragspartner die unterbliebene Leistung entweder selbst erbringen oder durch einen Dritten erbringen lassen. Derjenige Partner, dessen Leistung ausgeblieben oder nicht vertragsgemäß war, ist verpflichtet die erforderlichen Aufwendungen zu tragen.

(3) Die Regelung der Absätze (1) und (2) gilt auch für alle sonstigen Leistungsverpflichtungen, die in der Anlage „A4" (Risikoübernahme) explizit aufgezählt worden sind.

§ 7 Gemeinsame Forschungsergebnisse

(1) Das im Laufe der Zusammenarbeit gewonnene Know-how und alle sonstigen Kenntnisse, die entweder nicht schutzrechtsfähig sind oder für die ein Schutzrechtserwerb nicht angestrebt wird, stehen allen Partnern zu, werden mithin Eigentum eines jeden Partners, unabhängig davon, zu welchem Kooperationspartner die erfindenden Personen in arbeitsvertraglicher Bindung stehen. Wissen, welches auf dem Gebiet der Zusammenarbeit im Unternehmen eines Partners erarbeitet wird, ist den anderen Kooperationspartnern zur Kenntnis zu bringen. Im übrigen vereinbaren die Parteien, daß das gesamte im Laufe der Kooperationsbeziehung erarbeitete Wissen jedem Partner als Eigentum zusteht.

(2) Soweit im Rahmen der Zusammenarbeit an schutzrechtsfähigen Erfindungen ausschließlich die Mitarbeiter eines Partners beteiligt sind, so ist allein dieses Unternehmen zur Schutzrechtsanmeldung berechtigt. Den anderen Partnern ist jedoch für die Dauer der Zusammenarbeit ein auf die Zwecke der Zusammenarbeit beschränktes kostenloses Nutzungsrecht einzuräumen, wenn dies zur zügigen Erfolgsverwirklichung erforderlich ist. Die Partner verpflichten sich gegenseitig über eingereichte Schutzrechtsanmeldungen zu informieren[8].

[8] Niebling, in: Schütze/Weipert (Hrsg.), aaO, § 6

(3) Werden während der Dauer der Zusammenarbeit schutzrechtsfähige Erfindungen durch die Mitarbeiter mehrerer oder aller Partner gemacht, so sind diese Erfindungen in Anspruch zu nehmen und zum Schutzrecht anzumelden. Die Erfindung steht allen daran beteiligten Partnern gemeinschaftlich zur gesamten Hand zu (§§ 705ff BGB). Die Schutzrechtsanmeldung erfolgt gemeinschaftlich. Die Verwertung der Erfindung erfolgt einvernehmlich

§ 8 Geschäftsführung und Vertretung

(1) Jeder Partner ist im Rahmen der von ihm übernommenen FuE-Aufgaben zur alleinigen Geschäftsführung berechtigt. Dabei ist sicherzustellen, daß diese Handlungen allein diesen und keinen anderen Partner verpflichten.
(2) Kein Partner ist berechtigt, einen anderen Partner rechtsgeschäftlich zu vertreten oder sonst für einen anderen Partner rechtsverbindlich tätig zu werden. Auch der gemeinsame Lenkungsausschuß ist hierzu nicht befugt.

§ 9 Hardship-Klausel (Anpassungsklausel)

(1) Wenn es während der Vertragslaufzeit[9] zu unvorhersehbaren und unverschuldeten Störungen der Vertragsdurchführung kommt, die für zumindest einen Partner eine schwerwiegende Beeinträchtigung des Leistungsgleichgewichts oder der Erfolgsverwirklichung bedeuten, sind die Vertragsparteien verpflichtet diese Situation durch eine einvernehmliche Anpassung des Vertragsinhalts nach den Grundsätzen von Treu und Glauben zu beseitigen. Diese Pflicht besteht unabhängig davon, ob dies auf wirtschaftlichen oder politischen Gegebenheiten beruht; lediglich bloße Marktveränderungen führen nicht zu einer Anpassungspflicht.
(2) Die Partner verpflichten sich, wenn dies ein beteiligtes Unternehmen wünscht, Verhandlungen über die Abänderung sowie die Anpassung dieser Kooperationsvereinbarung aufzunehmen.
(3) Wenn die Partner sich nicht binnen ...... *(Zahl)* Tagen *nach dem erstmaligen Hinweis eines Partners auf diese Situation/ nach dem erstmaligen gemeinschaftlichen Befassen mit dem Problem/ nach der Aufnahme von Verhandlungen über eine Vertragsanpassung* auf eine zweckentsprechende Änderung einigen können, ist jeder Partner berechtigt ein Schiedsgericht anzurufen, welches über das „ob" und „wie" der Vertragsanpassung entscheidet.
(4) Das Schiedsgericht entscheidet ferner darüber, welcher Partner die Kosten des Schiedsgerichtsverfahrens zu tragen hat. Dabei ist vorrangig das Verhalten zu berücksichtigen, welches zu der Anrufung des Schiedsgerichts geführt hat.

§ 10 Wirksamkeit des Vertrages - Teilnichtigkeit

Sollte eine Bestimmung dieses Vertrages rechtsunwirksam sein oder werden, so wird hierdurch die Gültigkeit der übrigen Vorschriften und des Vertrages als solches nicht berührt. Die unwirksame Vorschrift wird durch das dispositive Gesetzesrecht ersetzt

[9] Solche Klauseln ergeben in der Regel nur bei Verträgen Sinn, die auf eine längere Zeitdauer eingegangen sind und bei denen keine Kündigungsmöglichkeiten bestehen. In der Praxis ebenfalls überflüssig sind sie, soweit die Vertragsdurchführung in evolutionärer Weise ausgestaltet ist, weil dort die sachgerechten Alternativen Anpassung/Auflösung immanent sind.

oder, wenn solche Vorschriften nicht existieren, durch eine wirksame, im wirtschaftlicher Erfolg gleich- oder nahekommende Regelung, welche die Vertragspartner nach Treu und Glauben zulässigerweise bei Kenntnis von der Nichtigkeit getroffen hätten. Das gleiche gilt für Vertragslücken. Für den Fall, daß die Parteien eine Einigung über eine ersetzende oder lückenfüllende Klausel nicht zustande bringen, greift § 18 ein.

§ 11 Treue- und Geheimhaltungspflichten[10]

(1) Die Partner verpflichten sich, sämtliche sich aus dem Forschungsprojekt ergebenden Daten und Informationen geheim zu halten. Dabei werden die Partner alle geheimhaltungsbedürftigen Informationen technischer und wirtschaftlicher Art, welche sich aus der Zusammenarbeit ergeben, während der Dauer des Vorhabens vertraulich behandeln und diese nicht ohne schriftliche Zustimmung der anderen Partner Dritten zur Verfügung zu stellen.
Die Parteien bestimmen zu Beginn der Arbeiten diejenigen Personen, die an dem Projekt beteiligt werden sollen und teilen deren Namen den Vertragspartnern mit. Wenn im Laufe der Kooperationstätigkeit weitere Mitarbeiter hinzugezogen werden sollten, so sind Zeitpunkt und Namen den Partnern unverzüglich bekannt zu geben. Im Falle des Ausscheidens von Mitarbeitern aus dem gemeinsamen FuE-Vorhaben ist für eine weitere Geheimhaltung durch die betreffenden Mitarbeiter Sorge zu tragen.
(2) Die Verpflichtung zur Geheimhaltung sämtlicher Informationen, welche die Partner in Vollziehung des vorliegenden Vertrages sich gegenseitig mitteilen, gilt auch über die Laufzeit der Vereinbarung hinaus, solange diese Informationen nicht allgemein bekannt geworden sind.
(3) Die Partner verpflichten sich überdies, Dritten die in der kooperativen Zusammenarbeit entstandenen FuE-Ergebnisse und das eingebrachte Wissen auch nicht in Form von Lizenzen zugänglich zu machen, unabhängig davon, ob dafür Schutzrechte angemeldet worden sind oder nicht. Diese Verpflichtung gilt für die Dauer von .... *(Frist)*, beginnend *mit dem Zeitpunkt, zu dem die wirtschaftliche Verwertung der Forschungsergebnisse begonnen hat/ ...... ab dem (Datum)/ ...... (Frist) nach Beendigung der Zusammenarbeit.*
(4) Überdies verpflichten sich die Partner, alle Handlungen während der Vertragsdauer zu unterlassen, welche imstande sind, den Kooperationserfolg zu gefährden.

§ 12 Ausschluß von Gewährleistungs- und Produkthaftungsansprüchen

Die Parteien verzichten auf die Geltendmachung von etwaigen Gewährleistungs- und Produkthaftungsansprüchen gegenüber dem Kooperationspartner, soweit diese sich aus Produkten ergeben, die während der gemeinsamen Zusammenarbeit entwickelt worden sind oder auf der Grundlage von gemeinsamen Forschungsanstrengungen entstanden sind.

---
[10] Die Geheimhaltungsregeln sind weitgehend den Formuliervorschlägen von Pagenberg, Lizenzverträge, Muster Nr. 8, § 3, angeglichen.

§ 13 Haftung

Die Vertragspartner übernehmen keine Haftung dafür, daß die zur Durchführung dieses Vertrages zur Verfügung gestellten Kenntnisse, Arbeitsergebnisse und Unterlagen im Sinne des § 2 richtig, brauchbar und vollständig sind oder daß durch ihre Anwendung keine Schutzrechte Dritter verletzt werden[11].

§ 14 Meistbegünstigungsklausel

(1) Derjenige Partner, der den anderen Vertragsteilen die Benutzung von Schutzrechten und Know-how nur gegen Bezahlung von Lizenzgebühren gestattet hat, verpflichtet sich, falls er Dritten in Lizenzverträgen hinsichtlich der Lizenzgebühren günstigere Bedingungen eingeräumt hat, diese auch den Kooperationspartnern einzuräumen.

(2) Schadensersatzzahlungen von Verletzern oder Lizenzzahlungen aufgrund von Zwangslizenzen fallen nicht unter diese Regelung.

§ 15 Optionsrecht[12]

(1) Vor Verzicht auf die Weiterverfolgung, Aufrechterhaltung oder Verteidigung eines Schutzrechtes durch einen Vertragspartner ist dieser zur Unterrichtung der anderen verpflichtet, denen hiermit eine Option zur Übernahme der Schutzrechte oder der schutzrechtsfähigen Rechtsposition eingeräumt wird.

(2) Die Bedingungen für die Übertragung des Schutzrechtes oder der schutzrechtsfähigen Rechtsposition werden gesondert vereinbart, die Kosten dürfen ...... *(Zahl)* % eines Jahresumsatzes für das betreffende Schutzrecht nicht überschreiten.

§ 16 Verbot von Parallelforschungen

Alle Partner verpflichten sich, auf dem vertragsgegenständlichen Gebiet während der Laufzeit des Vertrages keine Forschungsaufträge an Dritte zu geben, mit Dritten in der Forschung und Entwicklung zusammen zu arbeiten oder selbständige Parallelforschung zu betreiben. Bei innerbetrieblicher Parallelforschungen sind die dabei gewonnenen Erkenntnisse den Partnern in gleicher Weise mitzuteilen, wie es der vertraglichen Verpflichtung für die gemeinsame Tätigkeit entspricht.

§ 17 Vertragsstrafeversprechen[13]

Die Vertragspartner verpflichten sich, sämtlichen Unterrichtungs- und Informationspflichten in vollem Umfange nachzukommen. Sollten Informationen, die für die

---

[11] Formuliervorschlag nach Pagenberg, Muster Nr. 8, § 13. Eine solche Klausel zur Festlegung eines Haftungsausschlusses sollte nur dann vereinbart werden, wenn die Vertragspartner sich über dessen Reichweite tatsächlich im Klaren sind, denn ansonsten besteht hier die Gefahr, daß nicht verwertbare Ergebnisse aufgrund unzureichender FuE-Leistungsanstrengungen eines Partners unter diese Klausel fallen und die Anwendung sonstiger Normen über die Schlechterfüllung oder gar der Nichterfüllung ausschließen.

[12] Formuliervorschlag des Optionsrechts nach Pagenberg, Muster Nr. 8, § 9

[13] Es empfiehlt sich die einzelnen Tatbestände, die zur Verwirkung einer Vertragsstrafe führen möglichst exakt aufzuzählen, da damit dem eigentlichen Sinn dieser Norm, Verstöße gegen bestimmte Leistungsverpflichtungen zu vermeiden, am besten Rechnung getragen wird.

künftige Zusammenarbeit von Bedeutung sind, nicht, verspätet oder unvollständig übermittelt werden, ist eine Konventionalstrafe für jeden Verstoßfall *ein Festbetrag/ eine nach billigem Ermessen zu bestimmende Strafe bis zu einem Maximalbetrag* in Höhe von DM ...... *(Betrag)* zu entrichten

§ 18 Anzuwendendes Recht - Schiedsgericht

(1) Hinsichtlich des Vertrages findet einheitlich deutsches Recht Anwendung[14]; dies gilt sowohl für materiell-rechtliche wie auch für prozessuale Fragen.

(2) Über alle Streitigkeiten aus diesem Vertrag entscheidet ein Schiedsgericht unter Ausschluß des ordentlichen Rechtswegs[15].

(3) *Das Schiedsgericht besteht aus drei Personen*[16]. *Vorsitzender ist der Präsident des Landgerichts München I, die beiden Beisitzer werden für jeden einzelnen Streitfall durch die Vertragspartner gestellt, wobei jeder Vertragspartner eine Person seines Vertrauens bestimmen darf, die über die erforderliche rechtliche Sachkunde verfügen muß. Ein einmal gewählter Schiedsrichter kann während des konkreten Streitverhältnisses nicht ausgetauscht werden.*

§ 19 Informationspflichten

(1) Die Vertragsparteien verpflichten sich ständig und umfassend über alle für den Kooperationszweck wesentlichen tatsächlichen Umstände und Entwicklungen zu informieren[17], welche die inneren und auch die äußeren Verhältnisse der Zusammenarbeit sowie den angestrebten Erfolg berühren. Insbesondere sind mögliche Fehlentwicklungen des gesamten Vertragsverhältnisses sowie eine drohende Leistungsunfähigkeit bzw. die Unmöglichkeit/ das Unvermögen, einzelnen Pflichten nachzukommen, zu offenbaren[18]. Von dieser Verpflichtung werden auch alle sonstigen im Rahmen der Zusammenarbeit zu erbringenden Leistungsbeiträge erfaßt.

(2) Darüber hinaus besteht die nachvertragliche Pflicht, Informationen, die den Erfolg der gemeinsamen Entwicklungstätigkeit betreffen, den Partnern zu offenbaren, soweit sich diese auf die Tauglichkeit des Produkts, eventuelle Gefährdungen bei der

---

[14] Eine Regelung hinsichtlich der anzuwendenden Rechtsvorschriften ist nur bei multinationalen Kooperationen erforderlich. Es empfiehlt sich dann, daß entweder ein Schiedsgericht gewählt wird, welches mit der Anwendung des Rechtes im besonderen Maße vertraut ist, oder daß, wenn eine Schiedsgerichtsabrede nicht zustande kommt, der Streit zumindest einem bestimmten Gericht des Landes dessen Recht für maßgeblich erklärt worden ist zugewiesen wird,

[15] Alternativ hierzu bietet es sich an, wenn ein Schiedsgericht unerwünscht ist, im Wege der Gerichtsstandsvereinbarung ein zur Entscheidung berufenes Gericht konkret zu bestimmen.

[16] Eine solche Lösung ist insbesondere im Rahmen von zweigliedrigen FuE-Kooperationen praktikabel. Wenn mehr als zwei Partner vorhanden sind, sollten entweder zwei oder drei unabhängige Richter gewählt werden oder es ist eine Jury zu bilden, der von jedem beteiligten Unternehmen eine Vertrauensposition angehört und in deren Rahmen der Vorsitzende bei Stimmengleichheit entscheidet. Allerdings sollte nicht außer acht gelassen werden, daß das eigentliche Ziel des Schiedsgerichts die Verfahrensbeschleunigung ist, was gerade bei einem zahlenmäßig großen Gerichtskörper wieder problematisch werden könnte.

[17] Ullrich, in: FS für Steindorff, Geschäftsrisiko und Unternehmenskooperation, S. 281, 300ff, schlägt diesen Ansatz von bewehrten Informationspflichten vor.

[18] Soweit es die Struktur der Kooperationsbeziehung erlaubt, insbesondere bei konkret vereinbarten Informations- und Austauschregularien, etwa mittels Koordinierungs- und Lenkungsausschüssen, kommt hier auch die Vereinbarung ganz konkreter Pflichten und deren zeitliche Dimensionierung in Betracht, was zum einen zu mehr Rechtssicherheit und zum anderen zu einer erhöhten Bereitschaft, zur Befolgung der entsprechenden Pflichten führen wird.

Benutzung oder bestehende Rechte Dritter, welche der Nutzung möglicherweise entgegenstehen könnten, beziehen.
(3) Die nicht gehörige Erfüllung der in Absatz 1 und 2 aufgeführten Informationspflichten führt zur Verwirkung einer Vertragsstrafe. *Soweit konkrete Informationspflichten bestehen, kann bereits eine betragsmäßig bezifferte Strafe festgelegt werden. Im übrigen empfiehlt sich die Vereinbarung einer angemessenen Strafe.* Hinsichtlich der Einzelheiten gilt § 17 (Vertragsstrafeversprechen).

§ 20 Vertragslaufzeit

(1) Die Zusammenarbeit wird für die Dauer von ...... *(Frist)* abgeschlossen. Soweit nicht einer der Partner bis spätestens .... *(Frist)* vor Vertragsablauf kündigt, verlängert sich der Vertrag auf unbestimmte Zeit. Ab diesem Zeitpunkt ist eine ordentliche Kündigung mit einer Frist von ...... *(Frist)* jeweils zum *(Termin)* möglich. Während der festgelegten Vertragsdauer ist eine ordentliche Kündigung ausgeschlossen.
(2) Eine Kündigung aus wichtigem Grund kommt in folgenden Fällen nicht in Betracht: *Aufzählung bestimmter Umstände, die grundsätzlich einen wichtigen zur Kündigung berechtigenden Umstand darstellen würden, aber nach Parteivereinbarung nicht ausreichend sein sollen.* Folgende Umstände berechtigen die Partner stets zur Kündigung aus wichtigem Grund: *Aufzählung von Umständen, die entweder nicht zur außerordentlichen Kündigung berechtigen würden oder die aus Gründen der Rechtssicherheit explizit aufgeführt werden.*

§ 21 Nachvertragliche Regelungen

Das im Laufe der Zusammenarbeit erarbeitete Know-how, welches jedem Partner zusteht, darf über einen Zeitraum von ...... *(Zahl) Monaten/Jahren* keinem Dritten oder der Öffentlichkeit bekannt gegeben werden, es sei denn, daß es inzwischen der Öffentlichkeit bekannt und allgemein zugänglich geworden ist.

§ 22 Arbeitnehmererfindervergütungen

Erfindungsvergütungen, die ein Partner aufgrund des ArbnErfG an seine Mitarbeiter zu entrichten hat, trägt grundsätzlich derjenige Partner, der die Erfindung in der Folgezeit verwertet oder damit Umsatz zu erzielen beabsichtigt. Soweit mehrere Kooperationspartner die Erfindungen verwenden können, werden die Kosten im Verhältnis der jeweiligen Benutzung zwischen den Partnern aufgeteilt[19].

[19] Diese Vergütungsregelung entspricht weitgehend dem Formuliervorschlag von Reukauf, GRUR 1986, 415, 417

Stichwortverzeichnis

Peter Lang · Europäischer Verlag der Wissenschaften

Bernd Rieper / Thomas Witte (Hrsg.)

Grundwissen Produktion

Produktions- und Kostentheorie
4., neubearbeitete Auflage

Frankfurt/M., Berlin, Bern, Bruxelles, New York, Oxford, Wien, 2001.
144 S., zahlr. Abb.
Schriften zur Produktion. Herausgegeben von Thomas Witte und Bernd Rieper. Bd. 5
ISBN 3-631-36861-5 · br. DM 19,80*

Die vorliegende Einführung in die Produktion legt den Schwerpunkt auf die Aspekte der Produktions- und Kostentheorie, die praktische Relevanz besitzen. Die Ausführungen konzentrieren sich auf die Untersuchung limitationaler Produktionsfunktionen, da diese Basis für moderne Methoden sind. Die Ideen der Leontief-Analyse werden konsequent in den Verfahren der Stücklistenauflösung, bei der Strukturierung von Fertigungsdaten in einer Fertigungsdatenbank und bei der Produktionsprogrammplanung mit Hilfe der linearen Programmierung weiterentwickelt. Zielgruppe sind die Studenten der Wirtschaftswissenschaften, die die Einführungsveranstaltung zur Produktions- und Kostentheorie besuchen.

Aus dem Inhalt: Analyse produktiver Systeme · Produktions- und Kostentheorie auf Grundlage der Leontief-Produktionsfunktion · Übergang zur Kostenrechnung · Weitere Produktions- und Kostenfunktionen · Strukturierung von Fertigungsdaten · Produktionsprogrammplanung mit Hilfe der linearen Programmierung

FSC
www.fsc.org
MIX
Papier | Fördert
gute Waldnutzung
FSC® C083411

Kolibri 360 GmbH
Ferdinand-Jühlke-Straße 7
99095 Erfurt, Deutschland
produktsicherheit@kolibri360.de

Druck:
CPI Druckdienstleistungen GmbH
im Auftrag der
Kolibri 360 GmbH
Ferdinand-Jühlke-Str. 7
99095 Erfurt